中国文化建设实务

CHINESE CULTURE CONSTRUCTION PRACTICE

本书编委会　主编

经济日报出版社

抢抓机遇　阔步前行在文化发展的春天里

湖南省永州市文体广电新闻出版局　李小星

"十二五"以来特别是党的十八大以来，党中央国务院高度重视文化建设，做出了一系列重大决策部署，特别是习近平总书记在文艺工作座谈会上的讲话，为文化建设指明了方向。市委、市政府也确立了"文化强市"战略，制定出台了一系列政策措施，"十二五"时期是我市文化体育建设发展最快的时期，以基础设施建设为抓手，突出公共服务和现代市场体系建设，文化体育事业产业呈现良好的发展态势。

一、"十二五"时期发展成就

1. 夯实基础，文体设施建设实现新跨越。一是场馆建设扎实推进。市美术馆、市图书馆、市体育馆、舜帝陵古遗址博物馆已建成开放，新建或改扩建了 8 个县的文化馆、图书馆。二是群众文化设施不断完善。市体育广场、蘋州文化广场、蘋州书院竣工投运。三是数字影院建设喜人。全市共建成了 16 家数字多厅数字影院，园满地完成了"十二五"目标任务。四是有线电视网络数字化进展良好。有线数字电视整体转换和网络双向化改造基本完成，发展用户 40 万户。五是基层文化设施初步完善。配备流动演出车 22 辆、演出通勤车 12 辆、新华书店汽车 11 辆，建成 11 个文化信息资源共享工程县区支中心、4072 个乡村网点，并基本配齐了文化活动设备，完成了全市 177 个乡镇综合文化站建设。"十二五"期间，全市基础设施投入近 7 亿元。

2. 强化服务，文体惠民工程迈上新台阶。公共文化体育场馆对外免费开放或低费开放，年均送戏下乡 760 场次，送电影下乡 60708 场。广播电视村村通工程累计解决 30 多万户偏远山区农民收看电视收听广播难的问题。新建"农家书屋"5173 家。道县、新田县完成共 930 个村的广播"村村响"建设任务。修建农民体育健身工程 1993 个、健身路径 158 条，建设雪炭工程、多功能运动场、一县一品、江湖山道品牌项目等 45 个。培养国家级社会体育指导员 6 名，一级社会体育指导员 600 余名，二级社会体育指导员 2500 余名。

3. 打造品牌，群众文体活动取得新成效。一是广泛开展各类群众演出活动。每年新春、元宵、国庆等佳节举办新春音乐会、元宵灯谜会、龙舟大赛、庆国庆滨江广场文艺汇演，以及少儿音乐舞蹈大赛、永州电视歌手大奖赛。二是依托滨江广场、市体育馆、市体育公园、县区的休闲广场等设施，组织群众开展各种文艺表演，以及美术、书法、摄影作品展，基本实现了"一季一主题、月月有活动"、"一月一场大演出、一周多场小活动"。三是打造了九嶷山公祭舜帝大典、阳明山"和"文化旅游节、盘王节、清明祭柳、女书文化活动周等省内外有一定影响力的大型活动。"欢乐潇湘 和美永州"活动每年组织1500多场大小不等、形式多样的文化活动，参与群众演员达3万人，观看群众近100万人。每年主办大型群体活动80场次，承办国家级、省级大型群体活动12场次，协助各单位、各协会举办交流赛事200场次，参与群众达80余万人次。

4. 突出特色，文艺精品力作喜获新成果。电影剧本《毛泽东与齐白石》获得全国"五个一工程奖"，是我市首次获得全国性的综合大奖，获得省"五个一工程奖"6个，湖南艺术节金奖12个、银奖23个、铜奖40个，优秀作品奖104个，保护非物质文化遗产贡献奖1个，田汉表演奖10个。长篇小说《度戒》进入全国第九届茅盾文学奖入围篇目名单。出版发行了《千字文碑》、《永州国宝》、《永州石刻》、《三色永州》、《蔚蓝天空上的18朵云彩》等10多部反映永州文化的专著，对宣传推介永州起到了积极作用。

5. 创建带动，文化遗产保护取得新成就。以永州创建国家历史文化名城为契机，全市发现新文物1371处，开展了上甘棠、武当山、鬼崽岭等重大文物考古，组织了舜帝陵、浯溪碑林、柳子庙等文物维修。国家重点文物保护单位增加19处、达到27处，省级文物保护单位增加43处、达到56处，名列全省第二；有8个全国历史文化名村、22个全省历史文化名村名镇。市保单位总量上升至222处。零陵区柳子街成为中国首批30个历史文化街区之一，是湖南省唯一获此殊荣的街区。新增国家级非遗4项，达到7项，新增省级非遗8项，达到18项，位居全省前列。祁剧、长鼓舞、女书等非遗保护得到加强，女书应邀到美国纽约参加第三届"联合国中文日"展览，2014谭盾的《女书》暨美国费城交响乐团音乐会在湖南首演，并在全国和世界各地巡演，扩大了女书的世界影响力。十二五"期间，全市争取中央、省文物保护达3.6亿元，非遗保护费用近1500万元。

6. 瞄准大赛，竞技体育成绩取得新突破。获得奥运冠军2个，世界冠军3个，亚运会季军1个，全国冠军8个、亚军9个、季军17个，全省冠军170个。创建国家级高水平体育后备人才基地两个、全省"四强"工程4个、省体育传统项目学校7个、国家级青少年体育俱乐部5个、全国户外营地1个。

7. 依法行政，文化市场管理营造新秩序。每年开展网吧、娱乐场所、扫黄打非、广电行业等系列专项整治行动达 10 余次，网吧接纳未成年人的现象已基本绝迹，人民群众满意度明显提升，我市网吧整治得到文化部及省委、省政府领导的肯定，人民网、新华网、腾讯网、新浪网、凤凰网等 20 多家新闻媒体推介我市经验，网友们对网吧整治的"永州样本"纷纷点赞。2015 年有 2 个案件成为国家"扫黄打非"办挂牌督办案件，文化市场总体平稳、健康有序。

8. 培育项目，文化产业发展呈现新局面。奔腾彩印、九恒条码、恒津包装、异蛇科技、茹园堂文化传媒有限公司等一批骨干企业，成为推动文化创意产业发展的领军力量和带动产业链条发展的源动力。以潇湘文化古玩城为龙头的古玩、奇石特色经营年交易额可达 2 亿元。全市文化生产和服务单位发展到 6000 家，其中规模以上文化企业 45 家，2015 年文化产业增加值预期43 亿元，占 GDP3.0%。

二、"十三五"文化发展思路和重点任务

"十三五"是全面建设小康社会的决战时期，文化发展要坚持社会主义先进文化前进方向，以建设社会主义核心价值体系为根本任务，以满足人民精神文化需求为出发点和落脚点，以改革创新为动力，着力公共文化体育基础设施建设、培育壮大文化产业、打造文化品牌，加快建立健全现代文化市场体系和构建公共文化服务体系，促进文化大发展大繁荣，为实现文化强市奠定坚实基础。

1. 基本建立覆盖全社会的公共文化体育服务体系，基本实现公共文化体育服务均等化。

2. 提供更加丰富的文化产品，精品力作不断涌现。争取 3~4 部作品获省"五个一工程"奖，1~3 部作品获国家"五个一工程"奖。

3. 加快文化产业发展，到 2020 年，文化产业增加值占 GDP 比重 5% 以上，成为国民经济支柱性产业。

4. 建立健全文化管理体制。

5. 加大文化遗产保护利用力度，实施六大重点文物保护工程。

6. 发展壮大高素质的文化人才队伍。

作者简介：

李小星，男，汉族，1958 年 3 月生，中共党员，大学学历。1975 年 4 月参加工作。现任湖南省永州市文化体育广电新闻出版局局长、党组书记。

曾先后任职蓝山县大麻乡党委副书记、乡长、乡党委书记；县委办公室主任、县委常委、纪委书记、县委副书记、纪委书记；江永县委副书记；永州市农业局副局长、党组副书记、市文化局局长、党组书记、市文化广电新闻出版局局长、党组书记。2015 年 4 月至今任湖南省永州市文体广电新闻出版局局长、党组书记。

深化改革 完善体制
推动社会主义文化大发展大繁荣

湖南省双牌县文化体育广电新闻出版局 桑显瑛

党的十八届三中全会通过的《中共中央关于全面深化改革若干重大问题的决定》中明确指出："紧紧围绕建设社会主义核心价值体系、社会主义文化强国深化文化体制改革，加快完善文化管理体制和文化生产经营体制，建立健全现代公共文化服务体系，现代文化市场体系，推动社会主义文化大发展大繁荣。"在文化强国的战略背景下，我县的文化现状如何，问题何在，如何应对？这无疑是我们文化工作者必须认真研究的重要课题。

一、我县文化工作现状

（一）文化工作现状

1、文化资源较为丰富。永山永水出永州，双牌是永州的发源地，也是永州文化的发祥地。历史文化、山水文化、民俗文化、名人文化、"和"字文化，异彩纷呈，影响广泛。现有1处全国重点文物保护单位"岁圆楼古建筑群"。同时理家坪乡坦田村又获"国家历史文化名村"和"国家首批传统村落名录"称号。有3处省级重点文物保护单位，7处市级重点文物保护单位，馆藏文物100余件（其中珍贵文物12件）。双牌县理家坪乡的彩调、上梧江瑶族婚庆礼仪、泷泊奇人绝技表演颇具特色。民间文化、民间艺术、民间故事等历史悠久，风格独特。2013年阳明山国家森林公园管理局申报海峡两岸文化交流基地，拓宽了文化交流空间，提升了文化交流的品质。

2、文化事业有一定基础。全县有国家二级公共图书馆1个，国家二级文化馆1个，电影公司1个，艺术团1个，乡镇综合文化站15个，农家书屋195个，文化信息资源共享工程县级支中心1个，农村基层网点115个。全县城乡有民间业余文艺团队46个，舞龙舞狮队9个和电影放映队7个，基本形成了城乡公共文化服务网络。全县现有省作协会员7人，省美协会员4人，省舞协会员2人，省书协会员4人，省摄协会员2人，省艺术家摄协会员6人。一批文艺人才脱颖而出，有的还在省内外享有较高的知名度。李明杰多次在全国影视剧中担纲美术编导，赵荣军建起了"长沙后湖国际艺术区"和何家洞"龙洞文化艺术产业园"。

3、文化产业初具规模。我县文化产业现已形成了以影视拍摄、印刷、艺术培训、文化娱乐、龙洞文化产业园等为重点的产业群体。全县现有文化企业共85家，从业人员近2千人。

（二）历史文化摘要

1、古建筑

（1）万寿寺。始建于宋，重修于明的阳明山有佛殿——阳明山寺（万寿寺），坐北朝南，重脊飞檐，油漆彩绘，雕梁画栋，金碧辉煌。明嘉靖三十一年（1552），南渭王封赠秀峰禅师号曰："七祖"，赠额曰："临济正派"，从此其名远播四海。

（2）岁圆楼、访尧古村、吴家大院、邓家大院、塘基上村。建筑构思巧妙、雕工精细、气势宏伟，令人叫绝，属典型的湘南古民居建筑的代表。

（3）永山庙。永山庙，又名常山王祠。建于明成化五年（1469），重建于万历七年（1579），清雍正元年（1723）扩建。明隆庆五年（1571）《永州府志》记载："西南一百里为永山。永水出焉，永（永州）之得名以此。"由此可见，永山永水出永州，永山庙在双牌县城南5公里处，双牌县是永州的发源地，是永州文化的发祥地。我们要组织力量进一步将这一观点和史实进行探究和考证。

（4）象庫寺。象庫寺位于县南34公里江村访尧。清光绪三年（1877年）《道州志》载："舜葬九嶷，象来至此，后人立庙，名曰鼻亭神，唐薛伯高曾毁之，后乡人复建。"永州司马柳宗元著有《毁鼻亭记》。通过对象庫寺历史的探讨，挖掘舜帝及其弟、柳宗元与双牌历史文化的来历。

2、古石刻

秦代，高士周贞实遁居淡岩，始皇三召不赴，却常游承平洞，留有"贞实来游"摩岩石刻和上梧江《赎田小碑》、《阳明山古井古塔古石刻》等。

3、古文学

唐大历二年（767），元结沿潇水还州，逢春水舟行不进，遂作五首欸乃曲。唐柳宗元撰写的《毁鼻亭记》、《游黄溪》流芳青史。明崇祯十年（1637）三月十五日，徐霞客游览泷泊"出水崖"（古称"黑风洞"，亦名"黑岩"，1998年易名"青龙洞"），留下世代传诵的著名游记。明陈三绩《游永山永水》，董廷恩《泷泊早发》，清桑日昇《阳明山》和《拟游阳明山之作》，清徐旭日《吹潇水》，民国时期周世澍的《江村八景》及民间传唱的

《瑶族情歌》、《山歌》、《水陆歌》等，脍炙人口。

4、历史事件

清顺治十一年（1654），清兵进驻永州，境域始属于清。康熙十八年（1679）三月，吴三桂称帝后兵溃败至境内（今茶林）。咸丰九年（1859）太平天国北征，翼王石达开部攻永州未克，退驻辛乐洞（今茶林）休整。民国15年（1926）7月，欧阳立点燃双牌农民运动革命烈火。民国23年（1934）8月，由中共中央党代表任弼时、军团长萧克、政委王震、参谋长李达、政治部主任张子意率领的中国工农红军第六军团长征突围过境双牌。1938年1月，成铁侠在阳明山区组建4000余人的"中国抗日义勇军第九路军"。抗日战争时期，著名的"黑神岭战斗"、"唐家岭战斗"、"麻滩战斗"、"辛乐洞战斗"、"寒鱼塘战斗"、"带湾洞战斗"、"张家冲战斗"、"青山里战斗"。这些战斗歼敌43人，俘虏2人，为后人留下爱国主义凯歌。1944年8月，中国共产党创始人之一李达为避日本侵略军追杀，与妻子石曼华携儿带眷22人，隐居紫金山桃木碌张大元家70天。1963年11月，中共中央中南局第一书记陶铸等视察双牌水库。陶铸即兴挥毫，写下"双牌水库"四个遒劲大字。1975年10月，泷泊林场在县城西山绿化时，用梓树苗栽种"绿化祖国"四个大字，每字占地1.53公顷，创下吉尼斯纪录。

5、历史人物

双牌这方古老而年轻的神奇土地，在漫长的历史长河中孕育出无数名臣武将，哲人才子，赤子精英。宋初以来，境内考取秀才82名，举人14名，进士3名。清时，邓名利扶危济困，修路架桥，行善好施，名扬州府。国民政府军魏翱、袁大统、唐铁城等高级将领从这里踏上从戎之路。新民主主义革命时期，欧阳立、卿三定为共产主义事业英勇献身。

二、我县文化工作存在的突出问题

目前，我县文化发展也存在一些亟待解决的问题：

一是部分领导的文化意识淡薄，对文化事业发展的重要性认识不够，没有将文化工作列入乡镇和县直单位部门的年终绩效考核内容。

二是"两馆一站"免费开放的县级配套资金没有预算到位，公益性文化事业投入不足，远低于全国、全省、全市的平均水平；

三是文化人才优势作用发挥不够，尤其缺乏文化经营管理领军人才；

四是文化产业缺乏总体规划，丰富的文化资源优势还没有转化为产业优势，对经济的贡献率较低；

五是我县一批国保、省保古村落建筑群岌岌可危，急需立项、制定保护规划和维修方案，拓宽融资渠道，进行保护修缮。

三、我县文化工作发展对策

（一）指导思想

按照中央、省、市委的部署要求，结合双牌实际，当前和今后一个时期，我县文化工作的总体要求是：高举中国特色社会主义伟大旗帜，深入贯彻落实科学发展观，全面贯彻落实党的十七届六中全会、十八大、十八届三中全会和省委省政府、市委市政府关于文化改革发展的一系列战略部署，以发展社会主义先进文化为核心，以满足人民群众精神文化需求为落脚点，以文化强县为目标，着力做好"绿色"文化与"和"文化文章，精心打造文化品牌，努力把我县建设成为社会文明程度明显提高、文化基础设施基本完善、文化工作机制体制比较健全、文化产业跨越发展、文化综合实力大幅提升、在全市乃至全省有较高知名度和影响力的文化先进县。

（二）基本原则

注重四个结合，即在实施文化强县战略过程中，注重文化中心与行政中心规划相结合，文化产业与旅游产业相结合，文化建设与生态新城建设相结合，文化发展与教育发展相结合的基本原则。

（三）主要任务

1、全面繁荣文化事业。

（1）城市文化。按照绿色、时尚、现代的特点，规划建设泷泊文化形象，完善公共文化设施，形成全县文化中心；按照永山永水出永州的历史文化特点，把双牌逐步建成具有永州历史文化特色、个性鲜明的绿色城市文化形象。

（2）农村文化。深入发掘民俗文化、民族民间文艺资源，积极创建全国和全省民间文化艺术之乡、特色文化之乡，发展和引导集镇商贸文化、乡村假日文化，举办形式多样、各具特色的农村文化活动，推动农村旅游文化、商贸文化发展，促进城乡协调发展。

（3）特色文化。组织"一乡一品"特色文化资源开发，重点打造阳明山"和"文化、茶林桐子坳"中国银杏第一村"、何家洞"龙洞文化艺术园"、江村"诗词之乡"等品牌。以民间文化艺术为重点，做好民间文化艺术资源的保护和开发利用。

（4）群众文化。一是以创建先进文化县为契机，进一步活跃社区文化、校园文化、企业文化、家庭文化、广场文化、节庆文化。全县10%的乡镇、社区进入全市先进行列。鼓励文企联姻、文化单位与群团合作共同承办社会文化活动，不断满足人民群众多层次、多样化的文化要求，从而让广大干部群众在活动中受教育、受感染、受鼓舞。二是鼓励作者深入生活，积极创作出具有时代精神和地方特色的各类文艺作品。由政府引导，民间赞助，设立"双牌阳明文艺奖"，激励反映时代主旋律的文学艺术精品不断涌现。三是以三年一届的湖南艺术节为契机，以永州市每年一届的广场文化艺术节和双牌阳明山"和"文化旅游节为平台，深入开展"写双牌、画双牌、演双牌、唱双牌"活动。每两年举办全县人民参与的"双牌文化艺术节"，推出一批展示时代风貌、体现双牌特色、在全省具有一定影响的优秀剧目。扶持各类优秀艺术团体的发展，重点扶持双牌阳明山红杜鹃文化艺术团的发展。

（5）文化市场。加强文化法规建设和市场管理。一是加强文化法规建设。严格执行文化法律、法规，加强文化法规的监督、检查工作，做到有法可依、有法必依、执法必严、违法必究。二是加强文化市场管理。加强对文化市场的引导，加大文化市场执法力度，防止和纠正地方保护主义和部门本位主义，发挥文化市场综合执法大队的主体作用，建立和完善文化市场群众监督和举报奖励制度，保护知识产权，维护合法经营。坚决禁止制造和传播不良文化的行为，扫除"黄、赌、毒"等社会丑恶现象，净化文化环境，繁荣文化事业和文化产业。

（6）文物保护。重点做好国保、省保集中成片保护单位"岁圆楼古建筑群"的保护规划和维修方案，争取早立项，早保护，早修复，早利用。抓好3处全省文物保护单位和2处省级历史文化名村的保护工作。搜集、征收流散在社会上的珍贵文物实品，切实做好全国第一次可移动文物普查工作。将阳明山七祖佛爷朝拜、上梧江瑶族婚庆礼仪、杜鹃花的传说、山盟石的传说、山区土纸造纸工艺等申报市级、省级和国家级非物质文化遗产。

2、大力发展文化产业

一是培育文化产业。立足地方自然文化资源，建设生态文化旅游产业链条。首先依托平湖景区，扶持发展一批生态农庄，每个农庄都要突出特色生态产品和文化内蕴，在此基础上，开发民俗游和民宿游，吸引外地游客居留双牌。其次引资打造"亲水游"品牌，建设平湖"水文化"基地，建造游船、临水亭榭、水上公园，开展各种亲水活动，做强水文化产业。再次依托阳明山和龙洞文化艺术产业园，发展生态文化旅游产业和产品，做好特色食品、特色工艺品的开发与推广。

二是打造四个特色文化区域。充分发掘区域文化资源优势，着力打造四

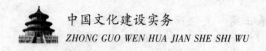

个特色文化区域：

（1）永山庙历史文明文化区。着力挖掘永山永水出永州的文化内涵，以永山庙、寨子岭商周古遗址、断桥、紫金山婆婆茶文化、龙洞文化艺术园等为中心，建设一个集宗教、远古文化、现代建筑于一体的历史文明文化区。

（2）潇水休闲风光带文化区。以潇水为纽带，以日月湖国家湿地公园为中心，贯穿双牌山城风貌，通过"五里牌胡家大院"、"青龙洞"、"牙山文昌阁"、"覆镇庵"、"潇水大桥"、"永和塔"、"桃花岛"、"滨江广场"、"双牌水库"等文化景观，把双牌构建成为名山胜水后花园式城市文化长廊。

（3）阳明山"和"文化旅游文化区。以宗教为媒，突出"和"文化主题。以阳明山景区为中心，辐射茶林（邓家大院）、麻江（秦驰古道、农家乐等），建设一个弘扬"和"文化、宗教文化的历史旅游文化区。

（4）双牌水库古民居旅游文化区。由北向南沿水路而上至日月湖国家湿地公园、上梧江瑶族婚嫁庆典、江村象庫寺、访尧古民居、江村古石刻、江村八景、黑漯文塔、板桥古民居以及国保单位岁圆楼古建筑群、国家历史文化名村国家首批传统村落名录坦田村等，建设有山有水、有历史有传说的古民居旅游文化区。

三是创建五大文化品牌。充分发掘我县优质文化资源，精心创建"五大文化品牌"，即以阳明山"和"文化活动为代表的"和"文化品牌；以永山庙永山永水出永州为代表的历史文化品牌；以上梧江民族民俗文化为特色的民俗文化品牌；以双牌后龙山活林木"绿化祖国"为代表的生态文化品牌；以阳明山影视拍摄基地和龙洞文化艺术园为代表的产业文化品牌。

四是开发三条文化旅游连线。北线。从县城滨江广场的滨江大道大型文化长廊开始，至明崇祯十年徐霞客游览泷泊"出水崖"（古称黑风洞），现称"青龙洞"→五里牌"胡家大院"→返回进入二广高速连接线→上阳明山观看文艺表演、游览大、小黄江源→体验红军长征路→万寿寺→返回进入茶林"邓家大院"→麻将"秦驰古道"→永和塔→过潇水大桥→双牌农家乐。

南线。从县城出发至日月湖国家湿地公园→大型水上文化乐园→乘坐游船游览潇水库区两岸景点→进入上梧江瑶族乡，参观、欣赏当地少数民族婚嫁庆典礼仪模拟活动→参观数十年来日不关店、夜不收摊的文明商街。中餐，可在农家享受喝"瓜箪酒"、听小调、看表演，同歌同舞同享乐的人生快乐生活。下午继续从水路坐船参观访尧古建筑群→"江村八景"→山圩水市→乘车至黑漯"文塔"（市保）→理家坪板桥吴家大院（省保）→坦田村"岁圆楼古建筑群"（国保）→塔山婆婆庙→永山庙→进入县城，仰望县城西山七十年代，用梓树苗栽种的"绿色祖国"四个大字，每字占地1.53公顷，创下吉尼斯纪录。

西线。从县城出发至永山庙，观永山永水出永州历史人文景观，去永江乡攀紫金山，采野生猕猴桃，休闲揽胜，去何家洞考察"龙洞文化产业园"和周崇傅古墓，登磨子岭，爬牛角湾，观赏"万亩南国高山牧场"胜景。

五是建好河东文化一条街。"十三五"期间，在河东新区高标准新建一条集印刷、图书、美术品、旅游艺术品、歌舞娱乐、培训、网吧及民间演艺公司、礼仪公司等于一体的文化街。

3、大力建设公共文化设施。

按照县委、县政府老城提质改造，城北工业区、河东新区战略部署，大力推进"和谐双牌、平安双牌、绿色双牌、自信双牌"工作，努力把双牌建设成为永州市休闲度假、消费的后花园城市。为实现上述目标，"十三五"期间，全县新建、改建的公共文化设施面积约105亩，总投资5.4亿元。用五年的时间力争在全县城乡初步形成各类文化设施齐全、布局合理的公共文化体系。

（1）打造文化标志。在滨江广场塑造舜弟象的雕塑，打造双牌的舜德文化地理标志。在滨江广场建设文化长廊，集中展示地方诗词歌赋、历史民俗等文化精髓。

（2）建好文化景观。一是建好文化生态公园。借力河东城市综合体的开发，以永和塔为中心，以河东沿江风光带为依托打造河东沿江文化生态公园，建设双牌美术馆和博物馆，收纳地方特色文物、文化展品，同时为各种文化艺术活动开展提供场所。二是要改造好后龙山公园，按照县委经济工作会议提出的建设"后龙山七彩植物园"要求，做好规划，改良林种结构，优化林相，建议重点种植具有观赏价值的阔叶树种，修复"绿化祖国"活立木景观，修建环山车道和进山游道，重建"寨子岭七星望月"休闲观景亭，形成"春看阳明杜鹃花，秋赏后龙枫叶红"的喜人局面。三是建设阳明山海峡两岸民族风情馆。在阳明山新建一座集森林标本馆、动物标本馆、民俗风情馆、文化娱乐馆、"和"字展览馆、山珍土特产馆、文化旅游工艺品馆于一体的绿色森林公园。在何家洞建好集艺术创作、艺术交流、民俗旅游于一身的"龙洞文化产业园"。

（3）提升公共文化服务能力。一是以文体中心为载体，打造国家一级文化馆和国家一级图书馆，加强公共文化服务，二是以县花鼓剧院和滨江广场为中心，建立双牌群众文化演艺中心。建好社区文化活动室和街道文化站。三是以乡镇综合文化站、农家书屋为依托，建好文化信息资源共享工程，100%完成基层网点建设任务，完善建、管、用长效机制。

（4）加强文物保护与维修。制定国保"岁圆楼古建筑群"的保护规划和维修方案，建好双牌文物库房，对可移动文物实行收集、收藏，加强对可移动文物的保护和利用。

（四）保障措施

1、组织保障

（1）县委、县政府将文化工作纳入年度考核目标。一是各级党委、政府要树立新的文化发展理念，把文化强县建设作为一把手工程，摆上重要议事日程，纳入经济社会发展总体规划，纳入科学发展考核评价体系，纳入党委政府工作的年度考评，真正将提高文化软实力成为推动双牌发展的硬任务。二是各级党委政府每年要为文化工作专题召开两次以上会议，具体研究和部署文化工作的开展。党政一把手要拿出足够的时间和精力亲自抓文化建设，及时研究解决文化建设中遇到的困难和问题。

（2）成立文化事业发展组织机构。为推进双牌文化建设，必须建立健全全县文化建设领导班子，县委书记任顾问，县长任文化事业发展领导小组组长，设立双牌文化事业发展办公室，编制2~3人（可抽调），履行全县文化工作的组织、协调和指导职责。各乡镇设立相应的领导机构和工作机构，保障各项政策落实到位。

2、政策保障

（1）捐赠低税政策。按照中央和省、市要求并结合我县实际，按规定三年内足额返还文化单位所得税和增值税，社会力量向公益性文化事业捐赠享受有关"捐赠抵税"政策。

（2）落实中办文件精神。落实中办发〔2007〕21号文件精神，从城市住房开发投资中提取1%，用于社区公共文化设施建设。

（3）落实文保法通知精神。落实《文物保护法》关于收取文物勘探费用的通知精神。今后各用地单位，尚未经文物部门同意，一律不准动土施工，凡动土施工项目，必须从总投资额中提取0.5%的文物勘探费用。

（4）落实用地贷款政策。将文化建设重点项目纳入"十三五"规划，需要新增建设用地，政府优先安排土地利用年度计划，公共文化设施用地政府免费划拨。创新文化无形资产质押担保制度，畅通文化产业"绿色贷款通道"，完善文化投融资服务平台。

（5）落实奖励政策。认真落实鼓励社会投资文化产业的相关政策，进一步明确文化企业的投资主体地位，扩大文化企业的投资决策权，鼓励借助资本市场发展文化产业。设立双牌县人民政府"阳明山文艺奖"，每年县财政预算5万元，每两年评选一次，对有重大贡献的文化人才和优秀文艺作品给予奖励。

3、经费保障

（1）财政投入。一是大幅增加文化产业资金投入规模，县级财政对文化的投入占本级财政收入的比例不低于1%。二是按照全县小康社会建设的公共文化服务指标考核的要求，县政府每年要安排20~50万的公共文化服务经费，用于全县的公共文化服务设施建设。

（2）活动经费。一是为满足人民群众精神文化需求，积极开展全县人民群众公益文艺演出活动，县财政每年年初按实际需要列入预算，及时拨付，并不折不扣落实好"两馆一站"免费开放公共文化服务配套资金和乡村文化建设资金县级配套部分。二是将"两馆一站"免费开放资金和乡村文化建设资金纳入县文广新局管理，由县文化主管部门拟出使用计划和审批，县财政监督拨付，做到专款专用。三是按照上级要求，县财政在每年年初要将县文广新局的送戏下乡任务按每场3000元的补助标准纳入预算，并及时拨付。

4、人才保障

（1）加强文化队伍建设。全县文化系统干部职工中高级职称要达到2%、中级职称要达到10%，文化领军人才达到2~5人以上。

（2）要设立文化人才培养专项资金，创新人才培养选拔机制。着力培养一批理论、新闻、文艺、出版、文化产业经营管理等方面的专业人才，造就一批文化学术带头人和领军人物。创新引进高层次文化人才的特殊政策，实行"一事一议"制度，有目的、有针对性地引进一批文化创作创意策划、经营管理等方面的人才。在全县营造尊重知识、尊重人才、尊重文化工作者的良好社会环境。要高度重视基层文化队伍建设，将乡镇综合文化站纳入文化行政主管部门垂直管理，从政治上、工作上、生活上多给予关心爱护，真情实意地帮助他们解决实际困难和问题，调动好、保护好、发挥好他们的积极性和创造性。

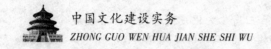

打造文化旅游强县
建设美丽幸福新中方增添新光彩

湖南省中方县文体旅游广电新闻出版局　唐小乾

中方县于1998年2月经国务院批准，由怀化撤地设市、区县分设时正式建县。全县下辖22个乡镇、214个行政村，国土总面积1479平方公里，总人口28.6万人。中方县历史悠久，文化厚重，区位优势明显、交通方便快捷，是舞水文化的发源地。中方县文体旅游广电新闻出版局于2015年12月由原县文广新局、体育局、旅游局合并组成，为中方县政府组成部门，内设10个职能股室、8个二级机构，现有干部职工160余人。拥有国家二级文化馆、图书馆和高标准建设的文体中心、体育馆。

"十二五"以来，中方县围绕构筑"文化旅游高地，建设山水园林新城"发展目标，稳步推进"文化旅游强县"战略，文化、体育、旅游等各项建设工作成效显著。城乡公共文化服务中心和"两馆"建设的基础设施配备从无到有，特别是在馆舍维修、村村响、户户通、农家书屋、文物保护等进行了大量专项资金扶持，有力保证了我县文化事业的顺利推进。利用"两馆"免费开放和"三区"人才培训等政策，为群众培训舞蹈、戏曲、主持、声乐、器乐等常用专业，培训少儿文艺特长，并在全国、省、市各专业比赛中取得优异成绩，如：泸阳金塘剧团曾通过省、市比赛选拔编排的"康定情歌"获全国大赛第一名，"三道湾"获湖南欢乐潇湘大赛第二名，县文化馆自编排练的"太空漫步"在参加杭州举办的全国大赛中获第一名，少儿音乐专业在各种协会和教育机构比赛中，获全国、省、市级金、银、铜奖多次。文物工作多次被评为省、市先进单位。我县分别获得了"全国平安县"、"全国生态示范县"、"全省旅游重点县"、"全省文物保护工作先进单位"、"全市文化工作先进单位"等称号。

一、社文工作

我县坚持把开展文化活动与移风易俗相结合，与提高群众素质相结合，与弘扬优秀的民族民间文化相结合，着力打造具有中方特色的群众文化品牌。

挖掘出了一大批社会影响大、文化价值高、濒临灭绝的民族民间艺术的重要资料和珍贵实物。如《中方酒歌》、《瑶山锣鼓》、《杖头木偶》、《中方斗笠》、《手工布鞋》、《手工面塑》等十几个重点项目。目前，我县的传统民间技艺《中方斗笠》被列为省级非物质遗产保护项目，《中方酒歌》、《瑶山锣鼓》、《锣山锣鼓》、《杖头木偶》已被列为市级保护项目。《瑶山锣鼓》的省级保护项目申报工作也正在有序的进行中。2015年共组织各类大中型群众文化活动9场，参与演员600余人。每月在县城内组织一场大型群众性的演出活动，在各乡镇不定期举行中小型群众文化活动，策划创建了中方特色群众文化品牌"幸福中方　百姓舞台"。县"两馆"实行全程免费对公众开放制度。先后投资500余万元，建成了22个乡镇文化活动中心和1个社区文化活动中心，214个行政村均建有农家书屋，实现了县、乡（镇）、村三级文化服务功能全覆盖。同时，抓住武陵山片区"三区"人才工作契机，依托文化活动阵地，大力开展基层群众文化人才培训活动，培养各类文艺人才1000余人，创作和辅导出一批精品节目，培养出了一批群众文艺骨干。全县共建设基层文化定点辅导单位29个，对口辅导的群众文艺组织80余个，涵盖中方县所有乡镇。其中文化活动示范点6个，未成年人活动基地1个，外来务工人员文化活动点1个，老年人活动基地1个。以"演艺惠民、送戏下乡"活动为主题下乡开展巡回演出活动，每年组织送戏下乡60余场次。积极扶持农民自办文化，把发展农村业余剧团作为传播先进文化的新型载体来抓，已发展农村业余剧团84支，业余群众演员2480余人。近三年来，共开展各类文艺演出1260多场次。2015年，利用基层文化阵地共举办各类培训班12期，共培训500多人次。

二、"两馆"建设工作

我县建县时间短，因县级财政困难，"两馆"的建设起步较晚，发展较为缓慢。自建县以来，在各级领导的关心下"两馆"不断发展不断完善，但离国家相关的标准尚有不小的差距，也逐渐落后于其他县市区"两馆"的建设进度。"两馆"虽然评级为国家三级馆，但是按照相关要求，远未达到最低1000平米的公共服务面积（不含办公面积），且按照我县29万人口的基数，"两馆"应该要按照国家二级馆（最低建设面积达到1500平米以上）标准建设。为此，我县按照国家二级馆的标准，将"两馆"建设纳入"三馆一宫一中心"（文化馆、图书馆、体育馆、工人文化宫、青少年活动中心）工程项目统一建设，目前已经开工建设。

三、文物工作

全面完成了文物系统外国有单位认定为文物的《文物登记卡》和《可移动文物信息认定登记表》的填写报送和国有文物收藏单位的文物数据信息采集登录及审核上报工作，并做好了文物库房清库建档工作，认真核对了文物信息。建立完善和公示了第七批全国重点文物保护单位"荆坪村古建筑群"和省、市级文物保护单位"黄溪村古建筑群""孝义坊""丁氏宗祠""幽芳草堂"的保护标志、保护范围和建设控制地带、管理机构、记录档案。坚持文物保护与开发并举，以荆坪古村为代表的古建筑群历史文化底蕴丰富，共发掘出战国至汉代古墓50余座，出土文物300余件，其中出土一件凤鸟纹青铜戈为怀化市首次发现，还出土了有较为珍贵的战国玉环，青铜器有剑、矛、鼎、戈、圆壶等珍贵文物，为研究怀化楚文化历史提供了重要依据。正在对第十批省级文物保护单位预申报文物点进行筛选和申报材料的编制工作。积极协助配合完成省、市对中方县紫荆西路及芷江师范工地的抢救性考古发掘工作；聘请省考古所修复专家对历年来中方考古发掘的部分出土文物进行了修复。全国重点文物保护单位——荆坪村古建筑群修缮工程于2016年1月10日正式动工，投资864万元对9个文物点进行维修。2015年共下拨县辖区内各级文物保护单位及文物点（包括丁氏宗祠、幽芳草堂、杨氏宗祠、周氏祠、谢氏祠、唐氏祠等）文物修缮经费200余万元。

四、文化市场执法工作

认真落实安全生产"管行业管安全"和"党政同责、一岗双责"制度，加强文化市场管理领域安全生产日常排查整治。着力搞好文化市场社会治安综合治理、安全维稳、信访、禁毒、消防等各项工作。2015年共出动执法车辆50多台次、执法人员300多人次，活动共查处网吧35家，书刊店（点）1家，音像制品摊（点）3家，电子游戏经营场所9家，下发整改通知书26份；收缴侵权盗版、淫秽色情、政治有害性等多类非法出版物2820余件。通过平安文化市场创建活动，群众文化生活丰富多彩，文化市场繁荣有序，娱乐场所经营秩序取得明显好转，网吧接纳未成年人现象得到有效遏制，文化市场管理长效机制逐步完善。深入开展治理非法安装使用卫星电视地面接收设施行动，开展创建"无锅社区"活动。切实加强乡镇有线电视"小片网"的清理整治整合工作。进一步规范境外卫星电视节目的管理，加大对各类宾馆等

社会卫视用户的监管执法力度，防止非法节目信号落地传输。

五、新闻出版工作

根据中央、省、市关于扫黄打非工作部署，深入开展了"扫黄打非清源、净网、秋风、护苗"等四个专项行动，全年共出动联合执法人员346人次，车辆72台次，检查各类文化经营户320家次，收缴各类非法出版物2560余件，取缔无证经营摊点8个，有效净化了全县文化市场环境。研究制定了《中方县关于进一步发挥农家书屋作用的实施意见》，深入开展"全民阅读活动"和"农家书屋阅读征文活动"，做好农家书屋补充更新工作，不断满足群众需求，有效发挥了书屋惠民作用。

"十三五"时期，中方县将继续抢抓国家大文化发展机遇，主动积极对接和融入了全省"一核三极四带多点"的区域发展新格局、怀化市委、市政府"一个中心、四个怀化"战略，围绕中方县委、县政府提出的"构筑文化旅游高地，建设山水园林新城"的发展目标，深入推进"文化＋"发展模式，加快文化产业纵深发展，积极培养一批文化＋现代农业、文化＋美丽乡村、文化＋旅游节会、文化＋休闲娱乐等多元素融合的发展路子，实现文化与旅游发展的有机融合。加快公共文化服务体系建设，加大"四馆一中心"等文化基础设施投入与建设力度，进一步提升城市服务功能，延伸怀化周边文化旅游产业融合发展链条，做大做强中方独具特色的古村历史文化、民俗文化、生态文化和休闲文化产业，实现文化与旅游发展的优势互补，为全面建成"文化旅游强县"、建设美丽幸福新中方增添新光彩。

抓住机遇　开拓进取
全力推进遂溪县文化建设上新台阶

广东省遂溪县文化广电新闻出版局　卢　旺　陈东红

近年来，遂溪县以文化强县建设为战略目标，以统筹城乡文化发展为重点，以推进文化惠民工程为核心，抢抓机遇，积极创新，文化事业取得了一定的成效，主要有：

一、遂溪县公共文化设施基本情况

（一）基础文化设施基本完善

目前，遂溪县县城公共文化设施有文化馆，图书馆、博物馆、粤剧团、电影公司、影剧院等，县城文化设施不断完善，功能越来越齐全。全县 15 个镇，建有文化站 15 个，总面积 30909 平方米，行政村、自然村建有 229 个文化室，229 家农家书屋，基本实现了县城有图书馆、博物馆、文化馆为重点，镇文化站和村文化室为基础的县、镇、村三级公共文化服务网络。

（二）重视文化发展的氛围逐步形成

遂溪县委、县政府把文化发展工作纳入重要议事日程，进一步加强领导，制定政策，明确职责，成立县文化建设、文化体制改革等领导小组，统筹协调推进文化事业发展。提出"文化强县"战略目标并作了具体工作部署，文化部门制了《遂溪县文化事业十二五规划》，对文化发展全面规划。明确了公共财政对文化事业的投入等问题。

（三）文化服务体系稳步推进

遂溪县以省广东省建设文化强省规划纲要 2011～2020 的实施意见》，到2015 年我市要完成基层公共文化设施全覆盖工程建设为契机，加大了基层文化阵地和基础设施建设力度，大力推进县、镇、村三级文化设施网络建设。已建成镇综合文化站 15 个，农家书屋 229 家，基本形成了覆盖全县、比较完备的公共服务网络。

（四）紧扣民生特点，文化惠民活动丰富多彩

创新基层文化载体，全县有文化大舞台活动点 30 多个，业余基层文艺队

伍 130 多支，每年专场演出 100～200 多场次。我县充分利用三馆文化阵地在春节、元宵、十一、中秋等传统节日开展大型文化活动 100 多场次，送戏 1000 场、近三年送电影 88244 场、送书近 32 万册。同时我县充分发挥大蓬车文化引领作用，精心组织把"文化大蓬车"开到镇居委会和行政村，围绕县委、县政府对文化重点工作的部署，同广东电视台开展广东文化乡村行"启动仪式"，成功举办"文化大蓬车"、"送戏下乡"文艺汇演，精心组织把"文化大蓬车"开到镇居委会和行政村，2015 年 3 月在建新镇拉开科技文化下乡序幕，4 月市获奖优秀剧目送戏到河头镇，演出 2 场次，惠及群众 1 万多人次。2015 年 8 月 8 日由广东南方广播影视传媒集团，广州、深圳、中山等市遂溪商会和湛江市遂溪经济促进会联合举办的广东广播电视台"文化乡村行"暨我县奖教奖学颁奖晚会在遂溪一中隆重举行。

近年来，遂溪县积极引导群众开展排舞活动，参与上级举办的广场舞、健身舞、戏曲演唱等文艺活动，近年来，举办 80 多场广场活动。数万人受惠，深受群众喜爱。全县如：由广东电视台主办、省文化馆等承办的"舞动人生-广东省首届广场舞群英会"大赛，我县组织 30 人舞队排练广场舞节目，经复赛，我县舞队进入全省 12 队决赛行列，是遂溪有史以来群众性参赛进入最高档的一次。积极开展"南粤幸福周·遂溪"曲艺演唱和广场舞表演文化娱乐活动，群众文化活动日趋活跃。

遂溪县开展一系列文化惠民工程的活动，组织各专业剧团、文化馆和文化艺术团体送戏到农村，为薄弱的地方开展文化服务，推出了"三下乡"、"文化下乡"、"文化大蓬车"等一批流动性"送戏下乡"活动。据不完全统计，几年来全县专业团体、文化馆等公益性文化单位每年完成送戏下乡演出 1000 场以上，惠及群众达 150 多万人次，这不仅为广大老百姓送去了丰盛的文化大餐，丰富了农村文化生活，而且，把每个时期党的中心工作，比如：宣传党的十八大精神、以及"禁毒"、"卫生"、"计划生育"等为内容的送戏下乡服务演出，通过文艺节目的形式，及时送到农村，使农村广大人民群众了解党的方针政策，为构建和谐社会贡献力量。

2016 年 4 月 29 日晚上，《美丽万家走向幸福》专题文艺晚会巡回演出首站在建新镇后塘村梦想广场举行。建新镇群众及邻近村民上千人观看了演出。村民说"我第一次在家门口看到这么好的大戏平时只能在电视上看，今天能近距离看演出，感到格外真切"，通过送文化到乡村宣传党的富民惠民政策，着力营造积极向上、健康文明、加快发展、和谐奋进的农村新气象。2016 年 5 月有 22 日，《美丽万家走向幸福》专题文艺晚会巡回演出第二站在孔子文化城仁济门广场举行。这次演出活动吸引了县城、附近群众近万人观看了演出。

送戏下乡活动不仅丰富了群众的业余文化生活，活跃和繁荣了农村文艺舞台，让农民享受到了文化发展成果，也拉近了文化和农民之间的距离，为促进我县城乡文化一体化建设作出了新贡献，极大地推动全县基层文化工作的进一步发展。

（五）文化遗产、文物保护成效明显

全县共有国家级历史文化名村 3 个（建新镇苏二古村落、河头双村岭北调丰古村落）、2 处正积极参与申报世界文化遗产（江洪鲤鱼墩贝壳遗址和杨柑新埠、草潭东港仔窑址）、3 处已被批准为第九批市文物保护单位，（遂城镇"陈贞豫御史墓"、岭北镇"调丰古官道遗址与古井"、河头镇"还砚亭"），3 处已被批准为第六批省文物保护单位，有江洪镇"鲤鱼墩贝丘遗址"、洋青镇"泮塘农民协会旧址"及杨柑镇的新埠、下山井等窑址群、草潭东港仔窑址群。2 个项目已获省政府第六批文化遗产传统技艺制作、"遂溪制糖传统技艺"两个生产基地。初步构建起以普查、挖掘、整理、传承、保护为主要内容的非物质文化遗产保护体系。2015 年根据省、市"海上丝绸之路史迹"申报办公室的通知精神，为做好我县申遗工作，我局派员配合做好江洪鲤鱼墩贝壳遗址和杨柑新埠、草潭东港仔窑址申报资料。

2015 年我局根据国务院、省、市关于开展第一次全国可移动文物普查通知的要求，我县普查办所辖收藏单位有两家，一家是县博物馆，一家是县文化馆，收藏单位均已在可移动文物信息登录平台注册。两家收藏单位在平台申报总数为 948 件（套），其中一级文物 4 件（套），二级文物 18 件（套），三级文物 203 件（套），一般文物 147 件（套），未定级文物 576 件（套）。10 月中旬止，共登录文物数 948 件（套），上报文物数 948 件（套），普查办所辖收藏单位百分之百完成了第一次全国可移动文物普查工作登录及上报工作。积极参与申报世界文化遗产。其次是根据省、市"海上丝绸之路史迹"申报办公室的通知精神，为做好我县申遗工作，我局派员配合做好江洪鲤鱼墩贝壳遗址和杨柑新埠、草潭东港仔窑址申报资料。

（六）完善文化信息共享工程，满足群众文化生活需求

一是完善集思想教育、图书阅读、广播影视、文艺演出、科技推广、科普培训和青少年校外活动于一体的镇综合文化站建设。二是以现有的县图书馆以载体，全面建立文化信息资源共享工程，该工程已覆盖到各镇综合文化站，有力地促进了县、乡图书文献共享，在全县每个村都建有农家书屋的基

础上，支持农民群众自办"农家书屋"。三是积极推进农村电影数字化放映"2131"工程。采取"企业经营、市场运作、政府采购、农民受惠"的原则，推广电影数字放映技术，在农村逐步实现由胶片放映向数字放映的转变，实现每个行政村每月放映 1 场数字电影的目标。四是巩固我县已有广播电视"村村通"工程的建设成果，进一步加大维护管理工作力度，确保已建成的农村用户村村通、户户通。

二、认真筹划，加大"三馆"设施建设力度

近年来，根据上级对文化工作的要求，我县加大了三馆设施建设力度，2015 年我县完成县图书馆、县文化馆和博物馆扩建、整合建设任务，县文化馆将二楼约 500 多平方米进行改造，用于群众公共文化活动及文化艺术培训。正在进行工程的招投标前期准备工作，我们将根据工程的进度，适时开工建设。县图书馆严格按照中央、省、市、县有关文件要求，深化免费开放措施，提升图书馆功能。为了进一步做好少儿的阅读工作，方便读者的阅读，对本馆的原有布局重新进行设置，将原设在三楼的报刊阅览室和少儿阅览室搬到一楼，并扩大了少儿阅览室；添置了歌德电子书借阅机和歌德少儿阅读机，两室经改造后，改善了阅读环境，为读者创造了一个良好的阅读环境。县博物馆扩建建筑面积后，在"古代遂溪"、"红色遂溪"、"馆藏文物"等基本陈列基顾础上。近年来，新办"遂溪古代制糖流程及重要石构件陈列展览"、"遂溪县第三次全国文物普查成果图片展览"，同时与县关工委举办"大手牵小手、共筑中国梦"书画获奖作品展览；与草潭镇政府举办"草潭之春"第一、二届摄影作品获奖作品展览；广西玉林举办珍稀野生动物科普展览；每年与县书法家协会举办纪念"5·18"国际博物馆日书法作品大展及国家、省、市县级书法家即席挥毫活动；与广东省流动博物馆举办纪念抗日战争胜利 70 周年"抗日战争在广东"图片展览；联合县文联、县关工委举办"牵手你我、携梦人生"大型书画创作活动获奖作品展览。近年来，接待进馆参观人数达 20 多万人（次），其中青少年进馆数达 10 万人（次）。

三、突出特色引领，持续打响醒狮文化品牌

遂溪县为"中国醒狮之乡"，为进一步加强我县醒狮品牌建设，努力引导民间醒狮团体走上大市场，积极参加国内外重大表演活动，加强醒狮艺术的交流与合作，利用遂溪县文化艺术学校"广东省龙狮运动项目训练基地"、

"广东省黄飞鸿中联龙狮遂溪训练基地"的品牌优势，发展遂溪醒狮特色文化产业，推动我县醒狮艺术事业持续快速发展突出醒狮之乡品牌，提高我县知名度。近年来，遂溪县民间醒狮团体不断受到邀请，积极参加国内外重大表演活动，曾应邀出访到美国、法国、俄罗斯、韩国、香港、澳门等地开展文化交流和表演活动，如：2008年参加中国举办的奥运会开幕式，2015年5月，首尔中国文化中心邀请龙湾醒狮团参加中韩"木槿花"杯，获得优异成绩。9月参加成都第五届世界非物质文化遗产节演出活动，10月29日~11月2日，由我局代表县政府，应邀到韩国首尔中国文化日活动和亚州文化节活动，受到文化部首尔中国文化中心和首尔政府的充分肯定，并给予发函和证书。

遂溪县文化建设各个领域都取得了明显成效，但与上级对文化工作的要求还有一定的差距，为全面推进我县文化工作建设，我们用实干的精神和创新的意识，打造工作亮点，开创文化工作的新局面，为振兴遂溪发展，做出更大的贡献。

精细化管理 推动文化事业创新发展

海南省万宁市文化广电出版体育局 郑世海

一、文化、体育

（一）文化资源信息共享工程

2014 年，我市充分发挥全国文化资源信息共享工程市级支中心、镇基层服务站、村级基层服务点的作用，提高文化共享工程服务水平。一是加强共享工程基层服务中心的工作人员培训，不断提高管理能力和服务水平。一年来共举办镇基层服务站管理人员培训班 3 期，邀请省中心有关专家授课，全市支中心、镇基层服务站、村级基层服务点的管理人员 60 多人参加培训，通过培训进一步提高了管理人员的管理能力和服务水平。二是进一步发挥全国文化信息资源共享工程基层服务点的农村文化阵地作用，广泛传播科技文化知识，宣贯党的新农村政策，深入推广养殖、种植等科普知识及技术，架设农民科技兴农、劳动致富的桥梁。全年开展全国文化信息共享资源下乡 15场，送书下乡 2000 多册。

（二）图书馆服务

5 月 26 日至 6 月 2 日，文体局组织图书馆开展"全国知识工程宣传周"活动。活动地点在万中、二中、三中、镇中等学校门口，接待读者 25000 多人次，宣传资料 12000 多份，让广大读者进一步了解图书馆，走进图书馆。

（三）农家书屋

春节期间，组织村民和学生通过农家书屋开展书法培训。3 月中旬，召开各镇综合文化站站长会议，传达省文体厅《关于印发＜创建海南省农家书屋示范点方案＞的通知》的精神，拟定了省市两级农家书屋示范点对象，对创建活动进行部署。会后组织人员深入乡镇开展调研，掌握春节期间各镇农家书屋开展活动情况，向农民征求农家书屋的建设建议和意见。3 月份，深入万城镇三联村、三更罗镇头村村、东澳镇四维村、龙滚镇福塘村等，通过农家书屋的平台组织开展"汉字听写"、"猜字谜"、"毛笔字辅导"等活动。7 月至 8 月，开展暑期农村少儿阅读征文活动。在全市范围实施增配图书和更新书柜的工作，全年共更新、增补图书 18360 册，总价值 40 万元。

（四）文化下乡

实施文化下乡活动和公益电影"2131"工程。全年我局组织开展文艺下乡活动50多场，全国文化信息共享资源下乡15场，送书下乡2000多册，农村公益电影下乡2780多场。

（五）广播电视户户通

组织人员开展调查，做好未通电视或未达到国家规定节目套数的自然村及农户数量的统计和预购登记，并划分区域。在各镇设立"户户通"接收设备维修服务站，由中国有线海南分公司统一授权和管理，形成长期供货渠道和安装服务网络。建成市、镇两级农村广播电视公共服务网络，为农村群众提供广播电视接收设备维修维护服务。

（六）行政村文化活动室建设

2014年，市文体局大力加强行政村文化活动室建设，截至10月底建成行政村文化活动室18间，并配套一批办公桌椅、书柜、乒乓桌等。将行政村文化活动室建成传播和普及党的政策、法律法规、科普知识、经济信息等知识的农村文化中心。

（七）文化市场监管

2014年，市文体局按照市委、市政府的工作部署，紧密结合实际，坚持"一手抓繁荣，一手抓管理"的工作方针，强化监管，严格执法，严惩非法，进一步规范了我市文化市场的经营秩序，促进我市文化市场稳定、健康发展。全年开展专项整治行动12次（其中安全生产检查3次，网吧3次，电子游戏2次，"扫黄打非"3次，歌舞娱乐场所1次），检查演出市场93家次，电子游戏游艺娱乐场所92家次，歌舞娱乐场所267家次，网吧641家次，出版物市场289家次，印刷复制企业93家次，立案13件，办结9件，受理举报11件，收缴盗版音像制品1052张，色情出版物116册，警告4家，责令停业整顿3家，罚款21000元。

二、文艺、文物

（一）文艺活动

2014年，市文体局坚持"二为"方向、"双百"方针和"三贴近"原则，认真抓好群众文化活动、辅导培训、展览展示、文艺创作等工作，大力扶持乡镇开展文艺活动，取得了显著的成效。组织举办春节文艺慰问活动、各类文艺汇演、晚会、比赛50多场，开展音乐、美术、书法培训辅导，举办书法展5次。文艺活动内容多彩，形式多样，充分体现与民同乐。我们编排老百姓喜闻乐见的节目，尽量把舞台让给老百姓，深受老百姓欢迎，开展的主要文艺活动有：武警边防支队慰问联欢晚会，"三月三"文艺活动，琼剧下乡活动，乡镇歌舞联欢晚会，"万宁市书法家为群众义务写春联"，"黎苗三月三书法进万家"，"省书法家下市县为群众义务写春联"，省琼剧团琼剧表演，迎元宵全市健美操（舞）比赛，7月18日在市人民广场举行的第十三届海南省东西南北中东部片区广场文艺会演，等等。

（二）文物普查

全面开展第一次全国可移动文物普查工作。按照海南省关于认真做好第一次全国可移动文物普查工作的部署，根据第一次全国可移动文物普查工作领导小组的指导，对全市可移动文物开展普查。目前已完成206个国有单位的核实调查，确定了国有文物收藏单位4个，初步认定可移动文物200多件。

（三）文物维护

做好重点文物的维护、开发和宣传工作。做好"5·18国际博物馆"和我国第九个文化遗产日宣传活动，利用宣传车、图片及书籍展览等形式展示博物馆及历史文化遗产保护工作的重要意义。做好廖纪故里文化、琉川祠堂及李氏开基始祖三畏公墓等调查和有关文物保护。着手实施万州老城区历史文化街区保护、维修、改造等工作，已完成"万安书院"和"潮州会馆"维修立项规划。"潮州会馆"维修工程至9月底已完成工程图纸设计和预算，年底前争取维修资金到位，完成工程招投标工作，计划2015年上半年开工维修。按照省文物局关于开展南海水上丝绸之路内外沟船路水下文化遗产调查工作要求，从5月份开始至年底对我市港北港口及沿海海域进行水下考察调查工作，已初步取得一些水下文化遗存情况资料。

三、体育

2014年，市文体局举办了一系列比赛活动，既丰富了市民的文化娱乐生活，又扩大了万宁国际知名度，更推动了旅游业发展。我局注重开展全民健身运动，坚持传承和创新相结合的指导思想，重视全民健身基础设施的建设，不断巩固和发展群众基础牢固的传统活动项目，引导群众积极参与新创活动项目，精心组织开展有影响、有规模、有创意、喜闻乐见、丰富多彩的全民健身活动。

（一）体育设施建设

2014年，稳步推进全民健身设施建设，建成农村篮排球场20个，安装健身路径53套。

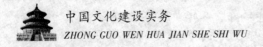

（二）全民健身运动

为深入学习贯彻党的十八大和十八届三中全会精神，深化推进中国梦宣传教育活动，丰富广大人民群众的精神文化生活，让人民群众度过欢乐、祥和、温馨的节日，市文体局从1月25日至2月5日举行"方海杯"2014年万宁市庆春节迎元宵广场健身操（舞）比赛。初赛地点设在各镇戏场，复赛和决赛地点设在后安镇龙田村。该比赛声势浩大，参赛人数众多，奖金覆盖面广，引起省文体厅的重视及大力支持。因此，省文体厅将"2014年海南省体育大拜年暨龙腾狮跃闹元宵活动"放到后安镇龙田村跟健身操（舞）决赛在同一天举行，更加壮威助势。

（三）开展体育活动

大力开展全民健身活动，今年春节期间举办了排球赛、羽毛球赛等活动，"五一"国际劳动节和国庆节期间举办篮球、排球、羽毛球、乒乓球、象棋等比赛，营造了浓郁的全民健身活动氛围，在全社会形成崇尚体育健身、积极参加体育健身的社会风气。我局全力打造品牌赛事及重大体育活动，大力宣扬我市特色文化，塑造万宁群众体育品牌，提高城市知名度和美誉度，促进万宁旅游业发展，为海南国际旅游岛建设增光添彩。

（四）承办中华龙舟大赛

2014年中华龙舟大赛（海南·万宁站）于3月1日～2日在和乐镇港北港成功举行。该赛事充分展示了我市丰富的自然历史和人文景观，展示了经济建设和发展的成就，展示了海南万宁人民良好的精神风貌，极大提升了万宁的知名度和美誉度，促使世界了解万宁，让万宁走向世界。

（五）协办环海南岛国际大帆船赛

第五届环海南岛国际大帆船赛（万宁站）于2014年3月3月25日～27日在万宁洲仔岛和加井岛附近海域举行了2014年第五届环海南岛国际大帆船赛（万宁站）。帆船赛是一项集技巧性、竞技性、观赏性、娱乐性为一体的水上运动。环海南岛国际大帆船赛作为中国航线最长、最具挑战性、竞技水平最高的大帆船赛事，是国内最重要的离岸帆船赛，具有较大的国际影响力。我局协调相关单位共同做好该赛事的各项服务保障工作，创造了一个良好的比赛环境，把该赛事办得热烈、俭朴、圆满，非常成功。

（六）端午节龙舟锦标赛

6月2日（农历五月初五），是一年一度的端午节，为大力弘扬传统文化，丰富群众文化生活，"万宁杯"2014年海南省龙舟锦标赛在万宁和乐港北港开赛。10多支队伍在港北港水面上展开为期一天的200米和500米直道

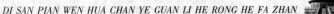
竞赛，上万名群众共赏"击水竞渡、百舸争流"的精彩瞬间。该赛事进一步推动了我市龙舟运动的开展，塑造了我市群众体育品牌。

每一年，WKU 都会选取一座旅游城市作为一年一度的 WKU 世界自由搏击锦标赛的举办地，万宁是 WKU 在亚洲选取的首个举办世锦赛的城市。

【承办海南省围棋联赛】2014 年"兴隆咖啡杯"第五届海南省围棋联赛在万宁兴隆举行，这是我市自 2012 年以来第三次举办海南省围棋联赛。海南省围棋联赛是海南省重要文化体育活动项目之一，每年举办一届。该赛事是目前海南省规模最大、参与人数最多、社会影响很大的围棋大赛，代表了海南围棋竞技的最高水平。该赛事弘扬了我国传统文化，推动了海南国际旅游岛文化体育建设，促进围棋运动的普及和发展，进一步宣传推介了万宁和兴隆咖啡，促进了文化、旅游等相关产业融合发展。6 月 28 日上午九点围棋联赛开幕式在兴隆温泉宾馆举行，省文体厅及省围棋协会等单位领导和市领导出席。12 支队经过 6 月 28 日、29 日和 7 月 5 日、6 日这四天 11 轮紧张的博弈，决出了比赛名次，获得前六名的团队分别为：鑫生珠宝棕榈泉队、海口市人大工会队、海南矿业队、海南普亲养老队、三亚绿野科技队、万宁市队。我市连续三届成功举办海南省围棋联赛，在全国的影响力和知名度不断扩大，对推动海南省围棋事业的发展，对助推海南省国际旅游岛的建设都产生了积极意义。

（七）承办海南省围棋联赛

2014 年"兴隆咖啡杯"第五届海南省围棋联赛在万宁兴隆举行，这是我市自 2012 年以来第三次举办海南省围棋联赛。海南省围棋联赛是海南省重要文化体育活动项目之一，每年举办一届。该赛事是目前海南省规模最大、参与人数最多、社会影响很大的围棋大赛，代表了海南围棋竞技的最高水平。该赛事弘扬了我国传统文化，推动了海南国际旅游岛文化体育建设，促进围棋运动的普及和发展，进一步宣传推介了万宁和兴隆咖啡，促进了文化、旅游等相关产业融合发展。6 月 28 日至 29 日、7 月 5 日至 6 日围棋联赛 12 支队经过四天 11 轮紧张的博弈，决出了比赛名次，获得前六名的团队分别为：鑫生珠宝棕榈泉队、海口市人大工会队、海南矿业队、海南普亲养老队、三亚绿野科技队、万宁市队。我市连续三届成功举办海南省围棋联赛，在全国的影响力和知名度不断扩大，对推动海南省围棋事业的发展，对助推海南省国际旅游岛的建设都产生了积极意义。

（八）WKU2014 中国万宁世界自由搏击锦标赛

2014WKU 中国万宁世界自由搏击锦标赛由 WKU 世界自由搏击和空手道

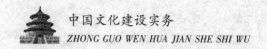
联盟、海南省文化广电出版体育厅、万宁市人民政府共同主办，海南省体育赛事中心、万宁市文化广电出版体育局承办。

2014WKU 中国万宁世界自由搏击锦标赛将于 10 月 30 日至 11 月 1 日在海南万宁举办，来自美、德等多国的选手将对阵中国选手，将会有自由搏击、泰拳、MMA、极限套路、计点搏击、轻接触、全接触等项目的奖牌角逐。职业拳王冠军之夜是本次赛事的亮点，来自德国、美国、英国、希腊、奥地利、捷克等国家的职业选手将挑战 8 位中国职业选手。其中将会角出三条 WKU 世界金腰带，分别是希腊拳王对阵中国的陈志康，美国拳王对阵中国的陈健，德国拳王对阵中国的哈比提。央视五套对该赛事进行直播。业余赛将于 10 月 31 日至 11 月 1 日举行，来自德国、美国、英国、瑞士、希腊、波兰、捷克、比利时、黎巴嫩、爱尔兰、土耳其、奥地利、威尔士、白俄罗斯、巴基斯坦、马来西亚、韩国、菲律宾、中国等 19 个国家的选手参加比赛。本届 WKU 世锦赛是一个全球的巡回赛，许多不同国家的选手和团队将进行指定重量级别的自由搏击、泰拳、MMA、极限套路、计点搏击、轻接触、全接触等项目的奖牌角逐。

（九）办好国际冲浪节

2014 年 11 月 23～24 日，ISA 中国杯赛在日月湾举行，由 2013 年国际冲浪协会世界冲浪锦标赛中获得前七名的国家队及东道主中国队参加，他们分别是澳大利亚队、阿根廷队、巴西队、哥斯达黎加队、巴拿马队、秘鲁队、南非队、中国队，每队参赛人数为 7 人，其中参赛选手 6 人（4 男 2 女），共计参赛队员 48 名。其中，中国队是首次参赛。

2014 年 11 月 25～28 日，ISA 中国杯赛比赛结束后，紧接着 ASP 海南精英赛又在日月湾开赛。凡是国际职业冲浪协会的会员都具有资格报名，按照选手往届计分情况，从高往低筛选。届时，多国职业冲浪选手将角逐 95000 美元奖金。本次比赛是国际冲浪协会和国际职业冲浪协会在万宁连续举办的第三届比赛。为保证比赛的公平公正，分别从澳大利亚、日本、巴西、法国、秘鲁、新西兰等国家抽调了 8 名高水平裁判担任本次赛事的裁判工作。

本次比赛由国际冲浪协会（ISA）、国际职业冲浪协会（ASP）、国家体育总局水上运动管理中心和海南省人民政府共同主办，海南省文化广电出版体育厅、万宁市人民政府、北京沃美文化传媒投资有限公司承办，海南省体育赛事中心、万宁市文体局协办。

突出盐城文化特色 打造恐龙文化品牌

四川省井研县文化体育广电新闻出版旅游局 李旭东 谢玉忠

一、井研县基本概况

井研县位于四川盆地西南部，龙泉山脉尾段岷江支流茫溪河中上游。地处东经 103°52′~104°15′，北纬 29°27′~29°35′。幅员面积 840.64 平方公里，人口 42 万。井研县是典型丘陵地区，属亚热带，气候温和，雨量比较充沛，年均气温 17℃~20℃，冬无严寒，夏无酷暑，年均无霜期 331 天，一年四季都适合旅游。县城北距成都 142 公里，西至乐山 37 公里，东南距自贡 118 公里。位于四川国际旅游南环线上，同世界文化与自然双遗产乐山大佛——峨眉山形成旅游"金三角"。

井研，岁月峥嵘，历史悠久。自西魏十六年（公元 550 年）置蒲亭县；隋开皇十一年（公元 591 年），改置井研县。沿革至今，已有 1400 多年的历史。井研，山川秀美，人杰地灵。境内苍雄神奇的龙泉山麓，蜿蜒幽曲的茫溪河流，灿烂的历史文明孕育其间。唐宋年间，井研就是蜀中盐、丝主产地。早在宋元丰时（公元 1078~1085 年），井研开办"卓筒井"已经发展到 100 多家，是当时川盐的主要产地之一，同时也是中国近代深井钻探技术先河——"卓筒井"的发祥地之一。沧桑千余载，人才辈出，有"人物媲于上州"之誉。近代涌现了清末经学大师廖平、辛亥元勋熊克武等历史名人。

境内有乐山最大湖泊大佛湖，以及红星湖、高家寺水库等大小水库 51 座。青山碧水，空气清新，近年来，坡耕地改造、水土保持建设、生态林建设改造、科学定植布局、成片开发出优质柑桔、台柚、梨子、枇杷、葡萄、桃子、李子、樱桃等水果基地，已形成融生态环境、观光农业为一体的生态农业示范园区，为生态观光、农业旅游提供了良好的条件，且人文景观丰富，保存了许多具有旅游价值的历史文物，如唐代千佛岩，宋代大诗人陆游经过井研的驿站，清代雷畅故居，雷氏宗祠，研经熊克武故居，熊克成故居，廖平墓，三江雁塔，刘邓大军解放大西南竹园战场遗址、乐山竹园烈士纪念园等共计 10 余处，自 1979 年以来，还先后在王村、研经、黄钵、东林、三江、马踏、千佛等 20 个乡镇发现了有"恐龙之父"之称的马门溪龙化石，这就为

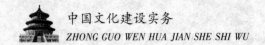
乐山的旅游增添了新的内容。目前，正在努力突出恐龙文化旅游特色，打造盐城文化旅游品牌。

近年来，传媒频频聚焦井研，其丰盈深厚的文化积淀、多姿多彩的民风民俗和得天独厚的生态环境早已声名远播。

井研的文化资源优势明显，而丰富的盐卤资源和恐龙文化资源尤为突出，为打造井研文化品牌提供了广阔的空间。经过多次深入调研，并多方延请专家科学论证，我们在发展井研文化旅游产业方面的主要规划为："突出恐龙文化旅游特色，打造盐城文化旅游品牌"。

二、打造盐城文化旅游品牌

1、"井研"地名考释

"井研"二字的含义，文献记载各说不同。宋代《太平寰记》称那口最早开凿的井为"研井"。《周易·系辞》注疏云："研"字可作"精"字解。"井研"即"井精"也。南宋《舆地纪胜·隆州》又载：以县界有盐井研净，因名。所谓研净，实指盐质精美洁净。可见，"井研"二字是古人对盐井的赞美。汉代武阳县有井研镇。唐代的《元和郡县图志·井研条》载："井研盐井，在县南七里，镇及县皆取名焉"。可见井研镇的出现是由于发现了一口最早最好的盐井，吸引了盐业开发者的关注，遂在汉代形成集镇。

2、辉煌盐史

汉代开"研井"，始出现井研镇。西魏设蒲亭县，隋置井研县，都肇因于盐业。北宋中期，钻井汲卤技术获得突破性发展，出现"卓筒井"，井研由"山中小邑"，变成"要剧索治之处"。南宋时，县经济繁荣，人文鼎盛，跻身于蜀中发达地区。随着盐业生产发展，盐利成为重要的财源。

井研盐区，历代最高产量是：宋代248.93万斤，明代213.76万斤，清代约600万斤。

井研盐区在明清时颇负盛名，居四川盐场第四名。相应地，盐的贸易也日益兴盛起来。据《雍正·井研县志》和《嘉庆·井研县志》记载："……雍正九年，旧存新开盐井共二百三十七眼……水引八十九张，陆引二千六十八张，行新津、崇庆、温江、灌县、庆符、丹棱、仁寿七州县……"足见当时井研盐业的兴旺发达。

清代中叶以后，能源、交通条件落后于五通、自贡，处于不利地位。民国时期略有振兴。解放初废场转业。

1967~1976年间，经地质部钻探查明：井研境内，海拔-100米至-

1200 米，蕴藏优质岩盐 99.07 亿吨。占威西盐矿蕴藏量的 56.74%。盐矿开发利用前途广阔。2004 年，井研县委"8·5"工作会议后，我县加大了招商引资力度。2005 年，井研招商成功，大陆希望集团落户井研，投资 32 亿的盐化工项目正式启动。如今，井研作为西部著名盐化工基地正在奋然崛起！

3、做大做强盐城特色文化旅游产业

我们应立足于深挖盐城文化内涵，充分彰显这一特色。可从以下几个方面着手：

一是营造盐城文化旅游氛围。可在城南、乐井快速通道入口处建"中华第一井"大型雕塑，以抽象、夸张的手法，艺术地再现"卓筒井"汲卤的生动场景，给外界一个鲜活的盐城文化旅游形象。

二是提升"卓筒井"文化品牌的档次。近年来，有人称"卓筒井"为中国"第五大发明"，可以延请专家展开大规模的研讨、论证；同时，将"中华第一井"申报吉尼斯世界纪录。

三是花大力气搞好盐城文化艺术主题创作。可以延请专家，收集整理资料，在此基础上，以井研历史文化为内核，拍摄一部好的《盐马古道》电视连续剧，向世人展现 2000 多年盐业兴衰过程中的人情世故、商场争斗等历史画卷；编排歌颂盐城辉煌历史的舞蹈、戏曲；整理出别具一格、有着鲜明地方特色的《盐工号子》、《盐井歌》等系列歌曲；编写《大宋大盐商—青阳氏》、《大清大盐商—王伟钦》人物传奇，分别展示青阳氏靠制盐和贩盐发家，资雄西川和王伟钦靠制盐获利，富甲井研、犍为的曲折故事。对这些成果，要利用一切机会，通过各种渠道面向海内外广为传播、交流。

四是建设盐城历史文化博物馆。充分利用现代图、文、声、光、电等多种设施，展示井研 2000 多年辉煌的盐业历史、古老的盐文化。

五是利用盐卤资源优势，开发"人造死海"、"卤水浴"，与大佛湖生态旅游结合起来，形成互动。

六是将大陆希望集团投资开发的"盐化工基地"列为工业旅游参观点。

七是开发旅游纪念品、工艺品。可以开发"卓筒井"模型纪念品，既满足了游客的猎奇心理，也可以借机对外宣传营销。同时，开发多用盐系列，如调味盐系列、营养盐系列、功能盐系列、特殊用盐系列等。

三、突出恐龙文化旅游特色

1、井研恐龙化石特别多

我们生活的地球，大约有 60 亿年的历史，从距今大约 45 亿年起称为

"地质时期"。"地质时期"分为5个代：太古代—元古代—古生代—中生代—新生代。每个代又分若干纪，纪又分为更小的阶段叫做世，世还可细分为期。在中生代是爬行动物的时代，恐龙在当时的地球上占据了统治地位。所以，人们又称中生代为恐龙时代。

四川是"恐龙之乡"，这是古生物学界通过对大量的资料进行科学研究分析得出的结论。而我县境内正好以中生代侏罗纪中后期（距今约1.3～1.5亿年）沙溪庙组地层为主而且非常发育。因此，我县境内到处有恐龙化石。

1986年2月，在我县发现了被称为"亚洲第一"的马门溪龙。由是，井研恐龙声名大噪。

2、丰富恐龙文化内涵，完善基础文化设施

一是在乐山、井研分别建设展示井研系列恐龙化石的专题博物馆。馆内可运用多项现代技术与娱乐手段，各功能空间以逻辑路线互相关联；馆内各展示厅既自成一体又相辅相成，营造科学启智与审美情趣相融合的动感空间，以古生物发生、演化和灭绝为线索，弘扬人类与自然界和谐发展的新自然观。

二是与中科院合作，将我县作为专题研究古脊椎动物的联系点、侏罗纪中后期考古联系点；同时，可作为高等院校地质专业研究生科考基地。

三是抓住经营城市、建立文化广场的契机，在城区中心、公园、文体中心以及各居住小区，建立风格各异的恐龙雕塑。

四是开发以井研马门溪龙为主的系列井研恐龙卡通吉祥物旅游纪念品。

总之，通过突出盐城文化特色，打造恐龙文化品牌，要给外界以耳目一新的感觉。让盐文化、恐龙文化在海内外客商的心目中打下深刻的烙印，使之目之所及、耳之所闻，到处是"盐井"、"恐龙"的鲜活形象！

四、抓好配套文化旅游品牌打造

井研的文化旅游资源优势突出，除以"卓筒井"为代表的盐业历史和制盐文化、以亚洲第一大恐龙马门溪恐龙化石为代表的恐龙文化外，还有：以雷畅故居、熊克武故居、熊克诚故居等代表的名人故居文化；以刘邓大军解放大西南战场遗址、国民党"天下第一团"的覆灭之地——乐山竹园烈士纪念园为代表的红色旅游文化；以享有"嘉州东湖"美誉的乐山最大湖泊——大佛湖为代表的生态旅游文化；以千佛古镇、纯复剪纸、分全书画为代表的民俗文化；以三江宋塔为代表的重点文物保护单位；以周末文艺广场、重大节庆文艺活动为代表的群众文化；以名人雕塑、名人故里为主题的名人文化；以廖平经学思想为主体的经学文化……

值得重视的是，由于历史和地理方面的原因，仔细考究起来，井研和乐山的人文底蕴竟然惊人相似，甚至一脉相承。譬如，乐山有世界文化遗产——乐山大佛，井研有千佛摩崖造像，且二者同时建造，又同为礼佛胜地，渊源极深；乐山有大"三江"，井研有小"三江"；乐山有"灵宝塔"，井研有"宋塔"，堪称"兄弟塔"，而且都位于"三江"汇流的风水宝地处，方位极其相似……因而，借助乐山文化旅游的优势，精心打造井研文化旅游品牌大有可为。

　　目前，我们在井研配套文化旅游品牌打造方面的初步规划：

　　1、乐山竹园烈士纪念园红色旅游品牌。竹园烈士纪念园是乐山市人民政府重点文物保护单位，四川省委、省政府命名的"四川省爱国主义教育基地"。现已收集整理了竹园铺战斗的文物资料、历史图片、首长题词、烈士英名、烈士事迹，在战史纪念馆内采用图片、文物和光电设备等展示了28师进军西南，解放四川，激战竹园的英雄业绩，再现了先辈们前赴后继、英勇奋斗的革命精神。竹园烈士陵园将被打造成为乐山市开展爱国主义和革命传统教育的窗口，自雅路一线上的红色旅游地。

　　2、大佛湖生态旅游品牌。大佛湖作为乐山最大湖泊，享有"嘉州东湖"的美誉。湖光山色，田园野趣，野鹤成群，是独具神韵的西部水乡中难得的珍稀版本。同时，由于环境保护良好，生态优势得天独厚，具有很大的开发价值，是目前我县最有开发前景的旅游资源之一。名牌时尚旅游杂志《旅游天地》2006年第3期，把大佛湖列入"中国20个如画乡村"，以"大佛湖，云彩与鸟共舞的水乡"为题，图文并茂地予以报道，在全国具有重大影响。

　　在生态旅游日益成为旅游时尚的今天，大佛湖生态旅游具有重大开发价值。近年来，县委、县政府高度重视大佛湖的开发。我们可以借鉴石象湖的经验和模式，在建设卓绝的生态环境的同时，增添设施，培育文化氛围；将大佛湖的历史文化资料加以收集整理，予以策划、包装，加强对外宣传。开发野生候鸟观赏基地、水上运动基地、水上龙舟巡游等多种项目，丰富生态文化内涵，着力打造生态文化品牌。

　　3、名人故居文化旅游品牌。雷畅故居既是明清时川南民居风格的缩影，又是文化遗产，意义重大，具有很大的保护价值。熊克武故居、熊克诚故居，作为名人历史见证，具有重大的历史研究价值。要认真维护，并深入细致地做好有关资料整理，做好对外宣传，切实把这一品牌打造好。

　　4、川南民俗文化走廊旅游品牌。在乐井快速通道两侧建设"川南民俗文化长廊"。井研千佛古镇旅游开发，以分全书画为代表的"中国民间艺术之乡"、以纯复剪纸为代表民间工艺都可以纳入这一范畴中。具有地方特色的民间曲艺如川剧座唱、腰鼓、高跷、龙灯等可以经常巡回表演，充分展示井研的民俗魅力。

5、经学文化品牌。搜集整理廖平生平事迹及所著学术，筹建经学学术研究会、经学博物馆，弘扬经学文化。

6、重点保护文物品牌。三江宋塔、雷畅故居等重点文物，要认真加以维护和合理利用；并增添文化设施，丰富内涵，供游客观赏。

文化广场休闲旅游品牌。一方面，利用文化广场，开展文艺活动，丰富人民群众的文化生活；另一方面，要建好名人雕塑，宣传名人文化。拟雕塑辛亥元勋熊克武、经学大师廖平等名人像，为井研文化广场添亮点，提高井研的城市品位。

7、地方名特旅游产品品牌。一是美食文化品牌，主要包括旅游特产如"哈哥"兔干、台柚、何郎面、斗鸡菇、脆红李、小花生、脐橙、"蓝雁"食品、羊肉汤、烧烤等，另可引导商家投资开发地方特色文化酒，逐步打造为乐山接待酒。二是旅游纪念品品牌如竹雕、竹编、剪纸、丝制品、恐龙模型、"卓筒井"模型、书画等。

总之，一个县域文化旅游的发展，离不开重点品牌的打造，因为品牌的价值和意义是不可估量的。而配套文化旅游品牌的作用和意义也不容忽视，必须抓紧抓好。在旅游规划上，要多方征求专家意见，精心规划，科学论证，结合实际开辟旅游项目；在旅游宣传上，要通过多种方式，吸引传媒参与，从图片、音像、光碟到举办旅游节、会、展等，大力展开宣传营销攻势，打好生态旅游牌；在开发资金上，可以通过向上争取、开展招商引资等渠道，积极推进。

十分可喜的是，我县县委、县政府对于发展文化旅游产业非常重视。县委书记余应军同志多次作出重要批示，要求突出重点，充分发挥井研文化旅游资源的优势，做好"结合"文章，不断提升井研文化旅游品牌的档次！我们坚信，在县委、县政府的正确领导下，在上级各相关部门、科研单位、旅游学院的关心支持下，就一定能够充分突出恐龙文化旅游特色，成功打造盐城文化旅游品牌，为乐山建设旅游强市、文化强市、经济强市作出应有的贡献！

"文化"花开满庭芳

四川省邻水县文化广电新闻出版局 黄 卫 刘德友

1996年7月，邻水县被国家文化部授予"全国文化先进县"称号，2015通过了第四次复查复验收。近年来，邻水县委、县政府高度重视文化工作，全面落实中省关于深化文化体制改革、推动文化大发展大繁荣各项文件精神，始终坚持以满足人民群众精神文化生活需求为根本，以创建平安文化为切入，把文化事业发展纳入全县经济社会发展的重要议事日程，不断加强领导，加大投入，强化管理，扎实工作，全县文化事业呈现出了"阵地建设快速推进、文化活动丰富多彩、群众体育蓬勃开展、文艺创作成果丰硕、广播影视长足发展、文化市场规范有序、文化遗产有效保护"的良好发展局面，县文广新局先后被表彰为全国"全民健身先进单位"、"群众体育先进单位"，全省"服务基层服务群众先进单位"、"文化市场行政执法先进单位"、"新闻出版广电工作先进单位"。

（一）突出"三个强化"，文化工作稳步推进

一是强化工作领导。县委、县政府进一步加大了文化工作的重视力度，明确提出了"十二五"期间及更长时期全县文化事业和文化产业发展规划，将文化大发展大繁荣融入了全县经济社会发展总体思路，并写入了政府工作报告，做到文化建设与经济社会发展同部署，同落实，同考核。二是强化责任落实。出台了《邻水县"十三五"文化事业和文化产业发展规划》《邻水县关于加快推进文化大发展大繁荣的决定》《邻水县加快构建现代公共文化服务体系的实施意见》，做到目标明确，责任到人。三是强化督查考核。近年来，自觉将部门和乡镇文化工作开展情况纳入了目标考核内容，有针对性地制定了考核标准，细化了考核指标，并重点对巩固"全国文化先进县"成果情况进行了定期和不定期的督促检查，对责任不落实、工作不到位的实行了问效追责，确保了工作落地见效。

（二）加强"三大投入"，文化工作保障有力

一是加强文化经费投入。严格按照要求，全面保证公共财政对文化建设投入的增长幅度高于财政经常性收入增长幅度，进一步提高文化支出在财政支出中的比例，确保了县、乡文化机构的正常运转和文化事业的健康发展。

2013 年财政预算文化支出 3676 万元，比上年增长 26%，2014 年财政预算文化支出 5892 万元，比上年增长 60.28%；2015 年财政预算文化支出 6250 万元，比上年增长 6.08%，均高于同级财政增长比例。二是加强文化硬件投入。自 2012 年以来，通过向上争取、加大县级财政投入和鼓励社会投资、捐助等方式，不断充实和完善了县、乡、村（社区）各类文化设备设施，已建成县体育场、邻州文化广场、黄桷树公园、全国公共文化信息资源共享工程邻水支中心、45 个乡镇综合文化站、130 个乡镇村文体广场、470 个村级广播站、475 个"农家书屋"和 47 个"社区书屋"，建好了"国家一级文化馆"和县博物馆，实现了"两馆一站"免费开放。三是加强文化人才投入。狠抓文化人才队伍建设，加大高层次人才引进和专业人才培养力度，促进了文化建设工作水平的大幅提升。2012 年以来，在县广电局、文体局原有人员的基础上，又面向社会公开考录了高层次文博人才 1 名、公务员 6 名、音乐（舞蹈）艺术人员 3 名，选调了 10 名专业人员。目前，全县形成民间狮子、龙灯、腰鼓、唢呐、钢弦乐队和文艺演出团体 100 余支，为丰富群众文化生活、促进全县文化事业发展提供了坚实的人才保证。

（三）狠抓"三大活动"，群众文化丰富多彩

一是狠抓群众文化活动。以传统文化、民俗文化为切入，每年正月初一至十五都要在街头组织开展舞龙狮等特色文化表演，广场电影、坝坝舞、腰鼓队、太极拳（剑）、健身舞操等群众文化活动已成为邻水特色，校园文化、企业文化、农村文化、社区文化和节日文化多姿多彩。二是狠抓重大演出活动。先后举办了建党 95 周年"永远跟党走"文艺晚会，黄桷树公园文艺演出，"书韵邻州"全民读书系列活动、邻水县第一、二、三届全民读书节，"实现伟大中国梦　建设美丽繁荣和谐邻水"广场系列文艺演出、"渝邻情长"第一、二、三届赴渝文艺演出、邻水县第五届农民文艺调演、庆五一音乐会，承办了国家文化部"三下乡"演出活动，每年还举办春节、元宵文艺晚会，一一唱响了主旋律、传递了正能量。三是狠抓文化下乡活动。按照"三贴近"要求，每年组织演出队伍深入乡镇、村组、企业和学校开展文化下乡 100 场以上，"感恩小平作贡献·服务群众到身边""廉洁聚能量·幸福千万家"、"小康路·脱贫情"等文化下乡巡演广安市独树一帜。

（四）推进"三大建设"，文艺创作成果丰硕

坚持"深入基层、扎根人民"，积极推进"文艺创作规划、文艺创作人才、文化创作成果评先"三大建设，制定了《邻水县"十三五"文艺创作规划》，每年组织文艺创作采风、诗歌歌曲征集活动，开展廉政春联书法竞赛活动，创作了一大批群众喜闻乐见的文艺精品。县作协、音协、美协会员由2012年前的100人增加到2015年的300人，800余篇诗歌、小说、散文、戏剧等文艺作品在各类文艺刊物发表，出版小说40部、作品集20部。以孝女曹于亚为原型拍摄的电影《山花烂漫时》在全国公映，《留守姐妹花》获文化部艺术中心全国曲艺一等奖，《李准南海亮剑》电影剧本获四川省第八届戏剧一等奖。音乐小品《脐橙情》获得四川省第十三届小品大赛优秀编剧、优秀导演、优秀演出10项奖励。

（五）健全"三大网络"，文化遗产保护有效

成立了以分管县长任主任的文物保护委员会，45个乡镇和475个行政村也成立了文物保护领导小组，39处县级以上文物保护单位均选聘了一名文物保护员，县、乡、村三级文物保护网络健全，完成了第三次全国文物普查，新发现文物524处，汤巴丘村落被省文化厅、住建厅、财政厅列入四川省首批传统村落。启动了第一次可移动文物普查工作，共普查登录全县国有单位676个，普查率达100%。对39处省、市、县级文物保护单位加大了保护力度，建立了"四有"标志，全县无文物安全事故发生。《手掌木偶》成功申报省级非物质文化遗产保护名录，太和乡获称"四川省2014~2016年民间文化艺术之乡"。

（六）强化"三大管理"，文化市场建设繁荣

本着"开放搞活、扶持疏导、面向群众、供求两益"的原则，强化"网络文化市场、娱乐演出市场和出版物市场"三大管理，积极培育和发展文化市场。通过努力，文化市场布局逐步从县城向乡镇延伸，经营项目已日趋多样化、规模化，基本形成了歌舞娱乐、演艺、音像、出版物、互联网上网服务、电子游艺、印刷复制业、广告和文化传媒、经营性体育等综合性市场体系。到2015年，吸引民间资本兴办大型文化娱乐项目10余家，投资1000万元以上的就达4家。全县文化经营户达到300多户，从业人员4000余人，2015年文化产业增加值占全县GDP的比重达到4.02%。

坚持守土有责、依法行政，加强文化市场管理，努力维护文化市场良好经营秩序。先后开展了网吧、歌舞娱乐场所及电子游戏经营场所专项整治和扫黄打非"清源 净网 秋风"等专项行动，共出动执法车辆400余台次，执法人员1000余人次，检查文化市场经营场所980家次，现场纠正各类违法行为200余起，取缔"黑网吧"36家、"黑电子游戏厅"20家，查处有证网吧25家、无证书店12家，吊销了2家网吧《网络文化经营许可证》，先后查缴各类非法出版物6000多册、盗版音像制品15000余张。2015年4月13~16

日"四川、西藏两省（区）文化市场综合执法'模式示范班'"在邻水举办。

（七）深化"三大改革"，文化发展活力增强

一是深化文化管理部门和事业机构改革。完成了广电、文体部门整合，组建了邻水县文化广电新闻出版局，设立了文化市场综合执法大队。在国有文艺院团改革中，注销了邻水县川剧团事业单位法人资格，成立了邻水县非物质文化遗产保护中心。省有线电视网络邻水分公司、县广播电视台分别从文广新局剥离，成独立企业法人和事业法人单位，局、司、台分开运行机制建立。二是深化公益性文化事业单位内部改革。按照"增加投入、转换机制、增强活力、改善服务"的要求，县文化馆、图书馆、文管所等直属事业单位分别推行了定岗定编定职责，考核奖惩定绩效等内部改革措施，有效激活了工作合力。三是深化人事制度改革。全面推行了全员聘用制和从业资格制度，引入竞争机制，对文化系统干部实行公开选拔、竞争上岗、择优使用，建立起能进能出、能上能下、合理流动的用人机制，采取"送出去、请进来"等方式，选拔培养了一支德艺双馨的专业人才队伍。

又见几载春风度，别有鲜花满庭芳。我们坚信，永不止步的邻水人，将踏着文化大发展大繁荣的鼓点，迈开跨越的步伐，在实现"全国文化先进县"向"全国文化强县"跨越的征程上，张帆远航。

全力打造阳明文化品牌

贵州省修文县文体广电旅游局

一、阳明文化与修文的关系

1508 年，王阳明因为抗疏营救南京科道戴铣等人，得罪了宦官刘瑾，因受其所害，被贬谪到龙场驿（今修文）任驿丞。王阳明在龙场时间不足三年，谪居龙场期间，虽身处逆境，困难诸多，但仍能潜心研究《易经》，反思程、朱理学，大悟"格物致知"之旨，创"知行合一"学说，奠定了"致良知"的学术基础，终至创立了"心学"体系，影响深远，远及海外；创办龙岗书院，聚徒讲学，受聘贵阳文明书院授课。短短的两年多时间里，他就写了《居夷诗》140 多首，著有《五经臆说》46 卷，共有记、序、文、信等各类文章 35 篇。其中被选入《古文观止》的名篇有《瘗旅文》、《象祠记》，这些诗文的历史价值和学术价值都很高，是研究阳明心学和贵州文化的可贵资料。王阳明与贵州许多政界人士都有交往，并与他们有诗唱和，很多官员都敬重他，他为按察副使毛科写《远俗亭记》；为监察御史王济写《文章轨范序》；为总兵施怀柔写《气候图序》；为阳朔知县杨尚文写墓志铭等。王阳明研读讲学之余，还不辞辛劳游览附近的山水风光，名胜古迹。先后涉足今修文的木阁箐、南山、西山、水滨洞、天生桥、蜈蚣桥、六广河等处。在贵阳时到过栖霞山、来仙洞、南霁云祠、南庵、白云堂、汪氏园、蔡氏楼等地。所到之处或著文，或吟诗，赞美当地的山山水水、民风民情。这些诗文反映了劳动生产，展现了士民友情，记录了民风民俗，饱含了人生哲理，宣传了自己的心学思想。这些诗文对了解当时黔中农业生产、生态环境、民俗风情，以及王阳明的心学及教育思想都具有重要的价值。正德四年（1509 年）冬天，王阳明先生奉命调任江西卢陵知县，离开龙场。

王阳明的哲学思想主要是以"心即理"、"知行合一"、"致良知"为主。"心即理"是王阳明龙场悟道后持守的哲学思想，龙场悟道的基本结论实质上就是"心即理"。"知行合一"是王阳明谪居龙场时所悟，龙场悟道的主要内容就是"知行合一"。"龙场悟道"是王阳明一生中重要转折阶段，"知行合一"的创立是我国哲学史上的重要突破，"龙岗书院"的创办是贵州教育史上的新的里程碑。因此，王阳明贬谪龙场和在龙场的经历，是研究王阳明哲学思想、教育思想的一个必不可少的重要阶段和内容。龙场（今修文）被当今中外学者称为"良知之源"，修文也因此而被誉为"王学圣地"，被中外学者尊为阳明心学的"耶路撒冷"。

阳明文化已成为修文乃至贵州一张重要历史文化名片。为更好地弘扬"龙场悟道"的创新精髓、"知行合一"的实践精神，体现传统文化与民族文化和谐共荣的现实范例与历史意义，县委、县政府非常重视阳明遗迹的修缮和保护，高度重视阳明文化的研究和弘扬，已连续成功举办了四届中国·贵阳·修文国际阳明文化节，得到了来自海内外专家、学者的关注和参与，取得了丰硕成果。

二、阳明文化的传承和品牌塑造情况

长期以来，修文县始终将弘扬阳明文化作为重要历史使命，一直致力于阳明文化的保护和开发，致力于历史遗迹、遗址的修缮和保护，按照"三足鼎筑"战略，立足阳明文化作为贵阳精神的发源地和贵州重要文化名片，不遗余力抓好阳明文化的传承弘扬，深挖阳明文化内涵，加强阳明文化渗透力建设，发挥阳明文化的寻根体验、启迪教化作用，全力推进阳明文化宣传推广和普及教育和品牌工作。

（一）搭建阳明文化交流平台

为抓好阳明心学体系的研究、弘扬品牌塑造，修文县于 1999 年、2002年、2005 年、2009 年先后成功举办 4 届"国际阳明文化节"，并举办了"中国贵州王阳明国际学术讨论会"、"中国贵阳国际王阳明学术讨论会"、国际阳明学术讨论会、"良知与和谐社会"高端论坛、阳明文化国际学术研讨会等学术研讨活动，为海内外专家学者搭建了很好的文化交流平台，形成了一批有价值的研究成果，对阳明文化传承、弘扬和品牌塑造起到了积极的推动作用。经县委、县政府研究，将坚持"党政推动，市场运作、社会支持、全民参与"的模式，从 2016 年起每两年举办一届中国国际阳明文化节，逐步将阳明文化节培育升级为省和国家级文化重要节事活动，打造成为中国优秀传统文化的知名品牌。目前，2016 贵州·修文第五届国际阳明文化相关筹备工作正在开展前期工作，工作方案已报市委待批，初步策划主要活动包括国际阳明文化节开幕式、阳明国际论坛、大型原创历史话剧《王阳明》公演、王阳明诗文音乐会、王阳明民间祭祀活动、"阳明圣踪"寻访游、"阳明杯"文学艺术作品展赛、诗词吟诵等。

（二）创建阳明文化研发载体

早在 1995 年 6 月，修文县县就以社团形式组建了"阳明学研究会"，聚集了县内王学爱好人士开展学术研讨。2010 年 10 月成立了"修文县阳明文化研究发展中心"，2015 年，经县人民政府研究，决定将"修文县阳明文化研究发展中心"作为县文旅局内设机构，工作经费列入财政预算，作为修文县人才培育、对内研学、活动组织、对外交流的常设机构，已聚集了一批王学专家和 40 多位王学爱好者从事阳明文化的研究发展工作，组织举办了王阳明公祭、清明诗文祭诵王阳明、书法书画展等活动，并先后收集整理、编辑出版了《千古龙岗漫有名》、《王阳明在龙场》、《王阳明居夷诗今译与赏析》、《阳明胜境》、《王学之魂》、《王学之思》、《王学之路》、《王学之旅》、《王学圣地》等书著作，小说《王阳明》、《阳明先生的故事》，画册《王阳明谪黔遗迹》、《阳明先生法书集》，连环画《阳明先生》等达 20 多种学术成果。目前，正在组织筹备出版 8 本阳明文化读物。这批学术成果得到了国内外专家学者充分认可，本土阳明文化专家和阳明学爱好者也成为贵阳市哲学社科界的生力军。2015 年 3 月，贵州省《阳明学学会》编辑部已迁至修文，主要专家团队也常住修文，为修文县阳明文化研学、传承提供了有力的人才支持。2015 年初，县委、县政府启动组建国家一级学术研究会—中国阳明学会筹备工作，拟邀请原国务委员戴秉国担任顾问，目前正与全国社科联对接联系申报相关事宜。

（三）丰富阳明文化传承形式

按照县委、县政府关于做好阳明文化传承和弘扬的总体部署，县委宣传部、县文旅局充分发挥牵头抓总的职责，组织开展了系列宣传、宣讲活动，对推动阳明文化进机关、进社区、进校园、进企业、进农村、进景区起到积极的推动作用，阳明文化在外的知晓度和影响力也在不断提升。挖掘阳明文化时代价值，大力倡导"知行合一"精神，将阳明文化作为全县理论学习的专题之一，推进党员干部修身、养心、实干、为民，促进党政干部、公务人员、教师学生、社会群体在德育、修养、价值观等方面有所提升，全县"知阳明文化、学阳明文化、用阳明文化、践知行合一"的氛围正在逐渐形成。2013 年，由县文联牵头创办"重德修文"大讲堂，组织阳明文化专家、名家深入机关、学校、社区、农村开展阳明文化讲座，深受干部群众欢迎，截止目前已举办讲座 1499 场，受众人数近 6 万人（次），"重德修文"的品牌效应正在逐步形成。邀请中央电视台"中华文明之光"剧组、"天涯共此时"剧组、"走遍中国"剧组和"远方的家"先后在修文拍摄了《王阳明与明代心学》、《中国古代思想家——王阳明》、

《王阳明与贵阳》、《游六广河、探阳明洞》4个专题片。贵州电视台、贵阳电视台拍摄了《明代心学大师—王阳明》、《龙场古道寻阳明》、《龙岗山上一轮月》，航拍电视片《王学圣地》等。贵阳市京剧团还排演了大型京剧《龙岗悟道》。与贵州广播电视台综合广播联合在阳明洞举办"浩瀚六百年·激荡新贵州"走进修文大型直播活动。先后拍摄了《龙场遗梦》、《龙场遗恨》、《北纬26度》等3部微电影。《中国日报》、《贵州日报》、《贵阳日报》等主流媒体经常性大篇幅宣传推介阳明文化。

（四）树立阳明文化城市形象

委托同济大学编制《修文县阳明文化城市空间布局规划》，将阳明文化元素更好地植入城市规划建设，提升县城城市形象设计，打造一批阳明文化主题景观，形成"处处体现阳明文化、处处体验阳明文化、处处点染阳明文化"的城市文化氛围，树立符合时代需求、引领现代城市居民精神生活的阳明文化城市新形象。重点抓好"1＋N工程"实施，"1"指建设修文阳明文化名城，"N"指打造修文阳明文化名城而实施的各项重点工程项目，即：建好一座城（修文阳明文化名城），建好一个园（中国阳明文化园），办好一所学校（修文县阳明学校），打造一个主题小镇（阳明文化园"梦回故里"主题小镇），打造一条文化体验精品旅游线路（阳明洞—三潮水—三人坟—蜈蚣桥—六广驿），出版一套系列丛书（阳明文化系列丛书），办好一个讲堂（"重德修文"大讲堂）。同时，在全县美丽乡村建设、城市河道整治、街道院落和机关、企业、学校等方面充分植入阳明文化元素，展示独有的阳明文化特色。

（五）抓好阳明遗迹遗址保护

充分挖掘、保护和整理阳明文化历史遗迹、遗址。阳明洞、玩易窝、蜈蚣桥已被命名为全国重点文物保护单位，并多次争取到国家、省、市文物保护经费进行修缮和保护。2015年修文县编制的《阳明洞保护规划》已获国家文物局审批，已争取国家文物局401万元专项资金用于阳明洞古建筑群防雷保护工程，《阳明洞古建筑群消防工程立项报告》和《蜈蚣桥修缮工程立项报告》已获国家文物局审批，正在按程序开展前期工作。争取省发改委专项资金97万元用于阳明洞基础设施改造。正在委托北京华茂中天公司进行《阳明洞电路改造》方案编制，委托北京天图集团公司编制《王阳明纪念馆陈列方案》和《阳明洞核心区总体规划》，计划投资4500万元。更换了玩易窝大门，修缮了围墙和硬化了步行道进行，增加了洞内照明设施、安装文物标志碑。按照贵阳市"千园之城"部署，县委、县政府明确由县市政投资有限责任公司负责规划建设玩易窝公园。目前，正在开展规划编制前期工作。拟规划以玩易窝遗址为核心，占地70亩，建设内容包括遗址修复、修建长583米宽12米的环园路、21277.3㎡广场进行绿化、广场青石铺垫及部分假山、仿古凉亭、文化柱建设等。项目建设周期为12个月，总投资10107.41万元，力争年内开工建设，2017年建成投入使用。

（六）举全力建设阳明文化园

如何把阳明文化做成产业、做成实体、做成品牌，如何把文化优势转化为经济优势。县委、县政府按照2014年3月7日习近平总书记在全国“两会”期间参加贵州代表讨论时作出的“明朝时，王守仁（王阳明）曾经在贵州参学悟道，贵州在这方面还是很有优势，希望在这方面继续深入探索”重要指示，提出了“依托阳明文化品牌和世界影响，加快推进旅游文化产业发展，探索贵州产城融合的特有实践模式”的工作思路，按照“国际领先，国内一流”和“做足文化，做成精品”的目标定位，以阳明洞为核心，规划建设中国阳明文化园项目，项目占地总面积3455 5亩，计划总投资67.2亿元，由贵州旅游投资集团有限公司投资建设，已列为贵州省“十大文化产业项目”和全省100个城市综合体项目。截止目前，阳明文化园核心区广场完成石板铺设2.2万平方米，文化墙砌体长800米和8棵石柱、“中国阳明文化园”招牌石、“真三不朽”照壁石安装和亲民台建设，王阳明碉像已于2015年5月7日9时18分落成，宽24米、高12.6米的全石料“知行合一”牌坊已完成前期制作，即将组装。游客服务中心主体已完工，即将进行内外装修，停车场即将动工建设。广场绿化主体工程已进入收尾阶段，“龙场悟道”园、“天泉证道”园正在组织施工。衡南云轩主体已完工正在进行室外装修。核心区广场110KV的2趟线路正在实施，其余6趟线路已迁改完成，5趟弱电线路已迁改完毕。总投资1011万元的2.1公里河道治理工程已基本完成，泥竹寨至水塘村段道路改线工程已完成，格致路改造工程已完工并投入使用，延申段正在加快建设。文物保护区文物本体防雷、防腐等工程已全面完成。“AAAA”级景区创建工作有序推进，阳明文化园核心区和衡南云轩计划于第五届阳明文化节前（约今年10月份）对外开放。

（七）塑造阳明文化发展品牌

以中国阳明文化园为平台，突出功能导向、模式创新、品牌打造，丰富特色文化内涵，打造全省及至全国文化产业示范基地。依托阳明文化节载体，争取将生态文明贵阳国际论坛中的相关“阳明文化论坛”、“儒学论坛”在修文举办。依托“龙岗书院”平台，定期举办“阳明学国际论坛”、“龙场国际儒商论坛”以及儒家与大文明的“高端文明对话”，把修文龙场打造成为中国优秀传统文化文化的第一学术高地。强化系列阳明文化打造，成立中国阳明研究会、阳明书画院，做大做强"知行印社"，促进学术成果和艺术作品走向市场转为文化商品。组建阳明文化演艺传媒发展有限公司，打造《龙场悟道》大型实景剧。推动阳明文化在旅游开发、文化创意方面形成产业，进一步塑造阳明文化品牌，全方位、多层次、广领域提高阳明文化影响力、感染力和渗透力。

下步工作中，我们将按照市委、市政府的部署和要求，按照今天调研组各位领导的意见和要求，加大工作统筹力度，整合各种资源要素，强化工作措施，全力抓好阳明文化品牌塑造等各项工作。一是加快推进阳明文化园建设。围绕举办第五届阳明文化节这个时间节点，抓好核心区在建项目的调度，确保在文化节之前完成并投入使用。同时，努力创造条件，逐步启动龙岗书院、河道治理、五星级酒店、文化创意主题街区和停车场等项目动工建设。二是举全县之力办好阳明文化节。县委、县政府高度重视阳明文化节的举办，将举全县之力，积极争取省市相关部门的支持，按照"创新、协调、绿色、开放、共享"五大理念，大力倡导"知行合一"精神，深度挖掘阳明文化内涵，逐步将阳明文化节培育升级为省和国家级文化重要节事活动，打造成为中国优秀传统文化的知名品牌。三是切实抓好阳明遗迹遗址保护。进一步做好阳明遗迹、遗址的调查摸底工作，系统编制《修文县阳明遗迹、遗址规划》，积极争取国家、省、市资金和项目支持，切实做好阳明遗迹、遗址的修缮和保护工作。四是编辑出版阳明文化系列丛书。继续抓好相关图书的研发和出版工作，编辑出版《王阳明经典诗文赏析》、《龙岗阳明文库》、《王阳明经典语录》、《市民教育读本》、《连环画》、《王阳明诗词》、阳明文化中（小学）校本教材等书籍。五是打造阳明文化体验旅游精品线路。加快推进阳明文化园创建"AAAA"级景区申报工作，并以此为推动，做好相关配套设施建设和软环境提升工作，重点打造以阳明洞—三潮水—玩易窝—三人坟—天生桥—六广河为重点的文化体验旅游精品线路，推进文化和旅游的深度融合发展。七是抓好阳明文化网络宣传平台建设。互联网＋文化的思路，引入大数据理念，建立阳明文化主题宣传网站，方便大众查阅阳明文化的相关知识，推进阳明文化植入民众生产生活。同时，充分运用"重德修文"大讲堂载体，深入开展阳明文化"六进"活动。八是抓好阳明文化名城规划建设。按照《修文县阳明文化城市空间布局规划》，按照将阳明文化元素更好地植入城市规划建设，提升县城城市形象设计，打造一批阳明文化主题景观的总体思路，力争用 2~3 年时间，将县城打造成为形成处处体现阳明文化、处处体验阳明文化、处处点染阳明文化"的阳明文化名城。

让阿诗玛文化永葆青春绽放异彩

云南省石林彝族自治县文化广播电视体育局 周保能 赵 黎

石林彝族自治县（以下简称"石林县"）地处云南省东部，距昆明主城78公里，全县国土面积1719平方公里，辖1街道3镇1乡，89个村民委员会，4个社区居民委员会，387个自然村。县内居住着汉、彝、白、哈尼、壮、傣、苗、回等20余个民族，常驻人口25.6万人，其中：少数民族人口8.72、占35.6%，彝族人口8.42万、占全县总人口的34.3%、占少数民族总人口的96.5%。石林民族文化底蕴丰厚，以"阿诗玛"为代表的彝族撒尼文化内涵丰富，源远流长。早在19世纪末，法国学者保罗·维亚尔就把彝族撒尼优秀民族文化叙事长诗《阿诗玛》翻译成法文介绍到国外。1950年民间叙事长诗《阿诗玛》整理成汉文出版轰动了中国文坛，先后被译成英、俄、日、德、韩、西班牙等10多种外文版本，享誉世界文坛。叙事长诗《阿诗玛》被改编成同名彩色音乐电影后，风靡全国，经久不衰。

一、基本情况

县委、县人民政府历来高度重视阿诗玛文化的保护、传承和发展，经过多年的努力，石林县先后被文化部命名为"现代民族民间绘画画乡"、"全国文化工作先进地区"、"中国民间艺术之乡"和"中国民间文化艺术之乡（歌舞之乡）"等荣誉称号，2014年再次创建为全国文化先进县。打造了享誉海内外的"一诗"、"一影"、"一歌"、"一舞"、"一节"、"一绣"、"一技"、"一赛"、"一祭"九个一文化品牌。口传叙事长诗《阿诗玛》被国务院列入首批国家级非物质文化遗产名录，由叙事长诗改编制作的《阿诗玛》是中国第一部彩色宽银幕音乐电影，根据彝族撒尼民歌改编的歌曲《远方的客人请您留下来》被定为云南旅游代表歌曲、作为2008北京奥运会闭幕式主题歌曲之一，热情奔放的"彝族三弦舞"被列入第二批国家级非物质文化遗产名录，一年一度的彝族传统火把节被誉为"东方狂欢节"、被国际节庆协会评为中国最具发展潜力的十大节庆活动之一，石林"彝族（撒尼）刺绣"被列入第二批国家级非物质文化遗产名录，阿诗玛刺绣包荣获"中国国际技术产品展览会"金奖，2015年彝族撒尼刺绣荣获第五届国际非遗节展览"太阳神鸟"金奖；"彝族（撒尼）摔跤"被列入第三批国家级非物质文化遗产名录，尤其是彝族女子摔跤堪称石林民间体育竞技一绝，"中国石林牛王争霸赛"已成为远近闻名的斗牛活动知名品牌，彝族（撒尼）密枝节祭祀活动充满了东方神秘色彩、被誉为"中国男人节"。

二、主要做法

（一）注重文化保护，挖掘优秀民族文化资源

1. 加强领导，全面普查，为建立保护体系奠定基础。1999 年，石林县开展传统美术普查，3 个民间艺人获得省级民间"美术师、美术艺人、工艺大师"称号；2001 年，开展民间艺人普查，5 人获得省级民族民间"音乐师、舞蹈师"称号；2004～2005 年，县政府启动民族民间文化普查工作，成立了工作领导小组，抽调骨干组成普查队伍，共普查自然村寨（含村小组）452个，访谈对象达 5486 人次。

2. 确立保护对象，建立四级名录保护体系。保护内容涵盖民间文学、民间音乐、民间舞蹈、民间美术、传统手工技艺等共 10 个类别 74 个项目。目前，全县共有各级非物质文化遗产代表性保护名录 81 项，其中国家级 4 项（叙事长诗《阿诗玛》、彝族三弦舞、彝族（撒尼）刺绣、彝族摔跤），省级 4 项（糯黑彝族文化保护区、阿着底彝族撒尼族刺绣之乡、月湖传统文化保护区、"彝族器乐"），市级 28 项，县级 45 项；国家级珍贵古籍文献名录 1 项（彝文手抄本《指路经》）。先后命名各级项目代表性传承人 129 名，目前全县有国家级传承人 2 人、省级 14 人、市级 22 人、县级 91 人，形成了国家、省、市、县四级非物质文化遗产保护体系。

3. 重视基地建设，确立人文生态文化保护区。目前，全县共公布 12 个民族传统文化保护区，其中省级 3 个（糯黑村、月湖村、阿着底村）、市级 5 个、县级 4 个。

4. 坚持以人为本，着力解决传承人待遇。从 2012 年起，我县每年安排县级传承人工作补贴 2000 元。

5. 争取资金支持，夯实基础工作。近年来，我县共争取中央财政资金叙事长诗《阿诗玛》、彝族（撒尼）大三弦舞、彝族（撒尼）刺绣等 3 项非遗保护经费 284 万元，用于开展国家级非物质文化遗产名录的调查记录、实物征集、宣传展示、调查研究和建立档案等保护工作。先后争取省财政资金 40万元，用于传统文化保护区的保护规划。

（二）加大传承力度，弘扬优秀民族文化

1. 完善基础设施，构建非遗保护宣传阵地。多年来，共改造乡镇（街道）综合文化站7个、新建改造行政村文化活动室93个、建成农家书屋93个（其中9个卫星数字书屋）、农网培训学校11个，建立1个县级文化信息资源共享工程支中心、7个乡镇和74个共享工程服务点。形成了县有图书馆、文化馆，乡有文化站，村有文化室的三级公共文化服务场所，成为传承发展民族文化活动的主阵地。

2. 坚持活态传承，提升文化艺术品牌。大力推进公共文化服务运行机制建设，按照人均公共文化服务经费市、县级配套5元的要求，从2012年起县财政每年预算安排125万元，用于乡镇（街道）、村公共文化服务，有效激发了群众开展文化活动和传承优秀民族文化的积极性。目前，全县有20人以上的业余文艺团队619支，从业人员近2万余人，年均演出2千余场次，这些文艺队已经成为活跃我县群众文化和非遗传承展示的生力军。按照"政府主导、群众主体、企业参与"的运作方式，利用"文化遗产日"、"火把节"、"情歌节"、"旅游文化节"等节庆活动广泛开展各类形式的"活态文化传承"展演、展示活动，使非遗保护传承得以持续发展。鼓励广大文艺工作者深入基层、体验生活，拜师学艺，搜集、整理具有代表性的民族传统音乐舞蹈素材，开展文化艺术精品创作。每年举办1次民族民间歌舞展演，并积极组队参加两年一届的省、市民族民间歌、舞、乐展演，展示和推广石林县优秀文艺作品。近3年来，新创作品85件，参加省、市评选获奖12件。编辑出版了《石林县书画作品集》、《石林县第一届运动会摄影作品集》，创作了《撒尼人》、运动会主题歌《青春之光》、少儿读物《小小阿诗玛》等一批优秀文艺作品，打造了大型原生态歌舞《阿诗玛秘地》等文艺精品节目，配合云南大德正智传媒公司创作的中国原创音乐剧《阿诗玛》被列入国家艺术基金扶持项目，已在杭州、上海、昆明等公开演出30余场次，获云南省第十三届新剧节目展演金奖；《三弦魂》获市建设者之歌文艺比赛第一名，钢琴独奏《悲惨奏鸣曲》、笛子独奏《鄂尔多斯的早晨》获春城文化节少儿艺术大赛金奖，民族器乐节目《尼迷库》、民族歌舞《曼昂阿诗玛》分别获省第八届民间歌舞展演金奖和银奖，音乐情景舞蹈《唱响阿诗玛》获省第三届少数民族文艺汇演金奖，汉彝双语诵读《咏月》参加"风雅颂—国学经典诵读"决赛获"表演奖"和"最佳风采奖"，广场舞《马玲响来玉鸟唱》和声乐《不见了》均获省"彩云奖"。由圭山镇挖掘、编排，野核桃树民间文艺队表演的非遗文艺节目《叉舞》、《鼓舞》等在云南民族大学、昆明学院展演，受到了师生的广泛好评。由大三弦舞改编的《撒尼健身操》，已作为云南省体育局向全省推广的民族健身操项目。

3. 建立传承基地，广泛开展保护传承活动。在非遗项目主要流传地先后建立了阿着底刺绣基地、摔跤传统项目训练点、糯黑民族文化传习点、维则阿诗玛文化传习点、月湖阿诗玛文化传习点、万城阿诗玛文化传习点等传承基地，依靠传承人掌握的技艺和才能，结合传统民俗节日和民族生活习惯广泛开展保护传承活动，使民族文化遗产在保护中传承，在传承中弘扬。编制了《石林非物质文化遗产知识读本》（教材），开展非物质文化遗产知识"进校园、进机关、进企业、进农村、进社区"五进活动，大力普及非物质文化遗产知识，努力在全县营造宣传、保护、传承、弘扬非物质文化遗产的良好氛围。"大三弦舞、撒尼刺绣"等已列为中小学校的美术工艺课和课间操进行普及推广，深受广大师生欢迎。摔跤项目已在紫玉小学、民族小学、长湖中心学校、圭山中心学校、板桥中心学校长期招生开办。我县部分国家级、省市级项目代表性传承人分别受邀到云南省艺术学院、云南民族大学、昆明学院、石林民族中学等院校传授民族文化技艺，获得了师生的一致好评。

4. 传承民间工艺，培育发展文化产业。对群众基础好、市场前景好的彝族撒尼刺绣、民间绘画、民间雕刻等传统民间工艺等实施开发性保护，使民族民间传统手工艺发展成为带动群众致富、加快文旅融合发展的新兴产业。多年的努力，我县的传统工艺得到了前所未有的发展，以刺绣为代表的民族工艺产品远销国内外，增强了传承非物质文化的民族自信心和自豪感。

5. 重视理论研究，展示非遗保护成果。近年来，为宣传石林民族文化保护成果，加强保护成果的有效利用，组织开展了"非物质文化遗产保护成果展"，承办了云南省"民族传统文化保护区建设经验交流会"，组织参加中国非物质文化遗产保护成果展、中国少数民族非物质文化遗产展、成都国际非物质文化遗产节等宣传展示活动，取得良好的效果。先后公开出版了《阿诗玛文化系列丛书》、《中国民间文化遗产抢救工程—中国民间故事全书（石林卷)》、《石林县彝族文献典籍》、《路南彝族密枝仪式歌译疏》、《彝族撒尼祭祀词译疏》、《石林彝族撒尼地名古歌译疏》、《石林彝族撒尼指路经》等重要文献，出版了《石林彝语撒尼口语400句》读本、《走进石林彝族》大型画册光盘、《阿诗玛真假声唱法集》、《撒尼民间真假声唱法集》、《彝族礼仪歌曲选》DVD视频教学影碟及《石林之歌》歌曲集等一批研究成果。

6. 设立专项资金，鼓励民间文化传承交流。2012年，县人民政府出台《石林彝族自治县文艺精品创作和文化传承交流活动扶持奖励办法》，每年从

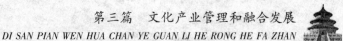

县文化产业专项资金中安排 100 万元，专门用于文艺精品创作和文化传承交流扶持奖励。先后实施了"月月牛王争霸赛"、大平地村阿诗玛民族文化传习馆、民间文艺团队包装推介营销、"欢乐石林·幸福彝乡"民族文化健身操推广、非遗知识技艺"五进"、民族民间情歌展演、民族传统体育竞技项目推广、蓑衣山村建设密枝文化传习馆、民族民间传统音乐舞蹈乐器音像集成、普世餐饮文化有限公司非遗展示、非遗歌舞剧《阿诗玛的婚礼》创作排练、少数民族传统体育项目培训基地创建等项目。同时，每年对开展民族文化传承交流活动、非遗项目文艺作品进行扶持。通过采取项目补贴、奖励、扶持等方式，有效促进了石林县优秀传统民族文化的繁荣发展。

7. 加大宣传力度，扩大石林非遗影响力。自 2005 年以来，我县联合中央、省、市电视台先后拍摄了《石林民间音乐》、《石林刺绣》、《石林摔跤》等专题片，在中央、省、市电视台播放。目前，正在拍摄《寻找阿诗玛》、《阿诗玛和她的传承人》、《彝族撒尼人生》等石林非遗题材的专题片，积极配合上海康华民族音乐艺术中心创作阿诗玛题材为主线的大型原创音乐剧《风中花》，拟在上海等部分一线城市进行展演。通过电视等宣传媒体的宣传，不断扩大提升石林非遗影响力。

（三）重视文物保护，弘扬石林优秀建筑文化

文物作为历史的物质遗存，是源远流长的中国历史的重要见证，是光辉灿烂的中华文化的重要载体，是维系中华民族团结统一的精神纽带。县委、县政府高度重视以文物为重点的历史文化古迹的保护。一是先后县级共三批文物保护单位，文物保护单位上升到33项。其中市级4项，县级29项。开展第三次全国不可移动文物和第一次全国可移动文物普查，完成文物测量、拍摄等信息数据采集 1457 件。二是完成武庙、文庙文昌宫、紫玉山戏楼、万仙阁、路南县临时人民政府成立旧址、金国富故居、昂氏彝汉文宗谱碑等文物保护修缮及环境整治工程。鼓励民间资本和集体资产参与博物馆业建设发展，新建了美邑石文化体验馆、喀斯特地质科研博物馆、糯黑彝族传统文化博物馆、月湖村《阿诗玛》传唱传习馆、维则村阿诗玛民族文化传习馆、普世老民族酒店民间艺术及撒尼传统生产生活用具展示馆等一批民间博物馆。三是完成第三批县级文物保护单位"四有"界定及公布，加强日常监管，确保了文物安全。

（四）助推文旅融合，加快文旅一体化发展

为加快文旅一体化发展，推动石林旅游转型升级，2013 年，县文广体局联合省委政研室完成了《石林县旅游融合式发展对策》课题研究；万家欢蓝

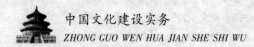

莓庄园成功申报为3A级景区；启动乡村旅游服务接待设施星级等级评定，评定5星级接待点1个、三星级1个、2星级5个、1星级3个；创新旅游宣传营销方式，开通石林乡村旅游微博，策划编制《悠游石林》宣传折页1万册；加快推进石林喀斯特地质博物馆、万家欢、杏林大观园、银瑞林大酒店、石林老街东门坊、福牛风情园、彝族第一村、万城阿诗玛旅游商品交易中心、鹿城广场、云石文化广场等重大文化旅游项目建设，着力打造火把节、情歌节等文化节庆品牌，加快推进文化旅游融合发展。

多年的努力，石林县阿诗玛文化发展取得了一定的成绩，但与石林打造"全国民族团结进步标兵"和"国际知名旅游胜地"的目标还有一定的差距。今后一段时期，石林县将进一步推进文旅一体化发展步伐，创新发展文化旅游、节庆旅游，办好"石林国际火把狂欢节"、"七夕情歌大汇"、"国际阿诗玛文化节"等文化旅游活动，加大文艺精品创作力度，加快构建现代公共文化服务体系。为建成富强石林、文化石林、生态石林、创新石林、和谐石林而努力。

党政重视 齐抓共管

云南省曲靖市麒麟区文化体育局 缪东胜 龙 浩

悠悠历史长河,让麒麟大地孕育出灿烂丰富的文化。建区以来,麒麟区文体局在区委、区政府的正确领导下,坚持文化"双百"方针和"二为"方向,努力践行社会主义核心价值观,全面实施《中共中央关于繁荣发展社会主义文艺的意见》和《全民健身实施纲要》,如今的麒麟文化体育事业,在加快转变经济发展方式中,大力推进文化体育强区建设,取得丰硕成果。

建区以来,麒麟区先后被评为"全国群众体育先进单位"、"全国新闻出版系统先进集体"、"云南省群众体育先进单位",多项工作走在全区乃至全市前列。麒麟区不断推进文化体制改革,文化体育事业得到繁荣发展,并成为经济发展的有力支撑。麒麟大地上涌动的文化之风,引领着新常态的强大正能量。

一、全区上下"一盘棋",把"文化"牢牢抓在手中

"文化是一个民族的精神和灵魂,是经济社会发展的重要支撑和强大动力。文化的作用往往润物无声、潜移默化,运巨变于无形。"这是麒麟区委、区政府对"文化"的深刻理解和生动阐述。

建区以来,麒麟区文化体育建设硕果累累,亮点纷呈。成绩的取得,得益于党中央和省、市、区党委政府的对文化体育事业的高度重视和有力领导。麒麟区委、区政府坚持把文化建设作为区委、区政府重点工作,纳入全区经济社会发展全局,做到组织领导、责任落实、人员落实、考核奖惩"四个到位"。

在组织领导方面,麒麟区坚持把文化体育强区建设作为各级党委政府的"一把手工程"牢牢抓在手上。为理顺体制机制,麒麟区建立了文化体制改革和文化产业发展工作领导小组、麒麟区文化体制改革专项小组,牵头抓好文化体育事业和文化产业发展工作,建立了一只上下贯通、左右联动、运行科学的文化建设工作队伍,形成了党政齐抓共管的工作格局。

在长效机制构建上,先后出台制定了《麒麟区全面贯彻全民健身实施纲要实施意见》、《中共曲靖市麒麟区委 曲靖市麒麟区人民政府 关于进一步

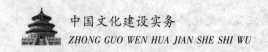

深化文化体制改革推进经营性文化事业单位转企改制的实施意见》（区党发〔2010〕17号）、《中共曲靖市麒麟区委　曲靖市麒麟区人民政府　关于进一步推进文化大发展大繁荣的实施意见》（区党发〔2010〕25号）文件和《麒麟区"十二五"文化体育建设发展规划》，明确了创建的工作标准、实施办法和长效管理措施。

在监督考核上，把文化体制改革和文化产业发展工作纳入目标管理考核，纳入领导班子和领导干部考核内容，在科学发展考核中，根据完成情况进行评估考核，奖优罚劣。

二、保护加扶持，让传统文化影响更深、传播更远

立足麒麟文化资源基础和特点，注重发掘地方文化资源，积极搭建产业发展平台，做大做强特色文化品牌。麒麟是爨文化发源地，历史悠久，文化资源丰富。如何将宝贵的文化资源发掘好、保护好、传承好，成为一道时代命题。

传统文化亮出麒麟特色。广泛开展节庆文化活动，每年春节、元宵节、中秋节等传统节日，形成了麒麟的地方文化特色。大力推动优秀传统文化进校园，开展"中华经典吟诵进校园"活动，道德经典和传统文化得到继承和发扬。

搭建载体，让传统文化深耕远播。积极组织举办非物质文化遗产进校园、进社区、民间艺术表演、群众文艺创作表演大赛等特色文化活动，积极组织开展特色鲜明、形式多样的对外交流活动，为弘扬中华民族优秀传统文化，提升麒麟的文化影响力起到了积极的推动作用。

非遗文化，在呵护中传承。麒麟区落实专项资金，对国家、省、市非遗项目实施重点保护。加强非物质文化遗产保护，历时近两年的精心编撰，《麒麟非物质文化遗产》一书印刷发行。较为全面反应了我区40余个非物质文化遗产项目（传承人）的保护和传承情况，展示了我区悠久的历史文化和民族文化。2015年，集中力量与越州镇人民政府共同对越州镇潦浒社区的土陶艺人进行了调查，共调查收集艺人10人，并召开麒麟区非物质文化遗产专家委员会评审，7人评审通过。同时通过的还有东山镇传统民俗传承人1人，民间手工艺项目1个。全区共有区级保护项目36个，市级保护项目16个，省级命名的文化传承人6人（已故3人）。

三、以民为本，以文惠民，不断完善公共文化服务体系

麒麟区始终把公共文化服务体系建设作为工作的重中之重，不断增强公共文化产品供给能力和服务水平。同时健全公共文化投入保障机制，财政对公共文化建设的投入增长幅度每年都高于财政经常性收入增长幅度。

建区以来，麒麟区用于公共文化体育设施建设的财政资金达到 15 亿元，金麟湾体育运动中心、"两馆一所"的建成，进一步提升了麒麟的城市文化品位。镇、街道综合文化站、社区文化中心、村文化活动室、文体小广场等一个个文化体育设施正逐步覆盖全区城乡，农村群众充分享受到文体惠民服务。已建成镇（街道）、村小组文化活动室 329 个，文体小广场（灯光球场）249 个，农家书屋 131 个，建成信息资源共享工程（农民网络培训学校）区级支中心 1 个、乡镇（街道）基层站点 11 个、行政村（社区）基层服务点 105 个。

广泛开展群众性文化活动。送戏下乡、电影下乡、图书下乡等文化惠民活动走进千家万户；"百场慰问演出"、"珠江源大舞台"、职工文艺汇演、农村文艺汇演、群众广场舞大赛等活动的开展，使城乡居民的文化生活变得更加丰富多彩起来。

群文培训辅导丰富多彩。继续组织开展广场舞蹈培训，巩固"欢乐广场.舞动麒麟"群众文化品牌，累计培训 2130 人次；在三宝镇黄旗和何旗小学继续组织开展每周不少于 10 课时文化进校园活动，在两所小学开设了音乐、舞蹈、书法、美术、传统历史文化、非物质文化课；对全区 4 户文化示范大户进行了为期 45 天的入户培训。全区农村文化户（联合体）由 2007 年的 200 余户增加到 1132 户，演职人员 20 人以上，演出收入 8 万元以上的达 104 户。

文艺精品不断涌现。结合自身实际，积极树立精品意识，以艺术精品创作为龙头，打造了一批反映我区民族文化特色的优秀精品剧（节）目。先后创作演出的大型历史舞剧《白石江》、大型民族原生态舞剧《乌蒙彝风》；舞蹈《耍腰》、彝族舞蹈《确哦确比》、小品《"猪"联壁合》；原创舞蹈作品《鱼之翼》经过中国舞蹈家协会初评、复评入围第十届中国舞蹈"荷花奖"，荣获"十佳作品奖"；创新思路，推动剧目创新，大胆改革和探索，精心创造了曲靖市首个大型舞蹈诗《爨·莲·陶》；精心打造以曲靖爨乡音乐和原生态舞蹈元素为基础，体现古爨的拙、狂、野的风格，传达了人和神的深刻内涵，再现爨乡曲靖的悠远神秘的舞蹈《爨》，参加中国上海民间民俗健身舞蹈大赛，荣获"最佳原创奖"，并获得云南省文化厅优秀作品项目资助。

全民健身体系不断完善。职工体育、社区体育、农村体育、学校（青少年）体育、少数民族体育、老年体育、残疾人体育活动广泛开展，麒麟区各体育协会、青少年体育俱乐部等全民健身组织充分发挥全民健身的带头示范引导作用，形成遍布城乡、规范有序、富有活力的社会化全民健身组织网络，全民健身体系框架初步形成，麒麟区现有各类体育协会 8 家，会员共 1 万余人。

群众体育活动蓬勃开展。积极组织元旦穿城赛跑、春节"三人制"篮球赛、文华街道、区卫生局、市发改委、"福邦杯"等综合运动会赛事，组队参加在湖南长沙举办的全国青少年运动会举重比赛；组织各项目教练员到学校调研，对传统体育项目进行摸底并运选拔运动员。发展势头良好，青少年体育运动蓬勃开展，进一步增强青少年身体素质。

竞技体育再创佳绩。参加云南省青少年举重锦标赛和云南省第一届青少年运动会田径、游泳、举重、摔跤等 4 个预赛项目，麒麟区代表队在云南省青少年举重锦标赛中荣获女子团体第一名、男子团体第二名，共获得金牌 6枚、银牌 7 枚、铜牌 5 枚并获体育道德风尚奖。在云南省第一届青少年运动会预赛中田径项目获金牌 4 枚、铜牌 4 枚，游泳项目获 1 个第四名、1 个第五名、1 个第六名；组队参加曲靖市第四届少数民族传统体育运动会板鞋竞速、蹴球 2 个竞赛项目及 5 个表演项目的比赛，荣获团体 2 枚金牌 3 枚银牌 1 枚铜牌和 1 个第四名，个人 2 个第四名 1 个第八名。

四、深化改革，麒麟文化体制改革驶入发展快车道

改则活，变则通。麒麟区文化馆、图书馆、文管所、歌舞团、区少体校等公益性文化事业单位积极探索单位内部劳动人事等制度改革创新，公益性文化事业单位改革为自身发展激发新活力。

以体制改革作为推动文化科学发展的根本动力。多年来，麒麟区一直把经济文化强区建设作为各级党委、政府的"一把手工程"牢牢抓在手上，建立了文化体制改革和文化产业发展工作领导小组，牵头抓好文化事业和文化产业发展工作。各区、镇（街道）也都成立了相应的领导小组，建立了一支上下贯通、左右联动、运行科学的文化建设工作队伍，形成了党政群齐抓共管的工作格局，研究解决文化工作热点难点问题。

文化行政管理体制改革全面完成。2013 年 11 月，麒麟区文化体育局组建完成。理顺了关系，优化了文化体育资源配置，工作效率明显提高。健全完善了内部机构，完善管人管事管资产管导向相结合的国有文化资产管理体制。

五、加强管理，把繁荣文化产业作为支撑转型升级的重点工程

　　文化是城市的印记，产业是文化的载体。麒麟区委、区政府高度重视文化产业发展，将文化产业列为十大产业之一重点推进。党委、政府多次调研全区文化产业发展情况，指导文化产业全面发展。独特的爨文化资源与深厚文化底蕴的深度融合，推动着麒麟文化产业发展方兴未艾。文化产业的发展提高了城市的品位和竞争力，更加快了经济发展方式转变，培育了新的经济增长点。文化产业对经济发展的贡献率正逐年增高。

　　实施文化强区战略，先后制定出台了《关于深化文化体制改革加快文化产业发展的若干政策》等一系列文件，在财政税收、劳动人事、社会保障、工商管理、国土规划等方面为全区文化产业提供有力的政策支持。同时积极创新探索多元化投资途径，走出了"政府主导、市场运作、企业冠名、打造品牌"的新路子。鼓励社会各界以合资、独资、股份合作等形式，吸纳社会各方资金，开发经营文化产业。制定优惠政策，建立文化产业发展专项资金，有力促进了文化大发展大繁荣。

　　千帆竞渡、百舸争流。麒麟区文化体育事业，正立足于滇东高原这块古老醇厚的文化沃土，风帆正劲，乘风破浪，向着新的目标奋力行进。着眼文化惠民和提高服务效能，让文化发展成果最大限度地惠及人民群众，我们欣喜地看到，随着文化体制改革深入推进，全区文化体育建设各个层面和各个环节都发生了深刻变化，文化产业繁荣发展，公共文化体育服务体系进一步完善，文化创作生产及文化体育生活日益丰富多彩，文明创建和宣传教育深入人心，文化体育建设各项工作成效显著，文化麒麟名片正在冉冉升起。

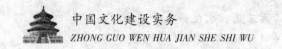

对马龙县文化体育广播电视融合发展的思考

云南省马龙县文化体育广播电视局　高旭飞　仝品杰

马龙县位于云南省东部，距省会昆明113公里，距市府曲靖22公里，昆曲高速公路、贵昆铁路、沪昆高铁横穿马龙全境，长水国际机场距马龙仅有60余公里，交通便利，素有"滇东门户"之称。全县总人口20.8万人，境内气候宜人，风景秀丽，享有"绿色天然氧吧，千年车水马龙"、"竞走之乡"、"云南省小康体育特色县"等美誉。2010年，马龙县文化体育局与广播电视局合并成为文化体育广播电视局。

一、增强责任担当，准确把握文化体育广播电视发展定位

文化体育广播电视建设是全面建成小康社会总目标的重要组成部分。全面小康是"五位一体"的小康，不但包括物质生活的殷实，而且包括精神文化的富足，既要通过发展经济解决好"富口袋"的问题，也要通过繁荣文化体育广播电视事业解决好"富脑袋"的问题。文化体育广播电视繁荣发展是衡量民生改善程度和幸福指数的重要指标，事关全面建成小康社会的成败。文化体育广播电视不仅是目标，同时也是动力、条件和支撑。无论是推进经济、政治、社会、生态文明建设，还是协调推进"四个全面"战略布局，都需要更好地发挥文化体育广播电视引领风尚、教育人民、服务社会、推动发展的重要作用；无论是对内增强凝聚力、向心力，还是对外增强竞争力、影响力，都需要文化体育广播电视提供价值引领力、民族凝聚力、精神推动力，都需要文化体育广播电视提供良好氛围和深厚土壤。文化体育广播电视不仅是经济发展的"助推器"，也是社会和谐的"粘合剂"、"调节器"。我们要充分认识文化体育广播电视事业在全面建成小康社会发展中的重要地位和作用，要善于从全县发展的高度、用长远眼光观察形势，分析问题，善于围绕党委和政府的中心工作认识和把握大局，自觉地在顾全大局，在服务大局中顺时而谋，借势而为，认真做好文化体育广播电视工作。

二、增强政治敏锐，准确把握文化体育广播电视发展方向

党的十八大以来，党中央高度重视文化体育广播电视工作，党的十八大

提出了建设社会主义文化强国的目标，明确了文化建设的战略任务；十八届三中全会对文化体制改革做出了安排，四中全会对建立健全文化法律法规制度提出了要求，五中全会对"十三五"文化改革发展作出了全面部署。近几年，习近平总书记就提高国家文化软实力、培育和弘扬社会主义核心价值观、保护弘扬中华优秀传统文化、繁荣文艺创作、推进文明交流借鉴，对体育在实现"两个一百年"奋斗目标，在实现中华民族伟大复兴"中国梦"征程中的重大作用等作出了一系列重要论述。特别是在文艺工作座谈会上的重要讲话，创造性地回答了事关文艺繁荣发展的一系列具有根本性、方向性的重大问题，是新时期指导文艺工作的纲领性文献。同时，习近平总书记在新闻舆论工作座谈会发表重要讲话，他强调，党的新闻舆论工作是党的一项重要工作，是治国理政、定国安邦的大事，要适应国内外形势发展，从党的工作全局出发把握定位，坚持党的领导，坚持正确政治方向，坚持以人民为中心的工作导向，尊重新闻传播规律，创新方法手段，切实提高党的新闻舆论传播力、引导力、影响力、公信力。这几年，党中央、国务院出台了一系列关于文化体育广播电视工作的重要文件，省、市也结合实际，出台了一系列政策措施，这些决策部署，为全面推进文化体育广播电视改革发展提供了根本遵循，我们务必要学深吃透。

三、增强创新意识，准确把握文化体育广播电视发展机遇

国家"十三五"规划《建议》鲜明提出创新、协调、绿色、开放、共享的发展理念，五大理念与文化体育广播电视事业建设息息相关，为"十三五"时期统筹物质文明和精神文明发展、统筹城乡和区域文化体育广播电视发展、统筹传统和新兴文化体育广播电视业态发展、统筹文化体育广播电视和其他领域协同发展提供了重要的思想指引和理论武器，对于"十三五"时期文化体育广播电视发展具有决定性的重要意义。信息化、全球化、网络化的发展为文化体育广播电视发展提供了新动力，"大众创业，万众创新"和"互联网"极大的改变了人们的生产生活方式，为文化体育广播电视产业发展带来了新的机遇和挑战，我们要善于判断形势，研究对策，要在协调发展中拓展发展空间，在加强薄弱环节中增强发展后劲，在补齐短板，兜好底线上下功夫，着力解决文化体育广播电视发展城乡、区域不平衡问题。要在绿色发展中充分发挥文化体育广播电视的重要作用，推动文化体育广播电视经济深度融合，提高经济中的文化品质，实现产业结构的优化。同时，文化体育广播电视自身也要转变发展方式，实现更高质量、更高效率、更可持续发展。要

在共享发展中实现文化体育广播电视共享，不断增强公共文化体育广播电视产品和服务的供给，使基本公共文化体育广播电视服务均等化水平不断提高，公平性和可及性明显增强，真正让文化体育广播电视发展成果惠及全民。

四、把握工作重点，积极推进文化体育广播电视融合发展

（一）群众文化与精品创作融合发展

以公共文化基础设施建设为平台，以群众文化活动开展为载体，以文艺精品创作为抓手，不断提升公共文化服务水平，努力实现文化惠民、文化娱民、文化富民工作目标。一是构建覆盖广泛的公共文化服务网络，把公共文化服务网络建设与全县重大文化设施、乡村文化设施结合起来，大力推进公共文化设施建设规范化、标准化，积极创造便利条件，吸引群众走进文化阵地。二是建立形式多样的公共文化产品供给体系，认真做好博物馆、图书馆、文化馆、文化站"三馆一站"免费开放，通过组织送戏下乡和"文化大篷车·千乡万里行"惠民演出，实现文化服务走进基层、走进群众。依托传统节日和各种节庆活动，广泛开展文化活动，满足群众文化需求。三是把握导向，推进精品文艺创作。坚持以人民为中心的创作导向，努力推出更多具有时代特征、马龙特色，融思想性、艺术性、观赏性为一体的优秀作品，推动舞台艺术及音乐、美术书法、摄影等艺术门类的创新和发展。继续组织出版反映马龙题材的文学艺术精品《马龙书丛》。组织开展新剧（节）目展演评比，对花灯剧《蝌蚪情缘》、民族歌舞《笙声不息》等文艺创作精品加大推介力度，提高影响力。

（二）群众体育与竞技体育融合发展

认真贯彻《全民健身计划纲要》，加强体育场地、场馆和体育设施建设，提升体育活动开展的组织领导水平和服务保障水平，提高体育资源利用率，营造全民健身的良好氛围，促进竞技体育锦上添花。一是继续抓好"七彩云南全民健身工程"新建项目申报。实施全民健身基础设施建设工程，抓好全民健身组织建设工程和活动示范工程，加强各级各类社会体育指导员的培养、培训力度，逐步形成社会体育志愿服务长效机制。二是发挥民族体育优势，举办全民健身系列活动，组织开展丰富多彩的文体比赛活动。在民间民俗活动中，积极引导和组织开展好彝族农历六月二十四日火把节，正月的山歌擂台赛，二月初二的摔跤节等活动。三是积极参加各级各类竞技体育比赛，发挥体育竞走项目优势，打造"竞走之乡"品牌。1995年，马龙籍运动员黎则文参加在北京举行的第十七届世界杯竞走比赛，获20公里比赛金牌，这是中

国田径历史上第一个男子径赛世界冠军；2009 年，马龙籍运动员赵成良在无锡参加国际田联竞走挑战赛暨全国竞走锦标赛获 50 公里竞走比赛金牌。2016 年 5 月 7 日，马龙籍运动员张俊在国际田联竞走世界杯青年男子 10 公里比赛中获得冠军。2013 年，县体育和竞走学校被国家田管中心评为全国优秀后备人才基地。同年被国家田管中心评为国家田径奥林匹克高水平竞走后备人才基地。

（三）文化市场监管与产业繁荣融合发展

加强文化市场行政执法，规范文化市场管理，促进文化市场繁荣和文化体育产业发展壮大。一是坚持一手抓促进发展与繁荣，一手抓加强执法与监管，建立健全以内容监管为重点、以信用监管为核心、覆盖文化体育市场事前事中事后全过程全领域的监管体系。进一步发挥市场在文化资源配置中的决定作用，激发市场主体活力和内在动力，推动文化体育市场调整结构、转型升级，建立健全统一开放、竞争有序、诚信守法、监管有力的现代文化市场体系。二是进一步做好文化市场技术监管与服务平台建设与管理，探索和完善文化市场行业准入管理、日常监管、规范事中事后监管等政策措施，推动服务环境分级评定，试点推进上网服务场所、文化娱乐场所参与社区、乡镇公共文化服务。三是拓宽路径，推动文化体育产业跨越发展。做好促进文化消费工作，实施好"文化产业创业创意人才和文化创意产品扶持计划"，促进文化体育产业的融合发展。积极推行 PPP 建设模式，推进政府和社会资本运营合作，加快启动总投资为 5 亿元的曲靖市全民健身产业园项目建设，发挥滇中产业新区马龙现代产业园区云南云健体育用品生产基地建设项目的带动作用，努力形成以体育用品销售、体育技能培训等为主的体育产业。抓住产业结构调整的机遇，与旅游、科技等相关产业良性互动，培育并打造以休闲、健身等户外运动为内涵的文化体育旅游新业态。

（四）广播电视与新媒体、文化体育融合发展

随着互联网及移动智能终端的不断发展，传统媒体正面临新媒体咄咄逼人的攻势，微博、微信、曲靖 M、掌上曲靖、魅力马龙 APP 等新兴媒体风起云涌，县级电视台要积极应对互联网时代所面临的机遇和挑战，提升办台水平，打牢舆论宣传引领阵地。一是在融合报纸、网站、微博、微信、微视频、客户端的媒介传播优势的基础上，实现重要新闻资源共享，发挥电视台传统主流媒体优势，优化板块，突出宣传重点和亮点。2015 年，马龙电视台围绕县委、县政府各阶段重点工作，适时开办了"打造森林马龙、建设美丽家园"、"创建国家卫生县城"、"曝光台"栏目，对贯彻落实科学发展观、"三

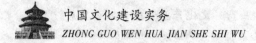

严三实"和"忠诚干净担当"专题教育、城市重点项目工程建设、滇中产业新区马龙示范区规划建设、省市领导调研、烤烟生产、市容市貌综合治理等进行了全面、深入、细致的报道。新闻部共采编播发《马龙新闻》186 组，2000 余条。《联播曲靖》54 组，280 余条。其中在云南电视台发稿 16 条（篇），曲靖电视台、曲靖人民广播电台新闻 169 条，在市、县级各平面媒体刊发 80 余条。县电视台以广播电视传统主流媒体的内容优势赢得新媒体条件下的传统优势。二是做好本土文化、农副产品、农事景观等的广告营销策划、宣传报道和推介工作，增加消费品的文化内涵和附加值。积极开展咨卡村彝族"火草褂纺织技艺"、"泡缸酒酿制技艺"、鲁石苗族"蜡染"、月望深沟村的"芦笙舞"等古老原始的服饰、饮食、歌舞等文化传承保护、文化挖掘加工，打造包装推向市场。着力宣传"马龙歪苹果"、"嘉华食用玫瑰"、"马茅"、"深沟鸡"、"云岭牛"等休闲农业知名品牌，提升农产品附加值。三是围绕各类文体活动、重大体育赛事，认真做好新闻宣传报道工作。2014 年 8 月 2 日～17 日，我县承办云南省第十四届运动会，为营造全民参与的社会氛围，从 7 月 3 日开始，在马龙电视台播放省运会主题、会徽、吉祥物、会歌等。7 月 8 日起，在县电视台播放省运会开幕式倒计时宣传画面。在比赛期间，县电视台积极挖掘新闻亮点，创新报道形式，改变以往每周制作播出三期新闻的做法，对比赛项目实行当日播报制度。整个省运会筹办期间，共制作省运会新闻 73 条，标语 6 条，专题 5 部，宣传片 2 部，在曲靖电视台播发新闻 6 条，省电视台播发新闻 3 条。省运会承办取得了巨大成功。

　　总之，研究文化体育广播电视融合发展，是促进大文化领域各行业协调发展的重要课题。整合是手段，繁荣才是目的，只有加强理论探索、研究与实践，实现文化体育广播电视优势互补、资源共享和华丽转身，文化大发展大繁荣的春天必将春色满园，百花齐放。

作者简介：

　　仝品杰，男，汉族，1971 年 11 月生，本科学历，中共党员。现任云南省马龙县文化体育广播电视局党组委员、局办公室主任。

践行创先争优　建设文化强县

西藏自治区加查县文化新闻出版广电局（文物局）　央　琼　李亚萍

加查县意为"汉盐"，是一颗绽放在雪域高原耀眼的藏南明珠，相传因文成公主在此施舍盐巴而得名。走进加查，你可饱览藏南谷地的秀丽风光，亦会被这里悠久的历史，璀璨的文化所深深的吸引。加查历史上属于达布约茹地区，有着深厚的历史底蕴和人文内涵，这些丰富的文化资源与公共文化服务体系示范区创建成功对接，为建成公共文化服务体系示范区提供了有力支撑，为文化大发展大繁荣注入了活力。

近年来，县委、政府以社会经济的飞速发展为契机，坚持因地制宜，统筹兼顾的原则，积极探索，大胆实践，以构建现代公共文化服务体系为出发点和落脚点，加强组织领导，加大资金投入，加强文化基础设施建设，开展富有地域性和民族性的特色活动，唱响文化服务的主旋律，打好品牌形象的主动仗，走出一条具有创新理念、形式多彩的发展路子。

加查注重传统文化的传承和创新，提升文化内涵和附加值，培育体现地方特色的文化品牌。高起点规划，高标准定位，高质量建设，高品质管理，创新文化发展理念，努力构筑文化加查，各项工作取得实效，文化事业得到了长足发展，全县人民充分感受到文化建设带来的成果。加查县先后获得"2012 年度基层公共文化服务工作先进集体"，"2013 年度全区文化工作先进县"，"全地区 2013 年度广播电影电视工作先进集体"，"2016 年度文化市场监督及"扫黄打非"工作先进集体"等荣誉称号。

一、领导高度重视，提供组织保障

县委政府高度重视文化建设，全面融入加查经济强县的发展思路，明确目标，强化措施，开拓创新，狠抓落实，全力推动全县文化广播电影电视事业大发展、大繁荣。成立了以政府县长为组长，以分管领导为副组长的基层文化建设专题领导小组，职责明确，建立目标责任考核体系，将文化建设工作纳入政府重要议事日程，将文化设施建设经费纳入县财政年度预算，配齐配强文化建设骨干队伍，下达文化建设专项经费，着力改善民生、满足基层群众文化需求，切实实现文化工程惠民、成果共享的目标。

二、加强基础建设，打造文化阵地

加查县以创建国家第二批公共文化服务体系示范区为契机，严格执行上级关于财政收入 3%，援藏资金 20% 用于发展文化事业的规定，先后投入 5400 万元用于改善公共文化文化基础设施及文化产业发展。先后建成了集信息资源共享中心、图书馆、健身房等十九个功能室为一体的文体活动场所——达布文化艺术中心、安绕镇综合文化体育活动场所、县城文化广场、7 个乡（镇）文化站、其中加查镇文化站荣获"西藏自治区 2015 年度首批十佳文化站"、村级文化活动室、行政村农家书屋、寺庙书屋等文化基础设施，逐步完善了县、乡、村基层文化服务网络，为加查农牧民、城市居民、干部职工提供了日常健身、文化歌舞的平台；其次完成了 7 个乡（镇）文化站的三化工程，兴建了露天雨棚和升旗舞台；通过安装发放户户通、村村通等设备，进一步提升广播电视覆盖率，目前全县广播电视覆盖率达 99%。

三、注重队伍建设，注入新鲜活力

在人才培养方面，采取"送出去"和"请进来"的方式，动员鼓励各方面人才，特别是有文艺专长的人员加入到文化志愿者服务队伍，积极参与公共文化活动。积极组织各类基层文化培训班，有效提升了基层公共文化工作人员服务能力和水平；配齐县文化活动中心编制 10 名（实配 11 人）和 7 个乡（镇）文化站编制 35 名（实配 35 人）。明确了 77 个行政村每村 1 名享受财政补贴的村级文化辅导员；建立县、乡、村三级文化志愿者服务队，招募了文化志愿者 120 人，构筑了创建工作有人抓、有人管，社会各界广泛参与、积极支持的良好格局，为文化队伍建设注入了新鲜活力。

四、彰显特色魅力，构筑品牌格局

加查县以县城综合文化活动中心、文化广场、乡镇文化站、村居文化活动室和农家书屋等为阵地，坚持服务群众的宗旨，全面推进文化发展和文化创新，充分挖掘区域特色文化，传承发扬达布文化，逐步打造县有品牌、乡有特色、村有亮点的特色文化活动。

加查县立足本地实际，突显加查特色，唱响主旋律，打好主动仗，加大创编力度，加大文艺创作经费投入，联系各个文艺部门共同创作出能反映加查优秀历史传统和美丽风光，确保文艺工作不断推陈出新，力求编导创作出更多更好的文艺精品。参加其他省市和对口援藏省市的文艺演出，将我县富有浓郁的达布特色的民间歌舞和民族音乐推广出去，力求精品、原汁原味，扩大了加查形象，提升达布文化的知名度。投入65万元创编了一台晚会，其中集广大农牧民群众之智慧、生态劳作等功能为一体，经过挖掘、整理、创新、创编的，凸显草原原始生态放牧特色，原生态牧民舞蹈《达布家园》应邀参加西藏自治区2016年藏历新年晚会，打造加查独树一帜的文艺内涵。其次成功举办了一年一届的达布核桃节，广场果谐舞蹈、坝乡邦金梅朵节、加查镇乡土民俗节、崔久牧人节、江塘村望果节、惹米村农耕藏历新年文艺演出等群众性文化活现已初具规模和影响力。成功推介了藏南明珠的风俗，这些一系列特色活动构筑了文化强县的品牌格局，使全县文化发展呈现出一片欣欣向荣、蓬勃发展的新景象。

五、加大保护力度，传承文化遗产

加查地处山南东大门，闻名遐迩的拉姆拉措和达布噶举派祖寺达拉岗布寺等坐落于此，有吐蕃大臣噶尔东赞的故居，也是爱国爱教高僧大德热振活佛的出生地。这些厚重的历史元素又衍生出丰富的民间文化，这些文化遗产作为不可再生的资源，加查县有效保护、加大传承、推广发扬。经过挖掘整理和申报，目前达拉岗布寺、琼果杰寺、邦达古墓群、诺米古墓群成功列入自治区级文物保护单位名录。哲巴卓舞、木碗制作技艺、藏纸制作技艺三项非物质文化遗产被列入自治区级非物质文化遗产保护名录；沿江藏历新年、汉盐之地传说、竹编制作技艺等6项列入县级非物质保护名录，建设了非遗传习基地，组织开展了多期传习培训活动，参训人员达200余，扩大非遗传习力度。

加查县委、政府认真贯彻落实科学发展观，始终把推动文化的大发展、大繁荣列入经济社会发展的主要内容来抓，不断创新文化发展理念，秉承公益性、基本性、均等性、便利性，通过"政府投资建设公益性文化设施，打造文化专业团队，扶持鼓励民间队伍"等措施激活文化发展活力，着力想外推介了加查，初步形成了符合本县实际，功能完善、覆盖城乡的基本公共文化服务体系。

作者简介：

央琼，女，藏族，1981 年 12 生，中共党员，大学学历，2002 年 7 月参加工作。现任西藏自治区加查县委宣传部副部长、文广局（新闻出版局、文物局）局长。

曾获得的奖励：年度考核中被评为优秀公务员；全县表彰大会上被评为加查县优秀工作人员；年度考核中被评为优秀党员；度地区广电工作会上被评为广电先进工作者；年度全县"三八红旗手"荣誉称号；2015 年度被评为五号文明家庭。

服务大局 破难攻坚
全面推进县文化大发展、大繁荣

西藏自治区札达县文化广播电视局 多吉平措 白玛桑姆

在上级部门和札达县委、县政府的正确领导下，我县文化部门紧紧围绕中心、服务大局，唱响主旋律、打好主动仗、坚持贴近实际、贴近生活、贴近群众，努力在本职工作岗位上尽职尽责、认真工作，保证了文化工作顺利开展，为札达县改革发展营造了良好的舆论氛围。紧紧围绕建设文化大发展、大繁荣的目标任务，积极努力，破难攻坚，扎实工作，全面推进文化大发展、大繁荣，努力为建设物质富裕精神富有的现代化札达作贡献。

一、基本情况

札达县文化局 1997 年成立，内设文物局、电视台、电影队、调频站、民间艺术团等 6 个部门，在编人员 21 名。2006 年由河北省援藏修建广电中心大楼，建筑面积为 1525 平方米，投资 250 万元（包括配套设备）。修建县级图书馆，建筑面积为 569 平方米，投资 96.5 万元。2012 年，修建文化广场，占地面积为 420 平方米，总共投资 91.7 万元。2013 年由"东风工程"投资 60 万元建设了县城内的新华书店，建筑面积为 120 平方米。

二、工作经验

（1）非物质文化遗产

我县目前"宣舞"被列入国家级非物质文化遗产保护名录，"札达婚俗""噶尔玛宣""仁青桑布古鲁""什布奇三姐妹传""札达果谐"五项被列入自治区级非物质文化遗产保护名录，我县"底雅杏子酒"正在申报自治区级非物质文化遗产保护名录。2014 年 5 月，我局安排专人前往曲松等地申报了三个非遗项目，并有待获批。分别是"噶"扣肉；"咎"面；"酥油花灯节"。利用每年的文化遗产日、三大节日和其他节庆日，非遗传承人员在县文化广场、学校和各乡镇对"宣舞"、"卡尔玛宣"等非遗项目表演。

我国非物质文化遗产保护事业正在蓬勃发展，已成为中国特色社会主义文化建设的重要组成部分。目前我县已有的一项国家级、五项自治区级非物质文化遗产均有传承人，并能发挥很好保护与传承作用。例如，国家级非物质文化遗产《宣舞》传承人卓嘎老人，札达县托林村人，共收徒9人。目前基本都能掌握舞步和唱词。并聘请各项目传承人到县民间艺术团指导授课，并编导新的曲目。每逢夏季，引导广大群众在托林广场集体跳"宣舞"，取得了良好地健身和非遗传承效果，深受群众喜爱。2011年卓嘎老人受邀参加自治区春节藏历年晚会现场，对"宣舞"进行了简要介绍和舞姿表演，2013年卓嘎老人被评为西藏自治区优秀非物质文化遗产传承人。2012年6月县民间艺术团以"宣舞"项目受邀到拉萨参演"西藏自治区首届非物质文化遗产成果大展"，受到参演团队的一致好评，扩大了"宣舞"的社会影响力。且自2010年开始，我县联合地区非遗办对国家级非遗项目"宣舞"抢救性搜集整理舞步、歌词等内容，并录制出版一套目前较完整的"宣舞"光碟。把非遗舞蹈引进札达县九年义务制学校的课间生活，在传承人的指导授课下，学生在课间操等活动中跳具有札达特色的舞蹈，特别是"宣舞"，让文化遗产更好的传承下去。

（2）图书馆

县图书馆建于2006年10月份，总面积569.8平方米，用于文化活动的面积为284.9平方米，属援藏投资。现设有图书阅览室、电子阅览室、信息资源共享工程室，多媒体室等，在全县范围内实现免费开放，每日开放时间可达9个小时。

（3）县综合文化活动中心

县文化活动中心位于札达县河北路，面积总建筑524平方米，用于文化活动的面积393平方米，建于2002年，站内设有台球室、卡朗球室、藏筛子、健身室，充分发挥其职能，大大丰富了我县干部群众的业余文化生活。每日开放时间达9个小时。每年5.4青年节系列文体活动中，充分利用综合文化活动中心配套设备，丰富了现成的文体活动载体。

我县公共文化基础设施在全县范围内实现免费共享，其中图书馆、电子阅览室、综合文化活动中心、乡镇文化站、农（牧）家书屋、寺庙书屋等每日免费开放时间均为9小时，在各文化设施免费开放点虽没有专职人员，但我局以聘用的方式聘请管理人员进行管理。且制定相应的管理制度并上墙，如《综合文化活动中心管理制度》、《娱乐设施管理制度》、《电子阅览室管理制度》、《图书馆管理制度》、《农牧家、寺庙书屋管理制度》等，同时从各乡镇抽出一名干部职工，对文化站进行管理维护，乡文化站的建设丰富了农牧民群众的文化生活，满足日益增长的文化生活需要，为乡镇经济快速发展和社会全面进步提供强大的思想保障和精神动力。我县自从文化设施免费开放自开放以来，通过丰富的培训、宣传手段，实现惠民惠农政策。利用我县电视台的优越资源，对各类文化免费开放设施场所进行拍摄，并以新闻形式在电视中播放，使广大群众了解、熟悉、并很好的利用文化设施免费开放资源。不断的拓展文化设施的服务方式，充分利用文化设施的载体，开创基层文化工作的新局面。

（4）民间艺术团

我县民间艺术团于 2011 年 10 月 10 日正式成立。目前有 18 名演职人员，平均年龄为 22 岁。自成立以来参加我县举办的各种大小型文艺演出，深受广大人民群众的喜爱，每年创作节目约 20 个，演出场次 90 次，观众人次近12000 多人，2014 年截至目前我县民间艺术团自创节目为 20 个，其中 5 个节目以中国梦为主题。我县民间艺术团排练房于 2014 年正式投入使用，建筑面积为 509 平方米，总投资 190 万元，其中由国家投资 80 万元，由县政府筹资110 万元。

（5）乡镇文化站

自 2009 年以来，相续建成了香孜乡、托林镇、萨让乡、达巴乡、底雅乡、曲松乡文化站，已建成的乡镇综合文化站已经全部移交乡镇政府使用。2011 年起托林镇、香孜乡文化设施免费开放每年补助资金 5 万已落实。由于楚鲁松杰乡成立不久，目前还没有乡镇文化站，我局已逐级上报相关材料，并有待解决。

（6）农家（牧家）、寺庙书屋

我县农家书屋、寺庙书屋工程启动以来在县委领导和上级部门的大力支持下，已建成 15 个农家书屋，21 个寺庙书屋，覆盖率达 98%。我县农家书屋和寺庙书屋共配置图书 6287 册，报刊 815 册，光盘 269 张，书架 232 个，书柜 85 个。其中"卡孜波林"农家书屋被评为自治区优秀农家书屋，次仁同志被评为优秀管理员；托林寺寺庙书屋被评为自治区优秀寺庙书屋。

（7）文物

札达现有文物点 189 处。其中，国家级重点文物保护单位 3 处，自治区级重点文物保护单位 15 处，县级 107 处，是阿里文物大县之一。

响应时代召唤　不负人民期待
创造多彩的三原文化

陕西省三原县文体广电局　周小虎　宋一民　董林茜

三原县地处关中平原腹地，古称"池阳"，因境内有孟侯原、丰原、白鹿原而得名，自北魏太平真君七年（公元446年）置县，至今已有1570多年历史，全县总面积576.9平方公里，耕地面积53.7万亩，总人口42万。三原是省级历史文化名城，历史遗存丰富，旅游景点众多，人文历史厚重，名人荟萃，群星灿烂，唐卫国公李靖、明礼部尚书王恕、云南大观楼"天下第一长联"作者孙髯、民国奇才于右任、中国第四代电影领军人物吴天明、《大秦帝国》作者孙皓辉、"中国第一大篆"刘自椟、滚龙体草书创始人谢德萍等，这些三原籍人士或在中国政治舞台上纵横捭阖，或在诗书画艺术中独领风骚，使三原的书法文化、名人文化、民俗文化、小吃文化、旅游文化、生土文化独树一帜。在新时期改革大潮中，历届县委、县政府高度重视文化事业发展，通过接力谋划、持续努力，先后荣膺"中国书法之乡"、"陕西省文化先进县"、"陕西省传统文化示范县"、"陕西省民俗文化艺术之乡（书法类）"、"全国文化先进县"等荣誉称号。近年来，在习总书记文艺座谈会上的讲话精神指引下，我们大力实施"文教兴县"战略，不断加强城乡公益性文化基础设施投入，巩固提高全国文化先进县成果，积极推进文化阵地网络化、文体活动经常化、文化内容丰富化，全县文化事业得到蓬勃发展。

一、重视基础设施建设是关键

县委、县政府高度重视文化事业基础建设，列入民生工程予以重点保障，逐年加大投入力度，设立文化信息资源共享工程专项资金，全县建成综合文化站13个，平均为每个镇（街办、发展服务中心）综合文化站配备在编人员5人，为每个行政村（社区）配备1名享受财政补贴的文化管理员。建成文化信息资源共享县级支中心1个，文化信息资源共享村级服务点和村级农家书屋实现全覆盖，为全县180个村配发了文化活动器材，建成农民体育健身工程123个，为城区7个社区、13个镇文体活动广场配备了活动健身器材，初步形成了覆盖县、镇、村三级的公共文化体育服务网络。不断完善和改进我县公益性文化设施，按照发展要求，对县文化馆非物质文化遗产展览厅及基础设施建设进行了升等改造，艺术培训多功能厅、老年艺术培训中心、歌舞排练厅、"非遗"展示厅等常年向社会免费开放，文化大讲堂已成为提升文化艺术质量和业务工作的有力支撑。县图书馆达到国家二级馆，目前正在积极创建国家一级馆；投资2000余万元建设面积为7400平方米的"三原县全民健身活动中心"，达到中型全民健身中心的标准，目前工程进展顺利，预计十月份建成并投入使用。2018年陕西省第十六届运动会乒乓球比赛将选定在这里举办。

二、文化品牌建设走在先

品牌建设是先进文化的领航。三原以"创新四大载体、活跃四大队伍，打造文化品牌，创新文化活动"为举措，已经形成了新时期文化工作的新模式，"四大载体"即：义务辅导队伍建设、三原文化大讲堂、三原百姓大舞台和文化赶大集。全县现有公共文化义务辅导员1000余人；每年开展培训300余次，受训人员达到2万人次；开办三原文化大讲堂，定期开展业务培训，邀请知名专家学者授课并进行书画交流活动。召开专题讲座和文化研讨会已成为常态化；"三原百姓大舞台"，已成为人民群众"自演文化"的良好平台。"四大队伍"即：广场健身舞、书法绘画班、戏曲自乐班、锣鼓社火队。建立健全了覆盖全县的"一村一品"群众文化活动网络。现在全县的文化活动从城市到乡村已经形成了上下联动、城乡结合、深入基层、百姓喜闻乐见的良好氛围。

三、节日文化建设常态化

县、镇、村组、社区坚持在传统节日和纪念日广泛开展各级丰富多彩的文化演出活动。每年举办新春义写春联、猜灯谜、赏花灯、闹元宵等系列春节文化活动；各镇（街道办、发展服务中心）积极组织群众在传统节日举办群众锣鼓秧歌大赛、文艺汇演、群众广场舞汇演、庙会文化演出等活动，使传统节日喜庆气氛此起彼伏、精彩纷呈。每年"五一"、"五二三""六一"、"七一"、"八一"、"十一"及教师节、重阳节等节日，都要以不同形式组织开展文化节庆活动，弘扬正能量，体现社会主义核心价值观。

四、群众文化活动普及化

积极实施"方向下移，重心下转"、的工作机制转变，深入开展贴近生

活、贴近群众的文化下乡活动，每年组织文化辅导、培训、宣传活动100余场次，组织戏曲下乡400余场次，为基层辅导活动100余场（次），年免费送电影下乡3000余场次，实现了文化引导、文化先行的良好机制。充分挖掘民间资源，组建了狮舞、龙舞、花棍、腰鼓、太极拳健身队和中老年健身队，满足不同群体对文化体育的需求。先后组织开展"文化赶大集"、"文化进万家"、"文化进军营"、"文化进社区"、"文化乡村欢乐行"等文化活动，每年实施"三区"人才支持计划，选派优秀业务干部深入基层，走进农村，加强基层一线文艺骨干技能培训通过传帮带、结对子，有力的巩固了一线文化阵地，活跃了群众文化生活，提升了全民文化素质。

五、文化创新高点定位

认真贯彻落实习总书记系列讲话精神，坚持以人民为中心的创作导向，围绕第十一届中国艺术节、市文化艺术节等重大机遇，全力组织实施各类书画创作展示活动，开展群众文艺创作展演大赛、全县农民歌手大赛、民俗文化展示活动等，取得了良好效果。加大非物质文化遗产的抢救、挖掘和保护，对独具三原文化特色的"西关老龙"、"十八罗汉"、木偶戏、车轱辘灯、古夯调子等省、市、县级非物质文化遗产项目进行艺术打造和技能提升，使之通过艺术的展示走向广阔的舞台。三原"红拳"参加省比赛，勇夺20枚金牌、40枚银牌20余枚铜牌，并取得大赛团体第一名的好成绩。我县连续三年组团参加香港国际武术比赛活动，获得16金6银的好成绩。近年来，三原文学艺术创作成绩斐然，86名本土专业文化创作者出版文学类书籍41部，在市级以上刊物发表作品420余篇，发行出版了《三原书院志》、《三原现代作品选编》等一批具有地方特色的系列丛书。21家书法、摄影、美术等各类文化协会艺术创作活跃，影响广泛，有效促进了对外文化交流，先后有美国、日本、台湾等国家和地区10余家书法协会来三原进行文化和书法交流。近年来我们连续组织开展面向留守儿童、残疾人、农民工、老年人等弱势群体的文化普及活动，取得了显著成效。

六、体制创新建设添活力

近年来，我们在认真摸底，深入调研的基础上，积极稳妥推进文化体制改革。将县电影公司和县剧团转制为企业单位，电影公司变更为三原县电影传媒公司，县剧团更名为三原县演艺有限责任公司，在县剧院增加电影放映功能，将其更名为"三原影剧院",保留了县文化馆、县图书馆、体育活动中心的事业单位性质,进一步提升了文化事业整体推进联手发展的有意义活力。三原县文化演艺公司两年来编排新剧目 8 个,组织地方戏曲下乡 400 余场次。加强文化市场执法大队的基础建设,在人力、物力、财力上予以倾斜,通过抓紧政治,规范管理。为文化建设提供了良好环境。同时,大力支持文化艺术创作,不断增强"三原文化"影响力,先后走出了已故著名导演吴天明、《大秦帝国》作者孙皓晖等当代文化名人,极大的影响和带动了三原文化艺术创作。

七、文化产业建设繁荣化

全县文化产业涉及文化、金融、旅游、体育等新兴行业,我们在推进文化产业发展中,立足于县域特色、历史底蕴和文化内涵,按照"整体策划,重点打造,形成产业"的思路,大力发展特色文化产业。一是积极挖掘老赵家千层油饼、蓼花糖等传统美食资源,将其纳入"非遗"文化保护名录,并策划推出了"三原特色小吃"、"三原名优传统食品"系列名特套餐,一经上市便供不应求,使"游文化名城、品三原小吃"品牌文化推广活动取得明显成效。二是充分发挥"中国书法之乡"文化影响力,先后推出于右任《千字文》、岳飞书《出师表》拓片、墨玉《望故乡》等书法艺术系列产品,深受海内外游客青睐,使传统文化焕发勃勃生机。三是以柏社古村列入第六批中国历史文化名村为契机,切实加强文化传承和保护工作。按照"中国地窑第一村,生土建筑博物馆"的目标定位,与国内知名文化企业洽谈保护开发事宜。四是在加强文物保护的基础上,依托明清古建城隍庙、"北方园林精品"李靖故居等,积极打造文化旅游景区,吸引了一大批国内文化学者、摄影家、作家到三原进行采风创作。同时,积极发展演艺娱乐、体育健身、书画装裱、艺术培训、信息服务等优质文化产业,营业增长值逐年提升,具有规模的文化产业企业 15 家;拥有省级文化产业示范基地 1 家,市级文化产业示范基地 2 家,张家窑文化民俗生态园、长坳古镇柏社古村、天齐文化生态园等投资过亿的文化产业项目相继运营。总投资 6 亿元的清河国家湿地公园文化旅游景区项目已初见成效,正在抓紧续建工程;两座环球国际影城已经建成并投入使用。

八、几点体会

(一)不等不靠,多方配合,强化责任意识

近年来,我县不断加强领导班子建设,重视基层文化站力量扩充,在阵

地建设、土地使用和资金投入上大力倾斜，通过繁荣文化事业，增强社会主义价值观扭转群众旧的思想观念和生活陋习，摒弃迷信思想，形成了全民自觉参与文化建设的积极性和上下联动、多方配合、逐级重视、百花齐放的的生动局面。事实证明，只有坚持科学发展观，提升社会主义核心价值观，才能从根本上为基层文化建设创造良好的舆论氛围和社会环境。

（二）整合资金，重点突出，勤俭办事

多年来，我们在文化阵地建设中坚持项目带动，统筹规划，整合资金，建立了"县安排、镇组织、村实施"的三级管理工作机制，推动民生工程有序进展，做到了把有限的资金合理调整，用在刀刃上，不断完善群众文化服务条件，促进了文化基础设施建设实现全覆盖。

（三）务实创新，注重实效抓管理

每年的乡镇文化专项资金全额拨付使用于开展文化活动，先后举办廉政文化三秦行，省戏曲研究院名戏进镇村等大型公益文化惠民活动；严格村级文化专项经费组织实施，建立县镇村三级监督管理机制，健全岗位职责，建立台账，定期进行检查验收，确保资金到位，保证工程质量，推动基层文化工作得到持续健康发展，有效摒弃了形式主义，走出了重建设、轻管理的误区，真正做到文化为人民，文化服务于民，人民拥护文化的氛围。

（四）立足农村，贴近群众，丰富文化生活

认真贯彻落实《关于加快构建现代公共文化服务体系的意见》精神，由"送文化"向"种文化"方向转变，以社会主义核心价值观为引领，发展先进文化、创新传统文化、扶持通俗文化、改进落后文化、抵制有害文化、引导流行文化、巩固基层文化，创立"文化服务直通车"，引导群众开展健康向上的文化活动，实现了立足一点带动全县的局面，使群众从"看文化"转变为"演文化"，激发了广大群众参与文化活动的积极性，弘扬了社会主义正能量。

文化是一个地方的灵魂，文化建设只有起点，没有终点。我们将认真学习贯彻党的十八届三中、四中、五中全会和习总书记系列重要讲话精神，继续发扬改革创新、锐意进取的奋斗精神，提高文化自觉，增强文化自信，实现文化自强，促进文化繁荣发展，提供强大的思想保障，力争使广大人民群众实实在在享受到文化惠民带来的改革红利，为扎实推进三原文化事业大繁荣、大发展，建设富有三原特色的文化事业发展新局面不断做出新的更大的贡献。

文化芳菲润古徵

陕西省澄城县文体广电局 王现民 刘传仓

澄城古为徵，历史悠久，文化积淀厚重，拥有仰韶文化遗址、魏长城遗址、秦汉宫殿遗址、尧头窑遗址、精进寺塔等 5 个全国重点文物保护单位及众多的非物质文化遗产保护项目。被专家誉为"黄河之精、华夏之灵"、"中国原生态陶瓷的活化石"的尧头窑遗址遗存丰富、保护完整，规模罕见的尧头窑遗址令全国乃至世界陶瓷专家叹为观止，堪称中国黑瓷之乡；澄城拴马庄被誉为"庄户人家的华表"。

澄城县以"提升文化软实力，建设文化强县"为目标，深入实施"文化惠民"工程，推进文化基础设施建设，创新群众文化品牌活动，开发文化旅游建设，提升公共文化服务水平，使文化事业呈现蓬勃发展、重点突破、整体推进的良好态势，创建为国家级公共文化服务体系，建设示范，使全国文化先进县的殊荣更加靓丽多姿。

一、文化导航定论，实施强县战略

近年来，澄城县委县政府高度重视文化强县战略，坚持文化导航定位，实施"五纳入"手段，把文化发展纳入当地经济社会发展规划，经费纳入财政预算，成效纳入乡镇和部门目标责任制考核，县委常委会和政府常务会，每年有专题会议研究工作，落实措施，出台政策，全县每年召开全县性文化工作会议，部署安排表彰奖励给文化以强大支撑，县财政用于支持各项文化建设，设立的文化发展基金，每年确保在五百万元以上，其他文化项目建设专项资金近年投入上亿万元，放眼古徵大地，有一种变化令人振奋，投资一千七百余万元的县体育馆，投用后已举办中美国男篮对抗赛等活动 7 次，投资 800 万元的塑胶田径场，改造工程。竣工投用后全市在这里办过两次运动会，县文化馆、图书馆达到部颁三级国标，县博物馆荣获国家 3A 级景区，矗立在城区的"四馆"成为设施完备的问题场所和澄城新的文化坐标；全县 10 个镇的综合文体中心"五室一场"全面达标、服务能力不断提升；266 个行政村"农家书屋"全覆盖，90% 的村建成了文化活动室和文化活动广场；政府集中采购电脑，为全县各镇文化站、社区文化中心、村文化室分别配送了

电脑200台，全部联网，县、镇、村公共电子阅览信息资源共享实现了全覆盖。这些强大的配套设施点亮的文化之光，传递着精神之力，引导着理念之基，激发着追梦征程。

二、打造文化品牌，浓厚文化氛围

文化是一种给力量，在有形无形中提升人的修养和素质，促进社会和谐与稳定。澄城县以"文化民生、服务群众"为导向，坚持公益统领，突出主题，凸显亮点，强化特色，打造了一系列具有澄城特色的品牌文化活动，使各类文化活动成为弘扬时代主旋律、传递社会正能量，培育核心价值观，满足城乡群众精神文化需求的载体。

一年一届的文化艺术周暨农民文化节，已连续举办了五届，每年7～9月，自上而下，全民参与，组织协调，各镇、街道办、社区、村、各文化社团、馆、站、自乐班、舞蹈队、秧歌队、锣鼓队等，利用县上搭建的平台，集中一段时间在县城各大广场进行文艺调演、锣鼓表演、广场舞展演及书法、绘画、摄影、非遗作品展示、戏、歌、舞、曲艺、小品、秦腔、才艺、绝活表演，来自基层的各类群众汇聚一堂，尽情释怀，特别是自编自演的文艺节目和自己创作的书、画、影、手工艺作品等成为主打品牌，受到青睐，成为全县人民文艺欣赏中的最爱。文化品牌活动越办越火，氛围浓烈，也成为展示澄城人文精神的大观园。同时，还通过开展创建"中华诗词之乡"活动，举办群众《文化论坛》，评选文化名人、名作等活动，助力文化繁荣发展、优化公共文化服务，促使全县各类文化社团组织高达28个，各类文化社团会员达到2000，成为澄城文化建设的生力军。

三、做活文化产业，实现文化惠民

让文化与经济有效对接，让文化转变为生产力，成为社会经济发展新的支撑点和增长极，才能真正实现文化惠民、文化安民、文化乐民、文化育民。澄城县从县情出发，按照"文化体验、文物观赏、旅游休闲"的思路，编制了全县旅游发展总体规划，全力打造以尧头窑文化旅游生态区为龙头，博物馆、城隍庙神楼、龙首坝、良周秦汉宫遗址、精进寺塔、壶梯山等景区为辅助的特色民俗文化旅游，同时，联通庄头镇永内村永城现代农业园区、郭家庄万亩樱桃自然生态观光园等，推动形成集采摘、劳动体验、特色饮食、农家风味、名优果品展出为一体的现代休闲观光农业园区。值得一提的是，尧头窑文化旅游生态园区，面积约 4 平方公里，现存明清、民国时期古窑址 129 座、古民居 75 处、瓷坊 78 处、庙宇祠堂 17 处、瓷片堆积层 3 处，是目前国内乃至世界范围规模最大、保存最完整、遗存最丰富的古瓷窑遗址，被誉为古瓷窑"活化石"。尧头镇和尧头村分别被国家住建部、国家文物局公布为中国历史文化名镇和中国传统古村落名录，尧头陶瓷烧制技艺被国务院列入首批国家非遗保护名录，专家誉其为"黄河之精"、"华夏之灵"、"纯正的土瓷、地道的黑珍珠"。目前，尧头窑文化旅游生态区已建成国家 4A 级景区，博物馆、龙首坝、良周遗址等 3 处景点分别建成国家 3A 级景区，澄城 80 公里旅游环线已初步形成，打造"中国漫游第一县"的目标正在进一步实现中。取"本土材"做"本地菜"，用"百姓话"讲"百姓事"，让文化引领经济，指引信仰，以文化人，追寻最美，已成为澄城文化理念的强音！

构建现代公共文化体系
推动文化事业繁荣发展

甘肃省庆城县文化广播影视局　吴军宏　高万元

为推动全县文化事业及文化产业繁荣发展，努力构建适应小康社会发展步伐的现代文化体系，根据我县工作基础，特制定"十三五"期间全县文化产业及事业发展规划。

一、实施公共文化服务工程

（一）农村公共文化设施建设

一是乡镇综合文化站全部达标。2015年，计划新建9乡镇综合文化站，建成后，实现全县15个乡镇综合文化站全覆盖。二是规范村级文化室和农家书屋管理。按照设备齐全、开放正常、服务到位要求，提升153个村级文化室和农家书屋，实现农家书屋全覆盖。三是实现乡村舞台全覆盖。按照"一场、两堂、三室、四墙"标准，建成115个"乡村舞台"，每村组建1个10人左右、相对稳定的民间自办文化社团，做到活动开展经常化。四是坚持常年送戏下乡活动。积极扶持农民业余文艺团体的健康发展，鼓励群众自娱自乐，提高思想政治素质和科学文化素质，建设美丽新农村。五是加快电视发射传输提质扩面。丰富无线传播节目内容，实现"户户通"长通久通。推进有线电视数字化改造，提升节目输送质量，到"十三五"末，县城数字电视改造率达到80%以上，乡镇政府所在地数字化程度达到80%，广播电视节目质量明显提升，覆盖率稳定在100%。

（二）城区公共文化设施建设

一是城市数字影院建设。按照国家关于县城数字影院建设标准，建成四个放映厅265个座位、总面积1550平方米数字影院一处。二是完成图书馆建设。按照国家三级图书馆标准，建设2000平米县图书馆一处，藏书达到5万册。设藏书楼、阅览室、电子阅览室、少儿阅览室等。三是完善社区文化功能。建成8个城镇社区文化活动中心。6个乡镇社区文化活动中心，配备音响、电视机、DVD等设备，实现文化信息资源共享。四是筹建金凤大剧院。

形成集演出、排练、培训、会议于一体的演出排练场馆，解决重要节目演出、重大集会没有场馆的问题。五是建设综合性群众文化活动中心。规划建设集文化产业会展、文体娱乐活动开展、多媒体演艺、文艺辅导等为一体的庆城县综合性群众文化活动中心。

二、发展壮大文化产业

将文化产业发展与地域文化深度挖掘相融合，整合文化产业资源，发挥优势，建立统一开放、竞争有序的文化市场体系。到"十三五"末，文化产业增加值完成6亿元。一是庆阳农耕文化产业园产业水平取得突破。创意设计入园产业，策划包装文化业态，渗透延展文化元素，促进产业要素向园区集聚。到2020年，将农耕文化产业园和岐黄中医产业园两大园区建成业态多样、产业聚集，文化、旅游融合发展的创业示范园。二是建设文化产业一条街。选址改造文化产业一条街，出台扶持政策，划行归市，吸引香包刺绣、古玩字画、民俗产品、文化传媒、手工作坊等文化业态入驻街区；组织各个层次的文艺演出，吸引游人参观，使其成为居民和游客文化消费集散地。三是形成一批骨干文化企业。围绕特色优势，培育一批投资大、科技含量高、市场前景好的文化产业领军企业，推进建设一批重大文化项目，开发一批特色文化产品，打造跨地区、跨行业、辐射全国、实力雄厚、具有较大影响力和竞争力的新兴文化产业集团。四是创出自有文化品牌。围绕"岐黄、周祖"两大文化名片，在文化旅游产品、文化企业、旅游景点、旅游线路、创意产业等方面，创出一批地方特色鲜明、在省内外、国内外具有一定知名度的文化品牌。

三、文物及非遗保护

一是实施"历史再现"工程。鼓励建办各种形式的主题博物馆。规划建设三八五旅纪念馆、陇东分区纪念馆、庆城红色记忆收藏馆、非物质文化遗产展示馆、民间民俗文化收藏展览馆、陇东窑洞文化展览馆；扩建庆阳周祖农耕文化展览馆等。二是建设历史文化名城。以县城为中心，维修加固古城墙，重建东门安远门、小南门、西门平定门、北门德胜门、镇朔楼、永春门等。启动建设小南门巷明清、钟楼巷唐宋仿古街，恢复重建"庆阳八景"。三是加大非遗保护。对香包刺绣、地方婚俗、地方葬俗，陇东民居、特色小吃等民俗文化项目有效保护，打造一批"保护特区"和示范点，形成比较完整

的保护体系。四是加强队伍建设。采用课堂讲授、函授、远程教育等多种形式，分级、分期、分批对非遗专业人员和传承人进行教育培训。重点培训一批懂专业、善管理的复合型人才，建立高素质的非遗保护研究专业队伍。

四、建设标准化专业台站

一是建设专业综合演播室。争取各方项目和财力支持，建设多功能专业综合演播室，开设综艺类、访谈类节目，形成 8 个特色栏目，建设一流专业台站。二是完成电视设备数字化。积极筹措资金，按照设备更新"三步走"战略，有计划地更换部分设备，加快数字化建设步伐，实现与国省和市电视台的全面接轨。三是提升节目质量。坚持节目立台、开门办台新理念，重点在采编播、节目策划、节目包装上下功夫，确保我县电视节目达到省级媒体水平。四是培养专业人才队伍。建立量化考核，探索能进能出的管人用人机制，外聘一些优秀编播人才，形成电视新闻专业人才团队，坚持走基层、转作风，历练记者队伍，培养德艺双馨的新闻工作者。五是培育广告产业。积极探索广告经营新理念，公司化经营，市场化运作，建立电视与手机、网络、报纸等多媒体的资源共享机制，形成广告经营、影视创作、节目策划、设备经销、专业推介等多业并举的产业格局。年广告收入突破 100 万元。

力争上游 全力打造文化旅游城市

青海省海东市乐都区文化旅游体育局 冉得军 李菊香 侯元林

乐都是青海新晋城市，是海东市政治、文化的核心区，位于青海省东部湟水河流域，面积 3050 平方公里，下辖 7 镇 12 乡，354 个行政村，有汉、藏、蒙、土、回等 15 个民族，总人口 30 万人。2005 年被文化部、国家文物局评为全国文物工作先进县，2009 年被文化部评为全国文化先进单位，2013 年被中国书法协会命名为"中国书法之乡"。全区现有文物保护点 554 处，其中古遗址 241 处，古墓葬 205 处，古建筑 73 处，石窟寺及石刻 4 处，近现代重要史迹及代表性建筑 31 处。有国家级文物保护单位 2 处，省级文物保护单位 22 处，区级文物保护单位 47 处。区博物馆馆藏文物 36322 件，其中国家一级文物 25 件，二级文物 7 件，一般文物 36290 件。柳湾原始社会基地遗址是国内规模最大、保护最好的原始社会公共墓葬群，已发掘原始社会不同文化类型的墓葬 1700 多座，出土文物 3 万多件，是考古界享有盛誉的一颗明珠。汉"三老赵掾碑"、南凉古都遗址、西来寺、关帝牌坊等都是闻名省内外的珍贵历史文化遗产。境内还有古木参天、峰崖奇秀的水峡、仓家峡、央宗林和充满神话色彩的鲁班亭等名胜古迹。其中最著名的还属始建于明洪武 25 年的瞿昙寺，距今已有 620 多年的历史，是一座藏传佛教汉式宫廷建筑的寺院，素有"高原小故宫"之美称。

一、乐都区文化旅游发展现状

近年来，乐都区按照中央、国务院及省市委关于文化旅游体制改革的指示精神，紧紧围绕省委、省政府打造环西宁"中国夏都"文化旅游圈的战略规划、分期实施、多方筹资、配套建设，积极启动实施乐都区文化旅游重点项目开发建设工作。目前，《柳湾遗址保护设施建设项目可研报告》已通过评审，《柳湾遗址保护规划》已完成评审。《瞿昙寺旅游发展项目可行性研究报告》上报市发改委申请立项，柳湾景区被评为 3A 级国家景区，瞿昙寺景区为 2A 级国家景区，4 家"农家乐"被评为 4 星级，10 家为 3 星级。建设了青海第一碑林"河湟碑林"、共建碑廊 6 条，长 630 米，刻碑 500 通。实施"文化进村入户"工程，为 270 个村业余剧团、歌舞队配发了乐器、音响、服装、道具；新建"农家书屋"354家；建成区级文化信息资源共享中心1个，乡镇基层服务站19个，村级服务店354个；在碾伯镇下寨等63个村建成卫星数字农家书屋。

积极开展以"大景区"为思路的城区周边旅游工作，引导农村资源参与旅游文化区域分工合作与竞争，把全区作为一个大景区来谋划打造。在政策推动下，乡村休闲旅游业迅猛发展，旅游文化品位及现代服务能力的迅速提升，推动了乐都区文化旅游市场的大发展，十二五末期，全区旅游接待人数达到110.4万人（次），旅游收入达到2.335亿元以上。在文化旅游产业蓬勃发展的同时，传统服务业、现代物流、文化创意、金融保险等新型服务业也快速发展起来，农超对接、家电下乡及"万村千乡"市场工程稳步实施，第三产业增加值达20.56亿元。

二、乐都区文化旅游发展的局限

（一）文化旅游投入匮乏，公共文化服务长期欠账

随着撤县建区，乐都作为我省人口较多的县份，传统农业结构下城市化程度较低各种问题便随之暴露，域内财力有限，基于文化和旅游所需的业务投入、事业投入、服务投入，以及用于特色文化和旅游资源开发、维护、建设和管理的投入，均因经费短缺，长期欠账，必要且必须的设施和设备严重匮乏，各项事业发展不平衡、缺乏后劲的问题始终十分突出，长期存在。

（二）文化旅游基础薄弱，文化事业推进滞后

文化工作受困于五大问题。一是场馆不齐。文化馆、图书馆搬迁后无正式办公场所，影响了业务工作的正常开展；二是后劲不足。文化馆等单位人员年龄偏大，断层现象严重，文艺演出等活动难以开展；三是缺乏维护。体育中心已经建成，面积大，设施多，体育馆内取暖问题尚未解决，场地维护经费缺乏，正常的文化体育活动深受季节影响；四是转型升级困难。文化产业、旅游产业作为新兴产业、绿色产业在全国已经蓬勃发展，逐渐成为许多地区经济发展的支柱产业，而我区的发展仍然停留在十分幼稚的起步阶段，文化、旅游、体育等还缺乏产业化发展的意识，特色文化产品少、产业规模小、市场化程度低、层次低、缺资金、缺人才；五是自我宣传能力弱。

（三）文化旅游产业发展规模小、水平低

乐都区的旅游业开始早、但水平低。乡村旅游虽然发展较快，但规模和档次不高；通往重要景点的公路及对接路口、沿交通线路和旅游路线的公共

服务设施、旅游服务项目缺乏建设配套，没有形成吸引游客驻足购买的特色服务；文化旅游产品的生产依然停留在特色产品的初级加工和粗加工上，个人爱好、作坊经营、家族发展是基本特点，企业上规模、打品牌、以现代化理念来管理企业的意识普遍不高，在产品研发上挖掘不够、质量不高，依靠科技进步推动文化产业发展、开发旅游产品的层次、质量不高，仍然停留在低效益阶段，没有龙头企业，用文化旅游产业立项拉动、引导产业的能力十分有限。

三、乐都文化旅游大发展的优势

（一）文化活区的指导思想明确，文化与旅游融合发展的整体思路正确

区委区政府高度重视旅游文化事业的发展，年初已发了《关于乐都区促进旅游业发展的意见》，区委一届四次全委会上确定了引领新常态，全力推进经济社会发展"做优做特一产、做精做强二产、做大做活三产"作为优化结构、转型升级的主攻方向，"大力发展现代服务业"，发展文化、旅游、健康、养老、体育、医疗等生活性服务业，按照"一线两翼"文化旅游业发展的基本战略，打造以柳湾彩陶、瞿昙寺为主的河湟流域文化、非物质文化遗产、生态观光旅游、休闲旅游、民俗旅游板块，突出文化产业群发展，以及大力发展乡村旅游，促进农业发展与旅游消费的有机融合，壮大旅游业总量，提升三产比重的推进思路，编制完成了《乐都区瞿昙寺旅游区修建性详细规划》和《乐都柳湾旅游区修建性详细规划》，按照东部城市群建设新要求，《乐都区旅游发展总体规划》正在进行修改完善。

（二）文化产业逐步兴起，特色旅游业加快发展

照"文化旅游活县"的发展战略，乐都区充分利用交通便捷、气候温和、资源丰富，易受西宁、兰州两大省会城市辐射的优势，确立以史前文化旅游线、自然风景旅游线等众多符合乐都旅游发展的新线路。

（三）通过大力开展丰富多彩的文化活动，带动促进旅游业繁荣发展

以群众文化阵地网络建设、文化活动网络建设、队伍网络建设和服务网络建设为先导，以文化馆、图书馆为龙头，带动和指导乡镇文化站和村（社区）文化活动室开展多种形式的文化活动，切实加强社区文化、企业文化、校园文化和村镇文化建设。大力开展以娱乐健身、艺术培训为主要内容的室内文化活动和内容新颖、形式多样的广场文化活动，丰富广大群众的文化生活。加强对南山戏曲协会、蒲台乡秦腔剧团、高店农民管乐队、汉庄眉户剧团、高庙文化中心户马家大院等60多个业余剧团的培训和指导，完善激励机

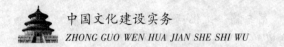

制和利益导向机制，鼓励业余剧团深入基层演出。加强区文化馆、图书馆的建设和管理，不断提高其服务水平和社会效益。积极探索公共文化体育事业与乡村文化产业、旅游业紧密结合、相互促进、共同发展的新路子，积极开展乡村文化活动、农民体育比赛等群众参与性强、感染力大的群众性文体活动。

（四）依托政策支持，促进三大文化产业

我区依托国家对文化旅游产业的重视及开发，使得旅游业在三大文化资源的挖掘上得到不断壮大。根据国务院下发的《文化产业振兴规划》，依托我区历史文化资源，加强宣传，切实加大文化品牌推介力度，努力提高柳湾彩陶文化、瞿昙宗教文化在国内外的影响力，积极争取将乐都文化旅游纳入以西宁为中心的青海大旅游经济圈，着力营造"打文化牌、办大旅游"的浓厚氛围，积极打造精品旅游线，加快发展具有乐都特色的文化产业。

四、发展目标

（一）指导思想

以十八大和十八届二中、三中全会精神和习近平总书记系列重要讲话精神为指导，把握全面建成小康社会和全面深化改革的良好发展机遇，积极推动改革、创新和发展，促进旅游业持续健康的常态化发展。以崭新的文化风貌，文化旅游活区，争做海东市"三大历史任务"和"在八个方面走在全省前列"目标的践行者，全面整合、深度开发旅游资源，做大做强旅游产业，推动全区文化产业、旅游产业的加快崛起和跨越发展。充分挖掘和整合优秀文化资源和旅游资源，以消费性文化旅游产业和生产性创意产业为重点，实施重大文化产业、旅游产业项目和大企业、大集团带动战略。注重加强文化旅游产业与传统产业、科技、金融等领域的融合和创意研发，加快民族文化产业园区、基地和区域性特色文化旅游产业集群建设。建设河湟文化走廊、打造海东文化名片，构建符合社会主义文化强国的建设要求，助力"大美青海"文化强省建设、具有鲜明海东市产业特色和现代精神文明交融发展的区域发展新格局。切实把旅游业培育成为国民经济的战略性支柱产业和人民群众更加满意的现代服务业，为实现乐都区经济社会持续健康发展做出积极贡献。

（二）发展定位

依据省委省政府关于海东城市群建设的布局，吸收省内外专家、学者和我区政协有关专家和老同志的专题讨论，我区文化旅游发展的基本定位可浓

缩在以下几个关键词：

方案一：河湟古都，魅力乐都；

方案二：河湟宝地，欢乐之都；

方案三：河湟宝地，乐善之都。

方案四：锦绣河湟，魅力乐都。

（三）总体目标

全面把握、深入挖掘乐都区的文化资源禀赋，突出乐都作为海东文化发展标志、河湟区域文化代表的区位优势，通过文化旅游业的大发展、大繁荣，按照"一体两翼"的整体思路，争取通过五年的艰苦奋斗，全力以赴，全力攻坚，抓实见效，将乐都打造的文化与旅游融合的模范区，促进文化旅游产业的深度融合，促进乐都成为海东市的政治核心区、文化核心区。一是充分发挥自然生态资源、历史文物古迹、民俗风情、特色农业等方面优势，在湟水河沿线，打造柳湾彩陶、休闲农业、乡村旅游为核心的文化、休闲旅游板块；在瞿昙寺一翼，打造南部山区非物质文化遗产、民俗旅游板块；在寿乐镇一翼，打造北部山区生态观光旅游板块。继续加大区财政投入的基础上，通过项目争取、资金整合和社会融资等多种形式，重点推进11个旅游片区建设，促进全区旅游业快速健康发展。二是做大文化旅游产业。着力打造瞿昙寺、柳湾彩陶、观光农业、河湟民俗文化、民间射箭、书法文化六大文化旅游产业群，不断衍生旅游产业链，增加旅游产品附加值。

五、基本对策

（一）加强领导，统一思想，发挥文化旅游领导小组的作用

随着经济社会快速发展，乐都旅游业正逐渐成为推动乐都区经济发展，促进对外交流和乐都区经济结构调整的新兴支柱产业之一，区委、区政府高度重视旅游业发展，将旅游业确立为乐都区新的经济增长点和服务业发展的龙头产业。为积极响应市委、市政府创建的工作目标，加快推进乐都区旅游产业发展，成立乐都区旅游产业发展领导小组势在必行。由区文广局、区旅游局牵头，成立一个汇集政府领导、相关部门、专家学者、文化名流、知识精英、企业代表、商贸精英和民间艺人组成的专门领导小组，制定政策、出台办法，加大顶层设计，统筹安排各项目的启动与实施，一以贯之的全程监督考核各个项目进展情况，奖罚分明，使各项资源得到最好配置、最优组合，追求文化旅游产业经济效益和社会效益的双丰收。立足长远发展，围绕年度项目，国家省级和市级联动协调，体现规划和国土等相关部门对于文化旅游部门的尊重，推动城市文化和文化旅游产业发展互动配合，统一思想，统一行动，做好项目建设用地、环评和拆迁等要素的配套，规划和保障工作的给力，坚决按照"一个项目、一名领导、一套班子、一抓到底"的模式，对重点项目实行"星级绿色通道"和保姆式服务，确保规划能统一，立项保障能统一，执行落实能统一，争取项目早开工、早建设、早投产、快发展。

（二）实施"文化旅游活县域"战略，建设河湟文化中心，打造文化旅游城市

抓住机遇不松劲，加快发展争上游，促进乐都文化与旅游的融合，保持文化旅游快速发展势头。

1、加强城市公共文化服务建设，提高城市文化旅游品位。在做好已有建设项目的基础上，依据市区两级政府的"十三五"规划和新修编的城市总体规划，科学前瞻文化旅游动态发展的新趋势，进一步明确主攻方向。2、创造海东人居优质环境，努力打造高原"世外桃源"。以"快城市、慢生活"为主题，打造乐都作为海东核心区的人文宜居环境。由于现在城市生活节奏比较快，节假日城里人都喜欢到农村尝农家饭、观农家景，针对这种消费需求，开休闲农家院，让城里人品农家菜、感受田园风光的同时体验乐都文化的独特魅力。

（三）聚集社会力量，实现思维跨越，打造文化旅游产业园

1、树立新品牌，塑造大名牌，打造"南凉古城文化区"，盘活柳湾遗址资源。乐都区是南凉故都，历史悠久，文化资源厚重，人口密集，处于两大省会城市西宁和兰州的中间地段，拥有打造成为地域经济文化中心的优越条件。2、打破常规，不拘一格，打造"海东文化产业园"，积极推动瞿昙寺、西来寺等多元宗教文化资源综合开发。依托独有的大好资源优势，充分利用正在规划实施的南凉文化产业一条街，积极吸收社会资金，创新文化产业区建设，以政府搭台、大型企业实施，小微企业、个体商户入驻的方式，进行规划建设。

（四）坚持顶层设计，坚持规划行政

做好以瞿昙寺为核心的保护展示中心和消防、防雷"两防"工程建设，做好柳湾遗址保护设施及大遗址工程建设，做好新区"三馆一室"建设，做好旅游线路交通等基础设施建设，做好景区规划设计工作，做好城市文化氛围营造和群众文化活动。把城区文化旅游的基础设施建设和产业发展联系起来，坚持顶层设计，坚持科学规划基础上的按规矩办事、按规范行事，推进决策科学，实施依法行政。具体还要做好以下一些统筹和协调工作：

1、统筹兼顾，统一谋划，大力兴建"数字影院"、"数字博物馆"、"数字科技馆"等新型文化娱乐设施。

2、城乡一体，联动发展，大力发展乐都代表河湟文化特色的农耕文化、村落文化新园区。

3、凝聚智慧，放眼全国，塑造乐都新区新形象。

4、集中火力，再接再厉，从优秀非物质文化遗产挖掘的生产性保护、延伸性保护思路中寻找文化旅游产业发展的新契机。遗产是文化产业的根基，也是旅游开发的基础。

5、加强城市包装，兴建城市特色雕塑群。充分挖掘和体现南凉古城、彩陶之都、文化名县人文荟萃的文化元素和意蕴，在城区街道、楼宇的外包装上，以彩陶主色系为基本色，以经典彩陶图案或系列图案为标志，设计制作具有浓郁地方特色和河湟文化元素的路灯、围栏、幕墙、标识等，在重要的文化区域和街衢、路口兴建乐都文化名人、民间故事素材为主、河湟文化特点的城市雕塑群，从细小入手，营造城市文化氛围，形成装饰乐都、扮美乐都的城市硬件组合，营造风格一致、着色鲜明的浓郁古色古香的乐都新街区。

（五）切实强化项目支撑，用项目带动产业

摸清家底，夯实基础，盘活资源，吃透政策，通过项目实现产业上规模。将具有特色的"三园""八项"、"一个储备"产业发展项目当作重点进行推动。

1、立足海东，面向全省，用足、用好、用活政策，做好"三园"即《乐都文化产业园》、《南凉古城文化区》、《乐都书画产业园》的立项工作，与时俱进，奋发有为，把重视通过项目增业态、创规模、树标杆、带发展，作为我区文化产业、旅游产业取得突破发展的基本共识。

2、认真筛选推荐，狠抓项目申报，推动企业做好"八项"申报，即争取条件相对成熟的《南凉日月特色民族工艺项目》、《凤山书院精品图书出版》、《富得民俗博物馆富得村落文化园》、《南凉民间刺绣工艺》、《河湟弓制作开发项目》、《骏马行乐都民族艺术团》、《柳湾彩陶复制工艺》、《乐都实体书店》取得重大突破，以及场馆、广场、健身步道等自主项目继续申报和落实，为乐都区的文化产业大发展、特色旅游业升级转型取得新进展。

3、认真研讨国家、省市"十三五"规划思路，针对旅游转型提质、城市改造提质、农业增效提质和改善民生等特色内容，抢抓六盘山片区区域发展与扶贫攻坚和"一带一路"建设等重大机遇，全力做好年度项目编制和项目推介工作。四是做好重点项目储备，围绕棚户区改造、节能环保、城市建设、生态建设、保障性住房等重点领域，提前储备一批带动作用明显、支撑区域长远发展的重大项目。与此同时，在城区打造河湟文化一条街、三河口生态湟水河文化景观休闲带，使其成为集特色饮食、歌舞表演、旅游购物、文化娱乐等为一体的河湟文化体验区。开发乐都柳湾彩陶、瞿昙寺象背云鼓复制品、石雕、玉雕、根雕、书画作品、皮影等旅游产品创意研制生产项目，推进乐都民族服饰、民间刺绣等项目形成产业链，建设民族风情园。在项目申报和争取工作中，全面落实目标管理责任制和重大项目领导联系制度，不断提高项目前期工作效率。

（六）推进文化、旅游、体育协调发展

1、立足城区搞活动，立足活动树形象。扩大"森原绿化杯"乒乓球比赛、全区羽毛球赛、"篮协杯"篮球赛、"龙祥杯"职工篮球赛、全区农民篮球赛等体育赛事的规模，利用乐都区市府所在地的优势，升级各赛事为全海东市的赛事，在旅游旺季进行举办，将比赛与旅游相结合，推动全市全民健身运动和体育旅游的发展。

2、协调赛制错峰谷，跨区衔接促联合。协调民和政府有关部门，把每年在寿乐镇昂么村3月份举办的民族民间赛马活动调整到5月份，与民和举办的桃花节在时间上一前一后地加以衔接，再与互助土族风情游相挂钩，大力宣传，把到民和赏花和互助揽胜的游客从东西两个方向吸引到乐都，为探索跨区域联合开发举办文化旅游项目进行有益尝试。

3、深挖民俗赛事潜力，带动旅游多元发展。一方面将在下营乡举办的南山射箭活动，进行原有风貌的复原，还原南山射箭的历史传承，以赛事为媒，给游客展现历史之美，让游客置身其中，感受乐都深厚的历史传承、独特的文化内涵，带给游客不同的旅游乐趣，促进农家游成型上规模。另一方面，继续加大对海东（乐都）高原国际攀岩精英赛的宣传力度和办赛水平，吸引更多国家和地区的运动员、官员、游客和攀岩爱好者来到乐都，提升国际攀岩精英赛的档次，争取有关部门的支持，把国际攀岩精英赛在3~4年内，打造成为与环青海湖国际自行车赛交相辉映的知名国际级赛事，使之成为宣传青海、宣传海东、宣传乐都的一张金色名片，用赛事带动旅游六大要素升级，把每一个要素做细做精、做强做大，做出特色，不断提升文化旅游产业素质，更好地满足游客个性化、差异化、多样化的需求。发挥个景区项目的带动作用，着力打造文化旅游精品，促进产业联动发展，通过发挥重大项目的聚集带动作用，拉长产业链条。

（七）坚持建设旅游文化服务体系的发展思路

1、花大力气旅游交通体系和旅游食宿体系建设。首先，根据市委、市

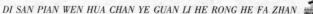
政府的规划，与其它相关区县通力合作，其次，建设通往柳湾、瞿昙高速公路的站点，提升相关公路的等级，并支持在其沿线开办民俗博物馆、乡村文化园、农家乐，以及配套的文化旅游服务设施，盘活文化旅游资源、提高文化旅游便利化程度。其三，构建区内旅游交通环线，开发自驾车游览线路，大力建设房车营地等，为文化旅游的深度发展奠定必要的物质基础。

2、加强旅游餐饮的行业管理，提升餐饮水平。首先制定标准规范。转变餐饮业的经营观念，规范餐馆的经营行为。其次推行认证推荐。旅游管理部门对符合相关认证标准的农家院经营单位，实行挂牌认证和推荐；通过公共信息平台及时向全社会特别是向旅游者公布；要求旅行社带团必须到旅游或相关部门认证推荐的餐饮点。其三实行保证金制度。结合海东实际，推行农家院餐饮质量保证金制度，出现任何有损游客权益的问题，旅游管理部门将有权按照相关规定进行先行赔付。其四提升餐饮水平。

3、加强旅游购物娱乐体系建设。首先，重点打造乐都彩陶复制品、中坝玉、南凉刺绣精品、民间书法精品等工艺品。其次，重点打造辣椒、紫皮蒜、土豆等相关土特产品的礼品、纪念品建设，塑造乐都独有的旅游商品品牌。其三，以乐都为中心，打造全市旅游娱乐基地。进一步组织举办好每年的国际射箭赛等文化体育赛事。

4、加快旅游网络体系和客源市场体系开拓建设。首先，积极建设以乐都区旅游信息门户网为龙头的旅游网络体系。其次，乐都区目前旅游业正处于起步阶段，在客源市场定位上，一级目标市场以省内、西宁市、兰州市及新疆、宁夏、陕西、四川等省（区）为主；二级目标市场以经济发达的长江三角洲、珠江三角洲、环渤海湾地区的城市群落为主；三级目标市场以新、马、泰、港、澳、台等地区为重点逐步向日本、韩国、欧美及全世界许多国家和地区发展。

（八）加大文化、旅游人才培养和引进力度，加大环境保护力度，实现旅游业的可持续发展

1、制定旅游人才培训计划，完善文化创意、文化产业规划、文化企业发展培训、培养等职业教育和专业辅导工作，加快文化、旅游人才和从业人员教育、培训体系建设，坚持不求所有，只求所用，开放引进的人才促进战略。

2、旅游与环境相互依存，互相促进，正确认识和处理环境保护与旅游发展的关系，有效保护生态环境，实行科学的旅游开发、建设、经营、服务和消费行为，是旅游业实现可持续发展的重要途径。

3、正确处理开发与保护关系，实现旅游资源的可持续利用。在旅游资源开发活动中，坚持有效保护、合理开发和永续利用相结合的原则，营造良好的生态环境和资源的永续利用作为实现旅游业可持续发展的主要任务和途径，妥善处理好各类自然生态和人文社会景观保护与利用的关系，加强协调配合，引导和规范旅游及其开发建设、经营管理、消费等行为，将旅游环境保护工作落到实处。

加强县域文化事业建设
推进文化旅游融合发展

青海省祁连县文化体育广播电视局　马金国　韩廷辛

近年来，祁连县文体广电局在不断满足和丰富全县各族群众文化体育生活、努力提高广播电视覆盖率、着力加强公共文化基础设施建设、积极挖掘和弘扬民族民间文化、大力发展文化体育和广播影视产业的同时，紧紧围绕县委、县政府的中心工作，提出"以文化凝聚人心，以文化宣传造势，以文化助推发展"的文化旅游融合发展理念，依托丰富的历史人文资源，以旅游为载体，借力文化，在打造文化旅游融合发展的新途径、新模式探索中，取得了有益的经验。

一、"十二五"以来，在文化旅游融合发展过程中的主要做法

（一）不断加强文化基础设施建设，为文化旅游深度融合构建良好的发展平台

"十二五"期间，祁连县文体广电局始终着眼于"提升群众幸福指数、促进城乡公共文化服务均等化"的目标，累计投入资金 1.85 亿元，不断加大文化体育广播电视基础设施建设力度，其中：基础设施建设投资 1.5 亿元，两馆免费开放资金及基层文化惠民投资 1000 万元，文化体育活动投资 2500 万元，建成了一批具有现代综合功能的文化基础设施，全县城乡一体化公共文化服务体系初步形成，城市品位显著提升，文体活动、媒体宣传、影视演艺、传统文化、产业培育等拥有了良好的发展平台，为文化旅游深度融合创造了必要条件。

（二）组建文化、影视、体育产业实体，拓展延伸产业链条，不断增强文体影视与旅游的融合力和竞争力，打造文体旅游新名片

"十二五"以来，围绕县委、县政府"加快发展旅游事业，进一步扶持壮大文化产业，推进祁连旅游经济快速发展"的工作总思路，祁连县文体广电局紧扣"文化大发展、大繁荣"的总体要求，组建了祁连县文化旅游产业开

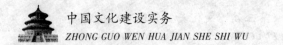
发有限公司和祁连县文化影视传媒公司，研究制订了全县文化旅游产业发展规划，进一步明确了重点扶持发展的领域、项目、扶持政策、推进措施等，努力构建特色鲜明、结构合理、效益明显的文化产业区域格局，研发出具有地方民族特色的文化旅游产品达11种，文化产业发展专项基金由原来的每年50万元增加至100万元，并积极争取省、州扶持资金达500万元，培育出了祁连黑河奇石文化产业公司、祁连县翠光宝玉石公司、祁连古琅民族文化石材开发有限公司、祁连山民族工艺品加工公司等有竞争力、上规模的文化企业和多家文化经营户，文化产品更加突出了地域及民族特色，极大地丰富了我县旅游商品市场，进一步满足了游客的购物需求，切实增强了企业的创造力和竞争力。截止"十二五"末，全县文化产业销售收入由"十二五"初的600万元增长到3271万元，年均增长43.3%。

着眼于祁连优美的自然风光和富有文化底蕴的历史文化积淀，为加快我县文化旅游业的融合发展，"十二五"期间，祁连县文体广电局积极申请影视外景拍摄基地项目，力求依托影视外景拍摄基地建设，培育影视传媒产业。2014年，省广播电影电视局、省广播电影电视协会将我县挂牌命名为"青海省影视外景拍摄基地—祁连山基地"，为我县以影视事业发展助推文化旅游迈上新台阶注入了新的活力，标志着我县文化、旅游及影视融合发展有了新起点、新平台。

为进一步促进文化旅游深度融合，丰富文化旅游项目，带动文化演艺经济，我县投资建成集歌舞剧演艺、数字电影放映、文化产品展览、博物馆于一体的民族影视中心，并投资1000万元、聘请北京多彩神州文化艺术有限公司为我县量身打造的大型文化旅游演艺——民族歌舞剧《天境祁连》，打造文化旅游演艺，不但可以延伸旅游产业链，而且还可以让游客在观赏祁连优美的自然风光的同时，了解祁连的历史文化和民俗文化，丰富旅游内涵，增强旅游发展后劲。

同时，充分发挥文化影视传媒和广播电视媒体作用，根据孝亲敬老典型模范人物的感人事迹，拍摄完成我县第一部自编自导自演的微电影《爱在草原》，通过互联网平台向外界推介，得到了良好的反响。创作和出版了《天境祁连》画册、《吉祥祁连》歌碟，有力地宣传推介了祁连。

（三）依托基层公共文化资源，积极打造"一地一特色"品牌文化活动，以节造势，宣传推介祁连，助推旅游经济发展

文化是旅游的灵魂，旅游是文化的载体。连续开展大型文化体育活动，不断推进祁连品牌文化体育活动建设，提升旅游品牌知名度。五年来，我县

投入资金 2500 万元，连续举办了两届"环青海湖国际公路自行车赛"祁连赛段赛事，三届中国最美丽的草原——祁连山草原风情文化旅游节，三届全国露营大会，三届清真美食节，一届全国广场舞大赛青海赛区决赛，一届"走进藏区"大型文化活动，一届《大众摄影》祁连采风活动，三届摄影展，150多场广场文化周活动，连续五年举办春节系列文化活动和"迎新春大型惠民灯展"。除此之外，还连续举办了群众参与性极强的文体活动，有效地向外界宣传推介了祁连。五年来，祁连县文体广电局以祁连传统民族文化为切入点，充分利用民族传统文化特色乡村优势，以"祁连山草原风情文化旅游节"为平台，各乡镇广泛开展具有民族传统文化的文化体育活动，逐步形成了"阿柔部落文化"、"清真美食文化"、"托茂人和达玉部落文化"、"民族射箭和郭米则柔"、"那达慕大会"等民族传统文化特色，不断丰富了文化旅游内涵，增强了祁连文化旅游发展活力和可持续性。这些活动的举办，带动了当地文化旅游产业的发展，如：仅环湖赛祁连赛段的县城绕圈赛一项，所产生的媒体价值高达 1000 万元；2015 年举办的全国露营大会及《大众摄影》祁连风光采风等活动，网络点击率达数百万之多，不仅有效提升了"天境祁连"旅游金名片的知名度，同时也极大的丰富了祁连旅游市场的文化内涵，一批具有地方民族特色的文化旅游产品、美食品牌应运而生，为文化企业带来了可观的经济效益，催生出了以八宝镇为中心、以民族地方美食等为代表的清真美食品牌；以峨堡、默勒为中心的牦牛酸奶、风干牛肉，以阿柔、扎麻什为中心的"非遗"表演，文化产业经营户逐年上升，有效拉动了祁连旅游经济的不断发展，让百姓享受到了旅游发展带来的红利。

（四）充分挖掘和利用历史人文、民族传统文化和非遗文化，地方人文旅游景观逐步丰富

充分利用省级文物保护单位峨堡古城和阿柔大寺在古丝绸之路南路上的区位优势，以"阿柔逗曲、郭米则柔、阿柔婚俗"等省级非物质文化遗产为载体，本着"保护为主，抢救第一，合理利用，加强管理"的原则，逐步形成了祁连自东而西、以点带面的历史人文和民风民俗景观带，不断丰富壮大以历史人文、民族宗教为主要内容的文化旅游产业。目前，峨堡古遗址公园项目及峨堡古城遗址博物馆布展工作全面完成，具备了向外界开放的条件。该项目位于丝绸之路经济带、青海北大门、通往宁张公路的重要枢纽重镇——峨堡镇。遗址公园的建成，将为祁连县文化旅游注入新的人文内涵，也将有效推动当地文化旅游经济的发展。每年旅游旺季通过宁张公路的游客达 300 多万人次，通过峨祁公路的游客达 100 多万人次，峨堡古城遗址位于丝绸南路青海道通往河西走廊的重要节点，打造人文旅游景点，前景可观。

二、"十三五"期间文体影视传媒与旅游融合发展工作思路

（一）积极争取国家资金和社会资金，继续加大文化、体育、广播影视的基础设施建设力度，完成城镇公共文化服务体系建设

2016 年力争实现体育健身设施全覆盖；争取在"十三五"期间完成行政村、社区的村级综合文化服务中心建设；完成乡镇综合文体活动场馆建设；建设 11 人制足球场、笼式足球场地和全民健身中心；完成县博物馆布展工作，影院加盟"三江源"院线，上映高清院线电影；完成全县范围内的应急广播网络建设，提高城镇品位。

（二）挖掘、发扬民族传统文化，使其转化为旅游经济优势

在现有的省级文物保护单位和省级非遗项目的基础上，积极申报省级文物保护单位为国家级文物保护单位，省级非物质文化遗产申报为国家级非遗项目，丰富其文化内涵，扩大其影响力；以祁连民族历史文化为主线，充分发掘民族文化历史内涵，传承发扬"阿柔逗曲、郭米则柔、阿柔婚俗"等省级非物质文化遗产文化魅力，打造民俗文化品牌旅游项目，壮大民族文化旅游产业，带动当地经济发展。

（三）转变服务方式，加大政府购买社会公共文化服务的力度，让更多的社会组织参与文化，发展文化产业

利用各单项协会和社会组织，通过政府购买公共文化服务，继续大力实施"文化惠民"活动，文化馆、图书馆、大型体育场馆免费低收费向社会开放工作。继续举办"广场文化周"、"户外露营活动"、"民族赛马会"、"广场舞"等独具地方特色的群众性文化体育活动，拉动文化、体育旅游产业发展；重点扶持文化旅游、文艺演出、艺术培训、民族体育、民族民间工艺品、文化娱乐、网路文化、影视音像八种文化产业。

（四）用文化造势，依托旅游，借力文化、体育、广播影视，打造文化旅游新产业，用文化助推发展

继续申办"环青海湖国际公路自行车赛祁连赛段赛事"；举办草原风情文化旅游节等一系列重大品牌文化体育活动；通过连续不断的打造，巩固和发展八宝镇"清真美食文化"，扎麻什乡"射箭、则柔特色文化"、野牛沟乡和央隆乡"托茂、达玉部落文化"、默勒镇"蒙古那达慕文化"、峨堡镇和阿柔

乡"阿柔部落文化"为代表的特色文化旅游品牌，促进我县节庆文化旅游发展，不断宣传推介祁连，用文化造势；力争通过申请国家资金和社会资金，建设一大批文化、体育、广播影视产业；力争完成县电视台高清全台网建设和自办频道手机终端新媒体项目，依托青海省外景拍摄基地——祁连山基地，拍摄以祁连山川风光为背景的电影或电视剧。

推动文化与旅游融合发展，是当今极具蓬勃活力和巨大潜力的新兴产业。文化与旅游相生相伴，没有文化的旅游是没有生命力的旅游，没有旅游的文化是没有活力的文化。推动文化与旅游产业融合发展，就是要按照人的审美要求，在开发设计旅游产品时，注重对景点历史文化背景的解释和对当地风土人情的介绍，注重发挥游客作为促进文化交流传播使者的作用，让游客在不断体验、感受和认知不同文化的过程中传播文化，推动旅游目的地文化，从而实现文化交流融合，扩大文化影响力，增强文化软实力。推动文化与旅游产业融合发展，是旅游产业提质升级，实现以观光旅游为主的初级阶段向以文化旅游为主的高级阶段转变的重要途径。

文化是旅游的灵魂，旅游的过程实际就是体验文化、寻找文化差异的过程。近年来，我县围绕建设旅游目的地和游客集散地的目标，着力打造区域性生态旅游休闲基地，旅游产业得到了迅速发展，对经济社会发展的拉动作用越来越明显。"十三五"期间，应该在文化与旅游产业融合发展上寻找新的突破口，将提升文化内涵贯穿到吃、住、行、游、购、娱各个环节和旅游发展全过程，开发和利用好我县优越的旅游资源，实现景点外观和文化内涵的统一，用独特的文化品格和文化魅力来诠释旅游，充分发挥得天独厚的文化与旅游资源优势，从深度和广度上促进二者的融合，形成两大产业互动发展、互融共赢的新模式，才能使祁连旅游更具活力和生命力，更具吸引力和竞争力。

作者简介：

　　马金国，男，回族，中共党员。现任青海省祁连县文化体育广播电视局党组书记、局长。

　　曾先后任职祁连县文化局秘书、县教育科技文化局副主任科员、副科级祁连县电视台台长、县委宣传部副部长、教育科技文化局副局长（文化局局长）、电视台台长、县委宣传部副部长、教育科技文化局副局长（文化局局长）。2010 年 9 月至今，任青海省祁连县委宣传部副部长、文体广电局党组书记

浅谈如何促进西吉文化旅游业融合发展

宁夏回族自治区西吉县文化旅游广电局　马国荣　马会田

为进一步促进西吉文化旅游业深度融合、转型升级发展，通过对西吉文化旅游业发展情况进行深入调研，就如何促进文化旅游业融合发展，实施好品牌战略，提升市场竞争力，浅谈几点看法。

一、文化旅游业发展现状

西吉县文化旅游资源丰富，集自然风光、人文景观、回族风情、爱国主义教育基地为一体，是固原市乃至宁夏的文化旅游资源大县。近年来，西吉县利用深厚的民族民俗文化底蕴和得天独厚的自然景观，提出了"丹霞震湖、红色圣地、回乡风情"的文化旅游发展总体思路，大力实施项目带动战略，累计投资过亿元，实施了火石寨景区旅游基础设施建设项目和将台堡纪念园、单家集革命遗址基础设施的改造和重建修复等工程；以火石寨景区经营权承包转让为契机，切实加强行业管理和服务水平，成功举办了宁夏六盘山山花旅游节暨西吉火石寨丁香花节、宁夏西吉蝉窑文化民俗村启动仪式、西吉县首届乡村旅游暨龙泉湾山庄休闲民俗文化旅游节、西吉县首届亲子采摘暨休闲垂钓节及"薪火相传·再创辉煌"长征精神红色旅游火炬西吉传递等活动。有力的扩大了西吉对外影响，吸引中阿书画院、黄土画派、中国民俗摄影协会创作基地落实火石寨蝉窑村及大型3D电影巨制《阿修罗》摄制组计划来西吉火石寨大石城景区拍摄电影；同时，县内的吉强镇龙王坝村被评为"国家林下经济示范基地"、"中国最美休闲乡村"和"全国生态文化村"，火石寨乡沙岗村上榜"中国最美乡村游模范村"，吉强镇高同度假村、葫芦河回族人家和龙王坝村龙泉湾山庄上榜"金牌农家乐"。初步形成了以吉强镇龙王坝村为龙头、农家乐为补充的乡村旅游发展格局，为全县社会经济的发展起到了积极的推动作用。截止目前，全县有以刺绣、古钱币、教辅图书销售等为主，网吧、打字印刷复印、棋牌活动、演艺演出业等为辅的文化产业经营单位192家，产业从业人员1000多人。旅游景区景点4处，星级宾馆1家，其他宾馆旅店20家，旅行社2家，2014年接待游客35万人次，旅游总收入5000万元以上。

二、发展文化旅游业面临的形势和机遇

（一）总体形势和发展机遇

一是旅游业已成为当今极具发展潜力的新兴产业和朝阳产业。在扩大对外开放、调整经济结构、推动县域经济发展中，都需要发展壮大旅游产业；区、市、县均制定出台了一系列政策扶持措施，政策扶持和资金补助力度将逐年加大；二是发达地区第三产业的比重一般占 GDP 的 80% 以上，而西吉县2014 年仅为 47.8%，第三产业上升的空间还很大。旅游业作为第三产业的龙头，可为第一、第二产业发展提供巨大的市场，注入新的活力，优化一、二、三产业之间的结构关系和资源的配置；三是通过近年来的不懈努力和发展，西吉县的文化旅游业已初具规模，以火石寨国家地质（森林）公园、国家级自然保护区，党家岔地震堰塞湖遗址，将台堡红军长征会师纪念园和单家集革命遗址为代表的景区（点）及以吉强镇龙王坝村、马兰刺绣、金山文化苑为代表的乡村文化旅游，在全区乃至全国有了一定的知名度，为做大做强文化旅游产业创造了重要平台。

（二）内在资源和发展潜力

当前，文化旅游产业发展正处在量的扩张和质的提升共进的关键期，作为全国"文化先进县"、全区文化旅游资源大县，西吉县旅游资源荟萃了特色突出、积淀深厚的历史人文自然景观。一是回乡文化特色鲜明。西吉是全区第一人口大县和少数民族聚居县，肃穆典雅、风韵独特的沙沟拱北、西滩道堂和 500 多座清真寺构筑了浓郁的伊斯兰文化，精美的回族服饰、特色饮食等等，令无数观光朝拜者心驰神往。二是历史文化内涵丰富。西吉历史悠久、文化灿烂，早在新石器时代，就有人类繁衍生息，因此人文历史遗迹丰富多彩。境内有距今 5000 年左右的"马家窑文化"遗址、距今 4000 年前的"齐家文化"遗址、少量半坡文化和仰韶文化遗址。境内战国秦长城横穿西吉境内 20 余公里。西夏王李元昊与北宋的好水川之战，明军与满俊的石城之战都发生在县境内。始建于北魏，兴盛于隋唐的火石寨石窟群有 10 余处 120 多孔洞，是宁夏境内凿建最早的石窟之一，也是丝绸古道上重要的文化遗迹。1935 年 10 月 5 日，毛主席长征途中夜宿单家集，周恩来驻扎公易镇，留下了一代伟人的足迹。1936 年 10 月 22 日，中国工农红军将台堡会师，标志着举世闻名的二万五千里长征胜利结束，现为全国重点文保单位及自治区爱国主义教育基地之一。三是自然资源得天独厚。西吉地处六盘山，集人文景观、历史文化、自然景观于一体的旅游资源县，火石寨以其独特的"丹霞"地貌，

被命名为国家地质公园、森林公园、国家级自然保护区和 4A 级旅游景区，党家岔震湖被列为国家级地震堰塞湖遗址，被誉为"华夏钱币第一县"、"中国马铃薯之乡"和"西芹之乡"。境内现存国家、区、县重点文保单位 23 处，不可移动文物 354 处，博物馆馆藏文物 9570 件（套），历史文化名村 1 处。四是人文资源独具神韵。西吉文化源远流长、文化氛围浓厚，享有中国首个"文学之乡"的美誉，县文工团声名远扬、成绩辉煌，西吉籍（含本土）作家多达 140 余人，其中入选国家作协的有 7 人，自治区作协的有 36 人。"民间刺绣"、"回族口弦"等七项列为全区首批保护传承的非物质文化遗产名录，命名了"回族口弦"、"回族花儿"等 16 个非遗保护项目，普查申报了 18 位非遗传承人，出版了十本非物质文化遗产系列丛书等。通过不断整理、挖掘和组织、引导、培育，初步形成了刺绣、古钱币等非遗文化产业。

三、文化旅游发展中存在的突出问题

由于西吉旅游业起步晚，基础差，底子薄，存在文化与旅游结合不够紧密，旅游产品开发迟缓，文化旅游特色优势还没有发挥出来，特色优势还不明显，文化旅游竞争力不强等突出问题。一是文化旅游产品结构单一，品牌优势发挥不够。就目前来看，西吉文化旅游产品的种类较单一，而且精品也不突出，尚未形成能拉动全县文化旅游业的龙头产品，全县旅游业仍然是以旅游观光为主，对其他文化旅游资源的挖掘和开发力度不够，长期停滞在观光型旅游上，没有真正实现向文化旅游和休闲度假避暑型旅游有效结合的转型升级，缺乏大手笔的运作，缺乏大创意的项目推进。二是基础设施相对滞后，交通环境亟需改善。从总体来说，一方面景区景点开发规划缺乏，开发投入大，经济回报低，资金投入不足；另一方面影响文化旅游发展的重要因素仍然是旅游基础设施问题，主要是连接西吉和景区的道路及景区内部的交通状况在一定时期内得不到彻底的改善，仍需争取实施大量的旅游交通项目和停车场等设施，全面改善旅游基础设施配套条件。三是文化艺术展示基地不完善，民俗文化展示不力。全县旅游业缺乏统一规划，景点开发各自为阵、分散经营，区域之间没有形成合力，民俗文化特别是少数民族风情文化，许多是无形的，属于生活形态的、分散的，要向游人展现、传播必须有载体、有基地、有场所，但目前还没有形成集民族文化研究、民族艺术交流、民族风情展演、大众休闲娱乐、商业营销服务为一体的展示基地。四是旅游市场体系不完善，宣传促销力度不大。文化旅游作为消费品，离不开品牌、包装、营销方面的精心策划和宣传促销。目前在宣传促销方面还很乏力，主要表现在营销模式单一，权威媒体介入不够，难以产生轰动效应。旅游管理体制不够健全、产业化规范程度不高、旅游人才缺乏、促销手段单一、从业人员整体综合素质不高。龙头企业带动作用不强，很多企业规模小而分散，管理经验缺乏。解决这些问题的力度和深度，直接决定着西吉未来文化旅游业的发展走向。

四、发展思路

以"提升文化旅游消费和服务"为主题，以文化为引领拓展旅游空间，努力探索文化旅游融合发展新路子，重点打造以"五馆一中心"及乡、村、组文化站、文化大院和文化户为主的"四位一体"文化主阵地，培育以"一平台、一丛书、一长廊"为核心的三大文化精品工程、推进两项文化惠民工程和培强扶优"丹霞震湖、红色圣地、历史遗迹、华夏钱币、城市景观、乡村旅游"六个旅游品牌，努力将西吉建成全国知名、全区著名的文化旅游休闲避暑胜地。（"一平台、一丛书、一长廊"指：全力拓展"节会"文化旅游交流，积极开展精品文化丛书评选和加快建设民族民俗文化展示长廊。两项文化惠民工程指：认真落实公共文化设施免费开放和大力推进便民文化配送工程。）

五、推动文化和旅游融合发展的对策建议

（一）以规划为龙头，引领文化旅游大发展

在旅游规划中，应着眼科学发展，体现现代旅游业特征，在编制"十三五"规划的基础上，重新修订完善全县旅游总规、火石寨景区及震湖"修建性详规"等，对全县文化旅游产业发展重新定位，明确思路，勾勒蓝图，坚定方向。到2018年，实现年接待游客翻番，达到65万人（次），文化旅游产业综合收入达到3亿元，占全县地区生产总值4%以上。

（二）以大交通为突破口，促进文化旅游业大跨越

由于交通不便，西吉丰富的文化旅游资源一直处于"百闻难得一见"和"待在深闺人不识"的境地。一要外畅"通道"。充分发挥交通的先行引领作用，大力实施基础设施建设，为文化旅游业发展积蓄能量。要依托309高速公路、202省道一级公路重大建设项目的实施，加大道路交通建设力度。同固原高速、甘肃静宁高速，固原火车站、固原飞机场的衔接，打造"两高一铁一场"交通格局，建成1小时内上高速、火车和飞机，加快融入大六盘1小

时旅游圈和1小时经济圈。二要内活"血脉"。要树立"文化旅游业发展到哪里，公路就修到哪里"的理念。实施旅游景区道路通畅工程，实现外连旅游热线，内建大循环道路，提高旅游交通的通达性和便捷性。外与银川、西安和兰州对接，县内把火石寨、党家岔、将台堡、单家集等文化旅游景点连串成珠，为旅游业发展搭建"立交桥"，使西吉成为"大六盘旅游圈"上的黄金节点，打造成宁夏南部山区文化生态环境最好、最具文化旅游开发潜力的旅游度假避暑目的地。

（三）以城镇为依托，带动文化旅游大提升

以城镇建设和重点景区开发建设为龙头，以高速公路、旅游服务项目建设为契机，树立以城镇建设带动旅游发展的理念，探索旅游小镇发展模式，扶持培育形成一批特色旅游小城镇，丰富西吉旅游的内涵，带动全县文化旅游大发展。一是打造城市景观体系。立足"回乡生态文化县城"定位，依托永清湖湿地公园和北山景观公园，加快"两山一带"生态休闲公园和县城东入口吉祥湿地公园建设，启动建设文化体育广场、人民广场、商业步行街等重点项目和绿化亮化等，在县迎宾大道、滨河大道及广场等主要区域设置景区、历史文化民俗等富有文化旅游元素的雕塑、灯箱等，提升回乡生态文化县城品味，营造良好的文化旅游环境。二是打造城市服务体系。以提升服务功能、扩大接待能力、满足游客需求为重点，3-5年内，县城和景区力争创建四星级宾馆2家、3星级宾馆3家个以上，并规划和营造一批餐饮、购物、休闲特色街区。在城市交通方面，开辟景区景点旅游公共线路，增设旅游观光专线，完善旅游交通标识系统，方便游客出入和旅游。同时要在县城、高速公路出入口和景区景点规划建设旅游功能服务体系等，为游客提供租赁、导游、咨询、票务等服务。三是打造城市人文体系。依托文化广场建设，挖掘整理西吉古钱币、历史人物、历史故事等历史素材，整合刺绣、剪纸、石贴画等非物质文化遗产以及清真小吃、回族刺绣、回族服饰、回族风情等民族民俗资源，集零为整，发挥聚集效应，规划打造西吉历史文化、民俗文化、民族文化展示长廊街区，营造城市的旅游文化氛围，打造"开放西吉、富裕西吉、美丽西吉、和谐西吉"新形象。四是打造乡村文化旅游小镇。扶持推进火石寨、震湖和将台乡旅游中心镇建设。鼓励乡（镇）开发各具特色、各有所长的农家乐接待服务点，重点扶持县城周边、火石寨、党家岔震湖、将台堡及单家集景区（点）周边及沿线大力发展"农家乐"。

（四）以要素为统筹，促进文化旅游功能大完善

搞好文化旅游产业规划与布局，围绕"吃住行游购娱"六大要素，全面

提升西吉旅游品位。一是餐饮文化：挖掘和开发回族"十三花"等特色餐饮、菜肴、小吃，结合马铃薯系列食品及旅游、休闲小镇的建设，打造以回族餐饮为主题的特色街区和品牌旅游餐饮店。二是住宿设施：配套完善建设较高档次的度假酒店、景区（点）酒店、休闲农庄、民居客栈等住宿设施。三是交通工程：完善旅游交通体系，配备高中档、大中小型的各种旅游车辆，完善各类旅游标牌标识，建设和完善连接景区的旅游通道。四是旅游产品：利用"西吉马铃薯"、"西吉芹菜"中国驰名商标品牌，打造马铃薯、西芹及小秋杂粮系列为主的农产品品牌；着力开发古钱币、刺绣、剪纸、石贴画、蕨菜等具有地方特色和地域特点的民俗文化旅游产品；编排精品剧目，在旅游景区、演艺中心经常性演出；挖掘"社火"、"皮影"、"花儿"、震湖"刘家班舞术"等传统民间文艺资源，把传统技艺表演体验作为非物质文化传承、保护和发展的有效途径，促进文化与旅游融合发展。五是购物体系：开发具有地方特色的旅游商品，形成大型旅游文化产品专营店，建设和完善旅游购物点。六是娱乐基地：发掘、整理和整合富有鲜明地方性的民俗、历史、艺术和民间工艺等文化资源，发展健康、休闲、多元化的旅游娱乐形式，开发地方特色旅游娱乐产品。围绕西吉四季，举办"火石寨丁香花节"、"震湖垂钓节"、"民俗文化节"、"亲子采摘节"等各类文化旅游节庆活动，扩大西吉文化旅游的影响力。

（五）以资源为载体，促进文化旅游大结合

以城镇建设为契机，加快文化产业向园区集中，逐步形成产业集聚效应，具体要按照"新增项目全部进园区，条件成熟的作坊逐步进园区"的原则，大力推进文化产业向园区集中，引导产业集群化发展，推进文化旅游融合发展，以此提升旅游市场的竞争力。一是促进文化与旅游相结合。通过各类节庆、旅游推介会等促销活动，着力转变旅游产业方式，优化产业结构，推进集约发展，提高旅游业发展质量。开发艺术主题的文化产品，开展一些展示类的创作体验项目。二是促进历史民俗文化与旅游相结合。按照"两年一大作，一年两部小精品节目"创作演出为目标，深入推进文艺进景区活动。围绕硝河古城、好水川古战场、火石寨石城之战等历史古迹，挖掘历史文化内涵，主打历史古迹牌；围绕回族文化特色，主打回乡原创花儿歌剧品牌；围绕刺绣、剪纸、砖雕、木雕、泥塑等，主打民俗非遗文化品牌。通过挖掘规划保护，培育发展历史民族民俗文化新景观。三是促进红色文化与旅游相结合。全力做好全国重点文保单位《将台堡革命旧址保护规划》建设内容，对将台堡革命旧址进行全面保护建设，创建3A级景区，依托六盘山红色革命圣

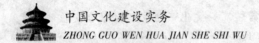

地和红军长征会师胜地，扩大将台堡、单家集对外影响；加快平峰、公易等红色革命遗址的建设修葺工作，大力发展红色文化，发挥好爱国主义教育基地作用，增强红色旅游的吸引力，做大做强红色旅游。四是促进乡土田园文化与旅游相结合。大力发展乡村原始生态旅游，加大对吉强镇龙王坝、兴平聂家河、兴隆单家集、将台牟荣以及火石寨景区村组、新营张家洼村等生态移民迁出区的基础设施建设。结合月亮山涵养林保护工程的实施，打造以探险生态自驾游、农村原生态游和生态移民村庄体验游、写生、摄影、创作等为主的乡村旅游。

（六）以措施为保障，推动文化旅游发展大融合

一是突出招商引资。通过市场机制、政府扶持和优化发展环境，吸引更多的社会资本进入旅游领域，激励景区景点、旅行社、宾馆酒店等旅游产业主体做大做强，推动西吉文化旅游业开放发展。二是突出整体联动。县乡联动部门互动，形成上下一盘棋，互相支持、互相配合，围绕打造"文化旅游强县"目标，在落实政策、营造环境、招商引资、优质服务上定目标、定措施，出实招，把工作重心和主要精力放在旅游任务的推进和工作的落实上，努力形成推进旅游工作开展的强大合力。三是突出项目推进。精心策划一批具有文化特色的旅游项目，建立文化旅游项目储备库。同时通过工作推进，强力推动文化旅游项目建设，按照发展文化旅游产业的要求，从长远着眼，大气布局，细微入手，打造文化旅游精品项目。

作者简介：

马会田，男，汉族，1973 年 9 月生，高级工程师。现任宁夏回族自治区西吉县文化旅游广电局办公室主任。

以现代文化为引领　推动文化大发展大繁荣

新疆维吾尔自治区墨玉县文化体育广播影视局　朱发圆

中央新疆工作座谈会以来，新疆进入大建设、大开放、大发展新的历史时期，为推进我县经济社会跨越发展与和谐稳定，必须通过现代文化的引领来淡化宗教氛围、弱化宗教意识，把广大农牧民群众的思想和行动引导到实现共同富裕、走向现代文明、建设美好家园上来。近年来，在上级相关部门的指导与对口省市的大力援助下，切实在文化设施配备及基础性建设等方面加大投入和建设，文广局全体干部职工斗志昂扬，充分发挥以文化带头人的形象，开展一系列贴近群众生活的文化体育活动，丰富广大农牧民群众精神文化生活。全县文化体育事业呈现出"各项活动丰富多彩，基础设施不断增强，服务功能更加优良，文化产业逐步繁荣"的大好局面。

墨玉县位于塔克拉玛干沙漠南缘，昆仑山北麓。总面积2.5万平方公里，辖4镇12乡、3个街道、362个行政村、12个社区。耕地面积54.57万亩，总人口57.7万人（含兵团），人均耕地面积不足1亩，有维、汉、回、蒙、哈萨克等21个民族，其中维吾尔族占97%。墨玉县为国家级贫困县，现有贫困村301个，贫困人口50149户201019人，约占全县总人口的34.8%。

墨玉县文广局在2012年机构改革中，由原县文化体育局、县广播电影电视局合并组建，主管全县文化体育、广播影视宣传工作，及16个乡镇文化体育广播电影电视服务中心各项工作的督促指导。下属单位有文化馆、图书馆、文物保护管理所、文化市场稽查大队、业余体校、十二木卡姆传承中心、影剧院、广播电视台、村村通技术部、有线电视维护组、电视播控中心、项目办、文工团、局办公室等14个部门组成。

全系统现有职工147人，行政岗位编制10个，设立领导岗位9人，其中正科级以上领导2人（党组书记1人、局长1人），副科级以上领导干部6人（北京挂职副局长1人），副主任科员1人。

一、公共文化服务体系建设

（一）开展情况

墨玉县坚持以人为本构建公共文化服务体系。根据县域实际情况制定详细的文化活动实施计划，大力开展群众喜闻乐见、形式多样的文化体育活动。一是实施农村数字电影放映工程，现已全面投入使用。二是完成全县 364 个行政村级文化室建设项目及村级灯光篮球场建设项目。三是积极开展"双百"文化体育活动，积极开展"周六文化日活动"及大型农牧民运动会等。据统计每年举办的文艺文体活动达到 623 场次，参与人数达 24926 人次，观看群众达到 219600 人次。四是在全县村级文化室统一配备桌椅、图书、报刊、健身器材、乒乓球案子等配套设施。五是县城人群活动频繁区域设立健身器材，繁华醒目的墙角，设立促进民族团结，积极向上的文化墙装饰。六是开展万村乡村文化带头人选拔培训长效机制工作。积极配合上级文物专家发掘申报非遗文化遗产项目。七是成立民间艺人队伍，为充分发挥民间艺人在文化宣传工作上的积极作用、集聚和加强民间艺术的整体力量、形成文化特色，全县各乡镇都建立了民间艺人演出队伍。八是借助援建省市的力量，加大文化体育基础设施建设，2013 年北京援建的 6000 平米的广播电视发射中心已投入使用，墨玉县非物质文化遗产项目中心《十二木卡姆传承中心》已投入使用，该项目工程总面积为 3251 平方米。2014 年援建的墨玉县文体中心，建筑面积 9140 平米，目前已进入工程收尾阶段。九是专项资金新建的墨玉县农牧民运动场，规划建筑面积为 385210.02 平米，目前已进入收尾阶段。

（二）做法与成效

一是在农村数字电影方面，结合上级部门工作要求，切实让数字电影发挥作用，在寒暑假期间通过各种渠道购买和搜集当前比较流行的，儿童喜欢看的维吾尔语版的动画片及儿童教育片等免费发放给村委会，丰富孩子们假期生活，孩子们每天下午几乎都会到村委会用放映设备观看光碟，据初步统计，假期期间每天各村委会接待平均 20 名前来观看影片的青少年儿童。二是考虑到农家书屋管理问题，县委政府、文广局决定把农民家的农家书屋搬到县建设的村级文化室。这样一来一方面可以减少农民的负担、另一方面管理起来比较方便，更重要的是在村级文化室来的人比较多，阅读图书的人也比较多，能够真正发挥图书的作用；三是村委会建设的灯光篮球场更是成为我县公共文化建设工作上的一个亮点，无论白天也好、晚上也好，灯光篮球场随时都能看到一群青年人在打篮球，有的村把乒乓球架设在外面，前来从事体育活动的年轻人成排队打乒乓球。据村民反映，篮球场修建之前，村里的年轻人没有健康的活动场所。现在情况有了明显的改善，村委会每天都会有来打篮球的、乒乓球的，来看电影的年轻人，青少年儿童；四是民间艺人宣传演出队受到村民的好评。自 2012 年以来每个乡组织有一定文艺能力的，有艺术特长的文化带头人、民间艺人成立乡民间艺人文艺宣传演出队在各村进行演出，用民间小事儿大事儿创作节目编排节目，把党的政策以农牧民喜欢的方式用歌声、小品传给农牧民朋友，收到广大农牧民群众的好评，据统计各乡镇每年创造出来的代表性文艺节目达 63 个，他们在各村的演出场次 544 场次，其中乡镇民间艺人自行组织建立的《暖春》民间艺人宣传演出队在各乡、村举办的文艺宣传演出活动达 125 场次以上，县级民间艺人举办的村级宣传演出达 32 场次；五是民间传统体育爱好者组织开展的比赛连续不断。切实推动乡镇"周六文化活动日"的开展和延续，保障农牧民群众在农闲季节，尤其是每个星期六让村委会变得热闹非凡。每年组织各类大型文体活动比赛，并邀请和田其他县（市）、喀什、阿克苏等地区的运动员选手前来参加比赛，大力发扬体育精神并促进民族团结；六是成立民间艺人、文化带头人普查、选拔培育工作组，对全县民间艺人进行摸底检查，通过表演评分、立卡建档等工作，为文化带头人工作的有序开展奠定了基础。截至目前共挖掘民间艺人 855 人，其中在民间有较高声望的民间艺人有 270 名，按照艺术表演形式从事麦西来甫木卡姆的 40 人、达斯坦 3 人、表演唱 16 人、相声 4 人、舞蹈 35 人、其他 16 人，按弹奏乐器有手鼓（达普）12 人、纳格拉弹布尔 13 人、弹布尔 27 人、都塔尔 52 人、热瓦普 8 人、小提琴 10 人、斯塔尔 1 人、艾捷克 1 人、苏乃依 9 人、巴拉满 4 人、乃依 1 人、塔什、库修克 3 人、萨帕依 1 人、其他 15 人，读书带头人 364 名，摔跤、刁羊、斗狗等民族传统体育带头人 14 名，美术、歌舞、体育等方面有一定特长但需要培育的乡村文化带头人有 207 名。被列入中国人民民间艺人学会、自治区民间艺人学会、自治区十二木卡姆研究会等学会会员的民间艺人有 10 名，获得国家有关部委、自治区表演奖的民间艺人有 20 余名；七是为提高文化带头人、民间艺人的积极性，制定民间艺人、文化带头人管理制度、民间艺人、文化带头人考核制度，同时实行年底奖励制，把文化带头人活动组织及参与次数跟他们的年度考核进行挂钩，活动组织参加表现积极的个人发放年度奖金，有效地提高了他们参与和组织活动的积极性。

除此之外、文广局根据各项工作的要求，制定出一系列的免费开放工作制度、免费开放工作总计划、免费开放工作记录，把目标具体化，把每天每个星期每个月要做的、要实现的工作目标都具体列出发给每个乡镇文体站，任务完成率跟本单位、本人年度考评结果进行挂钩，有效的提高部门和个人的工作效率。从之前开展的文化体育宣传活动实际情况来看，基层免费开放工作计划及各项工作记录本效果比较明显。今年年初我们根据以往的工作总结重新制定计划书及工作本，希望把基层开展的各项文化工作的点点滴滴都记录下来，进行总结、宣传，为文化工作的长期有序的发展奠定基础。

二、广播电视工作

1、"西新工程"、"村村通"工程稳步推进；自2009年以来，中央及自治区为我县免费下发了14余万套"村村通""户户通"接受设备，目前我县广大农牧民尤其是偏远地区群主能够通过"村村通"、"户户通"广播电视接收设备收看到61套来自卫星信号电视节目（其中有4套是少数民族语言节目）和5套本地无线发射的少数民族语言节目，少数民族语言节目总数达到了9套通过"村村通"、"户户通"工程可以收听到48套广播节目，其中3套少数民族语言广播节目，极大的改变了以前少数民族语言电视节目单一的现状，我县基层农牧民的收听收视环境得到了彻底的改变。

2、进一步提高广播电视覆盖，加强广播电视基础设施建设；2012年墨玉县广播电视自立塔建设完成，塔高120米。该塔的建成大大提高了我县广播电视的覆盖，解决了原有发射塔存在的不安全隐患，为广大农民群众听广播、看电视创造了良好的视听环境，丰富了群众的精神文化生活，牢牢巩固了基层思想文化阵地，为我县的社会稳定和经济发展奠定了扎实的基础。

截止2013年7月，完成了全部乡镇广播站代建协议的签署，每个乡镇基本保证80平方米办公环境，更新了17套乡镇广播站50～300W调频发射机、16个调音台、稳压器，200个村级扩音机及附属配套设备，更新了1套1000W县级电视发射机和2套1000W调频发射机，广播电视信号基本实现了全覆盖。和墨洛光纤融合对接全部完成，我县自制节目信号实现了由地区中心台站统一编播发射。

3、全面提升广播电视采、编、播、制水平，打造品牌栏目；县广播电视台作为墨玉的主流媒体，十二五至今充分发挥党和政府"耳目喉舌"的重要作用，牢牢把握宣传舆论的主动权，广泛开展"走基层、转作风、改文风"活动，不断加强新闻媒体职业道德建设和人才队伍建设，坚持文化工作贴近实际、贴近生活、贴近群众原则，着力抓好《墨玉新闻》、《墨玉警务》、《惠民政策宣传》等自办专题、专栏节目，不断推陈出新，增强节目的覆盖面、影响力和穿透力，并根据县委县政府阶段性重点工作，分别推出了电视专栏"惠民政策宣传短片"、"巾帼建功"、"新农村新变化"、"热爱伟大祖国 建设美好家园"、"法制在线"、"今日墨玉"、"创先争优 加快发展"和广播专栏"农民之友"、"科技与生活"、"妇女之友"、"社会之窗"、"健康生活"

等 11 个专栏，开展舆论监督，挖掘亮点，展现成就，加大宣传力度，为推动经济社会发展营造了良好的舆论环境。

年播出汉语电影 730 部以上，动画片 365 集以上，播放组织部党员电教片 24 集以上，科普类节目 20 期以上；播出维语电影 365 部以上，连续剧 730 集以上，完科普节目 25 期以上，播放组织部党员电教片 24 集以上。

2013 年由自治区援助的价值 250 万元的广播电视采、编、播、制设备全部到位，目前墨玉县广播电视台自制栏目全部实现了数字化。

4、电影放映工作，服务农村基层群众；按照农村电影"2131"工程要求，我县农村电影年放映场次均在 5300 场以上，确保 364 个行政村每月每村一场电影放映，影片内容主要以红色电影、农业科教片、现代电影灯等影片为主，每年都超额完成了上级下达了放映任务。另外结合我县各项工作，每年在广场社区放映 300 场次以上，尤其是节假日期间加大军地建设文化发扬光大，为人武部、县中队、农十四师、224 团免费送电影，并做好上级部门临时交办的各类放映工作。

5、拓宽创收渠道，增强发展实力；每年我单位根据年初与有线电视服务组签订的责任状，完成了有线电视收费任务，完成率达 100%。在做好电视台广告播出的同时，致力于开发广播广告业务，有力地推动了广播电视事业的发展，2014 年 10 月完成了 500 户有线电视转为数字机顶盒用户的开发建设任务，截止目前全县数字电视用户达到 3000 户。

三、文化体育广播影视工作规划

解放思想、以文化创新为动力、加快文化产业发展。一是大力发展文化产业；文化产业是经济社会发展的重要组成部分，墨玉独具特色、丰厚质朴的文化资源为文化产业发展提供了不竭源泉。大力挖掘和整合民族文化资源，解放文化生产力，在深度开发和挖掘保护中形成规模、做成产业、打造品牌，推动文化资源向文化产业的转化是当务之急。二是转变观念；多渠道发展文化产业。充分认识发展文化产业的必要性和必然性。从传统观念的束缚中解放出来，创新思路着眼于市场需求，培育和扶持文化企业，着力扶持龙头企业，培育特色产业集群目前我县利用绿色资源桑树叶成立了和田托合提瓦柯桑皮纸国际贸易有限公司，该项目有国家级传承人 1 人，该传承人托合提瓦柯·图迪是墨玉县普恰克其乡布达村农民，现年 86 岁，公司成立后县委、政府在政策上给予了优惠，通过减免税收、减免管理费，减免义务工等措施，保护和鼓励传承人从事文化产业发展。三是坚持政府主导加大政策扶持力度。

切实加强对文化产业发展的组织领导，成立相应组织协调机构，将文化产业发展纳入全疆经济、社会发展的总体规划，研究制定加快文化产业发展的各项扶持政策。重视文化产品的销售推介，加大新闻媒体的强势宣传有针对性地帮助企业加强文化产品目标市场的营销，开发市场潜力。建立墨玉文化产业网站，构筑快速、便捷、现代化的宣传营销网络平台，利用文化资源和品牌最引人注目的闪光点，推介新疆的文化形象和产品，扩大对外影响力和吸引力。四是形成特色；打造品牌。鼓励支持特色文化产品的开发，深入挖掘、提升文化资源的内涵，探求适合产业发展的途径和模式。围绕墨玉文化、桑皮纸文化、桑皮纸一条街风情旅游、历史文化旅游、民族歌舞、奎雅小刀、小花帽文化、民族饮食等主题，进一步挖掘并做大做深，打造既具民族文化特色又有市场潜力的知名文化品牌。积极促进文化企业科技水平的提升，不断为静态的文化资源注入活的时代因素，用先进的技术手段和表现技巧激发文化资源的释放力、创造力，增强文化产品和服务的表现力、吸引力、突出地方性、保持民族性、体现时代性、不断提高文化产品市场竞争力，努力实现文化产业社会效益和经济效益的双重统一。五是提高群众的文化素质，提升环境文化内涵。文化素质决定劳动力的素质。努力建立公共财政对文化事业的投入与经济、财政收入增长幅度相适应的机制，不断夯实文化产业发展的基础和可持续发展的能力。设立墨玉文化建设专项资金。保护和扶持民族文化事业发展，加大对民族传统文化的深入挖掘、保护和传承力度，加大对优秀文学艺术原创作品的扶持奖励力度，鼓励民族文艺工作者创作出更多优秀的文化作品。鼓励各地充分挖掘本地民族文化，在异域风情上大做文章，提升文化内涵。如在现成的建设、环境绿化等方面突出地域特点和民族特色。在建筑风格上，努力将民族风格与现代审美统一起来，形成民族风格的特色建筑风景带。在环境绿化美化亮化中，将和田的胡杨树、沙枣树、红柳、玫瑰花等特色植物与现代城市绿化景观植物相结合，形成具有本地特色的环境绿化美化风景线，打造独具魅力的景观植态环境。五是加强人才培养和人才队伍建设。文化产业本身是内容产业，其核心和源头就是创造、创新和创意，这一切都取决于人的智慧。文化产业大发展，必须实施人才兴文战略。要进一步完善人才激励机制，拓宽人才选拔途径，培养和引进一批经营管理人才、文化经纪人才和科技创新人才，逐步建立一支懂政策、会经营、善管理的复合型文化产业人才队伍，建立起引得进、留得住、用的活的人才引进和使用机制。鼓励有条件的大中专院校、企业参与文化产业人才的培养和培训。

四、存在的问题和困难

1、近年来墨玉图书馆基础设施已得到完善，并将此空间进行合理有效的规划空间规划利用，对维、汉文图书室进行了分楼层陈列，需补充陈列书架、阅览桌椅；图书馆多年来没有购买新书，导致存书量种类单一陈旧，需大量订购各类出版物，更新和补充缺失书籍，满足读书爱好者的需求。

2、继续加大文化体育宣传工作经费，近年来随着我县社会经济快速发展，群众精神文化生活需求不断提升，为做好我县维护社会稳定和民族团结，迫使文化体育宣传工作不断加大，随着文化体育活动开展场次逐年增加，在活动经费方面受到限制，导致部分文化体育活动开展困难。

3、广播电视行业是重装备、高投入的消耗型产业，广播电视设备及技术更新换代快，为达到贴近群众、贴近生活的要求，紧密结合当前工作实际深入基层采访报道，扩大宣传覆盖面，需要在采编播等专业技术方面进行长期性的跟班学习和技术培训，并对广播电视设备器材的更新配备进行逐步替换，提升墨玉县新闻行业步入正规化，专业化。

4、文化体育广播影视专业性技术人才匮乏，针对我单位各部门干部职工专业素养相对比较薄弱，熟练掌握专业技术性人才屈指可数，希望通过上级各部门，针对我单位文化体育广播影视专业性技术人员进行政策性扩展培训计划，并将专业技术得到引进来，传授扩散的机制，促使文化体育广播影视局行业专业人才技术逐步提升发展。

5、非物质文化遗产传承工作发展相对迟缓，由于我县人文特色比较突出，传承文化急需得到保护和传承，将各项可发展性文化遗产进行扩大传承演变，在申报非遗的同时，把部分传承文化转变为持续传承和经济发展的组成部分，并加大对我县非物质文化遗产和文物保护管理等各项工作经费，人员培训等方面进行不断提升。

第四篇
文化生态与社会和谐

第一章　文化生态与社会和谐

　　党中央提出构建有中国特色社会主义和谐社会的宏伟目标，唤醒了国人潜藏于生命之中的生态智慧与和谐理念，使人们的视阈开始从生物生态转向文化生态。人类目前正在形成一种新的世界观——生态世界观。社会是人生存的母胎，构建和谐社会就是关于人生存的文化生态建设。人的生命与文化的"生存—转换与转换—生存"便形成了文化生态。文化生态是人与文化及文化之间互动关系的构成，文化生态是人生存的世界。文化生态是和谐社会存在的历史文化基础，和谐是文化生态的本质规定，社会是文化生态性的存在。

第一节　文化生态

　　文化生态是人与文化及文化之间关系的构成。文化生态是一个"生存—转换与转换—生存"的动态系统，是人类的文化和行为与其所处的自然生态环境之间相互作用的结果。文化生态是一个内容广泛且极为复杂的概念。什么是"文化"，什么是"生态"，文化与生态是什么关系，两者的能指与所指是什么，只有对这些问题进行分析，才能确定什么是文化生态。

　　1. 文化生态概念的理论根据

　　人是文化生态的存在，文化生态是人的存在，是人生存的世界。文化生态不是简单的文化加生态，而是人、文化、社会与生态的生存—转换与转换—生存的矛盾关系。简言之，文化生态是人与文化及文化之间的矛盾关系。矛盾关系是同一性关系。长期以来我们没有深入地认识到"矛盾"的辩证关

系。邓晓芒说："全部的问题就在于分析，即寻找一个事物内部有哪两个矛盾斗争着的对立面，然后考察两者之间既斗争又统一的关系。"一个事物不是两个对立因素之间的事，"真正的辩证法则应从同一个事物的自我否定性及所导致的差别的内在发生出发，来考察事物自我分裂又自我回复的运动过程"。这种思想是符合辩证法的，同一个范畴是自己与自己的关系，即一与一自身的关系或多与多自身的关系。海德格尔曾在《同一与差异》一书中指出：

公式"A＝A"讲的是等同性。它不是把 A 称为同一的。因此，这个流行的关于同一律的公式恰恰掩盖了这个定律所要说的东西：A 是 A，即每个 A 本身都是同一的。"等同性"不是"同一性"，同一性是自己的统一性。差别的内在发生不是对立的两个对立因素，而是自己与自己的关系，是"A 是 A"，即自己是同一的，"这就是：同一性之统一性构成了存在者之存在"。同一性就是共属性，海德格尔不愧于一个伟大的思想家，他说："人与存在相互转让。它们相互归宿。从这种尚未得到切近思考的相互归属中，人与存在才首先得到了那些本质规定，在其中人与存在通过哲学被形而上学地理解了。"这种关系是人与文化生态的关系，文化生态体现出这样的关系。

任何关系都是"A 是 A"的关系，是同一性之统一性问题。人与文化生态是同一的统一性问题，海德格尔说："思想从语言中获得用于这个自身中飘荡的建筑的建造工具。""只要我们的本质归本于语言，那么我们就居住在本有中。"语言是存在，语言是世界，语言也是概念。"本有"——文化生态，语言存在之家。文化生态是人的存在的关系，是自己否定自己，是"A 是 A"。人是文化生态的存在，文化生态是"A 是 A"，这 A 也就是同一性的统一性构成的文化生态。同一性之统一性是文化生态学存在的根据，文化生态学也就从此起航。

理论根据是科学研究的逻辑前提。任何科学研究都离不开概念，概念离不开语言符号。概念是以语言符号形式存在着。哈贝马斯说："既没有一种不依赖于语言而存在的对象，也不存在一种先于语言的先验意识和主体。人们所说的对象、事态、真理等等，不经过语言的命名与言说是不能成立的。"语言是一种符号系统，符号离不开语言。语言符号的出现是因为有了人，人是因为有了语言符号，人才成为了人。这不是"吊诡"，而是双相构建。"作为说话者，人才是人。""语言是最切近人之本质的。"什么是语言符号，语言符号是文化的"道体"。笔者曾在《文化哲学》一书中，将文化定义为"文化是人的本质力量对象化的一种语言符号系统"。又将人定义为"一种既创造自己又创造文化的一种双极性符号动物"。人、语言符号与文化是密不可分的。

文化是人的文化，人是文化的人，人是地地道道的社会动物，这一切都离不开语言符号，所以语言符号是人——社会——文化三者关系的"道体"。

这三者关系的"形上"意义是"意义结构"，或者构成的是"意义结构"，意义结构的存在"形式"是符号体系。"人类总是凭借符号这个中介物的创造和运作，不断地进行文化的再生产与更新。而文化的更新，又往往进一步推动了符号的差异化和层次化，把文化再生产的活动推进到新的、更高的层次，导致文化再生产和符号区分化之间不断地相互渗透和相互转化。文化再生产和符号区分化的共时双向循环，造成人类文化一定程度的自律性发展，也造成文化和符号的异化及其对人本身的反控制。"从这段冗长的引证中，不仅可以体悟到语言符号的"道体"作用，还可以体悟到语言符号系统的形成过程就是文化生态的形成，文化生态是人生成的意义系统。人能进行"文化的再生产与更新"，是由于有了语言符号。"文化再生产与更新"的终极价值就在于"意义结构"的形成，意义结构也只有相对人而言才有"意义"。"意义结构"是文化的本质，有了文化才有意义结构。意义结构的存在形态就是文化生态的存在，语言符号只是它存在的道体。"意义结构是符号同人、社会、文化之间发生活生生的互动关系的灵魂和动力。"从这里继续推衍，可以实际地证实出有了语言符号，人、社会、文化三者才能成为一个有机的整体，有机的整体就是一种生态。人自己也是文化生态的存在。作为科学研究，"形式概念与原因概念构成了吾人对世界的理解所环绕之两极"。先是有了"人"、"社会"、"文化"三个基本概念，对这三个概念进一步拓展并赋予人需要的意义，就有了"人性"、"和谐社会"、"文化生态"三个不同概念的内涵。

由于人始终是自然界的一部分，人的生命只是自然生命中的一个高级类型，人也只能生活在自然之中，于是乎就有了自然环境问题。自然环境并不是外在于人的所谓客观存在，自然不仅是人生命意识的一部分，在人的生存过程中相互作用，更为重要的是在当代自然科学与技术科学结合的"双刃剑"的砍伐下，人与自然关系血肉模糊了，所谓自然环境人化了，实际上是恶化了。正是有了恶化，才引发了文化生态问题。

2. 文化生态概念的提出

任何概念都离不开人。后现代主义哲学认为概念是"他人"的，也就是社会性的。概念既然是社会性的，概念的内涵在不同的时代就有不同的规定。凡是概念都是人给出的，所以任何概念都与人和文化有关。有了人类就有了文化，但人与文化又有差异，正是有了这种差异才有文化生态概念提出的深

层原因。文化生态存在的逻辑是，人所生存的世界是文化化的世界，文化化则是人生存的智慧，智慧是文化生态。文化生态概念并不是"文化"、"生态"概念的简单相加。早在1871年泰勒就给文化下了一个经典性定义："文化，或文明，就其广泛的民族学意义来说，是包括全部的知识、信仰、艺术、道德、法律、风俗以及作为社会成员的人所掌握和接受的任何其他的才能和习惯的复合体。"这个定义之所以广为流传，并不在于例举的样式，而在于"复合体"，即蕴含了人与文化的关系。但这个定义也只是文化的定义，而不是文化生态的概念。文化概念有近300种，文化概念何其多，不管如何定义，文化总是包括了器物、制度、精神、习俗等样式，文化只能是人的文化。人的文化既是文化，又是人的存在，这存在不是指客观的物体，而是关系，这关系是人这个群体与文化的关系。人在自己的生存过程中，文化也就成为一个动态过程，这个动态过程文化保障了人的生存。文化是人生存的天空大地，文化相对人而言，可以说就是一种生态系统。生态是人生存的意义，生态也是人的文化。

"生态"这一概念首先是由谁提出来的，我们无法进行考证。有学者认为，最早由德国科学家海克尔于1866年提出，主要是探讨生物为了生存彼此间的互动关系。也有学者说："'生态'这一概念是1935年英国生物学家坦斯利首先提出来的，坦斯利把生物群落和环境因素放在'生态环境'中加以研究。在他看来，'生态'原来是指生物群落和环境共同组成的自然群体。""生态"概念经过100多年的发展，使人们深深地认识到了"生态"对人类的重要性。但是人类并没有因生态思潮的呐喊而醒悟，也没有因对自然的破坏而止步。近100多年以来，科学技术的发展以及人类欲望的激发，使人类赖以生存的环境遭到前所未有的破坏，自然在报复人类，人类在无奈之中呼唤着生存家园，呼唤着家园重建。

文化与生态发生了深刻的危机，客观的历史事实已经显现出文化生态问题关系到人类生存。如果说人类在创造文化的第一天就有了文化与生态问题，但在人类所处的地球这个大系统之中，人类最早的"弱小"行为是无所谓的。人类在地球上已出现了约300万年，在300万年之内人们对经过几千万年，甚至上亿年所形成的煤和石油一无所获，而只是到300万年之后的最近（工业革命后）300年才大量的开采，还有300年就可以全部采完。人类现在的行为完全是"文化生态"行为了。虽然早在黑格尔那里就有了"异化"理论，第一个诺贝尔奖获得者斯凡特·阿累利乌斯提出，大气中二氧化碳含量加倍的话，地球上大气的温度将会增加5℃~6℃。但这个时候人们对"文化"与

"生态"问题还是意识不到的，所以文化生态在这个时候还只是少数精英们的语言，还不可能成为人类的生存智慧。"文化"与"生态"本是两个词，这两个词的边界虽然难以划分，但两个词最早是渊源于人类学中，这意味着是人性的内容。人类对自身研究起源比较早，虽然"作为独立研究领域的人类学是相对晚近的西方文明的产物"。人类对自身的关注却是普遍的。人类在对自身的研究中，发现人自己总是离不开自然的生命之网，但人又是社会、文化动物。人是文化动物，人在体质上都要受到文化的影响，身体也就是文化的存在。正是在人与文化关系的这个逻辑前提下，人与文化的关系推衍出了文化生态概念。

　　罗伯特·F.墨菲指出："关于此问题最重要的理论内容来自克罗伯的一名学生J·斯图尔德……斯图尔德的'文化生态学'观念出自他对内华达的肖肖尼人的研究。文化生态理论的实质是指文化与环境——包括技术、资源和劳动——之间存在一种动态的富有创造力的关系。"斯图尔德作为文化生态学派的创始人，他的理论是深深地植根于人类学之中，但又注重的是文化。墨菲在深化文化生态学理论研究中继续指出："正如斯图尔德阐明的，文化生态学的方法并不建立在刻板武断的经济决定论的前提之上。他毋宁将之认作一种社会剖析的谋略，一种理解大量文化材料的方法，在别的问题出现之前要问的一系列首要问题。"既然是一种"谋略"，这就孕育了文化生态，也是一种智慧，即文化生态智慧。人类文化和行为与其所处的自然生态环境之间相互作用的关系就是文化生态。当代文化生态概念已经有了更为丰富的内容，特别是将系统论纳入文化生态并成为学科基础，如拉帕波特和埃仑分别在20世纪70年代和80年代运用系统论研究文化，使文化生态学理论更加科学和完整。人类学家博厄斯认为个人和社会之间相互关系，是文化变迁、社会发展的动力。1994年，芬兰总统首次使用"文化生态"来表述人化环境与信息传播技术造成的严重问题。把人化环境与信息环境作为文化生态环境，这是文化生态学的发展，也可以说是文化生态学发展的第一个阶段。

　　这个阶段是文化生态概念的构建阶段，但这个阶段偏重的是生态而不是文化，文化还只是必要条件而不是本质规定。更为重要的是，文化生态学的产生与发展并没有使"文化生态"问题得到解决，恰恰相反，文化生态问题更加恶化。现在人们处在文化生态危机之中，正是在这种危机中，人们的眼光完完全全盯着"文化"。人们在寻找生态危机的原因时，从而自觉不自觉地认识到生态思想的主要诉求是重视人类文化。对文化生态智慧进行批判，揭示生态危机思想文化根源的过程中，人们却意识到了这样一个问题，生态危机不是生态系统自身而是我们的文化系统。自然的经济体系已经崩溃，而生态思想成了世界潮流，成为一场文化革命。所谓"生态危机"实际上就是"文化"危机，否则与"文化革命"就沾不上边。文化生态发展到呼唤文化革命，意味着文化生态学发展到了第二阶段。第二个阶段蕴含了向下一个阶段的转化，下一个阶段的核心就是文化生态人性化阶段。文化生态学过分强调了文化因素的作用，文化生态问题仅仅是"文化"问题吗？文化是人化，只是强调文化是见物不见人。文化何来？文化何为？文化是怎样的存在？文化生态问题不是文化问题而是人性问题。文化生态学发展的下一阶段，就是我们提出的文化生态人性化阶段。

3. "文化"、"生态"概念辨析

关于文化概念，不论是广义的，还是狭义的，都不能离开人的存在。文化是人的本质力量对象化为语言符号化的存在。但在对文化的研究中，人们虽然已经认识到了，人创造了文化，文化也创造了人自身。创造了人自身，人也就成为了文化生态的存在。"文化的实质性含义是'人类化'，是人类价值观念在社会实践过程中的对象化，是人类创造的文化价值，经由语言符号这一介质在传播中的实现过程，而这种实现过程包括外在的文化产品的创制和人自身心智的塑造。"这个定义与上述所指在本质上应该说差不多（"人类化"、"价值观"、"对象化"抽象为人的本质力量），所不同的是"经由语言符号"。但文化不是"经由语言符号"，而是自身就是以语言符号体系存在着，或者说语言符号就是文化"道体"。文化自身怎样存在（对象化）着，"经由语言符号"后，还只能是语言符号化的存在。我们心中的"红太阳"是人性化了的内容，但其存在只能是语言符号化的存在。所谓"文化也创造了人自身"，这正是人与动物生命区别之所在，并且文化也就成为人生存的母胎。在文化生态母胎中生成的人必然是文化生态的存在，人离开了这个母胎，人就不能成为人，也正是有这个母胎，才能说文化创造了人，才会有文化生态概念。

文化的存在现象以语言符号化存在着，而存在现象的形态则是千差万别、森罗万象。千差万别的现象可以抽象为物质文明、历史文明、制度文明、精神文明四个层次的存在。这四个层次就是四种关系并与人性结构构成相吻合，人性由本能无意识、文化无意识、社会文化意识、内在自由意识构成。文化四个层次与人性的四个层次相嵌套构成了一幅奇妙无穷的画图。这画图画出的是人自身文化生态系统的结构内容。结构内容的生存—转换与转换—生存为生态智慧，生态智慧指引人创造了文化生态。文化包括了：本能无意识

——物质文明；文化无意识——历史文明；社会文化意识——制度文明；内在自由意识——精神文明。文化与人性在存在的存在之上是统一的，这是指人性与文化的原生态而言。所谓文化的原生态，是指人与文化本真的存在。文化是人性的存在。人性与文化统一的道体是语言符号。人性与文化之所以成为人性与文化，毕竟是"不同规定之统一"，正是这种不同规定之统一，才有所谓和谐、境界、异化等问题，也才有了所谓生态问题的出现。

　　所谓生态无非是指，生物为了生存发展必然彼此之间要发生互动关系。所以经典生态学认为，生态是生命体与环境的关系。随着生态学的发展，人们对"生态"的认识发生了变化。生态不是生命体与环境的简单关系。"生态"与"环境"也是有区别的。"生态"意味着相互依存的共同体、整体化的系统和系统内各部分之间的密切关系。"'环境'是一个人类中心的和二元论的术语。"生态是一切事物形成、变化、发展、转换所呈现的状态，生态是生存—转换与转换—生存的状态。生态学是研究这种关系的科学。鲁枢元曾指出：生态学"似乎已经不再仅仅是一门专业化的学问，它已经演化为一种观点，一种统摄了自然、社会、生命、环境、物质、文化的观点，一种崭新的、尚且有待进一步完善的世界观"。如果生态是指生物之间的互动关系，这种关系没有人类的干扰、创造、改变等，它们会有什么问题？"生态"本身没有任何问题，生态问题是人的破坏性问题，人的破坏性正是人的文化生态性，没有破坏性何来的文化生态性。破坏是必然的，有破坏才有不平衡，不平衡才会产生生态。20世纪下半叶出现的广义进化论、系统论乃至耗散结构理论等已经证明了这个问题。

　　生物互动符合宇宙一般进化，宇宙的进化在整体上是平衡的，"支配所有处在第三种状态的系统的进化过程的普遍规律却是保持不变的，从整个宇宙普遍存在的组织层次束到仅由地球生物圈内的生命系统占据的组织层次束都是这样"。宇宙的进化或产生有可能"是由于在其早期状态中物质和反物质之间有极微小的不平衡"。"极微小的不平衡"产生了宇宙，宇宙的产生使自然界出现了一条巨大的裂缝，即生命的出现划定了裂缝。但产生了"宇宙—人"之后生命意识又使裂缝可能达到平衡。宇宙是怎样产生的，这是科学家探索的问题。从宇宙的产生并进化到今天，人们看到的或猜想到的是由平衡到不平衡再由不平衡到平衡的过程，平衡到不平衡掩盖了这条裂缝。裂缝是生态的可能，没有裂缝就没有生态的可能。我们从科学家在对宇宙研究中获得了关于宇宙图景的大量信息，特别是诺贝尔奖获得者普里戈金指出："生物进化和社会——文化不再被认为同无生命的物质系统遵循着不一样的规律。"宇宙大尺度中规律是一致的，生态与文化生态的存在是一致的，人类所处的整个自然界是和谐的，和谐包括了不平衡，在生态系统中不平衡就是反生态系统的存在。"自然和人性，或自然和人类正处在漫长进化历史中的这样一个阶段：只要人类进化过程一直要继续到太阳生命所容许的遥远的未来，那么就需要和谐。"要和谐正是因为它的不和谐。规律是同样的，世界才是和谐的，和谐是文化生态问题。人类在这样的生态系统中生存、发展到今天，为什么在近世会出现生态危机呢？

如果说科学越发展，认识越深入，人类应该会生存得更好，然而却事与愿违，似乎人类所处的生态系统在近世突然恶化了。突然恶化的生态不是由生态自身造成的，生态自身在衍化中当然也有随机性、有非平衡等，无序才是有序之源（普里戈金）。但人生活在这个宇宙中有好几百万年了，为什么到近世才会感到生态的恶化呢？最终当然是人的问题，是因为人性有破坏性的潜能并在近世得到了释放，是人使裂缝显露出来了。没有人在生物系统中的巨大作用，地球生物系统内花开花落，春华秋实，生生死死，阴阳交替，一切都是顺其自然，这就无所谓生态问题。但人毕竟在生物系统中出现了，人在宇宙中的出现，人是有优越性的，人是有选择权的，因为人有了智能，正是有了智能，人就超越了自然，所以人也就必然要"破坏"这个生态系统。"破坏"不是贬义词，破坏旧世界，创造新世界。破坏是超越、创造。破坏只是一个"度"的问题。破坏——反文化生态系统的形成，反文化生态也是文化生态的存在。破坏了生态系统当然会出现生态问题，生态问题说到底就是平衡被人为地打破。

4. "文化生态"与"生态文化"概念辨析

"文化"与"生态"都是人之为人的存在内容，都是语言符号化的存在。"文化"、"生态"概念孕育着"文化生态"与"生态文化"概念的不同内涵，"文化"、"生态"并不等于文化生态与生态文化概念，文化生态与生态文化有着本质上的差别。

所谓文化生态学是借用生态学研究人与文化及文化之间的互动关系，是人类所处的整个文化环境的各种因素交互作用所形成的生存智慧。文化生态作为一个概念是由"文化"、"生态"两个词构成，作为一个完整的概念，其"所指"与"能指"并不是"文化"加上"生态"。如果生态是指生物的生存状态，包括生物自身内部与环境的关系，那么只有人与文化才有复杂关系，才有不同的状态。整体大于部分之和。著名的未来学家阿尔文·托夫勒在为普里戈金的《从无序到有序》一书中所写的前言中说："他花费他一生的大部分精力，试图去'把这些细部重新装到一起，'这里具体地说，就是把生物学和物理学重新装到一起，把必然性和偶然性重新装到一起，把自然科学和人文科学重新装到一起。""重新装到一起"必然产生新的功能，产生一种合力，否则就没有必要装到一起。把"文化"与"生态"装到一起，就是利用文化学与生态学原理分析人的生存状况，人类的文化和行为与其生态之间的关系，以及最终导致人怎样存在着，这种装配使文化生态概念的内涵在本质上大大地超越了"文化"与"生态"。文化生态不是"文化"与"生态"的存在，而是把人所处的一切视同为文化的互动关系，其目的是要解决各种文化之间及其与生态的关系，即解决人的生存问题。人的生存问题是人性问题，是人性"如何"的问题。所谓文化生态在方法上是借用生态学的方法研究文化的存在、性质、状态，解决人与文化的关系问题，所以文化生态是一种生存智慧。

所谓生态文化当然是有关文化的存在状态，是人类的文化和行为与其所处的自然生态环境之间互相作用关系的结果。"生态"的核心是生命，也只有生命才有意义。生命是物质过度所发生的"奇异性"事件，生命是奇异性与不稳定性的，生命出现本身就打破了自然界自身的平衡（弱肉强食、适者生存），即裂缝的出现。所以普里戈金和斯唐热说："这正是在狄德罗以后科学不能不去认识生命的原因所在，只有在理解了生命之后，科学才能指望得出关于自然界的任何连贯一致的看法。"这也正是笔者认为的，生命——人类的出现必然创造环境与破坏环境的历史必然与理论根据。生命具有创造力与破坏力。人是必然创造环境又必然破坏环境，这种创造与破坏使文化得以出现。生命的出现，自然界的连贯性被打破，理解生命反过来才能得出关于自然界的任何连贯一致的看法，这"连贯一致"就是生态文化，文化才使"自然界"连贯一致。有"反"才有"正"，也正是在这样深层的理论前提下才产生了"生态学"。没有生命的奇异性与不稳定性，文化对"人"就无法起作用，文化不能成为人生命意识的有机部分，生态文化就不可能形成。生态学源于自然的平衡和所谓自然经济学的概念。我们认为生态学的基点是生命系统，生态学中不同层次的研究都是生命系统研究，但研究生命系统并不是生态文化的任务。生态文化只是生命系统与文化的互动关系而形成的一种存在状态。生命系统是自然生态环境系统的基础。人类出现后，生命系统与文化（信息交流）凝聚在一起，文化成为了人类"体外器官"的一部分，是人类体外器官的延伸。人类的文化和行为与这个生命系统有着极为复杂的关系，复杂到生命意识与文化精神难以分清。人类作为这个生命系统的一个种类同时又超越了这个生命系统，就是靠文化发生互动而超越，即文化成为人类的"体外器官"而超越。生态文化也就是这个"体外器官"的有机整体的一部分，是"体外器官"的符号系统。生态文化是关于人的文化，是人"怎样"存在着的问题，是人化了的文化存在。

5. 文化生态概念的内涵

我们在研究文化生态的内容时，则将生态文化（生态文明）的内容也纳入其中，这当然是指"文化"是"人化"的存在，并不妨碍文化生态与生态文化具有差异性。文化生态主要指人与文化及文化之间的关系的存在状态。生态文化（生态文明）主要指人与自然关系的状态。但当前关于"文化生态"与"生态文化"概念的含义并没有严格的区分，有时还比较混乱。正如海德格尔与卡西尔关于"人类精神文化活动于'存在'中所扮演的角色这一问题"之争。"当时卡西尔坚守某一意义的'人文'观点，并强调人类精神活动为人类存在缔造意义的自主性；但海德格尔却已充分显露了其'反主体性'和对传统人文主义背后的'人类中心'理念的批判意识。""自主性"与"人类中心"纠结在一起，在内涵上难舍难分。"人文精神"与主体性有差异，但他们的争论并不是围绕"精神"与主体性展开，而恰恰是文化生态问题，即"自主性"或"中心主义"问题。人类中心主义关系到文化生态问题的"基石"，生态文化也关系到这个问题，也是由这个问题所引起的。这也正是我们需要厘清文化生态与生态文化的关系，需要对"文化生态"概念作出新的规定。

关于文化生态的研究已经成为了我们这一个时代的主题。各种文化生态定义目不暇接，特别是最近几年有了新的发展。国内学者将文化生态定义为：文化生态是指由构成文化系统的内外诸要素及其相互作用所形成的生态关系；文化生态把动态的文化有机整体称为文化生态系统；文化生态是一定社会文化大系统内部各个具体文化样式之间相互影响、相互作用、相互制约的方式和状态；"文化生态系统，是指影响文化产生、发展的自然环境、科学技术、生计体制、社会组织及价值观等变量构成的完整体系。"所谓文化生态的这些概念，概括地说：一是指文化的相互作用；二是指文化是一个整体；三是指文化存在的方式和状态；四是指文化的变量关系，总之文化生态不是文化，文化生态是文化的关系，是人与文化及文化之间的互动关系。

如果说生态文化是"体外器官"的一种符号系统，那么这个概念主要指"文化"是怎样存在着，或者说是"对象化了"的存在。文化是人作为文化的缔造者"缔造了"的东西，生态文化自然隐藏了"人类中心主义"。现代文化的缔造既给人类带来了福祉，也给人类带来了痛苦。正如卡西尔所说："人们感受到，所谓文化，与其说能带来繁衍，不若说是造成了人与人类存在的真正目的日益加深的疏离。"人是文化的缔造者，必然是"中心"。这个"缔造者"自己是怎样存在着，缔造首先是自己对自己的缔造。但在这个"缔造"过程中，"体外器官"的日益强大（计算机）已经超越了"体外"限度，"体外"似乎在支配着"体内"，"体内"似乎承受不住了。体外在支配着人类文化行为，人类似乎反而又成为手段，这就有了人存在与文化是什么关系、人是怎样存在着、人在这个生命大系统中需要怎样存在着、人是为什么而存在着等问题，人自己存在的这些问题就是所谓文化生态问题。"文化存在的理由是在于人类引进了另一个价值标准。真正的价值并不在乎一些有如自然或天命所赋予的礼品一般的物质。真正的价值完全在于人类自身的行为，和在于人类借此行为所要成全的。"真正的价值在于人自身行为的自由，而人自身行为是空洞的自由吗？人的行为是文化行为，是自己创造自己的行为。不是为了成为什么东西而存在，而是为了存在本身而存在。这个本身的存在是"活"的存在，是创造性的存在。人类自身的行为既创造了文化，又受文化的支配，并有了"另一个价值标准"，从而也就在创造中有了文化生态问题。

文化生态关系到人是"怎么样"存在着。人是从社会文化"母胎"中生存发育起来的，人的生理结构只是生物性的存在，"人"成为完完全全的人，则是文化"化"的存在。这个文化化的"文化"相对人而言就是"文化生态"的存在，文化成为了人之存在，是人有机的无机部分，是人心灵的构成内容。"人的突出特征，人与众不同的标志，既不是他的形而上学本性也不是他的物理本性，而是人的劳作（work）。正是这种劳作，正是这种人类活动的体系，规定并划定了'人性'的圆周。语言、神话、宗教、艺术、科学、历史，都是这个圆的组成部分和各个扇面……语言、艺术、神话、宗教决不是互不相干的任意创造。它们是被一个共同的纽带结合在一起的。"人性"圆周"的存在内容（符号化了）就是文化生态存在的内容，"共同的纽带"就是文化生态的功能。"圆周"、"纽带"都是语言符号化的存在，语言符号使"人"与"文化生态"凝结在一起。"生态心理学认为人与环境是一体的，社会文化环境也是人类行为环境的一部分，因而对社会文化因素的重视是必然的。"不是"一部分"而就是人性的内容，所以我们认为，人自己就是文化生态的存在，人是文化生态的存在者，文化生态是人类所处的自然环境和社会环境的各种因素交互作用所形成的生存智慧。

人的发展是文化生态的发展，文化生态的发展使文化生态学得以形成。

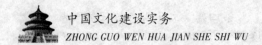

"文化是人类适应方式。文化为利用自然能量、为人类服务提供了技术，以及完成这种过程的社会和意识方法。"人类的适应方式在发展，"利用"、"服务"都在增强，所以文化之间的相互联系在拓展。"为了理解文化的适应性变化，必须对环境有一种广泛的观点，……'文化生态学'应包括各文化之间的关系、超机体的环境和居住地自然特征，就像生物研究中的'生态学'应包括有机环境、相竞争的物种和非生物一样。"根据人与文化及文化之间的关系，文化生态包括了人与自然、人与历史、人与社会、人与自我四个层次系统，文化生态学就是研究这四个层次的智慧之学。

第二节　社会和谐

和谐，宇宙之大法，社会之根本，人生之追求。和谐是一种价值理想，一种存在状态，更是一种生存智慧。和谐与文化生态是统一的，没有文化就没有和谐，和谐是文化生态的本质规定。什么是和谐，什么是社会和谐，什么是社会主义社会和谐，需要进行界定。和谐是相对不和谐而言，和谐概念内涵包括了不和谐因素，不和谐是"本质差别的整体"，即和谐的一个方面。

1. 和谐概念的提出

人是文化生态的存在，文化与人无法分开。人类如果是从自然进化而来的，这主要指人的生理存在基础或者血肉之躯，但这还不是"人"，或者还只是生理上的人。人成为人不能脱离文化，文化是人类的创造物。人在创造文化中创造了自己，在创造、自己中创造了文化。人类在这个过程中大约经过了几百万年。在这个漫长的过程中，虽然具体的细节今天人们不得而知，"此情可待成追忆，只是当时已惘然。"但是，有一点是可以肯定的，人与自然是和谐统一的，又是不和谐的。人与自然不和谐人就无法超越，没有这样的环境，就没有超越的前提条件，人永远都出不来。人从自然界出来以后，自然的和谐又被打破，正是这种被打破才有了人与自然的和谐问题。人与自然的和谐是一切和谐的开始。人与自然的和谐是和谐社会的基础，也是人出现的条件。然而正是人的出现，正是人的超越（"破坏"）便有了非平衡、有了竞争等，有了非平衡、有了竞争便有了"和谐"问题。和谐首先是人与自然关系问题，和谐社会概念是从人与自然和谐的基础上发展起来的。

当前学界有一种合逻辑的也是想当然的观点，人类在远古时代到中世纪都是处在和谐状态之中，只有到了近现代（后资本主义）才处在不平衡之中，这是对和谐的不理解。人与自然之初无所谓和谐与不和谐，自然并没有为人类准备一切，人也没有破坏自然。人从自然中出来以后，既有依恋，又有畏惧，从而形成了复杂的情感。人与自然的和谐在原始社会进入到文明社会的过程中，这个过程可能是和谐的。在西方文明中，和谐首先是从社会意识形态——神话中反映出来，神话的基础是情感，情感总是和谐的。神话的内容——人与自然及人的社会性内容，也就是文化生态学的开始。古希腊和罗马的神话是西方文明的灿烂起点，"我们透过古神话可从远离自然的文明人忆起古代与自然共生的人类。"古希腊和罗马的神话有血淋淋的争夺，但人与自然却是一幅美好的图画，"有人性的神明使天堂成为亲切迷人的地方，古希腊人在里面感到很自由。""地面的神仙也通人情，非常可爱；他们以迷人的少男和少女之身住在草地、森林、河流、大海里，与美妙的大地和晶莹的水域十分调和。"多年来，我们一直认为神话与宗教联系在一起，笔者完全赞成神话与宗教开始并无关的观点，宗教是后来出现的。神话是人与自然、社会关系的文学化的记录，是人类漫长的原始发展历程中的情感故事（宙斯）的开始，是人与自然的关系、人与社会的关系的开端。因此我们需要从文化生态学的视阈重新改写文化史，重新解读神话、宗教及思想史。

文化生态是从人的情感开始的，情感是人类文化生态的"基因"。情感不是理性，理性是科学，科学的开始——哲学。哲学的出现使文化生态学正式起步，哲学就是研究文化生态的内容。然而这一切在远古文化生态中都是"和谐"的存在着，和谐是文化生态的本质规定。古代科学的起源，深层次的原因是古代人的情感。情感的冲动引发了智慧，智慧本身就是和谐之美。"毕达哥拉斯进而用和谐的观点解释宇宙的构成和宇宙的美，乐器弦上的节奏就是横贯全部宇宙的和谐的象征。"从这里可以体悟到"情感"的深层意蕴，情感就是和谐。和谐就是美，美则离不开情感。古代科学研究的是"和谐"而不是分化世界。古代东方的"和谐"与古希腊的"和谐"则有本质上的差别。如果说古希腊的"和谐"是从"数"开始，中国古代的"和谐"则是从"天人合一"开始。这里的"天人合一"是原始意义上的，而不是后世"义理"上的"天人合一"，主要表现在"图腾"和"音乐"之中。由于中国所处的自然物产、地理环境、气候温和等条件使人与自然融为一体，人则怀着对自然的依恋之情。情感的发展是灵魂的出现，和谐概念的提出是从情感发展到灵魂而发展起来的。

人类在对自己与文化的认识中，一般认为，人类最早的文化现象是图腾，随后出现的是神话与宗教。原始文化中的"图腾"现象是非常神奇的。在读了《史记》而研究原始思维，从而对中国古代文化进行诋毁的列维－布留尔说："对这种思维来说，构成图腾集团的个人、集团本身，图腾动物、植物或物体，这一切都是同一个东西。在这里，'同一个东西'不应当在同一律的意义上来理解，而应当在互渗律的意义上来理解。"从这些论述中，可以领悟到无论"图腾"是什么，无论原始思维是互渗律（原逻辑）思维，还是其他的，在"人猿"相揖别的时代，"氏族的人和动物的成员之间的某种身体上和精神上的近似。""情感对氏族的成员发生了作用"，从"互渗律"来理解"图腾"，图腾是人与对象的和谐，"图腾"是人与自然和谐的符号，这种和谐的基础是"情感"。"情感"是人与文化生态和谐的人性化的第一缕晨曦。

人类和谐思想的形成不仅首先反映在"图腾"符号之中，而且反映在自身的存在状态上，更确切地说应是"原始音乐"、"原始舞蹈"的符号化之中。"古代初民最早用的是'自然乐器'，就是他们自身的喉舌和手足。他们自身的喉舌和手足。他们兴之所至，情之所钟，则发于喉舌，调节之以手足而成乐歌。"音乐舞蹈的本质就是和谐，是人类追求和谐的情感升华。所以说，古代初民（今天的原始土著民族）在庆祝他们的胜利（狩猎、捕鱼）之时，围在一起情不自禁地唱歌跳舞，这种原始牧歌是源自他们自己的身心。所谓"不知足之蹈之手之舞之"，荀子在《乐论》中说："夫乐者乐也，人情之所不能免也。"和谐源于人的情感，人的情感是和谐的基因。"和谐"一词，在中文中就是来自音乐，《尚书·舜典》："诗言志，歌咏言，声依咏，律和声。"

古代的神话、图腾、音乐、数学等，都是文化生态问题。从表现形式上展示了远古时代人与社会的诞生，人类与自然的关系，人类自己的思想和情感的发展历程而深藏在其中的是人学的内容，是一幅人性的山水画，是和谐的美丽世界。

2. "和"、"和谐"之词源

伟大的物理学家牛顿曾断言，自然是非常和谐的。我们人类所处的世界是一个整体，但这个整体是变化的、发展的。宇宙是一幅和谐的优美图画。由于现代科学的发展，技术的力量给人们带来了财富的同时，也使人的欲望被无穷地激发，从而使科学技术成为一把"双刃剑"。人类最聪明之处就是把自己的责任推卸掉。人类现在处在文化生态困境中，从而把责任推向了科学技术。更加值得注意的是，我们还在学西方的一些人在否认科学，西方一些人否认科学，但他们不会阻碍科学的发展。普里戈金引证凯斯特勒的话："我

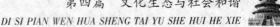
们已经听到诺贝尔物理学奖金获得者的全部合唱，告诉我们物质死去了，因果性死去了，决定论死去了，如果真是如此，就让我们伴着电子音乐的挽歌体面地埋葬它们。"我国的科学研究还处在初始阶段，我们今天还没有资格把我们看来是科学的责任推卸给科学，科学自己没有问题。我们今天所处的文化生态或生态文化不平衡、不和谐，恐怕只是因为我们自己与文化的不和谐。我们必须重新审视"和谐"的概念内涵、发展历程与逻辑性格，我们不能在粗浅的观察和反省中，过分强调和谐理论超越时空的普世价值，也不能武断的割断历史而怀着"域外价值"情怀来否认现实。和谐是一个整体、一个发展过程。

"和"是中国古代农业文明的生活画图。在甲骨文中，和即龢。有学者认为，龢从形制上看是由房屋、篱墙、庄稼组成的一幅早期农业社会氏族村落的景观图貌："犹如一首形象化了的田园诗，其中洋溢着一种生活的谐和感。所透露的是'安居足食'的内心谐和状态。"古代农业文明的确是和谐。这是由于人类还一半在自然状态中，一半超越了自然，刚刚从自然中走出了半步，当然是和谐的。此处仅摘两条经文，以资佐证：

天气濛鸿，萌芽兹始，遂分天地，肇立乾坤。启阴感阳，分布元气，乃孕中和，是为人也。首生盘古，垂死化生，气成风云，声为雷霆，左眼为日，右眼为月，四肢五体为四极五岳，血液为江河，筋脉为地理，肌肉为田土，发髭为星辰，皮毛为草木，齿骨为金石，精髓为珠玉，汗流为雨泽，身之诸虫，因气所感，化为黎甿。

《五运历年纪》

古之人民皆食禽兽肉。至于神农，人民众多，禽兽不足。于是神农因天之时，分地之利，制耒耜、教民农作、神而化之；使民宜之，故谓之神农也。
《白虎通义》

这些神话般的诗化描述，其具体的细节肯定是不科学的，但其整体思想则是深刻的，透露出的信息是"自然的人化"和"人的对象化"。"乃为中和"，"使民宜之"，人与自然、社会是非常和谐的。由此可以直观地看到"和谐"与"文化生态"的关系，即和谐是文化生态的本性，文化生态是和谐的存在。人本身就是自然的一部分，人还没有能力征服自然、破坏环境，而自然却对人有所恩赐，所以人就必然怀有一种感激之情，形成内心和谐状态，和谐观念就在这样的文化生态条件下形成。

任何观念的形成，都离不开社会生活，都是思想观念的"符号"。"和谐"一词，在古汉语中，"和"和"谐"本是分开的，虽也有"和谐"一词，但用法极少。特别值得注意的是"和"一词的内涵是来自社会生活，"谐"一词的内涵是来自声音（音乐），而"和"与"谐"又是相通的，"谐"也就是"和"。"和"和"谐"在语言符号化的过程中，由于其内容"和顺"，就逐步发展成了双音词。现将《辞源》《辞海》以及古代关于"和"的条目摘抄如下："和"：①和顺、谐和。《易·乾》："保全大和。"《礼记·中庸》："发而皆中节谓之和。"②和平。《孙子·行军》："无约而清者，谋也。"《宋史·孙沔传》："比契丹复盟，西夏款塞，公卿忻忻，日望和平。"《荀子·君道》："血气和平，志意广大。"③温和。李白《雉朝飞》：春天和，白日暖。杜甫杜工部诗笺："薄衣临积水，吹面受和风。"和风细雨。和颜悦色。④调和。《国语·郑语》："和六律以聪耳。"含有相反相成之意。《左传·昭公二十年》："和如羹焉，水、火、醯、醢、盐、梅，以烹鱼肉。……君臣亦然，君所谓可，而有否焉；臣献其否，以成其可。"此以水火相反而成和羹，比喻可否相反相成以为和。⑤交易。管子问："而市者。……而乃人之所和而利也。"唐宋以来有和买、和耀、和倔等，皆本此义。⑥车铃。《诗经·小雅》蓼萧："和鸾雝雝。"⑦乐器。1.《周礼·春官·小师》："掌六乐声音之节与其和。"注："和镦"。2.《尔雅·释乐》："大笙谓之巢，小者谓之和。"又，变宫亦称和。"变宫"系中国古代七声音阶中的一个音级。⑧军门。《孙子·军争》："凡用兵之法，将受命于君，合军聚众，交和而舍，莫于军争。"《周礼·夏官·大司马》："以旌为左右和之门。"郑玄注："军门曰和，今谓之垒门，立两旌以为之。"还有曹操注谓军门为和门，两军相对为交和，杜牧注曰今谓之叠门，立两旌旗表之，以叙和出入明次弟也。⑨棺材两头的木板。谢惠连《祭古冢文序》："中有两棺，正方，两头无和。"⑩带。如：和衣而卧。牛峤《菩萨蛮》词："金凤小帘开，脸波和恨带。"? 连词。与，和。宋·晏几道《小山词·阮郎归》"梦魂纵有也成虚，那堪和梦无。"岳飞《满江红·写怀》："八千里路云和月。? 介词。连……都。秦观《阮郎归·湘天风雨破寒初》："衡阳犹有雁传书，郴阳和雁无。"? he（音贺），跟着唱。《后汉书·黄琼传》：阳春之曲，和者必寡。白居易《初冬早起寄梦得诗》："诗成遣谁和，还是寄苏州。"

从上述的条目中，可以将"和"的内容归纳为几个方面：①心理上的和，主要是心情和顺；②人与自然关系的和，主要是人与自然物质条件和；③社会生活的和，主要是生死、饮食及人际关系和；④军事冲突的和，主要是矛盾中求和；⑤礼乐上的和，主要是乐器上的和；⑥语言符号的和，主要是语言表述上的和。总之，这些"和"的概述反映出中国传统文化生态中的精神是和谐。"和的本义是声音相应，也就是声音的和，引申为和谐、和顺、和协、和衷、和畅、和平、中和、融和、祥和、调和、温和等意义。""和"与声音相应，而声音中的"音"与"谐"有许多微妙的关系。"谐"，谐主要是指声音的和。"谐"与"和"是从什么时候构成了一个词，这是需要研究的。

《辞海》中的"谐音"条目是："发音体的振动一般都是复合振动。如除频率为 f 的振动外，同时还有频率为 f 的整数倍如 2f，3f，…等的振动，则每一个这种振动产生一个音，称为谐音。……每个声音所含谐音的多少和强弱决定这个音的音色。"没有谐音就没有音乐。"谐"在《说文解字》中为："专谓乐合"、"从言皆声"、"从言合声"、"调和也"。谐也就是"和"的意识，主要是指音韵。"谐"的本义是声音的和顺。"诗言志，歌咏言，声依咏，律和声。八音克谐，无相夺伦，神人以和。"八类乐器的声音能够调和，就是谐。《尚书·尧典》："克谐以孝。"舜能够与人们和睦相处，以德行感化他们。"八年之中，九合谐侯，如乐之和，无所不谐。""无所不谐"意味着"和"必然导致"谐"，但这里的"和"与"谐"还是分开的。《晋书·挚虞传》："施之金石，刚音韵和谐。""和谐"一词在这里出现，其本义仍然是语言上的和谐。《后汉书·仲长统传·昌言法诫》："夫任一人则政专，任数人则相倚，政专则和谐，相倚则违戾。"这里的"和谐"就不是语言上的，而是指人们的行为。

在中国古代文化生态中，虽然和谐一词的本义是语言（音韵上的）的和谐，但最根本的还是体现人与自然的和谐，人首先要同自然发生关系，人与自然的关系才是"和谐"一词的词源。

3. 和谐概念的生态之根

任何现象的发生都是一个历史过程，历史是该现象的逻辑的展现。由于时间是不能重复的，这本来应该没有历史，然而恰恰是人类有历史。哲学人类学家深有感慨地认识到，动物是没有历史的。动物为什么没有历史？就在于动物与自然是直接同一的，动物没有自己的世界，动物没有符号（文字），而人则是生活在自己创造的符号化的世界之中，这个世界就是文化生态，人就生活在文化生态之中。文化生态是人生存的"母胎"。人是怎样生活在文化生态母胎之中的呢？"人类始终生存于双重的历史意识中，他自身显得既是年轻的也是年老的，既站在开头也站在结尾，其根源就在于此。这两者都是正确的。当人创造未来时，人是年轻的；当人已被过去创造，人就是年老的了。"每个人都有"年轻"和"年老"，所以每个人从开头和结尾都在演化和存在于"历史意识中"，每个人的"开头"和"结尾"演化为人类的历史，文化的继承，即形成了"历史意识"。这"历史意识"既是文化生态的历史文化基础，也是文化生态的一个层次系统，人就是这样生活在文化生态中。"我们的诞生并非只伴随个体的天赋，而是同时进入了文化的'外在装置'，这文化装置是由我们的祖先积累承传给我们的。除了我们自己创造的主观精神之外，文化给我们带来了客观精神。"这个"客观精神"是文化生态的核心，文化生态从某种意义上说就是一种精神、一种观念。当然我们并不否认文化生态的物质性，文化生态是人生活在周围的物质系统，这个物质系统是人化了的，是作为观念存在着。人是怎样生活在文化生态之中的，如同鱼是怎样生活在水中。人生活在文化生态中，有什么样的文化生态就会决定有什么样的生活，虽然人在创造文化生态中同时创造了自己，但人也只能适合文化生态。

人与文化生态是一种双向缘构，在这个缘构过程中，必然形成一种文化心态（文化生态心态在语词上不顺，简称文化心态）。文化生态同人的生理、心理具有同一性。"长期以来，人们只是探讨人的心理和生理特质，因而人们总是错失了人。只有在生理、心理物质之外加上其客观精神的根源，在自然规定之外加上文化规定，在物种的恒常遗传因素中加上虽然必然从属于其物种，但却因民族和时代的不同而变化的东西，这时人才得到完全理解。"在之外加上的"客观精神"、"文化规定"、"不同变化的东西"，人就是文化生态的存在。人在成为人的过程中，"加上的"同生理、心理是一致的、和谐的，也必须是一致的、和谐的，人才能成为人。这个一致、和谐最终是文化心态的形成。文化心态当然不是生态心理学所认为的，人和生存环境与人的心理行为之间的相互作用，而是文化生态化的文化心理的构成。

文化心态的形成也就是自我的构成。人是文化生态的主体，只有人自我的和谐才有人与自然、人与历史、人与社会的和谐。人的自我和谐既是人与自然、人与历史、人与社会和谐的基础，也是和谐社会概念的历史之根。人是一种社会性动物。和谐社会概念之根必然是人的存在。人的存在不能停留在抽象的概念之上，人的存在最神奇的是文化心态的构成，或者说心灵的存在。人自己的和谐才是社会真正的和谐。人的和谐最主要的是心灵的和谐。"人类的心灵是沉浸在行进的信息流当中的变幻不停的万花筒（Kaleido-scoPe），这信息流由形状、颜色、光亮、阴影、记忆、声音、气味、质地、体感、从疼痛到快乐的一系列感觉，比较清晰和比较模糊的概念，以及作为判断和评价基础的对事物赞同或反对的直接倾向等组成。"人是一个宇宙，就在于心灵是一个"万花筒"，所谓"万花筒"也就是指这个五颜六色的世界的组成。心灵的组成是人性的内容，心灵的内容就是人性的内容。人性的内容组成就有一个和谐的问题，有组成就有构成组成的和谐与不和谐。"古希腊的毕达哥拉斯学派认为，和谐的最高境界是灵魂的和谐。中国古代哲学家还把和谐看作是'天下之达道'和新事物生成之因。因而，在我们看来，人的自我和谐应该是心与身、理智与情感、知与行乃至自我与他人、个体与社会、人与自然的相济相成。"自我的这些内容的"相济相成"就是和谐，而且自我的这些存在就是心灵的存在，心灵的和谐是"最高"的和谐。心灵的存在是人的内在存在或者说人性的存在。人性的存在包括了人所处的这个世界的存在，世界的存在就是文化生态的存在。人性之所以极为繁复，就在于人性的构成与构成的和谐问题。只有有了人的和谐，才会有社会的真正和谐。"精存自生，其外安荣，内藏以为泉原，浩然和平以为气渊。"社会的和谐首先必须是人性的和谐。

　　人性的和谐是社会和谐的历史之根，不仅是哲学上的抽象肯定，还在于人生活在文化生态之中的一种流变状态。根据马克思主义关于人的"自由而全面的发展"而只有到共产主义社会才能圆满的实现，这就意味着人的全面发展是一个历史的过程。"人的全面发展与自我和谐都表现出一定的阶段性和相对性：它们不是一次完成的，而是要依赖于特定社会所要解决的主要矛盾。"人本是历史的存在，人的历史与历史的人，都是时间流逝中的存在者，这个流逝过程是人全面发展或者说是实现人全面发展的过程。人的全面发展是人与自然、人与历史、人与社会、人与自我和谐的实现，这个实现最深层之根则是人心灵的追求，因为人的生存需要和谐。人也必然会追求和谐，人不会希望生活在一个杂乱无章的社会之中。正如拉兹洛所指出的进化的历史需要和谐。有需要才有追求，有追求才有需要。心灵的追求是必然的，追求的必然是和谐。这在中国古代文化中就是心灵的境界问题。唐代大画家张璪论画有两句话："外师造化，中得心源。"造化是追求，心源是心灵，最后达到有我之境，无我之境。心灵的追求是和谐社会历史之根的内容。构建和谐社会的思想，是中国和文化思想的继承发挥，中国和文化思想是中华民族的生存智慧，是先民们心灵的伟大追求与梦想。

　　4. 和谐概念的生态之义

　　中国古代的哲学同西方哲学在源头上是一致的。人从自然中走出来，人与自然的和谐必然形成和的哲学思想。自然赋予了人类生存的物质条件，人类有一种对自然感恩的情怀。虽然自然并没有为人准备一切，但人毕竟要靠自然物质才能生存。古希腊哲学一开始就研究人与自然环境的关系，研究自然本原，从而形成了数的和谐，自然是数的构成，和谐是一种数的结构。数的研究是科学，也正是从数开始使西方的科学得到了发展。科学的发展显示出人性的伟大力量，人可以为自然立法，人可以创造世界，康德哲学就是这种思想的集大成者。人为自然立法从而导致了人与自然的对立，人文科学与自然科学的分化，再加之西方文化思想内在的本性具有掠夺性，市场经济追求利益的最大化等，其结果必然是从和谐走向不和谐。不和谐是一个生态问题。中国古代哲学思想的产生可以说是比较"散乱"或者说难以确定起源问题。李泽厚提出"巫史之道"，"巫史之道"是不是人与自然环境的关系，这值得研究，但有一点可以肯定，中国古代的哲学思想追求的是和谐。《尚书·吕刑》"绝地天通"。《国语·楚语》："颛顼受之，乃命南正重司天以属神，命大正黎司地以示民，使复旧常，无相侵渎，是谓绝地天通。""属神"、"示民"、"复旧常"、"无相侵渎"，从而达到"绝地天通"的人与自然、人与社会（常）的和谐。"坤厚载物，德合无疆。"和谐思想是中华民族的根本思想，这在中国古代文献典籍中则有明确的记载，特别是人与自然的和谐，在原始的巫术中表现得淋漓尽致，在道家的思想中已经作了经典性的概括。中国传统文化思想中的核心是追求和谐，一句话"极高明而道中庸"，和谐思想就是一种生态思想。

　　但是，随着社会生产的发展、阶级的出现，初始混沌的和谐思想发生了深刻的变化。社会的分化、经济上的剥削、政治上的压迫、军事上的对抗、人际关系的恶化，等等，原始的和谐思想被血淋淋的对抗所代替。整个社会由和谐的混沌状态进入了制度的构建、人伦的确定、地位的规范，即"礼"的构建。礼的构建就是农业文化生态构建。社会由原始混同的和谐走向分裂对抗的"和谐"，特别是私有制的出现、利益的追求，使社会走向了不和谐，主要体现在人与人、人与社会关系上的不和谐。不过在那个时代人与自然还是和谐的，这也是古代和谐思想的大前提。中国古代礼的构建既是和谐思想的体现，也是和谐社会一套制度与文化的构建，即文化生态的构建。"夫礼，天之经也，地之义也，民之行也。天地之经，而民实则之。""凡礼之大体，体天地，法四时，则阴阳，顺人情，太谓之礼。""礼，经国家，定社稷，序民人，利后嗣者也。"礼作为一种制度与文化，以和为贵。"民行之"、"民实则之"即规范人们的行为；"法四时、则阴阳"即维系人与自然的关系；"序民人"即维持社会等级的秩序或次序。礼是传统文化生态中的一个主要概念，是人文建制的核心。礼的基本思想是维系社会的运行，在礼的大系中维系着和谐。然而这种和谐的前提不是以人为本，是以等级制为前提的和谐。这种和谐只适合农业文明时代有限的生存空间、生活体验、情感追求之存在的和谐，是维系儒家的"君君、臣臣、父父、子子"的森严律令的和谐。

　　传统的和谐思想是我们构建和谐社会的思想资源。和谐是人类历史上的一种理想追求与渴望，是文化生态的本质规定。我国古代文明中关于和谐思想有着丰富的内容，以实用理性见称的中国历代思想家给予了它许多的想象与构思，沉淀了诸多的经验。但它只是一种道德性的规范与社会秩序，而不是构建于文化生态之上的和谐，它对于强调变化与流动的现代社会而言，过分凝固化，在宁静中缺乏一种动态美。毋庸讳言，中国古代文明中的和谐思想，渊源于优越的农业文明条件中的和谐：首先从简陋的生存需要与自身的类比，逐步发展出器物与生命的"参天地、赞化育"的和谐；由生殖崇拜、血缘关系、祖先崇拜拓展到生命流动的人与自然的"族类和谐"；由允执厥中、保全大和、合内外之圣道升华到中和、宁静、忍耐、常乐的个体心灵的和谐；由生命意识的和谐、族类的和谐、心灵的和谐等，诗性地道说出和谐。这些和谐思想具有文化生态之义，是生态智慧，但又具反文化生态性。这一切由其无可辩驳的逻辑规律和可靠的实用方法上升为一曲田园牧歌，然而这曲牧歌只是文学家们心灵的向往、美学家们的审美境界和哲学家们的终极关怀，用庄子的话说就是"乘物以游心"。在古代社会的现实中，这曲牧歌的圣典只是"礼崩乐坏"的挽歌，曲终人散，"朱门酒肉臭，路有冻死骨"。和谐思想与社会现实往往是不统一的，追求和谐是人心灵的本性，然而生活是无情的。古代的和谐思想只是一种生存智慧，也仅仅只能是生存的智慧。李泽厚说："《乐记》说：'乐由中出，礼自外作。乐由中出，故静；礼自外作，故文。'即要求以'静'、'文'来抑制动物性的本能冲动，以规范人的感情和动作。"中国古代和谐思想的内在秘密就在这里，压抑自我从而实现和谐。

　　5. 和谐社会的关系

　　社会主义和谐社会不是一种宣传标语，也不是抽象的价值目标，社会主义和谐是世界和谐图景的一个层次系统。世界图景是和谐的，世界是从和谐开始的，社会是世界的一个极为复杂的系统，一个动态的历史过程。不同的时代、不同的社会有不同的和谐。和谐是人类心灵的追求，不同的民族追求不同的和谐。正是在这些意义上，和谐既具有普世意义，又有其独特性。现代物理学提出的"超大统一"理论，已经证明整个宇宙是统一的，吸引和排斥是统一的，物质与反物质是平衡的，否则物质就出不来，世界就不能存在。宇宙有裂缝才有统一，世界有矛盾才有和谐。"宇宙万物（包括人在内）尽管千差万别、各不相同，但又息息相通，和谐地融为一体，每个人、每个存在者都以这种和谐作为它的根源，离开了这种和谐一体就谈不上有任何存在者的存在；'和谐是本体论的开端范畴'，具有本体意义的形上价值；'和谐'是人类的美好理想，是一种普遍的人类精神；'和谐社会'是'地球村时代'的中国思想界对于宇宙大道的深切体悟……"和谐是文化生态的根源，和谐是开端范畴同矛盾（包括了和）开端联系在一起，和谐是普遍的人类精神，否则就无法建设和谐世界。和谐作为一种存在状态是普遍的，普遍离不开特殊，有普遍就有特殊，有特殊也就有普遍。为什么我们就不能使用"和谐社会"，而只能使用"社会主义和谐社会"。"这种随意使用概念的方式，越出了概念自身特定内涵，削弱了这一命题的针对性、现实感及其价值关怀。和谐社会的内在本质在于社会主义和谐社会、而非一切社会……而只能说'社会主义的和谐社会。"我们所讲的和谐社会是社会主义和谐社会，这与不能讲其他"和谐社会"是两回事。我们要构建和谐世界，"和谐是本体论的开端"，其他社会也可以讲和谐，但我们的和谐是不同于其他社会的和谐，这是另一个问题。由此说明和谐包括了差异，和谐的构成以不和谐为条件，和谐社会与和谐社会之间有差异，这是历史的事实，是同一性的统一构成。中国古代社会的和谐是封建社会的和谐，这种和谐作为生存智慧可以批判地继承（人与自然），虽然它在本质上是阶级对抗，不是真正的和谐，然而我们的祖先有对和谐的追求，这恐怕是不能否认的。

社会主义和谐社会不同于其他和谐社会，构建社会主义和谐社会不同于其他和谐社会的构建，这不是一种武断的肯定，不是贴标签，而应是更高层次的实实在在的构建。

首先，社会主义和谐社会是以马克思主义作指导。马克思主义不是制造社会矛盾的理论，马克思主义根本上是解决社会矛盾的理论。马克思恩格斯只讲斗争、冲突、暴力革命，这是误解，我们只能说只有"社会主义的和谐社会"也是误解。我们一些学者抽象地肯定马克思主义哲学的唯物史观是"建构和谐社会"的理论基石，马克思主义强调的是"合规律性"与"合目的性"。合规律性与合目的性是从古希腊以来的哲学家们思想上的追求，西方文明发展到今天也是合规律性与合目的性的结果。马克思主义对资本主义的批判以及对共产主义的论述，也就是为了构建和谐社会。但我们不能否认其他社会的和谐，我们要构建和谐世界，没有其他社会的和谐哪来世界和谐？值得注意的是马克思主义理论不仅最终为了构建和谐社会，也在于其理论本质上就是和谐的，如在《关于费尔巴哈的论纲》中的人是社会关系的总和，社会发展的动力是一种"平行四边形"的合力等。马克思主义理论是社会运行的优美的和谐理论。马克思主义理论作指导，最主要是运用辩证唯物主义与历史唯物主义，分析社会的运行发展，特别是恩格斯《家庭、私有制和国家的起源》、毛泽东《论人民民主专政》等，明确地指出了构建和谐社会的问题。

其次，社会主义和谐是指向未来的更高和谐。《中共中央制定"十一五"规划的建议》指出，社会主义和谐的实质是："必须加强和谐社会建设。促进社会和谐是我国发展的重要目标和必要条件。要按照以人为本的要求，以解决关系人民群众切身利益的现实问题入手，更加注重经济社会协调发展，加快发展社会事业，促进人的全面发展；更加注重社会公平，使全体人民共享改革发展成果；更加注重民主法制建设，正确处理改革发展稳定的关系，保持社会安定团结。"这就是当代中国所要建设和谐社会的实质内容。社会主义和谐社会建设不同于历史上的任何其他社会的和谐建设，就在于以人为本，社会主义和谐社会的终极目标是人的和谐。文化生态学研究的重点是关于民主法制、公平正义、诚信友爱、充满活力、安定有序的社会文化，人与自然和谐相处是文化生态的基础，是研究的重中之重。

最后，社会主义和谐社会是人性复归的和谐。人性是目的。和谐社会构建是人性的构建，人性的构建是和谐社会构建的基础。和谐社会不是无人性的社会，人是社会性的存在，社会性的存在是人。人们一般把和谐社会的含义划分为四个层次：人与自然、人与历史、人与社会、人与自我的和谐，这四个层次都是人性的内容。现代社会是一个非常特殊的时期，一方面是社会文化快速的发展，生活水平得到了极大的提高；另一方面则是各个方面都在异化，社会极不平衡。科学技术的发展导致了人与环境的异化，市场经济条件下人的欲望被激发导致了自我意识的进一步分化；现代文化与传统文化的分化导致了心灵的失衡等，这些现象最终促进了人的发展，也促使了人的异化。马克斯·韦伯认为，现代社会是一个不断被理性化的过程。现代社会的发展是在理性精神的支配下，在合目的性的驱动下发展的。目的合理性诱致社会文化的发展，理性精神导致了科学技术的飞升，然而人自身却处在分裂之中。人自身的分裂主要体现在本能无意识与文化、文化无意识与传统文化、社会文化意识与社会文化、内在自由意识与合目的性的分裂。社会主义和谐社会就是要超越随着社会文化发展，人反而无法发展的现象，从而达到人性的真正和谐，建设更为高级的和谐社会。

第三节　社会构成与文化生态

　　人类社会与动物社会是根本不同的，严格说来动物是根本没有社会的。社会是人类赖以生存的母胎。社会就是文化生态的存在，文化生态符号化的秩序系统就是社会。人类即将进入文化生态时代，社会文化在转型，社会学思想在文化生态学中尤为重要，在社会科学中占据着中心地位。社会学是进入文化生态的钥匙，文化生态是社会学的殿堂。那么什么是社会，为什么只有人类才有社会，社会是怎样构成的，社会的构成与文化生态构成是什么关系，对这些问题的研究，使我们有可能从文化生态学视阈开辟研究社会新的路径。

　　1. 社会

　　什么是社会，这是一个古老的常新问题。我国学术界有一个简单的观点，社会是指由一定的经济基础和上层建筑构成的整体。社会也叫社会形态。这种观点既不能证明其错，也不能完全证明其准确，但可以肯定是从经济关系给予的定义，而且又没有离开政治（上层建筑）。社会的形成离不开经济与政治两大要素，这是不可否认的。但是社会的主体是人，为什么在地球上会出现社会现象，这需要从人自己的存在出发，更需要从文化生态出发。

　　"社会"一词，经过了一个演变的过程，最初是指旧时乡村书塾逢春、秋祀社之日或其他节日举行的集会。王力先生主编的《王力古汉语字典》作了概括：①社神，祭社。郑笺："秋祭社与四方。"社，祭土神也，引申为社宫，祭社神的地方。②地方基层行政单位。《左传·昭公二十五年》："自莒疆以西，请致千社。"杜预注："二十五家为社。"引申为民间私人的友好组织。③古代有春社、秋社，为祀社神之日，简称为社。九家集注："社祭也，以祈农事，春祈秋报，故岁有春秋二社。"④社稷，社神和稷神，即土神和谷神。《墨子·迎敌祠》："祝史乃告于四望山川社稷。"引申指国家、政权。《论语·季氏》："是社稷之臣也，何以伐为？"古代社会一词主要指人的活动之处所、疆域、单位、组织、时间等，然后逐步衍化为山川社稷，衍化为具有"国家"之义，具有政治的意涵。人的活动首先是文化生态的建设，文化生态符号化而构建一种秩序系统就是社会的形成。《孟子·尽心》提出："民为贵，社稷次之，君为轻。"从而还可以体悟到中国古代"社"字的和谐之义。

现代学者们认为"社会"可以分为广义和狭义。"广义理解的社会是以人为主体，通过生产关系、政治关系、亲族关系或法规、道德、风俗习惯联系起来的整体，它是个人之间有机联系的群体。""甄克思在其所著《社会通诠》一书中说：'社会者，群居之民，有其所同守之约束，所同蕲之境界。是故，偶合之众虽多，不为社会。'""狭义理解的社会是由共同利益或共同信仰、共同价值标准、共同规范把个人联系起来的亚群体，例如阶级、政党、团体。甄克思说："社会之等差众矣。宗教、学术、懋迁、行乐，无一不可为社会。"这种划分及概括的内容是比较全面的，但是这里虽然概括了"社会"一词的存在内涵，却没有揭示出"社会"的本性。根据赵国华的考证："由于在树林中祭拜女阴的象征物要积土为坛，这类处所故又叫做桂。是'社'的古写，从示从木从土，树林中积土为祭坛之意也。'社'的古音同'叶'，读为 she，乃源于以树叶象征女阴也。"非常奇怪的是夏娃用一片树叶建立自己的门户，这不是巧合。"社"与人的生理存在分不开，是普遍的。英国社会学家克里斯·希林认为身体可以"化约为社会的结构"。总之，社会的本性离不开人，人是社会的本体。

社会是人自己构建起来的一个极为复杂的功能系统。马克思认为人是社会关系的总和，最起码把人与社会结合在一起。"总和"具有结构性、功能性。什么是人类社会，不在于下一个什么样的定义，而在于对人类社会存在的构成及功能进行分析。罗伯特·F. 墨菲认为："'社会'一词意指具备某种程度的经济和政治自主性的人群聚集体，该集体通过它自身人员的生育来补充它的绝大部分新成员。""按照定义，一般也可将社会理解成组织起来的聚集体。那就是，聚集体内在地划分成几个特定部分，每一部分的运作通常以互补的方式与别的部分彼此相关。"社会是一个有机的整体或复杂的系统，离不开经济和政治，但社会还有更多的内容，社会是由各种文化构成，社会的结构及功能是"生态"的构成。"社会指的则是在一个特定的地域国家范围内除国家机构与制度（组织与安排）之外的个人，由他们构成的群体以及这些构成体之间的联系的总和。"总和是文化的总和，是文化生态的存在。人类来到这个世界上，相对人的存在而言，是一无所有，人类为了生存，必然要创造人所需要的东西，这些东西就是文化。文化包括了社会的存在，社会是一种符号化的文化生态系统。

人类社会是发展变化的，现代社会已经不是传统意义上的社会，现代社会似乎难以定义。马克思对资本主义社会的描绘可以说是完全正确的，他认为资本家私人占有制为基础的生产关系基本上是同以大规模机械工业为动力的生产力相适应，生产关系和生产力所构成的经济基础上建立上层建筑，是适合资本主义社会的。资本主义社会就是这样的社会，但资本主义社会也在变化。涂尔干则认为："传统社会是以机械连带的模式解决个人和社会整体的相互关系，而现代社会则是考虑到劳动分工的进一步发展以及个人自由的因素而采取有机连带的模式。"涂尔干的主要问题是个人自由的社会意义，这实际上是社会中的生存智慧问题。韦伯"集中分析了整个资本主义社会在社会制度、社会行动和文化生活各个领域所贯彻的合理过程及其制度化成果。"韦伯的社会学分析偏重于文化。帕森斯则主要关注现代社会中个人同社会的关系的特征及危机，他们这里关注的更是生态问题。这些思想家对现代社会的分析，最主要不是社会是怎样存在着，而是人在社会中怎样存在着。人的存在才是社会的存在。高宣扬说：后现代社会的基本特征是信息和科学技术膨胀泛滥，符号化和信息化的人为文化因素压倒自然的因素，各种事物之间的差异的界线模糊化，休闲和消费优先于生产，社会风险性增高，以一夫一妻为基础的原有社会基本单位"家庭"正在瓦解和松解，社会和文化生活的"全球化"，等等。

现代社会表现出"人为因素压倒自然的因素"，这些因素的变化既是现代社会的转型，也是农业文明社会、工业文明社会向生态文明社会转化的内容。

墨菲指出："人类社会的系统化在于对指导我们日常生活的规范进行调整及使之相适应。这些就是社会互动（interaction）之路的通行规则，这些规则将人们置于某种社会境况和某一工作中，使彼此间的行动相互关联，保证互动顺利进行而无需彼此重复工作或相互妨碍。"所谓"通行规则"就是生存—转换与转换—生存，所谓"指导"、"互动"、"关联"等就是生存智慧，"指导我们日常生活"是智慧的作用。所谓生态智慧包括了认识、辨析、判断和处理等能力，它是一种社会价值选择，调整行为规范，进行道德审美，实施科学技术，从而达到人的目的。社会本来就是一种生存智慧，一种文化生态系统。社会与文化生态是同一性的存在，社会的构成就是文化生态的构成，文化生态的内容即社会的构成，社会建立在文化生态基础之上，社会是文化生态的存在。

2. 社会结构

社会是由各种文化构成的统一体，这就意味着社会有层次结构。社会的存在首先是人的存在；其次是各种文化现象的存在；最后是人、各种文化交织在一起，从而构成了社会这座大厦。结构就是关系，是整体各部分、各要素的关系，结构也就是生态。社会结构就是指各种社会制度之间有组织的关

系。任何社会都有关系，社会本身就是关系的存在。社会是一种什么样的关系，这不仅在不同的历史时期是不同的，而且是"人"存在的关系，也就是文化生态关系。社会是真正历时性与共时性的统一，历时性与共时性统一就是结构，任何社会都是一种结构性的存在。

　　人类社会是否有普遍的框架，也就是说是否有一个共同性的、适应任何社会的存在结构，如果说社会（文化）是一个结构系统，这是合乎实际的，如果说任何社会都有一样的结构这是不合实际的，也是难以说清的。从不同的视阈分析社会，社会的存在是不同的。社会的不同是因为结构的不同。结构主义在结构主义升起的地方消失，但结构作为社会、文化的存在形式不会因结构主义的消失而消失。社会的主体是人，人是语言符号化的文化动物，社会是文化生态语言符号化的秩序系统，这是合逻辑的。然而在各个不同的历史时期，语言符号化的内在存在是不同的，存在的不同构成的结构肯定也就不同。如果说社会都具有政治、经济、文化而形成复杂的结构，那么古代社会、近代社会到现代社会，各个时期的社会结构也是不同的，否则就没有时代的区分了。

　　如果我们承认社会是一种结构性存在，这种结构性是由政治、经济、文化构成，在不同的社会、不同的阶段则是不同的，这只是我们教科书上的论证。政治、经济、文化仅仅只是客观化（对象化）的存在现象，如果离开了人，它就只是"死"的存在，是没有意义的存在。现代社会的构成永远不会限制在"三个"层次上，现代社会中人不是退场了，人是社会的主导者。社会中一曲曲壮丽的史诗，都是由人导演的。所以现代西方的一些社会学家或哲学家们提出了社会结构的最重要的成分是地位、角色、群体和制度。特别是罗尔斯·麦金太尔等的正义论或正义意识的提出使社会存在人性化，转化为人的"在场"的存在。地位、角色、群体和制度就是人称其为人的存在，"正义论或正义意识"则更是人性的存在。社会的政治、经济、文化向地位、角色、群体和制度乃至正义等的拓展，这正是传统社会向现代社会转化，现代社会向文化生态社会转化的开始。

　　现代社会完全不同于传统农业社会，传统农业社会由政治、经济、文化构成，这样的构成也意味着社会是人生存的母胎，社会是一种文化生态系统，只是这种"生态"是"前文化生态"。当社会的存在是地位、角色……的存在，社会就已经是文化生态存在，即文化生态社会化的存在。地位、角色、群体、制度、正义等都是人生存状况的体现，是生活的内容。同时地位、角色、群体、制度、正义等本身就是文化生态构成的内容，而且是社会和谐的体现。现代社会是在传统社会的基础上发展起来的，现代社会是多元化的社会、多元文化的社会，现代社会与传统社会在现象形态上千差万别，在社会心理上不可同日而语。但是我们对社会的研究仍然是囿于传统社会之中，是传统的研究传统。现代文化是丰富性和多样性的，在全球文化背景下，文化在相互影响和持续对话，全球化本来就是一幅镶嵌画。现代全球文化处在无序多样化的混乱中，多样化如何才能变成既不千篇一律，又各具特色，这是文化生态学研究的重要问题。今天有不少的学者认识到了社会的文化转向，然而文化却仍然只是社会研究的维度、视阈，文化并没有成为社会的构成，所以对社会的研究并没有转换到文化生态之中。

社会是怎样构成的，从不同的角度可以划分出不同的层次，可以构建出不同的结构。如果说我们的社会即将进入"文化生态社会"，从文化生态视阈审视社会，社会是文化生态符号化的秩序系统。社会文化包括物质文化、思想文化、制度文化、行为文化，还包括生活方式、风俗信仰、宗教文化等，可以将这些文化现象划分为几个层次，即物质层面、历史层面、制度层面、精神层面等。每一个层面都是一个复杂的子系统，各系统之间紧密地联系在一起，甚至难以分开，社会由这些层次构成。从文化生态学视阈划分社会结构，这四个层面都应转换成各种不同的文化形态：物质层面——经济形态；历史层面——传统形态；制度层面——政治形态；精神层面——社会心态。这些形态的转换不是一种文字游戏，而是生存—转换与转换—生存为文化生态，文化生态又构成了社会的存在。

研究社会的存在或构成似乎极为困难，社会现象气象万千如一堆乱麻，甚至不知从何下手。社会只是人的社会，与其说社会的复杂，不如说是人的复杂，与其说人是社会关系的总和，还不如说社会是人与人关系的结晶，与其说研究社会的存在或构成，不如说研究人的存在或构成。人是按自己的存在或构成构建了自己的社会。现代生命科学认为，人类社会是从动物社会性自组织发展起来的，动物的社会性（当然不是社会性）——"群集协同关系"、"性关系"、"首领随从关系"、"照料和依赖关系"、"成群觅食"、"成群迁徙"等，"在每一个动物社会里，都有大量行为模式的协调作用来最大限度地维系和延续该社会的存在和演化"。而人如果真的是从动物中进化而来，"人类，一开始就是由猿群进化为人群的集合体"，"人类群体内部在生产、生活、行为和思维过程中形成的社会协同"，离开了社会协同就不可能"进化为人类的祖先"。"早期人类通过劳动创造了人区别于生物圈内其他动物的两个最主要的器官：一是进行体力劳动的双手；二是进行抽象思维和精神活动的大脑。"这些是最普遍最传统的看法，指出了人类社会形成的部分原因，但是动物和人类都有"社会协同"的属性，为什么只有人才形成了这样的一个社会。这是由人的生存需要与生理、心理特征所导致的，也是因人能够"转换"自己使自己成为社会存在。

人类是否由猿猴进化而来，这还需要证明。为什么我们今天还没有看到一只猿猴进化成人？但可以肯定的是人超越了动物，人具有完全不同于动物的属性。所谓人类继承了自己动物祖先的群居习性，人类社会的第一个自稳态结构是建立在以血缘关系为中心和纽带的母系氏族关系上。母系氏族关系在动物社会也存在着。人类社会起源之上，为什么从"母系"能发展出如此复杂的社会。人类社会为什么会以母系社会开始，人类来到这个地球上，并不是仅比猿高级的——猿。当人成为人之时，生产力等于零，人却生存发展超越了上帝的安排——赎罪。这就要继续追问人是怎样存在着的，人为什么会从母系氏族开始建立了一个如此复杂的社会。

人类从地球上踏上自己的征途就在追问自己是怎样存在着、我是谁等。"认识你自己"（苏格拉底）就成为一条神谕。如图腾符号就是从人自己开始的。赵国华认为："图腾主要包括两方面的含义：对内，它是氏族选择的想象中的又是经验性的始祖；对外，它是氏族间区分'我'与非'我'的标志。"图腾是一种标志，这种标志当然不是对自然的分类，而是人自己发展、分类的标志，是人社会化的一种符号。符号就是标志。

图腾被氏族奉为始祖，是图腾起源于生殖器象征物的最为直接有力的证明。这是一种符合原始思维的顺理成章的演化。因为受其本源的制约，图腾不仅是氏族的始祖，也是氏族人口兴旺的寄托，而且是氏族血亲的象征。它实际上起到了凝聚氏族亲和力、加强氏族团结的作用。这样，图腾又成了氏族对外的特定标志。

图腾是从人自己的存在开始，是人类文化生态自生自发形成的标志。《易》说："近取诸身，远取诸物。"在人类开始踏上自己的征途之时，人类只能从自己开始，这是因人自己有了思想意识，自己形成了语言符号，从而有形成文化生态的可能。思想意识、语言符号如此神奇，人当然就只能从自己开始。然而至今我们还没有认识到，图腾的出现则是人类文化生态的建设，人类学家们在对图腾进行大量研究后，认为"是人与生物之间关系的一种特殊发展，图腾是结构体系的一部分，它不仅把人与人之间的关系组织起来，同时也把人与环境的关系组织起来。……是一种特殊的自然现象分类方式"。结构体系、关系组织、生殖崇拜是文化生态的基础，也是人社会化及社会形

成的开始。

　　笔者曾经在《文化哲学》一书中提出"性欲动力论"，就是根据人自己的生理特征而提出的。人的生理特征概括起来有以下六个方面。①女性发情期的消失使人类有了选择权，所有的动物都有发情期，春情阵发无法进行选择，女性正是由于发情期的消失可以性交，也可以不性交，从而支配着男性，按照达尔文的观点还刺激了男性的发展，同时还使人需要生活在一起。②人类有一个"子宫外"的生长期，按照生物学的标准，人的胎儿期不应该只有10个月，"人在子宫内要度过长得多的时间，而他又几乎是提前一年就来到了世上，因而还有一个'子宫外年'（An extra – uterine year）。"有的动物生下来就可以离开父母，婴儿则要几年才能离开父母，人在母胎中没有到期所以还有一个"社会母胎"。③人类生命弱小需要"体外"器官的弥补，婴儿的生命一滴水就可以杀死，动物的生命发育完备而强大，人则需要制造工具使自己强大起来，人正是自己生命的弱小需要文化的补偿，文化成为人无机的有机部分。④人类的结构是"非特定化"的，"动物的器官适合于特殊的生活条件，而且每个物种的必要性，像一把钥匙一样，只适合于一把锁。""自然没有对人规定他应做什么或不应做什么。"人的结构使人成为了文化性动物，人生长的节奏是文化成为自己的内在存在，文化成为了第二天性。⑤人类生命特征是开放性的，是非专门化的能走向各种角色，能使自己"做成"各种角色，动物是固定化的存在，动物永远是动物。人经过实践，经过学习可以成为天才，可以成为各种专家，不学习是白痴。人能自由地发展自己，从而人使自己成为文化生态的存在。人类四肢的分化是一次真正的社会化分工，我们的四肢如果没有分化恐怕也就什么都没有。社会文化就是人类的大脑与手所创造的，与其说社会文化还不如说是脑与手的社会文化。大脑的发展支配着手的灵活动作，手的灵活动作刺激着大脑的发展，四肢的分工使人从行走的功能中摆脱出来，从而在地球上才真正构建出了社会。⑥人是语言符号化的动物，在生物圈中，只有人能使用语言符号，动物只有信号语言，这种信号语言无法演化成概念而具有复杂的意识，人类的语言符号（交流）是人存在一切的基础。总之，人类生理的这些特征是向文化而存在着，向文化存在人才能文化化，才是文化生态的存在。文化使人成为人，文化生态是人生存的家园。文化与社会同在，人成为文化化的存在同时，人就具有社会性，人就是文化生态的存在（"A 是 A"）。人的生理特征是向社会文化而存在，发情期消失使人需要经常在一起，"子宫外"生长期有了社会"母胎"等，人的生理特征具有社会性，人才能也必然会成为文化生态的存在。

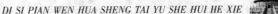
人的生理特征（男女生殖器）演化出了图腾，图腾不仅是社会存在的标志，同时也是身体社会化的标志和文化生态形成的起始。图腾是社会文化开始的一个符号。人的生理特征完全不同于动物，或者超越了动物，人类才能构建出自己的社会。人类社会实际上是人自己生理、心理的外在化，是人根据自己的存在与需要而发展起来的。所谓社会结构也就是人存在的结构。人存在的结构经过文化化，即文化与生理、心理的生存—转换与转换—生存，从而就成为社会结构文化生态的存在。

3. 社会的文化生态性存在

文化与社会同在，没有离开文化的社会，也没有离开社会的文化。研究文化生态就是在研究社会，研究社会也就是在研究文化生态。社会是建立在文化生态基础之上，文化生态是社会的基座。文化人类学、生命哲学、哲学人类学等认为，动物群体向人类社会过渡的一个重要现象就是群居。群居不是社会现象，而是生态现象。动物有群居的属性，群居是生态的属性，也是它的开始。生态是一个复杂的机体，群居就开始组成了有机体。动物的群居是在生存竞争中自保的需要，也是繁殖的需要，所以动物的群居是一种趋群性。动物的群居是由生命现象决定的，人类社会是由生命意识决定的，动物的群居是本能的集合，人类社会是受意识支配构建的。群居是生存的需要，社会是生活的需要。

从动物的群居属性为基础进入社会，这还不是文化生态，而只是进入文化生态过程的现象描述，人只有定居下来，才有真正的文化生态，定居——在吃东西的地方睡觉，超越群婚，构建了家。人不是动物，我们不能从动物视阈研究人，应从人的视阈研究人。研究人必须研究社会，研究社会是在研究文化生态，这是从人的视阈研究人的历史必然。然而人毕竟离不开生物学基础，社会生物学就是在这个基础上产生的。社会生物学将基因视为生物学基础，这是值得批判的，但社会生物学的某些观点对我们研究社会和谐与文化生态学却有着重要的意义。如威尔逊在《论人的天性》一书中提出："社会生物学的定义就是对包括人在内的各种有机体的各种社会行为的生物学基础所进行的系统研究。"从生态行为和心理学的传统模型中看这些研究有的是文化生态学的研究（内容），如机体的不同策略，他认为为了使基因得以保存、复制和增长，机体就会采取不同的策略（生死竞争、互助互利、牺牲自己），基因的保存与复制又往往必须在生物群体中进行，这是生态的内容。而机体的社会行为规律，也同样适用于人类行为，机体采取不同的策略，这不仅是社会行为的问题，也是生存智慧问题。策略应对生存环境，策略就是智慧，

生存智慧也就是文化生态。"'人：从社会生物学到社会学'中，我提出这样
的观点：在一般动物研究中，没有辜负人们希望的生物学原理，可以有效地
推广到社会科学中去。""生物学原理"不仅可以推广到"社会科学中去"，
更是文化生态学研究的基础。

现代科学认识到，人类精神和大脑之所以得到如此高度的进化发展，不
过是因为它们有利于基因的延续和繁衍，精神和大脑离不开基因，文化起了
重要作用。威尔逊提出人类精神是生存和繁衍的服务机构，强调了文化环境
的作用。他说：

极端环境决定论者从人类是其自身文化的产物这一前提出发，认为"文
化造就了人"。这个公式还可以是"创造文化即创造人"。他们的理论只对了
一半。其实每个人的行为都是由于其环境，尤其是文化环境和影响社会行为
的基因两者之间的相互作用造成的。

但威尔逊过于强调了基因的作用，基因决定文化从而限制、紧缩了文化
的作用，文化的功能没有得到彰显，所以他的理论恐怕也只"对了一半"。但
在他的论述中，许多观点为我们构建文化生态学提供了思想资源，如生物学
与社会学的结合，生物学是理解人的本质的钥匙，社会科学家不能无视它那
些迅速成熟起来的原理。威尔逊重视生态环境，文化在人的进化中的作用。
我们之所以在这里较详细引证社会生物学的理论，并不是写读书心得，而是
为社会的文化生态性寻找本根，确定它的内容。

社会的文化生态性存在是指社会是一种文化生态的存在。社会是文化生
态的存在，首先就要分析社会是怎样存在着，而且还要寻找社会存在之根。
社会生物学寻找了人存在之根——基因，文化生态学寻找了文化之根——人。
社会文化之根只能是人。"人"成为"人"之根，如果就是基因，那么人和
动物有什么区别？人成为人后，是否如威尔逊认为的，文化仅仅只是"文化
环境"，还是文化也成了人之为人的"基因"。文化是人成为人的基因，还是
文化有文化的基因，文化的基因是不是人存在的基因。"生物"基因与"文
化"基因是否能结合，人之为人的基因是否不同于其他的基因，虽然现在还
不能完全证明，但可以肯定的是，人的生理、心理肯定与动物是不同的。我
们认为，人不仅存在生物性的基因，还有文化性的基因。历史与逻辑是统一
的，一个婴儿来到这个世界上，其生理结构具有上述特征，邵人的肉身具有
生态性，带着这些特征进入文化生态环境中，在"人"与"文化"的信息交
流、融合之中，即在生存—转换与转换—生存中，人成为语言符号化的文化
动物。人成为语言符号化文化动物的过程，就是文化基因形成的过程。社会

生物学家过分的强调基因的作用，因此他们得出的结论是人类社会与动物社会没有根本区别。人类社会与动物社会是根本不同的社会，就在于人类形成了自己的文化基因。人是文化生态的存在者。

人成为人首先是社会性的形成，人的社会性与动物的"社会性"有着紧密而深刻的关系，但又超越了这种关系。"从物质到生命，从生命到心智，再从心智到灵性，每一个层次都超越并且涵括了比它更低的层次。所有层次组成了一个逐级递增的层次系统。"每个层次系统是一个运行模式，"逐级递增"的运行模式是一个普遍规律，它包括了人类的发展。人的社会性是从动物性发展而来，动物的社会性本能成为人的"更低"层次。"达尔文认为，动物也具有一定的社会性本能。它们同样具有社会性或合群力、互相性、性爱与亲子之情、同情心、自制力、模仿性、好奇心、爱美心、荣誉心等一些基本的感情。""所谓道德感原本是从一些社会性本能中派生发展而来的。""社会性本能"发展成为人的本能（无意识）经过了一个漫长的过程，"在知识、道德、与宗教上，上升到他从前从未达到过的最高的标准：那倒显得是一个更为真实而也是更令人鼓舞的看法"。动物性本能直接就是它的行为，人的社会性本能要生成、发展到最高的准则才与人的行为相关，所以研究人就要从人出发，研究人就要研究社会性的文化生态。

人是语言符号化的文化存在者，人成为人并没有停留在动物层面上，虽然人的血肉之躯与高级动物有相似之处，这仅仅只是血肉之躯。"血肉"不是人的存在，血肉自然生成化约为社会形式，身体是创造性的潜在能力。卡西尔认为人的劳作怎样，人的本质就怎样。人创造了文化，怎样创造了文化，创造性活动如何，人性的面貌就如何。所以人的定义是"功能性定义"：

《符号形成的哲学》是从这样的前提出发的：如果有什么关于人的本性或"本质"的定义的话，那么这种定义只能被理解为一种功能性的定义，而不能是一种实体性的定义。我们不能以任何构成人的形而上学本质的内在原则来给人下定义；我们也不能用可以靠经验的观察来确定的天生能力或本能来给人下定义。

人在创造文化中使自己成为文化生态的存在，文化生态本身就是一种功能系统。文化是人性的存在内容，人性是人，是什么样的存在，"什么"与"怎么"联系在一起，什么则构成存在，怎么样则构成功能。根据人的生理、心理结构与社会文化的实际存在内容，可以将文化与人性划分为这样几个层次：

物质文化——自然性

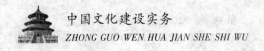

传统文化——历史性

制度文化——社会性

精神文化——自由性

每一个文化层次都是一个复杂的系统，每个系统都有自己的功能，在生存—转换与转换—生存过程中，便形成了社会文化与文化生态。

文化是人的存在内容，人是文化性的存在，研究人之为人就不能从生物（动物）层面而应从社会文化生态方面研究人。动物永远低于人，从动物层面无法揭示出人的本质。人是社会的主体，社会是由人构建起来的。人是社会本体的存在，这个本体不是简单的抽象的存在，既不是"物"，也不是"理性"本体，而是生命意识的关怀。正如海德格尔所认为，"胡塞尔的现象学也不能解决本体论危机，因为通过现象学还原而得出的先验自我，只是理性本体，一个思想的存在（thinking being），而人实际上是一个关切的存在（concerned being），即此在（dasein）。也就是说，人一旦被抛入这个世界，他就对世界、对他人、对自己有关的一切表示关切，他就是以此为出发点来建立他的本体论的"。动物没有这样的关切，动物没有本体。关切是关切人，也是人的关切，文化生态关切人的生存，关切是文化生态的本质所在，文化生态人类生命意识的存在。

文化生态存在在于人是文化化的存在者。社会是由一系列文化因素构成的一个复杂系统，这个系统的构成离不开人的构成，人的文化性就是文化生态存在。社会文化生态存在不能离开个体文化生态的存在。每个人都是一个文化实体，人的文化活动是一种社会活动，每个人既是社会的一员，又是社会的主体，社会的文化生态也就是个体的文化生态。个人的文化存在、精神境界是在社会中形成的，个人作为社会的成员，个体文化生态必然构成社会文化生态。个人与社会文化生态的关系，是社会与文化生态演化的关系，演化形成了文化生态结构。

4. 文化生态结构

文化生态学首先要研究人，研究人首称人类学。人类学虽然研究人，但并不仅仅研究生物学上的人、自然的人。人就是人。研究人的起点不能低于人自己，不能囿于生物学中研究人。人之所以为人，就在于人自己已经创造了自己，在创造的过程中不知不觉地创造了一个文化世界，即文化生态，研究人必须从文化生态中研究。人创造了文化是真，从猿到人还只是假说，人是文化的存在者，这不是假说。文化成为人无机的有机部分，成为心灵的内在存在，人类学对人的存在进行了深入的研究。"从整体上研究人类生活的人类学可分为文化人类学和生态人类学这样两个部门。文化人类学着重社会、文化的范畴，而生态人类学则研究社会及生态学侧面。"文化人类学与生态人类学的结合，正是文化生态学的基础。文化人类学具有综合性，文化人类学研究文化正是文化生态学的内容，或者说文化生态就是文化人类学存在的问题。文化生态学渊源于文化人类学，文化人类学是文化生态学的基础之一。"生态人类学以人和环境之间的相互关系这个最为一般的问题为研究对象，它必然涉及人类学的全部领域。"生态人类学为文化生态学研究人奠定了自然性基础。

人类学包括了：生物人类学、考古人类学、语言人类学、文化人类学。人类学这些研究的内容也是文化生态学的内容，文化生态学不能离开人类学。人是一个世界，这就决定人类学必然包括了各个方面的内容，而且还必须完整地结合在一起，结合就必然形成一定的结构。"生物人类学是对人类生物性的研究。""有时这分支学也被称为'体质人类学'，……遗传学同人口统计学、法医学、古医学等学科一起组成最广泛意义上的现代生物人类学。"生物人类学揭示出人存在着本能无意识的存在层面。考古学"发现与其生活环境之间关系的研究，以及对史前社会结构蛛丝马迹的研究，更应该属于考古学研究领域。"考古、史前系人成为人形成了文化无意识的内容。"语言人类学"研究所有语言的根本原则。语言人类学真正揭示的是人的社会性层面，社会性离不开语言交流。文化人类学是最大的分支学科，包括"文化多样性研究、文化普遍性探索，社会结构揭示、象征意义阐释"等的研究。文化人类学专门研究人的观念、价值和行为，而体质人类学家专门研究作为生物有机体的人。观念、价值等属于内在意识层面，文化人类学揭示出了人内在自由意识的文化成因。总之，人类学的各学科为文化生态学奠定了基础，文化生态学不能离开人类学。

人类学的研究与发展显示出人存在的多层次性，人是一个多层次结构系统。人类自己所创造的文化形态就是人自己的存在，人存在结构的多层次性是文化的多样性，文化的多样性是人存在结构的内容。人类学对人存在着的层次结构进行研究。人类学实际上也就是人存在着的文化生态学。人类学家从各个不同的侧面对人进行深入的研究，如泰勒的人类学既研究人体本身，又研究文化活动；博厄斯在《原始人的心智》中反对生物学作为文化的基础，他的学生本尼迪克特在《文化模式》中对"日神精神"和"酒神精神"进行研究；深受泰勒《原始文化》影响的弗雷泽，在他的伟大著作《金枝》中，对原始信仰和巫术进行研究。这些人类学家研究人则是在研究文化，研究文

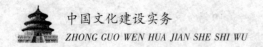

化又是在研究人，研究人与研究文化最终都是为了人的生存发展。他们揭示了人的文化性存在，实际上是奠定了文化生态学的人学基础，或者说他们的人类学也就是文化生态学。

人类学就是文化生态学，当然是指人类学是文化生态学之根本，人类学研究为文化生态学构建提供了理论根据，为人是文化生态的存在提供了实证材料，如列维－斯特劳斯的结构人类学就是这个方面的代表。结构人类学的最重要功绩不在于揭示了人的什么，而在于将文化纳入了人的存在。李幼蒸为该著作出版所写的"总序"说，所谓"'结构人类学'涉及众多学科领域，大致可包括：人类学、社会学、考古学、语言学、哲学、历史学、心理学、文学艺术理论"等，"重视对文化现象进行整体论和结构化的理论分析"。整体论和结构化就是文化的"人化"的存在。无论什么样的人类学，都是以人为中心。列维－斯特劳斯的结构人类学的思想、观点或者资料对我们分析文化生态结构的构成、存在的前提条件等具有重要的意义。列维－斯特劳斯结构人类学怎样将文化纳入了人的存在，最主要的就在于无意识的揭示。他说：

民族学的独特性得之于集体现象的无意识性质，这个提法原于泰勒，尽管提出的方式含糊其辞。……就大部分原始民族而言，一项习俗或制度很难找出道德上的理由或者理性的解释。……在我们的社会里，每一个人对餐桌规矩、社交礼节、着装方式，以及我们的许多道德、政治与宗教的态度都看得很清楚，然而它们的起源和真正的功能却从来没有获得严肃认真的思考。……集体思维以令人吃惊的极快速度……接受了曾经显得放肆无忌的诠释方法，……能够以令人钦佩的清醒头脑明确说明文化现象的无意识性质者，非博厄斯莫属。

民族学即文化学"得之于"无意识性质，难以找到"理性的解释"就在于无意识的作用。所谓泰勒的无意识就是指文化和文明成为了人获得的能力和习惯。所谓习俗或制度很难说出理由就在于它成了无意识，即成为人本能的存在，本能的存在无须理由或理性。博厄斯说明了文化现象的无意识性质主要指语言的功能，"语言范畴在整体上始终是无意识的。"列维－斯特劳斯继承发展了博厄斯的思想，博厄斯认为"语言结构继续在说话者的意识之外规范着他的话语，同时迫使他的思想接受一些可以被视为这客观范畴的观念框架"。"语言现象与其他文化现象之间的根本区别，在于前者从来不出现在明显的意识里，后者虽然来自同一个无意识的源头，却往往上升到有意识思维的层次，从而使二次论证和再诠释成为可能。"从这些人类学家的论述中，可以体会到结构人类学是建立在语言—无意识—文化之上，其中最主要的是

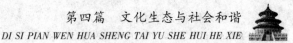

研究人的文化存在。文化怎样在人身上存在，为什么能够存在，就在于无意识的作用，就在于形成了人内在的文化生态结构。

当然，结构人类学、文化人类学、语言人类学、民族学、精神分析学等是联系在一起的，也正是这种联系，不仅为我们研究社会和谐的文化生态学提供了理论支撑，而且为我们研究人、社会、文化生态的关系找到了凝结链条——语言—无意识—文化。社会和谐的存在基础是文化生态，文化生态与人不可分割，两者的凝结是无意识的，是同一性之统一性的。这些思想不是我们的发现，在人类学家的思想中早已存在。人类学是一个广泛的概念，凡是研究人的存在的问题都可以说是人类学。"列维－斯特劳斯很早就开始引用拉康的著作"，"拉康广泛和明确地借用结构人类学，以之作为重新解读弗洛伊德的著作的灵感"。这说明语言、无意识、文化是相通的。"结构人类学对血缘关系中的结构恒量的探寻，使拉康受益匪浅，他要从心理学和行为主义的理论中，提取出作为一个结构的无意识。""结构的无意识"是内在文化生态的开始。列维－斯特劳斯引用拉康的著作构建自己的结构人类学，然而他的研究又深深地影响了拉康。我们在这里再不能详细引用他们的论述，在他们的思想中有一个共同的问题，就是语言符号—无意识—文化是文化生态形成的基石。但是他们的思想又有很大的差异，博厄斯从语言的功能上认识到了无意识，泰勒从文化活动（功能）中认识到了文化成为了无意识，弗雷泽从地方习俗入手认识到巫术信仰（暗含了无意识）的存在，弗洛伊德则从人自己的欲望（性欲）提出了与人类学家完全不同的无意识问题，列维－斯特劳斯的无意识——"不是纯粹单个人的特性的藏身之处"，与符号功能密切相关，拉康则是认为每一个问题都与无意识相关，这些思想已经开始进入了文化生态之中。我们之所以认为人的存在与文化生态具有同一性，人的存在结构与文化生态结构有机的联系在一起，就在于无意识的存在。拉康提出：

潜意识是特定记忆的蓄水池，无意识则总是空无一物的，或者更确切些说，总是与意象无关的，就像肠与穿肠而过的食物无关一样。

作为一个发挥特殊功能的器官，它总是把自身限制在强制实施的结构法则之内。

列维－斯特劳斯则借用了莫斯的定义，"无意识的定义是根据交换功能进行的，所以无意识是自我与他者之间，而非自我与主体的个人花园之间的中介术语。"无意识与符号功能密切相关，无意识又是"蓄水池"，甚至是"结构化的整体"，"逻辑制约体系"，结构之结果的未曾显现的原因："血缘关系、仪式、经济生活形式、符号系统。"无意识是心灵的"普遍法则"，这样

无意识——蓄水池、结构化、制约体系等，就使文化自然而然的与人的文化心理联系在一起，从而构成了文化生态的丰富内容，成了"A 是 A"的关系，成为文化生态学的基石。

无意识当然离不开语言，语言的构成也就是无意识的构成。语言符号是文化的道体。语言符号—无意识—文化的运动过程，即生存—转换与转换—生存的过程，人的存在与文化的存在就被嵌套在一起，形成了一种结构系统。这种结构是文化人类学、生态人类学的，是文化的、生态的即文化生态的。人自身就是一个文化生态系统，文化生态与人自身存在的文化生态，在无意识——蓄水池、结构化、制约体系中都被"化约"为语言符号化的内容。语言符号文化生态的道体。

文化生态是人的存在与人存在的生态，人怎样存在着，文化生态就怎样存在着；文化生态怎样存在着，人性的内容也就怎样存在着。这种关系就是所谓"天人合一"。文化是人的本质力量对象化的语言符号化系统，这个符号化系统是人生存的家园，人生存的母胎，今天我们又把它称为文化生态。由于人是以类的方式存在于茫茫宇宙之中，人是超越了自己所处的世界从而又生活在自己构建的文化世界之中。这样就必然使文化生态涉及人的终极存在。人是一种开放的关系的存在，人的生理、心理特征决定了人向文化而存在。在人与文化的关系中，根据人自己的存在特性，可以将人的存在（关系）抽象的概括为几个层次，这些层次又是文化构成的层次，人存在层次与文化存在层次的结合就是文化生态的构成。

人存在　文化存在　文化生态

本能无意识　物质文化　自然关系

文化无意识　传统文化　历史关系

社会意识　制度文化　社会关系

自由意识　精神文化　自我关系

凡是生态都是一种关系，或者说任何关系都有一个生态问题。人与自己所处的世界就是一个关系世界，只是由于人是文化的存在，人所处的各种关系都是文化性的，所以人的各种关系都是文化生态关系。文化生态由各种关系构成，各种关系的存在是一个有机的整体，整体是一种层次结构，没有层次结构就没有整体。文化生态（包括了生态）是人与整个文化世界的一种关系，这种关系源于人的存在，也就是人的文化生态存在结构。

第四节　文化生态与社会发展

文化生态的和谐就是社会的和谐，社会不是脱离人的空中楼阁。社会和谐在于文化生态的和谐，文化生态的和谐又在于人的和谐。社会和谐必然要有和谐的存在基础，必然要成为人们内在的诉求，必然要在社会生活中体现出来。党的十七大报告指出，要按照民主法治、公平正义、诚信友爱、充满活力、安定有序、人与自然和谐相处的总要求和共同建设共同享有的原则，着力解决人民群众最关心、最直接、最现实的利益问题，努力形成全体人民各尽所能、各得其所而又和谐相处的局面。文化生态与社会和谐是同一性之统一性和谐，是人的一种生存境域，是人生活的天地。怎样才能使这些要求、目标得以实现，重在建设也需要理论研究。对社会和谐与文化生态作境域自然化的历史思考，揭示出浩瀚无垠的生活图景，这是文化生态学研究的目标之一。

1. 和谐文化生态的心灵呼唤

人类的生命意义是独一无二的，人类的生命具有超越性，超越就是一种追求。正是有了追求，人类才能超越，才会去创造文化，也必然会创造文化。没有追求什么事都不会干，人类也就不可能有文明。文明是作为人生存的需要而出现的，文明的出现就是文化生态的出现，文明的形成就是文化生态的形成。文化生态学渊源于人类学范畴，是人类学充满生机与活力的因素。人类学离开了文化生态学就无法显示出它的生机与活力，也没有研究的内容。正如吉登斯所认为：

站在 21 世纪的开端，我们今天生活在这样一个世界，它既令人倍感困扰，又充满了有关未来的非凡承诺。这是一个充满变革的世界，充斥着深刻的冲突、张力和社会分离，以及现代技术对于自然环境的巨大破坏。纵使如此，我们依然有能力控制自己的命运，改善我们的生活，直到前人无法想象的程度。

任何人的问题都是现实的问题，任何人类学都是现实的文化之学。文化生态学的生机与活力就在于它体现了人所处的世界及自身发展的状态与规律，其内容则是人生存的内容。人所处的世界万事万物或事物之间普遍联系在一起，联系以差异为前提、为条件。差异是事物或事物要素之间的不同存在，不同的存在是联系的潜存在，没有差别就没有联系。不同的存在由于相互联系着，从而也就必然有一定的距离、长短、比例、大小等，这些差别是构成和谐的元素。事物在运行中会发生不同的"音调"，如太阳光的波长（七色光波）与人的眼睛相对形成不同的颜色。总之，正是这些差异（不同），从而才形成了一幅美妙的和谐画图。

美是和谐，和谐的必然美。美是心灵的和谐。古希腊的哲学家认为差异构成了和谐，如毕达哥拉斯的音调与琴弦的长度之间，赫拉克利特各种高低音调的结合。和谐构成的元素同时也是美的构成，美是心灵的和谐，美的构成必然有构成的元素，否则美是虚无的东西。美学是和谐范畴。美是在心灵中产生的，美就是和谐生存—转换与转换—生存为生存智慧的一种智力。美使和谐成为了愉悦的内容，或者说愉悦就是一种和谐。马利坦在《艺术与诗中的创造性直觉》中说：

在中世纪，古希腊的美学方法论依然被沿袭着：美就是智力。再者，智力是特有的感知力，可以说，是美感。如果愉悦智性，这是由于它基本上意味着事物对于智性在比例上的某种恰到好处。因此而有传统的对美的认识的三个基本特征或三种组成成分：完整，由于智性在存在的完全上是愉悦的；比例或和谐，因为智性在次序和统一上是愉悦的；以及光彩或明晰，因为智性在光线上或在那来自物中放射出并使智力去审视的光线是愉悦的。

所谓"愉悦智性"是对美的三个特征或组成成分的认识，这三个特征或组成成分，即"完整"、"比例"、"光彩"是一种存在状态。在人所处的文化环境中，一切状态都是人存在的存在状态。这种状态也是和谐的特征或组成成分。"愉悦智性"就是和谐生存—转换与转换—生存智慧的智慧。社会和谐与文化生态关系是一种美的关系。美是和谐而美，是心灵的呼唤，美是和谐生存—转换与转换—生存为生存智慧的方法。

古希腊哲学家甚至还认为灵魂是和谐的。灵魂的和谐就是心灵的和谐，心灵的和谐是精神世界的和谐。精神世界的和谐也离不开差异，没有差异就没有和谐。

人类所处的这个世界是和谐的，首先是由于差异的存在，是差异才构成了和谐。人生存在这个世界之中，这个世界是人生存的生态系统，即文化生态的存在之存在。文化生态既包括了差异，也以差异为前提。差异构成了反文化生态，反文化生态也是文化生态的存在。文化生态是人的生存智慧，是人生存的精神家园。自然是精神家园的基础，自然的和谐作为审美对象必然成为心灵的和谐（情景交融、心旷神怡）。只有心灵的和谐与文化生态交织在一起才是真正的和谐。和谐是文化生态的本质规定，文化生态就是指和谐。文化生态是审美的内容，审美理想不仅体现着人类的灵魂和民族的心声，人类的灵魂和民族的心声没有离开和谐，对和谐的追求就使文化生态成为审美的内容。如果说人都有内在的追求，那么所有的追求都是追求和谐与和谐的追求。人生活的环境是和谐的，人的心情不会心浮气躁。生活环境是心态形成的条件。环境的和谐形成和谐的心态，这是"天人合一"的基础。人类心灵的形成首先与环境和合在一起，孔子认为："岁寒，然后知松柏之后凋也。""智者乐水，仁者乐山"就是和合的体现。孟子说："尽心知性以知天"；"上下与天地同流"；"万物皆备于我矣"。《礼记·中庸》概括为"赞天地之化育"。庄子对此进行了发挥，他说："天地与我并生，万物与我为一。"人与环境的和谐必然产生心灵的和谐。

　　人类和谐心灵的形成不是天生的，也不是脱离社会生活的抽象符号，和谐心灵是在和谐的文化环境中形成的。和谐与不和谐是交织在一起的。由于社会文化的分化、阶级矛盾的出现，人类心灵出现了冲突。人是生活在社会中的人，社会是人生存的家园，社会是一个矛盾体，和谐与不和谐交织在一起。人类社会发展到今天，没有单纯的和谐或单纯的冲突的社会。没有和谐社会难以存在，没有冲突无须社会存在。社会是调和、缓解矛盾的存在体。社会是由一个个有追求、选择、爱好的人组成，在生存竞争中必然要产生矛盾。社会的主体是人，人与人之间的矛盾是社会矛盾的主要内容，也是社会矛盾存在的基础。马克思主义认为，人类进入文明就产生了对抗。人必须生活在社会之中，社会的不和谐导致了人的生存困境，导致人心灵的不和谐。正如卢梭所认为的，"人是生而自由的，但却无往不在枷锁之中。自以为是其他一切的主人的人，反而比其他一切更是奴隶"。"奴隶"就是在人与社会、人与人的矛盾冲突中形成的。"契约"是抑制矛盾的文本。生而自由而失去自由，心灵必然呼唤自由，有了自由社会不一定和谐，没有自由社会必然不和谐。人类呼唤心灵的和谐，是由于心灵不和谐。人类心灵往往是不和谐的，精神往往是痛苦的。心灵上的分裂，精神上的阵痛，是心灵和谐的反面。悲剧就是心灵上的分裂，精神上的阵痛的体现。其实悲剧也是心灵和谐的体现，没有和谐心灵与心灵和谐就没有悲剧，没有悲剧就没有和谐。没有悲剧也没有社会文化，即没有文化生态的形成，也没有反文化生态的发展。悲剧的极致是死亡，死亡是真正的生态。死亡从哲学上可以视事物发展过程的否定方面。马克思提出的著名命题，"辩证法是死"就是从这个意义上提出的。

　　辩证法是死，但同时也是精神花园中欣欣向荣、百花盛开景象的体现者，是盛着一粒粒种子的酒杯中冒出的泡沫，而统一的精神火焰之花就是从这些种子中萌发出来的。

没有死亡就没有生，人如果成为不死之神，也就没有悲剧的产生，没有悲剧就没有心灵的呼唤，也就没有文化生态的形成，即马克思所说的没有"精神火焰之花"的盛开。

生命有了死亡，生命才有了价值。"人只有具有死亡意识，才可能获得对人生的整体观念和有限观念，使生活具有紧迫感而克服惰性；更重要的还在于死亡哲学的一个中心问题，就在于死亡的意义或价值问题，其实质是一个赋予有限人生以永恒或无限的意义或价值的问题，因而归根到底是一个人生的意义或价值问题。"死亡使生命具有价值，死亡是真正的生态价值。价值离不开人的追求。人生短暂，生活在这个世界有什么意义。"生年不满百，常怀千岁忧"。"人生寄一世，奄忽若飘尘"；"人生非金石，岂能长寿考。"死亡具有人生的哲学意义，死亡使人联想到人生种种，从而便产生了"意义"问题。意义是追求，有追求也就有了痛苦。痛苦就是追求，有追求才有痛苦。痛苦是悲剧的普遍属性。死亡以悲剧形式出现。痛苦和冲突是悲剧的内容也是悲剧形成之根，正如尼采所认为内心的痛苦和冲突产生了艺术，"在尼采之前……以人与自然、感性与理性的和谐来说明希腊艺术的繁荣的原因，尼采一反传统，认为希腊艺术的繁荣不是缘于希腊人内心的和谐，反倒是缘于他们内心的痛苦和冲突，因为过于看清人生的悲剧性质，所以产生日神和酒神两种艺术冲动，要用艺术来拯救人生"。艺术是文化生态最生动、最活跃的因素。尼采用日神精神和酒神精神论述悲剧的诞生，这是非常深刻的思想。悲剧是一种艺术，艺术既是人生的体现，也是对人生的拯救。艺术是文化生态典型的智慧，艺术拯救了文化生态。

悲剧为什么也是心灵的和谐，心灵的和谐出现了分裂才有悲剧的产生，悲剧以心灵的分裂为基础而前提则是和谐，没有和谐何来分裂。悲剧是艺术，尼采认为艺术是生命的最高使命和生命本来的形而上活动，尼采所谓艺术的形而上学就是日神精神和酒神精神。"日神精神和酒神精神"是文化生态的内容，是一种地地道道的文化生态智慧。我们在此无法陈述"日神精神沉湎于外观的幻觉，反对追究本体；酒神精神却要破除外观的幻觉，与本体沟通融合"，这些问题是对尼采思想研究的问题，但需要我们注意的是，尼采反对科学精神，我们不少学者深受其影响。所谓"科学精神恶性发展的后果，便是现代人丧失人生根基，灵魂空虚，无家可归，惶惶不可终日"。科学是悲剧诞生的根源吗？古希腊的悲剧是社会矛盾的反映，科学的"精神"不会给人类

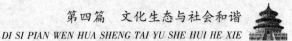
带来灾难，正是科学精神的发展人类才进入了文明的更高阶段，我们才需要建设新的文化生态。那么是什么原因使人的心灵不和谐，是什么原因产生了悲剧呢？这仍然是社会的矛盾乃至分裂产生的。

死亡是人生的规律，生命是向死而生。死亡是生态问题，没有死亡就没有生命没有生态，这是无可奈何的。"死亡促使人沉思，为人的一切思考提供了一个原生点，这就有了哲学。死亡促使人超越生命的边界，臻求趋向无限的精神价值，这就有了伦理学。当人揭开了死亡的奥秘，洞烛了它的幽微，人类波澜壮阔的历史和理想便凭添上了一种崇高的美，这也就有了死亡的审美意义。"死亡不仅具有审美意义，死亡更具有生命意义，死亡是一个生态问题就在于没有死就没有生。是死才有文化生态的形成，人类为了生而死，为了死而生。"死亡的审美意义"——文化生态的出现与形成（"原生态"），同时也使社会有了矛盾乃至分裂。古代神话、诗歌、舞蹈、风俗、战争等的内容就是这些矛盾乃至分裂的体现。社会矛盾乃至分裂的深层次原因——死亡。没有死亡就没有社会冲突，没有死亡就没有神话、宗教的产生。有了死才有生，为了生才创造了文化，才有了文化生态。

我们透过许多古老的文化现象就能看到由死亡引发人类心灵的呼唤——和谐。"也许神话更能揭示古代中国人对死亡的复杂心态。神话像是来自遥远故乡的呼唤，它呼唤着一个民族回归自己文化的原生点。它是怀疑各信仰之间的一块广袤的精神沃土，是散佚的却是可作辨别，可作校正的历史。""原生点"是文化生态的起点。"遥远故乡的呼唤"就在于这个死亡——原生点，这个"原生点"是和谐的，是人生死的一种状态。"生"是和谐的才有生，"死"是生命内部因素的失衡才有死。死也是人们心灵的呼唤，即痛苦的呼唤。生死问题是人们心灵最兴奋与痛苦的问题，是社会文化的原生点，也就是文化生态的起点。人是文化生态的存在，死亡是文化生态的起点。孟子认为"生亦我所欲"，"死亦我所恶"，"所恶有甚于死者，故患有所不辟也"。"患"（生死）是无法逃避的。"所欲"、"所恶"是人类心灵的核心问题，人类的行为就是由这个所欲、所恶支配的。所以说生死是社会文化的原生点。社会文化是人类生死的产物，荀子对此作了总结："礼者，谨于治生死者也。生，人之始也；死，人之终也；终始俱善，人道毕矣。"中国传统文化是礼文化，礼是"谨于治生死"，也就是文化是关于生死的产物。社会文化问题最终也就是生死问题。死亡是人类心灵最恐惧的状态，人作为人的死亡是一种生态现象。人的死亡不仅属于生物学上的，更具有社会性和伦理学意义。"杀身成仁"、"舍生取义"、"死得其所"等，宣誓者为义而死的死亡观，是英雄生态观。人的死亡具有社会性和伦理意义，

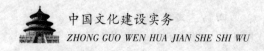
是一个文化问题，也就是文化生态问题。

死亡问题是一个文化生态问题，也是一个社会和谐问题。死亡是人类心灵最深层的呼唤，呼唤着社会和谐。社会和谐与人的死亡有着深刻的关系。死亡是文化生态的基础，文化生态问题最终是一个生死问题，离开了生死问题，文化生态问题就不存在了。文化生态是人生的摇篮，也是人死亡的墓地。"最初，人类死亡的思考是以原始宗教活动、原始宗教神话、原始宗教艺术和原始丧葬仪式等形式表达出来的。尔后，随着人类思维能力的提高，社会与科学的进步，于宗教、文学艺术之外，死亡又成了生物学、医学、心理学、政治学、法律学、伦理学等许多具体科学或精确科学的研究对象。今天，人类进入了原子时代，死亡问题更成为了文化的一个热点。"不仅是文化"热点"，而是真正的生态问题，死亡的本性是个体的解体，生命的终止同时也是人自由的体现。死亡是呼唤和谐的力量。

死亡带来了心灵的和谐问题。心灵的呼唤是文化生态形成、发展的基础。心灵的呼唤是人性的体现、人性的要求、人性的冲动。人性的本质是和谐，人性呼唤的是和谐。和谐是人生命意识的存在与要求，人的生命意识是和谐的，"凡心之刑，自充自盈，自生自成。其所以失之，必以忧乐喜怒欲利。能去忧乐喜怒欲利，心乃反济。彼心之情，利安以宁，勿烦勿乱，和乃自成。"人的心灵本来是和谐的，这是人自己"自生自成"的，由于"利"的引起，从而心灵"失之"和谐，人们"去""欲利"就会"和乃自成"。"和乃自成"意味着人们的心灵总是要追求和谐。2006年4月13日至16日在中国浙江省杭州市和舟山市召开的首届"世界佛教论坛"大会，大会主题系"和谐世界，从心开始"，这是"一个浸润着佛教深邃智慧和不懈追求的命题，一个凝聚着世界人民共同关切的命题"。心灵呼唤和谐是因为世界处在不和谐之中，人生活在社会之中，社会是人生存的母胎，社会往往是不和谐的，人们必然要在心灵呼唤和谐。心灵中呼唤和谐这是人的天性，但呼唤和谐社会就会和谐吗？

2. 和谐文化生态的发展历程

和谐文化生态是一个历史的发展过程。文化生态能不能走向和谐，社会为什么会趋向和谐，这不是由人们的美好愿望所决定的，而是被人所构建起来的。人是怎样，怎样使社会和谐，这不仅需要实践，更需要理论上的探索。文化是一种存在系统，任何存在都有一个出发点，这个出发点就是原生点、逻辑前提。任何发展都是从"原生点"出发，都有自己的逻辑。这个原生点和逻辑被哲学家追问为"形而上"，即本原。由于"形而上"过于抽象，用原生点更贴近实际。所谓原生点也就是事物发展变化最初的东西。例如我国古代《周易》，周代筮占之书，约形成于西周初年。卦爻象由"—"和"——"两种符号构成，这两种符号就是周易作者们"以类万物之情"的原生点。

古者包羲氏之王天下也，仰则观象于天，俯则观法于地，观鸟兽之文，与地之宜，近取诸身，远取诸物，于是始作八卦，以通神明之德，以类万物之情。

《周易》有许多不解之谜，关于卦爻象的起源就五花八门，莫衷一是。但是由"—"和"——"构成八卦符号系统却是无可争议的。"—"和"——"可能是远古人类所认为的"基因"，也就是万物发展变化的原生点。任何现象的发展变化都有一个原生点，现代生物学认识到的基因就是生物发展变化的原生点。原生点是事物发展变化的源头，在哲学上被迫间为"形而上"，在我们这里则是要寻找社会和谐的源头，构建社会和谐的文化生态学基础。在文化生态学中，原生点也是原始文化生态，原始文化生态是文化生态的源头和基础。

原生点是怎样存在的。任何原生点的构成都是和谐地存在着，和谐构成了事物的存在，没有和谐事物就无法存在，也无法发展变化。和谐是物质的规定性的状态、属性，和谐也就是事物发展变化的规律。原生点是和谐的存在，发展变化是从这个原生点开始的。和谐是物质的规定性的状态、属性，和谐不是抽象的、单一的存在。事物总是"不同规定之统一"，同时也是自我否定的，即"A是A"。和谐中有差异，有差异才有和谐。原生点内部总是存在着差异，有差异才能发展变化。原生点是多样化的存在着，有的是一种事物，有的是一种文化，有的是一种组织，整个宇宙也可能是从一点再经过大爆炸发展而来。在哲学上将原生点符号化，符号是原生点的表现。人类所处的这个世界，都是由各种原生点发展而来，不论作为社会，还是文化，都是从它的原生点出发，发展成为一个复杂的系统。人类所处的这个世界是一个有机的整体，整体由各种系统编织而成，人类的社会文化系统在理论上，首先是符合这个一般法则，即是从一个原生点和谐的发展而来。

人类所处的社会、文化是一个有机的整体，"自古以来，人类就常常同整体与部分的关系打交道"。"生物体、人、社会本质上都是由原子分子形成的不同层次的组织，但那些无生命的元素一旦形成组织就会产生新的性质。无机物是没有目的的，但生命系统可以自繁殖，具有目的性以及对环境的适应性。"人类在对整体与部分的研究中形成了许多学科或科学。整体与部分是原生点"集合"关系。"今天人们已经感到，可以把这些新兴学科在各个方面的成果和种种探索综合起来，形成统一的方法论。这就是研究组织系统的产生、发展、演化以及整体和部分关系的新理论——一种组织的哲学或者说整体的哲学。"整体哲学正是文化生态学或为文化生态学提供了理论根据。

整体与部分是人类文明的开端，也是文化生态的开始。人类的文明是从大自然分化出来的，是人化的存在，其开端似乎是自然文化化。自然文化化是人类文化生态的开始，而且是从人的生命开始。人的生命现象是稳定的，稳定的也就是和谐的。"法国生理学家贝纳德发现，一切生命组织都有一个奇妙的共性，这就是它们的内环境（如体内液床、血浆、淋巴）在外界发生改变时能够保持稳定不变。"这个稳定不变说明人是和谐的存在着，而且这种和谐是自身内部的存在，这"内环境"是人的文化生态存在的生理基础，我们认为人是文化生态的存在，就在于人有"内环境"的存在，内环境是人的文化生态。"生命却可以有惊人的能力来克服条件的多变性和内环境要求恒定之间的矛盾。这就是生命组织的适应性。"如果生命真的有这种"能力"，那么人类社会这个生命组织体是否也有这样的适应性，文化生态是否自身能达到恒定性？"坎农敏锐地感到，内稳态不仅是生命组织的共性，还适用于社会和一切组织系统。""社会组织也应该是内稳态，从经济组织中的物价、劳工工资、失业率以及交通运输一直到管理。"人类社会发展到今天，社会组织也应该是"内稳态"的，也就是说社会组织总的是趋向和谐。社会作为一种组织结构系统只有处在稳定状态，人们才能生存下来，才能生活在其中。人要生存和生活在其中，人也是"内稳态"的。

生命组织为什么会处在稳定状态，坎农对此作了深刻的解释，"任何一个组织必须有基本的维生功能"，"一切适应性都可以表达或当外部条件发生随机变化时保持一个变量处于适当值的机制"。人与动物的区别就在于"维生功能"不是直接的同一，人的维生功能创造了文化，维生功能通过文化生态来实现。文化是人的维生功能，"维生"形成了社会文化组织结构。社会文化组织结构是一个复杂的生命有机系统，是一种文化生态系统。文化生态系统是维生功能系统，文化生态就是维生功能。这个系统是怎样存在着，社会文化系统由各种子系统构成，"所有子系统组成的整体就是将 A、B、C、D…M 等子系统耦合起来，使得这些子系统的输出刚好是另一些子系统或它自己的输入。有组织的整体就是子系统的功能耦合网"。人与文化环境是一种"功能耦合网"，这种功能耦合网正是文化生态的存在，文化生态学就是要构建这样和谐的功能耦合网。"当功能耦合网的各个子系统代表生物种群，它们的输出表示每一种生物对别的种群的影响，输入代表它生存的条件时，这个功能耦合网就是生态组织。""功能耦合"就是生态，"生物种群"是这样，人也是"生物种群"的一个高级组织——社会组织，所以我们在生态组织上加上了"文化"。社会组织相对人而言就是一种生态组织，生态组织即文化生态。文化生态的生存与运行离不开功能耦合。文化生态由物质的、历史的、制度的、精神的文化子系统构成，各子系统的文化因子难以统计，各种文化的"耦合"构成一幅奇妙无穷的画图。"无论是机器系统、有机体、生命、生态系统还是社会，它们都是形形色色的功能耦合系统。组织系统越复杂越高级，功能耦合网层次就越多、越庞大复杂。""功能耦合"是系统和谐的存在基础，"耦合"就是和谐。耦合是整体中的环节，环节之间的相连就存在着耦合。

但是，任何组织或者说整体的存在，其功能耦合不可能是完全对等的，功能耦合还体现出一种因果关系。这种关系在时空中是否也存在差异，这就需要我们认真研究，而且我们还必须跳出科学家们设计出的那种"模式"化的因果关系，科学家设计的因果关系可能适合生物系统。"生物体 R 对环境 E 的作用和 E 对 R 的作用都是因果过程，由 E 和 R 的关系决定的生存条件是否处于适当值也是一个因果过程。但当 R 作出的反应不适合生存条件时，C 触发 R 改变反应模式，这是一个准随机过程，因为 C 只是要求 R 不再采用原有反应模式，而采用什么模式是随机的。然而一旦 R 采用的反应模式使生存条件处于合适的值，C 马上使 R 不再变化。"这种设计恐怕只适合生物与生物之间的交换，人与文化生态之间的关系会按照此路径运行吗？科学家们在研究这种因果关系时，还认识到了"扰动"问题。"扰动"使结构主义陷入了困境。下面这个"图式"是否反映了生态环境的关系？这个图式不适合文化生态的因果关系，因为这里没有"扰动"外人的主动性，人的意识、精神的作用没有包括其中。

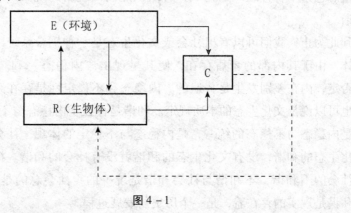

图 4-1

生物与环境没有人的参与可能是这样的，如果在图（4-1）中加一个意识（精神、思维），恐怕结果就难以预料了。人的思维完全可以阻断任何一个方面的关系，使因果关系有因无果，有果无因，一因多果，一果多因。例如，由于个别人的贪婪或者工作上的失误，就会使原因与结果完全处于意想不到的"结果"。人类的道德、法律系统就往往出现意想不到的结果。人的主观能动性也可能就是"扰动"的一个重要方面，人的主观能动性不仅是"扰动"，而且是创造。复杂性生态哲学所谓的"涌现"，即事物中出现新的"属性"，也就是古代道家的"无"生出"有"，"有"的出现先是不和谐的，然后从不和谐到和谐。社会是一种组织，任何组织内部都存在着"差异"与"矛盾"。"不论是生物还是社会，它们的组织的特征就是整体、生长、变异、递阶秩序、支配、控制、竞争，等特征概念。""按照不稳定性法则，许多组织不是处在稳定平衡，而是处在周期波动之中，这是由子系统的相互作用引起的。""不稳定性"——"相互作用"也就是组织处在不和谐，有了"不稳定性"组织才能发展，组织的发展就是"不稳定性"的体现。既然社会是一个组织系统，就必然会具有组织的组织特征。组织是由各种不同的要素构成，组织是开放的。"现实世界的那些方面：无序、不稳定、多样性、不平衡、非线性关系（其中小的输入可以引起大的结果）"，"现实世界的绝大部分不是有序的、稳定的和平衡的，而是充满变化、无序和过程的沸腾世界。""用普里戈金的术语来说，一切系统都含有不断'起伏'着的子系统。有时候，一个起伏或一组起伏可能由于正反馈而变得相当大，使它破坏了原有的组织。"文化生态系统的"起伏"是最大的，"破坏了"正是反文化生态的功能。文化生态中活动的人充满激情，激情是情绪的起伏。现实世界是文化生态的存在，文化生态包括了各种组织的构成，各组织之间出现新的现象，从而就会出现不和谐。

到此为止，我们可以看出社会或文化生态是一种耦合系统，是一个有机的整体，由于其内部的矛盾存在，使其呈现出"内稳态"和"不稳定性"。自我否定，内在差别发生是普遍的。内稳态和不稳定性是存在系统的本质规定，也可以说是文化生态的本质规定。和谐是存在于内稳态与不稳定之上的，和谐是内稳态与不稳态的统一，是内稳态与不稳定的体现。社会和谐的基础是文化生态的和谐，没有文化生态的和谐就没有社会的和谐。社会和谐伴随的是社会的不和谐，不和谐与社会和谐是统一的，社会总的是趋向和谐的。社会和谐是现实的存在着，是一个历史的发展过程。

人类在数万年前从大自然的襁褓中哭哭啼啼地爬出来而并没有发育完全，

从而有了一个"子宫外"的生长期，这个"子宫外"的生长期也就是一个社会母胎发育期。所以社会也是人生长的"时期"（时空的统一），是人生命意义的存在内容。生命是一幅和谐的画图，社会就是这幅图的符号系统。社会是人类生命现象的符号系统，这个符号系统也就是文化生态系统。人类社会的开端与人、自然等是融合在一起的。上下四方为宇，古往今来为宙。宇宙在我们之中，我们在宇宙之中。宇宙独立于我们的存在，是因为有了人道世界，才有了社会。社会既不是独立于宇宙的存在，也不是独立于人的存在，社会既是宇宙的存在，更是人的存在。人、社会、世界统一在太极阴阳合和之中，"万物负阴而抱阳，冲气为和。"太极合和呈现出和谐的状态。

　　人猿相揖别之后，在漫长的岁月里，人与自然是融合在一起的，自然的性格决定了人的性格，决定了原始文化生态的形成。人的性格首先是自然性格的形成，自然性格形成的是自然文化。自然文化一般从简单的渔猎开始，渔猎文化是自然地理条件决定的。水是生命之源，离开了水人就不能生存，动物也不能离开水，渔猎也就是从"水"开始，水是自然文化的基因。

　　文化的起源不能离开自然历史条件，所以我们特别要从"自然地理学"与"文化自然地理学"的基础上，追溯社会文化的形成与发展。社会的和谐是建立在文化生态基础之上的，文化生态的和谐才是真正的社会和谐。文化生态与环境联系在一起，而环境是历经千万年形成的，有的甚至是难于变化的，变化也只是文化与资源利用的改变。人类文化生态形成之初文化生态与环境更是浑然一体的，因为人为的干扰还很小。英国学者 K. J. 格雷戈里所著的《变化中的自然地理学性质》一书，深刻地揭示了"地球自然环境怎样成为人类活动的基础并受人类活动的影响"的问题。他说：

　　地理学家从生态观点出发，通过研究人类对各种极端环境的适应，强调资源利用和自然灾害的生态方面（例如 White，1973）；其他学科也逐渐在关注这个界面。人类学家研究自然资源利用、文化行为（文化人类学）和环境限制因素对人类生物自然功能的影响（体质人类学），而社会学家却研究复杂社会条件下的人类行为。这就适于作文化上的考察，因为对自然环境的感知要通过文化过滤器，而构成这种文化过滤器的，又是过去的经验、观察能力和意识形态所规定的各种态度和限制。社会准则可以决定事物的重要性，虽然巴策把伦理和生态行为看作截然分开的问题，并认为文化生态学关注的是生态系统内的资源利用。

　　历史地考察文化生态形成之初与地理的关系，自然地理作为文化生态形成的基础，文化生态具有地理属性。文化生态是一个社会适应其环境过程形

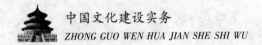

成的，地理环境在这个时候具有决定性作用。社会与环境的关系是文化生态最基本的问题。中国远古社会是建立在地球上相对温和的优越的自然环境之中，在这样的环境中出现的社会必然是和谐的社会。

环境是我们的家园，环境是人类生存之本。"中国是一块古老的土地，1800万年前的大陆板块运动，造就了自'世界屋脊'青藏高原向东南沿海倾斜的地势，形成了山地、高原、丘陵、盆地和平原的不同地貌。南北气候历经热带、亚热带、暖温带、中温带、寒温带，具备了不同的生态景观。中华民族就是生活在这样一块土地上，黄河、长江孕育了中华民族的文化。"在这样的生态景观中必然孕育着我们民族的温柔性格，也必然创造和谐的文化生态。"在相对封闭的区域之内，中华文明却拥有较其他古老文明更为辽阔的发展腹地，而复杂的地理形势，完备的气候类型，则为历史文化的多样化发展创造了良好的条件。""综合地理条件和气候因素，黄河中下游地区和长江中下游地区，才是最适宜农业发展的两大温床。在史前时期，对于整个社会经济文化发展具有决定性影响的因素，无疑首推农业的发明，黄河中下游地区和长江中下游地区两大农业温床紧相毗连，各有特色又相互补充，它们的发展对于中华文明的起源，文明的特点的形成以及往后的发展道路都具有十分深远的影响，是伟大中华文明的摇篮。"人与环境的和谐必然形成和谐的社会，社会的和谐首先是在人与自然关系中形成的。在中国这块古老的土地上，首先形成了什么样的社会，这恐怕永远只是半猜测半实在，从考古和有限资料中不可能完全描绘出它的原貌，但有一点是可以肯定的，中国古老的原始社会形态是和谐的。我们的祖先在这块土地上创造的文化是和谐的，我们民族的性格是温柔的。

人类的文明虽然都是从农业文明开始的，农业文明是建设在原始文明之上的文明，但两种文化生态是难以截然判分的。各个民族所处的条件不同，文化生态发展轨迹则不同。中华民族生态系统的资源利用不同，黄河中下游地区和长江中下游地区气候宜人，物产丰富，特别适合农业文明的发展，可供资源利用比较丰富，人们的生活没有压力，也就是所谓顺其自然的生活。"在相对封闭的区域之内"生活，人们几乎是天天相见。在这样的生活中，人们既容易形成丰富的情感（日久生情），又使血缘关系无法挣断。在优越的自然环境中，人们必然养成温柔的性格，从而形成了独具特色的文化生态。人与环境是统一的，环境是人生存的"物质场"。马克思认为：人创造环境，同样环境也创造人。环境是人化的自然，自然是人化的环境，自然与人融为一体。生命意识在这里得到了发展。阿诺德·伯林特说：

正是我们创造的事物影响了我们。它们影响并渗入了我们的个性、信仰和观念。由于人类文化的产物既包括我们所制造的供日常生活使用和休闲的物品也包括环境，它们通过我们的技术和特有的活动而产生。从某种意义上来说，环境是一个内涵很大的词，因为它包括了我们制造的特别的物品和它们的物理环境以及所有与人类居住者不可分割的事物。内在和外在、意识与物质世界、人类与自然过程并不是对立的事物，而是同一事物的不同方面。人类与环境是统一的。

　　人与自然的融合是社会和谐存在的基础，社会和谐从人开始，而人则从这里开始。这种融合形成原始文化生态，即农业文明。

　　原始社会与自然环境是统一、融合、分化、独立的过程。自然环境既是原始人的环境，也是他们所处的文化系统，原始社会就在于自然环境既是文化，又不是文化中形成。社会形成是从"性欲"开始的，"性欲动力论"主要指生产力等于零的时代，没有进入阶级社会，上百万年的"母系"社会，社会文化的发展是靠性欲（女性发情期消失）支配（食色性）人们的行为。母系社会作为人类社会的开端就在于女性发情期的消失而有了性优势，迫使男性之间互相竞争，女性有了性优势就有了支配的天然权力。《白虎通义·三皇篇》说，古代人"知其母而不知其父"，这就是女性支配男性的证据。"据近代社会学家所研究：人类男女之间，本来是没有什么禁忌的。其后社会渐有组织，依年龄的长幼，分别辈行。当此之时，同辈行之男女，可以为婚，异辈行则否。更进，乃于亲族之间，加以限制。最初是施诸同母的兄弟姊妹的。后来渐次扩充，至凡同母系的兄弟姊妹，都不准为婚，就成所谓氏族了。"氏族既是家庭出现的前奏，也是社会形成的开始。家庭是社会的细胞，家庭以夫妻关系为核心，夫妻以性欲为动力。"同姓从宗，合族属。异性主名，治际会。名著而男女有别。其夫属乎父道者，妻皆母道也。其夫属乎子道者，妻皆妇道也。谓弟之妻妇者，是嫂亦可谓之母乎？名者，人治之大者也，可无慎乎！"所谓"同姓"就是氏族的划分，"名"社会秩序。哲学家们推想社会的形成，虽然半是猜测半是理想，但也许或多或少地道出了社会形成的思路历程。这不仅是社会的形成，更是秩序化——文化生态的形成。《易经·序卦传》说："有天地，然后有万物；有万物，然后有男女；有男女，然后有夫妇；有夫妇，然后有父子；有父子，然后有君臣。"男女关系、父子关系、君臣关系就是社会关系，社会秩序的确立。这种关系是自然文化向礼仪文明过渡的纽带，礼仪不是一种文明形态，但是农业文化的核心。

　　人类文明的形成是一个自然的历史过程，是自生自发的形成的。农业文明的起步是人本能文化的开始，具体的形式是生殖崇拜的情感化，情感化也既非理性的符号化。没有符号就没有文化的形成，符号的形成也就是文化生态的形成。符号是文化生态的基石，也是心灵律动的"体现"。"在对象一方，自然形式（红的色彩）里已经积淀了社会内容；在主体一方，官能感受（对红色的感觉愉快）中已经积淀了观念性的想象、理解。这样，区别于工具制造和劳动过程，原始人类的意识形态活动，亦即包含着宗教、艺术、审美等等在内的原始巫术礼仪就算真正开始了。"这是一个主体形成而对象化、人化的过程，没有"对象一方"就没有"主体一方"，有了"主体一方"就有了主体的"意识形态"的出现。意识形态是符号化的内容，符号是文化的道体。所以这种开始是符号形成的开始，同时也是文化生态建设的开始。"古者，庖羲氏之王天下也……近取诸身，远取诸物，于是，始作八卦，以通神明之德，以类万物之情，作结绳而为网罟，以佃以渔，盖取诸离。""始作八卦"，"类万物之情"，这是一种心灵的律动。

"诸离"符号化，符号化的开始。"蛇身人面"、"人面鸟身"、"五彩之鸟"、"鸾鸟自歌，凤鸟自舞"，"它们不是现实的对象，而是幻想的对象，观念的产物和巫术礼仪的图腾"。"龙飞凤舞——也许这就是文明时代来临之前，从旧石器渔猎阶段通过新石器时代的农耕阶段，从母系社会通过父系家长制，直到夏商早期奴隶制门槛前，在中国大地上高高飞扬着的史前的两面光辉的、具有悠久历史传统的图腾旗帜？"图腾旗帜是符号化的标志。"图腾文化丛中，这种核心元素就是图腾观念。""图腾观念又分图腾属观念、图腾祖先观念和图腾神观念三种"。这三种观念是社会化的体现，也是文化生态的最初形态。

人类在地球上出现后，为了维持自己的生存，首先是自己的生产，其次是物质性的生产活动。自己的生产——生殖崇拜，物质的生产——外在力量，人自己的生产与物质的生产就是文化生态的形成。无论是自己的生产，还是物质生产，都充满了神秘感。这种神秘感是原始人的情感、思想等的萌芽。自己的生产形成了血缘关系——礼仪，物质生产形成了图腾符号——神话。中国的旧石器时代文化到青铜时代的文化就体现出了这种神秘感。神秘感也就是"观念"的萌芽。所谓崇拜自然、图腾崇拜、生育崇拜、器物崇拜等文字的出现无不体现出观念的萌芽。只有观念的萌芽才有社会的出现，才有文化生态的形成。

中国社会的发展从某种意义上说就是礼乐的发展。中国是礼仪之邦，礼乐可以说是中国古代文化生态的代名词，是中国社会发展进入第二阶段的标帜。中华民族从蒙昧时代进入文明时代，即进入礼乐时代。"礼乐传统是中国古代思想文化之精义所在，影响了自三代以来社会政治生活的方方面面，追至儒家思想浸淫的当代'儒家文化圈'，在制度和心理层面上，仍然具有相当的影响力。礼乐传统涵盖了从典章制度到精神信仰的各个层面，无论是外显的联系如政教的典仪节文，还是内隐的联系如心理的'六艺'之教，均为礼乐文化之载体。"礼乐文化是古代的文化生态，礼乐包括了文化的各个方面，"具体而言，涵盖了社会的观念心态、风俗习惯、典章制度、名物器具以及个体的行为规范、道德教化等各个层面，几乎囊括了古代社会生活的一切领域，构成了中国古代文明的重要组成部分以及后世思想文化发展的母体"。这"母体"不仅是思想文化发展的"母体"，而且是中华民族生存的"母胎"。三代文明史是礼制文明史，也是农业文化生态发展史。

长期以来，人们研究古代礼乐文化，主要是研究它的内容及发展历程。其实，礼乐文化的出现标志自然文明过渡到农业文明，是中国独具特色文化生态的形成。礼乐是农业文明标志，从自然文化进化到农业文明，以礼乐文化的出现来划分，这不是简单的生存—转换与转换—生存，而是文化生态的革命。农业的起源就是文化生态的起源，文化生态是人自己的存在形态，人自己就是这种生态的存在者。生态学家将生态学定义为研究生物与其环境相互关系的科学。人也具有这种关系，人与自然就是这样的关系。但人成为人这种关系只是最起码的关系，人还有社会性的关系。社会性的关系构成一个社会系统，这个系统相对人的存在而言就是文化生态系统。人的社会性关系源于婚姻关系，婚姻是人自己生产的形式。有了婚姻就有了血缘，由血缘关系组成家庭及宗族关系。"家族由若干具有亲近的血缘关系的家庭组成。自进入文明时代以来，我国古代的家族一直是以父亲的血缘联结的，而若干出自同一男性祖先的家族又组成宗族。""所谓宗法，是指一种以血缘关系为基础，标榜尊崇共同祖先，维系亲情，而在宗族内部区分尊卑长幼，并规定继承秩序以及不同地位的宗教成员各自不同的权利和义务的法则。"血缘是自然的，家庭是构建的，宗族是生态的。家庭到家族以及宗族并不是人自然性的发展，而是文化生态自然而然的发展。礼仪的形成为文化生态形成奠定基础，或者说家庭的出现也就意味着开始形成礼仪，开始了文化生态的征程。

我国学术界一直认为，礼仪实则源于家庭、家族、宗法的形成过程。这个过程的开始是男女的结合，是人自己的生产。由人自己的生产到了为了生存，从而形成了一套礼仪。这礼仪是文化生态的核心，礼仪是一套规矩。人类有可能经过了"知其母而不知其父"的时代，不知其父是没有完整的家庭，有了家庭或多或少就有了一些规矩，即"父道"、"母道"也。有了家庭、宗族就必然要有"宗法",宗法即"道"。那样多不同年龄、性别、性格的人生活在一起,必然要有适合于生活的规则、规定,这个东西在中国古代就是"礼仪",礼仪即"生态"。《礼记·曲礼上》:"人有礼则安,无礼则危,故日,礼者不可不学也。夫礼者,自卑而尊人。虽负贩者,必有尊也,而况富贵乎?富贵而知好礼,则不骄不淫。贫贱而知好礼,则志不慑。"有了"礼仪"人与人才有秩序,人与人之间才有和谐。礼是一种秩序、一种规范,人们就生活在这套规范、秩序之中。秩序、规范就是文化生态的构建。

自古以来,我国就以"礼仪之邦"著称于世,礼仪的发展形成了一个完整的伦理道德、行为规范系统。这个系统在中国古代无所不包,囊括了古代人生活的各个方面,从而成为一种文化,即所谓"礼乐"文化。夏静说:"礼乐研究,极为浩瀚,有狭义和广义之分。狭义主要是指围绕'三礼'进行的一系列研究,肇始于孔子,鼎盛于汉儒,源远流长,盛而不衰……广义则包括礼乐之载体——'六经'的阐释性研究,礼乐本乎天,贯通群经,讲天地变化之道的为《易》、讲历史典制的为《书》,讲政教兴废的为《雅》《颂》,《春秋》则为礼义之大宗。"《易》天地变化指人与自然的关系,《书》历史典故指人与文化传统的关系。大宗指人与社会关系。这里似乎缺人与自我关系,这些关系在古代文化中虽有欠缺,但这些关系就是文化生态的构成。"广义的研究作为古人对宇宙世界、社会人生所持的一种基本判断标准,因其构成的价值体系体现了古人的生存状态与信仰世界,故而在中华民族的思想文化史上长久地发挥着精神支柱的作用。"这不是一种精神支柱,而是一种文化生态系统,只有成为文化生态系统才能长久的存在。这种文化生态之所以维持了中华民族几千年的生存,就在于她一方面源于人的生产;《易·序卦》中说:"有天地然后有万物,有万物然后有男女,有男女然后有夫妇,有夫妇然后有父子",另一方面源于社会的生产;"有父子然后有君臣,有君臣然后有上下,有上下然后有礼仪。""男女"之生产演化为文化之根,从而也就是文化生态完完全全的形成。

礼仪文化生态虽然是从人自己的生产开始的,但礼仪文化又是和物质生产、物质形态结合在一起的。礼仪文化不是脱离生活的道德教条,而是物化的存在系统。"礼仪"起源于祭祀和习俗。习俗是人类适合于生存环境,调和人与自然、与社会、与他人的关系形成的。人类从诞生之日起就有俗,俗演化成礼。在这个演化的过程中,"礼"和"物"结合在一起,俗称"礼物"。一般认为,礼之,起于祀神,故从示,其后扩展而为吉、凶、军、宾、嘉的各种仪制。各种"仪制"就是物化,只有"物化"才算是文化生态的构建。

所谓物化就是以适应环境而建立各种相适应的规范化的符号系统。物化是符号化，符号化是使对象性的存在成为人生活世界的存在，即成为文化环境化（交织之网）的存在系统。

人生活在符号宇宙之中，也就是生活在这样一个被构建的文化生态中。古代的文化生态系统，是物化的符号与符号的物化的世界。这个世界是怎样被构建起来的，它根本不像我们今天的文明是追求利益、高科技手段所构建，而是顺其自然能生存、生活所构建的。例如像人类早期居住在洞穴中，洞穴是天生的、自然造化的，洞穴是自然"子宫"，人慢慢地从洞穴中走出来，"开始了新的、漫长的发展历程？""一开始暂时的定居地基本上建在临近河流、溪流和森林的地方，而人们在冬天还是回到洞穴里。""房屋造型的灵感也来自洞穴。洞穴的基本形状大体上是半圆的，于是房屋就设计成圆形的。"房屋和洞穴开始是相似的，房屋和洞穴是人与自然关系符号化的开端，也是它的基础，房屋的建造仅仅只是一种"延伸物"。人与自己构建的文化是相统一的，是人与自然的"交织之网"，"礼"只是对"交织之网"的划分。老子的《道德经》已做了概括，"人法地，地法天，天法道，道法自然"。人在这个时代不是改造世界，征服自然，而是模仿世界，顺应自然。"神而化之，使民宜之"。

农业文明是一种适合人生存的自然而然的文明，但并不意味着文明没有矛盾，正是因为这种文明存在各种矛盾，从而才有了礼仪。礼仪条文是一种秩序系统。荀子曾说："礼起于何也？曰：人生而有欲，欲而不得，则不能无求，求而无度量分界，则不能不争，争则乱，乱则穷。先王恶其乱也，故制礼义以分之，以养人之欲，给人之求，使欲必不穷乎物，物必不屈于欲，两者相持而长，是礼之所起也。"礼是为了人（"养人"）的生存而出现的，是处理人际关系的规则、制度。"治国不以礼，犹无耜而耕也。"人类社会存在尖锐的矛盾才有"礼"的产生。"治人之道，莫急于礼。""礼"是人治的产物。胡适早在1919年出版的《中国哲学史大纲》中就指出："礼的观念凡经过了三个时期：第一，最初的本义是宗教的仪节；第二，礼是一切习惯风俗所承认的规矩；第三，礼是合于义理可以做行为模范的规矩，可以随时改良变换，不限于旧俗古礼。"这种"规矩"经过几千年的发展，形成为一张硕大无比的蛛网。它发展的推动力是人的"欲望"，而构建的则是一个和谐的文化生态系统，是我们祖先的生存智慧。这种生存智慧发展到近现代，似乎已经到了尽头。现代文化生态不是农业文化生态，现代文化生态在转型，礼仪已经失去了它的功能。人类开始走向文明之时只能"适应"环境，适应环境的文化生态是自然（或原始）的文化生态。"文化生态学就是一个社会适应其环境的过程进行研究。它的主要问题是要确定这些适应是否引起内部的社会变迁或'进化变革'。"进化变革形成了农业文化生态。农业文化生态的"社会变迁或进化变革"又引起了文化生态的变化。人类文明发展到近现代，文化生态进化出现了新的形态——工业文明。

人类所处的这个地球实际上是不适合人类的生存，人才被迫地构建自己的生存世界。这个世界的构建过程同时必然是对原生态的破坏，人的生存世界形成之时就是原生态被破坏之时，原生态被破坏最烈之时也就是这个世界发展得最快之时。随着人类生产、生活的发展，人类的智慧得到了发展，人类智慧的发展使科学技术发展，由此人类便进入了工业文明时代。工业文明的出现使人类新思想出现，同时也使人类行为发生根本性变化。

从词源学上看，西方古代似乎是没有"文明"。"文明"一词在近代才出现，欧洲的中世纪的确还比较野蛮。"文明"一词也就难以在那时出现。"文明一词源自近代欧洲，最初是用来形容人的行为方式，和有教养的、有礼貌的、开化的这一类词意思相似；一说 Civilization 一词来自拉丁文 Civitas（城邦），所以也有公民的，市民的这样的含义，即它和当时兴起的资产阶级有密切的关系。""文明"一词的词源具有生态（城邦）意义。欧洲"文明"一出现就打上了工业文明的色彩，工业文明是一种新的文化生态。工业文明是从农业文明的基础上发展起来的。工业文明的表现形态是资本的作用与运用，作为一种经济制度，它的逻辑前提是生产资料私有制，生产资料运行的目的就是获得高额利润。私有制与高额利润这两个最激动人心的东西，刺激着人的欲望，推动着科学技术的发展，而科学技术使工业文明得以形成。工业文明是一种新型的文化生态。

工业文明代替农业文明虽然还只有很短的历史，但是工业文明作为一种文化形态，或者说作为一种新的文化生态的出现，却是深深地植根于文化历史之中的。任何文化生态的出现都是人的杰作，都根源于人。在古代文明或者农业文明中，人类主要是去适应自然，从而构建了与此相适应的文化生态系统。这个系统当然是和谐的，否则人类就难以生存。人类在构建文化生态系统的过程中，却在思考自己、认识自己，看到了自己的伟大，从而激发了自己，发展了自己。人的发展的现实性存在是理性思维的发展，理性思维最直接的成果就是科学技术的形成。公元前 5 世纪，在古希腊就出现了"认识你自己"，"人是万物的尺度"的说法。古希腊的文化生态中，人既得到了发展，科学也成为了哲学研究的内容。古希腊的哲学为欧洲科学技术的发展奠定了基础，欧洲工业文明的出现深深地植根于古希腊的文化生态中。

　　然而，欧洲文化生态的发展似乎走的不是直线上升之路，而是经过了一个"反文化生态"的环节，或者说反文化生态阶段。欧洲中世纪是非常奇怪的，人在这个时期是否得到了发展，按照传统的对经院哲学的批判，人是自我摧残、自我残害、自我牺牲，人成了神的奴仆，这就是所谓的千年黑暗时期。人类在农业文化生态构建过程中，所依赖的是神的力量，上帝的力量威力无穷。上帝的力量当然就是人自己的力量，只是被人颠倒了。人依赖上帝的力量是否构建了新的文化生态，按照传统的解释当然是不可能的，社会就进入了不和谐状态，人与神的不和谐，神把人颠倒了，所以马克思认为中世纪是人类史上的动物时期。神学把人颠倒了，人为天国做出贡献，服从天国的安排。人为天国做出贡献，服从安排，怎么会形成新的文化生态？千年黑暗时期，人们战战兢兢，如履薄冰，乞求神的恩赐与保护，人类社会怎么会和谐。神的力量过于强大，扼杀了理性、压制了科学。13世纪，欧洲教会设立了宗教裁判所，肆意镇压一切反对基督教的学说、观点和学者，伟大的科学家布鲁诺因坚持哥白尼的日心说而被烧死在罗马鲜花广场，伽利略因对天体的研究触犯了《圣经》而被投狱至死，宗教裁判所判罪无数。人类处在这样的生存环境中，怎么能和谐的生活与生活和谐？那么西方人在这千年之中在干什么？这样的环境是否也就是文化生态的存在。文化生态是人的生存智慧，如果宗教是文化生态系统的内容，那么宗教也就是一种生存智慧。欧洲中世纪的黑暗时期，就是由这种智慧构建了一种"反文化生态"系统。

　　欧洲中世纪建立了一种反文化生态系统，《圣经》是反文化生态之书。"《圣经》说，天堂是一个极乐世界，那里是黄金铺地，玉石盖房，遍地芬芳弥漫，禾稼碧绿千里，人可眼看美景，耳听音乐，口尝美味，每一官能都有相称的福乐，享不尽的荣华富贵。但是天堂并非人人都能进的，在末日审判的时候，上帝将把一些人打入地狱，遭受无穷无尽的苦难：寒冷刺骨的冰湖，沸腾的火狱，蛇蝎咬人，血雨腥风……"这就是人类自己构建的"反文化生态"系统。封建迷信是反文化生态的，反文化生态是人类文化生态的异质部分。人类来到这个陌生的世界，在大自然的威力面前，人们"信仰超自然力量，会对人类的生活和命运产生决定性的影响，这种观点得到广泛的传播……基督教就是起源于古代晚期的一个以'灵魂拯救'为基本内容的学说"。"灵魂"的拯救也是生存—转换与转换—生存的表现，只是相反的"转换"。基督教在西方文化中占有重要地位，基督教哲学后来成为经院哲学，这种哲学一方面奴役着人，另一方面又规范着人。基督教文化是一种反文化生态，它使人类处在不和谐之中。但是基督教的一个根本信念是否认人类物质欲望的合理性，这种"反文化生态"是否也调节了人与自然的关系。从反文化生态系统中，也存在人类呼唤和谐的声音，这种声音在西方呼唤了千年之久，只是在中世纪是夜半孤鸣。

欧洲中世纪形成反文化生态的同时，农业文化生态逐步在向工业文化生态转化。这种转化正是从宗教的斗争开始，希腊、阿拉伯思想是这种转化的基础。犹太教、基督教、伊斯兰教这三个文化圈影响下的世界，是一个什么样的世界，这是一个表现形态黑暗，内在争论活跃的时代。撕裂的声音与理性的和谐之声构成的悲壮牧歌。从这里可以看到欧洲中世纪文化生态的内幕，也听到了凄惨的哀鸣与和谐的孤鸣。"正"的、"反"的文化生态交织在一起，文化生态处在混乱状态。中世纪的哲学家们寻求事物的两个对立面之间的统一、现象和本质的统一。这不仅是在构建文化生态，同时还在寻找和谐的存在之根。"腓特烈二世大帝对当时思想界的影响，不在于人们指控他不信神这一点……在他看来，知识是改变世界的工具，但不要逸出法律容许的范围，还要靠科学实验不断改进。""知识是改变世界的工具"这是一个多么伟大的思想，这是推动工业文明产生的核心动力。工业文明在欧洲的出现，首先是从哲学思想的转变开始，哲学思想的转变导致了人的发展，人的发展则使人类中心主义登上舞台。反文化生态推动了文化生态的发展，然而这些思想都包含在宗教运动中。我们多年来只是认识到了中世纪是"黑暗时代"，而没有深入地去研究也没有从文化生态的视域去分析文化的发展过程。难怪伟大的哲学家海德格尔说："在同一性中有一种'与'（mit）的关系，也就是说有一种中介、一种关联、一种综合、进入一种统一性之中的统一过程。"然而对这种同一性的把握和认识多么不容易。"为了真正把握诸如在同一性范围内的中介作用这样一种简单的关系，思想竟需要两千多年时间。在此我们还能认为，运思着的向同一性之本质来源的转投可以在一天内办到么？"同一性的问题是一个永远无法解决的问题，而它却是一个地道的生态问题。

欧洲工业文明的出现并不是偶然的，在表现形式上是大机器生产，在时间上是从17世纪初始。"16世纪欧洲的历史表明，经过文艺复兴的洗礼和遭受宗教改革运动的冲击，属于欧洲旧社会的一切开始瓦解，为欧洲在17世纪的社会变化和文明进步奠定了基础。17世纪的欧洲已经进入其近现代历史范畴，社会的变化和文明的进步基本表现在这三个方面：思想上的自由探索、社会制度方面的实验和科学领域的革命。"工业文明是从这个时候开始出现，这三个方面的内容可以说是工业文明的构成，也是新的生态文明开始形成。

但是 16 世纪以前是否是工业文明的准备阶段，是否在为新的文化生态的出现培育了深层次——精神因素、这是值得我们注意的。在欧洲文化生态发展历程中，宗教文化是非常重要的。宗教文化是真正的生态文化，宗教文化是人类思想的文化。国内学术界有学者注意到要回到中世纪，也就是在人类文化生态发展历程中，不能丢掉一千年历史。"我们之所以必须回到中世纪，如果从负面讲，乃是因为是在中世纪和中世纪哲学这个问题上人们存在着太多的误读的缘故。"例如"在托马斯·阿奎那的哲学中，却惊奇地发现了人的全整性和个体性概念。针对古希腊的片面的'人性'概念，阿奎那明确地区分了'人性'（humanitas, nature hominis）概念和'人'（homo）的概念。"我们之所以必须回到中世纪，不是"误读"，而是中世纪在对人性的压抑方面恰好相反构建了反文化生态。人的问题，自然法的问题是文化生态的问题，也是反文化生态问题，"全整性"正是关于人存在的生态问题。人的问题与自然法的问题，则是人与自然的关系问题，是文化生态的存在基础。人的灵魂与自然法概念在西方思想史中是一座丰碑，可以说是西方文化生态思想的基座。

中世纪千年之久对人性的确进行了摧残，但是在神、上帝、天堂的论证中对心灵却进行了深邃的论证。神、上帝、天堂都是人心灵的存在，同时深邃的论证使思维得到了锻炼。"阿奎那相信人对上帝有一种自然的渴望，因为人对真理有一种自然的渴望，如果你努力地寻求真理，你就会得出一个结论，那就是上帝存在。"这个结论是错误的，这个过程是正确的。人的心灵总希望有一个支撑的东西，使人的思维得到了发展。人有一种自然的渴望，如蜜蜂渴望花朵，植物渴望阳光，人类渴望爱。渴望寻求真理，心灵必然得到发展。阿奎那认识到"上帝不只是论证得出的结论，上帝可以通过崇拜、祈祷和热爱来认识。……这是我们存在的真正、也是最高的意义。人生的最高目的（teles，即目标，点，目的）就是参与到上帝充满活力、不朽的本性之中，上帝就是爱"。上帝不是一个人那样的存在，"上帝就是爱"不仅使心灵得到发展，得到了锻炼，灵魂与上帝的结合，就是灵魂与身体的结合，从而在更深意义上是人性没有被上帝消灭，上帝（人性）使人的理性也得到了发展，上帝成为文化生态的内容。上帝就是存在着的文化生态。

自然法主要规定了人与自然的关系，从而也为社会秩序、法律与道德等设定了方向。这个方向既是文化生态的发展方向，也就是奔向和谐的彼岸。"假如没有自然法，意大利半岛的一个小小的农民共同体（罗马共和国）的小规模的法大概不会成为一种国际性的文明圈的普遍的法律；假如没有自然法，神的睿智的世俗的理性大概就不会相结合，从而出现中世纪综合的伟大的教会法思想；假如没有自然法，那么，大概也不会发生美国的独立战争和法国的资产阶级大革命，自由和平等的伟大思想大概也不会浸入人们的思想当中，并融入近代法典之内。"阿奎那自然法的内容指法律秩序、约束力、基本原则等，这是文化生态的内容，是生存—转换与转换—生存的规定。法是文化生态形成的核心力量，也是和谐形成的基础。自然法是工业文明形成的前奏曲。工业文明是人类走向和谐的一个更高阶段，但是，由于工业文明显示出人的力量太伟大了，"物极必反"，工业文明的和谐导致不和谐的工业文明。人类在文化高度发展中却出现了深度危机，人类追求和谐的梦想是否走到了尽头？

3. 和谐文化生态的关系构建

人类不仅要生活在物理世界之中，同时也要生活在自己构建的文化生态世界之中。人构建了一个文化生态系统并生活在文化生态系统中，人才能永远地生活下来并永远地生活下去。社会就是文化生态系统的存在内容，或者说文化生态也就是一个社会文化系统。社会发展到今天是一个什么样的状况，是和谐还是不和谐，用什么标准进行评估，标准的不同，视阈的不同，得出的结论肯定不同。社会是一个极为复杂的系统，社会构成的主体是有意识有个性的单个的人，社会是一个历史的发展过程，不同的地域有不同的社会，等等。对社会和谐怎么进行评估，这是一个非常复杂的问题。

从文化生态学视阈分析社会和谐状况，这不仅使社会存在状况有了文化基础，而且转换了视阈，扩大了范围。从文化生态学分析社会和谐，社会是文化生态的社会，社会必须转换为文化生态系统。社会是一种文化生态系统，这同社会学研究社会是一致的。社会学研究文化生态是社会的，文化生态学研究社会是文化生态的。然而，社会和文化生态都是发展变化的。世界是不断变化、发展的动态过程。荀子说："列星随旋，日月递照，四时代御，阴阳大化，风雨博施，万物各得其和以生，各得其养以成。"世界的变化发展在哲学中是道器或体用问题，在文化生态学中是人与文化及文化之间的关系问题。社会的变化引起文化生态的变化，文化生态的变化决定社会的变化。社会和文化生态的变化是由人的追问所致。

追求人与自然之间的和谐是人的天性。人与自然不和谐是必然的。人与自然的关系既有层次结构，又有内在的矛盾。人与自然的关系是极为复杂的，"生命的意义、人在自然界中的正确地位，生命问题与认识问题的关系、自然秩序与人类智慧的自然倾向的关系、类的问题与规律的问题、生命过程与自然进化过程中的必然性和偶然性问题、肉体生命质量与精神生命的品质的关系等重大问题思考的智慧。"人与自然关系的这些问题，或者说是人与自然的这些关系是生命层次的。这些问题还只是人与自然关系的抽象说明，并不具备人与自然现实的和谐的意义。人是自然的一部分，人的生命与自然的生命具有同一性，人从自然界中超越出来有了精神或有了智慧，然而人却无法成为神，即永远还是自然的存在，人生命存在的结构仍然是自然的结构。人的存在与自然的存在是一致的，这是人与自然最低级的关系，也是基本的关系。人在自然之中，自然也在人之中，于是人就有了自然之情，抑或生命之共鸣，所谓心与物交融，"万物静观皆自得，四时佳兴与人同"。人与自然的相同引发出无穷的遐想，哲学家将人与自然的这些关系视为"天人合一"。这种关系虽然是低级的关系，但却是人永恒的追求。

大自然的确有着神奇的美，如戴维斯在《上帝与新物理学》一书中所描绘的：

宇宙之井然有序似乎是自明的。不管我们把目光投向何方，从遥远辽阔的星系，到原子的极幽深处，我们都能看到规律性的以及精妙的组织。我们所看到的物质和能量的分布并不是混乱无序的，相反，它们是按照从简单到复杂的有序的结构安排的，从原子和分子，到晶体、生物，到星系、星团等等，莫不是井井有条，按部就班。而且，物质系统的行为也不是偶然的、随机的，而是有章法、成系统的。科学家们面对大自然难以捉摸的美和精妙时，常常感到一种敬畏和惊奇。

人与自然相一致，人与自然是神奇的，但神奇并不仅仅是和谐，只有不和谐才显示出它的复杂性、神奇性。人类发展到今天，似乎难以达到"天人合一"了，"落霞与孤鹜齐飞，秋水共长天一色"不见了。我们读到《寂静的春天》《只有一个地球》《增长的极限》等著作时不寒而栗。大自然如此神奇，然而为什么会被我们人类弄得如此千疮百孔呢。大自然的"规律性的以及精妙的组织"被破坏，"物质和能量的分布"被干扰，"物质系统的行为"已经没有章法了。自然的"内稳态"已经不稳态，人所生存的自然环境在恶化。我国由于经济落后、人口众多、资源缺乏等，在经济快速发展的今天使环境遭受了严重的破坏。"我国人与自然的和谐发展也存在着一些矛盾；经济增长过程中资源约束不断加剧，产业结构升级过程中资源供需矛盾愈来愈凸显，生态环境被污染的趋势尚未得到根本扭转，保护资源环境的体制还很不完善，等等。"这种认识不仅把严重的问题淡化了，当前不是"也存在着"而是严重存在着，这种认识还只是看到了现象。自然必然被破坏，低级的关系必然被改变，这是人的追求的必然结果。

人与自然一开始既是和谐的，也是不和谐的，自然自己就是不平衡的，自然中有缺口人才能诞生，人是从自然缺口中走出来的，自然的稳态中有分岔，有分岔才能发展。人与自然在不断涌现，涌现使自然不断被破坏。施韦泽说："从外部看，自然是美好和壮丽的，但认识它则是可怕的。"……最宝贵的生命成为最低级生命的牺牲品。""由于生命意志神秘的自我分裂，生命就这样相互争斗，给其他生命带来痛苦或死亡。"人的生命是非常神奇的，遵循一个永远无法超越的悖论：一方面时时在防止成为最低级生命的牺牲品，而且把各种生命成为生命伦理的前提；另一方面人的生命的伟大意义就在于，让各种生命相互争斗去发展它们自己，从而成为人的牺牲品，这就是人的生态智慧。

人与自然的关系存在着严重的问题，最主要的当然是人自己的问题，同时也是一个社会的问题，但这个问题是必然的，是自然生态发展的结果。人与自然的关系是一个自然的历史过程，在自然文化阶段是天然的"天人合一"，在农业文明阶段是开始破坏，在工业文明阶段是根本对抗，究其原因是人的追求。人来到这个地球上，不是要破坏，而是要生存。人并不是有先天的破坏性，是为了生存而不得不为之。"当前讨论人性的学者主要可分两派：一是本能主义者——例如娄仑兹，他们认为人的破坏性是从人类的动物祖先继承而来；二是行为主义者——例如斯肯纳，他们认为人类根本没有天生的特性，人的一切性格特征都是社会制约的结果。"这些观点是谁也说服不了谁，在现象上都是正确的。"弗洛姆则越过这两派。他认为人跟动物共有的侵犯是防卫侵犯，是用来维系生命与种族生存的。除了这种侵犯以外，人类还有一种特有的侵犯，就是恶性侵犯，也就是破坏性；这种破坏性是人类特有的，而且并不是来自本能。"弗罗姆的观点当然值得商榷，但弗罗姆注意到了社会与文化的因素，接触到了人类生命的神奇之处。人的本性无所谓破坏，人的生命要以牺牲其他所有生命为前提，并且由生存状况决定了。"人本无心，因物为心。""因物"有心，有心则有求。

人的生物性因素受到了文化因素的影响，人的本能是文化化了的，人的破坏性必须从人的本性来考虑，人的本性具有决定性，而人是社会性的存在者。人的"破坏性"是人的文化性，文化性才是人成为人的存在。文化的不同人的破坏性就会不同，现代文化大大的不同于古代文化，现代文化主要是科学技术的发展从而对资源的利用与占有不同，对资源的开发不同，从而使人与自然的关系已经发生了根本性的变化。人与自然的关系似乎从被自然支配变为了支配自然，自然"数字化"，人可以主宰自然了。自然的精妙组织，物质和能量的分布，自然的结构等可以由人安排。人与自然的关系从"服从"

变为了"安排"，人安排自然在可能性范围内并不会破坏自然，人与自然的关系仍然有可能是和谐的。问题就在于人安排自然是受利益支配，或者是为了获取利益而进行的。人与自然关系的恶化其根本原因就在于利益问题。利益的获取才使人与自然关系恶化。我国古代文化中，人的利益是受到蔑视的，而且在手工劳动阶段，即使人会破坏自然，也会局限于很小的范围之内。今天科学技术的高度发展，所谓主宰自然由可能变为了现实，因人有了物质性的力量。长期在传统农业文明中考虑的不是利益，而是伦理道德，利益被压抑也难以实现。今天在利益的驱使下人们会不顾后果，眼前的利益使自然受到了百般蹂躏。我们必须注意到人与自然的异化，长期的自给自足的农业文明的解体，金钱至上的社会，人与自然关系的恶化有可能更加加剧。

　　人与自然的关系是一个变化的过程，在原始文化中人与自然可能是同一的。自然的存在就是人的存在，人的存在与自然的存在相统一。"在人类历史长河中，99%的时间为食物采集时代，而农耕和畜牧产生后的时代不过仅占1%的时间。因此，与食物采集时代相比，人类步入食物生产时代之后的进步速度是极其惊人的。农耕及畜牧的发明，成为古代文明产生的源泉。"从文化的起源中，可以看到人之初还不可能与自然分化对抗，"食物采集"实际上是依赖自然物质，而不是创造自然物质（形态）。只有创造才有可能破坏，人类在进入农业文明阶段，人类开始了文化的创造，但这个时代的创造还只是人自身器官的简单延伸，或者说还只是理性光辉的初露。人们开始构建出一个不同于原生态的文化生态世界，这个文化生态世界与自然物质还是相当和谐的。但是到了近世以来的一二个世纪，在科学技术所带来的经济利益的刺激下，使地球圈表面产生了裂缝。"人类的活动，特别是近一二个世纪以来的活动改变了地球圈的表层，重构了某些与人类密切相关的物质（如水、二氧化碳、甲烷、氧）和某些金属元素（如铁、铜、镍）及非金属元素（如硅、碳）等的分布和形态。地球圈表面的物质分布和形态的改变必然要影响到地球表面上的气候的变化和分布；有生命物质的变化和分布，反映到人类社会中来就是人类的环境问题和生态问题。""生态"就是"人态"，即人存在的状态。人存在的状态在工业文明中变动不居，动荡不已，人成为水泥丛林中的游荡者，从而不仅使人与自然关系恶化，也使人的尺度与自然的尺度不相一致。今天我们仍然有许多人根本就不知道人的尺度与自然尺度的关系，在利益的驱使下不管自然如何，只管自己如何，这才是人与自然关系中最可怕的地方。

　　人与自然的关系是人与社会关系的基础。人与自然关系的变化必然带来人与社会关系的分化。社会关系的分化是必然的，人类的文化是一个逐步分化发展的过程，社会是文化分化发展的体现。《庄子·天下》云：

天下大乱，贤圣不明，道德不一，天下多得一察焉以自好。譬如耳目鼻口，皆有所明，不能相通。犹百家众技也，皆有所长，时有所用。虽然，不该不遍，一曲之士也。判天地之美，析万物之理，察古人之全，寡能备于天地之美，称神明之容。是故内圣外王之道，暗而不明，郁而不发，天下之人各为其所欲焉以自为方。悲夫，百家往而不反，必不合矣！后世之学者，不幸不见天地之纯，古人之大体，道术将为天下裂。

所谓"将为天下裂"就是社会的分化，就是文化生态的变化。在人类历史的长河之中，大部分时间处在采食时代，也就是社会处在比较稳定的、落后的、原始的时代。在采集时代大概是没有"利益"而言，也就有和谐可言。

人与社会的关系是一个历史的发展过程，人类的开始，关系是简单的，简单得可能只有"性"关系。人类关系的简单首先是社会关系的简单。摩尔根在《古代社会》中指出："人类一切部落，在野蛮社会以前都曾有过蒙昧社会，正如我们知道在文明社会以前有过野蛮社会一样。""蒙昧人是怎样以慢得几乎觉察不出的步伐前进，而达到野蛮社会的高级状态的？野蛮人又是怎样经过类似的渐进而最后达到文明社会的？""蒙昧社会"到"野蛮社会"现在是不可复现的，但应该是一种非常简单的社会。人类从低级到高级的发展经过了一个漫长的过程，在低级阶段，"人类的某些观念、情感和愿望是逐渐形成后又有所发展的"。"观念、情感和愿望"没有形成，人与社会的关系就肯定极为简单，这个时期的关系可能是"纯人身"的关系。"我们可以在这里提出一个前提：即一切政治形态都可归纳为两种基本方式……按时间顺序说，先出现的第一种方式以人身、以纯人身关系为基础，我们可以名之为社会。这种组织的基本单位是氏族，在古代，构成（populus）的有氏族、胞族、部落以及部落联盟，它们是顺序相承的几个阶段。""第二种方式以地域和财产为基础，我们可以名之为国家。这种组织的基础或基本单位是用界碑划定范围的乡或区及其所辖之财产，政治社会即由此而产生。政治社会是按地域组织起来的，它通过地域关系来处理财产和处理个人的问题。"如果人类社会经过了这样一个发展过程，人与社会关系的开初是比较简单的，因为这种关系是"纯人身"的关系，氏族、胞族、部落及部落联盟也只是血缘关系（生物性）的延伸。血缘关系是自生自发的，血缘关系是"纯人身"的关系，在血缘关系中，人与社会关系是和谐的，这种关系是一种简单的文化生态关系。文化生态关系经过了一个自生自发的阶段。

人类从血缘关系开始形成文化生态系统，这个问题在第二章再论述，此处需要说明的是，从血缘关系基础上发展的人与社会关系是以情感、亲情为纽带。虽然在这个时候人与社会也肯定会有矛盾，但这个时候的"矛盾"没有根本利益冲突。这个阶段是处在纯物质文化阶段，即所谓自然物质与人们的血肉只有"物"的交换，或者说是能量的交换，物只是生理结构的一部分，而不是人们占有的对象。人类进入农业文明阶段，由于人自身的发展，社会文化发生了深刻的变化，"高岸为谷，深谷为陵"。人与社会的关系开始复杂化了。"我们今天所面对的人类问题，包括人口过量、贫穷、饥饿、贫富差距、日益加剧的民族冲突和种族灭绝等，其根源却早在很久以前就已经种下了。"人与社会的矛盾是文化矛盾，这种矛盾是为了生存的矛盾。"人类不是一生下来就知道如何打猎、如何取火，或者如何烹调；他们也不是一生下来就明白如何治病……为了生存，我们繁殖、变迁、积累知识，并将其代代相传。"正是由于"积累知识"从而使人的生态智慧得到了发展，生态智慧的发展使人与社会的关系超越了"纯人身"关系。社会进入了工业社会，人与社会关系从合一走向了对抗和分化。

人与社会的关系由原始的合一走向分化，其深层的原因是生态智慧的发展。生态智慧的发展构建了一个语言符号化的社会系统，这个系统是由于对抗、分化、冲突而构建的。中国古代，这个系统是礼乐文化系统，礼乐文化的核心是"制度"的构建，制度是符号化的制度，其目的是为了社会的和谐。正如王国维所云：

夏、殷间政治与文物之变革，不似殷、周间之剧烈矣。殷、周间之大变革，自其表言之，不过一姓一家之兴亡与都邑之转移；自其里言之，则旧制度废而新制度兴、旧文化废而新文化兴。又自其表言之，则古圣人之所以取天下及所以守之者，若无以异于后世之帝王；而自其里言之，则其制度文物与其立制之本意，乃出于万世治安之大计，其心术与规摹，迥非后世帝王所能梦见也。

"新制度兴"、"新文化兴"等"乃出于万世治安之大计"，就是要构建一个和谐的社会文化系统。周人所确立的社会文化形态，绵延了几千年，是中国传统社会文化的源头。值得注意的是，周人所建立的社会文化的基础是农业文化，而且周人以"农功农德"为本。"农功农德"是中国传统文化生态的基础，这种文化生态是难以变化的。中国近代以前的社会基本上是没有变化的，后世的人们所构建的各种文化思想，都是这棵大树的枝叶。如果从文化生态视阈来分析，传统农业社会中的人与社会关系是和谐的，因为这种关系的基础是"自然"的，自然、社会、个人都集中在农业生产中，生存—转换与转换—生存极为简单。虽然在农业文明中，人们的欲望得到了激发，私有制的出现使人们各存私心，但是他们处在没有商品交换的时代，没有市场经济的货币拉动，欲望、私有观念再大也是有限的，追求再远大也只在封闭的天空中。生存有限，转换受到限制，所以人与社会的关系是有限的、和谐的。人与天地、情与景浑然一体，人与社会合一，人与社会的关系仍然是自然而然的关系，是自生自发形成的关系。

工业文明的出现改变了人与社会的关系，工业文明有工业文明社会规范。工业文明是商业性文明，市场经济的形成，把人们按部就班的社会秩序打乱了，几千年来形成的规范失效了。人与社会的关系存在着，但怎样存在着？明天还需要去构建。"从本性上说，人是社会的产物。人的大部分基本驱力和本能导致他们创立出道德法则，而这些道德法则又使他们自己结为团体。"这些团体——组织、公司、企业，需要道德法则，道德法则由他们制定，为他们服务。"秩序的产生不是森严的政治或宗教方面的权威所委托的自上而下的委任统治权带来的结果，而是权利分散的个体自行组合的结果"，"在信息社会里，政府和公司都不会完全依赖拘泥于形式的官僚政治，规章会把他们所统治的人们组织起来，而是不得不将权利分散和移交，依靠人们去自行组合，而它们对人们只是在名义上拥有权力。"现代社会使人与社会脱离了传统的结构体系，农业文明中的人与社会的关系是固定的，人——家庭＝国家＝社会，这是无须自己去组合，它就是这样"等于"的存在着。工业文明、市场经济把人抛到陌生的地方，而且这个地方又是自己要去的，每个人都是"外来者"，这就需要自行组合。没有固定的地方，没有固定组织，人在路上，随着市场的需要去生活，随着各种考试、面试去定居。社会秩序被打乱了，人与社会关系似乎恶化了，"社会关系更加形式化，也比较冷淡，缺少人情味；个人之间不再为了寻求相互支持而相互依赖，因此，在道义上承担的责任就少得多了"。社会关系的形式化使道德责任减少，人与社会的关系是建立在契约之上的，"一切都在工资契约中讲得清清楚楚"。"一切都由国家来强制实行。以金钱换取服务，这之间根本没有什么久远的责任或义务。"信仰难以形成，道德没有德（得）道的意义，也无须道德的束缚。所以现代社会中的人与社会的关系从根本上发生了变化，可以说人与社会的关系更加复杂，更加广泛了，农业文明中的人与社会的关系是单一的，今天则是不受限制的。传统的道德基础上的人与社会关系是"情感"关系，现代的"契约"基础上的人与社会关系是"利益"关系。利益需要法律。

　　人与人之间的和谐是人生活的要求。人与人之间关系的紧张使人的生活不仅乏味，而且是痛苦的。人与人的关系是文化生态中最基本的关系，没有人与人的关系就没有人的存在。人与人的关系是人性的体现，人性在人与人的关系中体现出来。人与人的关系构成了人的生存状态。人与人关系的和谐就是社会的和谐，社会实际上也只是调节人与人关系的机构，是人追求和谐的产物，追求人与人的和谐是人的本能。

　　人类存在的表现形式是无数的一个个的人组成，然而一个个的人必然要同他人发生关系。"人类"本来是不存在的，而只有一个个的个体的存在，人类应该说只是一个概念，问题恰恰是相反的。人成为人以后，反而没有"个体"的概念，"类"的概念出现得更早，这可能是由于人首先要为了类的生存。没有个体的概念就没有人与人的关系可言。"个体"（人）的概念在人类进入文明阶段相当长的时期内还没有出现，个体人的概念是非常复杂的，是人的理性自觉，是人意识到自己的存在才有个体的概念。个体概念的出现要到人类完全摆脱了动物的属性，或者说要到人认识到人。个体概念的出现是一个痛苦的过程，弗罗姆认为："人类，就其身体及生理机能而言，属于动物王国。""人类的诞生可能持续了几十万年，但是更重要的是一个新的物种诞生了，超越了自然，生命开始意识到了自我的存在。"意识到自我是非常困难的，个体意识要表现出来更为困难。"自我意识、理性与想象打破了动物存在的特征：和谐。""他是自然的一部分，却又与自然分离；他无家可归却又与其他动物分享共同的家园。在偶然的地点与时间他被抛入这个世界，同样偶然地，他又被迫离去。"人的这种生存被迫需要人同人发生关系，人的关系是被迫的，被迫需要人自己构建文化生态，文化生态保护人的生存。"他缺乏对自然的本能适应，缺乏体力，与所有动物相比，出生时他最为无助，而且需要受到保护的时间也长得多。""保护"就是所谓人与人的关心、爱护。人需要互相关心、爱护，人的生命是非常弱小的，人还有一个"子宫外"的生长期，这个生长期是文化生长期，也就是还要生活在文化生态中人才能成为人。"人类的生存问题在整个自然界中是唯一的，如他过去那样，他与自然分离·却又在其中；他有几分神性，亦有几分兽性；他是无限的，却又是有限的。人必须去寻求解决其生存矛盾的新的方法，寻求人与自然、人与其同类之间更为高级的融合方式。"人自身的存在决定了人必然要寻求合作，必然要和谐相处，必然要构建文化生态系统。

　　人成为人是人自己创造了自己，自然界并没有创造人，自然界创造的是"前人"，创造了一个还没有从动物中超越的"血肉"的存在。这个存在与自然界是同一的，也是和谐的。"动物性的存在特征，即人与自然的最初联系已被切断。在人具有了理性与想象力时，他也意识到自己的孤独、隔离、无能与渺小，他的生与死的偶然。"偶然使人孤独、绝望，人成为人以后，人与自然"已被切断"，人只能求生存，生存—转换与转换—生存发生了变化，人就必须发展人与人的关系，从而构建自己的生存世界。但是，由于人自身的存在，或者说生命现象的特征，这种联系既被切断，又无法切断，如血缘关系仍然存在着，仍然是文化生态的基础，人只能回归文化生态。

按照生命规律，动物也应该有血缘关系，动物也有哺育阶段，但是只有人才有"血缘"问题，这就在于人有"子宫外"的生长期，人要在父母的怀抱中生活的时间比有些动物整体生命还要更长。血缘关系是人与人的关系，人与人关系的基础是血缘关系。血缘关系是一种情感关系，情感不是生命的体验而是生命的内容，有生命就有情感。情感是人的天性。情感也就是爱。没有爱，人类就难以生存，就无法建构自己的生存世界。爱是一种艺术，由爱构建起文化生态系统，人就生活在其中。

人与人关系的前提是还有一个"他者"，"他者"不是由我决定的，"他者"也是和我一样的。人与人的关系不能脱离他者，没有"他者"就没有关系，人与人的关系也就是人与社会的关系。他者是怎样形成的，他者是怎样出现的，怎样处理"我"与"他者"的关系，这些问题才是真正的社会和谐问题。"我"自己并不知道我（"认识你自己"）怎样存在，现在还要处理"他者"的关系。他者是怎样出现的，是否如拉康所说的"镜像"。在现代社会中，许多人就成为大多数人的"镜像"。拉康说：主体借以超越其能力的成熟度的幻象中的躯体的完整形式是以格式塔方式获得的。也就是说是在一种外在性中获得的。在这种外在性里，形式是用以组成的而不是被组成的，并且形式是在一种凝定主体的立体的塑像和颠倒主体的对称中显示出来的，这与主体感到的自身的紊乱动作完全相反……这个格式塔通过它体现出来时的两个特征，象征了我在思想上的永恒性，同时也预示了它异化的结局。并且这个形式还蕴含着种种转换，这些转换将我与人自己树立的塑像，与支配人的魔影，以及与那个自动机制联结起来，在这种机制中人造的世界行将在某种多义关系中完成。

借用"镜像"说明他者和我同一，或者说他人同我相差无几。"他者"和"我"一样的存在，我和他就是人与人的关系，这种关系由生存—转换与转换—生存形成，那么有了他者就有了人与人的关系，人与人的关系则是在符号化中实现的。

没有语言符号，就无法实现转换。语言符号在西方学术界有许多的论述，形成各种不同的哲学流派。如"语言不是一种静态伪工具，它本身与人的生存方式联系在一起，它是人的处境意识的表征，原因在于，'语言是我们在世存在的基本活动模式'"。在西方当代哲学领域、心理学领域、人类学领域、文化学领域等，没有不关注语言符号的。语言符号成了人生存的家园。"胡塞尔以一种理性主义认识论姿态把语言看作是理解他人的工具，海德格尔以一种情感主义的生存论姿态把语言看作是理解他人的手段，这在列维纳斯眼里并无多大区别。列维纳斯表示，'他人并非首先是理解的对象，然后才是对话者。这两种关系混杂在一起。换言之，对他人的理解与他人的诉求不可分割。'"总之，语言符号与人的生存方式与"他者"不可分离。语言符号不仅使人与人的关系由可能变为了现实，而且语言符号的出现则是文化生态的出现，语言符号是文化生态的道体。人—社会—文化生态三位一体，语言符号就是这三位一体的道体。人与人的关系是文化生态系统的内容，而文化生态则是人与人关系的存在基础。人是语言符号化的动物。语言符号使人与人的关系成为文化关系、成为人的存在世界。卡西尔说："除了在一切动物种属中都可看到的感受器系统和效应器系统以外，在人那里还可发现可称之为符号系统的第三环节，它存在于这两个系统之间。这个新的获得物改变了整个的人类生活。与其他动物相比，人不仅生活在更为宽广的实在之中，而且可以说，他还生活在新的实在三维中。"三维就是文化生态的构成。"新的实在之维"不是虚无缥缈的东西，而是文化生态的存在，语言、神话、艺术和宗教是文化生态构成的因素。"人的符号活动能力（symbolic activity）进展多少，物理实在似乎也就相应地退却多少。在某种意义上说，人是在不断地与自身打交道而不是在应付事物本身。"与自身打交道是人与人打交道，人是在符号宇宙中活动，人生活在"符号宇宙"之中，也就必然要发生各种关系，符号自身就是一种社会关系，符号必须交换、交流才有意义。语言符号使人发生各种关系由可能变为了现实，关系就是文化生态的构成。

人与人发生关系是人的生存需要，人与人的关系也是爱的实现。语言符号使人与人的关系得以实现，语言符号是中性的。那么人与人的关系也就应该是至善的。但是，人类进入文明以来，人与人的关系却是和谐与不和谐交织在一起。翻开人类的历史，爱恨交织在一起，和谐与争斗交相辉映。"大道废，有人义。惠智出，有大伪。六亲不和，有孝慈。国家昏乱，有忠臣"。人与人的关系是人与社会的关系，在社会中才会出现如此不和谐，最主要的原因当然是欲望的发展，私有制的出现。欲望的发展、私有制的出现是必然的，

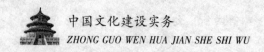

所以人与人关系的不和谐是必然的，反文化生态的出现也是必然的。

人与社会的关系是生存—转换与转换—生存的关系。在我们的社会生活中，人与人的关系发生了深刻的变化。特别是生态文明的建设，使思想政治、意识形态、国家意识乃至社会资源的分配等都发生了变化，追求人与人之间关系的和谐已经成为民众的意识，成为整个社会的追求。但我们必须认识到，在现阶段人与人之间的差异（生理的、教育的、知识的）还无法消亡，人与人之间的信仰还无法统一，人与人之间的利益追求无法一致。在我们的主流意识中，是根本反对神的意识的，这就使我们没有宗教性的神灵的敬畏与管束。没有心灵的敬畏与管束，人们就可以肆无忌惮。社会文化的转型，传统的伦理道德系统失去了自己的威严，那么法在文化生态中就有了特殊的意义。文化生态的构建本就是法的构建。法律只是人化的文化，是人生活的律则，法律是文化生态的实体。法律保障生存—转换与转换—生存的进行，文化生态关系要在法制体系中运行。

第二章 现代文化生态建设

没有建设的理想是空想。文化生态学是智慧实践之学,实践就是建设。文化生态建设是民族精神的建设,民族精神是文化生态精神。现代文化的出现,历史的瞬间就使古老的文化生态在转换。文化生态发生了前所未有的困境,特别是今日乡村文化生态陷入了深重的危机之中,必须抓紧文化生态家园的建设。从理论上探索文化生态的形成发展非常重要,然而探索文化生态建设的哲学基础,提出文化生态建设的前提条件、建设内容、行动方案等更为重要。所有理论研究最终都应该为了建设,建设才能促进文化生态的生存——转换与转换——生存,生存、转换的变化才是民族文化的形成,才是精神的洗礼。

第一节 现代文化生态建设的历史条件

我国是一个古老的农业文明大国,文化生态独具特色。乡村文化生态是一种具有特色的区域性文化生态。乡村文化生态既是乡村社会发展的基础,又为乡村社会发展提供精神动力和智力支持。没有乡村生态文明的平衡、协调发展,没有加快推进农村社会生态文明建设,就没有整个社会的健康持续发展。文化生态是文化整体的关系,文化生态如何建设,这比想象的更为复杂。

现代文化生态在全球化的大背景下,在信息化的浪潮中,城市和乡村更加紧密地联系在一起。人类到今天还只能生活在大地之上,地球还是人生活的舞台。地球犹如天幕,城市犹如镶嵌在天幕上耀眼的星星,而乡村则是天幕上散落的群星。但是现代文明却是工业文明，工业文明似乎是城市文明，城市文化生态建设因此受到了重视，现在的文化生态建设主要是城市的文化生态建设。文化生态的本性是和谐、联系、平衡，轻视乡村文化生态建设本身就与文化生态建设相悖。我们需要建设"城市田园"，也需要建设"田园城市"。现在生活在都市的人们，节假日希望到农村去，这就是因为城市没有成为"城市田园"，乡村也没有成为"田园城市"。

泱泱大中华，经过了上百个世纪得以形成具有自己特色，有许多不同能级的生态文明系统。上万年来强烈依赖环境的农业生产方式，相对隔绝与封闭的居住方式，精神家园重复稳定和经验情感为主导的日常生活模式等，都使我国农村生态文明呈现出简单、早熟、稳定而又十分脆弱的特性。农业文明的文化生态根基是自然而然的，这个根基在农业文化中具有十分旺盛的生命力，然而却经受不了混合而成的现代"生态"洪流的冲刷。随着都市化工业文明的发展，农村文化生态系统出现了严重的问题，地球上这张巨大的生命之网遭受了严重的破坏。农村文化生态的物理框架被打破，精神家园的核心信念——"天人合一"、"物我不分"、"血缘情感"被中断，人口臃肿、资源过度开发、森林被砍伐、水土流失、土地沙漠化、环境恶化等，农村成了城市发展的附庸（原料产地和垃圾倾倒地），原本脆弱的农村生态文明日益恶化。

历史给人机遇，机遇稍纵即逝，机遇往往使人庆幸或遗憾。在以往的农村社会发展研究中，将文化生态建设研究放在次要地位，甚至认为广大乡村山清水秀，田园牧歌不存在生态问题，更没有意识到文化生态建设是农村社会发展的关键。农村文化生态建设严重滞后于城市，人们关注现代农业但不关注农村文化生态。然而，恰恰是现代农业与农业现代化破坏了农村文化生态。正如王治河等所认为的：

"现代农业"实际上指的是"现代西式农业"或"西式现代农业"，它是一种将建立在牛顿力学基础上的机械的、线性的现代技术运用于农业生产活动中，大量使用高强度耕作系统，并普遍采用高水平无机化学农用制品进行大规模单一品种连续耕种的工厂式规模化农业生产方式。因此它在当代西方又被简称为"工业式农业"或"石油农业"。第二次世界大战后，现代农业所带来的短期高速增长的生产能力曾令世界惊喜，但由于其竭泽而渔式的生产方式，其发展的局限和蕴含的危机日益凸现出来。

在城市工厂产生的工业产品，科学技术成果到广大农村去试验、去推广。农村大地痛苦无语，默默地承受着科学技术的负面负担。我国农村生态文明建设跨越了工业文明原始积累阶段，转型中的农村文化生态形势严峻。加快推进农村生态文明建设比加快推进城市生态文明建设更为重要、更有难度。城市文化生态是人工环境系统，而不是大自然、大尺度的自然环境。相对而言，人工环境系统容易建设，也容易保护，大自然、大尺度的自然环境难以建设，也难以保护。农村生态文明是建立在大自然、大尺度的自然环境之上的生态文明。地球上这张覆盖在大地之上的生命之网极为复杂，而我们所知的这张生命之网已被我们捅得千疮百孔。我们需要深入研究农村文化生态问题，更需要我们去建设，去加快推进农村文化生态这项复杂的系统工程建设。

现代文化生态实际上是都市化文化生态，都市文化生态也需要我们去建设。1971 年联合国教科文组织（UNESCO）发起的"人与生物圈计划"（Man and Biosphere Programme）就把城市列入重点研究领域之一，提出要从生态学的角度用综合生态方法来研究城市生态系统。研究指出，21 世纪初全世界将有一半以上的人口居住在城市。如果人类有几百万年（四百万年）的历史，这几百万年都是生活在乡村，人类进入文明时代还只有几千年，进入文明就进入了城市，城市生活也只有一瞬间。1996 年 6 月，在土耳其伊斯坦布尔召开的联合国第二届人类居住区大会报告指出，到 21 世纪全世界将有一半以上的人口生活在城市。中国到 2010 年城市化水平才达到 45％左右。这些枯燥的数字说明都市化的文化生态建设是历史必然。城市本身就是纯粹的文化生态。现在生态革命的浪潮正席卷全球，面对生态化、全球化、信息化的挑战和机遇，人类必然要进入文化生态时代，我们必须加快文化生态建设。

文化生态是人类自己的生存家园，文化生态不是生物学的生态学，文化生态是人的生存系统。文化生态建设极为复杂，是理论与实践的双重演奏，什么是建设？建设是设置、创立、发展。建设是创新，创新才是真正的建设。建设也是转换。《汉书·叙传下》："建设藩屏，以强守圉"。《礼记·祭义》："建设朝事"。人的劳作就是建设，劳作包括精神与体力，建设包括理论与实物两大系统。文化生态建设包括人与自然的关系、人与历史的关系、人与社会的关系、人与自我的关系的构建。文化生态由这四个层次构成，对这四个层次的劳作即文化生态建设。

文化生态建设是最复杂的建设，不仅包括实物建设，还包括理论建设。理论建设也是理论批判，理论批判是对理论的反思，理论的反思是理论的哲学基础的构建。没有理论的哲学基础，就没有真正的理念，也没有真正的建设。文化生态建设首先是文化生态学的建设，从文化生态学视阈审视学科建设，在文化生态学中，"生态"、"生态文明"、"文化生态"这些概念各有不

同的含义，然而这些概念在今天还是比较混乱的。

1987 年，我国著名生态学家叶谦吉首先使用了生态文明概念。20 多年来，生态文明的研究得到了极大的发展。李文华院士说："人类文明的发展经历了原始文明、农业文明和工业文明三个阶段。目前，人类文明正处于从工业文明向生态文明的过渡。"农业文明、工业文明都没有离开自然的属性，农业文明、工业文明与"生态的"具有相似性，农业文明与工业文明联系在一起，都应称为生态文明。"生态文明"反映了"生态"的发展。生态文明的核心是"天人合一"，人与自然和谐发展、可持续发展，是科学的自觉的文明。生态文明。是其他文明（物质文明、精神文明、政治文明）的基础。目前关于生态文明的研究，可以概括为：从纵向的人类社会发展形态看，生态文明是独立于物质文明、精神文明和政治文明之外的新的文明；从横向的社会体系看，生态文明与物质文明、精神文明、政治文明并列，构成社会文明的体系；从人类社会发展的文明成果形式看，生态文明是人类改造客观世界过程中所取得的物质与精神成果的总和；从人类社会发展与自然生态的互动关系来看，生态文明是人与自然关系的升华。

生态文明并不是工业文明之后的一种新的文明形态，生态文明是一切文明的基础。生态文明是人类文明发展的必然，这个必然是指所有文明必然是"生态"的。人首先要同自然发生关系，生态文明不是人类文明发展的一种形态、一个阶段，只有文化生态才是工业文明之后的一种形态，一个阶段。生态文明这一概念的核心只是在"生态"中加入了人的因素，即所谓生态问题是人的问题。生态文明是"人—自然"系统的整体价值观和生态经济价值观，物质文明、精神文明、政治文明生态化，这些内容是所有文明的内容，也是所有人的"生态"的内容。生态文明不是一种新的文明形态，它也不是比工业文明更进步、更高级的人类文明新形态。生态文明是一切文明的基础，原始文明、农业文明都不可能离开"生态"文明。生态文明的本质要求就是人与自然的辩证统一。人类进入文明时代，所有的文明都是生态文明。原始文明、农业文明是"生态"的文明，工业文明也是"生态"的文明，文化成为"生态"就是生态文明。工业文明之后只能是文化生态，文化生态是"生态"成为文化，生态成为文化才是一种新的文化形态。

农业文明、工业文明之后应为文化生态文明，或称文化生态时代。文化生态主要是指工业文明创造了"第二自然"，第二自然是生态，生态是文化。人类要生活在第二自然中，第二自然发生了根本性的变化，即人与自然的关系发生了深刻的变化。文化生态包括了生态文明，生态文明仍然是文化生态的基础，但基础（大地）之上的大厦发生了变化。文化生态时代是都市化、数字地球、数字城市，包括人自己也将数字化。我们之所以称文化生态而不称生态文明，还因为"生态"在"文明"之前，"生态"概括不了人类快速创造出的各种新的文化现象，而我们又生活在新的文化现象之中，新的文化现象组成了一种"生态"关系。人类一直是在创造文化而不是创造"生态"，农业文明、工业文明是文化，不是生态。所谓生态文明是因为文化（工业文明）出现了问题，第二自然和第一自然没有融合好，或者说正在走向融合，所以才有所谓"生态文明"概念问题。人类生活在地球上不能破坏"第一自然"，又要生活在不能脱离第一自然的第二自然之中，第二自然孕育于第一自然的文化生态。现在的第二自然是信息化、数字化发展起来的都市化，都市化是文化生态时代的标志，也是第二自然的徽号。

人类首先创造的是农业文化，农业文化应是第一自然的文化化。农业文化构建了"农业城市"，农业文化成为文化就在于构建了农业城市。文化构建了城市文化就成了生态。没有城市就没有文化或文明。农业文化必然出现农业城市，农业城市是一种文化生态，但不是文化生态时代的城市。农业城市是农业文化生态的象征。城市是文化的"集聚"、"聚落"，城市的出现是文化生态的出现。城市的产生可以追溯到人类文明的萌发时代，文明起源的地方可能就是城市起源的地方，人类文明的发展史也是城市的发展史。世界上最早的城市是于公元前七千年前出现的耶里哥古城（Jerich，在今巴勒斯坦境内）。由此历史地证明农业文化的出现也就出现了农业城市，农业城市是农业文化的集聚。中国传统文化是农业文化，农业文化的出现城市开始出现，中国古代的城市也只是农业城市。据中国古代典籍记载，中国在四千年前的夏代就出现了最早期的"城市"。农业文化与农业城市在起源上是一致的，如《周易·系辞下》说："日中为市，致天下之民，聚天下之货，交易而退，各得其所。""市"是产品交换的场地（现代称市场）。城市是政治、经济的中心。没有农业城市就无法形成农业文化，农业文化的形成是因城市而出现。

人类文化生态建设首先是农业城市的建设，没有农业城市，农业文化就如一盘散沙而不能成其为文化，文化也无法传承下来。农业城市的出现并不是文化生态时代的到来。城市作为一个聚落形态，城市是人类历史发展到一定阶段的产物，也是人类社会进入文明时代的标志之一。"如果以有一定的规模、有一定的永久性的大型建筑、有一定的手工生产场所和交换贸易场所、有一定的城市基础设施、有比较密集的居民居址这五条标准来衡量中国古代城市，夏代中后期的二里头古城可视为城市形成的标志。"这个标志正是文化生态的标志。农业文化是古老的文化，文化与自然物质不同，就在于经过了人的创造，人的创造使文化成为了文化生态。"在殷墟遗址的发现中，我们知道殷墟曾是一座起码十平方里以上面积的城市，其市区内的版筑房屋、宫庙、手工作坊并存。从其房屋遗址的密集程度看，殷都当时的人口已经相当集中。唐人张守节'正义'的《史记·殷本纪》引《竹书纪年》云：自盘庚徙殷至纣之灭，二百七十三年，更不徙都。纣时稍大其邑，南距朝歌，北据邯郸及沙丘，皆为离宫别馆。""到了西周就已经形成了我国历史上第一次城市建设，从此城市对于整个社会政治经济文化生活产生了重要的影响。"城市的出现不仅是对文化生活产生影响，而且是真正的文化生态建设。城市是文化的集聚，是一个文化生态系统。农业文化是散落在广袤大地上的村落形态、生产方式、动植群落等文化现象，城市则把这些文化现象组合起来，城市既是这些文化现象的中心，又使自己成为文化生态。

中国古代的农业文化没有变化，就是因为城市没有变化，城市没有变化文化生态也就无法变化。"中国古代城市自秦朝开始建立大一统的君主专制政权后直到清代漫长的两千年中，由于政治体制的同一性，城市性质未发生根本的变化，其间，尽管经历了坊市制度从建立到崩溃的整个过程，尽管也有北宋以来的市民社会及市民文化的微弱发展，但并未能从根本上改变古代城市的这一属性。"中国古代城市是在内陆大地上，没有大海波涛的冲击，没有高于自己文化的侵入，城市与农业文化血脉相连。农业文化是农业城市的基础，农业城市是农业文化的花朵。城市经济与农业经济是一致的，城市经济是地主经济，而不是资本主义经济。在还没有进入工业经济时代之前，城市经济只能是农业经济。城市只是这种经济的代表，经济的代表是政治，农业城市是农业文化的政治代表。

中国古代的城市与农业文化没有本质上的差别，在文化生态中也就没有什么城乡二元结构。所谓城乡二元结构是随着工业化城市的出现而出现的，也是西方工业文明冲击的产物。中国古代农业文化有什么城市二元结构，虽然说城市与乡村毕竟不同，但城市文化并不完全不同于农业文化的文化。农业城市与农业文化最主要的差别在于：文化的空间缩小；以政治为中心；散居变为集聚居住；人际关系更为复杂。正是这些差别使文化成为了文化生态。农业城市与农业文化的这些差别集中在政治上，城市是封建专制的中心，而农业文化的经济是自然的经济，自然经济的政治是淡漠的。农业城市与农业文化的这些差别隐藏着"二元论"的深刻矛盾，但这些矛盾还只是一个胚胎，还没有公然的对立。这个矛盾发展到今天，才使城市的文化生态处在分裂状态，城市文化生态与乡村文化生态在博弈。

城市文化生态是乡村文化生态的支柱，城市文化生态是在乡村文化生态系统中建设起来的。城墙的建设甚至还有护城河的挖掘把城市与乡村从空间上隔绝开来，同时使城市成为森严可怖的精神实体——政治中心。但是中国古代的城市仍然不具有工业文明的性质，所以工业文明无法从城市文明中自发的发展，我们今天仍然有着都市化建设的历史任务。农业文化生态是"自然性"的文化生态，自然性的文化生态是原始的世界，原始世界在文化生态中就是原生态。我们的祖先在黄河长江流域的生态环境中，自然而然地产生农业文明，但无法自然而然地产生工业文明。所谓农业文明就是农业文化生态，农业的基因——地缘、血缘、宗法、家族、村落、长幼、生活、道德、习惯、亲情等等发育为文化生态，这种文化生态把人"制造"为农民。农民不是制造工业文明的人，工业文明也不能制造农民，农业文化制造了农民，农民没有制造工业文明。农民不是原始人，农民是被制造出来的文明人，文明人不是生态人。

原始人（人猿揖别）还不是人，农业的关系，农业的生产，使"人"自己变成了农民（植物身体）。人深深地扎根在土壤之中，在那个土地中出生，又复归在那土地之中。在那个土地上睡觉，在睡觉的地方吃东西，吃的东西也来自那土地。人的血脉就是那土地的江河，人的心智就是那大地的山洞，大树就是农民的茅舍，把树枝架起，把稻草堆放在上面，真正的茅舍出现了。在茅舍下面饲养牲猪（豕），在茅舍中结婚生子，茅舍是"家"的出现。家的出现是人类一次伟大的革命，是文化生态的出现。许多的家集中在一个合适的地域便是"市镇"的出现。根据斯宾格勒的观点，市镇也是一种植物性的存在，它和农民一样是远离游牧状态和纯粹小宇宙状态的。在茅舍中衣食住行、饮食男女、婚丧嫁娶、生老病死等，这就是"仁慈的神灵"的形成，是一群神灵在这里生活。

在农业文化中出现了"神灵"，出现神灵就出现了"市镇"；"神灵"就是思想、思维、精神、意识、心灵。"真正的奇迹是一个市镇的心灵的诞生。一种完全新型的群众心灵——它的终极的基础永远是我们看不到的——突然从它的文化的一般精神中长出来了。""群众心灵"就是文化生态。在原始先民那里，神、神灵也需要居住地，需要居所，这就是"市镇"。"市镇"就是文化生态。希腊的神灵们居住在奥林匹斯山上，这"山"就是市镇。"区别市镇和乡村的不是大小而是一种心灵的存在，这是用不着说的。"斯宾格勒还认为，"从这个时候起就有了两种生活，即城内的和城外的生活，农民同市民一样清楚地懂得这一点"。斯宾格勒的认识可能适合欧洲的历史,古希腊的城邦制可能就是这样的。中国古代的农业文化生态在乡村和城市是统一的,农业城市只是政治的中心,也只是为统治支配着乡村,乡村政治与城市政治是一个东西。所谓"长期存在的城乡二元结构"是不存在的。城市的围墙也没有围断血缘关系,家天下就是血缘的延伸,一个皇朝能维系几百年,不仅是城市强化了血缘,政治保障了血缘,更重要的是同为农业,中国古代的农业文化生态与农业城市文化生态不是二元结构,而是同一个根。

今天的"城市文化生态"超过了以往任何时代的文化生态,城市与乡村是完全不同的景象。古代文人墨客对古代都市有那么多的描绘,有那么多的多愁善感,无论是诗歌还是辞赋,几乎都带有农业文化的色彩,是农业文化的话语。花草树木、鸟兽虫鱼、星星月亮、高山大海、亭台楼阁、男欢女爱、穿衣吃饭等词语,构成古代都市的画面,也成为中国古代文学的基础。刘长卿《登吴古城歌》:"黍离离兮城坡坨,牛羊践兮牧竖歌。野无人兮秋草绿,园为墟兮古木多。白杨萧萧悲故柯,黄雀啾啾争晚禾。荒阡断兮谁重过,孤舟逝兮愁若何。天寒日暮江枫落,叶去辞风水自波。""古城"、"遗墟"的描绘离不开农业文明的话语,"黍离"即王城乱离悲歌,荒凉与萧条的都市意象。王建《汴路即事》:"天涯同此路,人语各殊方。草市迎江货,津桥税海商。""人语"不同指市民与乡民的话语不同,但还是"路"相同。张祜《纵游淮南》:"十里长街市井连,月明桥上看神仙。人生只合扬州死,禅智山光好墓田。""十里长街"是城市,而全诗似乎又是乡村山水田园(月明、桥上、山光、暮田)之歌。文人们身在城市心在田园,城市就是田园,田园与城市心灵相合。城市田园一幅长长的风景画卷,是中国古代文化生态的历史基础,文人们的诗意栖居。

城市与田园并没有构成文化生态的二元结构。中国古代都市是政治性都市、商业中心,这都市、中心正是农业文明的都市、中心。都市与田园在物理上不同,在文化生态形态上有差异,但并没有构成文化生态的两极。都市不同于乡村田园的文化生态,这是中国农业文化生态的特征。在中国文学史上一些文学史家极力张扬都市与田园的差异,都市文化不同于乡村田园文化。城市是政治中心,政治是可怕的,不讲人情也不讲道德,在封建专制社会政治就是你死我活的争斗。城市是商贾云集之地,商业的本性就是利,利从何而来,利是他人的血汗。城市人际关系相对乡村更为复杂,特别是古代城市的青楼妓女,是古代城市的一大奇特现象。文人墨客带着乡土之情、山水之歌、田园之恋来到都市,都市的不同景象必然使他们形成所谓的"文人心态"。也正是城市不同于乡村的景象，才使得中国文学史出现了不少都市与山林、田园的不朽诗文。也正是城市与乡村的差异，才使得中国的士大夫出现了"仕"与"隐"，"仕"与"争朝"，隐归入山林，争朝归入名利。这些文人墨客们的美丽诗文，是古代城市文化的生态之歌，是古代城市文化生态的绝唱。也正是这些"诗文"在中国农业文化中没有形成一种"市镇的心灵"，反而消解了市镇心灵。总之，文人墨客的千古绝唱就是城市农业化的文化叹息，是文化生态的乡愁，乡村城市化的栖居。

中国古代的农业文化生态不仅过于强大，而且是地地道道的"生态"文化。人与自然、人与历史、人与社会、人与自我是自然的、和谐的。古代文化生态的形成、发展不是由文学家们的诗文决定的，文学家们只是文化生态的描绘者。但文化生态性质的某些方面是由先前说过的东西所建立的，文化生态离不开语言符号。文学家、思想家一道建构了文化生态。海德格尔说："语言是一种财富。语言足以担保——也就是说，语言保证了——人作为历史性的人而存在的可能性。"但哲学家、思想家们有可能起主要作用，中国古代农业文化生态的形成，儒、释、道就起了重要作用，中国古代的农业文化生态的形成、发展不可能绕开孔子，也不可能没有孔子。李泽厚说：

由孔子创立的这一套文化思想，在长久的中国奴隶制和封建制的社会中，已无孔不入地渗透在广大人们的观念、行为、习俗、信仰、思维方式、情感状态……之中，自觉或不自觉地成为人们处理各种事物、关系和生活的指导原则和基本方针，亦即构成了这个民族的某种共同的心理状态和性格特征。值得重视的是，它由思想理论已积淀和转化为一种文化—心理结构。不管你喜欢或不喜欢，这已经是一种历史的和现实的存在。

"文化—心理结构"是文化生态的深层存在，是民族的文化生态智慧。孔子真正地构建了中华民族的文化生态智慧。李泽厚说："我的意见是，既不是博物馆，也不是图书馆，思想史研究所应注意的是，去深入探究沉积在人们心理结构中的文化传统，去探究古代思想对形成、塑造、影响本民族诸性格特征（国民性、民族性）亦即心理结构和思维模式的关系。我以为，展现为文学、艺术、思想、风习、意识形态、文化现象，正是民族心灵的对应物，是它的物态化和结晶体，是一种民族的智慧。"此处所说的民族生态智慧，是孔子构建的农业文化生态智慧。智慧是人生存（生态）的智慧，为了人的生存才是智慧。在终极意义上，智慧都是文化生态的智慧。道家则从儒家相反的方面构建了农业文化生态或草根文化生态智慧。老子从"道"的方面构建农业文化生态基础，从"绝仁弃义"，"绝巧弃利"反对儒家的"仁义"构建

反文化生态智慧。"反者道之动","民之饥,以其上食税之多,是以饥;民之难治,以其上之有为,是以难治;民之轻死,以其上求生之厚,是以轻死。""反"是老子的生态智慧。庄子则从自然天成,"天地与我并生,而万物与我为一"。安于天命,自然而然,"无化"就是庄子的生态智慧。佛教从西域来到东土被彻底地草根化,在深山老林建寺庙、离家出走、生死轮回、富贵在天,心中有佛、"命"就是佛教的生存智慧。

孔子、老庄、佛教均为农业文化生态与生态智慧的构建,奠定了中国古代农业文化生态的思想基础。孔子、老庄、佛教的生态智慧在本质上与都市文化生态智慧有时若离若弃,有时格格不入。城市与乡村总有不同,城市是一定区域范围内政治、经济、文化、宗教、人口等的集中之地和中心所在,是一种有别于乡村的高级聚落的文化生态。中国古代城市是政治中心兼而为商业中心。政治衍化为"名",商业衍化为"利",即所谓"名利"之居所。张仪曰:"争名者于朝,争利者于市。今三川周室,天下之朝市也。"孔子、老庄、佛教都是反对名利的,他们又都与城市文化格格不入。中国古代的知识分子追求功名,也可以说向往都市,另一方面又反对名利,真是奇怪得很。没有都市就没有"仕",没有"仕"就没有功名,没有功名(仕)就只是村野匹夫,这种矛盾心理,在古时与今日都是无法消解的。

孔子倡导仁义,对名利可以说是极为反对。"君子喻于义,小人喻于利。"孔子及儒家在构建农业文化生态系统上是积极的、伟大的。孔子及儒家反对名利。尽管没有构建城市文化精神,也不负有责任,他们的时代是农业文化生态时代,但是,从学理上,孔子及儒家积极的"入世"而不是"入仕",在现实的文化生态建设中,孔子的文化生态智慧则是消极的。《论语》多次说到要"天下有道则见,无道则隐"。"隐居以求其志,行义以达道。""隐"一方面是退出江湖,另一方面是逃到深山老林去,远离政治中心。在文化生态建设中是消极的。老庄是逃去都市,超越社会、超越客观世界与主观世界,老庄与城市不沾边而极力反对"争名利于朝"。庄子说去做官"无污我"。庄子认为儒家的理论败坏世道人心,他要否定这"否定性",躲进田野乡村逍遥自在。《史记·老子韩非列传》中《秋水》的故事,可见他们是如何反对名利的。佛教思想是追求人生解脱而成佛,佛教思想的出发点和归宿是为了成佛,达到解脱的境地。佛教提供的不是现世今生的幸福,而是来世虚幻的信念。佛教心性化、人性化后,是精神的慰藉,不是名利的追求。

儒、道、佛教的思想是中国传统文化生态的核心,他们的生态智慧是中国传统文化生态智慧。中国古代农业文化生态智慧由儒家、道家、佛教生态智慧照耀下形成。农业文化生态智慧是人类有史以来最伟大的生态智慧。人类至今还没有脱离这种智慧，农业文化生态包括了天、地、人，是人生存的世界，是一个伟大的生活世界。农业文化生态以血缘关系、农业生产为基础，血缘关系发展出伦理道德、政治制度，农业生产发展出物质文化、社会关系等，从而衍化成文化生态智慧。儒家、道家、佛教是农业文化生态的生态智慧，农业文化生态智慧是固定的、重复的、缓慢的、受动的、自然的，一句话是"自生自发"的，不是"人造"的。万物一体，天人合一，所需的是"伦理"而不是"法理"。儒家、道家、佛家反对法家，法家难以形成自己的文化生态智慧，但是文化生态的生存—转换与转换—生存不可能没有法家的智慧，法家的思想被浸孕在儒、道、佛之中。文化生态智慧是关于生存—转换与转换—生存运行的智慧，儒家、道家、佛家就是这样的生态智慧。农业文化生态需要这样的智慧，这样的智慧是农业文化的生态智慧。儒家、道家、佛家这三种智慧结合在一起，实在是太深邃、太精细、太完美，从而完全被中国人所接受，成为中华民族文化—心理结构的内容，成为文化无意识、集体无意识的东西。

农业文化生态是人类生存—转换与转换—生存的第一文化生态形态，中国古代的农业文化生态是世界上最发达的文化生态。发达的文化生态便有发达的农业文化城市，农业文化城市是农业文化的聚集。在工业革命之前，中国是世界上城市最发达的国家之一，但是这种城市只是农业文化生态的集中或典型，是农业文化内在的存在，是农业文化的政治中心，是军事上的防御、经济上的消费，这种农业文化城市没有发展的动力，也不是精神的家园。农业文化是固定的、重复的、缓慢的、受动的、自然的，不需要也不可能形成城市新的文化生态系统。鸦片战争后，工业文明的强烈冲击，中国出现了香港、上海这样的工业文明城市，但这些城市却带有强烈的殖民主义色彩。中国现代城市的出现，不仅非常艰难，而且洒满了血和泪。中国现代城市，到改革开放前仍没有成为工业文明的支柱，仍没有成为科学技术的园地，仍没有成为现代文化生态的精神家园。

工业文明的发展必然是都市化的出现，是都市化工业文明的母胎。都市化是人类精神的成果，人类文化生态智慧的结晶。都市化也是现代人的摇篮、精神的母胎。美国学者刘易斯·芒福德在《城市发展史——起源、演变和前景》一书中说：

由于有了城墙，城市生活便有一个共同的基础，这基础可以说同宇宙本身一样深厚：城市则无异于一位强大神祇的家园。城市中许多建筑物和雕像

都体现了这一事实，它们使城市高高地超越了村庄和乡镇。若没有宫殿和庙宇圣界内所包含的那些神圣的权力，古代城市就失去了它存在的目的和意义。

城墙是文化无限的边界，有边界才有文化生态。中国古代没有这样的城市，中国古代城市是天然的家园。西方古代的城市是战争与宗教相结合的产物，是权力的象征。"宫殿和庙宇"、"神圣的权力"都与战争相关。托马斯·哈定说："一种文化可以通过战争来进行技术的和社会政治的较量。如果是一种确实'较弱'的文化、缺乏有效的用于战争的技术和社会组织，那么，观念往往成为主要的防御手段。在许多排外活动和迷信之中，为了组织人们以抗拒一种占优势的和更有生命力的文化渗入，往往会出现和利用一种超自然的观念。"西方许多城市是在"战争"之中形成的，通过战争进行技术和政治较量发展起来。宗教也是这些城市共同苦难的救赎。中国古代没有这样的城市，现代也没有这样的城市，虽然城市也具有防御的功能，但只是民族内部之争。中国古代城市不是对外发动战争的地方，也不是宗教——神灵集聚之地。正如马克斯·韦伯所认为的："公元前8至前3世纪是塑造中国精神文化的至关重要的时期，当时的帝国是诸侯组成的一个非常松散的联盟。"到春秋战国，战争不断，"尽管如此，中国几千年来的国内政治与社会生活的古老制度，仍是被置于神的保护之下，几乎未被动摇过。天威永在，古老的社会秩序就是一切"。中国古代没有西方那样的城市，也没有城市化的理论。中国和西方的文化生态运行之道不同，城市文化生态发展是两条不同的逻辑。

中国古代城市没有什么变化，天威是通过伦理道德维护着城市的"社会秩序"，社会秩序是血缘关系的衍化，衍化出皇家的家天下。黄河中下游、长江中下游的自然条件提供了城市消费的保障，城市以政治为中心而缺乏宗教意识，宗教在城市也不可能如同伦理道德一样发挥自己的功能，古代的寺庙建在深山老林就可想而知。农业文化的城市也无须超越的精神或信仰，农业文化城市是诗人诗意的栖居之所，如刘禹锡《曹刚》："大弦嘈嘈小弦清，喷雪含风意思生。一听曹刚弹薄媚，人生不合出京城。"中国古代农业文化城市还没有真正的市民，没有商业经济就没有真正的市民，没有市民就没有精神，这样的城市不是"神祇的家园"，而只是维护生灵统治的"礼仪"之都。刘易斯·芒福德说：

若没有城市的宗教性功能，光凭城墙是不足以塑造城市居民的性格特征的，更不足以控制他们的活动。若没有宗教，没有随宗教而来的各种社会礼仪和经济利益，那么城墙就会使城市变成一座监狱，这种监狱中的囚徒们就只会有一种最大的愿望：消灭他们的看守人逃出监狱。

　　我国古代的城市有些有城墙有些没有，没有市民阶层，没有囚徒逃出监狱，没有西方那样的城市（没有那样的宗教），城市与乡村并没有分开、对立，城市与乡村血缘关系没有中断，城市是农业的城市，城市是礼仪的城市，所以也就没有造就什么完全不同于乡民的市民。没有殖民者，市民的本性具有掠夺性，市民的生活资料来自乡民。西方的城市与乡村或农业文化是完全不同的，西方城市是精神实体而与乡村对立的一种新的文化生态。

　　城市文化生态是市民生存的基础，市民是城市文化生态造就的。市民是具有创造力的一个阶层，市民不是乡民，市民的创造是工业文明发展的动力。"最初城市是神灵的家园，而最后城市本身变成了改造人类的主要场所，人性在这里得以充分发挥。进入城市的是一连串的神灵，经过一段长期间隔后，从城市中走出来是面目一新的男男女女，他们能超越其神灵的局限，这是人类最初形成城市始所未料的。"城市文化不同于乡村文化，就在于城市人已经成为市民。现代西方的城市文化主要是理性的、科学的、法理的文化。这种文化又与战争的技术和社会组织联系在一起，并且形成超自然的观念，这样的文化生态造就了新人——市民（殖民者）。我们没有这样的城市，也没有形成这样的市民，也没有自己的城市文化生态理论体系。

　　城市与市民是工业文明发展的历史逻辑前提，城市与市民理论是工业文化生态建设的逻辑前提。农业文明在乡村，工业文明在城市。工业文明是文化生态时代的基础。文化生态建设首先需要有文化生态理论，文化生态理论离不开都市文化理论。农业文化是共同体，都市化是市民社会。"特别是现代大都市，它们把来自全然不同的文化背景的人聚集在一起。如果他们要共享当下所居住的世界，那么他们就不能回头追溯其原住地的叙事，恰恰相反，他们必须以某种方式创造出新的、更加适合新时势的叙事。"现代大都市充满着活力，都市只能是创造新的，因为它没有也不是固定的稳定的。不同的文化背景的人聚集在一起，使现代人只有未来没有"历史"，"原住地叙事"已是过去，"新时势叙事"才有意义。

　　现代文化生态建设需要新的文化生态理论研究。现代文化生态不是建立在农业文化生态之上的，农业文化生态在大地，现代文化生态在天空。现代文化生态是都市化的文化生态，都市化是理性的、科学的、法律的、政治的多元结合。都市化一切都在变化，都市化一切都需要重构，重构道德法律体系，使文化生态趋于和谐。芒福德说：

　　完全意义上的城市是一个地理网络、经济组织、体制过程、社会活动剧场以及一个具有集体统一性的审美符号……"一方面，它是一般家庭活动和

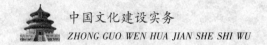

经济的物理框架，但另一方面，它是人类文化更有意义的活动和更加崇高的冲动所需要的自觉的戏剧背景。城市孕育了艺术，也成了艺术；城市创造了剧场，也成了剧场。正是在作为剧场的城市里，通过相互冲突以及相互协作的人物、事件和群体，人类更具目的性的活动得到了阐释和实施，最终具备了意义更加深远的完满。"

现代的城市完全是现代文化生态的聚集，"统一性的审美符号"是现代文化生态华丽的服装，水泥丛林被装扮得花枝招展，城市成为艺术，成为创造的剧场，冲突与协作并存等，人的目的性在这里得到实施，但这还只是城市的一般性存在。

从农业文化生态生存—转换为都市文化生态是现代文化生态的变化。都市化文化生态就是现代文化生态，都市文化生态建设是一个历史的过程，然而在我国却显得那么的短暂，我们真正开始都市化文化生态建设是从改革开放开始的。在我国文化生态的运行之中，没有从农业文化生态中生长出城市文化生态的内在动力，甚至从鸦片战争后，我们一直在抵制殖民主义的入侵。改革开放以后，我们加快了城市建设的步伐，城市文化生态才刚开始建设，对这种完全不同于农业文化生态的文化生态研究还非常肤浅，甚至还来不及研究，我们的国民还没有真正成为市民，国民还没有心理准备，民族精神还没有受到洗礼，但我们的都市化就这样开始了。

我们的理论家们还来不及深入研究我国城市文化生态的形成发展，我们只能照搬西方现存的理论。据说西方的城市化搞了几百年，理论也比较成熟，社会学家、经济学家们（官员）介绍搬来了西方社会学的、经济的种种理论，思想家、哲学家们介绍搬来了西方文化学的、后现代主义种种理论，但是这些理论并不适合我国城市文化生态。毋庸置疑，我们在较短的历史时期形成不了自己的城市化理论，城市文化生态建设才刚刚开始，城市化的制度系统还没有形成，但毕竟开始了研究。中国城市化是在农业文化中进行，中国毕竟是一个伟大的农业文明古国，有一套优美的完整的农村文化生态体系、思想。现在千万农村青年劳动者转向城市，每年几百万大学生簇拥在城市，城市乡村交相辉映。农村大量的人口流入城市，加快城镇化建设，乡民将变成市民，必然使城市的面貌发生变化。乡村这套古老的文化生态智慧也可能适用城市，也应该有普适价值，我们必须加快城市文化生态理论研究。现在我们自觉不自觉地用农业文化价值体系、道德规范、行为模式等要求城市人，又用城市人的生活方式要求农村人。农村人向往城市人的生活，城市人向往农村人的休闲，这样形成了理论研究的"互异现象"。

所谓"互异现象"就是指外在理论诠释实在现象，实在的现象并没有被提示也没有构建出相适的理论。具体地说，是用外来的城市理论和农业文化的理论来构建规范都市文化生态，又用现代都市化文化生态理论来构建规范农村文化生态，其结果是理论与实际相脱离，城市与乡村都没有深入研究，用农业文化生态的一套要求城市，用城市的现代理想要求乡村，其结果只能是"互异"的。我们没有自己的理论说明自己的问题，没有宏大的理论叙事，没有自己的学派，没有自己的理论体系。非常睿智的民族现在却总是没有思想体系，总是不能说明自己的问题，理论脱离实际就在于我们陷入了"互异现象"的怪现象之中。

理论要贴近实际，理论应来源于实际。我们这个时代应该是产生理论的时代，也是一个没有也不需要理论的时代。文化生态的运行是一个历史的过程，轴心时代的文化是在原始的没有文化的大地上形成文化。形成文化也就是形成了理论，人也成为人。农业文明转换为工业文明到文化生态时代是文化的积累，是生存—转换与转换—生存的变化，这种变化太快使人还来不及思考，也就只有借助于外来的。现在文化不是农业文化的"人化"而是"人造"，人造了文化而自己怎样存在呢？现在人不知道怎样存在，现在的文化还没有成为"家"，文化生态是存在的家园，"无家可归"就是无文化生态或文化生态缺失。怎么会"无家可归"，科学技术给人带来了富足，物质丰富精神也应富足，不是说物质决定精神吗？物质富足和精神富足就应该有了家，但现在是无家，无家就是无精神。其实人类永远达不到"富足"，富足是相对的、少部分人的，这少部分人也永远不会认为富足（2010年7月19日，中央电视台报道，杭州、苏州两位副市长各贪污亿元以上被判死刑，他们会认为富足吗？），我们没有一个人认为空气足了，只有到了高原才说空气少了，富足是不应说的，少了才会说不足。现代的"富足"激发了人的欲望，无穷的欲望使人忘了"家"。

文化生态建设就是"家"的建设，家的建设少不了逻辑，即文化生态建设的前提。现代文化生态建设不是物质性的建设，也没有东、西方之分，而是人类在地球之上（笔者说的是天空）的人文的建设，是新的关系建设，是我们自己这个小宇宙的建设。"托马斯·贝里认为，在地球经历了古生代（paleozoic）、中生代（Mesozoic）之后所产生的新生代（Ceenozoic）正在终结，也就是说，在恐龙灭绝后产生了人类的新生代正在终结。'生态世代'（ecozoic）是一个在新生代终结可能出现的地球生态，各种生命以一种共同增强的生态方式存在，它有赖于人类对现在生存方式的改变和对生态模式的创造。""生态世代"就是我们指的文化生态,是文化生态的原始的生态。其实,我们不仅生活在宇宙之中,而且生活在文化生态世界之中,文化生态世界又镶嵌在宇宙之中。布伦思·斯威姆(Brion Swimme)说:"宇宙浩瀚无垠的深邃时间(deep-time)运行轨迹,从物质开始,发展到伟大的故事(Great Story),指的是将宇宙进化的雄伟史诗簇拥成我们这个时代的后传统(post tradition),宇宙并不是偶然地、更不是必然地演化出人类,人类诞生完全出于宇宙自主自愿地决定,环境必须成为'文明的核心筹划原则,也日益重视生态宇宙大自然。'""筹划原则"即生态智慧是文化生态的太阳,"生态宇宙大自然"是文化生态建设的基础,宇宙大自然最终就是文化生态的大尺度。"我们这个时代的后传统"正是文化生态时代的开始,即文化生态宇宙大自然的形成。我们要建设的,能够建设的就是我们自己的生态"故事"。

每个时代、每个民族的"故事"是不同的。乔纳森·莱文说:"'我们的社会文化所有方面,共同决定了我们在这个世界上生存的独一无二的方式。不研究这些,我们便无法深刻认识人与自然环境的关系,而只能表达一些肤浅的忧虑。'"这个"独一无二的方式"正是文化生态的关系,文化生态关系包括了"人与自然环境的关系"。人与自然的关系是文化关系、生态关系。我们的社会文化也将是整个"后传统"的一部分,是全球化的一部分,但各个部分又是不同的。各个部分不同,文化生态的建设就必然不同。我国的文化生态不仅不同于西方,因为我们还没有达到后现代主义的水平,我们的文化生态系统还存在城乡之间的巨大差别。我们的文化生态是一个同心圆的存在,大中型城市是现代的中心圈,中心圈城乡交界是近代的,中心圈交界之外广袤的农村仍然是古代的一个大圆圈。现代、近代、古代文化生态并存于同一时空之中,呈现出同心圈的状态。根据这样的存在状况,也根据文化全球化发展趋势,文化生态建设只能是遵循稳态延伸—文化制衡—关系耦合—本土发展路径。文化生态建设是文化生态运行之道的实现,文化生态的运行之道包括了它的发展,建设就是发展。

我国是一个社会主义国家,这是一个最基本的现实。党的十七大、十八大报告中提出生态文明建设的战略任务,也就是我国的文化生态建设的行动指南和指导思想。城乡文化生态建设是一场伟大的思想革命,是我们民族的伟大梦想,也是人的全面发展与社会发展的历史基础。加快推进城乡文化生态建设就是建设和谐社会。文化生态是人类存在的家园,也是人生存的智慧,文化生态问题最终是人自己的问题。文化生态建设必须坚持科学发展观、坚持以人为本,实现人—社会—文化生态的和谐发展,最终使人生活得更好。

为了生活，使人生活得更好，才有可能建设好文化生态。

　　文化生态建设是一项极为复杂的系统工程。文化生态是农业文化、工业文化之后的一种文化形态，甚至可能是文化的终极形态。对文化生态建设需要研究复杂性生态哲学，更需要不同学科的综合性研究。文化生态是人生存的世界，是由各种关系构成的结构系统。从哲学、社会学、文化学、生态学构建起文化生态学，从文化生态学研究文化生态建设，提出加快推进文化生态建设的路径选择、行动方案；夯实文化生态建设的理论基础。文化生态建设不仅是一个理论问题，要有理论的说明，更是一个现实问题。全球化、信息化、网络化、都市化文化生态怎样建设？城乡文化生态存在差异，同心圆状态的文化生态怎样建设？文化生态的主体是人，不同时代的人是不同的，人的复杂性在于人的自由性，在于人的欲望无规律性可言，特别是在社会文化转型与经济快速发展时期，人的欲望被大大地激发，人能建设吗？人又将怎样建设自己？文化生态建设最终只能是人的建设，这些都是现实的问题，而不是理论的问题。

　　数字化文化建设是加快推进文化生态建设的突破口。农业文化生态是自然人化与人化自然的自然而然的存在，工业文明是从自然进入大厦的机械化的文化存在。农业文化、工业文化仍然是存在于现实大地之上的文化，人与自然、人与历史、人与社会、人与自我的关系仍是物理世界自然而然的关系，同时这些关系又在同一时空中数字化，都是"生态"化的文明。文化生态时代的这些关系发生了变化，文化生态即存在，存在即文化生态，文化生态不是生态化而是哲学化，即存在化。"存在"的形而上者为之"数"，"道"可以成为"数"。人类第一次惊奇地发现"数"时，"数"似乎就成了"道"。黑格尔说："毕泰戈拉派哲学原始的简单的命题就是：'数是一切事物的本质，整个有规定的宇宙的组织，就是数以及数的关系的和谐系统。'"数在这里是本体，数永远是理性的皇后，一切都可以数字化。"数是一切事物的本质"，数就成为文化生态的存在基础。现在的信息技术使一切数字化，数字化成为文化生态的始基。"信息技术使人信息化的当代形式就是使人数字化。当前数字时代的一个重要特征，就是作为一种现代技术现象的数字化，日益渗透到社会生活的各个领域。"文化生态建设是人与自然关系、人与历史关系、人与社会关系、人与自我关系的重建，这些关系可以数字化。文化生态建设应该从数字化生态建设开始，数字化是头脑化。"人数字化"人就成了"生态人"。

　　文化生态建设最终是人的培养，培育"生态人"是文化生态建设的最终目的。生态问题是人的问题，人是文化生态的存在。所谓"生态文明是指人类遵循人、自然、社会和谐发展这一客观规律而取得的物质与精神成果的总和；是指人与自然、人与人、人与社会和谐共生、良性循环、全面发展、持续繁荣为基本宗旨的文化伦理形态，它将使人类社会形态发生根本转变"。"根本的转变"是人的转变，这里虽然缺了人与自我的关系，这些关系不仅构成了生态文明，也是文化生态的存在，文化生态包括了生态文明，没有人就没有文化生态。农业文化、工业文化的隐退不是人的终结，人在生态文明中是在场的。人的终结并不是人类的灭亡，而是指一种文化形态的消亡，必然是这种文化的主体的消亡—终结。人的终结是人的转变，人的终结同时就是"人"的产生，一种文化形态的消亡必然是另一种文化形态的出现，一种文化形态的出现也就是一种"新人"的出现。生物人从地球上出现以后便有各种形态人的出现，如"宗教人"、"文化人"、"理性人"、"行为人"等，这些人都是"制作"出来的人。文化造就人当然就是文化制作人，有什么样的文化生态就会有什么样的人。文化生态时代制作出的应是"生态人"。

文化生态建设是真正生存家园的建设。人类文化生态是一个历史的发展过程。在这个过程之中，人们首先建设的是道德系统。农业文化生态只需要也只能构建道德系统，天然家庭、血缘关系、婚丧嫁娶、礼尚往来等自然而然地衍化为伦理道德。农业文化形成的共同体靠伦理道德就足以维持自己的存在。农业时代的人被制作为"道德人"。工业文明时代人们建设的是法理体系，工业文明经济至上，市场经济需要法理的威严。"大卫·雷·格里芬（David Ray Griffin）认为：现代文明中，'人与物之间的关系——物质需要——是首要的，人与人之间的关系——社会——则是次要的，人与物之间的关系高于人与人之间的关系。这是一个决定性的转变，这一转变将现代文明与所有其他文明形式区分开来，它也符合我们的意识形态领域关于经济至上的观点。'这也就是说，社会应当从属于经济，而不是经济从属于社会。"这些思想是深刻的，但要补上人与自我的关系——精神需要是最重要的关系。传统社会的道德观被现代社会的经济观所代替，经济不是天然的，经济是行为、劳动及资源占有。现代社会即工业社会才有经济学，"经济学对早期社会没有用处，无需借助特殊的经济分析，他们也能很好地理解社会权力和财富问题。相比之下，今天如果没有这些特殊的经济工具，我们就无法厘清社会的状态（例如收入分配、机会分配和权力分配）"。"社会权力和财富"没有"法理"就会混乱不堪。市民靠经济维持自己的生存。工业社会是"法理社会"，法理社会制作的是"经济人"。"经济人"没有生存的家园，他们也无须家园，经济维持他们的生存。工业文化生态时代，道德失去了农业文化时代的那种功能，科学技术的发展使生存的基础发生了变化，同时也千疮百孔。现代的文化生态不是生存在大地上的文化，所以进入文化生态时代是没有家园需要建设家园的时代，文化生态时代是建设精神家园的时代。

第二节　现代文化生态建设的现实基础

伴随文化生态的脚步声与议论声在全世界的响起，文化生态问题成为全世界的问题。文化生态怎样建设，建设什么样的文化生态，文化生态建设的哲学基础怎么样，这些是文化生态建设首先要解决的问题。为什么文化生态时代到来后，生态文明却出现了严重的危机，人类进入文化生态时代面对的却是文化生态危机，文化生态危机是全面性的危机，文化生态危机是生存—转换与转换—生存的危机。人与自然、人与历史、人与社会、人与自我每个方面都出现了前所未有的危机，这种危机才是文化生态的危机。在文化生态危机之中怎样建设文化生态，文化生态的建设首先是文化生态智慧的培育，怎样培育文化生态智慧，这是一个历史的过程，也是一个批判的过程。

农业文化生态是自然而然形成的，工业文化生态是人创造的，从农业文化生态到工业文化生态是历史的必然。那么现在的文化生态危机是农业文化发生了危机还是工业文化发生了危机？这种危机是必然的还是偶然的？从农业文化生态转换到文化生态，其中工业文明是转换的基础，也是转换的存在内容。我国的文化生态正在转换，工业文明还没有构建起来。工业文明是现代文化生态存在的基础，文化生态发生了危机应是工业文明出了问题。所谓"现代文化是以现代西方文化为典范，也可称之为资本主义文化或工业文明。它发端于欧洲17、18世纪，眼下正在全球扩展"。现代文化生态危机看来主要是西方工业文明的危机，或者是由西方工业文明带来的危机。当然我们会毫不费力地肯定西方危机的必然性。西方工业文明为什么会发生危机，西方学者已经就此进行了深入的分析，我们一方面介绍西方的理论，另一方面也需要借题发挥。我们自己的文化生态出现危机吗？如果文化生态危机是全世界的，那么我们的文化生态危机的根源在哪里？在笔者看来，我们现在的危机主要是工业文明的冲击之下，带来的农业文化生态危机，即我们的文化生态危机还是农业文化生态危机，因为我们的工业文明还没有构建起来。

现代文化是资本主义文化或工业文明，这是我们研究文化生态的大前提。资本主义的文化或工业文明发生危机的原因是多方面的，卢风认为："现代文化……形成了巨大的整体功能和征服力量……发达国家对不发达国家的控制和征服力量，又指对自然的征服力量。""经济主义"、"人类中心主义"、科学技术等，"与所有的前现代文化对比，现代文化最突出的特点之一就是最有效率地追求富强。""追求富强"会不顾一切，所以"现代文化是反自然的，现代工业文明是不可持续的"。既然工业文明是不可持续的，那就必然会灭亡，资本主义社会是不平衡、不和谐的。现代文明是反文化生态的，这种文明对农业文化生态的冲击是巨大的。中国传统的文化生态智慧是天道与人道内在统一，天、地、人融为一体，而现代文化是反自然的，反自然是从自然中掠夺资源，将资源转换成商品出卖是工业文明的特点。反自然的文明必然给农业文化生态带来危机，农业文化生态不会掠夺资源，掠夺资源是生态危机重要根源，只有探究了危机的根源，才有可能构建出文化生态理念。怎样构建一套文化生态理念，即构建出文化生态建设的哲学基础，就在于探究文化生态问题之根。

批判西方，肯定自己，没有探究文化生态危机之根，也可能是在构建文化生态理论，但仅是可能性。批判物质主义、经济主义、快乐主义和消费主义也是在建设文化生态理论。文化生态学可以确立非物质主义和非经济主义的理念，可以确立敬畏生命和热爱大自然，可以确立道德底线和人道标准等，但人们会自觉遵循文化生态理念吗？人要自觉地遵循一种理念必然要有意义，要合乎生活的逻辑。人们追求物质远胜于追求意义，既然对物质的依赖源自自然的生物性，而生物性的需要在今天还没有完全解决，人们会对意义追求吗？今天的生活逻辑仍然是物质的而不是意义的，物质的（经济）是诱人的。现在有不少的贪官，他们口头上讲做高尚的人，他们大讲追求意义，实际上自己却贪得无厌。资本的逻辑是追求无限的物质（货币），现代文化不是农耕文化，农耕文化追求的意义是更高级的活动。"在现代文化（广义的）中却颠倒过来了，经济增长成了社会的最高目标，道德、政治、法律、艺术、科学技术等统统成了发展经济的手段。"这些是文化生态危机出现的根源吗？经济问题是否就是文化生态问题。这些现象既不是西方文化生态危机之根，也不是我们的文化生态建设的内容。颠倒过来了就要有颠倒过来的逻辑，即构建新的文化生态哲学体系。我们不能停留在文化生态现象的表象上，文化生态建设首先是哲学基础的建设。我们的时代是全球化的时代，是农业文化生态发生转换的时代，更为重要的是我们是社会主义国家，在此条件下，我们要建设自己的文化生态哲学基础。

　　文化生态哲学是文化生态学的基本理论，文化生态学不是抽象概念构建的理论体系，而是对人与文化现实关系的研究，是对现实的人与文化问题的解读。在我国，当前主要是社会主义生态文明的建设问题，生态文明的建设需要审视建设的正当性、合理性、可能性等问题。文化生态问题是带有政治性的问题，但不是政治恐怖问题。这里的所谓政治性是指如何为经济基础服务的政治体制的合理性、正当性，政治体制如何适应、推动文化生态的发展。文化生态的政治性不是你死我活的争斗，而是和谐发展，文化生态是和谐之说，文化生态需要和谐。"国内学者在系统评价西方生态马克思主义、生态社会主义和'红绿'政治运动理念方面取得了长足发展，但亟须拓展与深化的是如何在一种新的理论视角下将上述三个方面研究有机地联系起来，而其中的突破口则是将我们对西方生态社会主义理论和运动的研究与建设有中国特色的社会主义生态文明实践相结合。""生态马克思主义"、"生态社会主义"、"红绿政治运动"的这些理论可能为文化生态学建设捉供思想资源，可能适合我国的生态文明建设，将这些理论融入中国特色社会主义生态文明体系之中，成为文化生态学的理论，具体地说可能成为文化生态哲学的内容。

　　如果说辩证唯物主义作为中国社会主义现代化建设的哲学基础，"生态马克思主义"的一些理论应"转换"到辩证唯物主义体系之中，甚至从文化生态学视阈重写辩证唯物主义理论，这是符合文化生态变化要求的。我们的辩证唯物主义理论许多内容是从农业文化生态中构建起来的，辩证唯物主义理论在内容上有许多缺失。我们的辩证唯物主义理论中有人类中心主义价值观吗？有"自然价值论"和"自然权利论"生态中心主义价值观吗？有对科学技术的批判吗？人类将进入信息时代或数字化时代，辩证唯物主义也应该发生变化。辩证唯物主义自己就是开放的、发展的。我们的辩证唯物主义理论与黑格尔的思想（来源）有深厚的渊源。黑格尔说：

　　这些思想的活动，最初表现为历史的事实，过去的东西，并且好象（像）是在我们的现实以外。但事实上，我们之所以是我们，乃是由于我们有历史。或者说得更确切些，正如在思想史的领域里，过去的东西只是一方面，所以构成我们现在的，那个有共同性和永久性的成分，与我们的历史性也是不可分离地结合着的……通过一切变化的而过去了的东西，结成了一条神圣的链子，把前代的创获给我们保存下来，并传给我们。

　　在黑格尔的惠想中就有很多传统的东西，辩证唯物主义体系有许多农业文化的思想，农业文化思想并不就是落后的，是"一条神圣的链子"。但是链子不能离开链条。现代文化生态思想也应进入辩证唯物主义之中并进行批判，如现代的"消费主义价值观"在辩证唯物主义理论中就是缺失的，而鼓励消费却激发了人的欲望，在辩证唯物主义创始人的时代还没有成为问题。生态学马克思理论家们，关于"消费主义价值观"有许多论述也是非常深刻的，辩证唯物主义应该吸收进来。现代辩证唯物主义应是文化生态思想的辩证与辩证的文化生态思想。

生态社会主义是最吸引我国学术界的一种理论，生态社会主义的核心就在于把当今资本主义社会中的生态问题的根源追溯到资本主义的社会制度。资本主义的生产逻辑必然破坏生态，在资本主义制度中是不可能解决文化生态问题的。福斯特认为："生态和资本主义是相互对立的两个领域，这种对立不是表现在每一实例之中，而是作为一个整体表现在两者之间的相互作用之中。这种观点与以往将当前全球性生态危机主要归咎于人类固有本性、现代性、工业主义或经济发展本身的认识不同，它以真凭实据说明人类完全有望在克服严重的环境问题的同时，继续保持着人类的进步。但条件是，只有我们愿意进行根本性的变革，才有可能与环境保持一种更具持续性的关系。"这个"变革"是什么？变革什么？资本主义社会的学者们深刻地认识到了危机的根源之所在，并且在资本主义社会制度内是无法解决生态危机的，那就是只能是社会主义。但历史的事实证明，传统的社会主义也无法解决这个问题。乔尔·科威尔和迈克尔·洛威在《生态社会主义宣言》一文中指出："现行的资本主义制度不可能从容应对——更谈不上克服即将到来的危机。它不可能解决目前的生态危机，因为要实现这一点的话，需要确定资本积累的极限——这对于一个崇奉'要么增长、要么死亡'信条的体制来说是不可接受的。""我们需要创建一种能够克服资本注定带来上述危机的'社会主义'。而且，如果说过去的社会主义未能做到这一点，那么，这正是我们这一代人的使命。"只有社会主义才能在本质上克服生态危机，生态危机的克服主要是资源的占有与分配。在任何社会中，资源都是由人分配的，资源不可能由所有社会成员的每个个体共同分配，共同分配可能只有原始社会才有。社会主义社会实现了资源公有，但社会主义社会也是由少数人（部门）分配资源，这个少数人就是文化生态中最大的问题，社会主义文化生态建设最大的问题也就是这"少数人"，我们的使命也就是要使少数人无法去占有更多的资源。

西方生态马克思主义、生态社会主义和"红绿政治运动"理论虽然无法解决西方的生态危机，但这些理念有助于我们进行文化生态思想批判，也有利于我们丰富文化生态学思想。文化生态的建设离不开文化生态哲学的建设，文化生态哲学建设离不开文化生态批判。生态马克思主义、生态社会主义、"红绿政治运动"理论等许多理论与辩证唯物主义理论体系是相通的，如生态社会主义主张人与自然的统一，这与辩证唯物主义相一致。文化生态是指人生存在世界上，包括人自己都是文化生态的存在。文化生态问题离不开社会制度，离不开社会政治，制度、政治具有决定性，制度、政治本身就是文化生态的存在。生态马克思主义、生态社会主义、"红绿政治运动"理论对资本主义私有制的批判，揭示了生态危机的根源，为我们构建生态辩证唯物主义提供了批判的武器。任何一种理论的建设都必须进行批判与具有批判性，都必须将前人的研究成果整合起来。历史与逻辑是统一的，文化生态的建设包括文化生态理论的建设。文化生态是人的精神家园，精神也是一种理论。生态辩证唯物主义离不开人与文化的关系，人的问题是一个价值问题，在生态学中价值问题是环境伦理学的问题，环境伦理最终是人与文化的关系，生态辩证唯物主义的基本问题是人与文化的关系问题。

我们虽然不能同意环境伦理学之自然界具有内在价值的观点，价值必须是人与文化的关系，即价值离不开人，但他们提出的一些理论却是有价值的。人类中心主义环境伦理学，自然中心主义环境伦理学的理论应该纳入生态辩证唯物主义体系之中，但要批判地吸收。所谓"人和动物具有共同的天赋价值——对苦乐的感受能力，而这就是道德关怀的极限和边界，是人与动物之间具有伦理关系的基础"。这种"天赋价值"转换到生态辩证唯物主义理论之中，主要在于人与自然的关系是和谐的，而不能说动物和人具有同样的价值，相反也使辩证唯物主义充满了爱和同情，辩证唯物主义不是冷冰冰的。"现代生物中心论……主张把道德关怀的范围扩展到全部有生命的存在物。而生态中心论则主张，把道德关怀的范围扩展到整个生态系统甚至整个自然界和自然过程：一切有生命和无生命的存在物都应该得到人类的道德关怀。"这在事实上是不可能的，人要生活下去，动物必然成为人的食物，动物需要对人类做出贡献。但这表明了人的态度，人要有关爱之心。生态辩证唯物主义就是一种生态智慧，生态智慧是讲和谐、平等、关爱的智慧。生态中心论的大地伦理学、深层生态学和自然价值论，深化了价值与拓展了平等，特别是拓宽了人文精神。从文化生态学审视生态中心论、生态平等原则等当然是错误的，人与万物不可能平等，人在地球上有自己的生存优先权。人类之所以要构建自己存在的文化生态系统，就是要确保自己的生存权利。自然中心主义、环境伦理学等有合理性与正当性，且为生态辩证唯物主义提供了思想资源，但切记不能将人视为一种自然物。

特别是罗尔斯顿认为自然价值是自然界的创造性,这是非常重要的。自然界是怎样创造的,这是科学研究的一个重要领域。"罗尔斯顿所说的创造性是指自然界中新性质不断产生的过程,是使自然界朝向多样化、复杂化、熵减、有序的方向进化的过程和特性。"自然界是这样的一个过程,说明自然界本身就是一个生态系统,而且是一个从无序到有序的生态系统。人类的生态系统反而是"无序"的,人类的实践活动往往是对有序的扰动,对有序的破坏,例如开采石油、围湖造田、高楼大厦、尖端武器都是对有序的扰动与破坏。现在的生态危机就是人类实践活动破坏的结果。人类的生态与自然的生态是"活"的生态,自然界的生态是活的,人类的生态是活的,生态辩证唯物主义应是有生命力的文化生态学理论。

从西方的生态马克思主义、生态社会主义、"红绿政治运动"对资本主义社会政治文化的批判,特别是对生态危机根源的揭示,为我们构建生态辩证唯物主义提供了思想资源。生态辩证唯物主义是文化生态学的基本理论。如何构建文化生态,构建什么样的文化生态,必然要有文化生态思想,文化生态本来就是一种文化生态精神。有了思想资源并不等于形成文化生态思想,文化生态思想的形成首先要经过批判,要有学理价值与应用价值,要真正成为人们精神家园的内容。任何一种思想或学说的形成要有正当性、合理性、可能性。所谓正当性是指经过公共理性的反思与批判而具有善的品格;所谓合理性是指从现实生活中升华出来而又回归生活而具有理性品格;所谓可能性是指理想的秩序图景能被公众所接受而具有可欲性。正当性就是批判性;合理性就是逻辑性;可能性就是接受性。文化生态学(生态辩证唯物主义)研究人与自然、人与历史、人与社会、人与自我的内在关系,构建出这些关系和谐的理想图景,这些关系和理想图景能被公众所默认、所接受,就在于它必须具有正当性、合理性、可能性。

文化生态是指整个文化构成的生存状态,而不是每一种文化现象的存在,文化生态是人类生存的母胎。文化生态是由伦理道德、法律制度、宗教意识、政治思想、社会组织、文学艺术、文化传统、风俗习惯、经济基础等构成的一个花环,每一种文化现象都是这个花环的一种花朵。人类自己编织了这个花环,花环是一个美丽的图景。从农业文化生态转换为工业文化生态再转换为文化生态,这是一个自生自发与人为设计的过程,而且现代文化生态是全球化的,是世界结构的一部分。我们还没有设想出文化生态时代的文化生态理想图景,我们是否能构建出现在或未来的文化生态理想图景,这不仅是一个理论问题,也是一个历史的实践过程。现代文化生态不是自生自发的,而是由人的理性设计的，是人按自己的价值尺度所构建的，现代文化生态是都市化的、全球化的、信息化的文化生态。文化生态的运行是理性设计的，是制度与法律等维系的，那么这种设计和维系要有正当性、合理性、可能性。但是，中国现阶段文化生态理想图景的建构面临着许多难题。

首先是正当性问题。我们的文化生态基础是农业文化，农业文化的历史已经过去。现在是"全球化"、"现代化"、"信息化"，而"全球化"、"现代化"、"信息化"似乎是西方的，以西方为主导，我们应当向西方学习，但向西方学习却使我们失去了"正当性"。正如埃里克·沃尔夫说：

我们许多人甚至根深蒂固地认为，西方世界有一个按照古希腊产生了罗马，罗马产生了基督教欧洲，基督教欧洲产生了文艺复兴，文艺复兴产生了启蒙运动，启蒙运动产生了政治民主和工业革命这样的顺序自主产生的文明谱系图。

霍布森在该著中提出"'东方化的西方'这一令人为之一震的概念"并没有改变人们的看法。人类文明的发展只是按西方的道路，我们构建的文化生态就没有正当性。近代以采西方文化成了强势文化，从而"传统的看法就已形成——欧洲人向外扩张征服东方和中东，同时设计了资本主义的轨道，整个世界沿着这个道路发展，就能够摆脱贫困和悲惨的处境而进入近代化的光明"。这种看法被默认，西方也用强势文化迫使人相信。作者"试图用'东方起源的西方'来代替'自主和纯粹的西方'的概念"。作者通过大量的资料，"通过我称之为东方全球化的途径传播到西方，然后被吸收。其次，1492年后的西方帝国主义导致欧洲人攫取了东方各种经济资源，从而使西方的崛起成为可能。简言之，西方并非是在没有东方帮助的情况下自主地开拓自身的发展，因为如果没有东方的贡献，西方的崛起无法想象"。西方大多数人不承认这个事实，我们也没有强势话语权使西方人承认。然而，我们今天向西方学习却是处在西方的强势话语中，再加之我们自己的各种复杂原因，从而使我们难以提出自己的文化生态的理想图景，从而也就难以有自己的正当性。正如邓正来指出的：

以这些理论模式为代表的中国法学之所以无力引领中国法制发展，实是因为它们都受一种"现代化范式"的支配，而这种"范式"不仅间接地为中国法律发展提供了一幅"西方法律理想图景"，而且还使中国法学论者意识不到他们所提供的不是中国自己的"法律理想图景"；同时，这种占支配地位的"现代化范式"因无力解释和解决由其自身的作用而产生各种问题，最终还导致了我所谓的"范式"危机。

岂止法律，整个中国社会科学亦如此。西方学习东方的，东方的也成了西方的，东方学习西方的，东方的也成了西方的。现代文化生态是都市化的文化生态，都市化应该有自己的理想图景，西方学习东方的形成了自己的，东方学习西方的也应该有自己的，但是我们今天却没有自己的，有的是半生不熟的西方的。

现代文化生态不是自生自发的构建起来的。都市化文化生态需要都市规划。都市化不是水泥丛林的建设，都市化文化生态不仅包括了"四重"关系的建设，更为重要的是物理世界的改变，时间空间的变化。都市化文化生态理想图景的构建远不止法律或道德这一文化现象那样简单，都市化文化生态中还有大量反文化生态的存在，反文化生态是都市化文化生态存在的特色。文化生态是一种开放系统，在全球化、信息化、现代化过程中，各种文化生态联系在一起。在世界资本主义结构中如何构建社会主义生态文明？农业文化生态跨越到文化生态时代的文化生态必然带有历史记忆，传统文化生态怎样存在着？诸如这一系列的问题，我们应构建出什么样的文化生态理想图景？如何构建中国文化生态的理想图景？理想图景的构建犹如一幅美丽的画图，但理想图景不是画家的即兴而作，而是一个实践的历史过程。理想图景的构建重在反思，文化生态理想图景需要理性的反思，没有经过理性的反思是不具有正当性的，甚至是偶然的存在，是具有偶然性的。理想图景最重要的是对政治制度、法律制度、道德体系、市场经济体制到资源配置等的反思。谁来反思，当然是公众，而公众则由公共知识分子组成，知识分子是公众的主体，公共理性的代表。"但是值得我们注意的是，这种发展所具有的最重要的特征之一便是社会科学知识为某种社会秩序及其制度类型添赋'正当性'意义之进程的日益加速。"邓正来在这里看到了问题，但没有找到根源，"中国社会科学是西方各种流行理论的追随者，而且还更意味着西方各种流行理论有关人类社会秩序及其制度的图景在中国学术场域中的正当性。"我们为什么会"丢失"所谓"批判力量"，是中国知识分子不担当道义，还是中国知识分子无可奈何。中国知识分子游走于庙堂与广场之间，进亦庙堂，出亦广场，无心顾及批判，从而无法形成批判的力量，没有批判的主体。

尤其重要的是，中国社会科学还因为自主性的缺失而对经济、政治和社会等领域的依附，配合着对这些领域中的资源的分配或争夺，更是强化了中国社会科学知识赋予某种社会秩序及其制度类型以"正当性"的力量。

这种"正当性"不是公共理性反思或批判的正当性。外部的压力太大不得不放弃自己的主张，在对经济、政治和社会的依附中还可能获得所需的资源，于是我们无法形成理性的反思，这一切就是由官本位、权本位所导致、所作为的。

其次是合理性的问题。现代文化生态建设西方与东方是不同的，西方是在工业文明的基础上建设后现代主义的文化生态，我国则是在农业文明、工业文明并存而且工业文明较弱的基础上建设文化生态。文化生态犹如一座大厦，在建设中需要有一个整体规划图，即理想图景。我国文化生态建设的历史基础不同、现实条件不同，需要有一个什么样的理想图景，怎样构建一个符合现实与发展的图景，这就有一个合理性（合法性）的问题。合理性不仅是理性的品格，更是现实的要求与现实的本质所决定，合理性必须符合现实性。同样，合理性在文化生态建设中也有两大难题。

（1）中国当下的文化生态结构怎样存在着。现在人们都在高呼全球化、都市化、市场化、信息化、网络化等，都在言说着社会文化的转型，都在言说着现代文明是生态文明，都在言说着我们的文明有着自己的特色，都在言说着人类中心主义，都在言说着科学技术的两面性，都在言说着西方生态文明危机的根源。然而，中国当下的文化生态怎样存在，在笔者看来，当下的人们在激荡的文化生态变化中，怀着激荡的心情，羡慕而又怀疑着西方社会科技昌盛、市场经济发达所导致的精神文化的繁荣或病态，怀着激热或冷漠的心情，倾慕或否定中国传统的光辉与黑暗，然而中国现实的文化生态怎样存在，现实的文化生态智慧怎样存在，在无知之幕中怎样构建出文化生态的理想图景，却仍是无知的。邓正来说：

这在根本上意味着，中国的法律哲学必须对下述基本问题进行追问：中国当下的法律制度处于何种结构之中？中国当下的法律制度是正当的吗？中国这个文明体于当下的世界结构中究竟需要一种何种性质的社会秩序？中国法律哲学评价法律制度正当与否或者评价社会秩序可欲与否的判准：究竟是根据西方大致的理想图景，还是根据中国大致的理想图景？究竟是那些抽象空洞的正义、自由、民主、人权、平等的概念，还是它们与中国发展紧密相关的特定的具体的组合？中国的法律哲学究竟应当提供什么样的理想图景？中国的法律哲学究竟应当根据什么来构建中国自己的理想图景：西方的经验抑或中国的现实？中国的法律哲学究竟应当如何构建这些理想图景？

秩序本来就是文化生态，这些问题就是中国的文化生态的理想图景问题。我们将法律哲学构建理性图景转换为文化生态学构建理想图景，是合乎逻辑的。现代文化生态（社会文化）本来就是法理的，法律是文化生态的骨骼，法律哲学在一定意义上就是文化生态学。当下的文化生态在急速的变化，但是理性图景怎么样却是模糊的，这是一个还没有经过认真研究而不知晓的重大问题。不知现实，怎知理想。

农业文化生态是自然性的文化生态。各种不同的文化经过历史的整合，便形成了各自的文化生态。本尼迪克特说：

当我们明确地认为，文化行为是地域性的、人所作出的、千差万别的时候，我们并没有穷尽它的重要意义。文化行为同样也是趋于整合的。一种文化就如一个人，是一种或多或少一贯的思想和行动的模式。各种文化都形成了各自的特征性目的，它们并不必然为其他类型的社会所共有。

中国的农业文化生态是在特定的"地域"形成的，其"特征性目的"是和谐、稳定的，权力集中在少数人手中，社会不公平，然而社会仍然是和谐稳定的。"一种文化就如一个人"而言，中国农业文化生态犹如一个饱经风霜、心境宁静、菩萨心肠的老妇人，一路喃喃自语地走到了近代。近代以来，中国的农业文化虽然深深地扎根在大地中，然而大地经过了血与火的洗刷，经过了各种革命的洗礼，经过了人为的开垦与大机器的蹂躏，经过了信息化（数字化）等，农业文化失去了存在的根基，农业文化生态即将终结。农业文化生态在向工业文明的文化生态转换。我们已经深切地、直观地感觉到文化生态的转换，但就是难以描绘出转换着的文化生态的转换图景，就是难以描绘出转换后的文化生态的理想图景。

（2）中国文化生态建设理想图景的描绘问题。人类知道过去和未来，就是不知道现在（现实）的存在，过去已经是历史的记忆，未来反正大家都不知道。一切理想都是现实的"想"，现实的"思"。海德格尔说：

此在由展开状态加以规定，从而，此在本质上在真理中。展开状态是此在的一种本质的存在方式。唯当此在存在才"有"真理。唯当此在存在，存在者才是被揭示被展开的。唯当此在存在，牛顿定律、矛盾律才存在，无论什么真理才在。此在根本不存在之前，任何真理都不曾在，此在根本不存在之后，任何真理都将不在，因为那时真理就不能作为展开状态或揭示活动或揭示状态来在……真理本质上就具有此在式的存在方式，由于这种存在方式，一切真理都同此在的存在相关联。

"此在"就是现实的存在，但我们现在还没有弄清这"此在"。现在文化生态才刚起步，还是无"展开状态"的存在，还是没有"被提示被展开"的文化生态存在，但是否我们就无法构理想的文化生态图景？答案是否定的。文化生态图景是文化生态"此在式"的存在方式。文化生态的"此在式"还有人的存在、文化生态是人的存在，人也是文化生态的"此在式"。人自己就是文化生态理想图景的存在前提，文化是人化，人文化化。理想其为理想，就在于还是"唯当此在存在"。海德格尔说："这种设自身为前提属于此在的存在，所以，'我们'必须把由展开状态规定的'我们'也设为前提。"这个"我们"也是历史的存在，现实的存在，"我们"没有被固定，没有被固定的"我们"是理想的我们。文化生态存在"我们"存在，反之亦然。但是人总是要"劳作"，总是要做点什么，总是要"思"，总是会有"我们"的存在。"被设为前提的真理和人们用以规定的真理之在的'有'，都具有此在本身的存在方式和存在意义。我们必须'造出'真理前提，因为它随着'我们'的存在已经是'造好的'。"这个"造好的"只是文化生态的50%，还有50%在建设中。人也可能随着文化生态的终结而终结，所以"我们"也不能保证我们自己就是这样的存在。我们"如何"存在，现在不敢保证，未来的"我们"更不敢保证，但我们必须要构建，必须要有理想。

最后是可能性的问题。现代文化生态理想图景的建设有没有可能性，这似乎是一个简单的问题，回答也可以是肯定的。但是文化生态的理想图景关系政治策略、社会制度等变革，关系到大部分人的生存方式的转换，这种可能性不是纯哲学理论的可能性。哲学上的可能性是存在的展开，存在方式处于什么样的状态，实际存在构成有哪些可能。存在的可能性在可能性的活动中体现出来。文化生态的可能性是文化生态发展、变化的可能性，是存在于此文化生态理想图景的可能性。这种可能性不是纯哲学的"存在论的可能性"。存在是"缘构"的存在，即由各种因素构成的存在，构成就有可能性。文化生态是地地道道的"缘在"、"缘构"，是人的生活，是活的"缘在"、"缘构"，是历时性与共时性的统一。人与自然、人与历史、人与社会、人与自我的关系是"缘在"、"缘构"，"缘在"、"缘构"是真正的可能性，缘在、缘构本身就具有可能性。这种可能性是生态哲学的可能性，即文化生态建设理想图景的可能性。构建文化生态理想图景的可能性是人的可能性，这种可能性是与正当性、合理性联系在一起的，是人生存的可能性。

现代文化生态的形成与发展是极为复杂的，复杂性范式是一种非线性的方法论。非线性包含了可能性。我们生活的世界是由一个个复杂的系统构成的，一个个复杂系统又绝不是简单的元素堆积的，各个部分之和大于整体部分，这样就有了诸多的可能性。中国现代文化已经不是农业文化，农业文化相对而言是较简单的、固定的。例如每家每户的房屋中都有一个堂屋，这堂屋相当于我们现在的客厅。堂屋正对面的墙上都有一个神龛，神龛里面写上"天地国亲师"，"天地国亲师"可能就是整个农业文化的基因，农业文化的缩写。"天地"是人与自然的关系：天——天堂、苍天、天帝、上天、皇天、天体、天然、天宫等；地——地方、地宫、地球、地位、地震、地域、地牢等；国是人与社会的关系：国——国度、国号、国耻、国本、国殇、国书、国王等；亲是人与人的关系：亲——亲人、亲情、亲爱、父母、亲缘、亲子、亲王、亲族等；师——也是人与人的关系，主要是教育、教化、师徒等关系。"天地"生存之根，人与自然的关系在"天地"之间展开。"国"是社稷江山，人与社会的关系在"国"之间展开。"亲"血缘亲情，人与人的关系在"亲情"之间展开。这里虽然没有人与自我的关系，自我被掩埋在这些关系之中，短短的几个字已概括了农业文化生态图景，农业文化生态理想图景可能就被"天地国亲师"概括了。现代每家每户没有了这神龛，客厅里陈设的是电视机、音响、空调、电话、放映机等，这个客厅文化已经是世界文化的凝结、缩影。几十寸的电视屏幕展现全世界的事件，小小的光碟可放出全世界的天籁之音，空调正是人与自然关系分开的工具，电话将异国他乡的人联系在了一起。现在的文化似乎不在天地之间了，"天地国亲师"不仅概括不了今天的文化，今天的文化根本就不是"天地国亲师"了。"在此的存在方式"发生了变化，现在一切都是可能的，然而又是不可能的，不可能的也是可能的，反正现在的一切都是在造或"造好的"。

文化生态的运行离不开人，人是在创造文化生态，又在毁灭文化生态。文化生态本质上就是人的一种"生活世界"，一种"造好的"生活世界。今天这个生活世界有着各种各样的可能性，这种可能性是人生活需要的可能性，只有人的生活世界，才具有各种各样的可能性。如果说海德格尔的可能性是此在存在的可能性，我们这里指的文化生态世界的可能性，此在存在的可能性不是有限的。物理世界的可能性是有限的，甚至是被确定了的，鸡蛋可能孵出小鸡这是确定了的，石头不可能孵出小鸡这也是确定了的，确定了的就是有限的，有限的才能确定。在文化生态中可能性是无限的、不确定的。人的生活世界是无限的，人的需要（欲望）是不确定的，人的可能只有一种是被确定的，这就是"死亡"。人只有死亡才是独特的可能，其余不然。人的需要是无限的，可能性是不确定的，这才有无限的发展。但在这无限的可能性中，我们怎样构建出文化生态理想图景？

文化生态理想图景的构建是可能的，可能的也是现实的，可能是人的存在。但是"理想"毕竟只是"想"，理想如果等于现实就没有理想。旧事物已经消亡，无法完全重复，新事物仍然蒙胧不清，"新"还没有成型，没有人能完全解开未来之谜。可能是人的存在，所以未来是无法"解开之谜"。历史已经过去，现实毕竟存在，过去存在于现实之中。中国文化生态是现实的世界文化生态的存在，西方东方的文化生态构成了现实的世界文化生态。从近代以来，西方的文化生态发展快于东方，这是一个历史事实，正是这个事实给我们构建文化生态理想图景提供参照系数。雅斯贝尔斯说："关于人类当代状况的问题，比以往任何时候都更为紧迫。当代状况既是过去发展的结果，又显示了未来的种种可能性。"当代状况是全球性的，是从过去发展而来的。"在那些漫长的岁月里，人们以各种不同的方式生存，广布这个星球，彼此互无所知。"但全球化也可能在很早以前就不自觉地开始了，可惜我们并没有去把握全球化，所以欧洲走到了我们的前面。"全球化至少早在 6 世纪就已开始的观点，必定与欧洲中心论者所坚持的论调相对立。欧洲中心论者认为，全球化只是在公元 1500 年后随着所谓的欧洲大发现时代的到来才出现的。"我们有过全球化的历史，只是近代落后了，近代的落后成为我们的历史记忆，但不能成为我们民族的心理障碍。

现代文化生态建设不同于农业文化生态建设。文化生态的理想图景的构建必然要有正当性、合理性、可能性，然而正当性、合理性、可能性不仅是一个理论问题，也是一个实践的历史过程。人类正在向文化生态时代迈进，而我们却是在农业文化生态基础上建设新的文化生态。现在的文化生态是全球化的、现代化的、信息化的，全球化、现代化、信息化必然要本土化。本土化是在"世界结构"中的本土化，"世界结构"也在本土化中。世界结构、全球化并不是外在于中国文化生态之外，而是内在于其中。"全球城市的公司在跨越民族国家之边界的网络中相互联合起来，其员工构成大多来自世界各地。正因为这个原因，囿于一国之领土并从一个民族国家的角度来表述的政治策略已经不再合乎时宜了。因此，社会契约的管理规则理应产生于跨国的视角。"现代文化生态已经是全球化的文化生态，全球化不"囿于一国之领土"，一个国家"政治策略"不合时宜，这就给国家的文化提出了一个正当性、合理性、可能性的问题。任何文化必须要有正当性、合理性、可能性，经过理性的反思与批判所构建的文化生态理想图景，才能成为公众的智慧，才具有善的品格。经过理性对文化生态状态进行现实的考量，即对"此在存在"进行揭示"才有真理性"可言，才能构建出真正的文化生态理想图景。

当代文化生态是全球性的，我们就应该有全球性的视野构建我们的文化生态理想图景。历史之所以是历史，就在于历史中存在有价值的东西，这些东西对构建文化生态理想图景仍有意义。雅斯贝尔斯说：

西方人始终运用了三太原则。第一太原则是坚定的理性主义。第二大原则是个体自我的主体性。第三大原则，是我们在西方人那里发现的这样一种坚定信念，即世界在时间中的有形实在。个体自我与理性主义是这种确信的双重根源，一方面它承认实在，另一方面它又设法支配实在。

这三大原则是西方近代取得成功的经验，也是理性主义的理论基础在农业文明转换成工业文明过程中的原则，这些原则不是异国的空洞口号而有实际意义。全球化就是全球对话，我们经常讲，中国需要理解世界，世界也需要理解中国，对话的终极目的无非是西方的思想成为我们的理想，我们的理想也成为西方的思想。没有思想上的全球性、"世界结构"，文化生态理想图景的构建就没有正当性、合法性、可能性。

当代的状况为我们建设文化生态理想提供了历史契机。中国经过短短的30余年的改革，从一个封闭的经济落后的国家一跃而成为一个经济大国。强国是我们民族伟大的梦想，民族复兴正在变为现实，民族精神犹如壮丽的日出。中国在崛起需要建设强大的文化生态系统，强大的文化生态包括深邃的太空与辽阔的海洋，太空光辉闪耀、海洋生命流动，文化生态是民族、国家存在的基础。我们的文化生态基础还相当薄弱，中国是一个古老的农业文化生态国家，礼仪之邦，人口众多，幅员辽阔，资源紧缺，经济落后，思想禁锢，在这样的基础上建立了社会主义制度。社会主义制度是一个庞大的系统，它绝不是用简单的公有制就能概括的。资本主义肯定是私有制，私有制并不一定是资本主义。社会主义制度也可以包括私有制。社会主义制度需要不断的改革，中国再也不可能关门建设自己的文化生态系统。全球化、信息化、市场化等使中国文化生态成为世界文化生态。在世界文化生态的发展过程中，有先有后的生存—转换与转换—生存的问题。首先是东方文明的生存—转换与转换—生存从而使文明得到了发展，东方文明传人落后的欧洲，欧洲到了18世纪才开始生存—转换与转换—生存而超过了东方。"欧洲帝国在掠夺'非欧洲地区'金银的同时，又吸收了东方的'资源组合'，这使得其赶超东方成为可能。"世界文化生态的发展是否遵循波浪式的发展轨迹，这需要时间来证明。不管怎么样，西方学习东方是成功的，他们学习东方的智慧，使自己枯萎的智慧变为理性之光。英国著名诗人威廉·怀特里德（1715—1785年）诗曰：希腊和罗马的教条已经太多。他们耗尽的智慧宝库已失去了迷人的魔力；尽管对我们徒劳的挣扎还有些许补救；但我们的成功在芸芸众生已经枯萎……今夜，诗人扇动雄鹰的翅翼乘风而起，飞向光之源头去寻找异域文明的新奇，在中华帝国的领地采撷孔夫子的智言，大胆地从东方带到不列颠子民的耳际。

"孔夫子的智言"是东方智慧的声音，代表了儒家精神，儒家思想闪耀的是道德的光辉。西方社会是法理社会，追求的是理性精神，缺少的是伦理道德，所以他们要学习孔子的智言，从而构建他们的文化生态系统。

西方较东方先进入工业文明阶段，而现在工业文明的发展则危机重重。工业文明的危机并不是文化生态运行之道的挽歌，后现代主义是继启蒙运动之后又一次深刻的精神革命、思想革命和生活革命，后现代主义暮鼓晨钟，吹响了人类向文化生态时代进军的号角。20世纪90年代，我们读未来学家托夫勒的书，看第三次浪潮的录像片，令我们羡慕、激动不已。但当时还无法体会到"未来"就是文化生态时代的到来，"浪潮"的前锋奔向文化生态时代。《未来的冲击》所冲击的是人们的文化心理，来势汹汹的变革浪潮使人们情绪紧张，人生迷失，生存的家园在哪里？人们生活在工业文明的生活环境中，本来就非常紧张，市场经济使人勾心斗角，都市化使人陌生化，现在生活在一个瞬息万变的世界中，未来的冲击可能会处在某种病态之中。托夫勒说："文化冲击是'未来冲击'的平行词"，"一个缺乏思想准备的人置身于一种陌生的文化环境中产生的反应"，"一个人在社会活动中那些惯常的心理反应突然失效，而为一些无法理解的陌生的反应所取代时出现的状况"。人的心理是文化心理，文化心理是文化生态的深层存在，托夫勒的这种警告既是对文化生态的批判，也是为文化生态时代到来对心灵的反思作心灵的准备。他说："不但社会各阶层面临的变革速度必须取得平衡，就是环境变化的步调和人类反应的步调，也必须如此。这是因为，未来冲击恰恰产生于两者之间日见扩大的差距。"我们今天就处在这样的时刻，改革开放以后，环境已经发生了深刻的变化，农业文化生态在近代革命、西方文化的冲击下根基发生了动摇，社会政治、价值观念、道德底线等已经不是传统的平衡状态了。从1949年新中国成立到1976年"文化大革命"结束，虽然经济并没有得到发展，但是传统的道德体系、价值观念、人际关系乃至社会政治、制度、文化等得到了进一步的改变与否定，根基发生了前所未有的摧毁。"文化大革命"结束改革开放以来，我们的文化生态真正有了前所未有的进步，短短的几十年我们创造了奇迹。但正是这种伟大的发展，我们面临着建设什么样的文化生态，怎样建设我们的文化生态的历史任务。

历史与现实给我们每个思考者提出了一个伟大的课题，历史与现实却没有给我们留下坐在书房漫无边际思索的时间，世界文化在发生急剧的变化。文化生态面临着一次真正的飞跃、突变。中国的文化生态向何处去？如果说20年前我们被托夫勒的描绘所激励、所激动，那么今天我们是真的拖进了发

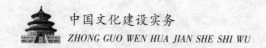
展的浪潮之中。奈斯比特将人类社会的发展划分为农业社会、工业社会和信息社会三个阶段。他在《大趋势》一书中提出，信息化已成为社会发展的大趋势，人类已开始迈入信息化社会。从文化生态学审视社会的存在状态，信息化不能成为一种社会形态，信息是作为文化而存在的"道体"，是文化的内容，文化作为信息而存在。信息化使权力平面化。农业文明、工业文明之后应是生态文明，即文化生态社会，我们应该在这样的社会中描绘理想图景。

人类正在经受全球化、信息化、网络化、现代化、都市化、市场化等巨大的冲击与洗礼，但人们似乎都"遗忘"了农村文化生态问题，现在的所谓生态危机实际上主要发生在乡村。乡村才是文化生态危机发生的地方。工业文明的各种危机日益加深，客观上促进了环境科学与生态科学的发展，促进了人们运用生态哲学和观点对工业文明的危机进行深层次反思。人口、资源、环境问题是现代工业文明的危机的症结所在，它在本质上决定了工业文明的衰败趋势。因此，人类必须吸取旧的工业文明的教训，建立新的文明形态——文化生态（生态文明）。文化生态不仅要求人与自然之间建立和谐关系，使之更适合人类的生存和发展，更要求实现人与社会、人际之间的和谐关系。文化生态包括生态文明，生态文明是以环境资源承载力为基础，以自然规律为准则，以可持续的社会经济政策为手段，致力于构造人与自然和谐发展的文明形态。

西方资本主义各国实现物质文明的同时，逐步在建设新的文化生态。西方资本主义的文化生态带有资本主义剥削制度的"原罪"，它以牺牲发展中国家的利益为代价。它们掠夺发展中国家物质资源，换取自身的生态平衡和经济发展；它们向发展中国家倾倒废弃物，换取自身的生活质量和优美的自然环境；它们推行生态殖民主义，使发展中国家的生态环境恶化、资源匮乏、文化贫困，以此换取自身物质丰裕的愉悦生活。不仅如此，西方资本主义国家在建设自己的文化生态过程中，存在许多不平等现象。1982年的华伦抗议是美国环境正义运动的发源。华伦抗议首次将种族、贫困与工业废物处理的环境后果联系在一起，将环境保护中的不公正现象呈现到广大公众的视野中，从而拉开了美国环境正义运动的序幕。环境正义运动也就是文化生态运动，序幕的拉开，环境运动的兴起，然而发展中国家生态文明仍然没有进入舞台中心。

在我国，文化生态建设已经取得了一定的成绩，但是直到今天文化生态建设仍然落后，我们还没有建设出强势的文化生态。我们仍然是以城市为中心，乡村文化生态建设与研究落后于城市。都市化实际上是乡村城市化，乡村生态环境问题是一个社会公正和公平问题，是我国特定的社会发展过程和社会结构变迁的衍生物。现代化、工业化、城市化的过程，是向乡村掠夺资源、转移废弃物、污染环境的过程，因此加快推进乡村文化生态建设与研究是推进我国进入文化生态时代的重中之重、当务之急。"以工补农"、"工业反哺农业"、乡村都市化，重要的实际的是要加大对农村文化生态建设的投入，消除城乡二元环境状况，走向环境正义，消除环境法制中的"城市中心主义"，加快农村环境法律制度建设，构建城乡一体化的环境影响评价制度，健全公平的农村生态补偿机制，以此为农村生态文明建设提供法制保障。没有法制的保障，农村生态环境不可能从根本上得到改变。

文化生态的建设首先是经济的发展，经济的发展是生产的发展。生产的发展为人们参与生态文明建设提供经济保障。现在的文化生态建设是超越传统意义上的基础建设，如农村在建设所谓现代农业，似乎得到了公认，实际上现代农业概念过时了，要超越"现代"而进入"后现代"而建设文化生态农业。文化生态农业以数字生态农业为基础，将农村每一个角落的信息收集起来，使农村真正网络化，能够加快生产、生态产业的发展，提升农业的行业协作、流通，促进传统农业、现代农业向文化生态农业跨越式发展。通过数字生态文明建设，可以提高农村政治生活、资源分配、经济运行的透明度，监测和评估农村区域的灾害和农作物产量，制定生产规则和商业计划，实现资源在不同地区和人群的合理分配，改变生产生活方式。

文化生态建设的主体是人，没有"生态人"就没有文化生态的建设。特别是我国是一个农业文明的大国，有典型的农业文化，广大农民缺乏生态意识。农民是农村文化生态建设的主体，培养农民的文化生态意识，提高农民建设文化生态的主体意识，是农村文化生态建设的重点，因此应当加强研究农民参与生态文明建设的途径和方式。此外，根据西方国家的经验，组织社区范围内的群众性环境保护（对群众环境权益的保护）是最有效的途径。虽然从20世纪90年代中期开始，民间环保组织得到了蓬勃发展，但都在城市活动，特别是我国，农村民间环保组织的建设几乎处于空白状态。农村民间环保组织的建设应立足于民间，保持其独立性、适应性和专业性的特点。

文化生态建设要有文化生态理论建设，文化生态理论建设是文化生态建设的逻辑前提。没有文化生态理论建设就没有文化生态建设。现在生态文明理论研究在学术界劲头十足，但这些理论主要是对概念的研究，一般理论上的探讨，对农村文化生态的建设与理论研究才刚开始。我国的文化生态存在三个层次，农村文化生态建设跨越工业文明阶段而具有双重任务。农村文化生态建设比城市更为重要，具有终极性。可持续发展农业先驱温德尔·贝瑞说：

> 不论日常生活有多么都市化，我们的躯体仍必须仰赖农业维生；我们来自大地，最终也将回归大地，因此，我们的存在，是基于农业之中，无异于我们存在于自己的血肉之中。

广大农村围绕大小城市承载着古老的农业文化生态，农业文化生态在现代文明的冲击下也在变化、发展，由于资源的贫乏、人口众多、底子薄弱，加之城市化的入侵，遇到的问题成几何级数增长。现代人经济权力的追求以及一些党政领导的不作为，在文化生态危机中看不到文化生态危机。文化生态危机关系到每个人的生存，而每个人并不关心生态危机。我国农村实行生产承包制没有承包生态环境，农村的文化生态环境谁来保护、建设，农民可以计算出经济效益却计算不出生态效益，经济的发展可能与生态思维或思维生态脱离，生态的圣水洒至何处？

生态文明是一个古老而美丽的梦想，是人类生存与发展的现实祈求。人类在任何时候都企盼文化生态的发展，人类在对待文化生态的发展中，一是存在着历史虚无主义，即所谓空想社会主义；二是以"物"为尺度的异化道路，即所谓金钱万能主义；三是技术至上的颠倒之路，即人文精神的失落。现实的文化生态危机逼迫着人们对文化生态进行研究，体现了人类深邃的历史意识和当代人生存处境的理性自觉。

原始文明与农业文明对自然资源的利用能力有限，对自然的破坏没有超过自然自己的自我净化能力，建立在人是自然的主宰思想基础上的工业文明在给人类带来巨大财富的同时，也打开了潘多拉的魔盒，带来了前所未有的危机。工业文明是人类对传统文明进行理性反思的产物，工业文明的所谓巨大财富无非是农村资源的转换。农村文化生态建设首先应该城乡对等，农村资源应该是高价地转向城市，否则农村将无法跟上城市的步伐。

从理论上讲，农村文化生态建设，是指农民在进行农业生产与生活时，主动、积极地改善和优化农村内部及自身发展与自然和城市的关系；建设良好的农村生态环境，塑造良好的农村面貌，建设新的法律道德系统，重塑新的人际关系；建设适合农村发展的社会保障体系，改变农民生存忧虑的理论体系。农村文化生态的物质成果主要指改善与优化农业生产方式和农民生活方式所取得的物质成果；农村文化生态的精神成果主要是指农民生态观念与意识的产生与增强、农民精神面貌的改善与提高、农村生态文化的形成与发展程度（指精神性的）等方面的内容。

现在知识界恐怕没有人不知道生态危机，生态学好像成为显学，大家都在寻找生态危机的根源，各种生态学理论盛行，但是生态危机似乎与这些理论无关，这些理论也无法解决生态危机。生态问题可能不是理论问题，而是经济问题、制度问题、政治问题等。可是经济问题、制度问题、政治问题本身就是理论问题。我们的理论不是太抽象就是脱离实际，我们的理论难以被人接受，甚至我们是没有理论。我们的理论有学术价值、应用价值吗？凡是没有学术价值、应用价值的理论，人们都不会从心灵接受。儒、道在中国流传盛行了几千年，其实并不是后来的研究者们将儒、道搞得神乎其神，儒、道深刻的哲理就在生活语言之中，儒、道是一种生活语言，其思想浸入在这些生活语言之中。即使你没有读书（中国古代大部分人没有读书），也耳熟能详。我们现在的理论有学术价值就没有应用价值，有应用价值就没有学术价值，甚至根本就没有价值，怎么会被人们接受。

　　文化生态学理论研究必须具有学术价值，学术价值的生命在于鲜活的生活，在于它反映了生活，超越了生活而具有普遍价值。文化生态学研究文化所处的状况，人类文化的状况不是抽象的存在状况，而是发展、变化的存在状况。文化生态的发展是从农业文化生态到都市化文化生态，人类文化生态发展趋势是都市化，而都市化又永远不能脱离农业文化生态。人要吃饭却活在都市，也要死（葬）在大地。农业文化、都市文化是人类社会现实的存在基础。现实的基础是人生存的世界，文化生态学需要研究基础，需要文化生态学将哲学、社会学乃至社会科学其他方面使之生存、转换。研究生态特别是农村生态文明，又为人类学、哲学、社会学乃至社会科学奠定基础。人类即将进入文化生态时代，所有的学科都应转换到新的存在上，形成新的学科群，形成第二个轴心时代研究的新视角、新方向、新基础，使文化生态学成为新的基础学科。

　　当前，我国乡村文化生态系统几近崩溃，生态文明建设远远滞后于城市，如何将乡村文化生态与城市文化生态建设融为一体，如何构建出新的伦理道德体系、法律制度体系、生活方式、价值观念以及行为模式等，重新构建文化生态的话语系统，并将各学科的内容转换—生存为生态智慧，深入分析农业文化生态与城乡文化生态的关系，调查城市文化生态的现实状况，构建出城乡一体化的"数字生态"系统，实现经济与生态环境良性互动。社会由政治、经济、文化等构成，社会是人存在的文化生态系统，文化生态的平衡和谐发展就是人与自然、人与历史、人与社会、人与自我的协调发展，文化生态的发展也就是社会的发展、人的发展。人是文化生态的存在，人—社会—

文化生态之间相互关联、相互作用、相互协调、相互贯通，构成人与自然、人与历史、人与社会、人与自我的理想文化生态图景。

文化生态学不是概念的堆积，不是一大堆理论的抽象说理，文化生态学是一门实用性很强的学科。现代文化生态建设，把科技和经济发展当成了至上的目标。然而经济在发展，生态环境却在恶化。社会的发展不是一个简单的经济问题，而是整个社会系统的平衡。科技和经济也不能解决社会的平衡，社会的平衡是文化生态问题。我们必须转换思路，将生态文明转换一生存为社会发展的对策、自我的生存意识，从全局的、动态的角度来思考社会发展与文化生态的关系，明确文化生态在社会发展中的地位，明确文化生态的作用，将文化生态转换为生存智慧，文化生态学才有它的价值。

理论的价值在于应用，应用在于建设，建设是理论的操作、实施。文化生态学的应用价值在于为文化生态建设提供新思路。文化生态的建设是一种创新，是文化生态系统由不平衡到平衡的过程。文化生态问题是人的存在问题，人生活在大地上并不等于生活在自己的世界之中，人生活的世界是自己创造的，这个世界就是文化生态。人在不断地创造文化生态，又不断地破坏文化生态，这是一种历史必然。当前我国文化生态再经不起破坏，再不能等待，必须加快建设。要建设文化生态，不仅要有文化生态理念，更要有实际行动，要使自己达到内在平衡。只有自己达到了内在平衡，才会自觉地追求文化生态的平衡。文化生态建设首先就是"生态人"的培养。文化生态是人的本质的存在，是人性的内容。文化生态建设是一场伟大的思想革命，是民族精神的洗礼，是文化生态理想图景的实施。

第三章　自然保护区文化

　　自然保护主要是指自然资源和与之相关联的各种环境的综合保护。自然保护在社会学范畴来讲，它是一种政府行为，主要应通过国家法律、法规和政策对自然资源进行合理地开发利用，使自然资源和生态环境得到良好的保护和改善。

　　概括地讲，自然保护有以下几个目标。

　　1）保护人类赖以生存、发展的生态系统，使其免遭退化、破坏和污染。

　　2）保证生物资源的永续利用。

　　3）保存生物物种资源和遗传物质的多样性。

　　4）保留自然历史遗迹和地理景观。

　　目前要达到上述自然保护的目标，一个重要的途径就是划定自然保护区，对保护区覆盖的区域进行保护。

第一节　自然保护区概述

一、自然保护区定义

　　概括地说，自然保护区是为了保护自然资源，而划出一定的空间范围加以保护的地区。

　　（一）国外的定义

　　世界自然保护联盟（IUCN）在2008年发布的保护区管理分类体系新指南中，对自然保护区定义是"明确界定的地理区域，经由法律或其他有效方

式得到认可，旨在对自然、相关的生态服务和文化价值进行长期保护和有效管理"。这个定义反映了对自然的更广义看法：包括生物多样性和对自然保护的重视。同时 IUCN 还强调，只有那些主要目标或结果是保护自然的区域才是保护区，也包括以保护其他的目标的区域，文化或精神层面同等对待，但是自然保护是最优先考虑的。

（二）国内的定义

我国自然保护区划定始于 1956 年。在 1956 年林业部制定了《关于天然森林禁伐区（自然保护区）划定草案》，当时自然保护区也称天然森林禁伐区，《草案》提出了自然保护区的划定对象、划定办法和划定地区，并在全国15 个省（区）划定 40 余处禁伐区方案，但并未就自然保护区给出明确定义。

我国关于自然保护区的定义，主要有两个。在我国《自然保护区类型与级别划分原则（GB/T14529—1993）》中，对自然保护区的定义是国家为了保护自然环境和自然资源，促进国民经济的持续发展，将一定面积的陆地和水体划分出来，并经各级人民政府批准而进行特殊保护和管理的区域。在 1994年发布的《中华人民共和国自然保护区条例》中，对自然保护区的定义是对有代表性的自然生态系统、珍稀濒危野生动植物物种的天然集中分布区，有特殊意义的自然遗迹等保护对象所在的陆地、陆地水体或者海域，依法划出一定面积予以特殊保护和管理的区域。作者认为《中华人民共和国自然保护区条例》中的定义更能体现自然保护区的资源特点和设立自然保护区的目的。

二、自然保护区分级

目前世界各国对自然保护区的分级不尽相同。美国的保护区分为多个体系，但基本上分为两个级别，即国家级和州级。其中国家级保护区（国家公园、国家野生生物避难所、国家荒野区、国家海洋保护区等）由联邦政府相关部门负责管理；州级保护区则由州相关部门负责管理。日本、加拿大和南非等国也有类似规定。

我国把自然保护区分为国家级、省（自治区、直辖市）级、市（自治州）级和县（自治县、旗、县级市）级四级。国家级自然保护区，是指在全国或全球具有极高的科学、文化和经济价值，并经国务院批准建立的自然保护区。省（自治区、直辖市）级自然保护区，是指在本辖区或所属生物地理省内具有较高的科学、文化和经济价值及信息、娱乐、观赏价值，并经省级人民政府批准建立的自然保护区。市（自治州）级和县（自治县、旗、县级市）级自然保护区，是指在本辖区或本地区内具有较为重要的科学、文化和经济价值及休息、娱乐、观赏价值，并经同级人民政府批准建立的自然保护区。

自然保护区的名称需按国家规定命名，从自然保护区的名称就可以看出其级别，如广东象头山国家级自然保护区、广东古田省级自然保护区、惠东县红树林自然保护区。

三、自然保护区的类型

自然保护区是一个泛称，实际上，由于建立的目的、要求和本身所具备的条件不同而有多种类型。

（一）世界自然保护联盟保护区类型

自然保护区分类是自然保护区管理与信息交流的基础。自 1872 年美国黄石公园建立以来，世界自然保护区事业已经历了 100 多年的发展历史。国际上对自然保护区类型的划分一直未能最后统一。在世界自然保护联盟（IUCN）2008 年的保护区管理分类体系新指南中，将保护区分为 6 个类型，分别为：Ia 严格的自然保护区类型，Ib 原野保护区类型；Ⅱ国家公园类型，Ⅲ自然历史遗迹或者地貌保护区类型；Ⅳ生境、物种管理区类型；Ⅴ陆地或海洋景观保护区类型；Ⅵ自然资源可持续利用保护区类型。

（二）中国自然保护区类型

自然保护区类型划分的探索始于 20 世纪。随着自然保护区事业的不断发展，1980 年全国农业区划委员会自然保护区专业组曾根据保护区的主要客观类型和保护对象，将自然保护区初分为 3 种类型，即森林及其他植被类型、野生动物类型和自然历史遗迹类型，这是我国保护区类型划分的雏形。1993年《中国自然保护区类型与级别划分原则》被作为国家标准（GB/T14529—1993）由原国家环境保护总局和国家技术监督局联合发布，执行至今，仍是现行标准。该标准根据自然保护区的主要保护对象，将自然保护区划分为 3大类别，9 种类型，详见表 4-1。

表4-1　自然保护区类型划分表

类别	类型
自然生态系统类	森林生态系统类型 草原与草甸生态系统类型 荒漠生态系统类型 内陆湿地和水域生态系统类型 海洋和海岸生态系统类型
野生生物类	野生动物类型 野生植物类型
自然遗迹类	地质遗迹类型 古生物遗迹类型

还有一些学者按照保护的主要对象来划分，自然保护区可以分为生态系统类型保护区、生物物种保护区和自然遗迹保护区3类；按照保护区的性质来划分，自然保护区可以分为科研保护区、国家公园（即风景名胜区）、管理区和资源管理保护区4类。

不管保护区的类型如何，其总体要求是以保护为主，在不影响保护的前提下，把科学研究、教育、生产和旅游等活动有机地结合起来，使它的生态、社会和经济效益都得到充分发展。

四、自然保护区的功能

自然保护区可简单理解为"受到人为保护的特定自然区域"。从国内外自然保护区的建设情况来看，自然保护区主要功能体现在以下6个方面。

（一）保护天然本底

自然保护区所处的区域一般是具有一定的代表性、稀有性和生物多样性（biological diversity），保留了一定面积的各种类型的生态系统，自然保护区是就地保护生物多样性的最有效手段，可以为子孙后代留下天然的本底。这个天然的本底是今后子孙利用、改造自然时应遵循的途径，为人们提供评价标准及预计人类活动将会引起的后果。

（二）保护生物物种

自然保护区拥有丰富的生物多样性和自然生态系统，是各种生物物种的储备地和储备库，也是拯救濒危生物物种的庇护所。例如，长白山是由于火山的不断喷发而形成的典型火山，其主体是由火山岩和其他火山废弃物组成。长白山的地貌主要有火山锥、倾斜熔岩高原、熔岩台地三种。长白山火山的最后一次喷发是1702年，距今310多年。长白山生物圈保护区位于吉林省延边斡鲜自治州境内，面积20km²，建立于1960年，境内最高峰2697m；年均气温－7.3℃，年平均大风日数269天，年降雪日145天，积雪时间258天，年降水量1333mm，年平均风速11.7m/s，是个寒冷、湿润、多大风的地区。长白山生物圈保护区是东北保护较好的原始森林，拥有许多特有、珍稀动植物物种，是世界著名的基因库之一。保护区内的2277种植物、1225种野生动物均受到良好保护。在2277种植物中，有25种珍稀濒危植物，尤其是长白山的土著种瓶尔小草，（Malus komarouii），世界级珍惜濒危物种野山参（Panax sinsens），以及境内的10种杜鹃科植物；76种国家级保护动物。在长白山这个严寒的大风高山火山区能储存3502种生物物种实属罕见。

（三）研究自然生态场所

自然保护区拥有完整的生态系统，丰富的物种、生物群落及其赖以生存的环境，为开展相关的科学研究提供了得天独厚的实验室。其是环境保护工作中观察生态系统动态平衡、取得检测基准的最佳实验场所。这种研究包括：生态学和生物学，研究内容为保护对象与自然环境间的关系；经济学，内容为在人为保护条件下，自然资源发展的趋势和经济潜力；社会学，研究人类活动对自然资源与环境的影响。

（四）维护生态平衡

自然保护区的森林、雪山、湿地、果园等能在涵养水源、保持水土、改善环境和保持生态平衡等方面发挥重要作用。

（五）宣传教育天然基地

自然保护区是宣传教育活的博物馆。自然保护区是宣传国家自然保护政策的讲坛，可以普及自然知识和自然保护法律，向当地人和旅游参观的人介绍资源保护和持续发展的意义，可以开展生态文明教育，让人们了解大自然、享受大自然、保护大自然。自然保护区内的美景还能令人心旷神怡，使人精神焕发，燃起生活和创造的热情，培养生态道德，培养审美能力。

（六）发展生态旅游

自然保护区以其优越的生态环境条件，可发展生态旅游。生态旅游是一种欣赏和认识自然的高层次旅游活动。它所倡导的是人与自然的和谐统一，注重在旅游活动中通过人与自然的情感交流，能真正体会到大自然是生命的源泉，是人类发展的基础。同时，开发利用一些有观赏价值的景观资源，开展以自然景观为主体的生态旅游活动，也是我国自然保护区建设中的一种特殊方式。自然保护区内的各种生态旅游设施具有乡土风情，朴实而富有野趣，与其他类型景区旅游相比，可谓别具一格，是参观游览者获得自然科学知识的理想课堂。保护区发展生态旅游可为保护区带来巨大经济效益。例如，神农架国家级自然保护区近年来的旅游收入每年 2000 万元以上，鼎湖山国家级自然保护区每年旅游门票收入超过 4000 万元，成为当地纳税大户，有力地支持了地方社会和经济发展。为了平衡自然保护和利用间的矛盾，越来越多的人自觉或不自觉地认识到自然保护区不应该再作为一个封闭的、孤立的区域来管理，而应该是一个多功能（或用途）的复合体或系统，1998 年 Davey 即提出过此观点。基于这样的考量，联合国教科文组织"人与生物圈"计划即在 1995 年于《世界生物圈保护区网络章程框架》中提出开放式、参与式和适应式管理保护区的理念，以建立利用保护方式来解决自然保护和人类发展面临的矛盾的区域。

在"人与生物圈"保护区功能的基础上，我国自然保护区管理者或研究人员也在不断地思考我国自然保护区的功能，叶万辉、欧阳学军、张欣认为，在保护生物多样性和自然环境的同时，自然保护区应该服务于科学研究、科普教育、交流与合作及区域社会经济发展，自然保护区应具备自然保护、科学研究、科学普及、交流合作和促进社区发展五项功能，这样就能较好地总结我国自然保护区应具备的功能。

五、自然保护区的发展

（一）世界自然保护区的建立与发展

1872 年世界第一个自然保护区——美国黄石公园的依法设立被认为是现代保护区建设的开端。同时，北美、澳洲和非洲大陆的一些新兴国家开始兴建首批自然保护区。到 20 世纪末，几乎每一个国家都通过立法设立自然保护区。除了在地区和国家水平上建立自然保护区外，一些在区域或全球和世界遗产地、湿地公约等范围的自然保护区网络也相继建立起来（如欧洲的 Natura2000）。20 世纪 80 年代以来，世界保护区事业在世界保护联盟的推动下获得了空前的发展。据世界自然保护监测中心（WCMC）统计，至 2009 年，全世界的自然保护区已超过 11 万处，陆地自然保护区面积 $1710 \times 10^4 km^2$，占陆地总面积的 14.72%。90% 自然保护区是在近 40 年里建立的。自然保护区占国土面积的百分比已成为衡量一个国家自然保护事业发展水平、科学文化水平的重要标志。目前，全世界自然保护区数量和面积仍在不断增加，同时其功能也在发生变化。保护区已成为促进人与自然协调、建设持续社会的基本单元。保护区不仅对保护生物多样性起重要作用，而且通过提供环境效益保证工农业安全生产、促进可更新资源的持续利用和发展生态旅游等，使各地在环境保护、社会发展和经济建设上获得了巨大利益。

"人与生物圈"（MAB）计划是联合国教科文组织（UNESCO）针对全球面临的人口、资源、环境问题，于1971年发起的一项政府间跨学科的大型综合性的研究计划，其总目标是在自然科学和社会科学的范围内，为合理利用和保护生物圈资源及改善人与环境的关系提供科学基础，预测目前人类活动对未来世界的影响，从而增强人类有效管理生物圈自然资源的能力。该计划的主题思想和理念在于"人"是生物圈的有机组成部分，因此由环境及其保护所带来的一切议题和问题的解决不能脱离"人"及其社区的生存需要。该计划的终极目标是实现人与环境的和谐共处。

设立生物圈保护区是实现"人与生物圈"计划目标的重要措施，它强调把保护区及周边地区人民的生活改善、经济发展、社会进步与生态环境保护结合起来，进而找出一条既可以保护自然资源、文化资源，又可以促进经济可持续发展的模式。因此，生物圈保护区具有保护、发展，支持开展研究、监测、宣传，培训的三大功能。

经过40年的发展，世界生物圈保护区网络已包括114个国家的580个生物圈保护区，面积达5.7亿 hm²，约占全球陆地面积的4%。各地区及保护区依照生物圈保护区的理念，根据自身实际寻找各自的发展模式，它们的经验与教训为网络成员及其他不同类型的保护区的管理提供了比较研究、实验和学习的样板。生物圈保护区为生物多样性的保护和人类社会经济可持续发展及互惠互利之间肄立一种和谐关系找到了努力的方向。

（二）中国自然保护区的建立和发展

1956年9月第一届全国人民代表大会第三次会议上，秉志、钱崇澎等科学家提出《请政府在全国各省（区）划定天然林禁伐区，保护自然植被以供科学研究的需要》的92号提案。这个提案由国务院交林业部会同中国科学院办理。1956年10月，林业部制定了《关于天然森林禁伐区（自然保护区）划定草案》，提出了自然保护区的划定对象、划定办法和划定地区。同年在广东省肇庆市建立了以保护南亚热带季雨林为主的中国第一个自然保护区——鼎湖山国家级自然保护区。1963年，全国人民代表大会代表竺可桢等科学家又在全国人民代表大会上，提出开展自然保护工作的建议，对于在我国自然保护工作开展情况做了系统发言。1980年以来，随着我国经济建设的发展和世界自然保护事业的兴起，中国自然保护得到各级政府的重视，自然保护区由一种类型发展为多种类型，由一个部门管理扩大到多个部门管理。特别是自1922年世界环境与发展大会以后，中国积极参加一些自然保护组织和签订有关国际公约，自然保护区建设获得迅速发展。截至2011年年底，我国已经建立2640处自然保护区，其中国家级自然保护区335处，各级自然保护区总面积为149万 km²，陆地自然保护区面积约占国土面积的14.93%。截至2010年年底，我国还建立了近5万个自然保护小区，100处国家湿地公园。这些自然保护区，有效地保护了我国90%的陆地生态系统、85%的野生动物种群和65%的高等植物群落，以及20%面积的天然林群落。调查结果显示，我国20%面积的天然林群落，50.3%的自然湿地，85%以上的珍稀野生动植物物种，特别是大熊猫、金丝猴的野外种群，都依靠自然保护区得到了有效保护。我国共有28处自然保护区加入联合国教科文组织"人与生物圈"保护区网络，37处被列入国际重要湿地名录，18处被列为世界自然遗产名录，相当一部分自然保护区是全球生物多样性保护的重点地区，在世界生物多样性保护中发挥着十分关键的作用，具有广泛的国际影响。目前，在全国形成了一个布局基本合理、类型齐全、功能逐渐完善的自然保护区网络体系。

六、自然保护区的管理

（一）部门隶属状况

目前我国建立并管理自然保护区的部门有林业、环保、农业、国土资源、海洋、水利、住房和城乡建设（住建）等，一些科研院所、高等院校、乡村社区也建立并管理了一些自然保护区，但林业、农业、国土资源等自然保护区主管部门管理的自然保护区数量仍占绝大多数。自然保护区隶属主管部门图如图4-2。

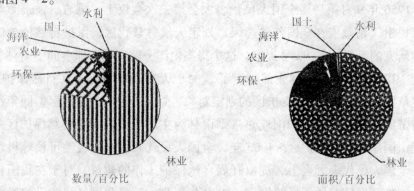

图4-2　自然保护区隶属主管部门图

林业部门归口管理的自然保护区 1958 个（其中国家级自然保护区 251 个），保护区面积 11 604.49 万 km²，分别占全国自然保护区总数和总面积的 74.17% 和 77.51%，列各部门之首。与 2010 年相比，自然保护区数量增加了 40 个，面积增加了 18.51 万 km²。

环保部门归口管理 253 个自然保护区（其中国家级自然保护区 47 个）。

农业部门归口管理的自然保护区 100 个（其中国家级自然保护区 9 个），保护区面积 257.33 万 km²，分别占全国自然保护区总数和总面积的 3.79% 和 1.72%。与 2010 年相比，自然保护区数量增加了 6 个，面积几乎没有变化。

海洋部门归口管理的自然保护区 103 个（其中国家级自然保护区 13 个），保护区面积 510.25 万 km²，分别占全国自然保护区总数和总面积的 3.90% 和 3.41%。

国土部门归口管理的自然保护区 71 个（其中国家级自然保护区 11 个），保护区面积 131.82 万 km²，分别占全国自然保护区总数和总面积的 2.69% 和 0.88%。

水利部门归口管理的自然保护区 39 个（其中国家级自然保护区 2 个），保护区面积 127.59 万 km²，分别占全国自然保护区总数和总面积的 1.48% 和 0.85%。

住建部门归口管理的自然保护区有 10 个，总面积 9.83 万 km²。

除上述部门外，科研院所、高等院校、旅游等相关、单位（统计中列入其他）管理的自然保护区 106 个（其中国家级自然保护区 1 个），保护区面积 77.29 万 km²，分别占全国自然保护区总数和总面积的 4.02% 和 0.52%。

（二）　自然保护区的管理机制

近十年来，我国自然保护区事业发展迅速，数量和面积均居世界首位，为了自然保护区的健康、稳步、有序发展，必须加强保护区的管理，其主要管理内容如下。

1. 法制管理

在自然保护区法制管理中需要依据相关的国际重要公约，相关的法律法规，相关的国家政策、地方和保护区政策文件。

2. 组织管理

包括管理体制、人事管理、决策管理、冲突管理等。

3. 规划管理

包括规划制定、审批、变更、实施等内容。

4. 日常管理

包括日常管理、行政管理和技术管理、巡护管理、监测管理、火灾防护

管理、保护对象管理、生态旅游管理、资源经营利用管理、科研管理、宣传教育管理、信息管理、技术管理、社区共管等。

5. 财务管理

包括资金来源与支出管理、计划管理。

6. 分区管理

主要指保护区内按功能进行分区管理。

我国人口众多，自然植被相对较少，保护区不能像有些国家那样采用原封不动，任其自然发展的纯保护方式，而是采取保护、科研、教育、生产相结合的方式，在不影响保护区的自然环境和保护对象安全的前提下，允许适当和旅游业相结合，开展一些生态旅游活动。因此，我国的自然保护区内部划分为核心区、缓冲区和实验区进行分区管理。

核心区是保护区内未经或很少经人为干扰过的自然生态系统的所在，或者是虽然遭受过破坏，但有希望逐步恢复成自然生态系统的地区。该区以保护种源为主，又是取得自然本底信息的地区，不允许非研究人员进入。缓冲区是核心区与实验区的过渡区域，是核心区的保护地带，一般人员也不能随意进入。实验区是保护区的最外围区域，也是保护区的生产生活区域，旅游活动一般只能在这个区域开展。

随着科学技术的跨越式进步，科技人员的思维也在与时俱进。叶万辉、欧阳学军、张欣在对保护区的功能分区上有些新观点，既承接了将自然保护区分为核心区、缓冲区、实验区三大功能区的理念，又对各功能区的内涵赋予了新的内容。

（1）核心区：不仅具有保护功能，同时还能提供各种生态系统服务，而这些服务可以带来价值（如碳固存、土体稳定、提供清洁的水和空气等）。

（2）缓冲区：除了缓冲作用外，还具有链接核心区和过渡区的生物多样组分的连接功能，以及维护人类学、生物学和文化多样性的"独立功能"。

（3）实验区：除了具有发展功能外，也有保护社区环境的功能；政治边界和保护区边界间的协调也值得认真考虑（如跨境保护问题）。

第二节　自然保护区文化的存在形式

一、自然保护区物质文化

我国已有2640个各种类型的自然保护区，面积149万hm^2。保护区内资源丰富，拥有生物多样性资源、景观资源、土地资源、水资源、新鲜空气资源、人文资源等，拥有森林、河流、湖泊、草原和数以千万计的生物物种资源。对自然保护区上述资源的管理是一门复杂的学问，涉及的学科门类多、知识面广、技术性强，蕴含着丰富的文化。

例如，长白山自然保护区具有温带山地生态系统及自然景观，境内拥有特殊的火山岩地貌、中国东北最高的山峰、火山口湖泊、温泉、植被垂直分布带、原始森林、高山苔原、森林湿地、孑遗植物、特有动植物、珍稀濒危动植物、濒危物种等多种物质，以及传说中的天池怪兽等，都承载着源远流长、博大精深的中华文化。1985年建立的长白山自然博物馆，20世纪80年代后期建立的永久性标语牌、广播站、画廊及各种生态旅游设施等直接展现了长白山自然保护区丰厚的物质文化。

二、自然保护区精神文化

（一）鼎湖山精神

自然保护精神是文化内涵的体现形式之一。1956年，我国在被誉为"北回归沙漠带上的绿色明珠"的广东肇庆鼎湖山建立了第一个自然保护区，这标志着我国自然保护事业的历史开端。在56年的建设历程中，广东鼎湖山国家级自然保护区栉风沐雨、开创进取，创造了难能可贵的"鼎湖山精神"，作者将其概括为：开拓创新精神、勇敢担当精神、执着务实精神。

1. 开拓创新精神

老一辈科学家陈焕镛、秉志、钱崇澍、杨维义、秦仁昌等慧眼识珠，敢为人先，确定鼎湖山有重要科学价值，倡导成立了鼎湖山自然保护区。有老一辈科学家、建设者、领导人的开拓创新精神，才有自然保护事业的先锋，才有了鼎湖山这个"全国首创"。

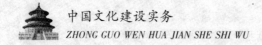
2. 勇敢担当精神

1958 年，在全国"大跃进"、"大炼钢铁"的浪潮中，为了砍伐树木烧炭炼钢，当地部分群众也磨刀霍霍对准鼎湖山的参天大树，黄吉祥、石国梁、谢福七等鼎湖山的第一代守护者，带领全体职工，历尽千辛捍卫这片绿洲。"文化大革命"期间有人再次将利斧对准鼎湖山的森林树木，还是鼎湖山的第一代守护者，敢于担当，保住了鼎湖山这颗绿色明珠。改革开放初期，随着旅游业各项建设热潮的兴起，自然保护区与地方旅游开发的矛盾凸显，鼎湖山面临着地方政府全面开发旅游的巨大压力，何绍颐研究员毅然上书给国务院副总理方毅，方毅将信转给赵紫阳总理。赵总理批示：我同意鼎湖山保护区必须得到切实保护，不要因开展旅游而遭到破坏。何绍颐的胆识和举措，使鼎湖山自然保护区避免了因旅游开发而遭受重创，这是鼎湖山勇敢担当精神的又一体现。

3. 执着务实精神

鼎湖山自然保护区的孔国辉研究员，虽已年老，还经常上山检查督促保护工作；叶万辉研究员，在经费运转极其困难的情况下，多方奔走呼吁，解决了保护区经费渠道不畅问题。从 2011 年开始，鼎湖山自然保护区管理局每年将直接从中国科学院获得运行经费的支持。叶万辉研究员经过多方不懈努力，从国家环保总局争取到 100 万元资金，建成了鼎湖山自然保护区第一座科普楼。一位又一位，一代又一代的鼎湖山自然保护区的开拓者、研究者、建设者、守护者，以他们淡泊名利、潜心研究、勇敢捍卫、踏实执着的求真务实精神、踏踏实实的工作，使鼎湖山的科研和管理工作成绩斐然。目前，鼎湖山自然保护区已成为优秀科学人才的培养基地、高度开放的学术交流基地、具有较强创新能力的国家野外科学观测试验站、国际知名的生态系统综合研究平台、全国青少年走进科学世界科技活动示范基地和广东省环境教育基地等多种科学教育和科普活动基地。

（二）自然保护区的固守精神

任何一个自然保护区都有一个始终不渝的"保护"使命：保护自然环境、保护自然资源、保护土地、保护生物多样性、保护完整的自然生态系统。任凭世事如何变化，社会如何动荡，自然保护区始终保护着自己的领地、自己的森林、一草一木。1958 年的"大跃进"、"大炼钢铁"运动，多少森林树木被利斧砍去烧炭炼钢；"文化大革命"期间乱砍滥伐成风，多少茂密的山林被削为荒山秃岭。就在那样的年月，自然保护区的工作人员仍然恪尽职守，使保护区的森林依然苍翠如黛。保护区工作人员的恪守精神和人格力量与森林的挺拔坚韧融为一体，守护着大自然对人类的赐予。这些都体现了自然保护区的固守精神。

（三）自然保护区的包容精神

任何一种自然保护区内都容纳着多种多样的森林、树木、草类、兽类、鸟类、鱼类等，大自然的万物在自然保护区内应有尽有。各种生物不仅在保护区内生存、繁衍生息，而且生物与生物之间，生物与环境之间，人与生物之间，人与环境之间长期和谐共处，平衡发展，体现了自然保护区的包容精神。

（四）自然保护区的奉献精神

从自然保护区具有的功能可以看出，自然保护区就地保护了一定面积的生物多样性和生态系统，为当代人和子孙后代留下了天然本底；储备了大量生物物种；维护着大自然的生态平衡；为人类提供生态研究场所和天然实验室；提供宣传教育基地；提供国际学术交流与合作平台；提供生态旅游场所，从而提高人的素质和科学文化水平，这些都是自然保护区全方位为人类服务的奉献精神之所在。

（五）自然保护区的进取精神

自然保护区自成立以来，不仅数量和面积不断增加、类型不断增多，而且一直在完善、改进各种管理方法，不断追求进步，中国古代就有朴素的自然保护思想，例如，《逸周书·大聚篇》就有"春三月，山林不登斧，已成草木之长。夏三月，川泽不入网罟，已成鱼鳖之长"的记载。官方有过封禁山林的措施，民间也经常自发地划定一些不准樵采的地域，并制定出若干乡规民约加以管理。此外，所谓"神木"、"风水林"、"神山"、"龙山"等，虽带有封建迷信色彩，但客观上却起到了保护自然的作用，有些已具有自然保护区的雏形。新中国成立后不断采取措施保护森林。从1956年成立自然保护区开始，保护区的数量由少到多，面积由小到大，质量不断提高，管理办法不断完善，服务功能不断增强，人与自然间进一步和谐，这些都体现了自然保护区的进取精神。

三、自然保护区制度文化

法律、法规、管理条例、管理办法、乡规民约等都是一种管理事物和行为的手段。不同的国家、不同的民族、不同的行业、不同的时期有不同的管理办法，呈现出五彩缤纷的制度文化。自然保护区的制度文化，主要表现在如下几个方面。

（一）《中华人民共和国自然保护区条例》的主要内容

1994 年 9 月，国务院发布《自然保护区条例》（以下简称《条例》）。该条例共分五章四十四条。总则中《条例》规定将自然保护区的发展纳入国民经济和社会发展计划。规定国家对自然保护区实行综合管理与分部门管理相结合的管理体制，即国务院环境保护行政主管部门负责全国自然保护区的综合管理，林业、农业、地矿、水利、海洋等部门在各自的职责范围内，主管有关的自然保护区。在自然保护区建设一章中，《条例》明确了自然保护区建立的条件，自然保护区级别分为国家级和地方级自然保护区，国家级自然保护区实行申请、评审和批准制度。《条例》还规定：自然保护区的撤销及其性质、范围、界线的调整和改变，应当经原批准建立自然保护区的人民政府批准。《条例》还对自然保护区的命名、内部功能区划分等做出了明确规定。《条例》设立专门的"自然保护区管理"和"法律责任"章节，规定国家级自然保护区由其所在的省（自治区、直辖市）人民政府有关自然保护区行政主管部门或者国务院有关自然保护区行政主管部门管理。地方级自然保护区，由其所在地的县级以上地方人民政府有关自然保护区行政主管部门管理。《条例》还明确规定禁止在自然保护区内进行砍伐、放牧、狩猎、捕捞、采药、开垦、烧荒、开矿、采石、捞沙等活动；禁止进入自然保护区的核心区；在核心区和缓冲区内，不得建设任何生产设施；在自然保护区内的单位、居民和经批准进入自然保护区的人员，必须遵守自然保护区的各项管理制度，接受自然保护区管理机构的管理。自然保护区核心区内原有居民确有必要迁出的，由自然保护区所在地的地方人民政府予以妥善安置。

（二）自然保护区相关的国际公约

1）《生物多样性公约》。

2）《保护世界文化和自然遗产公约》。

3）《关于特别是作为水禽栖息地的国际重要湿地公约》。

4）《濒危野生动植物种国际贸易公约》。

5）其他相关条约。

（三）我国自然保护区相关的法律法规

1956 年《关于天然森林禁伐区（自然保护区）规定草案》。

1956 年《矿产资源保护试行条例》。

1957 年《中华人民共和国水土保持暂行纲要》。

1973 年《自然保护区暂行条例（草案）》。

1978 年《中华人民共和国宪法》明确规定"国家保护环境和自然资源，

防治污染和其他公害"。

1979 年《中华人民共和国森林法（试行）》。

1979 年《中华人民共和国环境保护法（试行）》。

1982 年《水土保持工作条例》。

1982 年《中华人民共和国土地管理法》。

1982 年《中华人民共和国水法》。

1982 年《中华人民共和国海洋环境保护法》。

1983 年《中华人民共和国关于严格保护珍贵稀有野生动物的通令》。

1987 年《中国自然保护纲要》。

1987 年《中华人民共和国草原法》。

1989 年《野生动物保护法》。

1992 年《中华人民共和国陆生野生动物保护实施条例》。

1993 年《中华人民共和国水生野生动物保护实施条例》。

1994 年《风景名胜区管理暂行条例》。

1992 年《气候变化框架公约》和《生物多样性公约》。

1993 年《中华人民共和国水土保持法实施条例》。

1994 年《中华人民共和国矿产资源实施细则》。

1994 年《中华人民共和国自然保护区条例》。

1997 年《中华人民共和国刑法》在第六章第六节新增了破坏环境资源保护罪的内容。

1997 年《中华人民共和国野生植物保护条例》。

1998 年修改后的《中华人民共和国森林法》颁布生效。

2000 年《中华人民共和国森林法实施条例》。

（四）我国自然保护区相关的政策文件

在我国自然保护区迅速发展的形势下，如何有效管理保护区已成为各级政府应该关注的问题。为此，除了出台相关的法律法规外，我国政府还颁布了一系列的政策和文件作为国际公约和法律法规的补充，解决一些法律难以奏效的具体问题，如一些临时出现的、具有阶段性的、针对性较强的问题。按照级别的不同，这些公共政策和文件分为国家级、地方级和保护区级三类。

1. 国家层面

国家级的政策文件大体可以分为三大类型，分别为综合性的政策文件、保护政策文件和管理政策文件。以下对这三类文件分别做简要的阐述。

（1）综合性政策文件

综合性的政策和文件的内容主要侧重于自然保护区的申报批复、总体规划、发展计划等宏观管理方针，比较重要的有《关于印发＜国家级自然保护区总体规划大纲＞的通知》、《关于印发＜中国自然保护区发展规划纲要（1996～2010年）＞的通知》、《国家环境保护总局关于申报建立自然保护区有关问题的通知》等。《关于印发〈国家级自然保护区总体规划大纲〉的通知》由国家环境保护局和国家计划委员会于1997年11月24日共同发布，其目的是为有效解决我国现有自然保护区的数量、面积和管理现状同我国拥有的生物多样性及各类自然资源的丰富程度存在较大差距，自然保护区的建设和管理仍相对薄弱问题。《国家环境保护总局关于申报建立自然保护区有关问题的通知》由国家环境保护总局于2001年2月27日发布，并于同日执行。其目的是提高自然保护区的建设质量和管理水平，使各级自然保护区的评审工作有序进行。

（2）保护政策文件

保护类的政策和文件是基于某一特定类型的生态环境、自然资源或动植物资源而制定的，换言之，保护政策文件是为了更好地保护某些濒危的或珍稀的保护对象，而由国家相关部门颁布的具有一定强制约束力和指导意义的文件。这类政策文件有一些共同特征：①指向性明显，都是针对特定的珍稀物种、濒危资源或具有较高生态价值的保护对象，如《关于进一步加强麝、熊资源保护及其产品入药管理的通知》。②对每一种特定的保护对象，都提出了特定的保护措施，具有较大的可操作性。例如，在《国务院办公厅关于加强湿地保护管理的通知》中，明确规定"对开垦占用或改变湿地用途的，应责令停止违法行为，采取各种补救措施，努力恢复湿地的自然特性和生态特征"等。③设定了较为明确的目标，针对每一项保护工作都有具体的导向性。例如，《关于加强湿地生态保护工作的通知》的主要目标是保护湿地资源，维护湿地基本生态过程，促进湿地资源保护和合理利用，遏制我国湿地的进一步破坏。

（3）管理政策文件

管理类的政策文件主要涉及我国自然保护区的开发建设、日常运营、项目管理、法律调解等问题，如《国家林业局关于做好政策性森林保险体系建设促进林业可持续发展的通知》、《关于印发〈全国生态示范区建设试点验收暂行规定〉的通知》、《关于涉及自然保护区的开发建设项目环境管理工作有关问题的通知》、《最高人民法院关于审理破坏野生动物资源刑事案件具体应用法律若干问题的解释》、《国家重点保护野生动物驯养繁殖许可证管理办法》、《国家濒管办关于依法规范〈允许进出口证明书〉行政许可工作的通知》、《国家濒管办关于进一步调整授权办事处核发 CITES 允许进出口证明书的通知》、《国家级自然保护区晋升功能区调整政策》、《国家级自然保护区批复政策》、《关于加强自然保护区管理有关问题的通知》、《关于进一步加强自然保护区建设和管理工作的通知》、《关于国家级自然保护区申报审批意见的报告》等。

2. 地方层面

地方层面的自然保护区管理政策文件，数量上比国家层面的要多，但多依据国家层面的政策文件制定，即地方层面的政策文件是在参照国家政策的基础上，结合地方的特殊性，进一步修订而成的，或者是在国家政策精神的指导之下，从地方实情出发制定出来的更具体的政策文件。

一般来说，地方层面的政策文件比国家层面更具体，更具指向性。它们是直接针对当地保护区的管理而出台的，如《北京市实施〈中华人民共和国野生动物保护法〉办法》、《上海市森林管理规定》、《天津市野生动物保护条例》、《重庆市林地保护管理条例》、《江苏省实施〈中华人民共和国森林法〉办法》、《浙江省自然保护区管理办法》等。这些地方性的规定和条例对国家颁布的政策起到了很好的贯彻落实作用，使自然保护区的管理有了更为直接和明确的行动指导。例如，《浙江省自然保护区管理办法》中提出"乡镇人民政府应当协助做好自然保护区的保护和管理工作"的要求；《江苏省实施〈中华人民共和国森林法〉办法》根据林木的种类对划出林木的补偿费做出了具体的规定等。

3. 保护区层面

保护区层面的政策文件一般针对某一具体保护区，是指导保护区管理工作最为直接的依据，涉及保护区管理的各项工作，如《上海市崇明东滩鸟类自然保护区管理办法》、《浙江省南麂列岛国家级自然保护区管理条例》、《福建省国家级自然保护区管理办法》、《河北省衡水湖湿地和鸟类自然保护区管理办法》、《吉林长白山国家级自然保护区管理条例》、《内蒙古自治区锡林郭勒草原国家级自然保护区管理条例》、《阿尔金山国家级自然保护区管理办法》等。保护区的政策文件根据国家和地区两级政策制定，是确保我国自然保护区有效管理和可持续发展的有力工具。

自然保护区的相关法律法规是保障自然保护区建设、管理等工作顺利有序进行的保障，是我国走生态可持续发展之路的重要支撑，是我国"依法治国"理念的重要体现。

（五）自然保护区制度的实施

建设自然保护区是近现代人类文明发展的一个伟大创举，是人类面对生存挑战做出的明智选择。自1956年以来，我国50多年的自然保护区事业已取得巨大成绩，已形成了布局较为合理、类型较为齐全的自然保护区体系，为保护生物资源、维护生态平衡做出了重要贡献。自然保护区的制度文化主要体现在以下6个方面。

1. 坚持政府主导

自然保护区是一项十分重要的社会公益事业，是政府的一项重要职责。50多年来，各级人民政府将自然保护区建设纳入经济社会发展规划，健全管理机构，落实人员编制，多方筹措资金，不断增加投入，加强能力建设，提高管理质量，抢救性划建保护区，为推进自然保护区事业发展发挥了主导作用。

2. 坚持部门联动

自然保护区的保护与建设涉及政府多个部门，因此部门联动是做好自然保护区工作的关键。经过50多年的工作，已形成"环保部门统一协调、各部门齐抓共管"的基本符合国情的工作机制。林业部门发挥了主力军的作用，是我国自然保护区管理体系的主体。农业、国土、海洋、水利等部门，建立了各具特色的一批保护区和保护小区，成为自然保护区体系的有机组成部分。

3. 完善法规政策

全国人民代表大会先后颁布了《中华人民共和国环境保护法》、《中华人民共和国野生动物保护法》、《中华人民共和国森林法》、《中华人民共和国草原法》、《中华人民共和国渔业法》、《中华人民共和国海洋环境保护法》等与自然保护区相关的法律。1994年，国务院发布了第一部自然保护区的行政法规——《中华人民共和国自然保护区条例》，全面规范了自然保护区建设管理。有关部门制定了《森林和野生动物类型自然保护区管理办法》、《水生动植物自然保护区管理办法》、《海洋自然保护区管理办法》、《自然保护区土地管理办法》等部门规章。20多个省份制定了地方法规，200多个自然保护区制定了管理办法，使自然保护区建设和管理逐步步入法制轨道。

4. 严格环境执法

50多年来，各地、各有关部门和自然保护区管理机构，通过严格执法、加大执法力度，有效防止了重大生态破坏；通过加强执法检查和建设项目环境管理，制止了一批违法行为，查处了一批违法案件。

5. 依靠科技进步

50多年来，有关部门、自然保护区管理机构与大专院校、科研院所加强合作，开展调查研究，取得了一批具有较高水平的科研成果，如四川卧龙自然保护区大熊猫繁殖研究、大连蛇岛自然保护区蝮蛇栖息地研究、广东惠州海龟国家级自然保护区海龟繁殖基地、中国科学院 30 多个生态定位站研究等取得了重大进展。

6. 广泛宣传合作

各地区、有关部门和自然保护区管理机构，通过丰富多彩的宣传教育，普及自然保护科学知识，展示生态保护和建设成就，充分发挥了自然保护区的多重价值和多种功能，使其成为教学科研基地，成为弘扬环境文化、开展爱国主义教育、青少年科普教育的重要基地。通过执行国际合作项目、建立姊妹保护区和跨界保护区等多种形式，借鉴先进理念和管理模式，争取资金，加强能力建设。特别是"中国多样性行动计划"、"中国生物多样性国情研究"、"中国自然保护区管理"、"中国湿地生物多样性保护与可持续利用"等国际合作项目，有力地促进了我国自然保护区管理水平的提高，促进了生态文化建设。

目前，我国已经形成了以宪法规范为依据、以环境基本法为基础、以单项专门法为主干、以国际条约为补充的自然资源保护法体系的基本框架。法律法规等制度文化的不断完善，是社会和文化进步的重要标志之一。

四、自然保护区行为文化

行为是心理的表现。在热爱大自然、珍爱生命的思想支配下，人类为了保护自然，奉献了智慧与血汗，涌现了无数值得歌颂的保护自然的英勇行为和先进事例。此处只能列举一二。

(一) 政府保护行为文化

在各级政府的主持下，申报、审核、批准建立自然保护区的一系列工作是政府层面的行为文化；制定关于自然保护区的法律法规、方针政策、管理条约是政府层面关心自然保护区的行为文化；组织或代表自然保护区加入世界保护组织、与多个国家签订相关条约、为自然保护区培养人才、配备器材、划拨经费等都是自然保护区政府行为文化的体现。

(二) 民间保护行为

我国的自然保护区类型多样，生物多样性丰富，为子孙后代留下了天然的本底。50 多年来，我国自然保护区的工作者、学者、民众、个人都在谱写着热爱自然、艰苦奋斗、甘于奉献的自然保护区的行为文化。

(1) 中国第一位驯鹤姑娘——徐秀娟

徐秀娟1964年出生于黑龙江省齐齐哈尔市一个满族渔民家庭，一个养鹤世家。她父亲是扎龙保护区的鹤类保护工程师，母亲也曾在扎龙保护区养鹤10年。徐秀娟小时候常帮着父母喂小鹤。1981年，徐秀娟到扎龙自然保护区和爸爸一起饲养鹤类，成为我国第一位驯鹤姑娘。她很快就掌握了丹顶鹤、白枕鹤、衰羽鹤等珍禽饲养、放牧、繁殖、孵化、育雏的全套技术，她饲养的幼鹤成活率达100%。扎龙保护区也因孵鹤、养鹤、驯鹤技术蜚声中外。1986年，徐秀娟从东北林业大学进修结业，接到正在筹建的盐城自然保护区的邀请，希望她能到射阳滩涂工作。盐城自然保护区是丹顶鹤的主要越冬地，有大片的滩涂沼泽地，长满了芦苇、盐蒿，一条自北向南的复堆河将沼泽地和村庄隔开，人迹罕至，是十分理想的丹顶鹤栖息地。如果能在这个地方建立一个不迁徙的丹顶鹤野外种群，那将是一个重大突破，或许这就是一个世界级的科技课题。徐秀娟为了自然保护区事业，应邀来到盐城自然保护区工作。在盐城保护区工作期间，徐秀娟充分发挥才干，运用学到的理论知识钻研养鹤技术。徐秀娟对这些生灵珍爱有加，鹤已经成了她生命中不可分割的一部分。1987年，徐秀娟从内蒙古带回的两只白天鹅，经过长期的悉心照料，两只白天鹅逐渐适应盐城自然保护区的气候条件。同年9月，两只白天鹅走失。徐秀娟在自然保护区内的芦苇荡中接连寻找了几天，在涉过一条河的时候被河水卷走。徐秀娟牺牲时才23岁，她将青春年华，献给了一生热爱并为之呕心沥血的养鹤事业。为了纪念这位年轻的护鹤天使，江苏盐城和齐齐哈尔市扎龙自然保护区分别修建了纪念馆、纪念碑，宣传徐秀娟的事迹，激发人们热爱大自然、保护野生动物，与自然和谐相处、无私奉献、积极进取的精神。著名歌手朱哲琴动情演唱的那首《一个真实的故事》，歌声曾感动了大江南北，忧伤了黄河两岸，令人久久不能平静。这不是一首普通歌，是歌颂徐秀娟舍身救鹤，奉献生命的真实感人的歌。

（2）中国滇金丝猴保护第一人——龙勇诚

滇金丝猴（Rhinopithecus roxellanae）是濒临灭绝的珍稀动物，主要生活在云南德钦的白马雪山和西藏芒康的近4000km^{2}的原始森林中，数量约3600只。

中国滇金丝猴保护第一人龙勇诚教授，1955年出生在湖南通道的一个小山村，1978年考入中山大学生物系，1982年分配到中国科学院昆明动物研究所工作，并进入白马雪山自然保护区，开始寻找滇金丝猴。由于猎人捕杀，据说当年滇金丝猴仅有200余只。龙勇诚和他的伙伴在深山老林里苦苦寻找了4年，才第一次见到滇金丝猴。那是一个很悲凄的场景，在猎人的枪声下，树上一只母猴怀抱的小猴跌落到地面，随后母猴堕地。龙勇诚目睹此景，万分难受，下决心要保护这些精灵，从此开始了他寻找滇金丝猴、保护滇金丝猴的艰苦生涯。20 多年，他和他的伙伴历经千辛万苦，行走数十万公里，踏遍了云南白马雪山的原始森林，查清了滇金丝猴各个种群的分布地和数量；拍摄了近万张照片，摸清了滇金丝猴的生活习性和活动规律；医治了遭受线虫病危害的滇金丝猴，抢救了猎人枪口下的滇金丝猴；绘制了滇金丝猴的分布图，使其种群数量发展到 3600 只。龙勇诚申请多项基金，帮助周边社区村民改善生活；通过宣传教育，让猎人变成保护专家，让乡村变成保护场所。2005 年，在白马雪山设立了滇金丝猴保护站和野生动物救助站。龙勇诚痴迷于动物保护，将一生奉献于大山之中，将滇金丝猴当做自己的亲密伙伴。在他的努力下，滇金丝猴不仅数量增多，而且成了明星动物，成为 1999 年昆明世博会的吉祥物、形象大使。龙勇诚将滇金丝猴称为雪山精灵，他期望设立滇金丝猴专项基金，使白马雪山 2800 多平方公里土地上的整个生态系统得到长久持续的保护；希望更多的人参与到保护滇金丝猴的工作中来；希望滇金丝猴在大森林中自由自在、无拘无束地生活。龙勇诚对滇金丝猴的保护行为体现了人对生命的珍爱，人与生物的平等，人与自然的和谐精神。

第四章 海洋文化

　　海洋是生物圈中最大的生态单位，是全球生命支持系统的基本组成之一，海洋在人类发展历程中占据极其重要的地位，在离海岸线 60km 以内的沿海，居住着全球一半以上的人口，海洋运输收入占全球贸易总值的 70%，海洋旅游收入占全球旅游总收入的 33% 以上。据联合国《21 世纪议程》估计，到 2020 年全世界将有 75% 的人口聚集在沿海。

　　海洋被看做人类社会持续发展的希望所在，为此，世界各国都非常注重海洋开发利用和海洋文化事业与产业。

第一节 海洋概述

一、海和洋的概念

（一）海

　　海，是洋的边缘，是大洋的附属部分。海的面积大约占到海洋总面积的 11%。海的水深比较浅，平均深度从几米到两三千米。海因为临近大陆，所以常受大陆、河流、气候和季节的影响，特别是海水的温度、盐度、颜色和透明度，都会受陆地的影响，有明显的变化。海水温度在夏季时一般会升高，冬季时会降低。在有的海域，海水还会部分结冰，如中国的渤海。此外，在大河入海的地方即入海口的海水，在多雨的季节里，盐度会降低。河流受到临近陆地的影响，常挟带着大量的泥沙入海，因此近岸的海水一般是浑浊的，透明度较差。海不像洋，它没有自己独立的潮汐与洋流，只能被动地接受来自大洋的潮汐与洋流的影响。

海一般可以分为边缘海、内陆海和地中海。边缘海是位于大陆边缘，以岛屿、群岛或半岛与大洋分离，仅以海峡或水道与大洋相连的海域。例如，中国的东海和南海就是太平洋的边缘海。内陆海是位于大陆内部的海，如欧洲的波罗的海等。地中海比较特殊，它是几个大陆之间的海，一般比内陆海要深一些。

（二）洋

洋，远离大陆，面积辽阔，是海洋的中心部分，是海洋的主体，世界大洋的总面积约占海洋总面积的89%，大洋的水深，一般3000m以上，最深处可在10，000m以上。大洋不受陆地的影响，水文和盐度比较稳定。具有独立的洋流和潮汐系统。大洋的水颜色是蔚蓝色的，水中的杂质很少，因此透明度很大。世界上总共有5个大洋，即太平洋、印度洋、大西洋、北冰洋、南冰洋。

二、海洋中的特殊现象

（一）潮汐

潮汐是指海水受月亮和太阳的引潮力作用产生的周期性运动，即海面每天都发生的周期性涨落现象。习惯上将垂直方向的涨落称潮汐，水平方向的流动称潮流。

潮汐的形成与月球、太阳和地球的相对运动有着密切的关系，其中月球的运动是形成潮汐的主要因素。

潮汐有日变化和月变化。由于受陆地的存在、海岸线曲折、海水深度不同及港湾、海峡、岛屿、江河等的影响，地球上各地潮汐的规律不完全一样，一般分为半日潮、全日潮和混合潮三类。

（二）蜃景

蜃景又称海市蜃楼，是由大气的折射和反射作用造成的，是一种光学幻景。其一般出现在中、高纬度地区的海面、沙漠等地势开阔的地方。

中国山东的蓬莱、俄罗斯的齐姆连斯克、美国的阿拉斯加经常出现蜃景。西汉司马迁《史记·天官书》写道："海旁蜄（蜃）楼气象楼台，广野气成宫阙然。"

（三）厄尔尼诺现象

厄尔尼诺现象是太平洋赤道带大范围内海洋和大气相互作用后失去平衡而产生的一种气候现象。正常情况下，太平洋热带地区的季风洋流是从美洲

流向亚洲，使太平洋表面保持温暖，给印度尼西亚周围带来热带降雨，但这种模式每2～7年被打乱一次，风向和洋流发生逆转，太平洋表层热流就转而向东走向美洲，随之便带走了热带降雨，出现所谓的"厄尔尼诺现象"。厄尔尼诺的全过程分为发生期、发展期、维持期和衰落期，历时一年左右，大气的变化滞后于水温度的变化。

厄尔尼诺现象发生时，太平洋中东部海域表面水温正距平高达3℃以上，海温的强烈上升造成水中浮游生物大量减少，秘鲁的渔业生产受到打击，同时使厄瓜多尔等太洋赤道地区发生洪涝或干旱灾害。这样的厄尔尼诺现象也称为厄尔尼诺事件。一般认为海温连续三个月正距平在0.5℃以上，即可认为是一次厄尔尼诺事件。

（四）拉尼娜现象

拉尼娜现象是指赤道太平洋东部和中部海面温度持续异常偏冷（与厄尔尼诺现象相反），是热带海洋和大气共同作用的产物。东北信风将表面被太阳晒热的海水吹向太平洋西部，致使太平洋西部海平面比东部增高将近60cm，西部海水温度增高，气压下降，潮湿空气积累形成台风和热带风暴，而东部底层海水上翻，东太平洋海水变冷。拉尼娜是一种厄尔尼诺年之后的矫正过渡现象。其会使太平洋东部水温下降，出现干旱，与此相反的是西部水温上升，降水量比正常年份明显偏多。科学家认为，拉尼娜水文现象对世界气候不会产生重大影响，但会给中国广东、福建、浙江，乃至整个东南沿海带来较多并持续一定时期的降雨。

三、世界五大洋

五大洋泛指地球上所有的海洋包括太平洋、大西洋、印度洋、北冰洋、南冰洋。地球的表面积为5.1亿km²，海洋面积为3.61亿km²，占地球总面积的70.8%，陆地面积1.49亿km²，占地球总面积的29.2%。海洋面积和陆地面积的比例约为7∶3。五大洋按面积大小依次为：太平洋、大西洋、印度洋、南冰洋、北冰洋。

（一）太平洋

太平洋的面积为16 624万km²（不包括属海），平均水深约为4028m，海水体积为72 370万km³。太平洋东西最宽为1.99万km，南北最宽为1.59万km。太平洋北有白令海峡与北冰洋相通，东有巴拿马运河、麦哲伦海峡、德雷克海峡沟通大西洋，西有马六甲海峡、巽他海峡和龙目海峡与印度洋沟通，东南有印度洋海丘、托里斯海峡和帝汶海等沟通印度洋。太平洋中较大的岛屿有 2600 余个。

（二）大西洋

自南冰洋确立后，大西洋的面积调整为 7600 多万平方公里，平均水深 3627m。大西洋中群岛不少，像加勒比海中的大安的列斯群岛、小安的列斯群岛和佛得角群岛、马德拉群岛等。位于大西洋区域的海有：波罗的海、北海、爱尔兰海、地中海、利古里亚海、第勒尼安海、亚得里亚海、爱奥尼亚海、爱琴海、马尔马拉海、黑海、亚速海、加勒比海、斯科舍海、比斯开湾、墨西哥湾、圣劳伦斯湾、哈德逊湾、几内亚湾等。其中北大西洋西岸的加勒比海面积为 275.4 万 km^2，北大西洋东岸的地中海面积为 250 多万平方公里。最小的海是位于土耳其西北隅的马尔马拉海，面积仅 1.1 万 km^2。它也是世界土最小的海。

（三）印度洋

印度洋平均水深 3840m，仅次于太平洋，位居第二位。其最深处在阿米兰特群岛西侧的阿米兰特海沟底部，深达 9074m。海水体积总计 29195 万 km^3。印度洋在世界五大洋中占据枢纽位置，从印度洋走海道进出太平洋、大西洋都非常方便，波斯湾更是世界经济发展的命脉。印度洋属海较少，位于印度洋区域的海有：红海、阿拉伯海、安达曼海、波斯湾、孟加拉湾及大澳大利亚湾等。其中面积最大的是位于印度洋西北部的阿拉伯海，为 386.3 万 km^2，其次是印度洋东北部的孟加拉湾，217.2 万 km^2。

（四）北冰洋

北冰洋的面积为 1300 多万平方公里，面积最小。北冰洋最宽约 4233km，最窄处 1900km。北冰洋虽小，然而却具有重要的战略意义。北冰洋平均水深 1296m，海水体积 1698 万 km^3。位于北冰洋区域的海有：挪威海、格陵兰海、巴伦支海、白海、喀拉海、拉普杰夫海、东西伯利亚海及楚科奇海、波弗特海和巴芬湾等。其中面积最大的是位于北欧沿岸的巴伦支海，面积为 140.5 万 km^2；其次是挪威海，面积为 138.2 万 km^3。

（五）南冰洋

国际水文地理组织于、2000 年确定南冰洋为一个独立的大洋，成为继四大洋后的第五洋。南冰洋，也称"南极海"、"南大洋"。国际水文地理组织定义南冰洋为以南纬 60° 为界的经度 360° 内，包围南极洲的海洋，海岸线长度为 17 968km。海洋学家对此定义仍有不少异议。澳大利亚的地图将澳大利亚和新西兰以南的洋面都标注为南冰洋，而不是印度洋。

在 3000 万年前，当南极洲和南美洲分离时，环绕南极洲的洋流才开始出

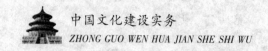
现，因此南冰洋是一个非常年轻的大洋。南极洋流和北方暖水的汇合处，是南冰洋的天然边界。

第二节　中国的海洋国土

海洋国土是指沿海国家和群岛国主权管辖范围内的全部海域。它包括内海水、港口、领海、毗连区、专属经济区、大陆架，上述管辖海域的海床和底土及领海上空。它是根据该国政府主张和国际海洋法规定而确定的。海洋国土虽然也包括海岸、海底和海中岛屿，但主要成分是液态的水体。海洋水体是非常巨大的。

中国除了广阔的陆地外，还有辽阔的领海和众多的岛屿。中国的近海范围包括渤海、黄海、东海、南海及台湾以东的太平洋海区。海洋面积总共为483 多万平方公里。

中国的海区大致介于亚洲大陆与太平洋之间，北面和西面濒临中国大陆、中南半岛、马来半岛，东面以朝鲜半岛、日本九州岛、琉球群岛、中国台湾岛和菲律宾群岛与、太平洋相邻，南抵大巽他群岛。海区呈北东—南西弧形分布，自北向南有渤海、黄海、东海和南海。它们都属于北太平洋西部的边缘海，其中，渤海为中国的内海。台湾东岸濒临太平洋。上述海域统称中国内海。

一、中国的海区

我国的海域称为中国近海，东南面与太平洋相连，有渤海、黄海、东海、南海、台湾以东太平洋海域五个海区。这五个海区连成一个弧形海域，基本属太平洋的边缘海。

（一）渤海海区

渤海，古称沧海，是一个半封闭的内陆湾，是中国的内海。渤海海面被辽东半岛和山东半岛呈拱形包围着。渤海由北部的辽东湾、西部的渤海湾、南部的莱州湾，以及中部的中央盆地四部分组成。扼守渤海东部出口的渤海海峡，南北宽约 106km，有岛屿散布其间，把海峡分为 6 个水道，最宽的水道（老铁山水道）有 40km。渤海与黄海的分界线是从辽东半岛南端老铁山角庙岛列岛至山东半岛蓬莱田横山之间的连线。渤海的海域面积 7.72 万 km^2，滩涂面积 5124km², 0~15m 深的浅海面积 3.11km², 平均水深 18m, 最深处 70m, 大陆海岸线长 2668km。

(二) 黄海海区

黄海位于我国大陆和朝鲜半岛之间, 是一个半封闭的浅海, 南部海域因受黄河、长江等大河的影响, 海水含泥沙量高, 常呈浅黄色。黄海的大陆海岸线长 3952km, 海域面积 37.86 万 km², 滩涂面积 7601km², 0~5m 深的浅海面积 3.04 万 km², 平均水深 41m, 最深处 146m。由于黄河上游每年有 12 亿 t 泥沙流入黄海, 其中 40% 在河口附近, 淤积成滩, 河口沙滩每年延伸 2~3km, 故黄海的滩涂面积呈增长趋势。

黄海, 南从长江口北角到朝鲜济州岛西南端连线与东海为界。黄海北部有古黄河水下三角洲, 其前缘为 29m 等深线。在长江口外稍北的地方有长江水下浅滩, 长达 100 多公里。

(三) 东海海区

东海位于北纬 23°00′~33°10′、东经 117°11′~131°00′, 南以福建、广东省界经东山岛南端至台湾南端鹅銮鼻连线与南海为界, 北以长江口北霹与黄海为界。东海大陆架十分宽广, 面积约占整个海域面积的 2/3。东海沿岸多港湾、岛屿。因受长江淡水影响, 东海渔业发达, 素有 "天然鱼仓" 之称。东海的大陆海岸线长 5063km, 海域面积 79.48 万 km², 滩涂面积 5417km², 0~15m 深的浅海面积 3.9 万 km², 平均水深 1000m, 最大水深位于冲绳岛西侧 (中琉界沟) 约为 2700m。

(四) 南海海区

南海位于菲律宾群岛、加里曼丹岛、中南半岛和中国大陆之间, 是中国最大的边缘海。南海海域广阔, 岛屿众多, 其中包括中国第二大岛海南岛及东沙、西沙、中沙、南沙诸群岛。南海位于热带, 海水蒸发量大, 盐度高, 适于造礁和珊瑚繁殖。南海的大陆海岸线长 4451km。海域面积为 358.91 万 km², 滩涂面积为 3536km², 0~15m 深的浅海面积为 2.33 万 km², 平均水深 1112m, 最大水深 5377m。南海最南部的曾母暗沙等礁滩是我国最南部的领土。

(五) 台湾以东太平洋海区

台湾以东的太平洋海区是指琉球群岛以南, 巴士海峡以北的太平洋水域。台湾海峡属东海大陆架区。流入的主要河流有长江、钱塘江、闽江、浊水溪等。台湾以东的海区, 地形复杂, 水较深, 黑潮暖流终年流经, 其气象、水文条件与其他四个海区迥异。

除渤海是中国的内海外，其他海区，我们与周边国家的海域界线还都没有完全划定。南海在中国断续国界线内面积有近 210 万 km²，黄海和东海的总面积为 117.34 万 km²。根据"公约"规定，按公平原则与相邻相向国家划分海域，大约有 2/3 或 3/4 应划为中国管辖。这样估算下来，中国管辖海域面积就有 300 万 km² 左右。根据中国政府 1958 年 9 月 4 日宣布的领海宽度 12 海里计算，中国的总领海面积为 37 余万平方公里。从总量上看，中国是海洋国土大国。

二、中国的海峡

两块陆地之间的狭窄水道称为海峡，是连接洋与洋、洋与海、海与海之间的通道。海峡中间多狂风巨浪。中国较大的海峡有渤海海峡、台湾海峡、琼州海峡等。

（一）渤海海峡

渤海海峡是指辽东半岛南端的老铁山与山东半岛蓬莱之间的水道，其最近距离为 109km。西部的渤海通过它与东部的黄海相贯通。渤海海峡中散布着不少岛屿，其中庙岛群岛最为闻名遐迩。群岛共有大小 30 余个岛屿，呈东北—西南走向一字展开。其中较大的有北隍城岛、大钦岛、砣矶岛、高山岛、大黑山岛、北长山岛和南长山岛等。南长山岛陆域面积为 13 万 km²，是渤海海峡中面积最大的岛。这些海岛海拔高度不大，大多为 150～200m。位于海峡中部的大钦岛高出海面 202m，是海峡中海拔最高的岛。在这些岛上，侵蚀地貌发育良好。

（二）台湾海峡

台湾海峡位于中国东南部。它和渤海海峡不同，渤海海峡是两个半岛之间的水道，而台湾海峡是中国的台湾岛与大陆之间的水道，是中国台湾地区与福建省之间的水上道路，呈东北—南西走向，南北全长 300 多公里，东西平均宽度为 150km。台湾海峡不仅是台湾和福建的自然分界线，也是东海和南海的连接区。台湾海峡海底总的地势是南高北低，从东西两侧向中部平缓倾斜，大部分海底地形平坦开阔。台湾浅滩是海峡中最浅的浅滩地形。海峡中平均水深为 60m，南部最浅水深为 10～15m。中部最大水深为 100m。位于海峡东南部的澎湖列岛是台湾海峡中的主要岛屿。它由 64 个大小岛屿和许多个浅滩岸礁组成，南北延伸 60km。澎湖列岛海拔普遍较低，一般为 30～40m，最高 79m。

（三）琼州海峡

琼州海峡位于华南地区，因海南岛又名琼州岛而得名，是中国的三大海峡之一。海峡东西长约80km，南北平均宽度为29.5km。琼州海峡南岸渡江三角洲突出于海峡中，其突出点成为海峡南岸东端的岬角。后海至天尾间的礁石群便成为南岸西端的岬角。北岸西段的突出点位于登楼角，东端的突出点位于排尾角。琼州海峡是连接岛屿与半岛之间的水道，水道中间没有岛屿，海峡两岸的海岸曲折，呈锯齿状，岬角和海湾犬牙交错。琼州海峡连通北部湾和珠江口外海域，是海南省和广东省的自然分界。

三、中国的海岸

我国大陆海岸线绵延曲折，北起鸭绿江口，南到北仑河口，长达18 400.5km；全国有面积大于500m^{2}的岛屿6962个，岛屿海岸线长14 247.8km。海岸线总长32 648.3km。

根据塑造海岸的主导因素和海岸的物质组成，中国海岸可分为平原海岸、山地丘陵海岸和生物海岸。其中平原海岸分为三角洲海岸、淤泥质平原海岸和砂（砾）质平原海岸；山地丘陵海岸分为侵蚀基岩海岸、堆积基岩海岸；生物海岸主要分为珊瑚海岸和红树林海岸。

（一）平原海岸

平原海岸又称沙岸，杭州湾以北，除辽东半岛和山东半岛以外的大部分均为平原海岸。三角洲海岸主要分布在黄河、长江、珠江、钱塘江河口。

（二）山地丘陵海岸

山地丘陵海岸又称崖岸，山东半岛、辽东半岛、杭州湾以南、台湾东海岸，大部分属此类。

（三）生物海岸

生物海岸主要有红树林海岸、珊瑚海岸。中国的红树林海岸主要分布在广西、广东、海南沿海、福建沿海。珊瑚礁海岸主要分布在南海诸岛、海南岛沿岸、雷州半岛南部沿海、澎湖列岛、台湾岛南部及其附近岛屿。

1. 珊瑚海岸

中国的珊瑚海岸主要分布在南海诸岛、南海岛屿沿岸、雷州半岛南部沿海、澎湖列岛、台湾南部及其邻近岛屿。总面积61.7万 km^2。珊瑚礁的功能较多，不仅能够保护海岸，还能储存油气资源。在珊瑚礁区建立海洋动物园、自然保护区，既是游览胜地，又是科研教学基地。人们将温暖海洋中一簇簇、一丛丛美丽的珊瑚称为"海中雨林"，是海洋中的瑰宝。但近几十年来，这些令人陶醉的瑰宝正面临着严重的破坏，如果再不拯救，几十年后有可能灭绝（详见福建东山的珊瑚自然保护区）。

珊瑚礁是古老海洋动物，约在2.25亿年前的中生代就繁衍生息，其中一类称石珊瑚，也称造礁珊瑚，能够从海水中大量吸取碳酸钙后于体外分泌形成石灰质骨骼，它还同光合海藻构成共生关系，互不获取生存必需物质。

（1）珊瑚礁生物多样性

珊瑚礁生物多样性是海洋生物多样性最丰富的储库，这是因为珊瑚礁形成复杂生态环境，容纳庞大生物群在这个环境生存繁衍后代。据记录，澳大利亚石珊瑚500多种，斯里兰卡183种，越南250种，菲律宾400多种，中国台湾280种，中国南海250种。珊瑚礁支撑着4500多种鱼类生存于珊瑚礁生态系统中。

从生物生存功能划分，珊瑚礁的生产者包括硅藻、甲藻、裸甲藻、蓝绿藻和自营养的蓝细菌、底栖红菌、绿藻、褐藻和硅藻，以及共生的虫黄藻；消费者有浮游动物，有孔虫、放射虫、纤毛虫、水螅水母、钵水母'桡足类、毛颚类、磷虾类和其他底栖动物海绵、双壳类、螺类、虾、蟹、苔藓、多毛类、棘皮动物和大量鱼类、海龟、蛇类等；分解者是礁内的异养细菌，是碳和氮循环的主要媒介，利用礁内自己调控机制和周围环境变化的反应，保持珊瑚礁生态系统相对稳定和发展。

（2）珊瑚礁生态能流

珊瑚礁在适宜光照、温度环境下，它的能量流通效率是由礁内生物群间相互活动所决定的。礁内底栖大型水生植物、海草、固着生物和微型底栖植物营高水平的光合作用，通过海水中溶解有机物的利用，以及底栖滤食者对悬浮有机物的利用，对维持高水平的生产量具有重要意义。

（3）珊瑚礁生态物质流

进入珊瑚礁内碳、氮素可通过多种途径转化和迁移，其中一个重要途径是生物的摄取，礁内生物群与碳、氮素之间存在动态的相互作用，生物对碳、氮素的吸收和输出取决于季节和碳、氮素浓度的变化。在礁体内的沉积物是碳、氮素储存和再生的主要储库，为浮游生物生长提供大量持久的碳、氮素供应，再循环过程通常也发生在沉积物中，且流失很少，可从潟湖沉积物碳、氮的浓度高于周围水体得到佐证。

（4）沉积物的价值

珊瑚礁孕育着丰富的生物资源。在珊瑚礁内拥有许多重要经济鱼类（石斑、笛鲷、石鲈、鹦嘴鱼、青眉等）、甲壳类（龙虾等）、贝类与章鱼、海参类，是经济生物资源的繁育区，也是海龟产卵孵化场，还有不少装饰品也是从珊瑚礁中采得的。

天然药用资源的宝库。珊瑚礁的生物群具有大量生理活性物质。例如，海洋毒素中的海绵聚醚毒素、海葵的肽类毒素、刺尾鱼素，都是未来研发毒素的重要来源。近20年来，已从软珊瑚、柳珊瑚等分离出前列腺素、萜类、双萜、醇类、生物碱、肽类等物质，其具有抑制癌细胞、抗肿瘤、抗病毒、抗心血管病等功能。目前被分离的天然药物已有百种，中成药70种。

珊瑚骨骼可作为修复人骨的材料，在伤残人的腿骨和颜骨中装接珊瑚，疗效显著，不仅用于骨科，还在矫形外科，颅骨、颌骨外科，美容外科和口腔外科等领域得到应用。

沉积于地下的古珊瑚和地表层的珊瑚化石可以作为鉴别古代地壳、古气候的可靠证据。同时也可以通过珊瑚岩层的厚度来验证海洋地质、地貌的变化。

（5）南海珊瑚礁生态系统

南海海域面积约 $356 \times 10^4 km^2$，大于 $500m^2$ 的岛屿有1827个，珊瑚礁星罗棋布。台湾海峡、海南岛、东沙群岛、中沙群岛、西沙群岛一直到曾母暗沙均有珊瑚礁分布。1997年，曾昭璇研究表明，中国大陆沿海自福建东山岛至广西北部湾都有造礁石珊瑚分布，但没有发育成典型的岸礁。海南岛南岸和台湾岛南岸有典型的岸礁。西沙、南沙、东沙和中沙都有典型的环礁。此外，我国南海珊瑚礁可分为大洋典型分布型、过渡型和边缘型三种类型（表4-2）。

表4-2　我国南海珊瑚礁资源的分布

珊瑚礁类型	分布	面积/km²
大洋典型分布型	西沙群岛、中沙群岛及南沙群岛	26 060
过渡型	海南岛	500
边缘型	主要在华南沿海：徐闻（广东省西南，雷州半岛）；南澳岛和大亚湾（广东省东南部）；涠洲岛和斜阳岛（广西壮族自治区）；东山湾（福建省）	30
总计	26 590	

南海诸岛珊瑚礁总面积约 $3 \times 10^4 km^2$，占世界珊瑚礁总面积的2.57%。中国海域造礁石珊瑚种类十分丰富，迄今为止已记录的我国造礁石珊瑚有50多属300多种。东沙群岛有造礁石珊瑚34属101种，西沙群岛有38属127种和

亚种，南沙有46属124种，台湾岛58属230种，海南岛有34属110种和亚种，广东雷州半岛造礁石珊瑚共13科25属48种，广西涠洲岛有21属45种，香港沿岸水域有21属49种。

南海南部海域，大型底栖动物有114种，其中多毛环节动物34种，软体动物39种，甲壳动物28种，棘皮动物5种，其他动物8种。

我国珊瑚礁资源虽然丰富，但同样面临着严重危机。"我国近海海域环境调查与评价"最新调查显示，福建海域石珊瑚主要分布在东山，是我国珊瑚礁分布的最北缘，珊瑚种类少，核心区域内珊瑚覆盖率较低，靠近东山湾内沿岸和岛屿已经极少有珊瑚分布了，湾内珊瑚资源退化严重；广东海域石珊瑚主要分布在深圳的大亚湾、珠江口和徐闻西海岸，珊瑚礁资源受到一定的破坏，仍需进一步保护；广西海域石珊瑚主要分布在涠洲岛，石珊瑚死亡情况严重，原因仍在调查；海南岛及其离岛的珊瑚礁生长状况较好，但是由于过去大量破坏珊瑚礁，使得海南有的地方珊瑚覆盖率低，恢复缓慢，同时也发现许多炸鱼、毒鱼的情况，珊瑚礁保护宣传仍然迫在眉睫。过去我们认为离岸的珊瑚礁应该很好，但是目前西沙群岛有些海域珊瑚礁死亡情况也相当严重，珊瑚覆盖率低，尤其是珊瑚礁贝类、鱼类已经受到大量破坏，也发现许多炸鱼、毒鱼的现象。因此，对我国珊瑚礁资源的保护工作急需加强。

2. 红树林海岸

红树林是分布在热带、亚热带、潮间带（能够受到潮水周期浸淹的海岸地带）的木本植物群落，通常生长在港湾河口地区的淤泥质滩涂，是海滩上特有的森林类型，素有"海上森林"、"海底森林"的美称，又称"潮汐林"。
★ 红树林是全球生态系统中最具特色的一个，具有陆地和水体两个生态系统的特征。

全世界有红树林23科27属70种；中国有16科15属27种（一个变种），另外还有10种半红树植物，共计16科15属37种。

全世界红树林面积$170 \times 10^4 hm^2$，主要分布在南、北回归线之间，中国红树林总面积$82757.2 hm^2$，主要有木榄群系、红树群系、秋茄群系、角果木群系、桐花树群系、白骨壤群系、海桑群系、水椰群系8个群系，另有少量榄李群系、银叶树群系、海漆群系。主要分布在如下省（市、区）。

海南：红树林总面积为$39.3 km^2$，是中国红树林分布中心，主要在清澜港、东寨港、三亚港及新英港，种类有瓶花木、红树、水椰、红榄李等23种，现建有东寨港、清澜港、花场湾、新盈、彩桥、新英、三亚河口、青梅港等10个红树林自然保护区。

广东：红树林原有面积为 $8.4 \times 10^4 km^2$，占全国红树林总面积的40%，20世纪70年代之前，由于建造盐田和围塘养殖，遭到严重破坏，80年代后才逐渐恢复，据广东"908"调查项目统计，现有 $12.546.4 km^2$，人造未成林 $940 km^2$，天然未成林 $667.4 km^2$。它主要分布在湛江、深圳、珠海等地区，优势种为桐花树、秋茄、红海榄、白骨壤、木榄等11种。现建有湛江和福刚等8个红树林自然保护区。

广西：红树林总面积 $83.7 km^2$，主要分布在英罗湾、铁山港、北仑河口、丹兜海等地区。优势种为桐花树、红海榄、木榄、白骨壤等10种，现建有山口、茅尾海、北仑河口红树林自然保护区。

福建：红树林总面积 $4038 km^2$，主要分布在漳江、九龙江、泉州湾等地区，优势种为秋茄、桐花树、白骨壤、木榄4种。现建有九龙江等3个红树林自然保护区。

香港：红树林总面积为 $3.8 km^2$，主要分布在深圳湾米埔、大埔汀角、大屿山岛、西贡等地区。优势种为秋茄、桐花树、白骨壤等9种，现建有米埔红树林1个自然保护区。

台湾：红树林总面积 $2.8 km^2$，主要分布在台北淡水河口、仙脚石海岸、新竹红毛港等地。优势种为秋茄、白骨壤等4种，建有淡水河口等3个红树林自然保护区。

澳门：红树林总面积 $0.01 km^2$，主要分布在仔跑马场外侧、水仔与路环之间的大桥西侧海滩等地区。优势种为桐花树、老鼠勒、白骨壤等9种，现尚未建立红树林自然保护区。

（1）红树林的功能

红树林生长于沿海、河口、港湾的湿地，具有以下特殊功能。

1）维持生物多样性。在红树林区具有丰富的生物多样性。它的叶、花、茎、枝等以凋落物的方式，形成复杂的食物网，创造良好的生存环境，为海洋底栖生物提供丰富营养物质。在这环境中有丰富藻类、底栖动物、浮游生物、鱼类、昆虫等各类生物。红树林具有发达的潮沟，可以吸引深水动物到红树林区觅食、育肥、栖息、繁殖。这区域也成为候鸟越冬及中转站，并为海鸟栖息与繁殖场地。红树林生态系统是联结大陆与海洋的重要媒介，是一个具有全球高度生产力的生态系统之一。

2）防浪护堤。红树林具有不同类型发达的根系，可滞留陆地的泥沙，有较好的固沙功能。它茂密的树体可有效抵御风浪冲击，具有消浪、缓流、减轻风暴破坏力，被誉称"天然海岸卫士"、"海上绿色长城"。例如，50m高的白骨壤红树林带，可以使1m高的波浪削减到0.3m以下。在台风引起的风暴潮中，对减流消浪非常突出，宽100m、高2.5～4m红树林可消浪达80%以上。

3）促淤造陆。红树林促进颗粒泥沙沉积，其速率较非红树林区高出2～3倍，并向海伸展，使海滩面积不断向外扩大和抬升，从而达到巩匿海岸堤坝的作用，为防止因全球变暖带来的海平面上升具有独特功能，具有"造陆先锋"的美誉。

4）净化功能。红树林的净化功能包括大气净化、水体净化和土壤净化功能。它的固碳量高出热带雨林10倍，并将大气CO_2转化为有机碳。同时释放大量氧气，起到净化大气的功能。它的发达根系成为天然污水处理系统，既可以抵抗溢油污染，还可以吸收人类排放各类污染物中大量的氮磷和重金属等，将其吸收到不易转移扩散的根系或树干部位，从而达到净化水体和土壤的功能。

（2）红树林的价值

据专家们保守估计，中国红树林总的生态功能价值为每年23.7亿元。这其中还有大量的直接和间接价值没被计算在内，如景观生态价值、湿地系统营造价值、风险及污水去除价值、降低赤潮发生频率、药用价值、经济用材价值等。如果这些项目均被科学地计算在内，红树林的生态价值将大大提高。因此，红树林是大自然赐予人类的一笔宝贵财富。

1）生态价值。红树林具有巨大生态效益。由于红树林枝繁叶茂、根系发达，能牢固扎根于海滩淤泥中，形成一道与海岸线相平行的天然屏障，故红树林和海岸林在防浪、抗浪、护堤、固岸、抗御台风、海啸及天文大潮中起了决定性的作用，被誉为"海岸卫士"。据测定，覆盖度大于40%，宽度100m左右，高2.5～4.0m的红树林带，其消浪系数可达80%以上，能把10级台风刮起的风浪化为平波。红树林是陆地向海洋过渡的特殊生态系统。作为当今海岸湿地生态系统唯一的木本植物，红树林起到了海岸森林的脊梁作用。红树林还是海洋生物食物链的一个重要环节，通过食物链转换，它可以为海洋生物提供良好的生长发育环境。

红树林是热带海岸重要的生态环境之一，是良好的海岸防护林带，又是海洋生物繁衍栖息的理想场所，对发展生态旅游业有着积极的作用。有关专家曾对全球生态系统的服务价值进行了评价，他们通过对各生态系统在气候调节、水资源更新、水土保持、土壤形成、营养循环、废物处理、生物调控、栖息地维持、食品与原料生产、基因库构成、自然景观形成等多方面功能价值的估算和统计，得出红树林湿地生态服务功能价值在全球 16 种生态系统中名列第四。如果将上述服务价值折算成货币，每公顷红树林湿地每年可以产生高达 9990 美元的效益，相当于珊瑚礁生态系统的 1.64 倍和热带森林的 5 倍。而根据专家的估算，世界红树林对渔业的贡献每年为 7.5 万~167.5 万美元/km^2。

由于红树林具有热带、亚热带河口地区湿地生态系统的典型特征及特殊的咸淡水交叠的生态环境，为众多的鱼、虾、蟹、水禽和候鸟等海洋生物提供了栖息、繁衍和觅食的场所。因此，红树林生态系统中蕴藏着丰富的生物资源。据初步调查统计，红树林中有价值的水产品有鳗类、泥鱼类、章鱼等 11 种；水体浮生动物 6 种；螺贝类 49 种；甲壳类 44 种。红树林每年有大量的嫩枝绿叶为这些生物提供天然饲料。因为红树林生长于热带和亚热带，并有丰富的鸟类食物资源，所以红树林是候鸟的越冬场和迁徙中转站，更是各种海鸟觅食栖息、生产繁殖的场所。大量候鸟于秋冬或春夏季节交替期间成群结队地栖息于红树林湿地。除了众多的鹃形目、雀形目等留鸟外，每年秋冬季还有大鹤类、鹳类、鹭类、猛禽类候鸟光临。据初步调查，红树林中的鸟类达 82 种，其中留鸟 38 种，候鸟 44 种，属国家一级保护动物的有 4 种，属国家二级保护动物的有 12 种，农业益鸟 32 种，有观赏价值的有 5 种，有肉用及其他用途的近 30 种。

红树林具有巨大的潜在的海洋经济价值。红树林经济是海洋经济的一个重要组成部分，也是海洋经济的一个补充。红树林可以作工业用材，用于建筑、枕木、船舶、家具，如木果莲、小榄、白骨壤等，由于材质坚硬、纹理密致、颜色鲜艳、防腐防虫性强，是制作家具、农具、乐器的好材料。红树林的树皮、树叶可以用于化工、制药。角果木、红海榄、秋茄、木果莲、木榄等的树皮含有丰富的单宁，含量高达 20%~30%。从水椰的花柄中抽取的液汁还可以制糖、乙醇和醋。红树林的根、叶、果可以入药治病；红茄冬、海桑、水椰等的果实可供食用。红树林的嫩叶绿枝含有较高的粗蛋白和微量元素，农民还常用红树林的树叶作农田绿肥，也是畜牧业的饲料之一。

红树林是海上旅游的后备资源。从旅游业角度看，红树林本身就是一种极具观赏价值的植物群落，美丽的红树林为人类提供了一个良好的休闲观光场所。时隐时现的海上森林有各种奇形怪状的根系、底栖动物。红树林中处处鸟语花香，充满诗情画意。

2）经济价值。红树林生态系统在全球 16 种生态系统中占第四，每公顷红树林湿地每年可产生价值近 1 万美元的经济效益，相当于珊瑚生态系统的 1.64 倍，为热带森林的 5 倍。

红树林湿地是鱼虾、蟹和贝类等海产品主要觅食、栖息繁殖的场地。它提供水产养殖业天然苗种的重要来源，它通过提供丰富食物和保护场地等途径来维持近海渔业高产。

红树林做木材、纸浆、化工原料、香料等，提供多种工业、药物用途。20世纪70年代前，渔民用它提取丹宁染渔网，耐磨损。

红树林中的海蕨、黄槿的嫩叶、秋茄、本榄、海莲、红海榄的胚轴，经脱涩处理均可食用。

3）社会价值。旅游价值：红树林地处海陆交界，环境优美，是具有多种观赏价值的资源，在南海红树林最早开发旅游的是东寨港红树林，在海岸众多选美名单中，能有幸选中，是因为它独特的海岸类型和它胜似江南水乡般的蓝天、绿树、大海组成的一个十分优美的景观。

科普活动场地：红树林也是科普活动、环保教育示范场地，如香港米埔建有野生生物教育中心、居民郊野学习中心，广西山口、深圳福田等都有类似的设施。

科学研究：红树林区保留地球上大陆变迁的痕迹，红树林区生物多样性及其演化，红树林在全球气候变化中的作用等研究。

总之，红树林是我国重要的湿地资源，是生态公益林的组成部分，也是生态环境建设的一项重要内容。红树林作为沿海防护林中一道独特的风景线，其发达的根系互相交错，能固结土壤，促淤造陆，不断扩大滩涂面积，阻隔和削弱风浪的冲击，有效保护堤围的安全，成为渔船的天然避风港。红树林能净化海水，是鸟类、贝类、鱼、虾、蟹等生物栖息繁衍的场所。以景观资源为基础，开展红树林生态旅游，使红树林成为优美的滨海旅游观光场所和良好的科普基地，对改善生态环境，提高人民生活质量有重要作用。

南海海域辽阔，气候温暖，适合珊瑚和红树林生长。海南岛红树林种类多，占全世界23个科中的16个，其中8个科又是海南独有的珍贵品种。红树林形态优美高大，最高可达13m，高低错落，随潮水涨落，墨绿一片，是全国最典型的红树林，被称为"海底森林"。它有鲜红的质材，素雅的绿装，艳丽的花朵和甜美的果实，因而具有较高的观赏价值。公元1100年，苏东坡在海南澄迈通潮阁候船北归，写下"贪看白鹭横秋浦，不觉青林没晚潮"的诗句，其中"青林"即红树林。以后红树林常被诗人吟咏，被画家绘入图中。现在海南岛红树林保护区有两处，一处在琼山东寨港，另一处在文昌清澜港，都是良好的热带风光旅游区。

红树林是湿地盐生植物，即指生长在热带、亚热带海洋潮间带地区，受

海水潮起潮落浸淹、干露的耐盐性木本植物群落，也是独一无二保护海岸的植物群体。它们适应于海滨泥滩地带，土壤缺氧、通气性差、水分饱和、质地黏重、贫瘠，土壤的养分不在表层，而在下层，与陆地森林有明显差别。它的生境特点是：①土壤呈酸性，pH 小于 5.0，泥底硫化物经氧化生成硫酸，增强酸度，pH 可降到 2.2。②富含有机质，由于植物落叶，根系分泌物多，加上大量微生物作用，提供丰富有机质来源，由于底泥缺氧，有机质分解缓慢，含量可高为 2.0%，如广东雷州半岛红树林土壤有机质含量为 0.7% ~ 4.9%，平均为 2.4%。③含盐度高，不仅水体具较高的含盐量，土壤中盐量也较高，在黏土质内可高达 4%，并具有积盐特性。

四、中国的海滩

滩，分海滩、湖滩、河滩，是由水流搬运积聚的沉积物——沙或石砾堆积而形成的岸。海滩是波浪及其派生的沿岸水流合力作用的产物。中国的海滩，面积大、数量多，举例如下。

（一）大连金石滩

陆地面积 62km²，海域面积 58km²，海岸线长超过 30km。三面环海，四季分明，冬无严寒，夏无酷暑。海域不淤不冻，有"东北小江南"之称，是中国北方理想的海滨度假区、国家级地质公园，海岸线凝聚了史前 9 亿 ~ 3 亿年的地质景观，被称为"凝固的动物世界"、"天然地质博物馆"、"神力雕塑公园"。

金石滩东部半岛植被茂盛，礁石林立，山海相间，景观秀美。海岸线形成于史前 8 亿 ~ 5.4 亿年前的震旦纪，地貌景观形成于 6500 万年前。例如，沉积岩、古生物化石形成了玫瑰园、恐龙园、南秀园、海蚀洞、海蚀粒。

金石滩奇石馆是中国目前最大的藏石馆，号称石都，内藏珍品 200 多种，近千件，其中的浪花石、博山文石、昆仑彩玉均为中国之最。

（二）北海银滩

北海银滩原名"白虎头"，位于广西壮族自治区北海市，因为从地图上看整个区域像一个张开嘴的大白虎，银滩似虎头，故名"白虎头"。又因其沙细而洁白，在阳光照射下泛出银光，故又名银滩，冠以所在地地名，就称北海银滩。北海银滩的面积比烟台、青岛、大连、北戴河沙滩面积之和还大，总面积达 3km²，海滩宽度为 30 ~ 3000m，海潮夜涨朝退，海水清洁，特别适合游泳、戏水。在北海银滩的南部海滨建设了一个国家级旅游度假区，距北海市区 8km。

五、中国的海岛

（一）海岛数量

我国面积大于 $500m^2$ 的海岛有 7288 个，包括台湾 88 个、香港 235 个、澳门 3 个。

岛屿海岸线 14 247.8km。台湾岛是我国最大的海岛，位于我国东南海域，也是我国唯一直接濒临太平洋的地区。

在我国的海域中，岛屿星罗棋布，有海岛分布的省（自治区、直辖市）主要有：辽宁省、河北省、天津市、山东省、江苏省、上海市、浙江省、福建省、广东省、广西壮族自治区、海南省、台湾省。

（二）海岛类型

根据不同的体系，我国的海岛可分为 6 类 18 亚类 19 小类（图 4 - 3）。

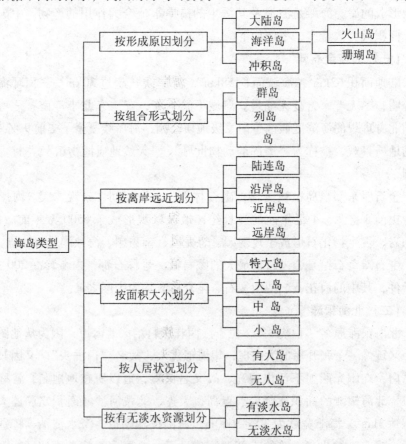

图 4 - 3　我国的海岛类型图

1）大陆岛：大陆地块延伸到海底，并露出海面的岛屿。

2）海洋岛：又称大洋岛，是海底火山喷发或珊瑚礁集体露出水面形成的岛屿。它又分为火山岛和珊瑚岛两类。火山岛是海底火山喷发物质堆积并露出海面形成的岛屿。珊瑚岛是海洋中造珊瑚的钙质遗骸和石灰藻等生物遗骸堆积而形成的岛屿。

3）冲积岛：又称堆积岛，是江河入海处，由河流携带的泥沙长年累月堆积而形成的岛屿。

4）群岛：彼此相距较远，或成群地分布在一起的岛屿。

5）列岛：成线型或弧形排列的岛屿。

6）岛：四面环水并在高潮时高于水面的自然形成的陆地区域。

7）陆连岛：独立的海岛，由于自然原因或人工原因，使之与大陆相连接的岛屿。

8）沿岸岛：岛屿位置与大陆相距不足 10km 的岛屿。

9）近岸岛：与大陆距离大于 10km 的岛屿。

10）远岸岛：距离大陆超过 100km 的海岛。

11）特大岛：面积大于 2500km^2 的岛屿。台湾岛是我国第一特大岛，面积 35 823km^2，海岸线长 1567km，最高海拔 3996m。海南岛是我国第二特大岛，面积 3392km^2，海岸线长 1617.8km，最高海拔 1867.8m。

12）大岛：面积 100km^2 以上的岛屿。大岛在海洋具有基地和中心作用。我国有 14 个 100km^2 以上的岛屿，见表 4-3。

表 4-3　我国 14 个大岛名称及其面积

所在省（直辖市）	名称	面积/km2	所在省（直辖市）	名称	面积/km2
浙江省	舟山岛	502	上海市	崇明岛	71000
	岱山岛	115.7	辽宁省	长兴岛	7100
	玉环岛	198.90	广东省	东海岛	289.49
福建省	海坛岛	312.90		上川岛	137.17
	东山岛	238.77		南山岛	120.57
	金门岛	147.65		南澳岛	105.70
	厦门岛	127.58		海陵岛	105.11

13）中岛：面积 5~99km^2 的岛屿。

14）小岛：面积 0.0005~4.9km^2 的岛屿。岛屿调查显示，小岛占全国海岛总数的98%左右，约6800个。从中、小海岛在各主要海岛地区（辽宁、浙江、广东、福建、台湾）的分布形式看，小岛中绝大多数是无人居住的岛；但这些岛的地位很重要。有些海岛是我国领海基点，在确定内海、领海和海域划界中有重要作用；有些海岛有其特殊性，是重要的海洋资源保护区。例如，蛇岛、大洲岛、南鹿列岛、东岛等海岛，是我国重要物种的海洋自然保护区。

15）有人岛：常年有人居住的海岛。一般面积较大，有一定的行政建制，从事生产和经济活动，是海洋开发基地。全国有人居住的海岛，目前为434个。

16）无人岛：无人常年居住的岛屿。其中有少数岛屿季节性有人暂时居住。据调查，我国有6528个无人岛，约占总数的94%。

17）有淡水岛：有淡水资源分布的海岛，一般是有人居住的海岛。全国有淡水的海岛数量在490个以上。由于有些海岛面积小，积水面积小，淡水资源量不一定能满足人类生产生活需要。

18）无淡水岛：无淡水资源的海岛。一般面积较小，没有储存淡水资源的条件，要利用这些岛屿，要在这些岛上开展人类活动，需要创造储存淡水的条件。全国无淡水岛屿约6400个，占全国海岛总数的92%左右。

（三）台湾岛

台湾岛是我国第一大岛，属特大岛类型，位于我国东南沿海的大陆架上，东临太平洋，西隔台湾海峡与福建省相望。台湾本岛周边有兰屿、绿岛、钓鱼岛等22个小岛屿，澎湖列岛包括99个岛屿，其中本岛面积占所辖区域面积的98%。台湾岛是有欧亚大陆板块和菲律宾板块挤压而隆起的岛屿，台湾岛本岛的南北长约395km，东西宽约144km，海岸线长1193km，面积约$3.6 \times 10^4 km^2$。台湾处在西太平洋航道的中心，是国际海上交通的枢纽，地理位置极其重要。

台湾是一个多山的岛屿，山势高大险峻。山势自东北至西南走向，平行排列，中间高，两侧低，平原狭窄，多地震、火山和温泉。台湾的五大山脉有中央山脉、玉山山脉、月山山脉、阿里山山脉、台东山脉，其中玉山山脉主峰3952m，是台湾的最高峰。

北回归线横穿台湾的中南部，将台湾分为南北两个气候区，北部属亚热带季风气候，南部属热带季风气候。从平原到高山，随海拔升高，气温逐渐降低，形成了同一时空拥有热带、亚热带、温带、寒带气候。台湾森林资源丰富，垂直变化大。台湾物种多样、生物多样性丰富。

台北市人口密度 10000 人/km²，是世界人口密度最大的城市之一。台湾居民普遍使用普通话和闽南语。按照迁移至岛的先后顺序，居民可分为四大族群：原住民、闽南人、客家人、外省人。其中，汉族人占总人口的 98%。原住民中有泰雅、阿美、布农、卑南、达悟、排湾、鲁凯、邹、邵、赛夏、噶玛兰、太鲁阁、撒奇莱雅、赛德克等族群。

台湾旅游资源丰富，最著名的有基隆港、渔人码头、野柳地质公园、玉山国家公园、阳明山、日月潭、阿里山、八仙山、寿山、西子湾、澄清湖、垦丁等自然风光；人文旅游资源主要有台湾"故宫博物院"、"孔庙"、101 大楼、淡水古城、汶水法云寺等及各地著名的夜市，如士林夜市、师大夜市、公馆夜市、逢甲夜市、饶河夜市、华西夜市等。台湾的民事祭典活动则主要有妈祖祭、关老爷祭、艋舺船王祭、金门城隍祭、桐花祭等。

（四）海南岛

海南岛是我国第二大岛，属特大岛类型，是南海上的一颗明珠。2010 年 1 月，国务院发布《国务院关于推进海南国际旅游岛建设发展的若干意见》。至此，海南国际旅游岛建设正式步入正轨。我国将在 2020 年将海南初步建成世界一流海岛休闲度假旅游胜地，使之成为开放之岛、绿色之岛、文明之岛、和谐之岛。

海南岛旅游资源丰富。东海岸海滨旅游度假区有风景秀丽的桂林洋，洋溢着椰风海韵的东郊椰林湾，有"天下第一湾"之称的亚龙湾和被誉为"海上乐园"的大东海。有兴隆温泉、官塘温泉、南洋温泉、南田温泉等温泉旅游胜地。著名的风景区有东山岭、天涯海角、鹿回头公园、南山文化旅游区、红树林保护区、五指山和尖峰岭热带雨林森林保护区，南湾猕猴、屯昌坡鹿、霸王岭黑冠长臂猿保护区，以及世界上保存最完整的石山火山口及其火山溶洞。著名古迹有建于清光绪年间的五公祠，建于清康熙年间的琼台书院，北宋文豪苏东坡居琼遗迹东坡书院，以及明代名臣邱浚和清官海瑞的陵墓。

海南岛最南端的三亚市是中国最南端的、也是唯一的热带海滨城市，被称为"东方夏威夷"。拥有海南岛最美丽的海滨风光，三亚是中国日照时间最长的城市，全年有近 300 天艳阳高照，也是中国年平均气温最适宜、空气质量最好的城市，被联合国誉为"世界最适合人类居住的城市"。

六、海洋国土意识

（一）人类海洋领土意识的形成

人们普遍意识中的领土仅限于陆地，其实海洋也是领土的一部分。在封

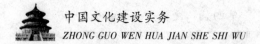

建社会早中期，人类开始形成控制部分海域航行、捕鱼的思想。15 世纪人类开始进入大航海时代，出现了葡萄牙、荷兰等海洋强国，形成了海洋割据局面，当时正值中国鼎盛时期，但中国出于"和顺万方，共享太平"的思想，与外国交往坚持"厚往薄来"的大国君子风度，从未侵占别国一寸土地，从不掠夺别国一分财物，成为世界各国的外交楷模，可惜明朝末年"寸板不许下海，片帆不许出海"的禁令，扼杀了中国的海上活动，闭关自守几百年，放弃了中国的海洋权益。世界进入资本主义时代后，一些新兴的国家要求打破海洋被分割的格局，实现自由航行。第二次世界大战后，联合国制定了《联合国海洋法公约》，将世界海洋中的 2.5 亿 km^2 海域划为公海和国际区域，约 1.09 亿 km^2 的近海划分为沿海国家的管辖区域。由此，人类的海洋观念和意识发生了变化，形成了海洋领土意识。

（二）中国的海洋意识

按照《联合国海洋法公约》，我国有 300 万 km^2 的管辖区域，其中有与领土同等法律地位的领海面积 37 万 km^2。中国有广袤的近海海域领土。随着我国国际政治地位的不断提高，我国在国际海洋事务中的作用越来越明显。但是，我们对海洋领土的认识不足，重视不够，因为海洋意识淡薄而失去过许多机遇，为避免重蹈覆辙，必须加强海洋国土意识教育。

第三节　海洋文化概述

海洋是地球上最大的生态系统，海洋文化不仅是中华文化的重要组成部分，而且由人海互动产生的海洋文化还是 21 世纪新的、先进的生态文化不可或缺的重要组成部分和体系之一。中国依海而生的先民靠海、吃海、用海、观海、思海、爱海，创造了灿烂的海洋文化，建设了海洋文明，推动了经济发展。

一、海洋文化发轫

远古时代，人们认为中国四周都是海，各方大海都有自己的龙王主宰，茫茫大海之上有众多仙山，上面住着众多的神灵。面对变化无穷的浩瀚大海，人们想象出各种神灵加以崇拜敬奉，祈求保佑，创造出许多神话传说，形成了远古的海洋文化。后经历代先民的生产生活实践和精神价值积累，不断丰富着海洋文化，加上历代诗人、词家的艺术加工和提炼，便形成了历史悠久、内容丰富的海洋文化。举例如下。

李白，从小博览群书，一生"好入名山游"，足迹遍布祖国大江南北。他以青山为笔，绿水为墨，美酒为魂，用浪漫的言语书写着传奇人生。他的豪情壮志、豪迈气魄全部融入了那些俊俊飞扬、雄浑俊美的诗篇中。李白对海洋情有独钟，借海明志，其作品感情丰富、内容多样。

杜甫，诗歌笔力雄厚，气象阔大，多有高山大海的意象，忧国忧民的真情。他经历宦海沉浮、人世沧桑之后内心千疮百孔，需找一片疗伤的净土，于是想到了大海："平生江海心，借宿具扁舟"，想浮舟海上，做一个脱尘出世的"野老"，由此可见诗人在逆境中对高尚品格的追求和坚守。可当他浮于海上，忘不了的仍是故土民生，于是发出了以下雄浑之语：

余力浮于海，端忧问彼苍。

百年从万事，故国耿难忘。

白居易，在生活中体悟出"人生不满百"是因为"不符长欢乐"的缘故。他认为生命的延长在于现实中不贪恋富贵名利。在他的《浪淘沙》中写道：

一泊沙来一泊去，一重浪灭一重生。

相搅相淘无歇日，会教山海一时平。

白浪茫茫与海连，平沙浩浩四无边。

暮去朝来淘不住，遂令东海变桑田。

启示我们只有持之以恒，不懈努力，才能取得成功。只有不断积累才会有质的变化。

苏轼，一生宦游四海，饱览天下风光，写下众多内容丰富、风格多样的诗词文赋。1701年到杭州任通判。第二年，借监考的机会，登望海楼观钱塘潮，作《望海楼晚景五绝》，其中第一首便描绘了一幅壮丽的海潮图：

海上潮头一线来，楼前指顾雪成堆。

从今湖上君须上，更看银山二十回。

二、海洋文化概念

文化是指人类在社会实践过程中所获得的物质、精神的创造力和创造的物质、精神财富的总和。文化是社会结构的重要层面。文化的产生依赖于实践，陆地是人类的实践场所，海洋也是人类重要的实践场所。黑格尔说："大海给我们茫茫无定、浩浩无边和渺渺无限的观念，人类在大海无限里感到他

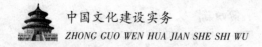

自己无限的时候，他们就会被激起了勇气，要去超越那有限的一切。"海洋文化是在长期的海洋生产生活实践中获得的物质和精神的创造力及其创造的物质财富和精神财富的总和。海洋文化是中华文化的重要组成部分。

三、海洋文化价值

海洋文化的价值主要体现在经济、科学、道德、审美四方面。

（一）经济价值

文化本身就是一种财富，而且是一种可以产生财富的财富。随着科学技术的日新月异，文化与经济的联系日益紧密，现代经济已是文化经济、知识经济、人才经济。文化力量是综合实力的重要标志。一个国家综合实力的强弱，不仅表现在经济发达程度，而且还表现在文化发展程度上。一方百姓的思想道德和科学文化素质也从另一个角度反映了一个国家的综合实力。1972年美国总统尼克松游览长城，他赞叹道："只有一个伟大的民族，才能建造出这样一座伟大的长城。"

文化是社会文明程度的重要标志，文化可以提高素质、凝聚人心、吸引人才、提供动力、塑造形象、优化环境、制造财富。海洋文化在这些方面蕴含的生产力和创造力及其由海洋贸易、海洋运输、海洋药物、海洋化工、海洋旅游、海洋矿产、海洋渔业等大规模产业群所创造的巨大经济价值是不可低估的。

（二）科学价值

远古时候，依海而居的先民享"渔盐之利"、"舟楫之便"的生活，反映了当时的先民已发明了制盐技术和造船技术。依海而居的原始居民经常在海岸礁石坑凹处捡到一些白色结晶体，尝试用来烹调食物，感到咸美可口，视之为宝。先民们由此得到启发并通过实验，将蒸发到一定程度的海水，收集到石坑暴晒一段时间后即可得到食盐。后来，随着需要量增加先民们又发明了用海水煮盐的技术，这种最终的海水制盐技术沿用至今。当然随着人口增加，科技进步，石坑晒盐不能满足需求，现在的海盐多出自颇具规模的盐田，制盐已成为一种产业。同样，郑和下西洋用的大木船，如今的舰船、舰艇，无不起源于远古的造舟技术。因此，古代的"渔盐之利"、"舟楫之便"是远古海洋文化科学价值的重要体现。

宋代名臣余靖留下的关于海上潮汐成因的文字："潮之涨退，海非增减，盖月之所临，则水往从之。月临卯酉，则水涨孚其西；月临子午，则潮予孚南北。彼竭此盈，往来不绝，皆系于月，不系于日。"这是古人留下的科学论文，是中华传统海洋文化中的光辉篇章，科学价值甚高。

滩涂围垦是沿海农民、渔民的一种生产方式，从古至今皆有之。滩涂形成发育，有自然规律，不可逾越。围垦滩涂必须掌握时机，围垦过早，淤沙不足，难以成田；围垦过迟，滩面过高，难以灌溉。珠江三角洲农民在千百年的围垦实践中总结出一套滩涂淤积规律：鱼游、橹迫、鹤立、草涉、围田。这为选择滩涂围垦时间，从物相角度提供了科学依据。长江三角洲的农民，在长期的滩涂海田种植实践中，摸索出一套谷物种植规律：一蚕豆，二棉花，三稻麦。而滩涂围垦后，第一年因土壤含盐分高，只宜种蚕豆，第二年可种棉花，第三年种植稻麦。这些虽是民间经验总结，但反映了海洋文化来自生产实践的真实的科学价值。

现代社会的海洋交通早已不是远古时代的"舟楫之便"，而是游艇、舰艇、远洋游轮；现代社会的海洋渔业、海洋工业、海洋矿业、海洋盐业早已取代了古代的"渔盐之利"；21世纪是海洋世纪，是开发海洋的时代，是发展先进海洋科技的时代，海洋文化的科学价值将更加辉煌。

人类在特定的海洋环境中所进行的科学技术活动，体现了海洋文化的求真性，体现了人类智慧处事的态度和能力。"求真"是海洋文化的核心科学价值。

（三）道德价值

中国佛教文化提倡慈悲为人，将观音菩萨视为大慈大悲普度众生的神灵；沿海居民从古至今一直将"妈祖"当做海上保护神崇敬膜拜，这表明海洋文化中的求善思想真谛。福建沿海一林姓居民几十年如一日，打捞漂浮到附近海面的野尸并予以妥善安葬；渔民海上作业遇到风浪互相救援，沿海居民人与人之间世代和睦相处，人与海之间同生共荣、和谐共存、和谐发展是海洋文化求和求善的具体表现。人类起源于自然，生存于自然，发展于自然，人与自然和谐相处是人类发展的根本存在，人类开发利用海洋的前提必须是保护好海洋环境，善待海洋，这是海洋文化的道德所在。

中国传统海洋文化中的天下一家、四海一家、互通有无、耕海养海、亲海敬海、以海为田、知足常乐的思想体现了中国海洋文化的博大宽容、谦和友善、仁爱厚德的道德价值观。

（四）审美价值

古人形容大海之辽阔云："望之而不见其涯，愈往愈不知其所穷。"海洋辽阔无垠，波涛汹涌，风高浪急，变幻莫测。涉海人常年在海上漂泊与风浪搏斗，需要勇气和力量，其行为壮美无比。沿海居民或"以海为田"，从事采

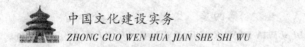

集、捕捞业；或"以海为商"，通过海运进行贸易往来。宋代苏轼过琼州海峡时用"舣舟将济，股栗魂丧"的句子，表述了海洋风波之险恶。涉海人的海上的生产生活不仅要有勇气和胆识，还要有不惜以生命为代价的心态去面对海洋、挑战海洋。涉海人的豪情壮志、宽阔胸怀、壮美心灵、无畏行为，流芳万世。

海洋辽阔无涯，景象变幻无穷。时而风起云涌、白浪滔天、惊涛拍岸；时而风平浪静、祥云万朵、霞光万道、海鸟翱翔、鱼游浅底、千帆竞渡、百舸争流。诗人白居易有诗曰："牙樯迎海舶，铜鼓赛江神。"海洋自然景观之美，美不胜收。

涉海先民在夏、商、周时期就已开始祭海，秦始皇、汉武帝多次遣方士入海求药，伍子胥冤魂驱水为潮的神话，吴越王派强弩手射潮头的故事均广为流传。各地建立子胥祠、海神庙、潮神庙、镇海塔、妈祖庙、天妃祠，置镇海铁牛，投铁符等。海洋沿岸及岛屿上神话传说流行，海洋宗教文化内容丰富。由于古代丝绸业、陶瓷业等系列工业产品外运，国外的香料、胡椒输入，海上贸易繁荣，各国商人交往频繁，开拓了人们的视野，促进了海洋文化发展，提升了人们的审美能力，提高了海洋文化的审美价值。

总之，海洋文化的开拓性、进取性、包容性、丰富性、冒险性、崇商性等多种特性蕴含在真、善、美的文化价值中。其外在表现是：经济活跃、文化丰富、勇敢、外向、开放、广阔。

四、中国海洋文化的发展历程

我国是一个拥有辽阔海洋国土的海洋大国。我国的海洋文化与五千年的文明史同步，源远流长，光辉灿烂。

（一）早期的海洋文化

早在旧石器时代，中国沿海地区就有人类活动。在距今约1.8万年前的山顶洞人的遗址中发现很多海蚶壳，其中有些海蚶壳上钻有小孔，可能当时是用来穿成串打扮自己，做饰品而用。河姆渡遗址中曾出土大量龟鱼类骨、蚌壳、菱角等水生动植物残骸，还出土了8片用整块硬木制作的桨，有桨必有船。在距今约7000年前的河姆渡人以水生动植物为食的渔猎生活创造了远古的水上渔猎文化。海洋文化由此发轫。在中国澎湖列岛的良文港，台湾的高雄、台中、台南等地发现大陆制造的彩陶、黑陶器物；新石器时期的代表器物"石锛"不仅在浙江、福建、广东、台湾等地屡有出土，而且远到菲律宾、大洋洲岛屿、南美洲的厄瓜多尔等地也有发现。这证明中国大陆创造的

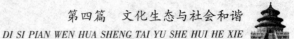

陶文化在新石器时期就漂洋过海到达世界许多地方，中国在新石器时期的航海活动创造了早期的海洋文化。

在墨西哥的奥尔梅克遗址中，发现中国殷商时期的 16 件玉雕和 6 件刻着汉字的玉圭。这证明中国在夏朝末年（约公元前 17 世纪）就有了航海文明。

西周时，中国的海上航行已是常事。战国末年，中国沿海地区设置了一系列港口，沿海岛屿和大陆间联系增多，与朝鲜、日本、越南的海上交往日益增加。

秦始皇统一六国后有几次规模较大的航海活动，徐福东渡日本就是其中的一次；汉朝开始远洋，开辟了一条通往欧、非、亚的海上航线；唐宋时期海上贸易兴旺，唐朝开辟了海上丝绸之路；宋朝用指南针在船上指引航向，使航海技术取得了跨越时代的创新，2007 年 12 月 22 日在南海阳江水域打捞出水的宋代沉船"南海 1 号"，所载器物及船体足以证明当时的科学技术和海洋文化已发展到相当高的水平；元代以开放的形态沿袭了唐宋的航海观念和技术，元统一全国后，重视发展海上贸易，元世祖至元十六年（1279 年）多次派员访问东南亚等地，元代航海家周达观著有《真腊风土记》、汪大渊所著《岛夷志略》都满怀激情地记录了海外见闻。

（二）明清时期的海洋文化

明朝初年的中国，处于经济、政治、军事上的黄金时期。明太祖期望睦邻友好、保境安民，对外实行和平安定政策。明成祖继承和发展明太祖的外交政策。提出"共享太平之福"的理念。明洪武年间，中国与东南亚国家的关系，由从前的偶尔接触或战争讨伐转变为经常性的友好往来。

明成祖以当时明王朝强盛的综合国力为后盾，派遣郑和出使西洋，诏谕："今遣郑和赍敕谕朕意，尔等祇顺天道，恪守朕言，循理安分，勿得违越。不可欺寡，不可凌弱。庶几共享太平之福。"郑和立《天妃灵应之记》曰："和等统率官校旗军数万人，乘巨舶百余艘，赍往赍之，所言宣德化而柔远人也。"可见明成祖派遣郑和下西洋的目的主要是宣扬国威，怀柔海外诸邦，提高明朝德政声望，加强文化交流，扩大国际影响，吸引四方诸侯前来朝贡。

郑和怀着强烈的使命感，于 1405 年 7 月 11 日，第一次率领规模空前的远洋船队，从江苏太仓的刘家港起航，由长江口入东海，一路云帆高涨，昼夜星驰，向南向西进发。郑和船队每到厂处，做的第二件事是宣读明朝皇帝的诏书："若有抒诚来朝，咸赐皆赏。第二件事就是赠送礼物，大行赏赐，以"宣德化"。"宣德化"之意是宣传文教，并赠送中国历书。中国历书的内容包括中国先民在实践中积累的对季节、气候规律的认识，伦理道德、礼仪习

俗等，集中体现了中华农业文明的精髓。郑和一行，沿途教当地人凿井、筑路、捕鱼、种植，以改善当地人的生活方式和生活习惯，提升周边国家的文化水平。

郑和船队第二次航海途中，在锡兰加异勤寺院用三种文字镌刻布施碑一块。碑上汉文记载郑和等为祈保航海平安，向神佛敬献供品情况；波斯语的碑文是表示对伊斯兰教信奉的真主的敬仰之意；泰米尔语的碑文是表示对南印度泰米人信奉的婆罗门教保护神毗瑟奴的敬献。这块碑反映了郑和为促进友好往来，尊重各国风俗和尊重各民族宗教感情的事例。此碑 1911 年被发现，存于斯里兰卡科伦坡博物馆，北京国家博物馆存有拓片。

郑和船队的船舶被称为"宝船"，宝船最大的长约 147m（44 丈），宽约 60m（18 丈），船上装载着珍珠、瓷器、丝绸、金银、漆器、麝香、樟脑、果品等，深受各国人民欢迎，宝船一到，倾国轰动，纷纷前往交换。郑和船队用中国物品换回西洋各地的象牙、染料、胡椒、硫黄、宝石等土特产和工艺品。这种商品交易促进了各国经济繁荣，提升了各国的物质文明，传播了中华文化和礼乐文明。

郑和作为当时的外交使者七下西洋，完成了"扬国威，示富强"的使命。郑和船队从明朝永乐三年（1405 年）至宣德八年（1433 年），七次下西洋历时 28 年，"涉沧溟十万余里"，遍及亚非 30 多个国家和地区，遵循"以德服人者王"，反对"以力服人者霸"的告诫，奉行王道，反对霸道。郑和始终怀着"和顺万方，共享太平之福"的愿望，坚持睦邻友好方针，致力于同周边国家和地区建立友好关系，以走向共同幸福和持久和平。郑和七下西洋，从未占领别国一寸土地，从未掠夺他人一分财富，真正完成了和平使者的使命，体现了中华民族是热爱和平的伟大民族。郑和船队七下西洋的壮举，标志着中国已成为当时世界上最大的海洋强国。北京大学何芳川教授说："在整个文明的交流与交汇史上，唯以郑和远航为代表的中华民族对外交往最文明。因为，它最和平"。著名明史专家吴晗先生认为，郑和下西洋"其规模之大，人数之多，范围之广，那是历史上所未有的，就是明朝以后也没有。这样大规模的航海，在当时世界历史上也没有过"。明成祖启动的郑和下西洋，声势之浩大，影响之广泛，堪称"前无古人，后无来者"。郑和下西洋证明了中华民族自古以来就致力于打开国门，走向世界，睦邻友好的辉煌历史。明朝万历年间罗懋登，根据郑和七下西洋史实撰写的百回长篇小说《三宝太监下西洋记》是一本难得的海洋文学。

遗憾的是明宣德之后，以惧怕海上倭寇猖獗为由，采取"寸板不许下海，片帆不许出海"的禁令而闭关自守。清朝统治时期，也不愿对外交流，不发展海洋文化。

明朝后期和清朝，中国的航海事业走向衰落，导致中国的海洋政治文化降为海洋民间商业文化。不过明清时期海洋民间诗歌、小说等作品依然丰富。例如，陈永正编著的《中国古代海上丝绸之路诗选》一书收录的419首诗中，有明诗39首，清诗239首，清明诗歌共278首。清朝初期修成的《明史·外国传》中，收录了91个国家和地区的历史、地理、政治、经济、文化。这91个国家和地区，大部分位于东南亚、印度洋和东非等地。清朝中叶，李汝珍长篇小说《镜花缘》独步古今，书中充满浪漫情调和丰富多彩的海外故事，至今仍深受读者喜爱，广为流传。

（三）近现代社会的海洋文化

民国时期，中国多战乱，文化发展受到抑制，海洋文化也不例外。这一时期的海洋文化研究多集中在对当时海洋社会群体和民俗的研究。例如，1946年陈序经的《疍民的研究》、1948年伍锐麟的《三水疍民调查》等。

新中国成立后，海洋文化得以快速发展，关于海洋文化的论文、著作、音乐、诗歌、戏剧、电影层出不穷。例如，著作有《海洋文化概论》、《海洋文化丛书》、《海洋文化》等；诗歌有郭沫若的"陇畔相思子，迎风待客收"，"红豆春前熟，青山天际燃"。叶剑英元帅的"到鹿回头滨海处，红豆离离，占断天涯路"。杨朔赞美海南天涯海角的诗"斜日渔帆飘海去，穷溟更在海中天。"陈毅元帅游"鹿回头"时填《满江红·鹿回头》词一首，其中有"饮水长来，花鹿好，徘徊一角。惊追逐，回头一顾，扑朔迷离。转瞬化作仙女去，晴空为奏钧天乐"等。

20世纪30年代，由蔡楚生导演，王人美主演的电影《渔光曲》于1935年获得莫斯科国际电影节荣誉奖，这是中国历史上第一部获国际奖的影片。蔡楚生与王为一编导的《南海潮》1963年在全国公演，轰动一时。另外，《南海长城》、《海霞》、《龙江颂》等反映特定时代的海洋生活和斗争的电影片，也是为世人百看不厌的艺术佳作。

1993年，《中国海洋》报开辟"中国海洋文化论坛"。1995年以来广东省炎黄文化研究会举办了6次海洋文化年会和研讨会并出版文集。1996年以来中国海洋大学、广东海洋大学、上海海事大学、浙江海洋学院等相继成立了海洋文化研究所。总之，20世纪末叶，海洋文化研究十分活跃，研究内容集中在海洋文化概念和海洋文化基础理论研究。

2001年5月联合国缔约国指出："21世纪是海洋世纪"。这一论断很快为

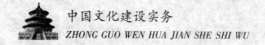

国际社会普遍接受，其原因有二：一是陆地资源消耗接近极限，人类将开拓新资源的目光转向了海洋；二是世界各国都越来越看重海洋国土而海洋又难以分割，引起很多海洋权益冲突。

中国"21世纪海洋世纪"的海洋文化迎来了极好的发展机遇。海洋文化的研究内容将更加广泛、更加深刻。21世纪中国要成为世界强国，就要大力发展海洋文化，树立和平海权发展观，开发海洋、保护海洋、发展海洋事业和产业。

中国始终坚持"与邻为善，与邻为伴"的周边外交方针，坚持"睦邻、安邻、富邻"的周边外交政策，加强与各海洋国家交流合作，追求繁荣与发展，实现互利共赢。中国坚定不移地走和平发展的道路，在维护世界和平中发展自己，通过发展自己促进世界和平。

21世纪，中国海洋文化迎来了良好的发展机遇。但是，机遇总是与挑战并存。近年来，"马六甲咽喉危险论"升级影响我国海上石油输送，中日对钓鱼岛主权的争议及东海石油等矿产资源的争夺，成为中国海洋社会文化价值观的新挑战，需要超凡的智慧和胆略使其化险为夷，转危为安，和谐发展。

第四节　海洋文化的存在形式

文化的存在形式有四种：物质文化、精神文化、制度文化、行为文化。海洋文化的存在形式也不例外，表现为海洋物质文化、海洋精神文化、海洋制度文化、海洋行为文化。

一、海洋物质文化

海洋物质文化的研究内容涉及海洋资源、海洋产业、海洋城镇、海港、渔村、渔民生活生产、饮食服饰及民间庙宇宗祠等许多方面。

（一）海洋资源

海洋资源属于自然资源，是一种特殊的自然资源。广义的海洋资源指海水中的生物、溶解在水中的化学元素、海底矿产、淡水、海水、港湾、航线、海产资源加工、海洋上空的风、海底地热、海洋景观、海洋里的空间、纳污能力等；狭义的海洋资源仅指海洋生物、海水中的化学元素、海底矿产、淡水、海水水体及其直接相关的物质和能量。

在辛仁臣等编著的《海洋资源》中，海洋资源是指海洋所固有的，或在海洋内外营力作用下形成并分布在海洋地理区域内的，可供人类开发利用的所有自然资源。海洋资源种类繁多，按其属性和用途可分为 7 大类：海水及水化学资源、海洋生物资源、海洋固体矿产资源、海洋油气资源、海洋能量资源、海洋空间资源、海洋旅游资源。每一大类又可细分为若干类别。《海洋资源》一书中共划分 7 大类 26 个类别。据探测，我国海洋石油资源量约 250 亿 t，天然气资源量约 14 万亿 m^3，矿种 65 种，矿床 83 万个，沿海旅游景点 1500 多处。

海洋是个生物资源宝库。生物有 20 多万种，其中动物 18 万种，植物 2.5 万种，藻类近万种，鱼类 2 万种，甲壳类约 2 万种。

这些种类繁多的海洋物质资源，承载着丰富的海洋物质文化。

（二）海洋物质文化

1．海洋物质文化种类

古往今来沿海居民"以海为田"，从事滩涂围垦和海洋捕捞，以此为生计，依赖海洋生存，古时候，人类依靠一叶扁舟，战狂风、斗恶浪，凭着勇敢和机警捕捞鱼虾，采集海洋植物，这些船、捕捞工具和滩涂围垦的农耕用具，种植的谷物及其加工工具等都是沿海先民在长期海洋生产中制造的海洋农耕物质文化的体现。沿海居民，通过滩涂围垦，化荒原为沃土，变荆榛为稻粱；或围海成塘，放养鱼虾、珍珠贝类；或引海水晒盐，提取各种化学元素；或利用潮汐、风能发电，创造物质材料，建造低矮房屋，在房顶上压石头，在房屋四旁栽树，在村落周围种植防护林等都是直观、实在的物质层面的海洋文化。

涉海居民，除从事围垦、捕捞秒卜也"以海为商"，通过海运进行贸易往来。海上经济活动，涉及众多领域，如海洋交通、海洋渔业、海洋工业、海洋手工业、海洋矿业、海洋种植业、海洋养殖业等。将这些行业生产的产品通过异地交流形成海洋商业物质文化，与此相关联的造船技术、导航技术、港口、航线、沿海城镇等也都是物质层面的海洋文化。海洋生物物质文化的种类见图 4-4。

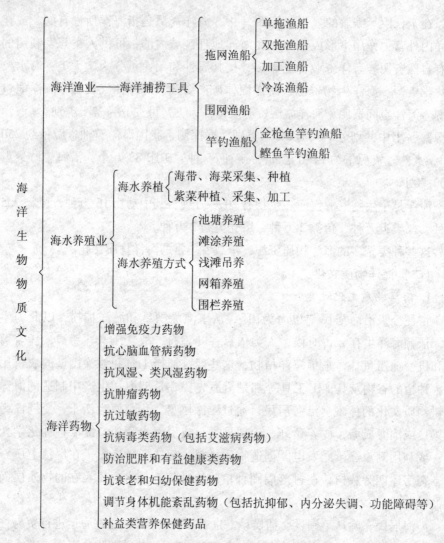

图4-4 海洋生物物质文化的种类

此外，海水中的化学元素、矿物、油气等资源，以及海洋旅游资源、海洋运输、海洋军事等涉及的生产方式等都承载着海洋文化。

鱼类是人类食用的动物蛋白质的主要来源之一，现在世界人口消费的动物蛋白质，15%来自海洋。

近20多年来，中国人的食物结构发生了很大变化，从以谷类、薯类为主逐渐过渡到以动物性食物为主，水产品又在其中占很大比例。各类肉食在人体转换为所需营养物质的转换率不同。例如，牛肉为10%、猪肉为25%、家禽肉为40%、鱼肉为67%，鱼肉转换率最高，最容易消化吸收，所以对鱼的需求量将越来越大，海水养殖和增殖将成为海洋开发的热点。

2. 海洋渔业生产方式

海洋渔业的传统生产方式主要是捕捞。所谓捕捞是指捕捉生活在海洋自然环境中有经济价值的海洋生物。主要捕捞方式有以下 4 种。

（1）拖网

用拖网进行捕捞的渔船统称为拖网渔船。拖网渔船又分为大型、中型、小型三种。一艘船拖一顶网的称单拖渔船，两艘船拖一顶网的称双拖渔船。拖网渔船又可分为拖网加工船和拖网冷冻船；近海拖网渔船和远洋拖网渔船；舷拖渔船和尾拖渔船。

渔网在海底被拖拽，要求海底地势平坦，鱼群密集。渔民一般采用变水层拖网，即拖网时，渔网不在海底而在海水中层。拖网可捕捞到鳕类、鲽类、鲷类及黄鱼、带鱼等。

（2）围网

围网分灯光围网、金枪鱼围网。转网进行捕捞的渔船统称围网渔船。围网属于过滤性围旋用具，是捕捞中、上层鱼类规模最大、效率最高的渔具。

（3）延绳钓

延绳钓渔船是捕捞大型鲸鱼类的主要方法之一。以放钓单位——箩或筐衡量渔具规模。一般每天要放 400~480 个单位，干线总长 150~180km。早晨放绳时多个单位速成一体，起绳时盘绕成网，放绳时，渔船全速前进。

（4）竿钓

竿钓分为金枪鱼竿钓、鲣鱼竿钓渔船。鲣鱼钓鱼场主要分布于赤道附近的印尼外海、夏威夷群岛、印度洋和澳洲南部等。1978 年以来，已有 48 个国家开展捕鲣鱼渔业等。其方法是由船员用一根 4.5~6m 长的竹竿钓鱼，整个船舷外侧置有带喷水设备的钓鱼台。钓鱼台在船头成长弓形，上甲板比较陡峭，可使钓得的鱼自动滑落到中仓。日本 1700 年开始鲣鱼竿钓，至今鲣鱼竿钓的渔船还有很多，已经发展到用机器自动钓鱼，一艘渔船安装 4~12 组自动鲣鱼竿钓机，模仿钓鱼人的各种动作。

海水养殖生产方式有池塘养殖、网箱养殖、滩涂养殖、浅滩吊养、围栏养殖等。

为了海洋渔业的持续发展和海洋生物的增殖，海洋渔业采取了人工放流增殖、工程技术增殖、繁殖保护、过鱼工程、规定禁渔区和禁渔期等许多方法。

3. 海洋药业

人类利用海洋生物作为药物的历史悠久。在中国的《黄帝内经》、《神农本草》、《本草纲目》中都有海洋药用生物的记载。例如，海带治疗甲状腺肿大，石莼利尿，乌贼的墨囊治疗妇科疾病，鲍鱼的石决明明目，鹧鹕菜驱蛔虫，海蜇能"消疾引积，紫带祛风"，可治"妇人劳损，积血带下，小儿风疾丹毒"，海龙、海马对身体有滋补强壮作用等。随着人类对海洋药用生物资源的研究，新的海洋生物药源不断被发现。例如，从海产黏盲鳗中提取的盲鳗素，是一种强效心脏兴奋剂和升血压剂；鲨鱼肝可提取肝油，肝油内含有大量鲨肝烯，可作为皮肤润滑剂、脂肪性药物的携带剂；鳕鱼肝油是治疗维生素A、维生素D缺乏症的良药，还可以治疗伤口、烧伤和脓疮；乌贼的内壳即海螵蛸可以治疗胃病，用作止血剂，还能治疗皮肤、耳朵、面部神经痛等，还可以治疗气喘、心脏病、疟疾等；贝类种的砗磲壳则有镇静、安神、解毒等功能。海洋生物中，有许多种类含有毒素，临床上可作为肌肉松弛剂、镇静剂和局部麻醉剂。现在已经有人把现代海洋药物的发展与海洋生物毒素的研究联系在一起，使药用海洋生物的研究与开发更加广泛。

我国海洋生物的药用大致可分为3种类型。第一类是传统中药对海洋生物的使用，单方使用或与其他药物配合使用或制成中成药；第二类是在传统中药的基础上用现代科学方法进行成分和药理等一系列分析测试，用价廉而药源丰富的海洋生物替代珍贵而药源稀少的动植物，拓展药源，变单一药源为多种药源，如用珍珠层粉替代珍珠；第三类是新开拓的药源，即从药用生物中提取有效成分，作为医药制剂或医药与保健食品工业的原料。在海洋药物的研究开发方面，我国依靠传统中医药的经验，在临床实际应用中，处于世界领先地位。20世纪80年代以前，我国海洋中药已超过100味。据1977年版的《中华人民共和国药典》记载，海洋生物药物有16项，海洋药物与其他药物配合制成中成药有23项，由海洋生物提炼而成西药的有鱼肝油、琼脂、鱼精蛋白等6项。据1977年版的《中药大辞典》记载，1974年以前记载的海洋中药已达128味。20世纪80年代以来，我国海洋中药研究和开发有了新进展，涌现了一批新一代海洋中成药和保健滋补品。我国药用海洋鱼类有200多种，已知我国海洋鱼类能够防治130多种疾病，利用鱼类或与中药配合，能够防治更多病症。多年来，用鱼类提取药物治病已取得较大进展。

目前在海洋生物中发现可作为药物和制药原料的已有千余种。从微生物到鲸类都有，最重要的有海洋微生物，各种藻类、腔肠动物、海绵动物、软体动物、棘皮动物、被囊动物及各种鱼类等。其中一些食用价值低的生物类群，其药用价值往往更高。据研究已知有230种藻类含有各种维生素，246种海洋生物含有抗癌物质（表4-4）。20世纪90年代以后，利用高新技术研制海洋新药物已成为药用海洋生物资源开发的主流。当前，国际上海洋药物开发的主要方向有：①增强机体免疫功能的药物；②抗心脑血管疾病的药物；③抗风湿、类风湿方面的药物；④抗肿瘤药物；⑤抗过敏药物；⑥抗病毒药物（包括艾滋病药物）；⑦防治肥胖和有益健美药物；⑧抗衰老和妇幼保健药物；⑨身体机能紊乱调节药物（包括抗抑郁、内分泌失调、功能障碍等）；⑩补益类营养保健药。

表4-4　部分海洋抗癌药物和保健晶品

药物名称	原料	主要成分	主要功能
海拿登（madnactar 1）	海洋细菌	有极强的抗癌作用，已进入临床试验	
Brvostmin1	海洋苔藓虫	抑制白血病细胞，正在进行Ⅰ期临床	
海鞘隶B（DideminB）	海鞘	环肽	明显的抗癌、抗病毒和免疫调节作用，正在进行Ⅰ期临床，可作为新的抗癌药
Dolastatin1O	海兔	小肽	抗癌，极具临床应用前景
络氨酸代谢物	海绵	对乳腺癌、肺癌有极强的抑制作用，已进入Ⅱ期临床	
鲨鱼软骨胶囊	鲨鱼软骨	多肽	抗癌，已有产品进入市场
鲨鱼油乳剂	姥鲨肝	抗癌，已通过Ⅰ、Ⅱ期临床	
角鲨烯胶丸	鲨鱼肝	角鲨烯	缓解心脑缺氧症，提高机体免疫力
海力特	海藻	提高免疫力，抑制疝症，是癌症治疗的辅助药物	

药物名称	原料	主要成分	主要功能
海嘧啶	海藻等	海藻多糖	抗肿瘤化疗药
复方海藻多糖	海带、羊栖菜等	多糖	抗癌中药制剂
藻酸双酯钠（PSS）	海藻	治疗心血管病	
甘露醇烟酸酯	海藻	治疗心血管病	
多烯康胶囊	海洋鱼类	二十碳五烯酸（EPA）、二十二碳六烯酸（DHA）	降血脂、降血压、降血黏、抗血凝等
鱼油制品	海洋鱼类	EPA、DHA	功能同上
金牡蛎	牡蛎	多糖、牛磺酸	降血脂、抗凝血、抗血栓，增强免疫
金贻贝胶囊	贻贝	牛磺酸、PUFA等	保肝抗氧化
β–胡萝卜素	杜氏盐藻等	抗自由基、抗衰老	
牛磺酸	贝类、头足类、鱼类等	抗氧化、抗突变、抗肿瘤	
Zidovudine（AZT）	海洋鲱鱼的精液	胸腺嘧啶脱氧核苷	目前世界上批准正式使用于临床的抗艾滋病药物
甲壳质	虾、蟹壳	抑制肿瘤、消炎、抗辐射、防治心脑血管病；作为药物载体、包衣剂等	
喜多安	虾、蟹壳	几丁聚糖	免疫调节
奇美好、海肤康、康肤灵人工皮肤	虾、蟹壳	几丁聚糖	不致敏、无刺激、无吸收中毒及占位排斥现象
海藻多硒营养液	海藻等	海藻硒、海藻磺、海藻多糖	增强免疫力、抗肿瘤
碘晶	海带、裙带菜等	有机酸	补碘
螺旋藻片（或胶囊）	螺旋藻	螺旋藻粉	减肥、免疫调节、增强体质

二、海洋精神文化

海洋精神文化，包括人类的海洋意识和对海洋的认识。海洋意识是指对海洋的态度和认识，以及对海洋资源价值和战略价值的认识。人类对海洋的认识过程从畏惧、敬奉到平等和谐；人类对海洋的认识的表现形式有：海洋神话、伦理道德、文学作品、歌曲舞蹈、绘画雕刻、诗词戏剧、科学技术、医药医术等。海洋精神文化主要表现有下列 6 种。

（一）勇敢无畏精神

渔民在海上生产生活，时刻受到大海狂风恶浪的威胁，必须以惊人的智慧和超凡的勇气去面对大海，挑战大海。涉海人这种生产生活实践，创造了勇敢无畏的海洋精神。

（二）博大宽容精神

水流千里归大海，海水不停地流动，接纳涌入的万物并将其溶解，真可谓海纳百川，包容万物。大海除了包容自然界的万物，在精神文化上也大度宽容，例如，中国的岭南文化，除了南海本土的海洋文化，还接受了海外传来的印度文化、波斯文化、阿拉伯文化、西洋文化等，这些文化互相渗透、互相融合，又合而不同，各具特色，自由发展，形成一种十分复杂、十分典型的岭南海洋文化。同样，我国的传统文化，通过海上贸易等多种渠道传播四海。例如，郑和七下西洋取得的丰功伟绩，不仅仅是"显国威，示富强"，不仅仅是"和顺万方，共享太平之福"，郑和通过赠送礼品，参与宗教，教当地人凿井、筑路、捕鱼、种稻，改善当地人的生活方式和生活习惯，向世界传播了中国文化。海洋文化的无私厚德由此可见一斑。上述种种，充分显示了海洋文化的博大宽容精神。

（三）刚毅冒险精神

渔民出海捕捞，商贾海上航行，除了面对海洋的狂风恶浪，还要面对海盗的劫掠剽杀。出海者为了生存和使命，必须冒险，甚至不惜以生命为代价。大海陶冶了人的情操，培育了人类勇敢刚毅的性格。涉海人在长期的海上生活中显示出海洋文化的刚毅冒险精神。

（四）开放交流精神

海上贸易是海洋文化的重要组成部分。海上贸易不仅发生在沿海，而且穿越海洋腹地，抵达远方港口进行商贸交流。远在七八千年前，浙江萧山跨湖桥、余姚河姆渡的先民就能驾驶木船穿梭海上，跨出了近海航行的第一步。

唐宋时期，浙江对外远洋航行到达日本、朝鲜、东南亚，借道印度洋到达欧洲与非洲，造就浙江人敢于闯荡，永不服输的海洋文化性格，培育了涉海人的开放交流精神。

（五）勤勉崇商精神

广东自古以来就是中国最活跃的贸易中心，唐代广州就成为著名的"广州通海夷道"，宋代与50多个国家通商，元代与140多个国家通商，明清时期几乎形成全民经商狂热。改革开放后，广东商品经济更加大放异彩，形成"东西南北中，发财到广东"的时代热潮。众所周知，经商除了冒险，更多的是辛苦操劳，因此，海洋文化具有勤勉崇商精神。

沿海居民以海为田，以海为商，生产生活离不开海洋，大海茫茫，天气莫测，恶劣多变的自然环境，培育了涉海人既细腻精致，又粗犷豪放的性格，培育了沿海居民不怕困难、敢于进取、昂扬向上、豪爽不羁的精神。

（六）开拓自强精神

中国古代曾长期处于世界先进行列。西欧还在中世纪"黑暗时代"徘徊时，中国的隋唐宋元文明已璀璨夺目，直至明代，中国的发展水平仍然处于世界领先地位，对外自信、主动、开放。中国郑和下西洋的时间比麦哲伦到达菲律宾早116年，比哥伦布发现新大陆早87年，比迪亚士发现好望角早83年。郑和船队使用的航海图和采用的航海技术证明中国拥有当时世界上最先进的造船技术和航海技术，证明郑和是历史上最早的、伟大的、有成就的航海家。郑和七下西洋的壮举，展示了中华民族的高超智慧和非凡勇气，体现了中华民族勇于开拓、自强不息的民族精神，证明了中华民族自古以来就致力于打开国门，走向世界，与各国人民进行经济、文化交流，睦邻友好的辉煌历史。

海洋文化的开放交流精神、博大宽容精神、勇敢无畏精神、刚毅冒险精神、勤勉崇商精神、勇于开拓精神、自强不息精神构成了深厚悠远的海洋精神文化。

三、海洋制度文化

海洋制度文化研究内容包括海洋开发的规章制度、海洋法、海洋管理制度、渔业管理制度、海洋交通法规、海事档案、海事处理与国际惯例研究等。制度层面的海洋文化还可以包括与海洋相关的各种政府组织和非政府组织、学会、协会、海洋馆等。本文主要讨论法律、法规。

随着海洋在社会经济中的作用日益显现，海洋权益争端成为当今世界的

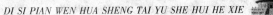

突出矛盾。1982 年《联合国海洋法公约》通过和后来的实施，尤其是 200 海里专属经济区的划分，使临海国家在海洋权益上的矛盾和争端更加复杂和尖锐，需要用法律和国与国之间平等协调方式解决。

我国是世界上较早实行海洋行政管理的国家之一，有些制度可以追溯到 2000 多年前的战国时期。例如，禁渔期、海盐管理等管理办法和制度自古就有。

新中国成立后，特别是改革开放以来，我国的海洋行政管理机构进一步健全，海洋法制进一步完善。

大海苍茫无际，人类在海上的活动漂泊自由，难以监管；海洋上海盗出没，劫掠商船、海上走私活动猖獗，需要整治。这不仅需要国际社会进一步完善法律，依法整治，也需要世界各国加强海洋法制建设，各自依法整治。我国目前海洋法律、法规建设与陆地比较，相对滞后，更需加快完善。中国制定的《中国海洋 21 世纪议程》明确指出："海洋综合管理应从国家的海洋权益、海洋资源、海洋环境的整体利益出发，通过方针、政策、法规、区划、规划的制度和实施，以及组织协调、综合平衡有关产业部门和沿海地区在开发利用海洋中的关系，以达到维护海洋权益、合理开发海洋资源，保护海洋环境，促进海洋经济持续、稳定、协调发展的目的。"《中国海洋 21 世纪议程》给我国海洋开发利用和海洋保护指出了方向，制定了目标。各涉海省（自治区、直辖市）、各个涉海行业和产业已经制定或正在制定或即将制定自己的海洋发展规划和海洋管理办法。现行的主要法律、法规如下。

（一）全国人民代表大会指定的涉海法律制度

1）1983 年颁布《中华人民共和国海上交通安全法》。

2）1992 年 2 月 25 日颁布《中华人民共和国领海及毗连区法》。

3）1996 年 5 月修正《中华人民共和国水污染防治法》。

4）1998 年 6 月 26 日颁布《中华人民共和国专属经济区和大陆架法》。

5）1999 年 12 月 25 日颁布《中华人民共和国海洋环境保护法》。

6）2000 年 10 月颁布《中华人民共和国渔业法》。

7）2001 年 10 月 27 日，颁布《中华人民共和回海域使用管理法》。

8）2002 年 10 月颁布《中华人民共和国环境影响评价法》。

9）2009 年 12 月颁布的《中华人民共和国海岛保护法》。

（二）国务院颁布的涉海法律制度

1）1961 年颁布《国际航行船舶进出口中华人民共和国口岸检查办法》。

2）1979 年颁布《中华人民共和国对外国籍船舶管理规定》。

3）1983 年颁布《中华人民共和国防止船舶污染海域管理条例》。

4）1988 年 5 月颁布《中华人民共和国防止拆船污染环境管理条例》。

5）1990 年 6 月 22 日颁布《中华人民共和国防治陆源污染物损害海洋环境管理条例》。

6）1992 年颁布《中华人民共和国海上航行警告和航行通告管理规定》。

7）1993 年 2 月颁布《中华人民共和国船舶和海上设施检验条例》。

8）1995 年颁布《中华人民共和国船舶登记条例》。

9）2003 年批复《省级海洋功能区审批办法》。

10）2006 年 11 月颁布《中华人民共和国防治海洋工程建设项目污染损害海洋环境管理条例》。

11）2007 年 4 月颁布《中华人民共和国船员条例》、《中华人民共和国防治船舶污染海洋环境条例（送审修改稿）》。

12）2010 年 9 月 25 日颁布《中华人民共和国防治海岸工程建设项目污染损害海洋环境管理条例》。

13）2011 年 9 月 30 日《国务院关于修改〈中华人民共和国对外合作开采海洋石油资源条例〉的决定》第三次修订。

（三）国家海洋局、国家海事局颁布的涉海规章制度

1）1992 年国家海事局颁布《铺设海底电缆管道管理规定实施办法》。

2）1995 年 5 月国家海洋局发布《海洋自然保护区管理办法》。

3）2003 年国家海洋局、中华人民共和国民政部、中国人民解放军总参谋部联合发布《无居民海岛保护与利用管理规定》。

4）2004 年 7 月国家海事局颁布《中华人民共和国海事局重点跟踪船舶监督检查管理规定》。

5）2004 年 12 月国家海事局颁布《海事行政执法过错和错案责任追究暂行规定》。

6）2004 年 12 月国家海事局颁布《中华人民共和国海事行政强制实施程序暂行规定》。

7）2006 年 7 月 5 日财政部、国家海洋局联合颁布《海域使用金减免管理办法》。

8）2006 年 10 月 13 日国家海洋局颁布《海域使用权管理规定》。

9）2007 年财政部、国家海洋局发布《关于加强海域使用金征收管理的通知》。

（四）交通部颁布的涉海规章制度

1）1957 年颁布《中华人民共和国打捞沉船管理办法》。

2）1982 年颁布《中华人民共和国船舶装载危险货物监督管理规划》。

3）1989 年颁布《中华人民共和国海员证管理办法》。

4）1993 年颁布《中华人民共和国船舶签证管理规划》。

5）1997 年颁布《中华人民共和国船舶安全检查规划》。

6）1998 年颁布《中华人民共和国海船船员适任考试、评估和发证规划》。

7）1999 年 12 月颁布《关于发布 < 因公临时随船人员申办海员证管理规定 > 的通知》。

8）2000 年颁布《中华人民共和国水上水下施工作业》。

9）2003 年 7 月颁布《中华人民共和国海上海事行政处罚规定》。

10）2004 年 6 月颁布《中华人民共和国船舶最低安全配员规定》。

11）2004 年 6 月颁布《中华人民共和国海船船员适任、评估和发证规划》。

12）2004 年颁布《中华人民共和国船舶检验机构资质认可与管理规划》。

13）2005 年 7 月颁布《关于实施船舶滞留专家复审制度的通知》。

14）2006 年 1 月 9 日颁布《中华人民共和国海事行政许可条件规定》。

15）2006 年 3 月颁布《中华人民共和国高速客船安全管理规划》。

16）2006 年 8 月颁布《老旧运输船舶管理规定》。

17）2007 年 5 月颁布《中华人民共和国船舶签证管理规划》。

18）2007 年 5 月颁布《中华人民共和国航运公司安全与防污染管理规定》。

19）2008 年 5 月颁布《中华人民共和国船员注册管理办法》。

20）2008 年 5 月颁布《中华人民共和国引航员注册和任职资格管理办法》。

21）2008 年 7 月颁布《中华人民共和国船员服务管理规定》。

（五）国家其他相关部委的涉海规章制度

1）1985 年 5 月中华人民共和国港务监督局（国家港务监督局）发布《关于颁发〈船员服务簿〉实施办法的通知》。

2）1994 年 12 月国家港务监督局发布《关于颁布〈中华人民共和国船舶登记条例〉若干问题说明的通知》。

3）1988 年 7 月国家港务监督局发布《关于发布 < 船员教育和掊训质量体系审核员培训、发证规定 > 的通知》。

4）1988 年 11 月国家港务监督局颁布《关于颁布 < 中华人民共和国船舶

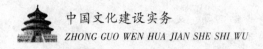
登记条例补充说明＞的通知》。

5）2002年3月中华人民共和国农业部（农业部）颁布《完善水域滩深养殖证制度试行域行方案》。

6）2005年国家质量监督检验检疫总局、国家标准化管理委员会发布《风暴潮预报和警报发布国家标准》。

7）2006年2月7日国家安全生产监督管理总局颁布《海洋石油安全生产规定》。

8）2006年3月27日农业部颁布《中华人民共和国海洋渔业船员发证规定》。

9）2007年农业部颁布《关于加强老旧渔业船舶管理的通知》。

10）2007年中华人民共和国渔业船舶检验局发布《关于加强老旧渔业船舶检验管理的通知》。

11）2008年财政部发布《关于海域使用金减免管理有关事项的通知》。

（六）国家海洋制度建设的司法解释

1）1958年9月4日发布《中华人民共和国政府关于领海的声明》。

2）1995年5月1日发布《中华人民共和国政府关于中华人民共和国领海基线的声明》。

3）2006年8月22日发布《关于加强游船管理的通知》、《海洋行政执法监督办法》、《极地活动管理条例》、《全国海洋主体功能区规划》。

沿海各省（直辖市、自治区）地方政府均有海洋渔业和海洋交通等涉海法律、法规制度。例如，广东省人民代表大会2011年9月21日公布《广东省渔港和渔业船舶管理条例》。浙江的涉海规章制度十分完善。

四、海洋行为文化

海洋行为文化包括涉海生产行为文化、生活习俗行为文化、涉海祭祀庆典行为文化、涉海艺术与娱乐行为文化等。

（一）涉海生产行为

早在旧石器时代，中国沿海地区已有人类活动。新石器时代人类活动遗址遍布沿海各地。浙江河姆渡出土7000年前的船桨。这些说明中远古时代的先民们就有海洋生产行为。到春秋战国时，沿海先民已享鱼盐之利，捕鱼、晒盐已具规模，成为北方齐、鲁、燕，南方吴越的富国之本。秦汉时开始养殖牡蛎。宋代养殖珍珠珠贝、江珧。明代养殖鲻鱼、明清时东南沿海出现了蚝田、蚶田、蛏田。近现代围海造地、围垦滩涂、深海捕捞、海水制盐，已是惯常的生产行为。

第二次世界大战后，随着科学技术的进步及其应用于海洋，人类利用海洋的手段明显提高，海洋生产已发展为高科技行为。海水养殖、捕捞和海产品加工形成产业，海洋运输和港湾资源开发，海洋石油开采，以海洋油气为中心的石油化学工业在南海崛起等。海洋生产已有传统生产方式步入产业化、现代化阶段，海洋生产水平大幅度提高。海洋渔业、海洋油气业、海洋矿业、海洋盐业、海洋化工业、海洋生物医药业、海水利用业、海洋交通运输业、海洋工程建筑业、海洋电力业、滨海旅游业等均已发展成为比较成熟的产业。海洋教育、海洋科研、海洋环保、海洋服务等行业水平的迅速提高有力促进了海洋生产能力的提高；与此同时，海洋文化也与海洋生产获得同步发展。

（二）海洋生活行为

海洋生活行为主要表现在居住习俗、饮食习惯、衣饰习俗、交通习惯等方面。沿海居民和海岛居民为适应海风含盐、风力大的特点，建造的民房一般矮小；福建沿海渔民的房屋从屋顶到墙壁都用抗风抗盐的石材，屋顶还压着厚厚的石块；有些以捕捞为业的渔民，终年海上漂泊，以船为家，南海海域"以舟楫为家"的疍民就是这样一个特殊的社会群体。终年海上生活的群体生产生活方式，全都依赖海洋开展，其婚姻、习俗等均与陆地居民不同。沿海居民的服饰与陆地居民的服饰差别很大，南海渔民为方便撒网捕捞，多终年穿短衣短裤；东海渔民多穿"拷衣"、"笼裤"，为了耐穿，将外衣用拷胶染成棕红色，俗称"拷衣"，裤子也用拷胶或拷皮染成酱色，裤子较短，裤脚肥大。穿起来好像提着两盏大灯笼，俗称"笼裤"。这是沿海居民在长期海上捕捞实践中为避免衣着容易被海水打湿和被海水腐蚀而创造的海洋服饰文化中的一种，深海潜水、海底石油钻探等服饰有异于渔民的服饰。海洋饮食习惯：主食与内地差别不大；副食主要是鱼、蟹、各种贝类，辅以蔬菜和肉类。交通习惯，沿海渔民的祖先驾一叶小舟在海上来往穿梭，风险很大；后来发展为木船；如今随着造船业的发展，远古征帆已经不见，现在海上交通有了游艇、万吨邮轮、大军舰和航空母舰。

（三）涉海宗教行为

海洋波涛汹涌，变化无常，神秘莫测。恶劣的海洋狂风巨浪与自然环境导致沿海及海岛居民信仰神灵，崇拜海神，敬奉龙王、观音、妈祖。

涉海居民信仰的主题神是海神，早在《山海经》问世之前就有了海神的信奉，随着社会发展，海神信仰逐渐演绎成各种神生活习俗而湮没不彰，但并投有消失。在今天沿海居民的各种生活习俗中，海神的影响仍随处可见。

例如，人们认为海上出生的婴儿是与海神结缘，涉海人做寿会请海神吃肉，涉海人死亡后会向海神报丧；海上生产习俗中的新船祭、开捕祭、采贝祭、庆丰祭、谢洋祭等诸多祭祀行为及海上流行的酬神歌、"行文书"均是原始海神的渗透和烙印。

1. 敬奉东海龙王

龙王是中国神话传说中统领水族之王，掌管成云致雨。浙江沿海居民十分崇拜东海龙王，现在还设有龙王宫，龙王寿诞和龙王出游出巡的习俗还保留至今，渔业生产活动重大环节中的祭典习俗始终贯穿在渔民的日常生活中。沿海龙宫设置，非常讲究，龙宫内诸神的造型、排场、排位、陈列位置都有标准，不能违反惯例，否则被视为不敬。龙王寿诞前后三天，居民味素，挂龙王旗，挂出船灯、龙灯、鱼灯。龙王出巡成为"行龙会"，一般在干旱严重、海况恶劣、渔业庆丰收时均有人发起这项活动。渔民造船祭奠龙王，渔汛到来渔民出海开捕敬龙王，丰收谢洋时供祭龙王。其祭法各阶段不尽相同。渔汛开始前，先用鱼、肉等祭品送到龙王庙供奉龙王，以示敬意；渔船出海时，渔民们敲锣打鼓把龙王神像或供奉在庙里的船旗（又称龙王旗）请上船，此时船头要用猪首等丰盛礼品供祭龙王，船主或船老大要燃烛、敬酒、跪拜，以祈求龙王保佑渔船出海丰收，人船平安。祭典完毕，船老大要从祭品中摘取少许鱼、肉、糖、米和一杯酒一齐撒向大海，以敬龙王，这一行动俗称"行文书"。捕捞丰收或谢洋时要谢龙王，如果海上遇灾得以解脱时要谢龙王，渔汛结束时供谢龙王的礼仪最隆重。

渔民结婚时拜龙王，抱龙灯；生儿育女时求龙王；寿宴时的对联中要有龙，还要龙须面；丧葬时，选"龙穴"为坟地，供海龙王牌；饮食习俗中的汤称"海龙汤"；服饰中的"笼裤"习俗；节庆活动中的"舞龙灯"等习俗贯穿在渔民生活的各个方面。

中国人是龙的传人，不仅沿海居民信仰龙，内地居民同样爱龙、敬龙，具有龙的意识。全国各地端午节的"龙舟竞渡"，节庆活动中的"舞龙灯"便是很好的例证。只是沿海居民信仰更深刻，气氛更浓烈。

2. 信奉南海观音

观音是佛教的菩萨。在渔民心目中，观音"救苦救难，大慈大悲"。每年农历二月十九观音生日，六月十九观音成道日，九月十九观音涅槃日为观音菩萨的"三大香期"，其中以二月十九香火最盛。每逢香期东海诸岛居民，尤其是舟山群岛渔民和海内外香客纷纷前往普陀山进香礼佛，香客多时超过10万人。全国各地的佛教寺院、观音寺内均香火鼎盛。三大香期的活动内容、形式和范围基本相同。农历十七、十八两天，各岛各地香客陆续进山，或去普陀山，或在本地，沿阶登山，逢庙叩拜，见佛烧香，称为"朝山进香"。十八日一夜，全山寺院，所有僧众在方丈伪领导下，身披袈裟，手执佛器，在大殿做佛事至深夜。香客们则夜坐大殿通宵不眠，称为"祝圣普佛"，通宵坐夜称"宿山"。除"宿山"香客，更多的香客则和渔民在深更半夜，手执清香，口念佛号，三步一拜，跪拜至山顶，称为"登山礼佛"，第一个登上山顶进庙烧香者称为"烧头香"，此乃大吉大利之事。十九日凌晨，寺院做早课，中午全寺"斋友会"，称"敬佛"，又称"全体专供"。十九日夜，僧众为香客做佛事，至此香期结束。在正香期的前后 7 天，渔民中的佛家弟子都要沐净身子，穿干净内衣，并在家里的观音像前摆上水果等祭品，点香念佛。有的专念"阿弥陀佛"，有的念《华严经》。可以数人聚一室，也可单人一室念，人人虔诚念佛、吃素、行善，祈求观音菩萨保佑人船平安，渔丰财发。每逢三大香期日，海上渔船都要挂上各色彩旗，观音的佛旗、令旗。

吃斋、念佛是信奉观音的又一行为习俗。在东海诸岛，不论渔船或渔家住宅，大多设有观音堂。吃斋有长斋、短斋之分。长斋终年吃素，力戒荤腥。短斋又分为观音斋和间花斋。观音斋每逢农历初一、十五吃素，间花斋又称"一七十斋"，即每月初一、初七、初十、十一、十七、二十、二十一、二十七、三十加上十五，共吃十天斋，其他时间不戒荤腥。每逢吃斋日，信徒清早起床、做好净茶、点燃香烛、念经诵佛、叩求观音，或求今生赐福，或求来世好运，或为赎罪，或为还愿；立志戒荤，食素静心，希望有个好结果。

3. 信奉天后妈祖

信奉妈祖始于北宋年间，相传妈祖是由人死后的鬼魂转化为神的。电视剧《妈祖》中有如下剧情：妈祖是由东海湄洲岛上民女林默娘死后转化成海神的，她观天象为渔民指引捕捞，行医治病为岛民除疾解难，只身撞黑甲岛除匪安良，救苦救难于民。

对妈祖的信仰习俗有两种：一种是元宵、诞辰、升天三大节庆；一种是贯穿渔民生活、生产和人生礼仪中的习俗。妈祖三大节庆中的元宵节，又称尾晚元宵，时间在正月二十九晚或正月三十晚，主要活动是举行灯节：敬灯、送灯。敬灯，要敲锣打鼓放鞭炮，要报村名、人名、船号，要做祈祷。送灯，先到庙中供灯，成为"拜灯祭"，再提灯至海滩，绕渔船三周，先照船头，后照船尾，再照船舵，意为神灯驱邪，然后焚香燃鞭炮，直到送灯入海。妈祖诞辰，农历三月二十三是妈祖生日，这天活动内容很多，有"妈祖寿典"、"妈祖出巡"、"妈祖回娘家"等。祭祀场面宏大，礼仪繁多，供祭丰盛，热

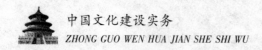

闹非凡。妈祖升天，时间是农历九月初九，又称妈祖忌日，其程序、内容、规模与妈祖生日庆典相同。妈祖信仰中还有一些奇特习俗，如诞辰禁捕、送船还愿、泛槎挂席、装点烛山等。

沿海居民，特别是海岛渔民信仰妈祖，怀念妈祖之情，从这首民歌中可见一斑：远古的征帆已经不见了，

动人的故事说到今天。

风里浪里传来声声呼唤，

有妈祖同在，有妈祖同在，来去平安。

你圣洁的光环照亮海天，

美丽的身影若隐若现，

风里浪里你救苦救难，

你恩义昭昭，

如日月高悬，如日月高悬。

千里万里，风轻云淡。

天地祥和，岁岁平安。

第五节　海洋文化与大陆文化的区别

海洋是深邃的，更是无情的。

在海上惊涛骇浪中搏斗的人，认准了一个真理：消极退缩等于死亡，积极搏斗才有生路。希腊有句谚语说："渔夫们知道海的危险和风暴的可怕，但他们从未把这些当作待在岸上的充足理由。"

一、生产方式的区别

大陆文化的生产方式是固定的。种植业，固定在土地上；养殖业，固定在江河湖畔或圈舍中；加工制造业，固定在场地上。"固定"贯穿在全部大陆文化的实践中。

海洋文化的生产方式是动态的。流动，是海上生产的核心，无论是渔业还是海上运输，都要在茫茫大海上不停航行。"流动"贯穿在一切海洋文化的实体中。

二、人生观的区别

大陆文化在中国词典中描述："人生是指人的生存及全部的生活经历。"而海洋文化在美国教科书中的描写是："人生就是人为了梦想和兴趣而展开的表演。"

大陆农耕文化的根是土地，土地是固定的，家乡的土地再贫瘠也是自己的家所在，"金窝银窝，不如自己穷窝"的观念根深蒂固，迫不得已离乡背井后，总要找回原处，叶落归根的观念很普遍。

在海上拼搏的人认为大海就是生命的起源，也是人的灵魂归宿之处。涉海工作危险、辛苦、经常要长时间离家。渔船出海前，家家都要做些好菜款待亲人出航，因为出海后，能否安全回来，谁都无法料定。

三、价值观的区别

价值观首先表现为人生的最高理想和追求。

海洋文化生产方式造就了个人奋斗的环境。在与风浪搏斗中，几乎借不上任何家庭、家族的力量，长此以往就形成了以"个人"为本位的价值单位。这几乎贯穿在一切海洋文化的法规、制度、道德、规范及民间习俗中。

人是以"个性"相区分的，无论是外貌与品格，以"个人"为本位，必然强调"个性的张扬"，所谓"穿衣戴帽，各爱一套"本是人的本性。以"个人"为本位，必然崇尚自由精神。

中国大陆文化是以"家"为本位，在"正心、诚意、修身、齐家、治国、平天下"的人生奋斗链条中，"家"是中心；海洋文化以"个人"为本位，张扬个性，崇尚个人自由。

大陆文化相信"勤能补拙"、"奖勤罚懒"。"勤"就等于生产力，几乎成了铁律。

海洋文化：海上生产"勤"固然很重要，但机遇更重要，只有在及时抓住机遇的情况下，所流淌的汗水才有价值。

大陆文化像山，巍然屹立，循规蹈矩，靠道德力量在支撑。

海洋文化像水，活泼流动，无孔不入，要靠法的力量管制它。

海洋文化与大陆文化因形成的地区不同，海、陆自然环境的不同，形成迥然不同的地域文化。为了简明，将其差异列入表4-5。

表4-5　海洋文化与大陆文化的比较

事项	大陆文化	海洋文化
生产方式	农耕、畜牧、狩猎、采集	渔业、运输、海盗
经济类型	自给自足的小农经济	天然的市场经济
生活环境	七分天注定，三分靠努力	三分天注定，七分靠打拼
世界观	天人感应，天人合一	顺应天意，科学探索
人生观	重勤劳	重机遇
财富观	重守成	重开拓
劳动观	一分汗水，一分收获	以小搏大，快速致富
义利观	重义轻利	重利轻义
思维方式	保守	开放★
治国方略	以德服人	以法治人
社会观	亲情为纽带的家族集团	利益联系的作业联盟
信仰观	信仰专一，迷信	诸神并尊，信而不迷
诚信观	一诺千金	遵守契约
迁徙观	故土难离，叶落归根	流动创新，随遇而安
感恩	感谢上天	感谢父母
复仇	君子报仇，十年不晚	现世现报
节烈观	三从四德	跟着感觉走
对外来压力	忍让	反抗
成功观	升官发财，光宗耀祖	实现理想，出人头地
成功途径	读书中举	行行出状元
衣	尊卑有制，从众	独出心裁，随意
食	民以食为天	民以食为美
住	财不外露	外装饰，内舒适
行	父母在，不远游	世界任我游
性	万恶淫为首	率性而为
亲情	百善孝为先	子女独立
做事方式	重过程，一步一个脚印	重结果，三分天注定，七分靠打拼
看人态度	人之初，性本善	人之初，性本善
对人态度	友好，不设防	警惕，防备

事项	大陆文化	海洋文化
做事态度	稳重	冒险
看先进态度	出头椽子先烂	敢为人先，乐于效法
个人品质	像山，岿然不动	像水，无孔不入
道德保证	慎独	监督
风格	严肃，夹着尾巴做人	活泼，张扬个性
外表	不苟言笑的先生	不守章法的孙悟空
总之	循规蹈矩，忠孝节义	勇于拼搏，突破规定

注：此表改自魄苛著《中国海洋文化与潮汕》，略有增减。

第五章　大力发展文化产业
推动文化大繁荣大发展

发挥文化资源优势　打造特色文化产业

河北省赤城县文化体育广电新闻出版局　侯海云　王　雷

赤城县历史文化厚重，旅游资源丰富，如何把文化产业特别是旅游文化产业打造成我县的重要支柱产业，是一个大的课题。

一、我县文化产业发展已经有了一定基础

文化产业是指从事文化生产和提供文化服务的经营性行业，分为影视业、音像业、文化娱乐业、演出业、文化旅游业、网络文化业、图书报刊业、文物和艺术品业、艺术培训业等 9 大门类。近年来，县委、县政府高度重视文化产业的发展，不断加大投资力度，积极拓展发展空间，使我县在文化旅游、图书报刊、影视、文物及文化娱乐业方面均有了不同程度的发展。一是文化旅游业的品牌效应日益显现。初步形成以国家4A 景区赤城温泉、大海陀国家级自然保护区、黑龙山国家级森林公园等为代表的旅游单体景观 99 处。以平北抗日根据地纪念馆为代表的红色文化，以胜海寺、护国寺、金阁山、朝阳观为代表的宗教文化也得到进一步开发。二是历史文化研究领域和范围不断扩大。以恐龙足迹、红山文化、山戎文化为代表的古代文化研究有了重大突破。三是图书出版势头迅猛。近年，我县在历史、文学等多个领域出版公开与非公开图书数十种之多，如《赤城县志》、《赤城年鉴》、《追寻远逝的民

族》、《赤城史话》、《赤城文史资料》、《海陀大观》、《海陀纪事》、《民政助理》、《路从脚下起》、《三河传奇》等，印数多达几万册。四是影视业方兴未艾。著名导演张艺谋、周晓文等先后在我县拍摄了《一个都不能少》、《二嫫》、《金阁山传奇》、《黑田铺》、《赴任》、《来福、来福》等多部电影。县政协委员王曙光、张玉武自编自导了霞城故事系列栏目剧《狗坟》，上映后反映不错。五是文物古迹得到有效的保护与利用。全县有不可移动文物1781处，其中国家级文物保护单位2处，"河北省重点文物保护单位" 14处，市级保护单位2处，县级文物保护单位78处，馆藏文物2503件。平北抗日根据地纪念馆成为省市县爱国主义教育基地；重光塔被列入国家级文物保护单位；杨洪墓安装了远程监控。六是非物质文化遗产内容丰富。列入县非物质文化遗产名录37项，列入市名录的有马栅子戏、赵宝山根雕、石玉平麦秸画、高富平核雕、中所秧歌剧五项，列入省名录有马栅子戏一项。七是基础进一步夯实。"十一五" 和 "十二五" 期间，我县投入巨大的人力、物力和财力，实施了汤泉河、白河湾公园、县城文化活动中心、温泉文化长廊、平北抗日根据地纪念馆、旅游道路、乡镇文化站、农家书屋等建设工程，为文化旅游产业发展奠定了基础。八是体制改革呈现了活力。成立了有线电视网络集团有限公司，建成了第一家民营数字电影院，建立了22支农村放映队，各类社会文体组织15个。九是产业领军人物源源不断。如文化学者孙登海、文化创意人王曙光、西洋乐器师胡义、电影投资人胡庆成、民营书店经理霍玉峰、民营数字影院经理刘大志，三维广告工程部经理岳桂林、百乐协会发起人郑乐平等。

综上所述，在县委、县政府的大力支持和各主管部门的有益探索下，我县文化产业有了一定发展。但也应清醒地认识到，我县文化产业在国民经济发展中的地位和作用尚不明显，在产业规模、经营水平、运作方式和经济效益等方面无法与其他产业相提并论，明显滞后于全县经济社会发展。

二、我县文化产业发展的制约因素及面临的主要问题

1、尚处在起步阶段，集约化程度较低。目前，我县文化产业主要在网吧经营、印刷复制、电影放映、图书发行、书报刊零售出租、娱乐场所经营、音像制品零售出租、打字复印、文体用品零售、室内棋牌游戏等领域，处在自发性状态，布局分散，组织化、市场化和集约化程度不高，不能形成产业集群，经济效益差。文化产业在国民经济发展中的地位和作用不明显，在产业规模、经营水平、运作方式和经济效益等方面无法与其他产业相提并论。

2、缺乏经济意识，文化消费观念滞后。一是相当一部分人认为文化主要是一种传统的公益性事业，忽视经济效益和产业属性，将文化产业与文化事业混为一谈；二是从政府职能上考量，没有将文化产业列为与农业、工业同等重要的一种生产形态，建立一套科学完整的统计指标和统计系统，以便更好地测算检验其发展的成效和水平；三是有些部门仍沿用行政管理的老模式管理经营性文化事业单位，使他们无法真正成为"自主经营、自负盈亏、自我发展"的市场主体。

3、总量小，规模小，市场竞争能力不强。无论是总量还是规模都明显偏小，不能形成产业集群，开发力度不大，产业链条不长，经注效益不佳。如胡义乐器厂年出口产值虽然超过 1000 万元，但规模和效益还不是很理想，没有形成辐射带动作用；如歌舞娱乐场所、民营书店、印刷业以手工作坊为主，都是小打小闹；如根雕、麦秸画、核雕、剪纸等艺术门类，商业运作程度较低。

4、资源整合不够，开发能力弱，资源优势不能真正转化为产业优势和市场优势。比如，文化资源与旅游资源如何衔接，文化资源与根雕、核雕、麦秸画等手工艺品生产如何结合，没有一个协调机构来搞统一策划、对外营销。作为闻名全国的赤城温泉，经过多年努力，外包装品位得到提升，但其深厚的文化内涵挖掘还不够，康熙行孝的故事还没有打造成文化大餐。旅游资源还停留在免费接待、观光层次上。缺少"吃、住、行、游、购、娱"等配套设施，让旅游者感觉无玩点、无看点、无买点。

5、专业人才匮乏，产业引领能力不强。一是缺乏文化创意人才。文化产业需要高层次复合型人才，尤其需要既通晓文化产业内容、又具有自主创作能力的本土人才，既懂产品研发又懂艺术创作的实用专业人才，以及在国内外有影响力的高层次文化领军人才，而现有的人才储备远远不够。二是缺乏文化经营人才。我县的文化经营人才屈指可数，各类文化艺术创作专业人才青黄不接，文化单位缺乏文化人的现象普遍存在。

6、机制不顺畅，设施不完善。文化部门与产业部门之间职能不清，存在各自为政现象，未能在发展文化产业上形成合力；文化市场发育不成熟，没有形成文化产品生产、供给和消费之间的良性循环；缺乏必要的文化创意中心、文化产业园区、文化会展中心、大型演出场地以及体育场馆等文化产业设施。

三、我县发展文化产业的对策与建议

1、认清形势，提高认识，搞好全县文化产业发展的顶层规划。要结合我县的区位功能、产业定位、发展基础、资源禀赋，搞好全县文化产业发展的总体规划。为进一步促进文化产业快速发展，不断增强文化产业综合实力，实现文化产业成为支柱产业的目标，建议县委、县政府研究制定一个《关于大力促进文化产业发展的意见》和《赤城县文化产业发展总体规划》，为全县文化产业发展指明方向。《规划》要建立科学的文化产业统计指标体系，并制定一系列配套政策以指导和引领全县文化产业健康快速发展。

2、加强组织领导和服务指导，实现文化产业健康、有序、科学发展。一方面要强化县委、县政府对文化产业工作的领导，应成立文化产业领导小组，研究制定文化产业发展思路和政策，研究解决文化产业发展过程中的问题；另一方面要大力发展各类文化产业协会，发展经纪机构、代理机构、咨询服务机构等中介组织，积极开展文化研究、文艺创作、文艺演出、艺术指导、推广普及，企业创办等活动。通过政府与社会组织两个层面，推动我县文化产业不断向前发展。

3、加快基础设施建设，构建文化消费、生产和服务体系。一是实现县、乡、村文化设施全覆盖。在县城建设多功能影剧院、广播电视大厦、文化活动中心、图书馆、游泳馆等；在乡镇建设影剧院、篮球场、休闲广场、广播电视站等；在行政村建设综合文化活动室、农家书屋、文化广场等。二是实施数字信息化工程。依托电视、电信和网通工程，建设赤城文化信息网、数字图书馆、数字博物馆等。同时成立文化传媒公司，推介我县文化资源、民间艺术家、特色文化产品等。三是打造文化产业园区。使园区成为文化产业集约发展的平台，在园区建设文化研究、创意、设计中心、文化会展中心及文化产品生产基地等重点工程。

4、加强队伍建设，提供智力支持。要抓好文化人才的培养、引进、管理和使用。培养县乡村文化体育指导员、文化产业工人和文化创意人才、经营管理人才；引进一批熟悉文化产业经营管理、富有创新意识、掌握现代传媒技术的专门人才及文化经纪人、主持人、艺术家、会展策划等人才；在人才管理使用上，要建立乡土文化人才资源库，解决好文化人才的编制和薪酬问题，鼓励民间艺术人才进行创业，对特殊专业人才给予政府津贴待遇等等。

5、立足特色资源，培育骨干产（企）业，注重龙头带动作用。以重点骨干企业和项目为主体，加大政策扶持力度，积极调动社会各方面力量，加快推动一批具有重大示范带动效应和产业拉动作用的文化产业项目。要重点包装好大海陀国家级自然保护区、黑龙山国家级森林公园、赤城温泉4A级景区、后城飞行小镇、丁字路滑雪场等生态旅游产业；要培育壮大演艺业，组建民营演艺团体，创作排练群众喜闻乐见的精品剧目，满足社会需求和市场需求；要扎实推进工艺品产业发展，着力解决好现有文化产业在用地、资金和人员培训上的难题；要大胆谋划高端创意产业，建立影视拍摄基地，引进大型文化传媒公司和影视公司，将我县重大历史题材拍成影视作品。把文化元素融入到城市建设中，渗透到普通百姓日常生活中；坚持开放的理念，用市场化手段开发我县文化资源，积极搭建文化活动载体，从而努力提升我县的名气、人气和商气。

6、制定优惠政策，营造良好环境。要充分发挥财政资金对文化产业的引导带动作用。建议县政府建立文化产业发展基金，通过贴息、补助、奖励等多种形式扶持文化产业发展。积极引导社会资本进入文化产业领域，在土地供应、财税减免、信贷支持等方面出台文化产业扶持政策，鼓励支持民间资本进入文化产业，从而实现社会效益和经济效益的双赢。

宽城以文化塑造特质促进发展

河北省宽城满族自治县文化体育旅游广播电影电视局　徐洁丽

宽城，一个文化底蕴深厚、文化资源丰富的古老驿站。

宽城，一座正在绿色崛起、和谐发展的现代新城。

宽城位于燕山东段、长城以北，地处承德市、秦皇岛市、唐山市、辽宁省朝阳市四市交界，1963 年建县，1989 年成立满族自治县，总面积 1952 平方公里，总人口 25.1 万。古老文明与现代文明在这里交相辉映，多元的文化在这里荟萃融合，满族文化、红色文化、佛教文化、生态文化异彩纷呈、独具特色，古有辽金佛塔、明代长城、康熙亲封四大口外名胜；近有"大刀进行曲"发源地喜峰口抗战遗址和"冀东延安"王厂沟等红色经典；满族剪纸、宽城背杆等民俗文化满族风情浓郁。2011 年以来，先后荣获了全国文明县城、河北省县域公共文化建设二十强、河北省农家书屋工程建设工作先进集体、河北省农家书屋工程建设工作先进单位等殊荣；获省级以上文化建设先进集体、先进个人表彰奖励 18 个，其中承德大鑫黄金珠宝有限公司被评为河北省文化产业示范基地。宽城县委、县政府始终立足文化优势，科学审视县情，把文化建设作为县委、县政府重点工作全力推进，持续加大资金、政策扶持，以壮士扼腕、抓铁留痕的力度打出一套加快文化发展的"组合拳"，以文惠民、以文强业、以文兴城，谱写了"文化宽城"建设的又一新篇章。

一、打造全省全国文化强县

方向已明，绘就蓝图。宽城县委、县政府吹响了向更高目标进军的强劲号角，一路高歌猛进。在承德市率先出台了《关于加快文化发展的决定》，确立了建设"全省全国文化强县"的宏伟战略目标，明确了"加强文化事业、培育文化产业、展示文化形象、塑造文化内涵"的发展路径，重点实施文化事业振兴、文化产业培育、文化人才培养等 12 项文化工程，叫响宽和满乡、百年神栗、塞外金都、万塔佛寺四张文化名片，不断增强文化软实力，力争十二五末宽城基本建成与经济社会发展水平相协调、与人民群众精神文化需求相适应、与特色中等城市建设相匹配的文化强县，为加快"转型创新、绿色崛起、全面进步、和谐发展"进程提供强有力的文化支撑。为全面深入贯彻落实加快文化发展的决定，宽城聘请中国传媒大学文化发展研究院的专家学者，根据宽城文化发展阶段特征、文化资源禀赋情况，高标准编制了文化宽城发展规划，对文化事业、文化产业发展进行了全方位科学规划，谋划了一批重大文化产业项目和节庆活动，以科学规划引领"文化宽城"建设高点起步、快速发展。

二、优化完善公共文化服务体系

公共文化建设需要软实力打造，更需要硬投入支撑。2008年以来，宽城按照建设全省全国文化强县的标准，以"完善城乡公共文化服务体系"为突破口，坚持大手笔投入文化基础设施建设，满足群众文化需求，不仅弥补了文化建设的历史欠账，更实现了跨越发展。一方面，持续做强"文化民生"，5年间累计投入6194万元，大力推进城乡公共文化基础设施建设升级改造，提升阵地服务水平，重点实施了县图书馆、文化展演中心、数字影院、综合性展览馆等公益性文化设施建设，县文化馆每年组织各类活动达100次以上，被评为国家级一级馆；博物馆收藏文物达3130件，年均接待62500人次；县图书馆可满足1700多人阅读，先后被评为省级文明图书馆、国家级二级图书馆。文、博、图三馆全部实现了开放，免费为全县人民群众提供文化服务。同时，积极推进公共文化服务向农村延伸，加大了18个乡镇、205个行政村的基层文化设施及配套服务建设，5年来高标准建设乡镇综合文化站18个，农家书屋205个，农村文化广场150个；文化资源共享、广播电视村村通工程实现了全覆盖，同时为全县18个乡镇综合文化站配发了电脑、乐器等；为全县205个行政村配发锣、鼓、擦、音响等文化设备、乐器。扶持民间艺术团体扩容发展，为民间演出团体"泥腿子乐队"、"下坎子民乐队"、"东冰窖寸子"、"王厂沟满族表演队"等民间特色艺术团体配备了乐器、服装；同时在艺术、音乐等方面进行培训指导。城乡文化体系的完善，深受农民的欢迎和好评，对促进农业发展，丰富群众精神生活，优化农村社会风气起了至关重要的作用。另一方面，着力培育"民生文化"，以弘扬社会主义核心价值为主题，突出满族民俗，红色文化特色，以舞蹈、音乐、摄影、太极、书法等协会为载体，开展了一系列群众喜闻乐见、灵活多样的文化活动，每年组织百姓大舞台、彩色周末，电视歌手大奖赛、影视金曲大家唱、书画作品展等大型文艺活动100多场次，观众达20多万人次；县文广局组织县文化馆、宽城评剧团、皮影戏团、电影院开展了文艺演出"进村入校"、"三下乡"、"美丽乡村行"等公益活动，每年送影、送戏、送歌舞达8000多场次，通过一系列活动引领风尚、教育人民、形成文化积淀，丰富了群众业余文化生活。同时，组织开展了文化进企业、进校园、进机关、进社区活动，指导企事业单位开辟文化墙、文化展板等活动阵地，创作文艺作品，以各类活动提炼宣传"开放文明、诚实守信、崇德向善"的宽城品质，弘扬"宽容厚德、诚信进取"的宽城精神。

三、让尘封的历史文化重现风采

历史文化是一个区域的根脉。宽城始终坚持以"传承利用、实现双赢"为目标，加大历史文化遗产的挖掘整理、保护利用，增强文化底蕴、彰显魅力。开展满族文化、红色抗战文化挖掘整理，2012 年 3 月，聘请宽城 10 名满族、抗战文化研究人员成立了 2 个课题组，启动了挖掘整理工作，经过一年多广泛查阅史料、走访考证、搜集资料，多次组织国内专家学者论证，共编纂《宽城满族》、《宽城满族民俗》、《宽城民间故事》等满族文化丛书 9 卷、编纂《宽城抗日斗争史》、《抗日故事选编》、《喜峰口长城抗战记》等红色抗战文化丛书 3 卷，全面展现了多彩的满乡风情和可歌可泣的抗日烽火斗争。为了弘扬抗战精神、传承满族文化，2013 年，组织开展了喜峰口长城抗战 80 周年纪念活动、艺术家进宽城"笔歌宽城"活动，宽城的知名度、美誉度进一步提升。据了解，下一步宽城将加强两个文化挖掘成果的利用，通过出版图书、拍摄影视剧、排练民族舞蹈等形式，展示宽城、再现历史文化风貌。大力加强 233 处文化遗产、20 项非物质文化遗产的保护，对喜峰口长城、万塔黄崖寺、计庄头大院等 10 处重点文化遗址编制了维修方案，喜峰口长城保护修缮项目已开工建设；投资 3 亿元实施了万塔黄崖寺复建工程，打造北方最大的汉传佛教圣地，塑造宽城文化的"根"与"魂"。积极申报国家级、省级非遗名录和代表性传承人，宽城背杆、热河二人转等 4 项列入省级非遗项目；宽城背杆已列入国家级非物质文化遗产名录。

四、推进文化繁荣与产业转型互利双赢

当前区域间的竞争表现为产业竞争，而产业竞争更多表现为文化竞争。宽城始终坚持"以文辅业、以文强业"的发展思路，大力推动文化与休闲旅游、新型工业、现代农业、特色中等城市建设深度融合，以文化引领提升产业层级。一方面，强化政策支持文化产业，抢抓国家大力支持文化产业发展的机遇，宽城制定了文化产业投融资、土地等扶持政策，县财政每年设立文

化产业专项引导资金 300 万元，对重大项目、文化宣传推介给予扶持；全面落实国家金融支持文化产业发展各项政策，提供金融保障。同时将文化产业建设用地纳入土地利用总体规划和城乡规划，制定了用地地价优惠政策。通过一系列政策推动，吸引资金人才向文化产业倾斜，引导支持鼓励民营资本进军文化市场。另一方面，大力推进文化与产业、城市融合发展，增加产业产品、城市规划设计的文化元素，增强竞争力。2008 年以来，累计投入资金 7 亿元、共实施文化项目 16 个。结合休闲旅游业，重点实施了鹤鑫巢旅游文化产业园、喜峰口长城抗战博物馆等 10 个文化旅游项目，其中喜峰口长城被列为国家级爱国主义教育基地，并入选全国百家红色旅游名录。结合新型工业，重点培育了省级重点文化产业项目金都黄金文化产业园、广盛居包装印刷科技产业园等文化龙头企业，金都黄金文化产业园主要建设黄金博物馆、金银丝砂画制作厅等 21 个主题展厅，全方位展示黄金历史文化。结合现代农业，重点建设了中国板栗文化产业园、乡村百里综合生态文化产业园等项目，中国板栗文化产业园主要建设板栗文化、加工生产、商品展示，全方位展示板栗文化。结合特色中等城市建设，把"文化兴城"作为城市发展的重要内容，把满族文化融入城市设计、建设的每一个细节和领域，突出城市特质。2008 年以来，累计投资 5 亿元重点实施了城市文化休闲公园、瀑河绿色景观带、文笔塔、特色街区、金山街隧道古建等 20 余处文化气息浓郁的市政基础设施建设，正在推进满族文化广场、满族风情园、水下长城仿建、宽城之门等项目建设，努力使每一座建筑成为展示宽城独特文化和魅力的窗口，形成一道亮丽的城市景观，增强城市文化的厚重感和吸引力。

习近平总书记在文艺工作座谈会上的重要讲话精神、河北省委关于繁荣发展社会主义文艺的实施意见等文件精神，为我们加快文化事业发展指明了方向，全县将以京津冀协同发展为契机，以建设文化强县为抓手，结合传承保护和培育涵养文化生态主题实践活动，对标先进，弥补不足，进一步加强文化传承保护工作，培育涵养特色文化生态，随着一批批文化项目的落地实施，文化宽城建设的发展前景更加清晰美好，我们有理由相信，宽城向着全省全国文化强县迈进的步履更加铿锵有力，将会开创文化大发展、大繁荣的新局面。

朝阳产业踏歌行

山西省祁县文化局　崔骏　王东升

　　文化产业现已成为当下最具人气的"快乐产业"、最富潜力的"内容产业"、最有活力的"朝阳产业"。祁县历史悠久，文化积淀丰厚，旅游资源丰富，发展文化产业具有良好的基础和条件。围绕但如何发挥文化资源优势、推进文化产业又好又快发展这一课题，特提出如下对策和建议。

一、承载多厚重：历史与资源

　　祁县为国家历史文化名城之一，其历史可以追溯到新石器时代。对梁村古文化遗址考证证明，早在距今五千年以前的母系氏族公社时期，先民们就在祁县这块土地上繁衍生息。其位于山西省中部，隶属于山西省晋中市。太岳山北麓，汾河东岸。总面积854平方千米，总人口26万人。东有板山，西有白寺岭，双峰对峙，形成天然关隘，是进出上党之门户，历来为兵家必争之地。历史悠久，因古时有"昭余祁泽数"（长杂草的积水地带）而得名。1994年1月，祁县古城被国务院批准公布为国家级历史文化名城。

二、江山留胜迹：条件与优势

　　文化产业能产生多重效应，启迪人的心智，提高人的素质，丰富群众文化生活，促进经济社会发展，当前文化产业已成为国民经济中新的增长点。我县文化资源种类多、品位高、潜力大，具有深厚的潜力，对其独有的历史事件、历史人物、地方产品，只要扎实求证、认真规划、努力实施，就可以开创一门学科，发展一个产业，富裕一方经济。

　　1、人文优势。祁县人杰地灵，名人辈出。有百余人。如东汉王允，东晋温峤，南朝梁之王僧辩，唐朝温大雅三兄弟，宋朝王溥，近代渠本翘，还有著名诗人王维、王绩、词人温庭筠等，社会贤达戴廷式寓居的丹枫阁，就在城内，是顾炎武、傅山等爱国志士聚会的场所。

　　2、建筑优势。祁县古城始建于北魏孝义帝太和年间（477～499年），距今已有1500多年历史。祁县古城以其严谨、周密的布局设计，精巧细致的建筑工艺，使越来越多的社会人士广泛关注。近年来，许多影视剧组纷纷来祁县拍摄外景。上海同济大学、上河城建学院等高等学府，更把祁县显示明、清建筑风格的街道、民居当作实物教材，多次派师生前来实地考察、研究。有关方面将祁县古城概括为"一城四街二十八巷，六十个圪道，四十个大院，万余间房室"。其间有与乔家大院相媲美的渠家、何家、马家等十二处。1994年一月，祁县古城被国务院批准公布为国家级历史文化名城，祁县，将以其辉煌的历史，永垂史册，以其灿烂的今天，光照后人。

3、文化优势。祁县素以文风著称，历来注重教育。创办于金代大定年间的学宫及后建之昭馀书院，至今遗址犹存。1905 年，渠本翘首倡创办祁县中学校，是山西省最早的县办中学之一。1909 年，孟步云力排众议，创办女子小学，开女子教育之先河。尊师重教相习成风，藏书、出版亦很可观。祁县图书馆现有藏书11.7 万册，其中古籍图书5.03 万册，善本图书3 万余册，数量之多，版本之精，为县级图书馆少有。宋版书《昌黎先生集考异》系海内孤本，被誉为"国宝"。祁县文物管理所馆藏文物达4600 多件，其中古字画1000 多件。历代名家如南宋管道升、明唐寅、仇英、蓝瑛、董其昌、清傅山、何绍基、钱载等人的真迹，均有所藏。

4、戏曲优势。祁县为晋剧主要发祥地。同治七年（1868）创办的上下梨园，是较早的晋剧班社。张庄的荣升班也培养了众多的晋剧艺徒。晋剧爱好者们还组织了许多技艺很高的票庄社。对晋剧的形成和发展起了积极的推动作用。祁县又是祁太秧歌的发源地之一，为当时群众喜闻乐见的地方小戏曲，拥有剧目 300 多个。还派生出一个新的艺术品种——祁县武秧歌，表演方式以武打为主，采用传统武术套路，真刀真枪，具有独特风格。

祁太秧歌。宋、元以来，乡间流传之词调俚曲甚广，因其曲调优美，易学易记，由明及清，代代传袭。因受流传区域内方言音韵的影响，逐渐形成以祁县、太谷为中心一定地域范围内的地方剧种，初无剧种专名，笼统地称之为"秧歌"，1951 年榆次专署在祁县成立"祁太秧歌研改社"，组织各县艺人作秧歌研改，后录入《中国戏曲辞典》，正式定名为《祁太秧歌》。秧歌词名俚俗，向为封建文士所鄙薄，清王朝省抚屡下禁令，民国八九年间亦下令禁演，但因多反映凡人琐事，有深广的社会基础而盛传不衰。最初之秧歌曲主要用于元宵社火，略事化装，随社火队在街头演唱，所以也称"过街班"或"踩街"。

5、书画优势。祁县人有绘画艺术之禀赋，王维以诗著名，而开文人画之先河，温廷筠以词闻世，亦善绘事。综观古建栏壁，器皿装饰，居室悬挂，或彩粉、或著漆、或瓷绘、或挂壁，界画工笔，线描写意，无处不包含民族气息而令人悦目。

县人历来注重书法。古时为出仕必修，清中叶以来，多为从商实用。书法风格分两大种流派，或端庄遒劲，或清秀娟丽，时人称之为"买卖人字"。清代，收藏墨迹为一大时尚，最尊傅山，刘镛等名家。晚清以祁隽藻、赵子谦楹幅最多。商界炫耀其势者以悬张李鸿张、左宗堂条幅为容，国民时期常赞春、赵昌燮等近代书法名家手迹遍见于各大商绅楹壁。社会各阶层长于书法者有韩定中、杨芳、渠本桥、乔思远、刘奋熙、乔上谦、乔佑谦、高锡华、赵维基、高叙宾、渠晋山、阎永年、贾家蕭、范叙宾之6幅条屏"石壕吏"存于民俗博物馆。

6、民间艺术优势。晋商社火发源地之一。社火是祁县人民宣泄欢快情绪的一种街头表演艺术，自娱自乐，粗犷豪放，集音乐、舞、美、技巧、武术于一体，贴近生活，经久不衰，成为盛世元宵节期间不可或缺的主要文化生活。具体形式有龙灯、背棍、撅棍、顶杆帆、火流星、抬扛箱、高跷、狮子舞、二鬼摔跤、张瓮背张婆、竹马、牛斗虎、旱船、刘三推车、抬轿、刀舞、棍舞、打花棍、踩街、月明和尚逗柳翠、扑蝴蝶、钻钱鬼、红鞋前程、彩车等。

纸扎艺人，俗称"画匠"。主要从事于建筑物彩绘、油漆。由于民俗丧事冥祭对纸扎品德需求，这一附属职业反成为画匠的首要技艺。纸扎所用材料主要是泥巴、竹、秸杆和纸。凡是间所有，几乎都可以用纸扎制成。人物有方相魍头（俗称口口进宝）、侍俑（俗称美人人）、白鹤童、南极仙翁、十美女、引路菩萨、善财、龙女等。建筑物有亭、阁、院、戏台、金银山等。其余则鸟兽虫鱼、花卉盆景，应有尽有。其艺不可谓不精，而损物耗财助长迷信，实不可取。民国年初较知名的纸扎店，城内有郭、渠两家，贾令村"天顺公"林家、瓦屋村郭家等四五处。城内郭姓传人，曾参与永乐宫、晋祠、太原文庙、刘胡兰纪念馆、本县烈士陵园等建筑物装饰彩绘工程。

7、武术优势。有着"中国武术之乡"的祁县乡民有习武强身的传统，明、清、民初由盛。当时，受宗派观念影响，各门派授艺及严，多以老拳师为核心，以师徒关系进行传播和演练。新中国建立后，县体委不断组织各门派拳师进行表演、比赛、切磋技艺，并对县境内流传的武术门派、拳师、功法等进行了挖掘整理，使武术这一文化遗产得以继承、发扬。戴氏心意拳。戴氏心意拳为清乾隆年间本县小韩村人戴龙邦（1720～1809年）所创。戴氏为祁县名族，明末清初历代为官。戴龙邦从小嗜好武术，青年时已成为很有名的武术师，以其精湛的武术才能，在河南余旗镇开设镖局。他坚持习武练功，以武会友，广交武术名家。几经寒暑，苦心钻研，集河南李政、山东金世魁、陕西牛希贤以及山西蒲州姬龙蜂所传心意拳之精华，同先祖戴芝所传受之柱功融为一炉，编创了具有独特功法的戴式心意拳。戴式心意拳形成后，传拳极严。龙邦传子文量、文勋。文勋章传子戴五昌、同族戴良栋及表弟郭维怀。良栋传子戴魁，魁因抽染毒品，致使家境衰败，此拳开始外传，现已传至第七代。

三、短板"晴雨表"：瓶颈与问题

我县文化产业的"短板"集中表现在：优势发挥不够、体制有待优化、产业规模不大、基础设施滞后、文化人才匮乏等层面。归纳起来主要是：

1、结构不优。我县的文化资源还没有得到充分有效的整理挖掘和开发利用，缺乏叫得响的文化品牌，具有地域文化特色的文化生态尚未形成，现有的文化产品多处于粗放型经营，缺乏文化产品的宣传推广和后续配套机制。大多数文化产品缺乏创意和创新，缺少能够体现我县地域特色和人文风情的文化精品。缺乏大型会展中心，不能有效形成文化产品的生产、供给、消费循环，上下游各个环节尚未形成紧凑的产业链；文化产业发展的中间层，譬如行业协会、民间机构等还存在缺失和空白，在产业发展的信息交流、市场咨询等辅助性服务方面存在不足。同时，文化产业在宣传文化系统"热"、其他部门单位比较"冷"；还有的人认为文化产业是小打小闹，挣几个小钱养几个人，成不了大气候；文化旅游元素尚处在"白天看庙，晚上睡觉"阶段。

2、资金不多。文化产业发展，基本上都是采取借鸡生蛋、借船出海的模式，一旦资金链断裂，就会停滞不前。投资结构不够优化，特别是政策资金、社会资本和企业投入方面，在文化产业领域还没有形成完善的投资机制，政策倾斜、营销力度还远远不够。在为文化企业提供技术创新、信息咨询、市场开拓、人才培训等方面还没形成完整性、多层次、全方位的服务平台。

3、人才不足。一是高层次人才匮乏。近年来，各界领头人物和学术带头人普遍缺乏，特别是文化产业开发人才严重缺乏。二是新型复合人才缺失。由于历史原因，我县文化人才队伍中传统型人才比例较大，能够适应社会主义市场经济和文化产业发展要求、熟悉现代企业运作的文化经营管理人才十分缺乏，总体上还处于探索、培育、发展的初级阶段，有些方面还刚刚起步，文化产业发展还很不充分。

四、唱响发展歌：对策及建议

体制创新是文化的活力源，载体创新是文化的大舞台，产业创新是文化的持续力。为此，如何加快发展我县文化产业？必须形成与我县经济社会发展相适应、具有历史文化内涵和鲜明时代特色的文化发展格局，努力达到文化产品绚丽多姿、文化体制机制富有活力的目标。

1、在规划编制上下功夫。一是统筹协调文化产业发展。推进文化产业整合，组织文化精品工程的实施，推动县内外文化交流合作等。二是建立文化＋旅游合作机制，统筹文化价值挖掘和旅游市场开发，加快推进大文化旅游发展。三是制定完善发展规划。将文化产业发展纳入全县经济社会发展总体规划，并将规划落实情况作为考核经济社会发展的重要指标，实现文化与经济、社会的协调发展。四是科学进行产业布局。在产业结构上，必须突出重点，充分发挥比较优势，打造独具地方特色的区域性现代文化中心和文化市场，形成高端、高效、高辐射力和低碳环保的文化产业集群，推动文化产业持续快速健康发展。

2、在体制改革上出重拳。文化产品具有与一般产品不一样的意识形态属性和公益性。我县文化产业发展总体仍处于起步阶段，需要政府在政策上进行倾斜。因此一是建议政府可立足我县实际，设立文化产业发展专项资金，有重点、分阶段、针对性地予以扶持。二是依托红海玻璃文化艺术园，建议县政府采取"政府扶持引导、企业主体参与、市场化运作"的模式，有重点地扶持推进一批行业性产业基地，形成文化产业的规模效应，增强文化产业的市场竞争力。

3、在结构优化上做文章。大力实施品牌战略，提高文化产品附加值，开发群众喜闻乐见的文化产品，降低文化消费门槛。大力发展文化中介机构。大力发展文化策划咨询、演出、展览、艺术品销售拍卖、影视、演艺制作等方面的中介机构，引导文化营销服务朝集团化、网络化、品牌化方向发展。

4、在人才聚集上务实功。一要把文化经营管理人才当作发展文化产业的中坚和骨干力量，制定文化人才资源开发培养和引进规划。二是实施名家工程，建立文化名人工作室，可采用聘用、访问讲学等形式，对文化名家提供创作生活便利，切实解决他们的后顾之忧。三是开辟文化人才引进绿色通道，采用签约、聘用或项目承包等方式，为文化人才创业提供一切便利。大力实施人才引进工程，不求所有、但求所用。对象上，引进一批业界知名、实绩突出的文化产业领军人才，引进一批富有创意、勇于创业的文化创意拔尖人

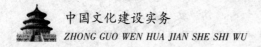
才，引进一批懂文化、会经营、善管理的复合型人才，引进一批设计创意、市场营销、投融资等方面的紧缺人才。

朝阳产业踏歌行，精心谱写奋斗曲，我县必将成为一个集自然之美、文明之风、历史之韵、文化之魂、现代之气于一体的生态祁县、和谐祁县、富裕祁县。

统筹协调 发挥优势 推动文化工作创新发展
精心谋划 合理布局 促进体育事业稳步提升

内蒙古自治区呼和浩特市玉泉区文化体育广电局 云建平 郭妍廷

贯彻落实呼市文化新闻出版广电局和呼市体育局工作会议精神，总结回顾 2015 年文化体育广电工作，安排部署 2016 年主要工作任务。

一、2015 年工作回顾

2015 年，玉泉区文体广电局在区委、区政府的正确领导下，在区人大、政协的有效监督下，在上级主管部门的精心指导下，在各镇、街道办事处和各部、委办局的大力支持配合下，勇于担当、攻坚克难，使我区文化体育广电事业全面发展，圆满完成了各项工作任务。

（一）传承弘扬优秀传统文化成为新亮点

一是精心组织传统文化庙会活动。在保留传统民间艺术的同时，注重发掘各类新兴艺术活动，努力满足群众对文化活动的个性化、差异化、特色化的需求。将春节、元宵节文化庙会打造成具有玉泉区特色的品牌文化活动。

二是成功承办玉泉区民俗文化旅游节。将文化惠民与群众需求相对接，在民俗文化旅游节期间，以广场演出、流动舞台车进社区等形式，进行惠民文艺演出 110 余场，把反映社会经济发展变化、生态人文风貌的文艺作品带到群众中去，让群众共享多元文化带来的快乐。

三是认真开展可移动文物普查工作。派专人对全区的可移动文物进行登记、拍照和信息录入，建立我区可移动文物信息库，为长期、全面保护可移动文物奠定了坚实基础。

四是全面做好非物质文化遗产传承保护工作。以"依法保护，重在传承"为主题，组织开展各类宣传展览、交流研讨活动，并免费为广大群众发放我局编订的《玉泉区非物质文化遗产资源汇编》800 余册。同时深入挖掘我区历史文化资源，积极申报各级非物质文化遗产项目。2015 年，我区的三空李氏正骨、苏鲁锭皮画两个项目申报成为自治区级第五批非物质文化遗产代表性项目。截至目前，我区共有自治区级非物质文化遗产项目 11 项，玉泉区级

非物质文化遗产项目 2 项。

（二）"十个全覆盖"工程建设迈上新台阶

一是村级文化活动室建设上档升级。完成了一间房、南台什等 11 个行政村文化活动室的新建、改建、扩建工程，并为其配备各种图书、文体活动器材和室外健身路径。新建了一间房村文化大院和沟子板村文化大院，到目前为止，我区已建成 10 个农村文化大院。在 2014 年已完成"十个全覆盖"建设任务的行政村中，重点对田家营村、西二道村等 6 个村文化活动室进行了档次提升。

二是广播电视入村入户。分阶段因地制宜开展"户户通"、"村村响"工程建设，截止 2015 年 12 月，全区共完成 8300 套"户户通"设备的安装，并设立了"户户通"维修服务中心。全区 50 个行政村"村村响"一期工程的大喇叭已安装完毕。

（三）文化惠民活动开辟新通道

2015 年，玉泉区图书馆在全市范围内率先向读者推出"云借阅"服务，以电子书籍的形式为读者提供了 2000 余册可阅读的热门图书和期刊。区图书馆还创新活动形式，通过创建流动图书站、开展教师读书演讲比赛、为贫困学生捐书等各种主题活动，推动"全民阅读"活动在我区深入、持久开展。

（四）体育活动和全民健身成为群众生活新方式

一是夯实足球运动基础，切实做好"足球圆梦"工程。在滨河路沿线及我区部分公园、小区内新建 5 人制笼式灯光足球场 11 个，并全部免费向社会开放。创建了玉泉区职工足球队和玉泉区足球协会，举办了"区长杯"足球联赛等一系列足球赛事，承办了全国中学生足球挑战赛中部片区赛。

二是开展丰富多彩的全民健身活动。2015 年，我局协办了全国风筝精英赛呼和浩特市分站赛，举办了玉泉区学生、职工、农民运动会，还开展了形式多样、种类丰富的干部职工体育比赛和全民健身展示活动。

（五）严格文化市场执法成为新常态

全区 2015 年审批新增各类文化娱乐场所 34 家，其中新增网吧 25 家，新增书店 7 家，新增 KTV2 家；办理娱乐场所法人变更 8 家，验证 95 家。截至 2015 年 12 月底，我区共有网吧 58 家，歌舞娱乐场所 9 家，游艺娱乐场所 14 家，文艺表演团体 10 家，图书店 36 家，音像店 9 家。

2015 年，我局开展了严厉打击侵犯知识产权专项行动、查堵政治性非法出版物专项行动、打击网络淫秽色情信息专项治理"净网"行动。全年出动执法车辆千余车次、执法人员 400 余人次，检查出版物经营单位 100 家次、音像制品经营单位 30 家次。收缴非法图书和印刷品 2000 余份、光盘 300 余张。检查歌舞娱乐场所 50 家次、网吧 800 家次、游艺娱乐场所 20 家次，办理案件 6 件。有效净化了我区文化市场经营环境。

二、2016 年主要工作任务

2016 年，是"十三五"规划的开局之年，我区要继续全面贯彻党的十八大和十八届三中、四中、五中全会精神及习近平总书记系列重要讲话精神，稳中求进，推动玉泉区文化体育广电事业迈上新台阶。2016 年工作的基本思路是：围绕一个中心，坚持两个原则，加强两个体系建设，强化四种意识，落实四项要求。即：紧紧围绕"服务人民群众"这一中心，坚持"改革、创新、发展"，坚持"强规划、重民生、添亮点"，加强现代公共文化服务体系和全民健身公共服务体系建设，强化"坚持正确方向，推动改革创新，重视工作落实，加强队伍建设"四种意识，落实"目标化、精细化、标准化、规范化"四项要求。

（一）坚持重心下移、面向基层，加快现代公共文化服务体系建设

1、建立覆盖城乡的公共文化设施网络

一是提升建设水平，切实发挥区图书馆服务功能。在实现图书馆免费开放的基础上，广泛开展流动文化服务和特色文化服务。统筹推进文化信息资源共享，建立统一高效的公共数字文化服务平台，实现市、区公共图书馆图书资源共建共享。

二是加强区文化馆阵地建设，达到三级馆标准。着力加强区文化馆阵地建设，确保新文化馆的馆舍面积不少于 2000 平方米，室外活动场地面积不少于 400 平方米。

三是加快基层综合文化站、室建设。年内，小黑河镇、各街道办事处须完成乡镇（街道）综合文化站和行政村（社区）文化室建设。其中，文化站须独立设置，面积不少于 300 平方米，室外活动场地面积不低于 500 平方米。村（社区）要统筹建立集宣教、党建、科技、普法、体育等为一体的综合文化室，面积不低于 200 平方米，室外活动场地面积不低于 400 平方米。

在抓好阵地建设的同时，小黑河镇、各涉农街道办事处要以"十个全覆盖"工程为契机，整合现有文化、体育资源，提高利用率，广泛开展各类群众喜闻乐见的文体活动。

2、加大公共文化服务供给力度

一是传承弘扬优秀传统文化。继续做好大召春节元宵节文化庙会和玉泉

区民俗文化旅游节，依托传统节日、重大庆典活动和民族民间文化资源，开展与群众需求相对接的文体活动，打造玉泉特色文化品牌。

二是服务基层文化需求。结合"三下乡"活动，进一步开展面向基层、面向农村的文化活动，实现重心下移、资源下移，确保全年送演出下乡120场以上，送电影下基层640场以上。

三是加强基层文化人才培养和文化队伍建设。制定基层文化队伍建设中长期实施规划，进一步完善区、镇（街道）、村（社区）三级文艺队伍网络，定期组织基层文艺骨干进行业务培训，提高专业素养及业务能力，同时引导文化艺术专业人才加入基层文化队伍，发挥其带动作用，提高队伍的整体水平。

3、加大对文化产业的扶持力度

建立和完善我区文化产业项目库，积极争取各级扶持资金，促进我区文化产业发展。通过组织一系列的文体活动，优化大召——大盛魁区块文化环境，进一步推动我区文化产业基地的业态发展。

（二）坚持整合资源，突出特色，全面落实"十个全覆盖"工程

一是加强文化阵地建设。按照"改造扩建、适度建设、资源共享、便民高效"的要求，在涉及2016年"十个全覆盖"改造任务的16个村，新建、改建或整合闲置用房，统筹建设文化活动室和图书室，并因地制宜配备各类图书和文体活动器材。对2014年、2015年已完成"十个全覆盖"工程的村，进一步深入挖掘各村的文化特性和村民的兴趣爱好，在突出"一村一风格"的基础上，进一步巩固提升各村文化室和图书室的建设水平，建立长效管理机制。同时，依托村文化大院和各村文艺队伍，广泛开展宣传"十个全覆盖"惠民工程、社会主义核心价值观、中国梦等内容的文艺演出，进一步丰富村民的文化生活。

二是确保村村通广播电视。全面做好"户户通"安装及维护工作，进一步满足我区农民群众观看卫星电视节目的需求。加速推进"村村响"二期工程建设。同时，在一间房村、章盖营村、康居社区等10个基础条件较好的村和社区，建立农村社区小型影院，创造性完成"十个全覆盖"工程的建设任务。

（三）坚持巩固基础、增点拓面，广泛开展各类全民健身活动

1、加强体育基础设施建设，夯实全民健身工作基础

一是积极协调，争取我区综合性体育馆在年内正式立项并开工建设，从根本上改变我区体育基础设施建设薄弱的现状。

二是充分利用地缘优势，争取在我区范围内打造一处足球主题公园或体育主题公园。

三是新建 2~3 个笼式灯光足球场，与前期已建成的 11 个足球场形成布局合理、便民利民的"足球运动网络"。同时，创新足球场地管理模式，以政府购买服务的形式，引进体育运动公司或专业足球俱乐部，对场地进行综合管理，有效提升我区足球运动场地的利用率和保护力度。

四是加大投入力度，进一步加强各村、（社区）的基础体育设施建设。

2、广泛开展全民健身运动，打造玉泉品牌体育活动

一是做好"区长杯"足球联赛、干部职工足球赛、社区足球赛、中小学生足球联赛等各类足球赛事。选择基础条件较好的两所小学、一所中学，建设我区足球青训营。组织开展中小学生足球夏令营和全区足球教练员的统一培训。

二是提升体育运动水平，打造玉泉品牌体育活动。逐步开拓运动类别，引入各类新型体育活动项目，吸引广大职工和群众广泛参与体育运动。不定期举办各类比赛，做精做优，打造我区品牌体育活动。

三是在"全民健身日"、民俗文化旅游节等重要节点，适时组织开展各类全民健身展示活动。引导小黑河镇、各街道办事处根据自己的特点，因地制宜地开展群众性体育活动，丰富广大群众体育生活。

四是积极承办、协办各类国家级、自治区级、市级体育赛事，逐步打造体育强区的形象。

（四）坚持依法保护、科学保护，增强优秀传统文化保护传承

1、加强文物保护工作

2016 年，我局将成立专门的文物管理机构，明确责任分工，并牢牢把握稳中求进、勇于突破的工作原则，做好国家级重点文物场所的消防、安防、防雷"三防"工作，按时完成大召、席力图召防雷工程。加强对各级文物场所的保护和管理，重点完成巧尔齐召藏经楼的修缮。同时，继续认真做好第一次全国可移动文物普查工作。

2、加大对非物质文化遗产的保护和挖掘

一是将以文化遗产日、重大节庆宣传活动为载体，开展对非物质文化遗产保护的宣传，增强群众对非物质文化遗产的抢救保护意识。

二是深入挖掘我区历史文化底蕴，在申报市级、自治区级项目的基础上，重点做好三空李氏正骨、苏鲁锭皮画、王一贴膏药、热河炕桌等项目的国家级非物质文化遗产项目申报工作。

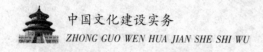

三是文教结合，开辟非物质文化传承课堂，全面开展非物质文化遗产传承人培训，促进"非遗"文化全面发展。

（五）坚持严格执法、文明执法，确保文化市场健康有序发展

一是严格审批程序，简化审批流程，优化服务方式，化被动服务为主动服务，在办理审批事项时真正实现"一站式"服务。

二是全面加大文化市场综合执法力度，不定期对校园周边环境开展综合治理，协助上级单位开展各项专项检查。

三是严格管理演出市场。杜绝无证无照演出团体公开演出，加强对合法演出团体的监督管理。

四是严厉查处文化市场的各类违规违法行为，对非法经营者予以坚决打击。

五是开展"扫黄打非"进社区活动，将网吧、娱乐场所的管理与综合治理的网格化管理相结合，充分做好监督管理和服务工作。

（六）坚持严格自律、忠诚担当，提高党风廉政建设工作水平

以落实全面从严治党为主线，深化作风建设，下力气解决党员干部队伍中存在的突出问题，发挥基层党组织战斗堡垒作用和党员先锋模范作用。同时，继续深入推进党风廉政建设"两个责任"和"一岗双责"的落实，坚决杜绝腐败行为的发生，坚决整肃庸政懒政怠政，着力构建不敢腐、不能腐、不想腐的有效机制，把党风廉政建设工作融入文化体育广电各项工作中。

组织开展党风廉政建设教育宣传活动，督促全体党员干部严格执行《中国共产党廉洁自律准则》和《中国共产党纪律处分条例》，强化纪律意识和规矩意识，不断提高反腐倡廉建设科学化水平，为服务文化体育和广电事业发展提供坚强有力的政治保证。

新一年的工作任务已经明确，时值"十三五"开局之年，让我们抓紧机遇，扎实工作，积极进取，奋发有为，不断推进我区文化体育广电事业发展，为打造工贸旅游文化强区作出新的更大贡献！

打造特色文化品牌　发展旅游文化产业

内蒙古自治区鄂伦春自治旗文化体育新闻出版广电局　李凤芝

一、公共文化设施情况

（一）旗级公共文化设施总体情况

1、旗图书馆

鄂伦春自治旗图书馆始建于 1975 年，现馆舍面积为 800 平方米，馆藏图书为 35000 余册，有正式职工 18 人，其中本科学历 6 人，大专学历 10 人，中专学历 2 人。专业技术人员中中级职称 6 人，初级职称 8 人。内设图书外借室、成人阅览室、少儿阅览室、电子阅览室、工具书阅览室、地方文献展厅、资料室、采编部等科室。

1998 年在第二次全国公共图书馆评估定级工作中，首次进入国家三级图书馆行列。2008 年 9 月完成了资源共享工程筹建工作，开设了电子阅览室。

图书馆利用本馆现有的条件建立了青山社区、武装部、拘留所等流通图书站，将书刊资料借给流通站，再由流通站借给有关读者。各站点还根据自身的需求，定期到我馆更换图书。通过对服务点提供免费公益服务，在一定程度上解决了图书馆覆盖率不高以及社区等图书室经费不足、藏书有限等问题，从而使更多的人享受到图书馆服务资源，更多的人能够借阅图书馆的文献，满足了人们的读书需求，为促进书香社会的建设起到了积极的作用。

图书馆还利用现有的图书资源，为读者开展各类读书活动。利用文化信息资源共享工程为农牧民刻录并发放了一批关于种植养植技术的光碟；为社区居民播放电影等活动。通过开展这一系列的活动，对于传播先进文化、提高全民素质、丰富群众文化生活、加快文明城市建设，起到了重要的推动作用。

根据文化部，财政部《关于推进全国美术馆、公共图书馆、文化馆免费开放工作的意见》（文财务发〔2011〕5 号）文件要求结合我馆实际，制定了鄂伦春旗图书馆免费开放实施方案。免费开放工作于 2012 年 4 月 1 日正式启动。并通过开展图书馆服务宣传周、世界读书日等活动对图书馆免放开放工作进行了宣传。

旗图书馆于 2008 年开展文化资源共享工程建设，2009 年全面投入使用。我旗图书馆电子阅览室总面积为 130.98 平方米，其中机房面积为 14.4 平方米，现拥有一套卫星接收设备，57 台电脑，其中 5 台用于日常管理，52 台供读者使用。

2、旗博物馆

鄂伦春民族博物馆楼舍因原建时使用功能不同，现整体格局已经不适合现代博物馆展览需要，且此楼房属旗庆四十周年的建筑物，因年久失修，楼顶多处漏雨，外墙装饰脱落、楼内装饰陈旧不堪，电路系统老化危险，没有供水消防系统等，而且文物库房狭小，文物保护设备的落后，已经致使全馆珍藏的皮毛、桦皮等珍贵的民族文物和鲜卑文物在一定程度上有所侵蚀和破损，因此需要按照现代展览水平重新建造一座现代化博物馆。原博物馆于建旗 60 周年前夕拆迁。

新建鄂伦春民族博物馆展厅设在旗数字影院一楼，展厅面积 1000 平方米，共分三个展厅，分别是：鄂伦春民族历史展厅、鄂伦春民俗展厅和鄂伦春民族非物质文化遗产展厅。同时，设有序厅，面积为 460 平方米，主要用于举办摄影、书画等临时性展览。展厅四周为办公区、文物库房、保卫室、贵宾室和配电室等。这是一个浓缩了鄂伦春民族文化精髓的专题博物馆，它集中体现了鄂伦春民族为"狩猎文化活化石"的深刻内涵，为宣传鄂伦春，提升鄂伦春的美誉度和知名度，将发挥独特的重要作用。2014 年新馆投入使用。

3、旗文化馆

旗文化馆是自治旗公益性的群文事业组织机构，它担负着全旗群众文化活动的普及、提高、发展、繁荣和抢救、保护、挖掘这个总人口不到万人鄂伦春民族、民间宝贵文化遗产的重要使命。2013 年底，为了推进群众文化活动的开展，我旗将体育场 2200 平方米办公区进行改建，2104 年 3 月初，文化馆搬入新场馆办公。

（二）乡镇级公共文化设施情况

1、文化站建设情况

鄂伦春自治旗辖 8 镇 2 乡，82 个行政村，其中猎区乡镇 5 个，猎民村 7 个。每个乡镇都有独立的文化、体育、广播电视服务中心。2008 年，根据党中央、国务院的扩大内需促进经济平衡较快发展，加快乡镇文化站建设的优惠政策，"十一五"期间我旗建设完成 9 个乡镇文化站建设项目，目前只有托扎敏乡没有得到项目建设批复，由于当时托扎敏乡为托河办事处，因建制问题没有得到建设项目，9 个新建文化站项目已经完成并投入使用。

随着我旗 9 个乡镇文化站建成投入使用，极大地丰富当地群众精神文化生活，特别是猎区乡镇文化站的建成，为农猎民提供了一个健康文明向上的文化活动场所，得到了农猎民的一致好评。并且每个文化站积极开展形式多样群众性的文体活动，赢得了广大人民群众的认可，取得了一定的社会效益。2012 年底，旗文化局为加快推进文化站基础设施建设，为 10 个乡镇文化站配备了电脑、电视机、相机、音响等设备，为今后基层文化活动的开展提供了坚实的保障。

2、乡镇文化资源共享建设情况

2010 年 12 月份，自治区文化厅为我旗大杨树镇、乌鲁布铁镇、古里乡、阿里河镇、甘河镇 5 个乡镇发放了乡镇级文化资源共享工程设备，主要包括电脑 4 台，服务器 1 台，投影仪 1 台，打印机 1 台。2011 年安装调试完毕，并面向社会免费开放。

2012 年 12 月份，自治区文化厅为我旗托扎敏乡、宜里镇、诺敏镇三个乡镇发放了乡镇级文化资源共享设备。主要包括电脑 4 台，服务器 1 台，投影仪 1 台，打印机 1 台。2013 年克一河镇完成文化资源共享建设。

通过实施文化资源共享工程，进一步调动了乡镇发展先进文化积极性，极大地丰富了农猎民的精神文化生活。广大农猎民学习先进生产技术和现代生活理念的热情空前高涨，从而为实现民族自治地区经济快速发展奠定了坚实的基础。

3、"草原书屋"建设情况

截止 2012 年底，鄂伦春自治旗共建成"草原书屋"60 家，都已投入使用，遍及全旗 10 个乡镇。"草原书屋"工程的建设有效的保障了农猎民群众的基本文化权益，解决了我旗农猎民群众"买书难、借书难、看书难"的问题，对于提高农猎民科学文化素质、推动社会主义新农村建设，培育有文化、懂技术、会经营的新型农猎民，起到了积极的促进作用。

2014 年，建设完成数字书屋 20 家。

2015 年底，完成 82 个行政村文化活动室建设。

二、鄂伦春旗文化产业

按照国家文化产业领域的分类分项要求划分，鄂伦春自治旗文化产业主要有文化演艺类、文化休闲娱乐业类、网络文化游戏服务业类、文化旅游业类、文化用品设备销售业类、印刷业类等六个大类。文化演艺类有国有演出团体 1 个，即旗乌兰牧骑，由县财政全额供养；民间文艺演出团体 1 个，从业人员 28 人；专门表演场所 1 个（旗乌兰牧骑演出厅）。全旗共有各类文化经营产业共计 269 家，其中，歌舞厅 28 家、网吧 53 家、电子游艺厅 8 家，棋牌室 83 家，打字复印社 31 家，印刷厂 15 家，音像书刊店 13 家，工艺美术 6 家，摄影扩印 21 家，艺术培训机构 11 家，体育娱乐场所 15 家，文化旅游业主要有嘎仙洞、布苏里山庄、相思谷、达尔滨湖等旅游景区、克一河国家森林公园 1 个公园、1 家旅行社，另外有销售民族特色旅游产品商铺 4 家。鄂伦春民族工艺品、服饰生产企业 10 余家。

为了全面打造文化品牌建设是发展自治旗旅游业的必经之路，着力打造文化旅游业。深入实施"旅游活旗"战略，明确旅游业的支柱产业地位，将其做为新的经济增长点来培育。要注重充实旅游文化内涵，以鲜卑历史文化、鄂伦春民族文化、地质自然景观和地质遗迹、森林生态开发为重点，力争实现红色旅游、冬季冰雪旅游破题，重点推进民俗旅游和乡村旅游。为此，我旗启动了鲜卑文化产业原区二期工程项目，提出拓拔鲜卑民族文化园工程的具体内容：即"一个中心，两个馆，四条路线"，建一个接待商服休闲中心，在广场和停车场中央要建一个拓拔毛的标准雕像。两个博物馆；即：鲜卑历史博物馆，建在接待中心附近；大兴安岭岩画博物馆，建在嘎仙洞北侧；四个游览景观线路，即：以嘎仙洞为中心的山顶两条观光路线，其中山顶缓坡的景观大道和接近洞口的险峻栈道，山下两条线路，其中一条为目前的观光大道和一条新建的木栈道观光路线，就是沿嘎仙洞口正西，过嘎仙小河以南的湿地和大兴安岭特有的植被为主要科普景观的木栈道一直到客服中心；嘎仙洞口正西方，在这里要建一个祭台供游客祭拜等活动。

鄂伦春自治旗德股乐文化创意公司，是我旗首家民族文化挖掘，研发，培训等文化创意平台文化企业。该公司主要包括鄂伦春民族培训学校和鄂伦春自治旗德股乐民族工艺品有限公司两部分组成。

鄂伦春自治旗演艺产品和市场发展不断状大，大型歌舞晚会《高高的兴安岭》以其新颖的表现形式、浓郁的民族特色成为 2009 年呼伦贝尔市"两会"经典之作；2011 年在自治成立 60 周年庆典上，旗乌兰牧骑参与创作的大型开幕式文艺表演《兴安岭的主人》和大型鄂伦春民族歌舞剧《勇敢的鄂伦春》，受到各级领导和来宾的高度认可；2012 年，《勇敢的鄂伦春》成功为呼伦贝尔市"两会"和"自治区草原文化艺术节"演出，并赴台湾进行文化艺术交流演出，充分展示自治旗民族狩猎文化和森林文化独具特色的魅力。

我旗不断加大广播电影电视制作与发行业，与北京电影学院签定了合作协议，建立了北京电影学院鄂伦春创作教学实习基地；拍摄完成了《鄂伦春口述史》、《过去的年代》、《告别的年代》、《北方北》等大量珍贵的影像资料和专题片；制作完成了鄂伦春语动漫教学片《我是鄂伦春》；举办了首次鄂伦春民族非物质文化遗产展览《森林记忆》；北京电影学院在我旗拍摄《鄂伦春人》大型纪录片。

三、优势条件

一是独具特色的鄂伦春民族原生态文化，狩猎文化"活化石"；

二是鄂伦春旗是我国古代鲜卑族的发祥地，境内有着丰富的历史文化遗存；

三是鄂伦春非物质文化遗产。2006 年鄂伦春桦树皮制作技艺被列为国家级第一批非物质文化遗产保护名录，2008 年鄂伦春狍皮制作技艺、鄂伦春赞达仁被列为国家级第二批非物质遗产保护名录。鄂伦春自治旗被自治区文化厅命名为"鄂伦春狩猎文化之乡"。

四、篝火节简介

鄂伦春人非常敬仰和信奉火，视火如神。因为火对处于狩猎生产的人们而言，显得极其重要，尤其是对处于生活于北方寒冷地带的鄂伦春人，火是他们生存发展的一个重要前提。火不但是熟食、取暖的保障，也是抵御野兽的一种武器。每到喜庆佳节夜幕降临之际，鄂伦春人都要燃起篝火，进行祭拜火神活动。用手向上、向下弹酒表示敬天、敬地、敬火神，再往火中扔两块肉等，围着熊熊烈焰的篝火唱歌跳舞，进行传统体育比赛等活动，这样的祭祀活动逐渐演变成节日而延续下来。

根据鄂伦春人的这个传统习俗，1991 年旗委、旗政府确定每年公历的 6 月 18 日为篝火节。每到这一天，各族兄弟同胞、社会各界知名人士以及来自各个乡镇、村屯的鄂伦春人会身着艳丽的民族服饰欣然前往篝火节场地，参与各项民俗活动。篝火节活动主要由开幕式、鄂伦春族传统体育比赛、篝火娱乐晚会三部分组成。其中传统体育主要是由鄂伦春狩猎生活演变而来。每年 6 月 18 日是鄂伦春族的篝火节，来自全旗的各族兄弟同胞汇集在指定的篝火节场，篝火节活动主要由开幕式、鄂伦春族传统体育比赛、篝火娱乐晚会三部分组成。篝火娱乐晚会便是整个篝火节的高潮，篝火晚会上，大家尽情地唱歌跳舞，欣赏旗乌兰牧骑表演的鄂伦春民歌舞蹈，倾听猎民群众即兴

"赞达仁"演唱，不知疲惫的人们彻夜狂欢，直到天亮。在鄂伦春自治旗，篝火节已经成为鄂伦春民族交流传承民族民间文化艺术的盛会。

五、非物质文化遗产保护

旗人民政府分三批公布了 19 个非遗名录，《鄂伦春赞达仁》、《鄂伦春兽皮制作技艺》、《鄂伦春桦皮制作技艺》等 3 个项目被列入国家非物质文化遗产保护名录；《鄂伦春赞达仁》、《鄂伦春兽皮制作技艺》、《鄂伦春桦皮制作技艺》《鄂伦春斗熊舞》、《鄂伦春篝火节》、《斜仁柱搭建技艺》、《鄂伦春剪纸》7 个项目被列入自治区级非物质文化遗产保护名录，同时，《斗熊舞》被列为传统表演精品项目。额尔登挂、满古梅、燕楚林、孟金红、阿吉伦等 5 人被评委自治区级非物质文化遗产传承人，19 人被命名为呼伦贝尔市级非遗传承人，36 人被命名为自治旗级非遗传承人。

六、鄂伦春"文化伊萨仁"活动

2015 年开始，每年举办"鄂伦春文化伊萨仁"活动，伊萨仁活动历时三个月，活动期间演出 10 余场，各类展览 6 次，各类比赛、培训活动 15 次，参与群众达 10 万人次。

小柳编培育大产业

安徽省阜南县文化广电新闻出版体育局 李传彬 徐远方 杜 平

阜南县位于安徽省西北部，淮河上中游结合部左岸，国土面积 1698 平方公里，辖 28 个乡镇和一个省级经济开发区，人口 167.3 万人，这里属黄淮冲积平原，地势平坦开阔，北高南低，以淮河、洪河为主的河流构成水系东流的切割平原，形成河湖密布、沼泽湿地的自然景观，加上这属暖温带半湿润季风气候区南缘，温和的气候，大片的河湖沼泽，为柳编生产主要原料"杞柳"的生长提供了天然的条件，阜南的杞柳具有洁白、细腻、柔韧、均匀等优点，非常适合编织柳编等工艺品。

柳编是中国民间的传统手工艺品之一，阜南县柳编的历史悠久，杞柳种植历史可上溯千年，编织历史亦可达 500 年以上。

阜南民间很早就有编筐打篓、养家糊口的传统，民间艺人口传心授，世代相传。早在明正德《颍州志》就有关于"水荆"记载，《阜南县志》这样写道："郜台、大同等区乡，生产柳编产品已有 500 多年历史。"

解放前，连年水灾，民不了生、饥寒交迫下的农民只有靠编柳编、打柳货养家糊口，长期的劳作，他们积累了丰富的柳编经验，薪火相传，生生不息。解放后，中国农民随着土地改革成立合作社，50 年代初，黄岗、郜台等地成立柳编生产合作社。1953 年由黄岗人张明久、王治国、李汉奎等组织柳编个体合作互助组，首次使用流水线生产柳编。1960 年迁至县城，经县政府批准，更名为"阜南县柳编工艺厂"。1962 年开始生产洗衣篮、花篮、面包篮等 10 多种新产品；1973 年黄岗杨汝前、杨树青等人办柳编厂，产品销往山东、湖北、湖南、河南等省市。1978 年打入广州市广交会，开始组织出口。1980 年以后，乡镇企业崛起，使柳编产品质量不断提高，1985 年出口品种已达 300 多种，1995 年全县杞柳种植面积达 6 万多亩，柳编企业发展到 20 多家。二十一世纪后，工商部门正式注册"黄岗柳编"、"阜南柳编"等商标。2001 年国家林业局授予阜南县为"中国杞柳之乡"。1995 年至 2005 年十年间，黄岗柳编发展迅速，不断创新，能生产"柳条产品"，"柳木产品"、"柳草混编产品"，"柳藤混编产品"，"柳铁混编产品"等 20 大系列上万个品种。2005 年由阜南县人民政府牵头，成功申报黄岗柳编为天然无公害产品。2006

年以后，许多柳编企业通过 ISO9001、ISO14001、GB/T2000 国际认证。产品主要销往亚洲、非洲、拉美和欧洲等 120 个国家和地区。2009 年在首届阜南柳编文化艺术节上，由中国工艺美术协会授予阜南县为"中国柳编之乡"。2009 年，阜南县黄岗柳编工艺品文化产业园区被省文化厅命名为"安徽省文化产业示范基地。"2010 年国务院将黄岗柳编列入国家级非物质文化遗产保护项目名录。

近年来，阜南县委、县政府高度重视柳编文化的发展，明确提出"文化强县"的发展战略，根据《关于加快文化强县的实施意见》，出台了《阜南县柳编产业发展规划的近期实施方案（2014～2025)》、《阜南县人民政府关于柳编产业发展的实施意见》、《阜南县人民政府关于进一步加快杞柳产业发展的意见》、《关于印发阜南县扶持柳编产业发展优惠措施的通知（南政办[2009] 6 号》等一系列文件，着重在杞柳生产、产品加工、企业扶持、园区建设和柳编文化产业建设等方面重点培育，把小柳编培育成大产业，使柳编成为阜南县文化强县的支柱产业。

一、杞柳等柳编原材料的开发培育

（一）基本原则

1、坚持政策扶持、多元投资的原则：科学制定各种政策，扶持杞柳种植基地建设，积极引导社会资本投资杞柳种植，着力激励农户加大杞柳种植，努力促进杞柳产业区域化、规模化和产业化发展。

2、坚持规模适度、合理规划的原则：在现有杞柳种植基地的基础上，结合当地土地特点扩大种植面积，谋求高质量的资源开发利用和其他柳编辅助原料的种植。

3、坚持技术创新、品质升级的原则：在现有杞柳种植基础上，注重科技创新、品种研发，积极开展从业人员培训，不断优化栽培技术，提高单位面积产量，实现高产优质种植。

4、坚持重点培育、有序实施的原则：在资源培育开发进程中，突出重点、发挥特色，有序实施、稳步开展杞柳规模扩展及原料基地建设等各项工作，确保实现预期收益。

（二）培育重点

1、巩固现有资源：加强各乡镇推进优质杞柳种植基地建设，大力推广"大白皮"、"大青皮"、"大紫皮"等优良品种，培育扩大"种苗圃"，巩固现有柳编产业原料资源。重点建设黄岗杞柳种植基地、郜台杞柳种植基地、中岗杞柳种植基地等乡镇现有种植基地。

2、拓展种植面积：按照"逐步推进"的工作思路，不断扩大杞柳种植面积。采用灵活的土地承包承租政策，吸引种植大户和龙头企业，积极在蒙洼和洪洼地区拓展杞柳规模化种植，形成集中的种植区或培育基地。

3、强化政策扶持：逐步建成规模适度的集约化、专业化杞柳种植培育基地；推进基地杞柳种植实现科学化发展；力争实现县内企业柳编原料自给自足。

（三）发展目标责任

依托阜南优越的自然地理条件和杞柳资源特色，大力推进柳编资源开发培育工程。重点加强杞柳基地建设，扩大杞柳标准化栽培面积，真正实现杞柳种植向规模化、专业化、标准化发展。到2020年全县杞柳种植面积达到15万亩。

到2025年，达到20万亩，实现杞柳高产、优质、高效种植，杞柳产量满足全县柳编生产加工原料需求的90%以上。

二、柳编生产加工产业的培育

（一）基本原则

1、坚持柳编富民，改善生态的原则：充分发挥阜南县柳编产业快速致富的优势，努力提升柳编产业经济效益，增加农民就业机会、提高农民收入，促进区域经济发展，改善生态环境，实现经济、生态和社会效益的统一。

2、坚持合理布局，突出特色的原则：充分发挥阜南县黄岗、郜台、中岗、张寨、曹集五个乡镇的优势，调整优化区域产业布局，突出特色，发展适合地方特色的柳编产业。

3、坚持国内外市场并重的原则：充分发挥华宇、金源、利民、万家和、滕强等骨干龙头企业出口外贸的基础优势，努力增加柳编产品在国际市场上的交易份额。积极开拓国内市场，刺激国内市场需求，把阜阳柳编打造成国内外家喻户晓的品牌。

（二）培育重点

1、培养高级柳编人才：支持柳编企业与清华大学、南京林业大学、安徽农业大学等国内著名的高等院校和科研单位建立稳定的技术合作关系，鼓励具有发展潜力的柳编人才到高校和科研院单位接受技术、创新、营销管理培训，以培养高级柳编人才，建立柳编产品设计、创新、研发基地，开发新产品。

2、创新柳编编织工艺：几百年柳编产业实践积累，使阜南柳编工艺自成体系，编织工艺实现了从传统的立编、经编技艺向柳木混编、柳铁混编、柳草混编、柳木草铁复合编、等技术转变，着力推进柳编编织工艺创新。

3、开发新型柳编产品：以市场需求为导向，不断开发研究受国际国内两大市场青睐的新产品；推动传统柳编产品升级换代，实现从传统柳编产品的农业生产工具向生活类、装饰类、艺术类、家居类、园艺类和观赏类等现代工艺制品转变。

三、培育柳编文化产业园区建设

（一）园区发展定位

产业功能定位：培育文化产业和文化服务两大支柱产业，重点构建产业平台和文化基地两大功能板块。产业平台包括生产平台、研发平台、交易平台、展销平台；文化基地包括旅游休闲度假基地、美食购物基地、商务会展基地、培训基地。

（二）主要建设内容

1、柳编生态观光游览区：位于328省道南侧张黄路与柳编路之间的北部地块，占地1800亩，主要建设柳编文化公园，重点打造柳编文化景观和生态景观功能区。在柳编生态观光游览区内，以杞柳为基调，配置各类景观植被，建设杞柳生态湿地公园。

2、柳编文化休闲服务区：位于328省道与柳编路交叉口的南部地块，建设游客中心、柳编主题酒店、风味美食街、柳编文化演艺中心、物流中心等，打造一个集商贸物流、旅游接待、休闲美食和文化演艺等综合服务于一体的文化休闲娱乐区。

3、柳编工艺加工生产区：位于328省道两侧的大部分规划范围地块，规划柳编生产企业集群扩建用地2346亩。规划建设柳编工艺品生产区，并引进柳编工艺品自动生产流水线。

4、柳编培训研发创新区：位于328省道东侧的三角区块，建设大师工作室、柳编技艺传习所、柳编工艺研发中心等。

（三）主要建设目标

充分挖掘黄岗柳编的历史文化价值、艺术欣赏价值和产业经济价值，以保护和传承国家非物质文化遗产为导向，响应国家文化产业发展政策，走文化产业化、文化创意化、文化休闲化等文化发展道路，将园区打造成为集柳编生产、研发培训、商贸物流、商务会展、参观考察、旅游观光、休闲娱乐等为一体的国家级文化产业示范园、中国柳编文创企业孵化基地、国际柳编艺术博览基地和国际柳编会展基地。

四、培育柳编科学研究与推广

（一）基本原则

1、坚持产学研一体化的原则：以柳编产业龙头骨干企业为主体，以黄岗柳编文化产业园为核心，以市场需求、政府引导为动力，着力推动柳编产业龙头骨干企业与高等院校、科研院所建立产学研联合体，加快促进柳编产业科技进步。

2、坚持推广应用为重点的原则：在抓好研究杞柳亲缘关系和分类、杞柳生物学特征及生态学特性、不同土壤肥料及管理措施对杞柳材性的影响、柳编工艺学、柳编美学等理论研究的基础，坚持推广应用为重点的原则，组织全县科技力量开展柳编实用技术的应用研究及推广。

（二）发展目标

全力打造"阜南柳编研究中心"，配备和整合技术力量，承担全县柳编的科学研究和技术推广活动。力争到2025年，省部级科研立项5项，市县级科研立项10项，累计获得国家专利500项，其中发明专利80项，实用性专利60项，产品外观专利360项。

五、培育龙头企业

大力扶持华宇、振华、金源、利民、腾祥、腾强、佳柳、利达、洪福等骨干企业，培植龙头企业，充分发挥带动作用，在政策和资金上给予优惠，向这些骨干企业倾斜，实施激励和奖励机制，鼓励和扶持其做大做强，提升竞争能力和市场开拓能力，在国内和国际市场上全面发展；重置和并购无规模效益的小型企业，形成新的大规模企业集团，培植新的龙头企业，和已有的骨干企业互帮互助，齐头并进，同步发展，从而带动整个阜南县柳编产业的快速发展，打造阜南县柳编产业链；同时推进基地建设规模扩大和组织完善，逐步建成规模适度的集约化、专业化杞柳种植培育基地。骨干企业和新的龙头企业加强员工文化素质，培养管理人才，提高企业管理水平，建立和完善现代化企业管理机制和发展机制，优化和调整产业结构，实现阜南县柳编产业规范化、专业化和产业化生产。

通过以上几个方面的扶持培育，柳编文化产业具有一定规模。2015年末，

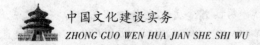

全县杞柳种植面积达 12 万多亩，14 个乡镇 16 万人从事柳编产业生产经营，柳编企业 135 家，其中对外贸易经营者备案的企业有 75 家，有出口实绩的企业共 60 家，共 25 家企业通过了 ISO9001 质量体系认证。华宇集团公司 2016 年获升为上市公司，小柳编培育出阜南柳编集群大产业。

创新发展模式 提升规模效益
让"傩文化之乡"的美誉度深入人心

江西省萍乡市湘东区文化广电新闻出版和旅游局 周合军 李 胜

一、湘东傩面具雕刻现状

湘东傩文化历史悠久，素有"傩文化之乡"的美誉，境内傩面具、傩舞、傩庙"三宝"俱全，特别是傩面具雕刻，技艺精湛，2006年已被国务院公布为首批国家级非物质文化遗产。自上世纪90年代初以来，湘东傩面具多次参加在北京、广州、河北等地举办的展览会，被专家誉为"民族奇葩"。法国全国艺术委员会、法国郭安艺术博物馆先后三次组团来湘东考察。湘东傩在全国乃至海外的影响，为湘东区发展傩文化产业奠定了坚实基础。一是对湘东傩面具进行了抢救性的保护工作。近年来，湘东区累计争取上级专项补助资金、保护经费100多万元，完成了对全区傩面具艺人的普查建档、中英文版本电视专题片《湘东傩面具之魅》的拍摄制作、《中国傩》的编辑出版、傩文化博物馆的改造维修等多项工作；二是积极开展了傩文化的展示宣传活动。湘东傩面具曾多次参加省内外的展览、展示，特别是近两年连续参加的深圳文博会，进一步扩大、提升了湘东傩文化的影响力和知名度。2014年2月10日，中央4套《远方的家》栏目就专题报道了湘东区的傩文化；三是积极扶持傩文化产业发展。目前，全区拥有傩舞表演班子8个，修缮傩庙52座，有各类面具2万多只，傩面具骨干雕刻艺人21名（其中省级传承人3名），从业人员近200人。这些有利的资源优势为我区发展傩文化产业奠定了扎实基础。在区乡两级及民间艺人、民间资本的共同推动下，湘东区傩文化产业初显雏形，正逐步形成文化旅游、家庭装饰、餐饮娱乐为一体的傩文化产业链。

湘东傩面具雕刻技艺古老精湛，有唐宋雕法之分，唐代雕法刀法精练，所雕作品线条粗放而大气；宋代雕法比较精细。湘东傩面具注重对人物性格的深层刻画，以刀代笔，综合浮雕、透雕、圆雕、线刻等技法，以五官的变化和装饰来完成人物性格塑造，从而展现人物骠悍之美、凶猛之美、狰狞之美、刚烈之美、英气之美。湘东傩面具有30多个型号，大的傩面具超过10

万元，一般的傩面具是 1500 元左右，小的 200 元左右，主要销给爱好收藏的企业老板、专家学者和民间寺庙。据粗略统计，近年来由傩文化衍生的傩面具雕刻等产业年产值近 1000 万元。与省内外傩雕相比，湘东傩面具更精致，从削工、文饰、颜色、包装上都更具优势。傩面雕刻打坏和上漆都可以用机械化来改良生产，但精细打磨必须靠手工来完成。傩面雕刻不仅能与文化旅游相结合，而且只有与旅游相结合，这一产业才能得以发展壮大，才能传承不息，具有旺盛的生命力，不仅能在景点表演，而且完全可以作为江西特色文化产品走出国门。

二、面临的主要困难和问题

近年来，我区傩文化产业发展取得了一定成绩，但也存在一些亟待解决的实际困难和问题：

一是规模不大。目前，我区傩文化产业没有龙头企业领头，傩面雕刻基本上都是家庭作坊式经营，从事傩面具雕刻的艺人如同一盘散沙，各自为阵，没有很好的组织起来，产品单一，难以形成规模化、集约化的生产。

二是人才不多。傩面雕刻人才的培养周期一般是三年，成熟的雕刻技术艺人都是跟师学徒培养起来的，由于本地待遇不高，不少雕刻艺人外出打工能赚到 6000 元乃至上万元的月薪，人才流失严重。

三是创新不足。年轻的雕刻师大多外流，年纪大的雕刻师缺乏市场观念，满足于手工雕刻，不敢走机械化的道路，比较保守，担心规模生产会对自己的技艺产生冲突。

四是资金缺乏。湘东区财政比较紧张，属吃饭财政，本级财政投入傩面具雕刻产业发展的资金有限。

三、意见、建议

1. 设立傩面具雕刻专项发展基金。加大财政投入力度，积极争取上级项目资金，对古老、陈旧的傩庙、傩面具、傩轿等傩文化遗产进行修复、保护，使之重焕光彩。

2. 建立专门研究机构。组建"湘东区傩文化研究协会"，聘请傩文化研究专业人才，进一步深入挖掘、提升、丰富湘东傩文化内涵，推动傩文化研究工作出成果、上水平。

3. 加强传承人才培养。加大宣传力度，进一步提升湘东傩文化影响力和美誉度，吸引更多的人参与、从事傩文化工作。加强傩文化教育培训力度，培养更多傩文化传承人和从业者。

4. 大力发展傩文化产业。一是引进机械化生产企业，实现傩面具生产由纯手工向机械化、规模化方向发展。二是把傩文化产业与乡村休闲文化旅游结合起来，形成文化旅游、休闲观光、娱乐表演、购物等为一体的傩文化产业链。

记忆如花绽放

江西省婺源县文化广电新闻出版局

她，是一幅五色丹青，蓝天绿水黄花红叶，宛若斑斓的梦境；

她，是一份执着守望，小桥流水雨巷炊烟，升起柔软的乡愁；

她，是一个不老传说，穿越岁月风尘的一笑一颦一娇叱，依旧那般楚楚动人，牵魂摄魄；

她，就是婺源。

婺源建县于唐开元28年（公元740年），面积2947平方公里，人口36万，是镶嵌在赣、浙、皖三省交界地带的一颗文化生态明珠，以其"蓝天青山碧水，粉墙青砖黛瓦，小桥流水人家"的桃源景致，被外界誉为"中国最美乡村"。源远流长的历史，在这块土地上积淀下丰厚而独特的文化底蕴。千百年来，"山间茅屋书声响，放下扁担考一场"的书乡遗风，造就了婺源古代士子科举的辉煌和儒商经营的成功，更孕育了以朱熹为代表的大批先贤哲人。人文荟萃带来文化繁盛，这里有着无数美轮美奂的古代徽派建筑，建筑上的砖雕、木雕、石雕鬼斧神工；这里的村庄有着无数古老的戏台，戏台上奏着鼓吹，演着徽剧，跳着傩舞；这里还有被唐后主称为"天下冠"的歙砚，以及茶艺、抬阁、灯彩、豆腐架等灿若星辰的民间艺术。

知书好儒的婺源人深爱着自己的文化。婺源历届县委、政府和一代代的婺源人，为保护、传承祖先馈赠的珍贵文化遗产作出了积极的努力。文化部批复在婺源等地设立国家级徽州文化生态保护实验区，并将婺源徽剧、傩舞、"三雕"、歙砚制作技艺列入国家非物质文化遗产名录，既是对婺源文化遗产保护工作的肯定，同时也对继续做好以非物质文化遗产保护为核心的婺源文化生态整体保护提出了更高的要求。本着对历史负责、对民族负责、对未来负责的态度，婺源县以科学发展观为指导，积极推动徽州文化生态保护区创建工作，取得了喜人的成果。风正好扬帆，乘着加强非物质文化遗产保护成为各级党政及全民共识的东风，非遗这一民族的宝贵记忆，将永远如花般盛开在最美乡村！

一、绿水青山漾古风

婺源是美丽的。当你踏上这方绿色的山水，会在瞬间被她清纯、俊秀的气质所陶醉。这里春赏金花，夏探幽泉，秋观红叶，冬嬉鸳鸯，四时景致，美不胜收，是一处生态的天堂。

当你更深的融入婺源，你会强烈感受到，这方山水有着一种独特的气质，她厚重古朴却又生机勃勃，高贵典雅却又平易近人，虽掩藏于崇山之间，却有着强大的向心力，召唤着你，吸引着你，最终感动着你——这就是婺源的文化。

泱泱中华，历史悠久、幅员辽阔，地域文化多姿多彩。在众多地域文化中，婺源所隶属的徽文化，以其广博的学科涉猎，独树一帜的文化成就，丰富灿烂的文化遗存，被国内外学界誉为与敦煌学、藏学并列的中国走向世界的三大地方"显学"。

享有"书乡"美誉的婺源，灵秀山水孕育了理学家、教育家朱熹、音韵学家江永、铁路工程师詹天佑等一大批杰出人物。历代文人留下著作1270多部，选入《四库全书》的有172部。唐至清，全县中举1272人，中进士554人，七品以上官吏达2000多人。古代婺源商人，也是徽商中的一支劲旅。

厚重的历史积淀，为婺源遗存下灿烂的文化遗产。全县有一定规模的古村落就达100多处。以徽派风格为特征的民居、官邸、宗祠等古建遍布乡野，被誉为"古建筑的艺术宝库"。全县有全国重点文物保护单位3处13项，中国历史文化名村5个，省级历史文化名村13个，理坑、汪口两个古村落还被列入申报世界文化遗产国家预备名单。

婺源有非物质文化遗产70余项，其中国家级非物质文化遗产5项：徽剧、傩舞、"三雕"、歙砚制作技艺、绿茶制作技艺；省级非物质文化遗产11项：茶艺、抬阁、豆腐架、乡村文化、板龙灯、纸伞制作。

二、大处着眼细着手

在徽州文化生态保护区创建实践中，婺源紧紧围绕"营造一个有利于保护传承传统文化、实现文化可持续发展的生态空间，积极推进文化与经济、社会的协调发展，努力将婺源建设成为优秀传统文化与现代生活有机融合、和谐共生的文化生态保护示范区"的建设目标，进行了积极的思考与探索。

1、编制总体规划

《江西婺源·徽州文化生态保护区总体规划》编制历时三年，汇聚了国内诸多领域专家、学者的智慧，借鉴吸收了国内外文化生态保护前沿学术成果。2011年4月，文化部批复同意婺源实施总体规划。

2、制定管理办法

为明确保护区保护范畴，建设、管理责任主体，日常运行规范，婺源县人民政府在全国各文化生态保护区中率先制定、颁布了《婺源·徽州文化生态保护区管理暂行办法》。

3、开展非遗普查

婺源县文化部门组织四个工作组，利用两年多时间，深入全县100多个行政村，普查到传统舞蹈、戏剧、美术、技艺等八大类72个项目，建立起婺源县非物质文化遗产数据库，公布了首批县级非物质文化遗产名录。

4、"四大工程"推动整体性保护

婺源坚持人文环境与自然环境协调发展、维护文化生态平衡的整体性保护原则，通过实施自然生态保护工程、建筑徽派风格保护工程、民俗风情保护工程、文化生态保护小区建设工程"四大工程"，集全民之力，为非物质文化遗产活态传承发展培育肥沃的土壤，构建温馨的家园。

5、自然生态保护工程

婺源森林覆盖率高达82%，优美的生态环境孕育了独具特色的民俗文化。为加强生态保护，婺源县关闭了县内木材加工企业，并通过人大决议形式，明确从2009年开始，十年内禁伐天然阔叶林；大力开展封山育林和造林绿化，实施"花开百村"工程，打造四季花开、花海婺源。婺源现有国家森林公园1处，省级森林公园2处，省级自然保护区1处，省级湿地公园1处，县级自然保护小区193处，获全国绿化模范县等荣誉。

6、建筑徽派风格保护工程

徽派风格建筑是婺源传统文化沉淀、传承的重要载体，为营造浓厚的传统文化氛围，婺源县政府出台《婺源县古村落、历史文化名村、古建筑保护管理暂行办法》，对列入保护范围的古村落、古建筑，所有建设行为，都要经过县保护委员会审查同意，对未经批准擅自新建、改造和非法贩卖古建的，依法依规严肃处理。城乡新建民居必须按徽派风格建造，政府免费提供设计图纸。同时，采取政府补贴与单位、居民自筹相结合的方式，对县城主要街道和重点村落的非徽派建筑，按徽派风格进行外观改造。

7、民俗风情保护工程

婺源一方面鼓励支持群众依托传统节庆平台，开展舞板龙、扮抬阁、跳傩舞等多姿多彩民间民俗文化活动，让群众自发亲近、喜爱家乡的非物质文化遗产；另一方面地方政府每年组织乡村文化节、茶文化节等大型文化活动，为婺源非物质文化遗产提供一个宣传、展示、竞技的平台，积极营造"文化生态人人保护，保护成果人人共享"的社会氛围。

8、文化生态保护小区工程

婺源县选择江湾村、汪口村、大畈村、长径村、甲路村、虹关村等11个古村落风貌保存完好、非物质文化遗产集中区域，设立文化生态保护小区，采取县、乡（镇）、村三位一体、各司其责的共建模式，做好小区内自然生态环境保护、民居古建维护修缮、传统民风民俗挖掘传承等工作，整体保护小区的自然生态和人文生态环境。

9、开展非遗进校园活动

青少年是民族的未来，也是非遗传承的生力军。婺源文化部门每年定期组织非遗进校园活动，形式包括：联合电视台摄制婺源非物质文化遗产专题片，刻录成光盘免费送至全县中小学校展播；组织人员编写并向全县中小学生赠送《古韵新姿——婺源非物质文化遗产知识普及读本》；举办非遗征文、非遗保护演讲大赛及教师非遗课件制作竞赛；在职业中专开设茶艺等非遗专业，在普通中小学组织非遗技艺课外兴趣小组等。

10、推进非遗展馆建设

婺源已建成婺源博物馆、小型非物质文化遗产展示馆两座综合性展馆，建立朱子龙尾砚文化园、华龙木雕展示馆、长径傩舞展示馆、甲路抬阁展示馆等专题展览馆9座。目前，一座集展示、展演、传承功能于一体的综合性婺源非物质文化遗产传承展示中心，正在筹建之中。

11、开展文化课题研究

婺源县政府成立文化研究所，近年来独立开展及与香港中文大学、复旦大学等高校合作开展了"婺源传统社会"等多项课题研究，编著出版婺源历史文化丛书、非物质文化遗产丛书等一系列研究成果。民间还设立了婺源文化研究会，下设戏音舞、歙砚、楹联等九个分会，开展文化研究工作。

三、弘扬精髓融时代

哺育孩子是个体生命的延续，非遗传承则是民族精神的延续——这种延续，是责任，是使命，更是心灵的皈依。

婺源精心呵护非物质文化遗产代表性传承人这一星星之火，鼓励、扶持他们弘扬传统文化精髓，融入时代发展脉搏，使非遗传承在这片拥有厚重历史积淀的热土上，渐成燎原之势。

1、建立传承队伍

婺源已建立起一支规模过百人的非物质文化遗产代表性传承人队伍，其中国家级 6 人，省级 22 人，市、县级 203 人。依托这支队伍，地方政府和文化部门为他们提供资金、场所、宣传等各方面支持，组织他们开展培训、授徒活动。近年来，婺源非物质文化遗产接班人培养形势喜人。如木雕项目，国家级传承人俞有桂一人就培养木雕艺人 200 多人；歙砚制作技艺项目，仅江湾镇大畈村从事这一行业的就达 500 多人；板龙灯项目传人更是数以千计。目前，婺源 21 个县级以上非遗项目共培养传承人达 6000 多人。

2、设立传承基地

婺源县分批设立了蚺城、汪口、大畈、甲路等 11 个区域综合性非遗传习中心，命名了秋口镇长径村（傩舞）、华龙木雕厂（三雕）、朱子艺苑（歙砚制作技艺）、婺源徽剧传习所（徽剧）、婺源茶校（茶艺）等 13 家单位，为非物质文化遗产传承基地，制定传承计划，明确权利与义务，激励它们积极履行传习非物质文化遗产的重任。

3、抢救性保护

农耕文明衰微，科技飞速发展，社会制度更替，带来人们生活方式和生活观念的巨大变迁，这直接导致诸多在农耕文明、宗法社会环境下诞生、成长起来的非物质文化遗产生存空间日渐狭窄。婺源傩舞、徽剧、祠祭等非遗项目，都面临这一现实。为做好这些濒危非遗项目保护、传承工作，婺源重点做了三方面工作：

一是做好项目文字、图片资料收集、整理、研究工作，对省级以上代表性传承人及其他老艺人表演剧目录制音像资料，建立项目数据库。

二是加大扶持力度，推动项目传承。对传承人培养周期较长的徽剧，一方面要求徽剧传习所加强年轻演员培养，另一方面政府专门拿出 32 个全额拨款事业编制，由文化部门与相关学校合作，采取定向委培方式，从孩子抓起，培养专职徽剧接班人。傩舞、祭祀等项目，由文化部门制定培训计划、提供经费保障，委托相关传习所培养传承人。

三是加强宣传，培育民众需求，同时在保护好非物质文化遗产核心特征基础上，立足民众需求赋予其新的文化内涵。傩舞，随着科学的普及，其驱瘟避疫功能逐渐弱化，婺源文化部门一方面通过宣传让人们了解其历史、艺术价值，另一方面淡化迷信因素，突出祈福迎祥的寓意和营造喜庆祥和气氛的功能，使傩舞重新受到百姓的欢迎。徽剧，婺源文化部门通过电视宣传片展播、设立校园徽剧兴趣班、徽剧下乡等方式，介绍徽剧知识，弘扬徽剧的艺术价值，培养市民特别是以学生为代表的年轻一代对徽剧的审美认知，使他们懂得欣赏并爱上这一古老剧种。

4、生产性保护

立足婺源"三雕"、歙砚、工艺伞等诸多非物质文化遗产产品具备良好市场前景这一优势，婺源遵循"传承精髓，创新发展，融入当代，服务大众"指导思想，通过优惠提供企业用地、给予传承及展销资金扶持、重点宣传推介提升企业及传承人社会认知度等举措，鼓励企业及传承人在发展生产的同时，赋予非物质文化遗产以蓬勃的生命力。

歙砚，作为书写工具，正逐步退出历史舞台，但随着国人精神文化追求的不断提升，对艺术品的需求日趋旺盛，婺源歙砚制作艺人顺应时势，强化歙砚设计创意和雕刻工艺，凭着歙砚天然的精美纹理以及巧夺天工的雕刻，重新赢得人们的青睐。江湾镇大畈村，全村560户有370余户、1000多人从事砚台产业。形成了砚胚制作、砚台雕刻、砚盒制作、歙砚销售一条龙的产业体系，并带动周边村庄众多农户参与到产业链中来，产品销往全国各地，还出口到日本、新加坡、东南亚等国。婺源朱子艺苑是国内目前最大的歙砚研究、制作、展示基地，结合婺源蓬勃发展的旅游产业，将朱子文化与砚文化相结合，成功打造了国家4A级文化型景区。

婺源"三雕"技艺，走出原来以民居装饰为主的窠臼，将目光投向旅游产业、园林建设和高档酒店装修等新领域，实现了蓬勃发展，吸引了众多从艺者投身"三雕"技艺传承。国家级传承人俞有桂创办的华龙木雕厂，现有员工200余人，年产值2000余万元，其生产的木雕、砖雕作品多次荣获各级工艺美术作品大赛金奖，省级传承人俞有鸿创办的友鸿徽雕厂，也成为婺源"三雕"传承人主要培育基地。

久负盛名的婺源纸伞制作，已形成公司加农户的生产模式，取竹、制伞骨等初级工序由企业分包给村民在家中完成，串线、蒙伞面、绘画等工序在企业集中完成。目前，婺源有纸伞制作龙头企业两家，年产纸伞逾50万把，产品主要销往全国各大景区，部分出口至日本、东南亚等地。

立足齐国故都资源优势 着力推进文化产业

山东省淄博市临淄区文化出版局 毕国鹏

文化产业是市场经济条件下推动经济结构调整、转变经济发展方式的主要着力点。当前，我国文化产业形势显著特点是文化资源进入转型升级、大调整、大整合的时期。早在 2009 年，为推进文化旅游协调发展，文化部、国家旅游局联合下发了《关于促进文化旅游综合发展的指导意见》，2014 年 8 月，国务院下发了《关于促进旅游业改革发展的若干意见》，文化部、财政部下发了《关于推动特色文化产业发展的指导意见》，将文化旅游产业上升为转方式的主线，列为国家战略。2015 年，我市出台了《关于着力建设文化名城的意见》，2016 年我区出台了《关于加快文化建设的实施意见》，提出以重大项目为载体，促进文化旅游业融合发展，加快文化产业发展的重要举措。

一、我区文化旅游发展的现状

加快临淄文化产业合理布局转型升级，我区具有良好的历史资源和优势。一是历史文化优势。临淄是齐国故都，曾作为"春秋五霸之首，战国七雄之一"的齐国都城长达 800 余年，名人汇聚，姜太公、管仲、齐桓公等人才辈出。1994 年被国务院命名为国家历史文化名城，2004 年被国际足联认定为世界足球起源地，2015 年被山东省列为齐文化传承创新示范区。临淄作为春秋战国遗迹文化的代表，与西安的秦汉唐遗迹文化、北京的元明清古建筑园林文化，构成了我国历史文化发展的完整序列。二是地理优势。临淄位于山东中部鲁中山地与鲁北平原的交接地带，区位优势独特，南连泰山，北靠黄河，东临海滨旅游城市青岛、烟台和威海，西接泉城济南。淄博是山东省重要的交通枢纽城市，铁路贯通，公路纵横，交通方便，是国务院批准的山东半岛经济开放区城市。三是产业发展优势。近年来，临淄区十分重视文化产业发展，尤其是整合淄河两岸散落的文化资源，规划建设齐文化产业园，包括齐都文化城、齐国故城遗址公园、田齐王陵、马莲台生态旅游区、皇城玫瑰谷等初具规模。四是社会资本优势。齐都文化城包括临淄古玩城、齐文化博物馆、足球博物馆、民间艺术馆聚落四部分，共"1 城 20 馆"，除齐文化博物馆、足球博物馆、东孙战国墓展馆为政府投资外，其他全部由民间资本投资建设。以销售、招商、运营三位一体的专业文化交易市场——临淄古玩城为引领，倾力打造方化产业交易基地。成立了临淄民间艺术馆联盟、齐鲁古玩商会，负责信誉评级、收藏鉴赏等工作，组织各类展览、研讨、交易、拍卖及等产品交易活动，帮助经营业户吸引人气、开拓市场，着力打造文化市场的资金、人才、信息"洼地"。五是宣传优势。坚持活动宣传和品牌推广相结合、节会、媒体、网络相衔接的思路，先后组织参加世界遗产大会、旅游交易会、国际足联百年庆典、齐文化节等大型活动；与中央电视台合作拍摄《中国古车马》、《姜太公的城堡》、《足球从这里起源》等大型专题记录片；邀请《寻宝》栏目组、故宫鉴宝专家、"国家历史文化名城探访"采访团43家媒体走进临淄、集中报道；与雅昌艺术网合作上线了齐都文化城聚合页，成为新华网书画频道战略合作伙伴，在全市率先建成新华社党政客户端，并设立齐都文化城专题专栏，有效扩大了"齐国故都"、"足球故乡"、"寻根祭祖"等文化品牌的影响力。

年前，省政府把建设"齐文化传承创新示范区"，列入了省"十三五规划"，把齐文化的研究开发上升为省级发展战略。市委、市政府把临淄确定为"齐文化传承创新示范区"的核心展示区，寄予我们厚望。区委、区政府已制定出台《关于加快文化建设的实施意见》，并设立2000万元的专项资金，倾力扶持文化产业发展。目前，齐国故城考古遗址公园项目已开工建设，这是我市首个开建的国家级考古遗址公园。遗址公园计划在三至五年建成，使之成为全面反映齐国历史文化的都城类遗址公园和我国齐文化圈中的重要历史文化景观。已与北京大学文化产业研究院签订协议，委托他们做《齐文化传承创新示范区发展规划》。北大文化产业研究的前期调研已完成，按照深挖齐文化精髓，遵循文化旅游发展规律的要求，让传统齐文化资源'活化'，丰富项目业态、表现方式、传播手段；与曲江文旅的文化旅游融合发展合作也正在进行中。他们将全面系统梳理我区文化资源和自然资源，突出文化资源的展演性、观赏性、体验性，给自然景观注入更多文化元素，努力让文化更生动、旅游更精彩，实现文化旅游景区业态、景区运营管理、旅游商品开发、旅游管理等全链条的文化旅游产业，对我区文化旅游产业发展进行高端策划，实现我区文化旅游业的大力发展。

目前，我区十大文化产业项目发展喜人。一是齐都文化城项：足球馆装修展陈已完成，已正式开馆；东方园林室外景观已基本完成，市政管线已基本完成。齐文化博物馆装修工程已基本完成，计划2016年7月底完工。二是齐故城遗址公园：4月8日正式开标，曲阜三孔古建筑工程管理处中标。殉马

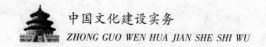

坑绿化种植基本完成，展厅屋面防水基本完成，停车场正在建设中。排水道口工程正在建设中。工程板房投入使用，城墙遗址考古发掘正在进行。田齐王陵遗址公园安保房竣工，正在实施安防工程。管线正在铺设，设备正在安装中。三是管子文化产业园项目。牛山禅寺项目规划评审基本通过。规划调整完毕，上报规划局办理审批。三管子文化园项目。土地规划手续正在审批。牛山民俗游乐园项目规划已通过评审，土地手续已上报，等待土地批，审批后开始二期建。四是少儿足球研学基地项目正在收储土地，做方案设计。足球学校立项已完成，发改局已批复。五是蹴鞠娃传奇，1、动漫片花分镜头已出，正准备与动漫公司对接人物造型与背景设计。2、动漫工作室正在建设中。六是与浙江耀江影视签约，打造山东耀江传媒公司文创园。

二、我区文化产业发展存在的问题

经过多年的努力，临淄区文化产业发展取得了长足的进步，但也存在很多矛盾和问题。区域文化旅游产业发展水平和整体经济实力还不匹配，丰富的历史文化资源并未得到充分挖掘开发，具体表现为：一是齐国故都文化旅游目的地载体建设并不理想。齐国故都文化资源丰富，但各类景点规模小、布局散、层次低、联动差，多数景点仅将原始的遗迹遗址资源略作开发，缺乏高品位、深层次、多互动的展示平台，难以让人有良好的游览体验。同时，大量闲置的文化资源难以整合，一些很有价值的项目得不到及时开发，点上缺少吸引游客的拳头旅游项目或产品。尽管临淄区于2003年便提出了齐文化产业园的构想，但长期以来一直处于概念阶段，离真正发挥产业集聚效应，带动上下游产业发展还有很长的路要走。二是引领品牌建设滞后。品牌建设没有科学的规划，文化旅游两条腿，没有形成强烈的品牌意识和机构来推动建设。齐文化博大精深，作为引领淄博文化产业发展的龙头作用名头很大，但让人去认知、传送的文化活体，齐文化与现代科技的深度融合的产品没有，缺少反映齐国历史和当代临淄的影视作品、风靡网络的动漫作品、走红畅销的文学作品等等。三是产业配套和公共设施配套不完善。旅游特色街区、特色餐饮、特色购物，以及城市旅游综合体、体验型修学、养生等度假项目，夜间旅游项目有待进一步规划整合。文化旅游产业发展核心能力、创意能力方面的差距已成为制约临淄区域文化产业发展的瓶颈因素。

三、加快我区文化产业转型升级的对策

临淄区的文化产业有着得天独厚的人文、自然和经济优势，如何围绕文

化产业的转型升级，加快文化产业发展，就要进一步解放思想、转变理念。按照这个要求，就必须强化文化融合，把文化建设和旅游结合起来，在打造以文化产业为核心的同时，重点是完善产业配套和公共设施配套，着力打造具有鲜明地域特色、鲜活城市形象、鲜亮文化品牌的文化强区。

一是挖掘资源，优化支撑载体。创建国家级考古遗址公园，加快齐国故城与齐王陵申报世界文化遗产工作进度，建成齐国故城考古遗址公园；实施齐王陵、临淄墓群保护展示工程，形成完善科学的齐文化展示体系，切实加强文化遗产保护利用，彰显齐文化魅力。邀请国内外高层次人才制定"齐文化传承创新示范区"发展规划，打造以天齐渊、后李遗址、桐林遗址、范家遗址为核心的先齐文化展示区；加快实施东周殉马坑、排水道口、冶铸遗址、城墙遗址、宫殿遗址等保护展示项目，力争建成齐国故城考古遗址公园，打造反映周代齐国历史文化的都城展示区；实施临淄墓群、齐王陵保护展示工程，打造以齐王陵和齐国贵族墓葬为核心的陵寝文化展示区；继续做好齐国故城与齐王陵申报世界文化遗产工作。

二是面向市场，培育文化产业环境。依托齐都文化城，进一步规划建设齐文化产业园，形成以齐都文化城为中心，南接齐王陵遗址公园，北连齐国故城考古遗址公园，串联淄河沿岸文化旅游资源，集文化旅游、休闲娱乐、古玩字画工艺品交易、广告会展、影视动漫制作发行、文化创意、文化用品生产加工于一体的文化产业带，成为辐射周边的重要文化产业基地。深化我区艺术馆联盟与周边地区画廊联盟相互支撑、相互衔接、联手打拼的战略合作关系。举办高层次学术交流及大型书画展览，促进淄河两岸书画市场繁荣发展，打造全国艺术品创作、收藏、展销基地，真正形成"中国书画看山东、山东书画看齐都"的有利市场格局，全力把淄河两岸打造成名副其实的"中国画谷"。

三是完善基础设施，建设公共服务体系。深化与国内外旅行社、旅游城市的战略合作，制定旅行社吸引境内外游客的具体措施，推动市场营销一体化，在资源共享、线路互推、信息互通等方面开展合作，实现互为旅游客源地。借助好客山东"联合推介 捆绑营销"、招商、会展、对外友好和文化交流等活动，加强旅游公共信息平台建设，广泛开展旅游宣传。充分利用现有博物馆群、美术馆、纪念馆和自然景观。大力发展文化体验、休闲观光、乡村游，力争齐都文化城创建为国家4A级旅游景区，齐王陵遗址公园、齐国故城考古遗址公园创建为3A级旅游景区。大力推广临淄特色美食，积极培育文化旅游购物特色街区和研发基地，加快构建现代化的文化旅游商品研发和销

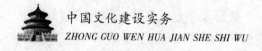
售平台，全面提升文化旅游产业综合效益。

四是创新扶持机制，擦亮产业品牌。围绕"一园、一人、一球、一节"发展思路，加强与知名文化集团的联系和合作，开发反映"春秋五霸之首，战国七雄之一"的历史人物题材的电影、电视、游戏等文化衍生品。深入挖掘"寻根祭祖"品牌潜力，充分利用姜太公文化资源，密切与姜氏后裔的联系，增进与韩国、新加坡、马来西亚、泰国等国家和地区的文化交流和商业洽谈，推动与韩国高灵郡等友好城市的旅游合作交流。全新包装祭姜大典，编排《祭姜乐舞》，进一步增强"寻根祭祖"品牌在海内外的影响力，吸引更多海内外姜太公后裔到临淄寻根祭祖，拉动餐饮住宿、商务会展、观光旅游等服务业快速发展。打响足球故乡品牌，努力打造"文化圣城、运动之城、产业之城"。聘请高端团队制定足球起源地中长期发展规划，规划建设足球主题公园、足球文化广场。深入挖掘古代蹴鞠文化史料，研究确认蹴鞠圣祖。开展足球对外交流活动，提高世界足球起源地的知名度，全力打造"足球文化圣城"。规划建设面向全国的青少年足球训练基地和足球学校，巩固发展"全国青少年足球试点区县"成果，推动青少年足球运动发展。积极承办国际国内足球赛事，培育品牌赛事，全力建设"足球运动之城"。引进知名度高的足球商业赛事，加强与国内外知名体育产品制造企业合作，加大足球运动装备开发力度。出版以蹴鞠、足球为主题的相关普及读物，开发"蹴鞠娃"、服饰、日用品等旅游纪念品，满足不同层次、不同群体的消费需求，提升足球产业发展层次，全力打造"足球产业之城"，努力形成足球事业与足球产业协调发展的格局。

泰山区打造知名文化强区

山东省泰安市泰山区文化广电新闻出版局

2015年底，在国家文化部组织的全国文化先进单位评选中，泰山区荣获"全国文化先进单位"称号。这是泰山区继荣获山东省社会文化先进区、省级公共文化服务体系先进区、文化强省建设先进区之后，取得的又一殊荣。

我们将文化工作纳入全区经济社会发展总体规划，积极构建公共文化服务体系，不断满足广大群众的文化需求，大力提升文化软实力，文化建设日益呈现出繁荣发展的良好局面。

按照结构合理、网络健全、运行有效、惠及全民的原则，泰山区建设了覆盖城乡、使用高效的区、街道镇、社区村三级公共文化设施服务网络。

在区级，投资7000万元，建起了集图书阅览、文化交流、文化培训、大型演艺为一体的泰山文化大厦，竖起了全区文化建设的龙头。

区图书馆被评为"国家一级馆"和"山东省服务名牌"，目前藏书达15万册，可同时容纳360人阅览；文化馆主要用于美术、书法、摄影、雕塑、剪纸等文化艺术品的展示及全区文化培训活动，近两年已承办了70多次省级以上艺术展览和精品赛事活动，开办培训班20余期，培训文艺骨干4000多人次；大型演艺中心，配备了现代化的灯光音响设备，能同时容纳500多人观看演出。

在基层，泰山区全部7个街道镇、197个社区、村基层服务站点均达到规范化标准，覆盖率达100%；农家书屋工程实现全区126个行政村全覆盖，每个农家书屋均达到藏书2000册以上、音像电子出版物100本以上、报刊30种以上。

以"标准量化、考核定星、动态管理"为主要内容，在社区、村开展了星级文化中心（大院）创建活动，实行动态管理。目前，全区三星级以上的文化中心、文化大院达到了82%。

在泰山区上高街道岔河村，为做好演出活动，村里的文化带头人金继翠正在组织排练扇子舞《好运来》。金继翠向记者介绍说，从2012年开始，区里实施了以打造小广场、小剧场、小剧团、小团队、小擂台为重点的"文化繁星"工程，用"小广场文化"引领健康文明风尚，用"小剧场文化"展示

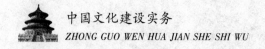
城乡特色文化，用"小剧团文化"弘扬传统戏剧文化，用"小擂台文化"活跃百姓文化生活，搭建起了群众文化活动的新平台。

泰山区实施的"文化繁星"工程，使各具特色、异彩纷呈的文艺演出成为城乡群众文化活动的常态。

泰山区全面实施文化品牌战略，打造了新春民俗文化月、消夏文化擂台赛、金秋艺术节和送戏下乡四个群众文化活动品牌，促进了基层群众文化活动常态化。以元旦、春节、元宵节为依托，深入挖掘民族传统文化内涵，开展了以舞龙舞狮、跑驴旱船、秧歌腰鼓为主的新春民俗文化月活动；以反映全区发展为主题，运用舞蹈、曲艺、合唱、小品等形式，组织各街道镇、社区村开展消夏文化擂台赛活动；引导企业、团体、协会等社会各界积极参与，连续8年举办了全区金秋艺术节系列活动；在全区节目库中遴选优秀节目开展送戏下乡活动，为农民群众送去丰富的精神食粮。

在专业文化方面，泰山区依托泰山优势，重点打造了泰山民族乐团、泰山画派等文化品牌。同时，泰山区引进20多名文化专业人才，充实到区文化馆和泰山民族乐团，各基层综合文化站、文化中心、文化大院均配备了专职工作人员。全区街道镇和社区（村）成立了300多支民间艺术团队，一年四季活跃在城乡文化大舞台上。

泰山区将文化建设纳入党委、政府目标管理责任制，坚持"双月一调度"和"十天一督查"制度，强力推进各项文化建设顺利开展；每年定期组织人大代表、政协委员对各街道镇和部门文化事业发展情况进行现场检查，打分排名，并进行书面通报。

泰山区把文化事业经费列入年度财政预算，保证每年文化事业费增幅高于当年同级财政经常性收入的增幅。区财政每年安排充足文化建设专项资金，用于文化项目建设、文化活动开展和奖励在文化工作中做出突出成绩的单位和个人，并将公共文化服务设施建设优先列入专项支出，为文化建设健康发展提供了强有力的保障。

风劲扬帆正当时

湖北省沙洋县文化体育新闻出版广电局 李天明

作为沙洋人，每个人心中都有一些难忘的事，有着许多美好的回忆：油菜花节文艺演出精彩纷呈，元宵踩街活动特色鲜明，社区文化节让社区居民文化生活更加丰富多彩，全民健身齐参与，"羽球之乡"比赛场上运动员们各显风采……近年来，沙洋县群众业余文化生活不断丰富提高，城市品位不断提升，这些都得益于沙洋县文化体育新闻出版广播电视局干部职工共同努力的结果。

自2014年5月，县文体新广局新班子组建以来，该局在县委、县政府和县委宣传部的正确领导下，认真贯彻落实党的十八大和十八届三中、四中全会精神，树立"提升文化软实力、凝聚发展正能量、建设和谐新沙洋"理念，夯实基础平台，突出地方亮点，塑造特色品牌，抢抓发展机遇，加快建设步伐，切实增强文化整体实力和竞争力，不断完善公共文化服务体系，全力推动文体新广事业发展，为建设"两江明珠、魅力水城"做出了积极的贡献

一、公共文化服务体系日趋完善

"近年来，沙洋县文体新广局抢抓机遇，全县公共文化服务体系日趋完善，文化氛围日趋浓厚。2015年我们主动与珠江电影制片厂、长江电影集团联系，于9月25日在全县第二次招商引资项目集中签约会上正式签约，将在沙洋投资建设中国·沙洋珠影星光城项目，打造湖北首个县级城市文化地标。"县文体新广局局长李天明告诉记者。

投资280万元对13个乡镇综合文化站进行了改造，争取援建资金1000多万元建设了150个村级文体中心，投资620万元实现250个行政村"农家书屋"全覆盖，城乡文化体育场馆常年免费开放，每年完成公益电影放映任务3000场，"净网"、"护苗"等文化市场执法活动持之以恒，广播电视综合覆盖率达到98%，"村村通"、"户户响"工程稳步推进，每年开展大型群众文化体育活动100余场（次），累计观众达30余万人……一串串数据背后，是文体广新人的不懈努力。

新班子成立以来，局党组高度重视，及早谋划，督促指导各镇组织纳凉

文艺晚会 26 场，数万名市民观看，特别是沙洋镇每个村和社区有晚会；高质量举办了"新中国成立 65 周年暨第十五届社区文化节颁奖晚会"，沙洋镇政府获市组织奖，沙洋镇纳凉晚会、滨江新区普罗旺斯电影晚会获市优秀活动项目奖，李市镇小品《人情风》、黄山社区快板《为三城同创点个赞》获市优秀原创节目奖；同时举办了"荆门市第十届'农家乐杯'文艺比赛沙洋专场演出"大型文艺活动，歌伴舞《亲亲的纪山》、舞蹈《汉水谣》等 8 个原创节目获得市颁发的优秀表演奖，快板《十里新貌》、舞蹈《黄荡湖上采湘莲》等 6 个原创节目获优秀创作奖，沙洋镇政府、后港镇政府获组织奖。沙洋县在全市第十届"农家乐"杯文艺比赛中获奖之多、层次之高居全市首位。县委、县政府主要领导和分管领导更是亲自关心和参与文化作品创作，出席相关群众文化活动。

沙洋电视台曾一度运转艰难，新班子创新脱困，较好地稳定了队伍，2015 年初，该局会同县房产局主办沙洋县"2015 迎新春房地产交易会"，13 家大型房企到 10 个乡镇和城区巡展半月，成效喜人，县委书记揭建平在集训报告中将该局推为"勇于改革、敢于创新"的代表。沙洋电视台开通微信公众号平台，创作了《我在沙洋等你，你不来，我不老》等微信，县委副书记、县长谢继先亲自修改，推出后迅速走红，很好地宣传推介了沙洋。

完善城乡公共文化服务体系任重道远，李天明表示，将坚持"先进文化引领、公共文化惠民、文化品牌提升、文化产业升级"，在"两江明珠、魅力水城"的画卷上描绘出一笔亮丽的神韵。

二、全力以赴守护传统文化资源

沙洋县历史悠久，文化底蕴深厚，悠久的历史为沙洋遗存了大量文化遗产。历次文物普查表明，早在 6000 多年前的新石器时代，就有先民在这片沃土上栖息。其中以五里铺镇马家垸遗址为代表的新石器时代遗址多达 38 处。沙洋又是楚文化的重要发祥地。东周时期，楚国郢都纪南城位于沙洋县纪山之南仅 10 公里，沙洋成为楚国政治、经济、文化的中心区域。史载中华第一县权县就诞生在沙洋县的境内，距今已有 2700 多年的历史。

目前，沙洋境内有古墓葬 322 处，古遗址 58 处，古建筑 10 处，近现代重要史迹及代表性建筑 22 处，其中全国重点文物保护单位 3 处、省保单位 6 处、市保单位 112 处、县保单位 78 处，是名副其实的"文物大县"。

纪山楚墓群是国务院公布的第四批全国重点文物保护单位，2002 年列入世界文化遗产预备清单。2008 年纳入全国 100 处大遗址保护项目库。去年省政府与国家文物局签订大遗址保护工程共建协议，纪山楚墓群被划入荆州片区。该墓群地处"鄂西圈"荆州、荆门、宜昌黄金旅游线路节点，发展前景巨大。由此，沙洋县以纪山楚墓群为抓手，以纪山庙会为依托，发展纪山楚文化旅游景区，投资 2000 余万元，建成文化旅游项目 4 个。目前已完成纪山楚墓群大遗址保护规划编制前期工作，楚王陵遗址公园、郭店楚简出土地、郭家岗战国女尸现场陈列室等项目，已申报国家文物局纳入"十二五"文物保护和展示工程项目，楚文化景区的各项工作逐步启动。

沙洋县文体新广局成立后，克服了摊子大、经验少、经费缺等困难，使文物保护工作走上正规化、现代化轨道。2015 年 8 月，纪山楚墓群安全技术防范系统工程进入竣工验收阶段，省文化厅党组成员、省文物局局长黎朝斌视察后认为"纪山安防工程走在了全省前列，是全省田野文物保护示范工程"。

"沙洋县文体新广局坚持技防与人防并重，对全县 176 名文物协管员进行培训，签订了责任状，保障了经费。与公安机关联动，打击了多起盗掘古墓犯罪活动。坚持争取上级支持，争取县财政逐年提高文保经费，争取国家、省、市落实项目资金 100 多万元，"汉江硪歌"等 3 个项目成为省级"非遗"项目。沙洋县文物所与国家考古队就全国重点文物保护单位城河城址开展合作，发掘工作取得了实质性成果。"县文体新广局局长李天明说。

建设纪山楚墓群遗址公园、楚文化博物馆、"五七"干校警示教育基地等项目，将文化资源大县转化为文化旅游强县，融入鄂西生态文化旅游圈，成为"文化荆门"的一个重要组成部分。

三、精品营销打造地区文化名片

沙洋县文体新广局坚持特色化和差异化发展，"羽球之乡"品牌呼之欲出，"中国农谷·荆门（沙洋）油菜花旅游节"和纪山庙会更是成为沙洋特色文化旅游品牌，随着各地游客的涌入，沙洋的名声已走出湖北、走出国门。

"2015 年我们筹资 40 万元建成县全民健身中心羽毛球新场馆并开馆，截止目前，我县城区共有 20 片公益性标准羽毛球场，在全市县市区前列。同年 3 月和 4 月，圆满举办了"农商银行杯"、"长林监狱杯"羽毛球邀请赛比赛，吸引来自部门、乡镇、企业和监狱管理局羽毛球爱好者近 400 人参加，宜昌、荆州、当阳、京山等县市协会组队来我县交流。今年 9 月，我县代表荆门市赴宜昌参加省体育局主办的时尚假日羽毛球比赛，获得女双第三、男单第五的优异成绩。"沙洋县文体新广局局长李天明说。

　　2008 年以来，随着连续八届"中国·荆门（沙洋）油菜花旅游节"的成功举办，沙洋"油菜花旅游节"已成为该县特色文化旅游品牌。鉴于油菜花旅游节花期较短，且缺乏相应的旅游配套景点和设施，其特色得不到充分展现，品牌效应得不到充分发挥。县政府着力打造 4A 级中国·沙洋生态农业体验风情园。该园位于沙洋县五洋公路沿线，规划范围西起襄荆高速公路五里收费站路口赵集村，东至沙洋经济开发区，沿五洋公路总长约 32 公里，规划总面积约 100 平方公里。2015 年六月启动该工程以来，已经完成该园的总体规划，投资 7500 万元启动了五洋旅游公路改建工程，实施了安洼水库水上娱乐区、潘集水库湿地养生区等景点建设。

　　纪山庙会是沙洋县传统节会，该县加强管理、引导，使其成为纪山旅游发展的引擎。仅在 2015 年 3 月庙会期间，纪山供接待游客 15 万人次。

加强文化旅游产业建设
促进县域经济跨越发展

湖南省临澧县文化体育旅游广电新闻出版局 曾晗

文化是民族的血脉和灵魂，是国家核心竞争力的重要因素。临澧文化积淀深厚，优势独特，潜力巨大，深挖文化旅游资源，打造地方文化旅游特色，是临澧经济发展的一个重要突破口，是推动县域经济跨越发展的重要力量。

一、抓好文化旅游资源优势

临澧位于湘西北，地处武陵山余脉与洞庭湖盆地过渡地带，东西南三面环山，素有"荆楚要地，红色热土，楚韵之乡"的美誉。境内水系发达，区位交通贯通，名人红色文化、石器稻作文化、荆楚德孝文化、风光山水文化资源优势显著。

（一）深厚的文化底蕴和资源优势

临澧文化底蕴深厚，历史人文及旅游资源丰富。有条头岗遗址为代表的一大批旧石器遗址，距今9000多年的杉龙岗稻作文明遗址，演绎了5000多年人类文明史的邹家山遗址，景观奇特的汉晋青山崖墓群等珍贵历史文物遗迹。有因古代浮邱子修行得道而闻名的仙山胜景太浮山及樱花谷，风景优美的官亭湖和神奇幽幻的十多个官亭溶洞等自然风光资源。还有司马相如操琴停弦过渡的停弦古渡；近代全国三个半地主之一的蒋家，留下多处蒋家大院；六十年代亚洲最大的水泵发电站—青山水轮泵工程演绎了当代的青山精神。

（二）楚文化的重要发祥地与传承地

临澧是中国文学鼻祖之称的一代赋圣楚大夫宋玉生活了43年，并葬于此地方。留下宋玉城、九辩书院、宋玉庙、看花山、放舟湖、宋玉墓等众多遗迹群。湖南省规模最大的楚墓群"九里楚墓群"方圆10余里，有墓葬近10万座，是战国时期王公贵族的墓地，积淀着厚重的楚文化发展史。还有"因与之语"典故的楚国左司马申鸣而留下的申鸣城遗址，申鸣古城是楚国重要的经济文化中心。

（三）可圈可点名人和红色旅游资源

三朝元老、开国元勋林伯渠；著名的社会活动家、文学巨匠丁玲；革命巨子、孙中山总统府代理参军长林修梅，中国革命先驱黄鳌都是从临澧走出去的名人。临澧还诞生了清代著名诗人黄道让、世界光纤之父黄宏嘉、著名生物学家辛树帜等诸多文人学者、名人俊杰，在国际国内享有盛誉。

（四）地方特色的佛道文化和德孝文化

以佛道、德孝为主要内容的福兮文化在临澧千年传承。太浮山早在汉代就是道教重要传承地。官亭刻木山成为德孝文化重要传承地，"丁兰刻木"的故事先后被编入中华《二十四孝》、《曾广贤文》、《百孝图》等历史丛书，并一度成为儿童启蒙读物。楚国大夫申鸣及其子孙后代倡导的"孝义、尚友"的申鸣精神世代在新安古城社区传承。

（五）享誉全国的民间艺术和文化事业

我县1999年就是全国文化先进县，为中国诗词之乡。湘北大鼓《乡女征婚》获第八届艺术节群星奖，湘北大鼓《传承》、《赈酒也烦恼》获第十届艺术节群星奖。舞龙舞狮、蚌壳精、九子鞭等民间艺术活动丰富多彩，传统地方戏曲荆河戏历史悠久，有湖南阿凡提之称的"陈二郎的故事"民间流传，《九澧渔鼓》等成为国家级非遗项目，"临澧五鼓"成为突显的地方特色。

二、突出文化旅游建设重点

（一）城市建设融入文化元素

将文化元素融入城乡建设，体现城市个性，突显文化特色，提升我县城市形象。一是正确把握城市文化形象，以楚文化、农耕文化、红色文化等为主，打造特色文化城市；二是积极提升城市文化景观，对道水沿岸设立景点、兴建主体文化公园、新建地方特色或标志性文化建筑等；三是合理设置城市文化雕塑，县城公园街道、景区景点等塑立名人雕像，社区、站牌、沿河路设立文化碑刻，如宋玉辞、申鸣典故、地方传说等；四是彰显城市名人文化特色，以名人伟人命名街道社区或集镇，如宋玉大道、丁玲路、申鸣镇、伯渠社区等。五是建立文化旅游宣传标牌，在高速路、入城边界设立文化宣传牌、旅游景区提示牌等。

（二）加强公共文化设施建设

一是加强城镇公共文化设施建设。新建高标准的文体广电中心、综合性文化馆、非遗展示馆、青少年活动中心、科技馆等公共文化基础设施，完善音乐美术摄影工作室和艺术培训、戏剧演出、视听讲座、数字电影、非遗研究展示、文化信息共享等功能，提质改造图书馆、影剧院，博物馆等，设立青山史和民俗文化展厅、电子图书自动终端等，加快高科技和现代化技术在公共服务领域的应用。二是加强乡镇文化基础设施建设。乡镇综合文化站或文化活动中心的提质改造，镇、村兴建群众文化活动小广场，完善农村广播电影电视、看书看戏、休闲健身等文娱设施和工作机制。三是加强休闲文化基础设施建设。依托文学巨匠丁玲，楚辞赋家宋玉文化主题公园，文化元素融入公园景区，建假山园林景观、诗词碑林、文化长廊等，用路、桥、亭形式美化园区景点；紧靠道水，建滨河路风光带、外滩观光休闲游道，点缀风车、水车、喷泉等景点；县城中心地带建大型无障碍开放式文化广场，设中心声光控喷泉，水幕电影、周边花园文化墙等。

（三）紧扣历史伟人名人文章

1、宋玉城楚文化园区开发。以楚文化为主题，在望城宋玉城营驻山和担粮山区域，修建综合性文化旅游景区。以建筑、园林、绘画、雕刻、影视等形式，配套酒店、购物、餐饮、居住等场所，展示楚文化和传统地域文化。修复宋玉庙、九辩书院、宋玉墓，开发看花山、放舟湖等。

2、丁玲故居恢复修缮。编制丁玲故居保护规划，先期恢复修缮故居核心部分，收集故居遗物、文物，复原格局，摆设花板床、黄缸等清代物件。另有1.2万平方米旧址，竖立界牌标志，实行原址保护。配套建设好"一带及路、湖、碑、堰、山、牌坊、塑像"和停车场，修建故居管理区和通往林伯渠故居等景区高等级公路。

3、林伯渠故居景区建设。积极争创国家4A级旅游景区，围绕"故园、陵园、田园"发展战略，架构"三区三线"景观格局。建设高标准游客接待中心、红色革命博物馆，景区设立花海等园林景观、农家乐、游乐等项目。学习常德白鹤山镇，对沿线民居实行穿衣戴帽，打造修梅特色旅游名镇。

（四）突出文物遗址保护开发

一是加强对国保单位九里楚墓群、青山崖墓群、申鸣城遗址的保护和利用，编制保护规划和项目建设书，加强遗址周边环境整治，有序推进国保项目保护开发建设。二是加强对旧石器条头岗遗址、稻作文明杉龙岗遗址、邹家山遗址等独特遗址遗迹的保护和利用，编制保护规划，建立遗址博物馆、观景台或观景长廊，历史文化石刻墙、壁画等，完善基础设施及配套管理设施。三是加强佘市古桥、八方楼（奎星楼）、文庙等历史遗迹的保护修建，增强城市历史文化元素。

（五）推进自然生态旅游建设

一是加快太浮山和樱花谷景区、官亭湖景区、刻木山（溶洞）景区、停弦古渡澧水游乐、杨板水阁桃花、柏枝油菜观光景点等自然生态景区建设，科学编制规划，配套基础设施，完善服务功能，加大宣传力度。二是加强农村休闲旅游建设。积极推进星级农家乐、文化旅游名镇建设，指导宋玉城休闲度假中心、复船农庄、仙女山庄、伍大姐休闲农庄、长湖农庄等星级农家乐提质升级改造，美化环境，完善功能。三是注重地域特色旅游建设。加强指导和支持烽火开泰山越野场地建设，积极打造省市一流的越野赛地，举办区域性越野赛事活动。四是加强星级宾馆酒店、旅行社及门市部建设，纵横联系，建立大景区旅游线路，将临澧景点纳入省市旅游线。

三、强化文化旅游发展举措

（一）将文化旅游作为战略性产业打造

结合常德市文化旅游战略性新型产业发展契机，县委、政府紧扣文化旅游产业发展谋篇布局，形成共识，顶层设计，将其作为我县战略性产业打造。实施政府推动、机制创新、资源整合，实现产业整体竞争力的提升。成立高规格的"县文化旅游产业发展领导小组"，出台《促进文化旅游产业发展的意见》和文化旅游产业招商办法，在文化旅游产业立项、投融资、土地配置及税费减免等方面给予最大政策倾斜和重点扶持。将文化旅游招商等同工业招商，建立考评奖励工作机制。

（二）建立文化旅游投资融资平台

文化旅游产业投资大、周期长，且一般项目开发面临资金瓶颈。为解决文化旅游资金投入，可成立县文化旅游投融资公司（国有），整合主要旅游资源和资产，融入多方资金，针对性、系统性地开发建设文化旅游项目，主导项目投资、开发、运营，同时减轻财政投入压力，防止国有资产流失。要在产业发展初期加大支持力度，注入资源资产，支持文化旅游投融资公司走向市场，发展壮大，为我县文化旅游文化产业发展构建坚强后盾。

（三）系统编制文化旅游总体规划

一是高标准规划文化旅游产业发展蓝图，把文化事业、文化产业、旅游总体规划有机结合，结合临澧特有文化内涵和旅游资源，科学编制文旅产业总体规划。二是编制"文化旅游资源集成"或"文化旅游项目招商书"，将全县文化旅游资源盘底，编制重点文化旅游开发项目书，宣传推介临澧文化旅游，全面开展文化旅游产业招商。

（四）将文化元素融入城市农村建设

将文化元素融入城市建设、新农村建设等规划建设中，重视提高文化品位，体现城市个性，突显文化特色，营造文化名县氛围，提升我县城市形象。

在县城公园、广场或滨河路等地方，塑立伟人名人塑像或艺术雕塑，主要街道、社区以名人命名，街区、站牌、公园或机关院落设立文化墙、名人诗词碑刻等。

（五）加强文化旅游基础设施建设

一是政府主导加强公共文化基础设施建设、休闲文化基础设施建设、旅游景点景区主要基础性建设，设立旅游产业引导资金，财政先期投入做好基础，包装好项目，吸引外资投入文化旅游产业。二是加强旅游宾馆饭店、旅行社等旅游行业建设，培植星级宾馆农庄，完善旅游配套服务设施。三是举办具有浓郁地方特色的大型节会、研讨会等活动，以此提升临澧形象，彰显临澧特色，助推临澧发展。

（六）加大文化旅游宣传推介力度

一是积极打造临澧文化旅游品牌，做好楚文化、名人文化、曲艺鼓书等特色名片文章；二是编制临澧文化旅游丛书，拍摄文化旅游专题片或《宋玉》等人物题材电影，出版"临澧鼓书"等民间传统艺术音像制品，深入介绍宣传临澧特色文化。三是依托广播电视、网络报刊等媒体广泛宣传临澧。

发展民族特色文化 促进旅游业大发展

湖南省麻阳苗族自治县民族宗教文体旅游广电局 蒋光山 杨 兵

从 2009 年以来，麻阳苗族自治县委、县人民政府将"发展集约高效农业、培育新型工业集群、建设长寿旅游名县、突出基础设施建设"作为指导全县社会经济全面发展的四大战略，明确了旅游业的产业地位和对全县经济发展的重要性，充分挖掘民族文化特色，形成了独特的长寿旅游文化，促进了全县经济社会的全面发展。结合这几年我县旅游产业的发展状况，就如何更好地发展苗族文化产业，促进苗乡旅游产业提出几点个人的想法，供大家商榷。

一、麻阳县旅游发展的现状及存在的问题

麻阳县历史久远，古属五溪蛮地，南北朝陈天嘉三年（公元 562 年）朝廷置麻阳戍，驻兵防苗，麻阳之名自此即用。唐朝武德三年（公元 620 年）废戍置麻阳县，至今已有 1380 年，是连接湘黔边界地区新兴城市怀化、吉首、铜仁的纽带，是通往湘、鄂、黔、桂的交通要道，素有"滇黔门户"、"苗疆前哨"和"武陵码头"之称。麻阳是全国五个单一苗族自治县之一，也是一个典型的多山少田的农业县，盛产水果，工业与其它地区相比，明显处于弱势。但正是弱小的工业为苗乡留下了一片清山绿水，境内不仅拥有4000 多亩水域的黄土溪水库，也有绿树成荫的西晃山、清凉山、雄山等青翠山脉。滕代远纪念馆及故居、石羊哨温泉、锦和古城、川洞古碉、盘瓠古庙、满朝荐书院、大桥江乡豪侠坪、村寨郭公坪乡溪口村、谭家寨乡楠木桥村、拥有明朝数百年的民居古宅的尧市乡小江村等一大批人文、历史景观星罗齐布，苗乡山歌、花灯、亻难堂戏、舞龙戏狮唱遍城乡角落，加上县内百岁老人众多，形成一个奇特的长寿养生奥秘，是全国五个"中国长寿之乡"之一，发展旅游潜力巨大。尤其是近几年来，县委、县人民政府加大了招商引资力度，一批旅游开发项目落户苗乡，更为麻阳旅游产业发展提供了强劲的动力。据统计：2015 年，全县共接待旅游总人数 87.5 万余人次，实现旅游总收入13135 万元，其中旅游景区接待游客 23.8 万人，星级宾馆、社会宾馆和旅游餐馆共接待游客 63.7 万人次，实现了麻阳旅游业又好又快发展。

尽管苗乡旅游发展形势喜人，但也存在一些不容忽视的问题。

1、旅游发展管理体制没有完全归口管理，旅游发展政策不完善。旅游产业发展是一篇大文章，需要各部门密切配合，但在工作中，如项目招商、项目管理、项目运作上，各部门受种种因素制约，难以形成合力。象滕代远纪念馆及古居、满朝荐书院、盘瓠文化民俗基地等景点的管理，就分属文化、乡镇等部门管理。而作为旅游主管部门县旅游外事侨务局，只能在业务上进行管理，无法在行政上行使行业管理职权。加上旅游产业发展是门新课题，许多旅游产业发展的保障性政策没有到位，如旅游经营企业的水、电同价、旅游服务企业的税费优惠扶持、旅游服务人员的培训投入、民族文化的扶持等等，造成当前我县一方面投资服务行业热情高，另一方面加入正规的旅游服务行业寥寥无几，从事苗族文化的经营实体更是为零。目前，我县有各类上等次的宾馆125家，可从事旅游服务的三星级宾馆2家，三星级农家乐1家，旅行社（含营业部）4家，与怀化相比，差距不小。

2、资金匮乏，投入旅游基础设施建设力度不够，文化产业投入欠帐严重。我县是个省级贫困县，属于吃饭财政，尽管从2009年开始，经县常委会研究决定，每年给旅游产业开发设立100万的专项经费，但这三年的专项经费刚刚完成了《麻阳苗族自治县旅游发展总体规划》和具体的三村一镇的规划及红色旅游景区的规划设计等，投入景区基础设施建设甚少，难以对旅游资源进行成片开发，各旅游景点道路交通不畅通，停车场、公共卫生设施建设不到位，旅游标识不明显，尚处在单打独斗的状况。对于民族文化的扶持，旅游部门多年没有投入，文化部门虽然多次向县委常委汇报，但苦于县财政的拮据，工作人员的财政全额拨款尚未全部解决，对于文化产业项目的倾斜，只停留在口头上，每年投入不足几十万元，面对若大的文化产业，只能是杯水车薪，让其自生自灭。

3、旅游资源保护意识亟待提高。在我县，由于经济发展落后，群众贫困，致使农村还存在大量的古民居。其中最具有代表性的有郭公坪的溪口、拖冲乡的黄坳、文昌阁乡的罗家冲、千年古镇锦和、大桥江乡豪侠坪、尧市乡小江村等等。这些村寨存在明、清、民国以来修建的大量民居建筑，极具湘西苗家特色，但养在深闺人未知，虽然经常吸引着不少摄影爱好者、绘画爱好者前来采风画画，却一直没有整修对外开放。一旦开发出来，就在苗乡形成一批独具特色的古民居旅游景点群，可是旅游部门和村民都缺乏资金，难以承受古宅的维修开支，只有眼看着古宅破损或消亡。加上部分村民外出打工后，积攒了一部分资金，为改变居住环境，在原址上拆除老宅修新房，严重地破坏了古居民群的整体美观。众观凤凰古城和洪江古商城，凭借着尚存的部分古村、古镇建筑，修缮如旧后对外开放，朴实的风景吸引了游人如织，也拉动了当地经济的发展。而我县岩门古城，建筑景观更胜凤凰洪江，却在文革中毁于一旦，现存的锦和古城区建筑风格与岩门古城一致，只是因破损严重，无力开发，只能在风雨中残存，一旦彻底消失，对保留麻阳苗族人文历史记忆是一大损失。

4、旅游民族商品开发力度不够。我县是全国五个单一的苗族自治县，也是"中国民间文化艺术之乡"。农民画、腊染、家织印染、打花带、苗族银饰、花灯戏、亻难堂戏等曾经在我县风行一时，可随着经济发展的潮起潮涌，这些苗族民族特色的商品已经逐渐走向末落，只剩下唱花灯、腌制腊肉、打糍粑等传统工艺在民间流行。象农民画，当年培训农民画爱好者 3100 多人，50 多名作者的作品在国际国内产生影响，二十多年来，共获奖 339 件。随着当年的组织者或退休或离世，如今，麻阳县庞大的农民画创作群体已经不复存在，大多数在沿海打工谋生，留在县城的都从事其它工作。2010 年经县旅游部门摸底，全县只有不到百名老人掌握传统的傩堂戏演唱技艺和腊染、家织印染、挑花刺绣、麻阳抽绣、打花带、苗族银饰制作技能，而年轻人嫌学技术苦，赚钱慢，都不感兴趣，不愿学，一旦这批懂技术的老人离故，恐怕这些苗族传统工艺只能留在大家的记忆中。

5、民族文化演艺节目不鲜明，没有打造苗族特色的文化宣传品牌。一个旅游景区有一个景区的特色，印象丽江、印象桂林、张家界魅力湘西都是自己闻名于世的文化演艺品牌，就连同在怀化的芷江、洪江，近年来也分别重点以和平、古商城为主的宣传，形成了自己的特色。而麻阳，虽然强调是长寿旅游品牌，但没深刻挖掘自己民族文化的深度，经过提炼升华，打造具有独具苗族文化演艺节目。造成到麻阳旅游，"白天爬山头转街头，晚上呆在房里抱枕头"。

二、对加快我县传统文化产业建设，促进旅游产业发展的建议

1、解放思想，更新观念，归口管理整合旅游发展管理体制，制定发展旅游产业优惠政策。旅游作为新兴无烟产业，其拉动相关产业发展，可以促进地方经济活跃，解决当地劳动力就业难、实现财政增长、群众增收。因此，应把旅游产业作为经济发展的主导产业来抓。目前，县委、县人民政府除了

把旅游产业作为经济增长的第三极来抓外，还要大力宣传旅游，着力改变过去旅游产业只是某个部门的陈旧观念，在全县形成领导都说旅游、部门齐抓旅游，群众支持旅游的新局面。

县委除了成立县旅游产业发展工作领导小组外，还要设立经常性的工作协调机制，定期研究并协商解决旅游产业开发中的重大问题，在充分发挥旅游部门主导地位职能的同时，进一步调动有关部门的积极性，形成旅游产业开发的合唱力。另外，我县还要充分利用麻阳苗族自治县可以地方立法的优势，由人大牵头，组织制定麻阳县旅游产业发展优惠政策，形成旅游招商凹地，真正做到投资商吸引的来，坐的下，能发财，达到地方和投资双赢的效果。

2、加大财政投入，支持重点旅游景区的路、电、水、通讯等基础设施建设，加强自然环境、文化遗产资源保护，以及资源普查、开发规划和特色旅游项目启动等，进一步改善麻阳的旅游产业发展条件和投资环境。县委、县人民政府除每年继续投入 100 万旅游产业发展基金外，还应该在农业、扶贫、林业、文化事业等方面统筹安排，集中全力，重点向旅游景区建设、民族文化产品（专指民族文化演艺节目挖掘传承）、民族旅游商品上倾斜，建设好景区公路、停车场、旅游标识等基础设施建设。目前，吉怀高速公路已经在进入扫尾阶段，预计明年底建成通车。从怀化到我县或凤凰旅游的游客均可以 1 个小时内到达目的地，免除路途的劳累。沪昆高铁工程的即将开工建设，届时从上海到麻阳，只要四到五个小时的时间，实现了大陆沿海居民来湘西旅游的远程快捷到达。

3、加强对旅游资源的保护。在我县境内众多的古民居群，首先我们除了及时制定规划，实行保护性开发外；其次也要广泛宣传，提高群众保护宝贵的旅游资源意识。对于尚存的古民居建筑，应该投入资金，本着修旧如旧的原则进行修缮，发挥古民居自身的民族特色。对于群众日增长的改善居住环境的愿望，我们可以划定专门的区域安排群众修建独具麻阳苗族特色的新民居，只有注重苗族特色民居的建设，集中连片开发后，居民居住地也可以成为旅游观光的好去处。

4、搞好民族旅游文化商品的开发与经营。旅游购物是每个游客在外旅游的必备之选，面对繁多的旅游商品，具有民族特色地商品是参观者的首选。而眼下，许多纪念商品没有民族特色，游客购物需求没有得到满足，旅游业整体效益受到了影响。因此，我县在积极开发建设景区的同时，也要在苗族旅游商品上下功夫。旅游、文化、民宗等部门首先要加强对苗族文化传统特色技术的挖掘，通过职业技术培训等方式多方培训技术人员，让更多人掌握并从事传统文化和民族手工艺制作；其次是可以在景区建立减免税费的经营专区，集中传统文化和民族手工艺者开门亮相，专门经销苗族旅游商品，吸引游客。最后，鼓励有能力大户开厂创业，针对不同细分市场，设计、开发和销售具备比较优势、自身特色鲜明的苗族旅游产品，提高旅游商品的附加值，改变过去单纯发展观光旅游和古迹旅游的现状，走旅游产品生产多样化的道路。

5、深挖民俗文化，创新旅游演艺，为景区旅游"添色"延长游客停留时间。当前，麻阳投资最大的旅游开发项目——石羊哨黄土溪水库温泉开发项目已经完成了景区规划设计，进入了成井钻探阶段，预计年底可投入试运营，该景区离中国旅游古城凤凰仅8分钟路程，主要以温泉休闲、民族演艺表演、国际文化会所等业务为主，事必吸引大量的游客前来游玩。为此，旅游、文化部门可以利用这一契机，联合打造苗家特色的歌舞《苗山飞歌》和《哭嫁夜》。（该节目由文化部门结合苗乡传统嫁女的前夜，女儿要哭嫁的这一历史传统习俗，于2008年排练成戏，并在省文化部门节目汇演里获得过金奖；《苗山飞歌》则是由2009年排练成戏，在当年代表怀化市参加专业口选送的唯一的一台节目，参加第二届湖南省艺术节，获专业艺术剧目综合奖田汉新剧目奖和五项单项金奖），在温泉民族演艺区为来自四面八方的游客演出。这样，游客到麻阳，可以游玩4000多亩水面，采摘当地农民种植的水果，品尝绿色长寿食品，赏花灯，看傩堂戏和《苗山飞歌》、《哭嫁夜》，听苗歌，实现了白天看美景，尝美食，晚上赏大戏。达到了进一步提升整体知名度和美誉度，旅游演艺业的效益也日益显现。以石羊哨黄土溪水库温泉项目为龙头的文化产业区也将带动麻阳相关的文化旅游产业飞跃发，使张家界、凤凰的旅游业向怀化延伸，而县城附近的高村镇漫水村盘瓠庙是麻阳苗族祭祀苗族始祖盘瓠三大王的地方，始建于明永乐二年，这几年，漫水村民加紧盘瓠文化的整理，不仅修建了新的大殿，还恢复了旱地划龙船和祭祀盘瓠的传统仪式，这些传统活动都让研究盘瓠文化现象的中外研究学者观看后大为感叹。花灯戏、傩堂戏、盘瓠祭祀等活动，将成为麻阳旅游产业中文化演艺中的支柱产品。

随着武陵山片区经济开发区的全面展开，怀化、湘西自治州等地经济也迎来了一个新的发展机遇，也为当地的文化产业大发展迎来了久违的春天。相信在领导高度重视，部门多方协作，群力群策下，在不久的将来，麻阳的旅游将会以一个新的势态呈现在世人的面前。

科学规划　合理布局
加快文化产业发展步伐

湖南省靖州苗族侗族自治县民族宗教文体旅游广电局

　　文化产业是从事文化产品生产和提供文化服务的经营性行业，其资源消耗低、环境污染少、附加值高，是具有广阔发展前景的"朝阳产业"。大力发展文化产业是市场经济条件下繁荣社会主义文化、满足人民群众精神文化需求的重要任务。

一、我县文化产业发展的基本情况

　　近年来，在市委、市政府正确领导下，我县认真贯彻落实中央、省、市关于文化建设的一系列方针政策，坚持文化事业和文化产业"两手抓"、政府投入与体制改革"两推进"、促进繁荣与加强管理"两结合"，推动全县文化产业进入了一个加快发展的新时期，形成了新闻出版、广播影视、文化娱乐、文化旅游、特色节会等多业并举的文化产业发展格局。主要表现为四个"新提升"：一是文化产业总量规模有了新提升。文化产业增加值近年来连续保持10%以上的增速，2015年文化产业GDP为3.6亿元，占全县GDP的比重由2014年的不到3%提高到近5%。二是文化旅游产业有了新提升。着力打造飞山文化旅游节、杨梅节等重点文化活动品牌，文化旅游产业的社会效益和经济集聚效应日益扩大。搭建了文化交流、展示平台，推动本土特色文化走出去，拓宽了文化产业发展的空间。三是文化企业的活力和竞争力有了新提升。围绕加快文化市场主体塑造，通过政策扶持，开展多元化经营，引进、培植了具有较强竞争力的文化企业。四是文化市场管理水平有了新提升。积极适应社会主义市场经济发展要求，切实加强文化市场管理，组建文化市场综合执法机构，积极推进网吧连锁、"扫黄打非"、软件正版化以及传媒机构、网络视听节目管理等工作，文化市场健康有序发展。

　　具体工作和主要做法有以下几个方面：

　　（一）认真制定完善规划和指导意见，文化产业发展的思路进一步科学明晰

　　县委、县政府将文化产业发展纳入了全县国民经济和社会发展"十三五"

总体规划，召开专题会议对文化产业发展作出了具体部署。县发改、民宗文体旅游广电部门协同制定了全县"十三五"文化产业发展规划，制定和提出了文化产业发展的一系列指导意见，明确提出要以深化改革为动力，以科技进步为手段，以政策法规为保障，以文化企业为主体，政府引导，市场运作，科学规划，合理布局，突出培育文化产业骨干企业和新兴文化业态，加快文化产业园区、基地和区域性特色文化产业集群建设，培育一批知名文化产业品牌，加快推进文化产业集约化、专业化、规模化发展，使我县文化产业总体实力达到全市先进水平，成为我县国民经济支柱性产业。围绕上述思路和目标，重点发展广播影视、文化旅游、出版印刷、文化娱乐、网络服务等文化产业，实施重大项目带动策略，加快文化产业园区和基地建设，塑造培植飞山文化、民族文化、生态文化、红色文化等品牌，培育文化市场主体，不断推进文化产业转型升级，建设现代文化市场体系。通过强化组织领导、加大财政投入、提供政策及人才保障等措施来不断加快我县文化产业的发展。

（二）加强公共文化设施网络和服务功能建设，为加快文化产业发展奠定了基础

一是重抓公共文化基础设施建设，不断完善覆盖城乡的公共文化服务网络体系。近年来，全县文化基础设施建设总投入不断加大，总建筑面积超过10万平方米。通过实施县级标志性文化工程建设，来提升城市的文化品味，做强公共文化服务的龙头。先后投资3.5亿元，建成了县文化艺术中心（县文化馆）、展览馆、体育中心、影剧院等文体设施。当前，正在实施县级博物馆、公共图书馆、体育馆建设项目，力求不断提升城市文化内涵、突出我县苗侗民族文化特色。二是注重文化广场等公共文化活动空间项目建设，做大公共文化服务阵地。近几年来，我县先后投入资金，建成城乡大小文化广场10个，已成为广大市民开展文化活动和健身休闲的最佳去处。群众文化及健身休闲娱乐"天天练"、"天天演"，已成为文化惠民的一个品牌。三是以统筹城乡公共文化一体化发展为重点，不断加强乡镇、社区文化基础设施建设，固本强基，夯实公共服务网络基础。至2012年，全县16个乡镇全部建成了面积不低于350㎡、集图书借阅、报刊杂志阅览、文化信息资源共享、教育培训、排舞健身等活动服务项目不少于5个的标准文化站，所有项目全部免费开放。建成达标"农家书屋"188家，实现了全覆盖。

（三）整合产业资源，构建科学合理的产业布局

我县瞄准现代文化产业的发展趋势，突出龙头企业的领军带动作用，加大文化产业园区的规划建设力度，以园区建设带动文化产业发展，文化产业

呈现出蓬勃发展势头。

一是以飞山景区为轴心的文化产业园区初步形成。我县作为"中国十大生态旅游县"、"中国最佳民俗风情旅游名县",境内飞山、杨梅分别享有"苗侗根祖,南蛮首府"、"江南第一梅"美誉。近年来,我县把文化旅游作为发展特色经济、加快富民强县的战略性支柱产业,以飞山文化旅游为统领,错位培育旅游品牌,对接张家界至桂林黄金旅游线路节点。为发展特色旅游,我县制定出台系列旅游产业发展激励政策,设立旅游发展专项资金,邀请专业团队对全县旅游发展进行总体规划编制,建立起"政府主导、部门联动、市场运作、社会参与"的工作格局。从地方财政投入、争取上级支持、引导社会投资等途径加大旅游基础设施建设投入,组织实施了飞山景区规划和基础建设、杨梅生态博物馆规划建设、地笋苗寨和岩脚侗寨规划及项目建设等工作,创建了国家3A级旅游景区5家;省级生态旅游示范区1家,引进旅游公司及旅行社分支机构6家,初步建成了县城—飞山—杨梅生态博物馆—地笋苗寨和文峰塔—岩脚侗寨、太阳坪—排牙山森林公园等两条旅游精品线路。此外,排牙山国家森林公园、五龙潭国家湿地公园和太阳坪生态农业休闲园的规划也正在进行之中。

除了加大旅游项目建设,我县还加快旅游深度开发,完善旅游服务功能,大力挖掘和开发特色旅游商品,重点开发以杨梅、茯苓、山茶油、民族工艺等系列产品为主的旅游纪念品,包装提升杨梅蜜饯、杨梅饮料、杨梅酒、茯苓灵芝茶、雕花蜜饯、酸腊食品等知名土特旅游商品,让游客在欣赏人文自然景观的同时,品尝美味的当地食品,购买新奇的土特产品。借助国内知名平台推介靖州,积极争取国内热播电视节目如中央电视台《舌尖上的中国》第一季、湖南卫视《爸爸去哪儿》第二季栏目来靖州拍摄,进一步宣传民俗文化旅游、民族特色产品。坚持每年举办杨梅节、飞山文化旅游节等节会活动,深化靖州文化旅游内涵,将其培育成省内外知名的旅游节会,不断扩大靖州旅游影响力和知名度,以旅游带动产业发展,以产业发展促进旅游壮大。

旅游经济的火爆,带来了看得见的实惠。据不完全统计,2015年全县旅游接待人数已突破120万人次,实现旅游总收入3.8亿元。餐饮、住宿、休闲、购物及交通运输等呈现出"井喷式增长"。

二是以民俗为主的生态农庄与乡村旅游产业方兴未艾。生态旅游目前已成为一种增进环保、崇尚绿色、倡导人与自然和谐的大众文化旅游产品。我县始终坚持把农业产业化基地办成旅游景点,把农村团寨办成旅游接待宾馆,把农产品办成旅游商品,重点探索发展"农业+旅游"的乡村旅游模式、"基地＋工厂"的庄园经济模式、"基地＋科研"的生态博物馆模式，将靖州打造成为国家级休闲农业与乡村旅游目的地。充分利用"中国十大生态旅游县"、"中国最佳民俗风情旅游名县"和"中国苗族歌鼟之乡"等"国字"品牌，通过政府撬动、市场搭台、农民"唱戏"的方式，引导和鼓励农民以农家特色餐饮美食、淳朴的苗侗风情、古老的人文景观和乡村休闲娱乐为主要内容，发展生态农家乐。把农家乐作为乡村旅游的重要组成部分，坚持发展、规范、提升并举，加快产业提档升级，创建"一乡一景""一村一品""一家一特"的乡村旅游品牌，形成"吃在农家、住在农家、娱在农家"的乡村旅游模式，以适应日益扩大的短途、双休日、小长假、郊游等需求。

目前，已建成青龙界、绿源 2 家湖南省五星级乡村旅游服务点，全县乡村旅游接待点达到 20 多家，旅游交通、接待场馆等基础配套服务设施得到初步改善，接待条件逐步提升。

三是以文化经营场所为核心的传统文化产业稳步发展。目前，全县共有线电视用户 3.45 万户，广播电视入户率列全市前列，广电网络公司年创收上千万元。新建数字化电影院 1 个，拥有 5 个多功能电影厅，年创收 1200 多万元。有农村数字化电影放映队 6 个，年均放映 2200 多场。现有歌舞娱乐场所、网吧、游戏厅 110 余家，年创产值近 50 万元。有印刷企业、出版物零售店、打字复印 20 余家，年创产值 350 万元。此外，演艺娱乐产业、工艺美术产业、体育健身休闲产业都呈现出加快发展的势头。

（四）打造文化精品和品牌，加强文化产业内容建设

近年来，我县不断挖掘特色、培植品牌、打造精品，努力扩大文化的影响力，为文化产业的内容建设打下了坚实的基础。积极挖掘文化资源，重点培育、打造具有靖州特色的公共文化活动品牌，创新服务载体。多年来，我县坚持以飞山和杨梅为媒，文化搭台，经贸唱戏，先后成功举办中国·靖州飞山文化旅游节、中国·靖州杨梅节，飞山文化、杨梅文化品牌助推经济社会发展的效应已日益凸显，靖州的文化知名度、美誉度进一步提升。

围绕办好重大节庆和地域传统文化特色活动，每年都举办大中型文化活动 40 余次。群众看戏，政府买单，高雅文化产品和艺术精品走进了寻常百姓的生活。为了满足不同层次群众的精神文化需求，在文化建设上既重视以精品、品牌引路，又注重引导和广泛组织开展各种形式的群众文化活动。

立足地方文化元素，近几年来，邀请省内外知名人士创作《千年飞山》、《杨梅姑娘》、《苗乡侗寨美人心》、《大苗山》等一批脍炙人口的音乐作品，拍摄了《蜜饯的故事》、《锹里奏鸣曲》、《莺声流韵千古音》等影视作品；县

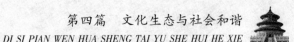

文联、飞山开发办创办了《今古飞山》、《飞山》、《靖州文艺》等刊物；县旅游局、摄协先后出版《靖州印象》、《杨梅红了》、《情意靖州》画册；县苗学会收集、整理、出版了《靖州苗族歌鼟选》；一批社会热心人士根据史实和民间传说，编著、出版了《杨再思传奇》、《飞山蛮演义》、《封侯演义》等小说，进一步扩大靖州文化的影响。

（五）加大政策扶持力度，形成促进文化产业发展的良好环境

县委、县政府成立了县文化产业发展领导小组，制定和出台了《关于加快文化产业发展的实施意见》、《关于促进文化产业发展的激励政策意见》等文件，从建立文化产业引导资金，加大土地、税收、财政等要素对文化产业发展的支持力度等方面，提出了明确意见。县委、县政府多次召开文化产业发展协调会，研究解决发展中遇到的问题，形成了有利于文化产业发展的工作合力和良性机制。

二、我县文化产业发展存在的问题

在肯定工作成绩的同时，我们也要看到发展中存在的问题，主要是：

1、抢抓机遇加快文化产业发展的意识需要进一步强化

党的十七届六中全会鲜明地提出了推动文化产业成为国民经济支柱性产业是增强综合国力、满足人民精神生活的需要，是优化文化经济结构、加快经济发展方式转变的必然要求。现阶段贯彻中央精神，从中央到地方对文化产业的关注度已提升到一个新的高度，文化产业的发展迎来了一个黄金发展期。作为新兴的朝阳产业，文化产业已经成为各地国民经济的新的增长极。我县的文化产业近年来虽然发展速度较快，但是同发达地区相比，还有很大的上升空间。我们必须牢牢把握机遇，进一步强化加快文化产业发展的意识，力争尽快使文化产业成为我县国民经济的支柱产业。

2、推进文化产业发展的力度还需要进一步加大

目前我县的文化产业发展还存在一些不足，主要表现为：一是发展速度不够快。近两年我县文化产业增加值增速明显低于全市国民生产总值增幅。同时，文化产业在区域之间发展不平衡，一些乡、镇文化产业较为薄弱。二是产业结构不够优。传统产业多、新兴产业少，外围层相关层多、核心层少的问题依然突出。文化产业增加值的80％以上来自传统产业。三是发展后劲不够足。近两年全县文化产业投资占整个固定资产投资的比重明显偏少。在产业初兴阶段，投资拉动的动力明显不足。四是骨干企业不够多。"小、散、弱"的问题比较突出，集约化程度不高。五是科技含量不够高。科技在文化

产业发展中的作用没有充分发挥，高端研发、创意产业相对滞后，缺乏文化与科技融合的有效平台。文化产业人才比较短缺，特别是缺乏专业技术和文化创意方面的中高端人才。

三、加快文化产业发展的主要措施

（一）全社会要进一步重视文化"软实力"建设

从一定意义上讲，在区域经济发展中，文化软实力对综合竞争力起着十分重要的支撑作用。文化建设相对于经济建设而言，不是软任务，而是硬任务，要用与经济建设同样的力度抓紧、抓实、抓好，始终做到两手抓、两手都要硬。今后一个时期，我们要进一步认真贯彻党的十八大和十八届三中、四中、五中全会精神，围绕文化大发展、大繁荣的目标，把文化建设摆上重要议事日程，认真研究和把握文化发展规律，把文化发展纳入经济社会发展总体规划，与经济建设、政治建设、社会建设同部署、同安排、同实施、同检查、同考核，定期研究，协调解决文化建设中的重大问题，真正体现经济文化协调发展、同步发展，扎实推进文化强县建设，不断增强县域经济社会发展的综合实力和竞争力。

（二）不断健全完善覆盖城乡的公共文化服务体系

围绕打造国家级公共文化服务体系示范区的目标，一是突出县级标志性文化工程建设，重点抓好县图书馆、县博物馆、体育馆等文化场馆规划建设。二是进一步增强公共文化服务的便利性、均等性。继续加大"送"文化力度，深入社区、镇村开展图书、演出、展览、培训等流动文化服务，提高群众的满意率。三是进一步提高文化场馆服务功能。重点抓好管和用，推行标准化、规范化的免费服务，提高使用效率。四是进一步提升公共文化服务创新能力。加强公共电子阅览室、数字图书馆等建设，提高文化数字化建设水平。五是进一步增强公共文化服务的产业支撑力。着力培植支柱产业，满足人民群众多层次、多样性的精神文化需求。

（三）加快结构调整和资源整合，在推进集聚发展上下功夫

一是培育壮大龙头企业。加快建设一批具有重大示范效应和产业拉动作用的重大文化产业项目，整合文化资源，形成发展优势，带动区域文化产业发展。今后几年，重点建设飞山文化主题公园、民俗文化街等重点文化产业项目。强化政策扶持，选择一批起点高、前景好、具备实施条件的重大项目给予重点支持。对正在建设和已经规划及启动建设的项目进行分类指导，积极实施建设。二是着力打造一批产业园区和集聚区。利用文化产业园区集聚

资金、资源、人才的优势，加快文化产业园区和基地建设，推动文化产业集聚、集群化发展。一方面，做大做强现有的文化产业园区；另一方面，扶持新的产业园区的立项、建设、发展。积极培植申报国家、省级文化产业示范基地。三是不断优化文化产业空间布局。根据我县文化资源分布和产业特点，合理规划产业布局，形成重点突出、优势明显、城乡联动的区域特色文化产业群。加快行业之间、区域之间的产业整合，形成规模经济效益。

（四）突出塑造培植文化品牌

开发利用全县丰富的文化资源，培育、包装一批区域特色鲜明、竞争力强、影响力大的文化产业品牌，充分发挥文化产业品牌的经济竞争力、文化感召力和辐射带动作用，提高文化产品附加值和增值能力，拓展发展空间，增强文化软实力和综合竞争力。集中打造四大品牌，即飞山文化品牌、民族文化品牌、红色文化品牌、生态文化品牌。要加强对飞山文化资源的挖掘、保护与开发，以飞山景区为龙头，规划建设4A级文化旅游景区，持续举办中国·靖州飞山文化旅游节、中国·靖州杨梅节等重大节庆和文化旅游活动，大力宣传推介飞山文化品牌。深入研究挖掘杨再思等历史名人文化内涵并赋予其时代精神，加强对古遗迹的修缮和保护，运用图书、影视、演艺、动漫等文艺作品加强宣传推介，全面提升品牌影响力，打造飞山文化品牌。

（五）加快文化产业与其他产业融合发展

突出做好文化产业与旅游及科技融合发展的文章。按照"发展大旅游、开拓大市场、形成大产业"的目标，加强旅游资源与文化品牌的结合，突出做好体现民俗、生态、休闲文化等文化特色的旅游版块。重点培育飞山文化旅游节、杨梅节等特色优势文化旅游节庆品牌，并按照国家5A级标准，建设飞山文化旅游景区，将县域旅游资源整合于飞山文化旅游，将飞山文化旅游融入大桂林旅游圈，将靖州打造成为桂林至张家界黄金旅游线重要的中继点和目的地，着力培育国内国际知名品牌。同时，着眼于产业价值链高端的文化内容、创意成果和知识产权，一手抓发展壮大出版发行、影视制作、印刷、广告等传统文化产业，一手抓加快发展文化创意、数字出版、移动多媒体、动漫游戏等新兴文化产业。加强传统媒体和新兴媒体融合发展，支持县主要媒体发展网络多媒体、移动多媒体等新兴传播载体，切实增强文化传播力和感染力。加强对原创性强、技术先进、能形成自主知识产权、产业前景良好的文化企业的支持，培育一批特色鲜明、创新能力强的文化科技企业。此外，要推动文化产业与体育、信息、物流、建筑等产业融合发展，增加相关产业文化含量，延伸文化产业链，提高附加值。

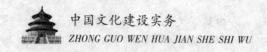

（六）着力锻造精品力作，赢得产业发展优势

坚持"政府主导、社会参与、市场运作"的思路，完善艺术精品创作生产的论证决策机制、经费投入机制、人才培养和激励机制，努力创作一批思想内涵丰富、艺术质量上乘、群众喜闻乐见的精品佳作。"十三五"期间，努力打造 2~3 个达到省级以上水平的舞台艺术精品剧目，争创省级以上文艺奖项 1~2 个，创作一批优秀剧本、剧目、小品、书法、美术、摄影等艺术门类作品在国内重大赛事、国际展览中获奖和展出。积极引导群众自主参与各种形式的文艺创作活动，建立群众文化优秀作品的创作、选拔、奖励和推广机制。

（七）强化保障，凝聚发展合力，推进文化事业、产业跨越发展

一是健全工作机制。把文化产业发展摆在更加突出的位置，健全完善党委政府统一领导、有关部门分工负责、社会力量积极参与的工作体制和工作格局，切实加强对文化产业发展的规划引导和协调指导。文化广电新闻出版部门作为文化建设的主力军，要坚持求真务实、真抓实干，把文化产业发展壮大行动分解成实实在在的工作项目和可操作的具体措施，明确责任分工和时间进度，有计划分步骤地加以落实。二是健全完善政策体系。适应新形势的要求，建议加大财政、税收、金融、用地等方面对文化产业的政策扶持力度，不断增加对文化产业的财政投入，建立县级文化产业引导资金。全面落实中央和省对文化单位实行的增值税、营业税、企业所得税、资产和土地处置方面的优惠政策。三是抓好队伍建设。深入实施高层次文化人才工程和高端紧缺文化人才培养引进计划，在文化产业不同门类造就一批业内知名的杰出人才和领军人物。加大高端创意人才和文化经营管理人才引进力度，支持文化企业园区引进领军人才和创新创业团队，对带技术、带项目、带资金创办文化企业的给予重点扶持。完善人才培养开发、评价发现、选拔任用、流动配置、激励保障机制，对作出突出贡献者给予重奖。

羌族文化生态保护实验区建设实践与成就

四川省茂县文化体育广电新闻出版局　余晓平　张成定　李　兵

2008 年 512 汶川特大地震造成羌族文化毁灭性破坏。《羌族文化生态保护实验区规划纲要》实施 9 年来，在文化部的指导及四川省委、省政府的领导下，按照实验区规划纲要提出的"保护是基础，传承是核心，项目是载体，建设是关键"的工作思路，我县建立"政府主导、社会参与、加强协作、多方联动"的工作机制，引导实验区羌文化持续发展，羌族文化生态保护取得初步成效。及时总结建设成就，发现存在的不足，对下一步继续做好羌族文化保护和实验区建设无疑具有重要的现实意义。

一、概况

茂县（原名茂汶羌族自治县）位于川西北高原岷江、涪江上游的干旱河谷地带，幅员面积 3903.28 平方公里；辖 4 镇、17 乡、149 个行政村，总人口约 11 万人，其中羌族人口约 9.8 万人，占全国羌族总人口的 30.5%，是我国羌族和羌族文化分布最集中的县份，也是《羌族拼音文字方案》确定的羌语标准音所在地，在羌族文化保护中具有突出战略地位。1988 年被国务院批准为第二次国内革命战争时期的革命根据地；1989 年被列为四川省西部少数民族重点扶持的贫困县。

茂县历史悠久。秦在此置湔氐道；西汉元鼎 6 年设汶山郡，并设汶山县；东汉初改置汶江道；晋属汶山郡；隋开皇改州；唐武德元年改会州置总管府，武德 4 年又改为茂县；唐贞观 8 年改为茂州；清雍正 6 年改为直隶州；民国 2 年改为茂县；民国 24 年设置四川省第 16 行政督察区。西汉至民国茂县为州、郡、县、屯署、专署驻地。1950 年茂县解放并成立茂县专区；1953 年在茂县成立四川省藏族自治区（阿坝州前身）；1958 年茂县与理县、汶川县合并建立茂汶羌族自治县；1963 年三县分治，茂县仍为茂汶羌族自治县；1987 年随阿坝藏族羌族自治州更名而恢复茂县。

羌族早在殷商时期便开始活跃在中华大地上。在长期的历史发展过程中，创造了语言、服饰、饮食、村落布局、民居建筑、风俗习惯、礼仪节庆、民间艺术、手工技艺等丰富的文化遗产。这些遗产与羌族人民的生产、生活息息相关，展现着浓厚的文化底蕴和鲜明的地方特色，是羌族人民智慧的结晶，是中华文化的重要组成部分。茂县自古以来便是羌族主要聚居地，在这块土地上承载着丰富的羌族历史和文化。这些历史和文化，已成为茂县不可多得的财富，已成为我们今天经济和社会发展取之不竭的资源优势。

一是茂县拥有国家级重点文物保护单位3处（营盘山新石器时代文化遗址、黑虎鹰嘴河碉群、三元桥），省级2处（叠溪点将台摩崖造像、唐左封县故城），州级6处，其中，黑虎鹰嘴河雕群已列入联合国世界文化遗产的后备名录，是国务院第六批重点文物保护单位，是羌族古建筑最好的存在群，其中既有单体建筑，也有与民居结合的复式建筑体，能充分体现和代表羌族高超的建筑技巧；营盘山遗址是代表距今5500年前岷江上游地区最大、时代最早、文化内涵最为丰富的大型中心聚落遗址，享有"小三星堆"的美誉，她创造了国内考古发现的七个第一，从而入围2006年度"全国十大考古新发现"；三元桥不仅以精巧的古桥梁建筑技艺闻名，也因桥身留有丰富的红军长征石刻而著称，是我县古建筑文化与红色文化的最好结合体。

二是茂县拥有全国唯一的羌族博物馆，馆藏文物近万件，包括陶器、铁器、青铜器、瓷器、木器等，其中国家一级文物13件；国家二级文物27件；国家三级文物273件。

三是茂县羌族文化资源富足，有堪称羌族民间文学珍品的《羌戈大战》、《木姐珠与斗安珠》、《泽吉格布》等史诗，有反应羌族人民生活、生产、习俗、文化、历史、道德和思想感情的歌谣及民间故事、谚语、表演艺术、手工技艺、文化空间等。

二、茂县羌族生态保护实验区建设进程

茂县的羌族生态保护实验区建设进程基本经历了以下几个阶段：

1、初始阶段（2008年5月~2009年5月）

这一阶段面临的主要问题是，灾区道路、电力、通讯等基础设施损毁严重，大量农房倒塌，人员伤亡严重，疫控、生活保障、安置形势严峻，灾民情绪不稳定等。针对这些问题，在党中央、国务院的坚强领导下，在国家、省、州各级部门的大力支持下，茂县充分利用灾后恢复重建和国家支持建设羌民族文化生态保护试验区的契机，全力拯救、保护和弘扬羌族文化，先后实施了以文化遗产损毁和传承人伤亡调查、统计、上报，及时抢救转移档案、文物和设施设备，抢修广播电视线路、恢复广播电视运营等为主要内容的灾情调查和抢救性保护工程（2008年5月~6月），以图书借阅、音像图片展

示、慰问演出、电影放映、恢复广播电视运营为主要内容的文化安抚工程（2008 年 5 月～2009 年 5 月）以及以 7 类、48 个方面、22 个大项、186 个子项目构成的文化发展规划编制和文化项目申报（2008 年 10 月～2009 年 5 月）等系列文化工程。为稳定和恢复灾区社会次序，提振灾民信心、开展生产生活自救和灾后恢复重建工作发挥了重要作用。

2、恢复重建阶段（2009 年 5 月～2012 年 10 月）

2009 年 5 月，茂县全面进入灾后恢复重建阶段。我县文化重建的内容包括以文化馆、图书馆、博物馆、茂县非物质文化传习中心（传习所）、乡镇综合文化站、文物保护单位抢救修复等在内的 34 个项目建设，以打造羌文化旅游目的地为目标的"中国茂县羌城"、文化产业园区建设以及包括心理康复，羌民族非物质文化遗产的整理、收集、保护、申报及歌舞编创、展示等十个项目组成的精神家园项目，项目涵盖文化、体育、新闻出版基础设施建设、文化遗产保护、文化产业发展、精神家园建设等众多领域。这些项目的实施不仅极大提升了茂县的文化基础设施条件，为推动羌族文化保护和实现茂县经济社会全面发展提供了有利支撑。

3、发展阶段（2012 年 10 月至今）

2012 年 10 月，茂县的文化基础设施恢复重建工作基本结束，文化发展开始步入新常态。2012 年 11 月以来，在中共十八大、十八届一中、二中、三中全会精神指引下，我县紧紧围绕"两个一百年"发展目标，认真落实中央、省委、州委关于藏区工作的总体部署，以羌文化生态保护实验区建设为契机，提出了"一区一园一廊"建设任务，羌族文化生态保护步入新的发展阶段。

三、建设成就

在党中央、国务院的坚强领导和四川省省委省政府、州委州政府及山西省省委省政府和全国人民的关心支持下，茂县县委、政府认真贯彻十八大、十八届二中、三中充全会和习近平总书记系列讲话精神，分利用灾后恢复重建和国家建设羌民族文化生态保护试验区、藏羌彝走廊文化产业发展等契机，充分利用我县的区位优势和资源优势，以"一廊、一区、一园"（即以九环线为主体的羌族文化走廊，以赤不苏、沙坝、较场为核心的羌文化原生态保护区，以羌城为重点的羌文化产业园）文化建设为抓手，助推实现"四地一中心"（阿坝州的交通枢纽地、工业集中发展地、羌文化旅游目的地、商贸物流集散地和区域经济中心城市）发展目标，羌族文化生态保护工程取得初步成效。

1、灾后恢复重建全面完成。完成了县级文化馆、图书馆、博物馆、新华书店和广播电视台建设工程；21 个乡镇建立了乡镇综合文化站，建筑面积达 5775.86 平方米；完成 22 个村级文化活动室和 21 个广播村村响建设；在全县建设了 8 个非遗传习所和 1 个非遗传习中心等，文化基础建设总投入约 2 亿元，文化保障能力显著提高。

2、文化生态环境持续改善。灾后恢复重建以来，通过生态自然修复、灾害治理、环境治理、村落保护、特色乡镇建设、新农村建设等工程实施，我县基础设施得到极大改善，城乡面貌焕然一新，生态、宜居的发展理念深入人心，文化保障能力显著提高，羌族文化生态空间、生成机制得到一定修复，羌族文化生存和发展环境向好发展。

3、非遗存续能力有所增强。随着羌族文化保护试验区建设的推进，我县羌族文化生态得到进一步改善，民众参与非遗保护的热情得到提高，国家级、省级非遗名录的存续能力有所增强。

4、非遗保护成果显著。一是地震受损的《刷勒日》、《羌族民间故事》（油印本）、释比法具等一批羌族传统文古籍善本、刊物和实物得到抢救；开展非遗普查，收集到非遗线索 715 条，调查项目 201 个，全县非遗"家底"基本摸清；征集能反应羌族生产生活工具、民风民俗、服饰、手工艺品、装饰品、银饰工艺品、宗教、建筑、体育竞技、医药、民间乐器、剪纸等实物757 件，现已有五百件实物征集入库。二是搜集了大量羌族山歌、民间故事、民间传说，出版《羌族民间故事》、《羌族情歌300 首》、《释比经典》、《中国少数民族古籍总目提要 羌族卷》、《羌族民歌1000 首》、《羌笛制作及演奏技艺》、《羌医药大典》等书籍。三是拍摄、制作、出版（发行）了一批反应羌族民俗、生产生活、节庆、建筑等题材的电影《尔玛人的婚礼》、《蝴蝶今夜降临》、《莫朵格依》，纪录片《羌山印象》，宣传片《感恩形象宣传片》和《莎朗舞曲》、《瓦尔俄足节》、《羌族酒歌》、《幸福家园》、《歌从羌山来》、《松坪沟转山会》、《尔玛情》；《瓦尔俄足》、《萨朗舞曲》等音像制品。四是羌族文化资源数据库建设和传统文化进校园工作稳步推进，出版《羌绣》、《羌笛演奏法》等一批乡土教材；建立曲谷乡河西村瓦尔俄足、松坪沟乡岩窝村转山会2 个传习基地，羌年、羌笛制作与演奏、羌绣等 7 个传习所，进一步强化以"传承"为核心的整体保护。五是非遗传承、申报工作有序开展，初步建立起国家、省、州、县四级名录体系和传承人保护体系，拥有国家级传承人2 名、省级29 名、州级47 名、县级48 名。

5、非遗活动蓬勃开展。以羌年、转山会、瓦尔俄足、水神节、感恩节等

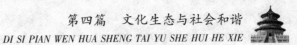

节庆活动为抓手，全面展示羌族文化，为稳定灾区社会次序，提振灾民信心，开展生产生活自救和灾后恢复重建工作发挥了重要作用。通过此次活动，进一步推动了我县文化事业的繁荣与发展，丰富了人民群众精神文化生活，传承、弘扬羌民族民间传统文化，促进羌民族非物质文化遗产保护工作，强化"羌文化核心区"品牌形象，推进我县羌族文化生态保护实验区建设进程。

6、积极探索、实践非遗产业化发展路劲。根据国家文化政策和产业政策，建立 1 个文化产业园（羌城）、1 台大型歌舞（《羌魂》）、2 个国家 AAAA 古寨景区（坪头、牟托）、2 家文化合作社、5 家文化企业（羌寨绣庄、尔玛羌文化传播有限公司等）、5 个生产基地（羌绣、羌族银饰、羌族医药等）和一批特色文化村镇，助推非遗产业发展。

四、主要做法是

1、紧紧围绕"四地一中心"发展目标，加强对羌族文化生态保护实验区建设工作的组织领导。为加强羌文化保护工作，有力推动《羌文化生态保护实验区》建设进程，我县成立了由分管县长挂帅的茂县羌族文化生态保护实验区工作领导小组，明确建设目标，将分解和细化的建设内容落实到各成员单位。领导小组不定期督查项目单位建设进程，逐个了解项目建设情况，及时查找影响建设进度的原因，研究解决问题的办法，有力推进了各项工作。

2、科学规划，分步实施。根据《羌文化生态保护实验区规划纲要》、《四川省羌文化生态保护实验区总体规划》及《阿坝藏族羌族自治州羌文化生态保护实验区规划实施方案》等，茂县结合自身实际制定了《茂县羌文化生态保护实验区总体规划实施办法》，细化各项建设目标、阶段性目标任务，制定了时间表，为有序推进我县羌文化生态保护实验区建设提供了保障。

3、抓平台建设，精心打造亮点。羌文化保护实验区建设是一项系统工程。为加快推进工程建设，我县确立了以"中国茂县羌城"项目建设为切入点和突破口，以点带面，由小及大，最终带动一个大区域发展的工作思路，将"中国茂县羌城"建设纳入灾后文化恢复重建的重点项目来抓。该项目集羌族文化传承保护、休闲体验、科普教育、游乐观光为一体，占地面积 2.15 平方公里，建筑面积 25 万平方米，工程投资约 10 个亿。它的建成和运营有力促进了我县羌族文化生态保护核心地、羌族文化旅游目的地建设进程。

4、抓文化保护，助推项目建设。一是加紧推进羌族物质文化载体的保护和重建。投资 13868 万元的茂县羌族博物馆正按照国家级标准及茂县地标性建筑要求精心打造；营盘山遗址、黑虎羌碉，三元桥等 3 处国家文物保护单位和其他省、州级文物保护单位及村落保护得到保护和维修。二是加快非物质文化遗产的保护、挖掘和整理。以建立保护机制，广泛宣传发动，加强队伍建设，动静结合保护，深入挖掘研究等方式推进"羌文化生态保护实验区"建设。同时加强了非物质文化遗产传承人保护工作，进一步完善了县、乡两级非物质文化遗产名录保护体系。依托"羌族非物质文化遗产传习中心"和8个乡镇传习所建设，充分发挥传承人作用，以国家级、省级非物质文化遗产名录为重点，带动整个非遗项目的传承、展示、推广。

（五）积极参加文化交流活动，多渠道宣传和展示羌文化。一是通过每年举办"瓦尔俄足"、羌年、转山会等民俗节庆活动，调动社会团体和民众参与热情，共同促进非遗项目保护和展示。二是通过参加中央电视台、四川电视台、网络媒体、国际非遗节、文化旅游节、音乐节、文化展演、文化交流等活动，多角度多层次展示羌文化保护、研究成果。三是精心打造的大型羌族原生性歌舞《羌魂》参加全国巡演并落脚羌城；组织"金葵花"羌族（珠e麦）少儿合唱团参加全国少儿合唱比赛。

（六）相继成立了"古尼"羌情协会、尔玛协会、收藏协会、羌绣协会等民间组织，共同参与羌族文化挖掘、整理和保护。

五、今后工作思路

一是以"中国茂县羌城"为龙头，以人文景观和自然景观开发为主线，开展"五挖"（即羌餐挖掘、羌族服饰挖掘、羌族宗教挖掘、羌族民风民俗挖掘、羌族民间艺术人才挖掘）；"七抓"（即抓中国茂县羌城开发、抓羌绣的扶持壮大、抓羌文化开发项目包装、抓文化开发企业的引进、抓文化旅游产业发展优惠政策的制定、抓滨河路段羌文化一条街建设、抓羌文化产业项目和旅游产品的商标注册）等工作，把羌族文化生态保护实验区建设引向深入，着力打造，构建具有羌文化特色的旅游圈。

二是面对羌文化资源急速流失的现状，加紧部署非遗普查；对重点地区、重点项目、重要传承人进行动态化管理，通过建立保护基地、传习基地、特色乡村建设、文化和经济扶贫、改善基础建设、加大项目和传承人申报力度等方式采取必要的特殊政策予以扶持，努力增强传统文化的存续能力；对已经濒危的羌语、释比经典等，制定有效的抢救方案，及时加以抢救。

三是继续抓好羌族文化数字化建设和非遗进校园文化活动，通过建立传承基地等方式加快推进非遗整体保护、生产性保护，努力实现羌文化生态保护实验区建设取得新成效。

四是继续举办非遗节庆活动和展示交流活动。紧紧围绕全力打造羌文化核心城市和创建文化先进县的目标，以基层文化建设为重点，以群众文化活动为载体，在传统节庆期间，开展形式多样的文化活动，丰富群众精神文化生活。

五是加强"校地"合作，加大非遗重大事项、重要项目研究，出版相关成果；围绕国家文化发展战略，依托县域文化资源优势，创作一批高水准、有影响力的文艺、文学和影视等作品，提升羌族文化影响力。

六是非遗工作队伍建设。重点解决非遗工作人员配备不足、更换频繁、兼职过多、缺乏专业人员的问题，解决他们的后顾之忧。

在今后的工作中，我们将继续深入学习和贯彻十八大、十八届一中、二中、三中全会和习近平总书记系列讲话精神，围绕"两个一百年"发展目标，认真落实中央、省委、州委关于藏区工作的总体部署，在"挖掘、收集、整理、弘扬、创新"10 个字上下功夫，继续深入推进羌文化生态保护实验区建设，为茂县"四地一中心"建设和全面建成小康社会作出应有贡献。

作者简介：

余晓平，男，1966 年 7 月生，1989 年 7 月参加工作。现在四川省茂县文化体育广电新闻出版局工作（保留正科级待遇）。

曾先后任职茂县羌族博物馆工作；茂县雅都乡政府副乡长、乡长；茂县雅都乡乡长；茂县文化体育局副局长。2010 年 1 月至今在四川省茂县文体广新局工作（保留正科级待遇）。

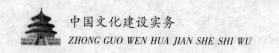

挖掘文化遗产 保护优势资源 培育文化产业

西藏自治区墨竹工卡县文化广播影视局 格 桑 魏花娜

在西藏自治区的首府城市拉萨以东约70公里处，有一个被誉为"天边之乡"的地方——墨竹工卡。墨竹工卡县县域面积5492平方公里，大部分地区处于拉萨河谷平原，地势东高西低，平均海拔4000米以上，总人口54296人，属于青藏高原上典型的半农半牧县。墨竹工卡是吐蕃王松赞干布的诞生之地，是西藏历史上树立碑文最早之地，是西藏13万户中甲玛万户和直孔万户的行政中心，也是直孔噶举教派祖寺的所在地。境内，松赞干布故居强巴明久林宫、世界三大天葬台之一的直孔梯寺、松赞神泉、日多温泉、德仲温泉、甲玛沟、斯布沟等人文、自然景观遍布全县，文化资源开发潜力巨大，为墨竹工卡县发展文化产业提供了丰厚的土壤。

十二五以来，在县委、县政府的支持和帮助下，全县文化事业累计投入3129.29万元，墨竹工卡县逐步由文化资源大县开始向文化产业大县方向转变。

一、出思路，谋发展，确立文化事业发展方向

随着经济的发展，文化产业与文化事业成为社会主义文化建设的重要组成部分，成为市场经济条件下繁荣社会主义文化、满足人民群众精神文化需求的重要途径。在对墨竹工卡县文化事业的基本情况进行调研过程中发现，我县文化资源种类繁多、具有一定的数量规模。但是，由于文化事业特别是文化的产业化发展长期以来没有得到足够的重视，文化资源闲置，文化发展滞后在墨竹是一个十分突出的现象。为改变文化产业发展速度与丰富的文化资源不成比例这一突出的问题，结合墨竹工卡县实际情况，提出了"挖掘和弘扬历史文化遗产，巩固和扩大基层宣传文化阵地，依托旅游发展带动文化产业繁荣"的墨竹文化事业发展的总体思路。在这一思路的指引下，墨竹文化事业和产业化发展开始进入加速期，发展形势日新月异。

二、抢救挖掘文化遗产，弘扬民间文化

在历史发展和变迁的过程中，我县衍生了大量优秀的文化遗产，像直孔

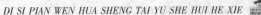

梯寺、藏王松赞干布出生地遗址等名胜古迹；群众性的"锅庄"、"宣舞"、"卓舞"、"藏戏"等表演艺术；唐卡制作、塔巴制陶等民族手工技艺；谚语、歌谣、故事等民间文化；民俗活动、民族节庆、传统游艺等民间特色活动等等。这些文化遗产，作为历史的延续和见证，基本上都是以物或人的形式保留下来，往往因为自然的侵蚀和人物的死亡而消亡，特别是作为"口传心授"方式流传下来的非物质文化遗产更是如此。因而，墨竹工卡县提出了"保护为主、抢救第一、合理利用、传承发展"的原则，开展抢救挖掘文化遗产工作。

1、开展文化资源普查，掌握了解文化资源现状。2007年初，在县委、县政府的重视和支持下，我局在全县范围内开展了各类文化资源普查工作。初步摸清了全县文化资源的现状、分布和文化的起源、延续、发展情况，抢救了一大批濒临消亡的民间文化艺术。选出部分特点突出、特色鲜明、具有显著地域和民俗特色和具有重大历史价值的非物质文化遗产，申报非物质文化遗产项目，并大获成功。截止目前，墨竹工卡县共有非物质文化遗产保护名录37项。其中列入到国家级5项、自治区级4项、市级3项、县级25项。2015年，我县出版了一本《墨竹工卡县非物质文化遗产汇编》，介绍了我县非物质文化遗产的名录、历史以及根源，已发放至各乡镇文化分管人员。在全县的共同努力下，我局放映队获得国家级2007年"送电影下乡"活动优秀农村电影放映队的荣誉称号；我县获得拉萨市2008年度"文化工作先进县"和"文物普查先进县"荣誉称号；2010年度自治区级"文化先进县"；2010年度市级"先进集体"；2011年度拉萨市非物质文化遗产保护和传承工作"先进单位"；2011年度获得国家级"建档90周年优秀影片展映农村数字电影放映优秀放映队"、2012年度市级"文化工作先进单位"；2012年度拉萨市非物质文化遗产保护和传承工作"先进单位"；2015年度"文明单位"；2015年12月，获得国家级"第六届全国服务农民、服务基层文化建设先进集体"等荣誉称号。

2、提供扶持政策，发扬传统文化。掌握了文化的历史脉络、基本现状后，墨竹工卡县又从非物质文化遗产传承的根脉出发，鼓励和支持非物质文化遗产的代表性传承人开展各项传习活动，为非物质文化遗产发展提供必要的资金和场地保障，以保障这些优秀文化遗产的薪火相传和发扬光大。2007年为门巴乡"普堆巴宣舞"业余演出队购买演出服饰；县政府帮助唐卡制作艺人贴息贷款12万元，并连续两年给予资金和物质上的帮助；从2008年开始，县政府针对基层文化建设专门安排了10万元的资金，其中也包括用于非物质文化遗产专项保护。从 2007 年初开始，邀请专业人士对全县的民间艺术进行采风，全面挖掘民间文化艺术的价值。2009 年 3 月，我县正式成立墨竹工卡县松赞民间艺术团。2013 年 10 月，我局联系和沟通南京金陵文化基金会为我县部分非物质文化遗产争取到 25 万的保护资金。为了让非物质文化遗产得到更好地传承，我县成立了三所非物质文化遗产项目传习所：尼玛江热乡刺绣传习所、扎雪乡堆绣唐卡传习所门巴直孔堆绣艺术传习基地。2016 年 5 月，我县非物质文化遗产唐卡等产品参加了南京胡家花园开馆仪式，藏香企业与牛首山风景区旅游文化公司初步确定合作关系。2016 年，我局和自治区藏剧团签订了《非物质文化遗产达布制作藏戏面具合同》，每年有 20 万的成交量。

三、加强保护，文物工作成绩斐然

我县 2008 年被拉萨市文物普查领导小组确定为全市第三次全国文物普查的唯一试点县。为做好这次普查工作，县委、县政府投入 4 万元资金给予支持。普查工作的进行，在许多方面填补了我县文物工作历史上的空白，使我们对全县的文物资源有了更加详细、准确的掌握和了解。从 2005 年开始，县财政每年安排 2 万元资金用于对我县文物的保护工作。截至目前，区级文物保护申报 20 处分别是：直孔梯寺唐加寺、切卡寺、塔巴寺、艾玛日寺、嘎则寺、森格纳摩崖石刻、秋洛查加岩画等。2011 年开始进行墨竹境内古籍普查，截至目前，共普查登记 300 多函古籍，其中 198 函古籍列入《拉萨珍贵古籍目录》。我县是拉萨七县一区中古籍藏量最多的一个县，目前，基本掌握了全县境内古籍藏量及分布，古籍年代久、内容丰富，涵盖人物传记等。

为了保护文物的完整性，保护人民群众精神文化的结晶，2013 年，县上投资 500 万元兴建了西藏首家民间博物馆。同时县里筹措 10 万元推广活动经费，邀请区文物局专家组在 20 天左右的时间内，将民间博物馆收藏的 1612 件（套）精品文物一一鉴定登记。并邀请中央台、区电视台、西藏日报等主流媒体进行了专题报道，2013 年，本项目被列入拉萨市 54 个重点工程之中。2014 年，为做好内部装修工作，县财政先后投入 468 万，用于装修。2015 年 7 月，甲玛古代兵器博物馆建成并开放，是西藏首家民间博物馆，馆内收藏藏品一万余件，是由群觉先生捐出的个人藏品。对本地农牧民群众免费开放。

目前，我县可移动文物普查已完成 95%，现在在进行数据录入工作。

四、巩固文化阵地建设，服务广大人民群众

墨竹工卡县把加强基层文化阵地建设作为一项重点工作，加大投入，努力构建起完善的公共文化服务体系。截止目前，墨竹工卡县有县级综合文化活动中心1座、县级新华书店1座、乡镇级文化活动站8座，40座农家书屋和48座寺庙书屋、27个村级文化活动室、120个村级广播站，提高了基础公共文化规范化水平。

1、充分发挥县综合文化活动中心的作用，丰富县城干部职工的精神文化生活

2007年，我县修建了县综合文化活动中心，总建设资金110多万元，建筑面积350余平方米，使用面积近1000平方米。综合文化活动中心的建成，结束了我县常年来县城干部职工和群众业余文化生活场地缺乏的历史，为干群提供一个功能合理、质量上乘、能够享受高雅艺术，展示自身内涵的最好娱乐休闲场所。县综合文化活动中心新设有图书阅览室、电子阅览室、棋牌室、健身房、非物质文化遗产展厅等。2009年自治区文化厅投资68万元建设文化信息资源共享工程。此机房可同时容纳20人同时上网，丰富了干部群众的文化生活。

根据拉萨市"十三五"规划的要求，2016年，墨竹工卡县申报综合文体中心项目，国家投资1600万，截止目前，文体中心正在办理前置手续，已进行到县综合文体中心建设项目需进行二次可行性研究报告评审。

2、加强乡村文化站（室）建设，建立健全管理制度

2013年，我县5个乡（镇）修建文化站，同时为8个乡（镇）配备图书、电脑、健身器材等文体设备。

我县的村（村小组）级文化站点建设工作得到了上级业务部门的高度肯定。在全市范围首创集村民娱乐、图书阅览室、电影放映室、电视收看室和室外演出舞台于一身的村（村小组）级综合文化活动室建设，基本解决群众看书难、看电影难、收听收看广播电视难，集体活动难的问题。我县加强了对这些基层文化阵地的管理力度，把村组干部吸纳为管理员，提高管理水平，为每个基层文化站（室）订制了门牌，制定出了文化站（室）的管理制度下发到各站（室），明确了管理要求。

3、加强农家书屋工程建设工作

为解决农牧民群众"看书难、借书难、用书难"问题，保障农牧民群众基本文化权益，用社会主义先进文化占领农牧区思想文化阵地的德政工程、

民心工程。2009 年，县政府解决了 5.4 元的配套资金，为 18 个文化站配备了书架、桌子和凳子。县委宣传部给 13 个站点配齐了标准书籍配置。2015 年 11 月 6 日开始，给县域内 22 座农家书屋发放并安装西藏卫星数字书屋设备 22 套，改变群众看书习惯，根据试点效果，推广书屋建设。

4、加强公共文化产品和服务供给

我局每年联合县委宣传部在各单位、乡镇、企业、学校、驻村工作队等大力开展"幸福拉萨"规范舞学跳活动，极大地丰富了干部群众的业余生活。

我局每年以送文化下乡为主题，组织县松赞民间艺术团编创贴近群众的优秀节目，联合卫生、科技、司法、计划生育等部门先后深入各乡（镇）、各村（组）为农牧民群众送去宣传资料，县卫生局医护人员为群众量血压、把脉，发放藏药、西药。每到一处，县松赞民间艺术团的演职员都为群众送去了一台精彩的文艺演出，有歌舞、小品等个节目，吸引当地农牧民群众及路过的区内外游客驻足观看，基本形成了"月月有重点、年年有高潮"的演出形式。

每年，我局都积极参与各乡（镇）举办的文化艺术节，望果节等，并邀请区、市表演团体到我县庆祝"春节、藏历新年"和"3.28"百万农奴解放等重大节日。

同时，我局还继续实施数字电影进农牧区放映工程，坚持"面向基层、服务农牧民"的农村电影放映工作方针，努力使农村一村一月看到一场电影。

五、依托旅游发展，培育文化产业，打造墨竹品牌

挖掘和弘扬历史文化遗产，巩固和扩大基层宣传文化阵地，这两项工作的开展，为墨竹发展文化产业奠定了必要的基础，创造了必要的条件。我县通过宣传具有地方特色和民族特色的文化、艺术等各种形式，让具有墨竹特色的文化走进千家万户。

结合旅游业发展和旅游市场消费需求，大力发展文化产业。2011 年，我县充分利用塔巴陶瓷厂，再次邀请江苏宜兴陶瓷厂技术人员提供技术指导，以实现文化产业和旅游产业的联动发展，并结合旅游景点的发展，依托县委、县政府重点打造的龙头景区——甲玛景区的大发展，包括全县各处景点风景、传统节日、墨竹特色服饰、非物质文化遗产展销场地等，作为对外宣传各类文化产品和旅游纪念品的重要据点。

我县通过主动联系区内外主流媒体来宣传和保护我县的文化、文物资源，引起了全社会对传统文化、文物保护和传承工作的共同关注，进一步促进了

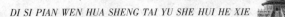

我县旅游业的持续发展。区内外主流媒体制作和播出了相关墨竹文化、文物的十几部专题节目，在央视一套我的中国梦系列节目中播出了六分钟的《一个农民的建馆梦》，在西藏电视台播出了专题节目《甲玛王宫》和《赤康古城》，《墨竹婚俗》；在新华社视频新闻中播出了《唐加寺古壁画》；西藏诱惑专题播出了《唐加寺古壁画——守望者》、《西藏陶瓷》、《堆秀唐卡》等；在国内外网络媒体播出了展示世界最大唐卡的活动现场。西藏日报每周三连载刊登一期介绍墨竹非物质文化的专题文章。同时我县还专门制作播出《幸福门巴专题》和《全区非遗汇报演出》、《发展中的墨竹文化》、《门巴乡仁多岗村文化艺术节》、《发展中的门巴乡》、《崛起的扎雪乡》等专题片，宣传墨竹文化，让广大群众认识墨竹，了解墨竹。

为了让墨竹品牌走出去，我县的直孔藏医、刺绣唐卡参展拉萨市举办的"2011年雪顿节非遗展示展演"活动。在参展期间，共向游客、群众发放我县非物质文化遗产宣传册100余册，刺绣唐卡传承人向游客进行了现场展演，直孔藏医传承人还为群众进行了现场义诊。扎雪乡直孔刺绣唐卡参加了深圳文化博览会唐卡展，并获得了第二名。我县门巴乡的原生态舞蹈《其琼美央》入选为西藏电视台2012年藏历年晚会节目之一，共有90名当地农牧民群众在拉萨市参加了晚会录制。2014年2月26日，我县普堆巴宣舞被选入2014年拉萨市电视台、四川康巴卫视藏历新年晚会，并完成录制。我县还积极配合西藏电视台栏目组《西藏诱惑》，拍摄和制作以展现我县甲玛沟博大精深的历史文化景观和厚重历史文化艺术的大型专题系列片《走进甲玛沟》。直孔噶举金锦宝串刺绣唐卡是由非物质文化遗产"直贡刺绣唐卡"第六代传承人米玛次仁及其9位徒弟耗时九年制作完成的巨幅唐卡，于2013年6月底在尼玛江热乡其玛卡村成功通过吉尼斯世界纪录认证师的认证并列入吉尼斯世界纪录，在现场颁发了认证书。此唐卡总面积达10200平方米、高120米，宽85米成功打破世界纪录。

依托南京墨竹的援建关系，2016年5月，我县组织全县非物质文化唐卡共35幅参展南京胡家花园开馆仪式，向南京人民介绍具有西藏特点、墨竹特色的唐卡展品，引起了巨大的社会反响。

从确立发展思路，到抢救和挖掘文化资源，巩固基层文化阵地，再到依托旅游发展，打造文化产业、墨竹品牌仅仅几年时间，墨竹工卡县的文化事业就取得了前所未有的发展。墨竹工卡县将积极调动各方资源、借鉴各方经验、汇集各方力量，群策群力，稳扎稳打，共绘墨竹文化发展蓝图，为提高全市文化软实力作出积极地贡献。

突出民族特色　发挥资源优势
努力推动肃北文化产业大发展大繁荣

甘肃省肃北蒙古族自治县文化体育局　赵彦成

"十二五"以来，在县委、县政府及上级主管部门的正确领导下，肃北县文化产业坚持以华夏文明传承创新区建设和"一带一路"建设为契机，以传承、保护、发展、繁荣民族优秀传统文化为重点，以加大文化项目建设力度为支撑，以民族文化与旅游融合发展为手段，积极发挥民族文化特色优势，着力打造民族文化品牌，全县文化事业突飞猛进，文化产业有序推进。

一、"十二五"期间文化产业发展情况

肃北县紧紧围绕省市华夏文明传承创新区建设的决策部署和打造"三区两园一县"工作思路，大力实施"文化强县"战略，把文化产业作为一种新兴产业，大力发展文化事业和文化产业，全县文化建设全面迈上新台阶。

（一）政策扶持，鼓励文化产业加快发展

自 2013 年华夏文明传承创新区建设工作启动以来，我县高度重视，及时组建肃北县华夏文明传承创新区建设工作领导小组，编制了《华夏文明传承创新肃北项目区建设规划》，确定了总投资 77 亿元的 10 大类 54 个文化项目，落实了每年 2000 万元的文化旅游发展资金和 500 万元的文化产业发展专项资金，进一步强化组织领导和责任落实，确立了以建设 1 个民族文化生态旅游产业基地，以县城为中心的民族文化体验区、以石包城遗址为中心的古城体验旅游区、以马鬃山为中心的史前动植物化石探秘及边塞文化旅游区、以盐池湾为中心的草原湿地生态观光摄影休闲度假区的"一基地四园区"文化旅游发展框架，打造民族文化、边塞文化、草原文化、丝路文化 4 大品牌，突出基层文化体系建设、群众文化活动开展、文化精品创作、文化产业振兴、非物质文化遗产保护、重点文物的开发利用"6 大重点，培育壮大文化演艺业、民族旅游业、餐饮娱乐业、工艺品加工业、影视广播业、广告印刷业等 6 大产业的"14466"工作思路，以华夏文明传承创新区建设加快文化产业发展的进程。

（二）突出特色，做大做强文化支柱产业

我县坚持以项目为龙头，采取招商引资、政府投入、合作开发等多元投资方式，"十二五"期间共实施文化项目12项，累计完成投资4.5亿元。其中党河峡谷民族文化风情园项目被纳入全省"3341"工程项目库，完成投资近6000万元；投资建成以培训、研发、生产为一体的马头琴文化研发生产培训基地，扶持成立温格金民族文化贸易有限公司；紫亭湖、水上乐园、盐池湾自驾游暨五个庙石窟文化生态旅游景区等一批产业项目陆续开工建设；积极培育文化非营利组织，扶持成立肃北县民间文化协会、非物质文化遗产保护协会、蒙古长调协会、肃北蒙古族服饰暨刺绣协会、旭日干马业协会、戈壁琦舟驼业协会等非营利性组织9个；积极走出去开展招商引资，签约文化产业项目6项，签约资金2.7亿元。累计实现文化产业增加值1.04亿元，年均增速为25%；加快融入敦煌文化旅游经济圈，不断完善旅游基础设施条件，共接待游客45.53万人次，实现旅游收入3.7亿元，年均增长26%。

（三）准确定位，助推文化产业良性发展

研究制定我县《加快文化产业发展实施意见》和《肃北县文化奖励办法》，改造培育能够适应现代市场竞争的产业主体和龙头企业，降低民间资本进入门槛，鼓励引导非公有制文化企业发展，落实好税收"营改增"等多项扶持政策，壮大和催生一批中小文化也去，支持有比较优势和竞争力的骨干文化企业做大做强，切实壮大产业规模。完善落实文化产业奖励机制，对经营好的和社会效益好的文化企业进行奖励，以奖代补，引导扶持和培育一批文化企事业单位。设立肃北县社会科学奖和肃北县党河文艺奖，按照"重点开发、以点带面、整体推进、逐步提升"的思路，培育文化市场主体，简历完善文化产业体系，优化结构和资源配置，一活动为载体繁荣文化事业，发展和壮大文化产业，挖掘地域文化资源潜力，提升我县文化内涵。

二、"十三五"文化产业发展思路和打算

（一）发展思路

坚持以党的十八届五中全会的五大发展理念为指导，立足资源优势，突出民族特色，以主动融入敦煌文化旅游圈为方向，以文化旅游基础设施建设为突破口，按照"重点开发、以点带面、整体推进、逐步提升"的思路，促进文化和旅游深度融合，加快推进敦肃阿旅游一体化进程，把肃北县建成特色鲜明，民族文化风情浓郁的民族文化风情园。

（二）重点任务

1. 打文化遗产牌，放大品牌效应，变"文化遗产"为"文化产业"。物质文化遗产着重开展文物本体抢险保护、基础设施建设、展示弘扬等工作，遴选最具优势的石窟寺、古建筑、古遗址和古城址等几大类文物，兼顾文化线路、文化景观、近现代工业遗产等新品类文物，重点实施五个庙石窟开发保护及旅游景区基地，大黑沟、灰湾子、七个驴岩刻画保护工程，石城遗址抢救性保护建设，马鬃山玉矿遗址抢救性保护，马鬃山明水军事要塞遗址抢救性保护建设、肃北县透明梦柯冰川地质公园等项目。非物质文化遗产坚持"保护为主、抢救第一、合理利用、传承发展"的指导方针，坚持政府主导、社会参与，运用市场和产业手段对传统文化资源进行保护、传承和发展，促进文化与旅游业的深度融合，实现各级各类文化遗产都得到有效保护管理和可持续发展，以国家级非物质文化遗产肃北蒙古族服饰生产性保护示范基地，蒙古族祝赞词的保护及传承、马头琴制作工艺保护项目及马头琴生产建设、马上用具制作工艺保护项目、蒙古族婚俗、生态民间文学挖掘保护和发展等项目。构建科学有效的文化遗产保护和传承体系，有效推动文化遗产与旅游、资源与产业的深度融合，把资源优势转化为经济发展优势，提高历史文化遗产对经济社会发展的贡献率。

2. 打民族特色牌，深度包装挖掘民俗文化，变"无形文化"为"有形产业"。以雪山蒙古族服饰、歌舞、长调、马头琴、呼麦、祝赞词、英雄史诗等民族文化和饮食、马上用具、刺绣、浮雕、烫画、银器、手工艺品、婚礼、剪发、祭敖包等民俗文化以及赛马、赛驼、射箭、摔跤等蒙古族传统体育活动、游牧狩猎、蒙医蒙药、蒙古象棋等生产生活民俗活动为抓手，在深入挖掘和传承保护的基础上进行优化提升和包装推广，使之成为具有鲜明民族特色和经济贡献率的文化产业项目。坚持办好那达慕节会，以专业化的途径深挖民俗文化内涵，以组织化的方式培强民俗产业，以规模化的效应提升年节文化，以那达慕民族风情文化旅游节为抓手，通过举办民族服饰展示、原生态民歌演唱、民族歌舞表演、赛马、摔跤等文化体育系列活动，扩大文化品牌节会的影响力，以文化艺术推进我县文化产业良性发展。有力提升了肃北的影响力和美誉度，为进一步打造蒙古族歌舞、饮食、服饰等民俗文化产品与民族旅游业融合奠定基础。

3. 打地域特色牌，融合提升发展，变"自然资源"为"文化产品"。发挥肃北处在敦煌文化百公里辐射圈相邻性，蒙元文化风情，自然资源丰富，可有效延伸敦煌文化旅游的产业链的差异性和地处中国西部蒙古族居聚区的中心坐标地带区位性的特点，做实文化旅游融合发展着力点，优化文化产业布局结构，利用黄金季节吸引国内外旅游人员在肃北开展游购娱活动，促进文化与旅游、商贸等行业的融合，提高文化产业规模化、集约化、专业化水平，形成支持文化振兴的增长极。一是加快文化旅游深度融合。打破区域、行业分割，突出文化旅游主题，统一规划整合资源，提升景区、线路、产品、服务的文化内涵，将主题性强、地方特色明显的文化资源串联整合。二是加快资源融合。深入挖掘民族民俗文化资源，培育做大旅游演艺市场。三是依托丰富的自然资源和人文风光建成摄影基地，引进社会资本探索建立影视拍摄基地，吸引影视拍摄、摄影爱好者来肃北摄影采风。

（三）工作打算

一是高标准完成《肃北文化生态旅游产业基地规划》、《进一步加快文化产业发展五年规划》和《肃北县加快文化产业发展实施意见》编制工作。制定文化产业发展财政扶持引导政策，加大招商引资力度，每年财政投入 500 万元用于扶持培育小微文化企业，吸引各类实体参与文化产业开发，大力推进"店转企"工作。

二是多元融资 6 亿元重点实施肃北县民族文化产业园、盐池湾自驾游观光营地、民族文化商业步行街、五个庙文化生态旅游景区、透明梦柯 29 号冰川综合开发等 5 个文化旅游产业项目。

三是鼓励社会资金围绕民族饮食、歌舞、服饰、节庆等传统习俗，开发文化产业项目，扶持成立一批具有潜力、特色明显的文化企业，力争文化投入年均增长 30%，2020 年累计达到 25 亿元，文化产业增加值年均增长 30% 以上，2018 年占到 GDP 的 3%，2020 年占到 GDP 的 5%，全县接待游客总人数达到 40 万人次，县内旅游业总收入达到 3.5 亿元，文化产业成为我县第三产业中的中流砥柱。

四是挖掘民族文化的丰富内涵，打造民族文化精品，在舞剧"雪山蒙古人"推广演出的基础上，挖掘资源潜力，突出地方特色，创新节会形式，提高节会品味，在旅游黄金季节举办那达慕风情旅游节、广场文化艺术节等具有地方特色文化体育节会，形成以节会赛事促旅游、促宣传、聚人气的良性互动局面，引导文化旅游业健康有序发展。

三、文化产业建设存在的困难问题及建议

从近年发展态势看，肃北县文化产业发展取得了一定成效，但还存在一些亟待解决的问题：一是文化资源丰富，但分布分散，也太层次低，开发成

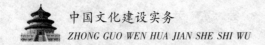

本高，潜力挖掘不深，开发利用不足；二是文化产业结构不够合理、规模小，实力弱，层次低，缺少龙头带动企业，产业集中度和集约程度较低；三是文化产业总体投入水平低，基础设施建设滞后，投融资支持体系不够健全；四是文化经营人才短缺，文化产业创新能力不强，竞争力有待提高。

在今后的工作中，我们将在立足本县民族优势的基础上大力发展民族文化产业，早谋划，勤申报，抓落实，争取将我县文化产业发展落进全市文化产业发展的盘子，针对下一步的工作，我们建议如下：一是借助敦煌文化产业发展优势，利用肃北文化旅游资源与敦煌的差异性、互补性，积极与敦煌、阿克塞开展文化旅游业对接合作，延伸文化旅游路线，以旅游业带动和促进文化产业良性发展；二是优化文化产业结构，结合我县文化特色设立针对文化物质遗产发展专项基金，保护和挖掘处于濒危状态、具有文化和科学价值的优秀非遗项目，扶持成立民族文化龙头企业，促进文化产业结构总体提升；三是制定出台支持文化产业发展的法规、意见，落实支持文化产业发展的优惠政策，在资源开发、市场培育、技术引进上给予政策倾斜和支持，落实文化产业扶持资金，在招商引资、税收、土地供给等方面的优惠政策；四是健全文化产业人才培养机制，采取请进来、送出去的方式，促进文化产业管理人才、经营人才成长进步。创新思路，拓展提升民族手工艺品、民俗产品发展空间，促进我县文化产业特色化发展。

撬动民间资本　大力发展文化产业

甘肃省陇西县文化广播影视局

陇西县是全国文化先进县和省级历史文化名城，也是甘肃省华夏文明传承创新区建设重要节点城市和核心区域之一，具有加快发展文化产业的良好基础和独特优势。近年来，陇西县充分发挥地方特色文化资源优势，通过政府扶持引导、市场化运作的模式，多元化撬动民间资本，积极发展民营文化企业，形成了一大批战略性新型文化产业，全县文化产业规模化、集约化、专业化水平不断提高，有力助推了全县经济平稳较快发展。

一、激活民间资本，助推文化产业发展

近年来，陇西县积极抢抓国家"一带一路"战略和全省华夏文明传承创新区建设的良好机遇，紧紧围绕建设"文化旅游强县"和打造"世界李氏文化中心"的目标定位，深入挖掘地方特色文化资源，通过政府扶持引导、市场化运作的模式，多元化撬动民间资本，有力推动了全县文化产业持续发展。县上先后制定出台了《陇西县文化产业发展"十二五"规划》、《陇西县"文化兴县"战略实施意见》、《关于加快发展旅游业的意见》等一系列指导性文件，制定出台了《陇西县华夏文明传承创新区建设有关优惠政策》，从财税、土地、规费等方面对县内落地的文化产业园区、重点文化企业和文化产业项目予以扶持，同时，针对文化产业项目前期手续办理、工程建设工作量大面宽、企业实施难度大的实际，实行文化产业项目县级领导牵头挂靠制度和县直部门协调服务制度。牵头挂靠领导对负责的项目从洽谈签约、手续办理、工程建设等方面进行全程协调调度，相关部门抽调人员进驻项目现场，协助企业办理立项、环评、用地、规划等手续，协调解决项目推进中存在的困难问题。通过建立完善项目公开征集、项目筛选储备和项目推介制度，让符合国家产业政策、市场潜力大、投资回报好的项目成为民间投资的重点，引导民间资本向专业化、规模化、特色化、科技化、现代化方向发展。

二、突出项目带动，促进产业转型升级

由华盛公司建设的华夏文明传承创新区·陇西文化旅游创意园，规划建

设华盛欢乐世界、渭水风情街、陇西影视城和中医药养生谷四大板块，该项目于 2014 年 8 月开工，建设年限为 2014~2017 年。于 2015 年 8 月 16 日正式开园运营的第一板块"华盛欢乐世界"是立足陇西地处"座中四联"的区位优势，200 公里范围覆盖 1000 万以上人口，且缺少大型游乐设施的实际，规划建设的融观赏性、娱乐性、趣味性为一体的现代化大型游乐园。其中科技含量最高的是采用高科技技术，为游客提供不同视听体验的环球天幕影院和环境 4D 影院，环球天幕影院通过三维仿真技术，结合密集的 LED 灯光和数字音响系统，为游客展示一个 360°视角全景立体的模拟场景，使游客完全融入影视模拟的场景之中；环境 4D 影院采用 180~240 度柱面银幕，通过动态特技、特效模拟处理，营造与节目环境相配套的真实环境，座椅可以产生顶背、臀部滚动、喷风等动感特技效果，使观众观影时产生身临其境的真实感受。影视互动剧场是一个最新型交互式游乐剧场项目，观众在观看影片时可与影片卡通人物形成互动成为电影中的一个角色。"古国影城"板块主要建设襄武古邑、古国宫苑、渭河九坊三大主题区，重点突出秦、汉、唐、元、明、清等 6 个朝代的建筑风格，能够真实而艺术地展现古陇西郡的历史风貌和人文景观，打造别具匠心的古装影视拍摄基地。华盛集团投资拍摄的大型古装电视剧《神医皇甫谧》已完成后期制作，将在各大卫视陆续播出，电视连续剧《西北剿匪记之擒狼》和纪录片《我的家乡我的家·陇西篇》正在拍摄。项目全面建成运营后，将以"古莱坞"为主体，打造集影视文化、丝绸之路文化、陇西传统文化、中医药养生文化及现代高科技文化创意于一体的大型文化产业园。年可接待游客 70 万人（次），实现营业收入 2 亿元，上缴税金 1200 多万元，直接提供就业岗位 1200 多个，间接带动 5000 多人就业。

在省政府"渭河源头文化复兴计划"的推动下，由甘肃昊翰文化集团投资建设，是国内首个渭河流域文化产业基地。其文物保护、文化展示、商旅开发为一体的综合运作模式，将成为甘肃非公有制经济发展文化产业的标志，也是陇西城市新名片、陇西旅游新亮点。该项目分两期建设，建设年限为 2015~2016 年，重点建设渭河文化艺术中心、丝路风情商贸街、食来食往餐饮街、千年药都百货城、四大书院文化城、空中别墅艺术家公寓、千年渭水文化大道，一期工程于 2014 年 10 月开工，二期工程于 2015 年 4 月开工建设。目前，已完成餐饮一条街、文化小微企业孵化园、中医药养生体验区等一期主体工程建设。项目建成后，将成为集电商产业集群、中小企业孵化、零售购物、餐饮休闲娱乐、运动健身、教育培训、旅游接待、文化产品开发等多功能、全方位综合配套的现代文化商业街区。

三、创新发展机制，文化旅游融合发展

紧密结合李氏文化和中医药文化两大资源优势，制定出台了《陇西县关于推进文化创意和设计服务与相关产业融合发展的实施意见》以及《陇西县关于加快发展文化旅游产业的意见》等文件，完成了《陇西县华夏文明传承创新区建设"十三五"时期文化与旅游深度融合发展实施方案》、《陇西县李氏文化产业发展"十三五"规划》等9项规划的编制。依托现有旅游资源和区位优势，进一步改善旅游环境，加快旅游硬件建设，进一步提升旅游吸引力。加快旅游产品的设计开发，先后生产地产中药材膳食礼品以及肉制品、李氏宗亲礼品酒、李家龙宫纪念品等特色商品45类530多个品种。积极扶持中小微文化企业发展，不断提升文化产业的整体规模。把举办李氏文化节会作为传播区域文化、带动产业发展、彰显地方特色的重要手段，成功举办三届世界李氏文化旅游节，通过举办全球李氏恳亲大会，打造陇西李氏文化平台，吸引更多的海内外李氏华人到陇西寻根祭祖和投资兴业。

加强对李家龙宫、威远楼、文峰塔、保昌楼、仁寿山公园等遗址遗迹和景点的保护修缮，依托历史人文景观，打造县内一日游精品线路，促进了文化资源与旅游品牌的融合，恒发国际大酒店评定为四星级和银叶级旅游饭店，实现了全市四星级酒店创建工作零的突破。通过招商引资等方式不断拓展李家龙宫景区开发建设空间，李家龙宫藏经楼正式落成，弥勒殿项目完成主体工程建设。

深挖特色　创新思路　多措并举
全力以赴打造兴海群众文化及文化产业

青海省兴海县文化体育广播电视局　关却杰　赵隆曙

一、"十二五"期间我县文化产业发展情况

近年来，随着我县深入实施"文化强县"战略，我县文化产业从无到有，总体呈现以下良好发展态势：

（一）总量规模不断扩大

一是为我县文化产业发展早日步入正轨，尽快实现文化产业一条街的发展规划，在2013年召开政府常务会，确定目标、积极引导、出谋划策，进行调研截止目前从我县选出27家文化产业公司帮助并引导其中23家文化产业户注册成立公司。再次从中甄选出了13家有发展潜力的文化产业公司，在县委、县政府以及发改局等单位的大力支持与帮助下统一入住到了格萨尔商业街为7家企业免除租金，为新兴产业户提供了良好的发展空间。全县27家文化产业公司共有327名员工；二是从前年开始我县每年都会在县群众文化体育场馆举办了"迎新春"民族手工艺品展销会，去年参展企业达到了14家，是我县历史以来规模最大，品位最高的一次民族手工艺品展销会。三是组织文化产业公司参加省内外各类贸易洽谈及展销会，为产品销售打下坚实的基础，加大了我县的对外知名度。

2014年我县文化产业增加值为420万元，2015年完成我县文化产业目标增加值为483万元，实际完成文化产业增加值510万元（销售额1758×29%），完成率105.5%，同比上一年增长了21%。

民间艺术蓬勃发展。全县金银器加工形成一定规模公司的2家，分别为兴海县尖措藏文化银饰艺术有限责任公司和兴海县吉浪民族金银制品有限公司；传统藏族服饰加工形成一定规模的3家，分别三江源惠民文化传媒有限公司、雪德民族服饰有限公司和藏族传统手工服饰制作店；藏绣形成一定规模的2家，分别为三江源安多文化产业有限责任公司、藏族传统手工服饰荟萃；堆秀形成一定规模的1家为堆秀艺术定制店；佛像雕塑形成一定规模的2

家为雪域珍宝文化产业有限公司、藏族佛像艺术定制店；石雕形成一定规模的 3 家，分别为仁钦邦佐文化有限公司（藏香制作）、雪山聚福文化产业有限公司和万玛石刻工艺美术中心；帐篷加工形成一定规模的 1 家为兴海县三江源帐篷加工厂；黄河奇石形成一定规模的 1 家为兴海县黄河奇石文化产业有限公司。

在结构优化上做文章，增强产业发展的综合实力。着力建成"藏族石刻、民族服饰及饰品加工、藏绣、民族歌舞"四大特色产业。石刻方面如对仁钦邦佐文化有限公司这样的企业，已经有了良好的发展基础，发展规划方向明确，内部管理比较规范，生产经营效益较好，具有较大的发展空间，在政府积极引导下，鼓励企业不断加大产品开发力度，在增加石刻种类，提高生产数量和质量的同时不断开发藏香、桑料、刺绣线等的制作和加工，着力延伸产业链条，促进企业向规模化、效益化发展。民族服饰及饰品加工方面，引导兴海县民族金银工艺制品有限公司等民族饰品加工企业联合，积极探索藏民族服饰、饰品的一条龙加工生产路子，这样既能扩大企业规模，使之上规模，上档次。同时也能为需求着提供更加便利的服务。藏绣方面，鼓励所有的藏绣企业积极联合，建立藏绣企业协会，通过股份制的合作经营模式，扩大企业生产经营规模，提高生产效益。鼓励产业户购买电绣设备，从业人员可通过外地培训、聘请专业人员培训等方式，不断引进先进电绣技术和工艺流程，切实提高藏绣的质量和品位。民族歌舞方面，注重挖掘藏族唱经调、则柔表演、扎念弹唱、民歌演唱等非遗文化和民俗传统文化，通过文化艺术演艺中心的编排加工，并通过舞台形式表演出来，让这些民俗传统文化焕发出生机，从而达到继承和发扬传统民族文化艺术的目的。

各单位帮扶情况。发改局扶持资金共计：28 万元（帮扶对象为：仁钦文化有限公司）；三江源办扶持资金共计 26.7 万元，（帮扶对象为：三江源安多文化产业有限责任公司、三江源惠民文化传媒有限公司、尤拉石雕文化产业有限公司、尖措藏文化银饰艺术有限公司，多数为培训费）；文化局扶持资金共计：14.2 万元，（帮扶对象为：尖措藏文化银饰艺术有限公司、浪民族金银工艺品有限公司、三江源惠民文化传媒有限公司）；县水务局扶持资金共计：7.6 万元，（帮扶对象为：尤拉石雕文化产业有限公司）；7 家文化产业公司得到县政府免费提供一年铺面和厂房，并免费提供水、电、暖，2015 年开始降低对入驻格萨尔商业街公司的租金。

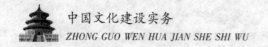
二、我县民族文化产业发展存在的困难和问题

一是优势发挥不够。我县拥有极具地方特色的民族文化资源，但没有得到很好的发掘、利用、创新、包装、宣传，文化资源优势向产业优势、市场优势转化的能力较弱，民族文化产业还没有与旅游产业紧密结合起来。二是产业规模很小全县文化产业总量偏小、结构单一、市场主体规模较小、实力不强、经营管理水平不高，文化产业对经济增长的贡献率偏低。三是缺乏发展文化产业所需的管理型人才、经营型人才、创意型人才、市场推广型人才缺乏，特别是高层次、高技能、复合型、外向型人才更为缺乏，难以适应文化产业的快速发展。

三、"十三五"期间我县文化产业发展目标

一是特色文化产业培育取得明显进展。到 2020 年，完成集农、牧业产业、文化产业为一体的县文化产业园、县民俗文化影视村等一批产业园区基地建设：实施 14 个文化产业项目建设，文化产业规模以上企业达到 10 家以上，文化产业产值规模达到 820 万元；二是创新培育发展工作思路。依托丰富的民族民间特色文化资源，走特色化、差异化、集聚化发展之路。三是建成文化产业培训中心，统筹各方资金，在文化园区内建成文化产业培训中心，聘请专家和专业人员对从事文化产业人员定期培训，提高从业人员素质和工作技能；五是建成网络销售"一条街"。因地理位置及气候原因我县人口流动量相比其它兄弟县要稍微少一点，所以，有些文化产业户客流量不是太大。但，我县的民族文化氛围却十分的浓厚，随着人们精神文化水平的提高，好多外地人对一些带有民族特点的工艺品十分感兴趣。所以，下一步我们将引导文化产业户招聘一些待业大学生，让年轻大学生弥补产业户们不懂电脑、网络的缺陷，为文化产业户在网上开网店，这样我县的产业户不仅省去开店所需的日常开销，还解决了我县部分待业大学生的就业问题，对提升我县对外知名度更是发挥了积极作用，只要硬件不出问题我县文化产业户就可以实现 24 小时营业了。

四、"十二五"期间我县群众文化活动进展情况

"十二五"期间，我县的文化体育广播电视工作在民间文学整理、群众文化辅导、文物保护、非物质文化遗产保护、文艺创作、全民健身、设施建设、广播电视（930 台）、活跃群众文化生活等方面，做出了显著的成绩，全县人

民的文化素质、文化生活质量、健康水平、体育生活质量及社会文明程度显著提高，结合我县"十二五"主要重点建设项目规划，我局进一步加强公共文化体育设施建设，坚持公共文化设施建设城乡统筹、普遍性等原则，按照县有中心（文体活动中心）、社区有场（文体广场）、乡镇有站（综合文化站）的要求，建成县、乡镇、村委会文体设施配套、上下联动，文化基础设施得到了明显改善，为促进我县经济社会发展发挥了积极作用。

（一）抓引导、凸特色、群文水平整体上升

一是每年年初我县文化馆演员会对各乡镇业余文艺团体进行为期30天的培训，初八开始我县各个乡镇、村社的老百姓陆续在东格尔广场进行"新春"文艺演出，经过评委组挑选优秀节目于元宵节进行了优秀文艺节目汇演。形成了城乡联动局面，充分惠及群众，使广大群众广泛参与，共享节日快乐。二是组织县城各单位、乡镇进行广场演出，（如：阿则、扭秧歌、社火、山歌、弹唱、藏戏）等民间传统节目，截止目前累计组织举办各类广场文化活动30余场（次），演出节目300余个，观众达8万余人（次）；节目精彩纷呈，吸引了众多的观众驻足观看，每次演出兴海的东格尔广场都呈现出一派欣欣向荣的景象，充满了发展腾飞的希望。此外各乡（镇）场文化站也立足当地，积极开展了形式多样、地方特色浓厚、群众喜闻乐见的群众文化活动，促进了全县群众性文化活动的蓬勃开展。三是群众文艺精品硕果累累。2016是我县12年一次的"火猴转山年"社会各界人士都会陆续来我县朝拜及观光，文化工作更是重中之重，这关系着我们县对外知名度的好坏与否，文艺演出算是重头戏，3月中旬开始我县文体工作者深入唐乃亥乡加吾沟村等地为准备"火候转山年"文艺演出挖掘各类非物质文化遗产表演项目，对各乡镇非遗《阿则》、《玛尼式唱经调》等项目传承人进行了培训，并对乡镇业余文艺团体进行了排练，现正在创作一批反映时代特征、体现民族特色、讴歌时代精神的精品力作。

（二）抓普及、促发展，群众体育迈上新台阶

半年来，为突出全民健身活动的方便性、就近性，自发性。我们还积极引导各单位、各体育协会，健身爱好者，积极开展群众喜闻乐见的体育健身活动，形成了一批健身爱好者，半年共举办各类体育赛事26次（如：徒步环城体验活动、赛马、赛牦牛、拉巴牛、篮球、藏棋、乒乓球等），各类活动呈现出百花齐放，百家争鸣的喜人景象。除按要求组织参加上级统一安排的各项活动外，我局立足各乡镇实际，充分利用文化站及村级文化活动室，认真组织开展了丰富多彩、健康向上、形式多样的群众性文化体育活动。

每年的群众文化活动都会在往年的基础上提升质量与数量，去年我局结合工作实际，注重研究文化服务供给向注重研究群众文化需求转变，提出并实施了公共文化"菜单式"服务，自9月初活动开展以来，共收到群众来信来访115份"订单"，根据群众的"订单"我局已放映电影25场；文艺节目21个；电视节目播放14400分钟；文化市场监管11次；发放图书3000余册、更换流动图书一次，受到了广大农牧民群众的一致好评。

五、我县群众文化活动存在的问题

截至目前，我县的群众文化建设还存在以下几个方面：

一是流于表面，注重形式，忽视文化建设的实质。很多乡镇、社区开展文化活动的次数比较多，但并未能吸引多少居民的参与，过来过去就是那几个人，最终活动沦为举办者的自娱自乐，这样不但起不到文化建设的作用，反而浪费乡镇、社区文化建设经费。二是群众文化阵地专业人员缺失，无法满足不同文化层次居民的要求。我县是一个多民族地区，而居住在同一社区的居民文化需求和层次也各不相同，老百姓个人修养良莠不齐，文化爱好大有差异，因此在群众文化建设中必须有专业文化人考虑到老百姓的不同需求，定制各民族群众不同的文化需求，而现在因为基层文化阵地严重缺失专业人才导致这一现象这严重打击了群众参与群众文化活动的积极性。

六、群众文化工作发展方向

一是不断加强文化队伍建设，认真开展群众性文体活动。鼓励专业文化工作者和社会各界人士参与基层文化建设和群众文化活动，形成专兼结合的基层文化工作队伍。抓好文化工作者职业操守和业务技能培训。抓好文化人才引进工作。加强节目的创作、编排、传承民族民间文化、加大送书、换书、借书力度、扩大免费电影放映点、丰富群众文化生活，组织和开展群众性体育活动与公益性演出。深入挖掘民族文化资源，创编各民族的歌曲、舞蹈、乐器类精品节目。

继续贯彻落实《全民健身条例》，加大大型体育场馆免费开放工作力度及设施完善工作。通过将全民健身事业纳入经济社会发展总体规划，我局将制定并推动落实全民健身实施计划，推进各级各类体育协会发展，健全街道、乡（镇）、村、社区及机关、企事业单位群众体育组织，不断完善城乡公共体育场馆设施，积极组织各级各类群众体育活动。

文化资源魅力无穷

新疆维吾尔自治区莎车县文化体育广播影视局 陈海洋

莎车县地处新疆维吾尔自治区西南边陲，塔里木盆地西南，喀喇昆仑山西北麓的帕米尔高原之下。素有"丝路重镇、古城莎车"的美誉，是丝绸之路南道的军事驻守重地，西域 36 国中较大的城廓，山川毓秀，沃野千里，物华天宝，人杰地灵。蜚声海内外的大型音乐古典套曲《十二木卡姆》就诞生在这里。县域总面积为 9037 平方公里，辖有 32 个乡镇（街办、管委会），485 个行政村、73 个社区；居住着维吾尔、汉、回、塔吉克、乌孜别克等 20 多个民族，全县 100 余万人。有着 3100 多年历史的文化底蕴，中原文化、西域文化、佛教文化、大河文化、玉石文化、草原文化、昆仑文化等文化在莎车交相辉映，相得益彰，形成莎车多样文化齐并存，特色文化扬魅力，现代文化为引领的文化发展长廊，为文化事业发展的突飞猛进奠定了坚实的基础。

一、文化阵地遍地开花

在上海市对口支援的大好条件下，莎车县始终将文化设施建设纳入城乡总体规划，有计划、分步骤地逐步完善县、乡镇、村各级群众文化设施网络，尤其是突出抓好县、乡、村文化基础设施的建设，不断提高文化设施覆盖率和文化设施的服务功能与作用，高标准建设一批标志性公益文化设施，逐步完善全县的公共文化服务体系。近两年，先后投资 1200 余万元完成体育场主席台改造工程、故乡园舞台改造工程、影剧院改造工程；投资 1000 余万元新建故乡园观礼台；投资 430 万元完成塔克拉玛干（喀尔苏）沙漠旅游区游客中心建设项目；投资 1600 多万元修建和布展"丝绸之路"·莎车博物馆，投资 600 余万元为故乡园和体育场安装了 6 架高杆灯；投资 1.5 亿元用于莎车非遗博览园建设项目；投入 1.8 亿元新建城南新区教学园区体育中心项目，对莎车体育事业发展具有里程碑式的意义，是一项功在当代，利在千秋的重大民生工程；充分利用国家体育总局的 2000 万资金，修建标准篮球场地 75 个，并为 400 个行政村配了健身路径以及其他体育器材；完成 343 处村级文化室和 11 处社区文化室建设任务；完成 519 处"农家书屋"建设任务。

二、文体活动丰富多彩

莎车县依托各类文体设施广泛组织以"欢庆诺鲁孜节"、"百日广场文化活动"、"十二木卡姆文化艺术节"、"庆元旦万人长跑活动"、"迎新春社火"、"元霄节灯展"等为主体的文化体育活动，形成大型活动定期办，节日文化活动不断线，阵地文化活动常开展的文体活动格局，有效的满足了城乡居民日益增长的文化体育健身娱乐需求。

在欢庆诺鲁孜节期间，全县32个乡镇（街办、管委会）、县直100多个单位广泛组织诸如篮排球赛、斗鸡、斗羊、麦西来甫、木卡姆弹唱等文体活动，共同述说美好的向往；"百日广场文化活动"为各乡镇、各系统党委、各单位提供了一个自我展示的平台，丰富多彩、形式多样的文艺节目时时在十二木卡姆故乡园上演，有效的满足了各族人们日益增长的娱乐需求，莎车县连续6年被新疆维吾尔自治区党委宣传部、文化厅授予"百日广场文化活动先进县"称号；为了使十二木卡姆这一人类瑰宝得以更好的发扬光大，莎车县自2005年以来已成功举办十届十二木卡姆文化艺术节，特别是2007年和2012年所举办的十二木卡姆文化艺术节规模宏大、内容丰富，有效的提升了十二木卡姆对外的知名度，十二木卡姆艺术节也曾因此膺立全国十大节庆奖项；节庆文化日益彰显出它无穷的魅力，成为城乡居民节日里的一道亮丽的风景线。"迎新春庆元旦万人长跑活动"诠释了莎车人们"我参与、我快乐、我健康"的健身理念；"乡村百日文体竞赛活动"，有效丰富了乡村农牧民的业余文化生活；"迎新春社火"、"元霄节灯展"活动，展示了全县社会安定和谐、人民安居乐业、百业蒸蒸日上的大好氛围；"庆七一"歌咏比赛，唱响了"祖国好、共产党好、社会主义好"的主旋律；"八一"建军节所组织的军地联谊文艺活动，进一步深化了军爱民、民拥军的军民鱼水情；"十一"升国旗仪式，倾述了莎车人们对祖国的无限热爱、对美好生活的追求、对未来的无限憧憬。精心选派12名演员，2016年4月4日~5月20日，由木卡姆文化传承中心组织参加新疆民族乐器展（代表新疆维吾尔族），新疆民族特色乐器展是新疆首次面向中西部地区举办的民族特色乐器展和文艺演出，从4月7日开始，陆续在乌鲁木齐、西宁、兰州、银川、西安、郑州等丝绸之路沿线城市进行巡展和演出，获得了巨大成功，国内外媒体对此次演出特别关注，为宣传莎车起到了非常重要的作用。

三、文化市场繁荣发展

莎车县文化市场，几经发展初步形成网吧、游艺动漫、歌舞娱乐、音像制品、印刷复印、台球娱乐在内的综合性文化市场经营体系，现各类文化经营单位已达 213 家，其中歌舞娱乐场所 6 家，音像制品零售 30 家、网吧 19 家，书报刊零售店 20 家、印刷厂 8 家、台球 25 家、打字复印店 105 家。通过建立系列化管理制度，实现了对出版物市场和印刷企业的规范化、法制化管理。在管理工作中体现了"管理到位，服务到位"的理念，建立"扫黄打非"领导责任制，加大"扫黄打非"工作的力度，为构建和谐文明的文化经营环境，服务莎车改革发展稳定大局作出了积极贡献。

四、非物质文化遗产发展井然有序

莎车县历史悠久，拥有众多反映当地群众文化、风俗、历史、建筑、雕刻、手工艺、书法等方面的珍贵文物。当前莎车有 67 处文物保护单位，其中国家级文物 2 处、自治区级文物 10 处、县级文物 55 处。特别是国家级文物保护单位—叶尔羌汗国王陵、加米清真寺，作为莎车县旅游业发展的主打品牌，为莎车旅游业的发展增添了一定的动力；做好文物保护基础性工作，落实文物保护"四有"，根据《文物保护法》中对不可移动文物管理的要求，认真做好文物保护单位"四有"工作（有保护机构、有保护标志、有记录档案、有保护范围），加大文物实体的修缮工作，筹资 120 余万元对叶尔羌汗国王陵进行整体修缮改造，筹集 30 万元对阿曼尼莎罕纪念陵进行维修，筹集 30 万元在新疆率先出版《莎车瑰宝》这一非物质文化遗产集锦。

非物质文化遗产的保护日趋完善。对县域内的非物质文化遗产项目进行了彻底普查，并登记、造册、建档，当前共有 10 个门类、101 项非物质文化遗产项目登记在案，其中有国家级保护项目 3 个、自治区级保护项目 5 个、地区级保护项目 7 个，有国家级传承人 5 人、自治区级传承人 3 人。莎车县喀群乡因喀群赛乃姆艺术在本地具有浓厚的群众基础，被喀什地区文化体育局命名为文化艺术之乡。莎车县因十二木卡姆艺术倍受区域内各族人们的青睐，区域内已成功举办了十届十二木卡姆文化艺术节，活动规模宏大、内容丰富、社会效益明显，同时各类小型十二木卡姆文化活动不分时段、不分地点的在县域内时时演绎，对外知名度日益增高等特点，被国家文化部艺术服务中心命名为中国民间文化艺术之乡。

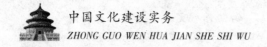

五、文化交流魅力无穷

享有"天籁之音"美誉的十二木卡姆艺术，以其独特的魅力震撼着国内外各大舞台，歌舞着经久不衰的神话。2012 年，在自治区举办的"打起手鼓唱起歌"文艺调演活动中，莎车代表队以其强劲优雅的舞姿、高亢婉转的曲调，惊艳全场，获得优秀节目奖、优秀表演奖、创新奖、最受群众欢迎奖；在喀交会、乌洽会、丝绸之路喀什噶尔国际旅游节上，莎车民间艺人用十二木卡姆旋律感染着来宾、传递着友谊，为有效推介莎车增添了动力；代表新疆维吾尔自治区参演中国青海西宁国际原生态舞蹈暨现代舞艺术节，在 8 个国内代表队及 32 个国际代表队中，独占鳌头，获优秀展演奖；代表喀什地区参加中国洛阳河洛文化旅游节，在 4 个国家和 36 个国际代表队中，独领风骚，获优秀表演奖；在中央电视台、香港、土尔其等地演出，莎车民间艺人以独特的造型、强大的阵容、精湛的技艺亮相舞台，人民日报、新华社等各大媒体竞相报道，各族群众赞不绝口，有效宣传了新疆歌舞事业、提升了莎车的知名度和影响力。

六、辛勤耕耘荣耀一方

几多耕耘，几多收获。近年来，莎车县十二木卡姆艺术入选世界级非物质文化遗产名录，喀群赛乃姆艺术、维吾尔医药、乌孜别克族习俗哎西莱·叶莱入选国家级非物质文化遗产名录，6 次荣获自治区百日广场文化竞赛先进县，3 次荣获自治区"扫黄打非"工作先进集体，获批自治区维吾尔木卡姆生态保护实验区。在 2013 年里莎车县文化事业发展又呈现出多点开艳花、多面结硕果的局面。莎车县民间木卡姆艺术团在中央电视台综艺频道《舞蹈世界》栏目与中国舞蹈家协会联合录制的舞蹈世界舞蹈全民星之非物质文化遗产专辑节目中，荣获"舞蹈世界舞蹈全民星之非物质文化遗产专辑特别荣誉奖"、加米清真寺升级为国家级重点文物保护单位、荣获 2012 年自治区全民健身活动优秀组织奖、莎车县手工刺绣杯垫在 2013 年第三届中国新疆国际民族舞蹈节配套活动之"新疆礼物"创意设计大赛上荣获铜奖、在第三届中国新疆国际民族舞蹈节配套活动之"新疆礼物"创意设计大赛上荣获优秀奖。在获批自治区维吾尔木卡姆文化生态保护实验区之后，积极争取国家级文化生态保护实验区，目前已被自治区列为全疆唯一的申报国家级文化生态保护实验区。特别是在北京召开的第五届全国服务农民、服务基层文化建设先进集体表彰座谈会上，在新疆获得的 9 个基层单位获得"先进集体"称号中，其中 3 项归属莎车县，分别是莎车县文工团荣获长期坚持在农村为农民演出并受农村群众欢迎的县级及以下文艺院团类"先进集体"、莎车县广播电视台荣获广播电视"村村通"工作中表现突出的县及乡镇广播电视机构类"先进集体"、喀什地区新华书店莎车连锁店分店荣获长期坚持为农民服务、深受农民群众欢迎的基层图书发行类"先进集体"。

"路漫漫其修远兮，吾将上下而求索。"莎车的历史悠久，莎车的文化厚重，莎车的旅游业方兴未艾，莎车是令人流连忘返的地方，莎车的魅力正越来越多地吸引着国内外宾客。我们将以党的十八大和十八届三中、四中、五中全会精神为引领，以习近平总书记提出的"丝绸之路经济带"为契机，坚定"道路自信、理论自信、制度自信、文化自信"，不忘初心，继续前行，以增强莎车文化软实力为目标，以激发各民族文化创造活力为中心环节，以建设综合性文化服务中心为保障，以"只有努力才能改变，只要努力就能改变"为动力，寓教于乐，和谐发展，莎车十二木卡姆故乡的欢乐，将会越演越浓，各民族团结大发展的凯歌，将会越唱越响。

作者简介：

陈海洋，男，汉族，中共党员，甘肃天水人。现任新疆维吾尔族自治区莎车县文化体育广播影视系统党委副书记，文化体育广播影视局局长。

1990 年 7 月，毕业于西北师范大学历史系，1997 年 12 月，毕业于中央党校函授学院党政管理专业，研究生学历。工作 25 年来，笔耕不辍，先后在《人民日报》、《中国财经报》、《新疆日报》、《喀什日报》等 20 多家报刊杂志发表文章 160 多万字，曾任新疆兵团农三师五十二团政治处宣教科副科长，中共莎车县委办公室主任，莎车县委机关党总支书记、莎车县拍克其乡党委书记、中共莎车县委宣传部常务副部长、莎车县民政局局长，现任莎车县文化体育广播影视系统党委副书记，文化体育广播影视局局长。

第五篇
文化遗产保护

第一章 简述

文化遗产是一项宝贵的财富，不管是国际社会还是所在的国家和地区，都在加大加强对文化遗产的保护力度。随着社会的发展，在文化遗产保护工作中也不断出现新的问题，作为文化遗产保护学界，就要面对这一现实，为文化遗产的保护和研究作出新的贡献。人类社会自迈入 20 世纪以来，社会发展取得了前所未有的成就，政治、经济、文化等各方面都得到了空前的发展。政治上，摆脱殖民统治，实现国家解放、民族独立，在经历冷战、东西方对峙和美苏争霸之后，国际政治格局向多元化方向发展；经济上，科学技术的突飞猛进大大加速了经济发展和竞争的进程，各国纷纷展开了向信息社会迈进的步伐，伴随经济发展而来的全球化和一体化成为席卷全人类的浪潮，尤其是 20 世纪的最后几十年，人类的科技发明和思想文化创造超过了过去几千年的总和，人类无论对自然界的认识，还是对社会发展的认识，以及对自身存在的认识都取得了前所未有的成就。

任何事物的发展都带有两面性，人类社会的发展也是如此，在经济发展、生产力提高和生活改善的同时，对文化遗产的保护又成为人类面临的突出问题。例如美国对伊拉克的战争，伊拉克土地上曾承载着 7000 年的文明见证，历史遗留的文物、古迹颇为丰富，但这一切都在炮火中遭到毁灭性破坏，遗址被破坏，国家博物馆被抢掠，文物大量流失。又如地区冲突带来的破坏同样令人心惊胆战，巴米扬大佛是世界上最高的立佛，距今已有 1500 多年历史，2001 年 3 月 12 日，大佛遭到了塔利班政权的野蛮轰炸，爆炸声持续了三四天，大佛轰然倒塌，举世闻名的优秀遗产顷刻化为乌有。再如 20 世纪六七十年代，埃及在尼罗河上游修建阿斯旺水坝，水坝建成后，造成建于公元前 1250 年左右的阿希·辛拜勒神庙被水淹没。还有印度的亨比古迹群是印度维查耶那加尔帝国最后的首都遗址，但亨比新建的两座吊桥破坏了自然环境，

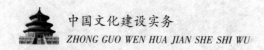

也威胁了该世界遗产的完整性。伴随经济发展和大工业而来的环境恶化对传统文化遗产的破坏也让人心痛而又束手无策，如酸雨对我国峨眉山古建筑的破坏、对南京古观象台的侵蚀、对乐山大佛裸露基岩的破坏，等等。加强对文化遗产保护就成为迫在眉睫的历史使命。

社会发展意味着打破旧有的模式，前进则意味着要抛弃一些旧有的传统，然而打破什么、抛弃什么和保护什么？这是今天社会发展过程中人们必须思考和回答的问题。面对优秀的文化遗产答案只有一个，那就是加强保护，更好地为今天和将来发挥作用。

历史的经验表明，经济越发展，社会越进步，人们对传统的依赖就越强烈，对传统的寻根意识也越浓厚。因此，联合国教科文组织成立以来，一直致力于人类文化遗产的保护，努力在经济获得发展的同时，寻找"破"与"立"的标准，寻找"舍"与"得"的平衡点，也使作为体现人类"表情"的文化遗产得以留存，不仅是在记忆中，而是要人们真真切切地体会到鲜活的"表情"的多样性，以及这种多样性对人类发展的促进作用。在国际社会的共同努力下，包括中国在内的各国已经认识到了文化遗产保护的重要性和必要性，纷纷着手对本国文化遗产的保护和研究。目前，人类对自身遗产的认识从文化遗产发展到自然遗产，从人文景观发展到双遗产，从口头与民间习俗发展到非物质文化遗产，人类的文化遗产观就是在这样的大背景下，不断发展、不断丰富和充实。

第一节　文化遗产的概念

一、文化与遗产概念辨析

（一）文化概念辨析

什么是文化？不同学科给出了不同的答案，不同领域专家给出了不同的定义。1952年，美国著名文化人类学专家克罗伯（A. l. kroeber）和克拉克洪（D. kluckhohn）的《文化：一个概念定义的考评》（Culture：A Critical Review Of Concept And De finitions）一书共收集了166条有关"文化"的定义，到目前为止，新的文化定义仍在不断出现，累计已经超过2000多个。由此可见，真正把什么是文化说清楚，也不是一件容易的事。

据王建新博士考证，在中国古文献中，把"文"与"化"两个字连在一起作为一个词来使用始于西汉，刘向的《说苑》中有"圣人之治天下，先文德而后武力。凡武之兴，为不服也，文化不改，然后加诛"。这里的"文化"意为以文德教化，使人们成为合乎礼仪规范的人的意思。在英文词典中 culture 被解释为精神文明、教养、训练、培植、繁殖、耕作、照管等，这些含义概括起来就是指通过人工劳作，将自然界的野生动植物加以驯化和培养，使之成为符合人类需要的品种。由上可见，中西"文化"一词的最初含义是不同的，中文的文化侧重对人的精神和风俗的改造，而西方早期"文化"一词侧重改造自然。目前，文化的倾向指两个方面：一是人类创造的物质文化和精神文化的综合；二是社会生活方式的总称。

（二）遗产的概念及演变

中文的"遗产"一词最初的含义为"财产"，是指祖辈留下来的物质财富，如《后汉书·郭丹传》载有"丹出典州郡，人为三公，而家无遗产，子孙困匮"，《温国文正司马公文集》卷七六载有"诸兄欲分魏公遗产"，《述学外篇》卷一有"乃尽与遗产于诸弟，而独任丧葬之事"，等等。在诸多的古代文献记载中，"遗产"的含义一直都是祖辈的财产遗留，其范畴一直局限在"家"或私有财富的范畴，还没有扩大上升到国家或公有财富的范畴。随着时代的发展，赋予了很多词汇以更多的内涵，"遗产"一词也不例外。有学者使用"爆炸"一词来形容"遗产"一词内涵和外延的变化，在近现代社会发展中，"遗产"已经不仅仅指"祖辈留下来的物质财富"，1933 年胡适在芝加哥大学发表著名的演讲《中国的文艺复兴》，其中就提到"文化遗产"。他说："非常奇异的是，这场新的运动（指五四新文化运动）却是那些懂得他们的文化遗产而且试图用新的现代历史批评和探索方法来研究这个遗产的人来领导的。"此时遗产的含义已经从物质财富扩大到精神财富。"二战"后，国际社会赋予了"遗产"一词更多的内涵，而与"遗产"搭配的词越来越多，如自然遗产、文化遗产、双遗产等等，在与"遗产"搭配的众多词汇中，备受关注的是文化遗产。

二、文化遗产的分类及有关概念

（一）文化遗产的分类

过去人们对自身的遗产认识大多停留在物质文化遗产层面，随着社会的进步和认识的不断提升，人类对自身遗产认识不断加深，逐渐从文化遗产中分离出自然与文化双遗产和文化景观。根据联合国教育科学文化组织（以下简称教科文组织）1972年颁布的《世界文化和自然遗产公约》和2003年颁布的《保护非物质文化遗产公约》，文化遗产主要包含物质文化遗产和非物质文化遗产两大类，物质文化遗产又包括文化遗产（主要指文物、遗址和建筑群）和文化景观。

（二）与文化遗产有关的概念

随着人们对自身文化和历史的审视不断加深，人类对自身遗产的认识经历了一个不断深入和提升的过程。到目前为止，人们将自身创造的文化遗产划分为物质文化遗产、非物质文化遗产、双遗产（自然与文化遗产）、文化景观等。

1. 文化遗产。文化遗产泛指在人类社会发展过程中，人们创造或者借助自然力创造的各种精神财富和物质财富的总和。各种文化遗产或因存在的地域不同而不同（如沿海地区和内陆地区），或因环境的差异而相异（如热带与寒带），或因不同的民族而各有自己的特点（各民族都有自己的民族习俗）。各类文化遗产是人类历史发展的见证，是从事历史研究的科学依据，更是社会发展的宝贵财富。在中国，对文化遗产过去习惯称为传统文化，而且是以物质文化遗产为主体，把精神文化遗产放在民间文化、民俗文化、民间艺术中。现在国际遗产学界则将文化遗产分为物质文化遗产和非物质文化遗产两大类，构成文化遗产的基本框架。

2. 物质文化遗产。物质文化遗产指具有历史、艺术和科学价值的文物，包括古遗址、古墓葬、古建筑、石窟寺、石刻、壁画、现代重要史迹及代表性建筑等不可移动文物，历史上各时代的重要实物、艺术品、文献、手稿、图书资料等可移动文物，以及在建筑式样、分布均匀或与环境景色结合方面具有突出普遍价值的历史文化名城（街区、村镇）。

3. 非物质文化遗产。非物质文化遗产保护理念出现于20世纪50年代。1950年日本颁布的《文化财保护法》中提及了无形文化财保护，首次触及了无形的文化遗产保护理念。此后国际社会对人类无形的文化遗产保护给予了关注。非物质文化遗产定义的确定有一个逐渐深入的过程，1989年以来至少作了五次修正，因此，非物质文化遗产有多次定义。2003年10月，联合国教科文组织颁布了《保护非物质文化遗产公约》，首次以公约形式对非物质文化遗产进行了概念界定：非物质文化遗产指被各群体、团体、有时为个人视为其文化遗产的各种实践、表演、表现形式、知识和技能及其有关的工具、实物、工艺品和文化场所。各个群体和团体随着其所处环境、与自然界的相互关系和历史条件的变化不断使这种代代相传的非物质文化遗产得到创新，同时使他们自己具有一种认同感和历史感，从而促进了文化多样性和人类的创造力。按上述定义，"非物质文化遗产"包括以下方面：（1）口头传说和表述，包括作为非物质文化遗产媒介的语言；（2）表演艺术；（3）社会风俗、礼仪、节庆；（4）有关自然界和宇宙的知识和实践；（5）传统的手工艺技能。

2005年12月，国务院颁发了《关于加强文化遗产保护的通知》，将非物质文化遗产界定为：非物质文化遗产是指各种以非物质形态存在的与群众生活密切相关、世代相承的传统文化表现形式，包括口头传统、传统表演艺术、民俗活动和礼仪与节庆、有关自然界和宇宙的民间传统知识和实践、传统手工艺技能等以及与上述传统文化表现形式相关的文化空间。

"非物质文化遗产"新概念的出现有着特定的时代背景。《保护非物质文化遗产公约》对非物质文化遗产所作的界定是国际社会协商的结果，其表述和类别划分具有国际通用性，对各国相关工作的开展具有指导性意义。我国对非物质文化遗产所作的两次界定大体一致，没有大的区别，是在联合国教科文组织所作表述的基础上，结合我国国情与实际的表述。

4. 双遗产。双遗产指自然和文化价值相结合的遗产。一般指由自然力和环境形成的自然景观，又附上人文的因素，例如，中国的黄山，其载体是一座风景奇特、物产丰富的山体，人们在此又赋予其宗教、文化、艺术等杰出的人文内涵，成为具有自然遗产价值和文化遗产价值的双遗产的代表。

5. 文化景观，又称"人文景观"。文化景观概念，是1992年12月在美国圣菲召开的联合国教科文组织世界遗产委员会第16届会议上提出的，并纳入《世界遗产名录》。文化景观是指有人为因素作用形成（构成）的景观，人为因素主要有文化、建筑等因素。文化景观可据古今人类成就的形式分为若干类：历史遗址、园林、建筑、民居、城市风貌、文化风貌等景观。人文景观是人类生产、生活活动的艺术成果和文化结晶，是人类对自身发展过程科学的、历史的、艺术的概括，并见之于形态、色彩以及其他的整体结构组合之中，自然因素制约人文景观。人文景观虽然是古今人类文化、生活活动的产物，但其形成和分布，不仅受历史、民族和意识形态等因素的制约，而且还受自然环境的制约，如地质条件、地理位置等。

6. 文化遗产保护。关于文化遗产保护主要有三方面的内容：一是对文化遗产的产生、发展、表现、价值和作用的研究；二是对文化遗产的保护措施和实施；三是针对文化遗产内涵、价值在民族发展、民族精神延续中的作用进行宣传、教育和弘扬。

第二节　国际社会对文化遗产保护工作的记录

　　国际社会对文化遗产关注与保护由来已久，从近现代国际公约所见，早在 1899 年和 1907 年通过的《海牙公约》和 1935 年通过的《华盛顿条约》中就确立了关于武装冲突中保护文化财产的各项原则。联合国教科文组织成立之后，通过了一系列关于文化遗产保护的公约、建议和建议案，如 1954 年的《武装冲突情况下保护文化财产公约》，1956 年的《关于适用于考古发掘的国际原则的建议》，1962 年的《关于保护景观和遗址的风貌与特性的建议》，1968 年的《关于保护受到公共或私人工程危害的文化财产的建议》，1972 年的《保护世界文化和自然遗产公约》，2003 年的《保护非物质文化遗产公约》，等等。这些文件、公约和建议体现了国际社会对文化遗产的保护态度。

　　1954 年，联合国教科文组织通过《武装冲突情况下保护文化财产公约》。该《公约》主要是认识到在当时武装冲突中文化财产遭受到严重损害，而且由于作战技术的发展，文化遗产正处在日益增加的毁灭威胁之中。对任何民族文化财产的损害亦即对全人类文化遗产的损害。因为每一民族对世界文化都有其贡献，对各民族创造的文化遗产的保存，对世界各民族都具有重大意义；因此，国际社会应下决心采取一切可能的措施来保护文化财产，而对文化财产的保护应包括对该财产的保障和尊重。对文化财产的保障是指各缔约国承允采取其认为适当的措施，以于和平时期准备好保障位于其领土内的文化财产免受武装冲突可预见的影响。对文化财产的尊重包括：（1）各缔约国承允不为可能使之在武装冲突情况下遭受毁坏或损害的目的，使用文化财产及紧邻的周围环境、或用于保护该项财产的设施以及进行针对该项财产的敌对行为，以尊重位于其领土内以及其他缔约国领土内的该项文化财产。（2）本条第 1 款所述义务仅在军事必要所绝对需要的情况下方得予以摒弃。（3）各缔约国都承允禁止、防止及于必要时制止对文化财产任何形式的盗窃、抢劫或侵占以及任何破坏行为。他们不得征用位于另一缔约国领土内的可移动文化财产。（4）他们不得对文化财产施以任何报复行为。

　　《武装冲突情况下保护文化财产公约》出台有着特定的时代背景。"二战"后动荡的国际环境下，这一公约的出台对保护文化财产免于武装冲突的破坏具有一定的约束作用，对文化财产的保护发挥了重要作用。不仅是"二战"后，对当今国际环境下的文化遗产保护也同样具有一定的借鉴意义。

1956 年 12 月，联合国教科文组织在新德里通过了《关于适用于考古发掘的国际原则的建议》。该《建议》认为，保存过去的纪念物和作品主要依赖于各民族自身对这些纪念物和作品的尊重与热爱，这种情感可以通过由各成员国发展科学和国际关系而大大加强；对过去时代作品的思考与研究所激发的感情对促进各国间的相互了解大有作为。虽然各个国家更直接关心在其领土上的考古发现，而国际社会作为整体也会因这些发现而更富有。因此，从整体利益上有必要对一切考古遗存加以研究，并尽可能予以保存和妥善保管。

1962 年 12 月，联合国教科文组织在巴黎通过《关于保护景观和遗址的风貌与特性的建议》。人类在各个时期自觉或不自觉地使存在的景观和遗址的风貌与特征受到损坏，从而使得全世界各个地区的文化、艺术甚至极重要的遗产濒于枯竭。因原始土地的开发、城市中心盲目的发展以及工商业与装备的巨大工程和庞大规划的实施，使现代文明加速了这种趋势，这种趋势尽管到 20 世纪已有所减弱，但这已经影响到景观和遗址的艺术价值以及野生生物的文化和科学价值，所以，保护景观和遗址对人类生活必不可少。对人类而言，它们代表了一种有力的物质、道德和精神的再生影响，是许多国家经济和社会生活中的一个重要因素，而且大大有助于保障其居民的健康；而社会生活及其演变以及技术进步迅速发展，就亟须为保护各地的景观和遗址的风貌与特征考虑和采取必要的措施。

1968 年 11 月，联合国教科文组织在巴黎通过《关于保护受到公共或私人工程危害的文化财产的建议》。通过该《建议》主要是考虑到当代文明及未来的发展除了其他因素外，还有赖于全世界人民的文化传统、创造力以及社会与经济的发展，文化财产是过去不同传统和精神成就的产物和见证。因此，它是全世界各民族特征的重要组成部分，应根据文化财产的历史和艺术价值尽量予以保护，使文化财产成为人们据此可以了解自身价值的精神生活的一部分。联合国教科文组织认识到世界文明在人类发展中应发挥的作用，但由于工业的发展和城市化的趋势，那些具有艺术、历史或科学价值的古迹遗址正日益受到公共和私人工程的威胁，各国政府有责任尽力对人类文化遗产进行保护和保存，协调文化遗产的保护和社会经济的发展所带来的变化。

1970 年，联合国教科文组织在巴黎通过了《关于禁止和防止非法进出口文化财产和非法转让其所有权的公约》。该《公约》认为，世界各国间为科学、文化及教育目的进行的文化财产交流增进了对人类文明的认识，丰富了各国人民的文化生活并激发了各国之间的相互尊重和了解。文化财产是构成

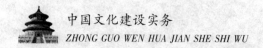

文明和民族文化的一大基本要素，只有尽可能充分掌握有关其起源、历史和传统背景的知识，才能理解其真正价值。因此，各国有责任保护其领土上的文化财产免受偷盗、秘密发掘和非法出口的危险。为避免这些危险，各国必须认识到尊重本国及其他所有国家的文化遗产的道义责任；而非法进出口文化财产和非法转让其所有权妨碍了各国之间的谅解，联合国教科文组织的一部分职责就是通过向有关国家推荐这方面的各项国际公约以促进这一谅解，只有各国密切合作，才能有效保护文化财产。

1972 年 11 月，联合国教科文组织在巴黎通过了《保护世界文化和自然遗产公约》。该《公约》注意到文化遗产和自然遗产越来越受到破坏的威胁，一方面是因年久腐变所致，同时也有人为的原因造成更为严重的损害或破坏现象。任何文化或自然遗产的坏变或丢失都会使全世界遗产枯竭，国家一级保护这类遗产的工作往往不是很完善，原因在于这项工作需要大量投入，而列为保护对象的财产的所在国却不具备充足的经济、科学和技术力量。而现有的关于文化和自然遗产的国际公约、建议和决议表明：保护对象不论属于哪个国家哪个民族，对全世界人民都很重要。部分文化或自然遗产具有突出的重要性，应作为世界遗产的一部分加以保护，鉴于威胁这类遗产的新危险的规模和严重性，整个国际社会有责任通过提供集体性援助来参与保护具有突出的普遍价值的文化和自然遗产。这种援助将成为所在国的有效补充，为此，有必要通过采用公约形式，以便为重要的文化和自然遗产建立一个根据现代科学方法制定的永久性的有效制度。

1972 年 11 月，联合国教育、科学及文化组织大会第十七届会议于巴黎通过了《关于在国家一级保护文化和自然遗产的建议》。该《建议》考虑到在一个生活条件加速变化的社会里，就人类平衡和发展而言，至关重要的是为人类保存一个合适的生活环境，并与其前辈留下的文明痕迹保持联系，使文化和自然遗产在社会生活中发挥积极的作用，并把当代成就、昔日价值和自然之美纳入一个整体政策；而时代特有的新现象为自然遗产和文化遗产保护带来了严重的危险和威胁，这些遗产的保存应该成为当代和未来文明的一种源泉，因此，任何一个国家都有责任保护并确保将它传给后代。

1976 年 11 月，联合国教科文组织在内罗毕通过了《关于历史地区的保护及其当代作用的建议》。该《建议》认为，历史地区是各地人类日常环境的组成部分，它们是历史的生动见证，提供了社会多样化所需的生活背景的多样化；自古以来，历史地区为文化、宗教及社会活动提供了最确切的见证，保护历史地区并使它们与现代社会生活相结合是城市规划和土地开发的基本因素；面对因循守旧和非个性化的危险，这些昔日的生动见证对于人类和对那些从中找到其生活方式缩影及其某一基本特征的民族，是至关重要的；整个世界在扩展或现代化的借口之下，拆毁（却不知道拆毁的是什么）和不合理不适当重建工程正给这一历史遗产带来严重的损害；历史地区是不可移动的遗产；为了使这些不可替代的财产免受它们所面临的退化甚至全部毁坏的危险，各国当务之急是采取全面而有力的政策，把保护和复原历史地区及其周围环境作为国家、地区或地方规划的组成部分。

1978 年 11 月，联合国教科文组织在巴黎通过《关于保护可移动文化财产的建议》。该《建议》主要是注意到世界范围内众多博物馆及类似机构的创建、展览数目日益增多、旅游者持续不断地涌向收藏品、纪念物和考古遗址，公众要求了解、欣赏文化遗产的同时却加剧了文化财产的保护不当、运输中的风险及在一些国家重新兴起的私自发掘、盗窃、非法贩运及野蛮破坏行为。因为风险的加剧，而且由于市场上文化物品价值的增长，在没有适当政府担保制度的国家，综合保险费用超出大多数博物馆能力所及，也是组织国际展览及不同国家间交流的严重障碍。可移动文化财产是人类共同遗产的一部分，因而每个国家在保护这些文化财产上对国际社会整体负有道义责任，各国应加强并普遍实施确保对可移动文化财产有效保护的风险预防和控制措施，并与此同时降低对所产生风险进行保险的费用。

1990 年 10 月，国际古迹理事会大会在洛桑通过《考古遗产保护与管理宪章》。起草宪章的原因主要是：考古遗产构成记载人类过去活动的基本材料。因此，对其保护和合理的管理能对考古学家和其他学者代表人类当前和今后的利益对其进行研究和解释起到巨大的作用。对这种遗产的保护不能仅仅依靠使用考古学方法，它需要较广泛的专业和科学知识与技能基础。例如，有些考古遗产的构成是建筑结构的组成部分，在这种情况下，就必须根据 1966 年保护和修复古迹遗址的威尼斯宪章所规定的这类结构的保护标准进行保护，考古遗产的其他构成是当地人民生活习惯的组成部分，对于这类遗址和古迹，当地文化团体参与其保护和保存具有重要意义。由于这些原因以及其他一些原因，考古遗产的保护必须依靠各学科专家的有效合作，它需要政府当局、学术研究人员、公私企业以及一般民众的合作。因此，该《宪章》规定了有关考古遗产管理不同方面的原则，其中包括公共当局和立法者的责任，有关遗产的勘察、勘测、发掘、档案记录、研究、维护、保护、保存、重建、信息资料、展览以及对外开放与公众利用等的专业操作程序规则以及考古遗产保护所涉及的专家之资格等。

1987 年 10 月，国际古迹遗址理事会在华盛顿通过了《保护历史城镇与城区宪章》。该《宪章》认为：（1）所有城市社区，不论是长期逐渐发展起来的，还是有意创建的，都是历史上各种各样的社会的表现。（2）本《宪章》涉及的历史城区不论大小，其中包括城市、城镇以及历史中心或居住区，也包括其自然的和人造的环境。除了它们的历史文献作用之外，这些地区体现着传统的城市文化的价值。今天，由于社会到处实行工业化而导致城镇发展，许多这类地区正面临着威胁，遭到物理退化、破坏甚至毁灭。（3）面对这种经常导致不可改变的文化、社会甚至经济损失的状况，国际古迹遗址理事会认为有必要为历史城镇和城区起草国际宪章，作为《国际古迹保护与修复宪章》（通常称之为《威尼斯宪章》）的补充。这个新文本规定了保护历史城镇和城区的原则、目标和方法。它也寻求促进这一地区私人生活和社会生活的协调方法，并鼓励对这些文化财产的保护。这些文化财产无论其等级多低，均构成人类的记忆。（4）正如联合国教育、科学及文化组织 1976 年华沙——内罗毕会议《关于历史地区保护及其当代作用的建议》以及其他一些文件所规定的，这种保护、保存和修复及其发展并和谐地适应现代生活所需的各种步骤。《保护历史城镇与城区宪章》主张保护历史城镇和城区规划之前必须进行多学科的研究，保护规划的目的应旨在确保历史城镇和城区作为一个整体的和谐关系，保护规划应该决定哪些建筑物必须保存，哪些在一定条件下应该保存以及哪些在极其例外的情况下可以拆毁，在进行任何治理之前，应对该地区的现状作出全面的记录。保护规划应得到该历史地区居民的支持。

1989 年，在联合国教科文组织大会第 25 届会议上，通过了《保护民间创作建议案》。1972 年的《世界遗产公约》没涉及无形的文化遗产保护，因此《世界遗产公约》通过后，一部分会员国提出在联合国教科文组织内制定有关民间传统文化的国际标准文件，因此，在 1989 年 11 月联合国教科文组织第 25 届大会上通过了关于民间传统文化保护的建议。联合国教科文组织主要考虑到民间创作是人类的共同遗产，是促进各国人民和各社会集团更加接近以及确认其文化特性的强有力手段；民间创作在社会经济、文化和政治方面的重要意义，它在一个民族历史中的作用及在现代文化中的地位；民间创作作为文化遗产和现代文化之间所具有的特殊性和重要意义；民间创作的传统形式的不稳定性，特别是口头传说之诸方面的不稳定性，以及这些方面有可能消失的危险；必须承认民间创作在各国所起的作用及其面对多种因素所冒的危险，认为各国政府在保护民间创作方面应起决定性作用，并应尽快采取行动。

1998 年，联合国教科文组织颁布《人类口头及非物质文化遗产代表作宣言》，号召各国政府、非政府组织和地方采取措施，对民间集体保管和记忆的口头及非物质文化遗产进行管理、保存、保护和利用，以保证这些文化的特异性永存不灭。

2003 年 10 月，联合国教科文组织第 32 届大会通过了《保护非物质文化遗产公约》。该《公约》的宗旨如下："保护非物质文化遗产；尊重有关群体、团体和个人的非物质文化遗产；在地方、国家和国际一级提高对非物质文化遗产及其相互鉴赏的重要性的意识；开展国际合作及提供国际援助来加强非物质文化遗产的保护。"《公约》已经认识到了非物质文化遗产是密切人与人之间的关系以及他们之间进行交流和了解的要素，它的作用是不可估量的；必须提高人们尤其是年青一代对非物质文化遗产及其保护的重要意义的认识。《保护非物质文化遗产公约》是对"国际上现有的关于文化遗产和自然遗产的协定、建议书和决议需要有非物质文化遗产方面的新规定有效地予以充实和补充"。

以上按时间顺序讲述了联合国教科文组织及其他国际组织为致力于文化遗产保护所作的努力。正如各公约、建议、建议案所强调的，文化遗产对促进国家民族发展具有一定的积极作用，同时，各国的文化遗产也是全世界的财富，通过文化遗产的交流对促进各国交流和了解具有一定的积极作用。因此，对文化遗产的保护不仅是民族的责任、国家的责任，也是全世界共同的责任。

第三节　新中国文化遗产的保护现状

一、新中国文化遗产保护事业的发展

文化遗产保护涉及田野考古、博物馆、文物古迹保护和非物质文化遗产保护等方面，这些工作共同构成了我国文化遗产保护事业。

（一）考古事业

物质文化遗产的保护和研究在中国有着悠久的历史和传统。早在春秋时期，孔子到杞、宋调查夏商文明，辨识坟羊和楛矢；汉代司马迁探禹穴、窥九嶷；北魏郦道元为《水经》作注，到各地进行实地考察；宋元时期，金石

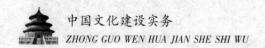

学空前繁荣，形成了系统的研究体系；明清之际，金石学人才辈出，金石学著作空前丰富；清末民初，西学东渐，诸多西方思潮被引入中国，考古学、博物馆学、人类学等学科的理论和思想也被引入我国，从而促进了金石学向现代考古学的转变，也为我国文化遗产保护事业的发展奠定了坚实的基础。

中国近代意义上的考古学是以 1921 年中外学者对河南省渑池县仰韶文化遗址的发掘为起始的，这项发掘标志着中国人对本土新石器文化认识的开始；1926 年对山西西阴村新石器文化遗址进行了发掘；1927 年中外学者又一道发掘了北京周口店旧石器时代遗址；1928～1937 年，中央研究院历史语言研究所考古组在李济的带领下，开始了对河南省安阳殷墟的发掘。

1949 年新中国成立后，我国的考古学发展进入了一个新的历史时期。新中国刚成立，就在中国科学院成立了考古研究所（后划归中国社科院），在北京大学历史系设立考古学专业，为新中国考古事业发展打下了坚实的基础。近六十年来，中国考古学取得了一批批重要成果，中国早期人类化石与遗存取得重要发现，一系列古人类化石出土，如元谋人、蓝田人、北京人、丁村人、马坝人等等，已经大体揭示出中国大陆古人类进化历程。新石器文化和古代社会文明化进程研究取得丰硕成果，对仰韶文化、大汶口文化、良渚文化、红山文化、龙山文化等地遗址和古城址的发掘与研究为中国古代社会文明化进程奠定了基础。夏商周文化的探寻也取得了重要成果，在中原地区和周边地域一系列的重要发现以及夏商周断代工程推动了这些研究的深入。中国古代城市的考古和探寻也取得重大进步，汉魏洛阳城、隋唐长安城、隋唐洛阳城等城址发掘为研究古代城市发展史提供了重要史料。另外，一大批重要实物、遗址和墓葬的发掘也具有重要意义，如甲骨、简牍、帛书的发现和研究，秦始皇陵兵马俑铜车马坑遗址、长沙马王堆汉墓、唐代帝陵陪葬墓、法门寺塔基与地宫、阿斯塔那墓地、渤海上京龙泉府遗址、白沙宋墓、辽陈国公主墓数不胜数，不仅积累了大量丰富的资料，也推动了考古学研究的深入。

近三十年来，随着考古成果的不断取得，考古技术也不断丰富。现代技术，特别是自然科学技术不断被应用到考古学领域。勘探技术、断代技术、植物苞粉分析技术等在考古学中的应用不断获得新的惊喜。考古学的分支发展也越来越细，动物考古、植物考古、宗教考古、美术考古、古钱学、陶瓷学等都取得了丰硕的成果。

（二）博物馆事业

中国的博物馆事业起步比西方发达国家晚，清末"坚船利炮"之后的

"西学东渐"和有识之士以"开启民智"为目的的一系列思潮，促进了西方科学和现代思想的涌入。1905 年，著名实业家张謇在自己的家乡南通创办了南通博物苑，以南通博物苑的创立为中国博物馆事业的开端，迄今中国的博物馆事业已经走过了百年。新中国成立后，博物馆事业得到快速的发展，回顾新中国博物馆事业发展的历程大致可以分为以下几个阶段：

1. 新中国成立到 20 世纪 60 年代中期

1949 年，新中国刚刚诞生，百废待兴。这一期间，博物馆事业也处于恢复发展阶段，主要有三方面内容：一是对旧有博物馆的接收和改造。1951 年，文化部发布《对地方博物馆的方针、任务、性质和发展方向的意见》。该《意见》指出："博物馆事业的总任务是进行革命的爱国主义的教育；博物馆事业仍应以改造原有的为主，仅在个别有条件的地区筹建新的博物馆。"二是地方性博物馆建设。首批建成了以山东省博物馆为代表的 20 多所地志性博物馆。三是"三大馆"的建设，建成了中国革命博物馆、中国历史博物馆和中国革命军事博物馆。这一时期的博物馆事业的建设和博物馆学的发展受到苏联的影响，此时博物馆的功能也带有明显的时代烙印。新中国成立初期，博物馆的主要功能是教育功能，通过博物馆使人民大众正确地认识历史，认识自然，热爱祖国，提高政治觉悟和生产热情。1956 年，在北京召开的全国博物馆工作会议提出了"三性二务"，则将博物馆的功能进行了初步的定位，收藏、研究和教育功能逐渐明晰，"博物馆为科学研究服务、为广大人民服务"的职责逐渐明确。"三性二务"成为中国博物馆发展的主要指导思想，也是现今博物馆"以人为本"思想的来源之一。

这一时期的后期，全国规模的"大跃进"运动兴起，这一运动也席卷了博物馆事业。在这一风气的影响下，全国博物馆数量猛增。1957 年，全国博物馆数量为 72 座，到 1958 年，博物馆数量猛增到 360 座，1959 年，达到 480 座。对"大跃进"运动反思后，党中央提出"调整，巩固，充实，提高"八字方针，全面认识和反思前一阶段的工作，正确认识了博物馆业的虚假繁荣，及时对博物馆事业的发展进行了调控，到 1966 年，博物馆数量回落为 193 座。

这一时期的博物馆事业发展虽然困难重重，失误不少，但也成绩斐然，对旧有博物馆的接收改造，地方性博物馆建设和"三大馆"建设都取得了成功，博物馆的数量从新中国成立初期的 21 座发展为 193 座，博物馆的功能也从爱国主义教育定位为"三性二务"，博物馆人才的培养和理论的探讨也取得了一定的成绩，为博物馆事业的繁荣奠定了基础。

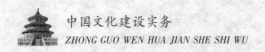
2. 20 世纪 60 年代中期到 70 年代中期

20 世纪 60 年代中期到 20 世纪 70 年代中期，由于特定的政治环境和特殊的时代背景，我国的各项事业都处于混乱状态，新中国的博物馆事业发展受到了严重的阻碍，前一阶段取得的成绩基本被否定，博物馆事业基本处于停滞状态，有的地区甚至出现倒退。1966 年 4 月，故宫博物院实施军事保护，至 1971 年才恢复开放；而中国历史博物馆则在 1966 年 8 月闭馆，工作全面停滞；其他地区的博物馆藏品毁损现象亦十分严重。博物馆的日常工作停滞，基本功能丧失，但这一时期博物馆的数量先减后增，1966 年博物馆数量为 193 座，到 1969 年数量减少到 171 座，到 1976 年博物馆数量增加到 217 座，较 1966 年增加了 24 座。

3. 20 世纪 70 年代中后期至今

"文化大革命"结束后，我国的各项事业重新获得了生机和活力，十一届三中全会之后，中国的博物馆事业进入了一个新的历史阶段，博物馆的数量和各项规章制度建设都取得了可喜的成果，博物馆陈列和展览日趋多样化，博物馆学的发展也取得了喜人的成绩。1982 年中国博物馆学会成立，1985 年《中国博物馆》创刊。改革开放后，博物馆事业结合中国实际，积极吸收国外博物馆工作和博物馆学研究的先进成果，努力探索，在建设中国特色的博物馆事业的道路上迈出了坚实的步伐，取得了一个又一个可喜成果。

经过五十多年的发展，中国的博物馆事业和博物馆学取得了长足的进步，博物馆数量稳步增加。除各省博物馆外，各地兴建了大量专题博物馆、行业博物馆，私人博物馆在中国开始出现并逐渐兴盛起来；博物馆人员素质也显著提高。博物馆现代化步伐加快，博物馆数字化和数字化博物馆的潮流推动着整个博物馆行业，数字化是博物馆今后发展的一个方向，国内主要博物馆目前都在从事数字化改造及其相关工作。博物馆发展模式多样化，生态博物馆以及 20 世纪后半叶兴起的新博物馆学在中国都有实践和发展。

（三）文物古迹保护

我国现代保护文物古迹的活动可追溯到 20 世纪 20 年代，1928 年成立古物保存委员会。此后在著名古建学者朱启钤的倡议下，1929 年成立民间学术研究机构中国营造学社，开始系统地用现代科学的方法研究中国古代建筑。中国营造学社的成立，对中国历史建筑遗产的保护与研究方面发挥了重要作用。

1930 年，当时的国民政府公布《古物保存法》，共 17 条，对古物的含义、保存要求、文物发掘等作了规定；1931 年 7 月 3 日公布《古物保存法实施细则》，增加了保护古建筑的内容；1939 年国民党当局颁布《都市计划法》，其中也涉及了古建保护问题。

1948 年，清华大学梁思成主持编写了《全国重要文物建筑简目》，是配合北平和平解放服务的，共 450 条，并附古建筑保护须知，它是以后公布的全国第一批重点文物保护单位的基础。

1950 年 5 月，新中国成立之初正是百废待兴之时，中央人民政府（政务院）即发布了保护文物古迹的政令。

1956 年，国务院发布了《关于在农业生产建设中保护文物的通知》，首次提出"保护单位"的概念，并据此在全国范围内开展了第一次文物普查。作为这次文物普查的成果，编印了各省、自治区、直辖市文物保护单位名单共计 7000 多处，并在此基础上，颁布了第一批省级文物保护单位。

1958 年，《中华人民共和国宪法》中规定："国家保护名胜古迹、珍贵文物和其他重要历史文化遗产。"

1961 年 11 月，国务院颁布了《文物保护管理暂行条例》，公布首批全国重点文物保护单位 180 处，从法律上明确了不可移动文物的分级保护政策，实施了以命名"文物保护单位"来保护文物古迹的制度。1982 年又公布了第二批全国重点文物保护单位 62 处。2006 年 5 月，公布了第六批全国重点文物保护单位 1080 处，现在共有全国重点文物保护单位 2351 处。

1982 年 2 月，国务院公布首批 24 个历史文化名城，标志着历史古城保护制度的创立。截至 2007 年 4 月，现有国家历史文化名城共 108 个。

1982 年 11 月，颁布《中华人民共和国文物保护法》，标志着我国对文化遗产的保护开始走上法制化的轨道。在这期间，我国开展了第二次全国文物普查，对全国文物家底大调查、大清理。此次共调查登记不可移动文物 40 余万处，并在以后 20 多年间相继共公布了 2351 处全国重点文物保护单位，8000 余处省级文物保护单位，60000 余处市县级文物保护单位。

1984 年 1 月，国务院颁布《城市规划条例》，规定城市规划应当切实保护文物古迹，保护和发扬民族风格和地方特色。

1985 年 1 月，中国政府加入《保护世界文化和自然遗产公约》。

1986 年，国务院确定将文物古迹比较集中，或较完整地保存某一历史时期的传统风貌与民族地方特色的街区、建筑群、乡镇、村落，划定为历史文化保护区加以保护。现北京已公布历史文化保护区 40 处，浙江省历史文化保护区 43 处，上海市历史文化风貌区 12 处等。

1987 年中国有了首批"世界文化遗产"长城、故宫等。1987 年和 1990

年泰山、黄山首批列入"世界文化和自然遗产"。1992 年九寨沟、黄龙和武陵源首批列入"世界自然遗产"。1997 年我国首次有古城列入"世界文化遗产",它们是平遥和丽江。2000 年首次有村落(皖南古村落)列入"世界文化遗产"。

1989 年 12 月颁布《城市规划法》。在城市规划条例的基础上规定编制城市规划应当保护历史文化遗产、城市传统风貌、地方特色和自然景观。城市新区开发应当避开地下文物古迹。

1997 年 3 月,国务院发出《关于加强和改善文物工作的通知》,强调要努力建立适应社会主义经济体制要求、遵循文物工作自身规律、国家保护为主并动员全社会参与的文物保护体制,并要求各部门各地方做到"五纳入",即将文物保护纳入经济和社会发展计划,纳入城乡建设规划,纳入财政预算,纳入体制改革,纳入各级领导责任制,把各级政府保护文物的责任进一步具体化,这对在社会主义市场经济条件下加强文物保护具有重要指导意义。

2002 年 10 月颁布修订后的《文物保护法》,确立了文物保护单位、历史文化街区(村、镇)、历史文化名城三个层次的保护体系,确立了"保护为主,抢救第一,合理利用,加强管理"的工作方针,为新时期文物事业的发展提供了坚实的法律保障。

2003 年 11 月至今,建设部、国家文物局分三批公布中国历史文化名镇名村共 157 个。

2005 年 12 月,国务院发出《关于加强文化遗产保护的通知》,以"文化遗产"的概念为框架,强调了保护文化遗产的重要性和紧迫性,确立了加强文化遗产保护的指导思想、基本方针和总体目标,明确了解决当前文化遗产保护面临的突出问题的具体措施;同时决定设立我国"文化遗产日",自2006 年起,每年 6 月份的第二个星期六为"全国文化遗产日"。

(四)非物质文化遗产的保护

我国对非物质文化遗产的保护和研究有一个较长的认识过程。在 20 世纪20 年代,我国早期的民俗学者已经看到了民间文化的重要价值,先后成立了歌谣研究会、方言调查会、风俗调查会等组织,收集、整理和出版相关的资料。新中国成立前,著名民俗学者钟敬文编辑了《民间风俗文化》、《民间艺术》等专号,广泛刊载民间风俗资料。以上学者的工作内容是民俗资料,出发点也是为了民俗研究,还没有提升到非物质文化遗产的高度,但是用今天的尺度去衡量,那些时期所进行的工作对象与今天的非物质文化遗产保护是接近的。

20 世纪 50 年代，中国政府曾组织对少数民族和民族语言进行普查，虽然没有保护非物质文化遗产的理念指导，但是对后来研究少数民族习俗和少数民族语言积累了宝贵的资料。

1979 年以来，文化部、国家民委、中国文联、中国音乐家协会等部门组织开展了《中国民间歌曲集成》、《中国民间故事集成》、《中国谚语集成》、《中国歌谣集成》、《中国民间戏曲音乐集成》、《中国民间曲艺音乐集成》、《中国民间舞蹈集成》、《中国民间器乐集成》、《中国戏曲志》、《中国民间曲艺志》等十大文学艺术集成志书的编纂工作（简称《十大集成》）。经过调查人员的努力，共收集民间歌谣 302 万首，谚语 748 万条，民间故事 184 万篇，民间戏曲剧种 350 个，剧本 1 万多个，民间曲艺音乐 13 万首，民间器乐曲 15 万首，民间舞蹈 1.7 万个，文字资料 5 亿多字。

中国民族民间文艺集成志书以 20 世纪 80 年代中国行政区划按省、自治区、直辖市立卷（港、澳、台湾卷暂缺），各卷本涉及的时间跨度，上溯至各类民族民间文艺表现形式的源头，下限为 20 世纪 80 年代或 20 世纪末。该丛书包括集成和志书两种体例。集成在艺术门类上包括：各民族音乐、舞蹈、戏曲、民间文学、曲艺，内容涉及民歌、戏曲音乐、民间器乐、宫廷音乐、宗教音乐、民间祭祀音乐、曲艺音乐、民间舞蹈、神话、故事、传说、歌谣、谚语。志书有《中国戏曲志》《中国曲艺志》两部。从剧种（曲种）、剧目（曲目或书目）、音乐、表演、舞台美术、机构、演出场所、演出习俗、文物古迹、报刊专著、轶闻传说、谚语口诀、传记等各个方面，全面地反映中国各地各民族戏曲、曲艺的历史和现状。全书 298 卷 450 册，原计划 2006 年全部书目出版齐全。

1987 年，文化部开始"艺术之乡"的命名工作。到 2003 年 3 月 5 日为止，共命名了包括"中国民间艺术之乡"和"中国民间特色艺术之乡"在内的"艺术之乡"共 412 个，覆盖范围为全国 31 个省、直辖市、自治区。"艺术之乡"的命名对保护我国非物质文化遗产具有深远意义。

1997 年 5 月，国务院颁布《保护传统工艺美术条例》，其目的是为了保护传统工艺美术，促进传统工艺美术事业的繁荣与发展。《保护传统工艺美术条例》要求对国家认定的传统工艺美术技艺采取包括搜集、整理、建立档案、征集、收藏其优秀代表作品，对其工艺技术秘密确定密级，依法实施保密，资助研究，培养人才等措施实施保护。同时鼓励地方各级人民政府根据本地区实际情况，采取必要措施，发掘和抢救传统工艺美术技艺，征集传统工艺美术精品，培养传统工艺美术技艺人才，资助传统工艺美术科学研究。《保护

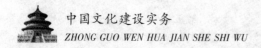

传统工艺美术条例》的颁布是我国非物质文化遗产保护发展史上具有里程碑
意义的文件，其明确了国家对待传统工艺美术的态度以及各级政府在传统工
艺美术保护中的责任和义务，为开展工艺美术类非物质文化遗产保护提供了
政策上的依据和准绳。

1998 年，中国和挪威政府在贵州六枝特区梭嘎乡，建立了我国第一个苗
族生态博物馆。到目前为止，中国和挪威共同建设了梭嘎、镇山、隆里、堂
安四座生态博物馆。虽然目前有研究者将生态博物馆的保护定位在物质文化
遗产保护，但是应该看到，贵州的生态博物馆也保存了很多的非物质文化遗
产，如堂安生态博物馆保护了大歌、侗戏等少数民族优秀的文化遗产。生态
博物馆是一种文化遗产的立体式保护。

2000 年 5 月，我国第一部地方性非物质文化遗产保护条例《云南省民族
民间传统文化保护条例》（以下简称《条例》）在云南通过。该《条例》的通
过是为了加强对民族民间传统文化的保护，继承、弘扬优秀的民族文化传统，
明确了保护工作的方针："保护为主，抢救第一，政府主导，社会参与。"该
《条例》要求本省内的行政机关、企事业单位和个人都有保护民族民间传统文
化的责任和义务；县级以上人民政府的文化行政部门应当会同民族事务等部
门组织对本地区的民族民间传统文化进行普查、收集、整理与研究；对于即
将消失的有重要价值的民族民间传统文化应及时组织抢救；《条例》还规定以
任命民族民间文化传承人和艺术之乡等形式鼓励民族民间文化的传承。这是
我国第一部有关非物质文化遗产保护的条例，特别是以云南这样一个少数民
族大省，非物质文化遗产相对丰富，其颁布实施更具有典型性。

2003 年 1 月 20 日，文化部正式启动"中国民族民间文化保护工程"。保
护工程计划分三个阶段进行：第一期从 2004 年也到 2008 年，为先行试点和抢
救濒危阶段；第二期从 2009 年到 2013 年，为全面开展和重点保护阶段；第
三期从 2014 年到 2020 年，为补充完善和健全机制阶段。"保护工程"是"在
以往民族民间文化保护工作成果的基础上，结合新时期的形势和特点，由政
府组织实施推动的，对珍贵、濒危并具有历史、文化和科学价值的民族民间
传统文化进行行之有效保护的一项系统工程"。保护工程是"传承中华文明，
建设有中国特色社会主义先进文化的现实需要；是落实科学发展观，全面建
设小康社会，实现经济和社会全面、协调、可持续发展的重要举措；是振奋
民族精神、维护祖国统一的迫切要求；是维护我国文化主权的战略措施"。

时隔不到一个月，2003 年 2 月 18 日，"中国民间文化遗产抢救工程"正
式启动。这是国家社科基金特别委托项目，是中国民族民间文化遗产抢救和

保护工程的子项目。该工程持续了十年，分两个时期：第一个时期从 2003 年到 2007 年，第二个时期从 2008 年到 2012 年。工程计划对中国五十六个民族的民俗、民间文学、民间艺术进行地毯式的普查、登记、整理。这是有史以来第一次对民间文化进行国家级抢救、普查、整理和出版的巨大工程，也是文化人进行文化寻根、唤醒民众文化意识、普及优秀文化遗产的文化行动，对了解文化国情、民情，鉴别良莠，促进文化创造，在全球经济一体化的历史潮流中，增强国家文化实力、建设国家文化主权具有重要的意义"。

2003 年年初，经过专家论证，确定了 40 个"保护工程"国家级试点。2003 年 10 月，首批确定十个民族民间文化保护工程试点。其中，综合性试点三个，分别是云南省、浙江省、湖北省宜昌市；专业性试点七个，即河北省武强县年画、广西壮族自治区红水河流域铜鼓艺术、海南省黎族传统棉纺织工艺、贵州省黎平县肇兴侗族文化保护区、西藏自治区日喀则地区昂仁县迥巴藏戏、甘肃省庆阳市环县道情皮影、新疆维吾尔自治区木卡姆。

在国内大学、科研院所陆续建立非物质文化遗产保护研究机构。2003 年 2 月，中国艺术研究院成立中国民族民间文化保护工程国家中心。新疆大学与新疆宝亨集团联合建立新疆非物质文化遗产研究中心，致力于新疆地区非物质文化遗产的保护。苏州大学、福建师范大学、华中师范大学、浙江师范大学等高校也纷纷成立非物质文化遗产研究中心，探索非物质文化遗产理论及保护实践；各个高校纷纷开设非物质文化遗产研究的课程，在首届高校非物质文化遗产研讨会上一致通过了《非物质文化遗产教育宣言》，希望通过教育实现非物质文化遗产的全方位教育传承的实现。

2004 年 8 月 28 日，第十届全国人民代表大会常务委员会第十一次会议决定：批准于 2003 年 11 月 3 日在第 32 届联合国教科文组织大会上通过的《保护非物质文化遗产公约》，非物质文化遗产保护成为国家政府的意志。

2005 年 3 月 22 日，中国民协在北京召开大会，宣布正式在全国启动"中国民间文化杰出传承人调查、认证和命名"项目。该项目拟用两年的时间，在全国各地开展对民间文化杰出传承人的调查，计划首批命名 100 名中国民间文化杰出传承人，并出版相关资料和建立数字化数据库。该项目的实施缩小了我国非物质文化遗产保护和其他国家的差距，我国非物质文化遗产保护体制逐步和国际社会接轨。

以上按时间顺序对我国非物质文化遗产认识过程中的典型事件进行了简单回顾。可以看到，对非物质文化遗产的认识，中国的认识与保护的历程大致经历了早期的认识初始阶段、中期认识的深化阶段和现在认识的加深与保护体制的建立和完善阶段。尤其是现在，面对国际非物质文化遗产保护的大趋势，中国非物质文化遗产的保护工作加快了步伐，各级政府和文化教育机构及民间有识之士已经行动起来，采取各种措施建立保护机制和唤醒民众的保护意识；对有些非物质文化遗产濒临消失的现状，也促使我们感到加强保护的紧迫感和使命感，因此，政府应加紧非物质文化遗产保护的立法与宣传，为非物质文化遗产保护体制的建立与完善提供保证。

二、新中国文化遗产的保护现状

（一）中国是文化遗产非常丰富的国家

我国文化遗产异常丰富，仅从文物古迹来说，截至 2007 年统计，现有全国重点文物保护单位 2351 处，传世的文物更难以准确统计，而且在考古实践中还不断增加。我国文化遗产之所以如此丰富的原因主要有三方面，即辽阔的地域、众多的民族和悠久的历史。

1. 地域辽阔

中国陆地地面积非常广阔，960 万平方公里的领土面积，还有广阔的海洋，境内分布着高原、山脉、平原、丘陵、大江、大河、湖泊、岛屿等各类地貌环境，并有丰富的自然资源。各地区的气候状况、土壤、水源等都有很大差别，不仅适合人类生存繁衍，而且也成为创造不同生活习俗人群的客观环境，成为产生不同文化特征的外部因素。我们以对人类生活关系最为密切的居住形式为例，考古发现的古代房址形式主要有三种，即南方的杆栏式建筑、西北地区的窑洞式建筑和北方大部分地区都能看见的地穴半地穴或地面建筑。

南方所见较早的杆栏式建筑，如新石器时代的浙江余姚河姆渡文化中的杆栏式建筑、西周时期的湖北蕲县毛家咀的杆栏式建筑都非常典型。距今6000 年前后的河姆渡文化盛行一种栽桩架板高于地面的杆栏式建筑，在河姆渡遗址各文化层，都发现了与这种建筑遗迹有关的圆桩、方桩、板桩、梁、柱、木板等木构件，共达数千件。如第 4 层的一座杆栏式长屋，桩木及与其紧靠的长圆木残存 220 余根，较规则地排列成 4 行，互相平行，作西北—东南走向。现存最长一行桩木长 23 米，由西南到东北的第 1、2、3 行之间的距离大体相等，合计宽约 7 米，推知室内面积在 160 平方米以上。第 3、4 行的间距 1.3 米，这是设在面向东北一边的前廊过道。建筑遗迹范围内，出土有芦席残片、许多陶片以及人们食后丢弃的大量植物皮壳、动物碎骨等。这座大型杆栏式建筑当属公共住宅，室内很可能隔成若干小房间。杆栏式建筑是中国长江以南地区新石器时代以来的重要建筑形式之一，适合于水域丰富地区，以致延续到近现代。

西部地区的窑洞式建筑从远古开始流传一直延续到今天。20 世纪 80 年代以来，中科院考古研究所等单位对海原县菜园村新石器时代遗址及墓葬群进行了发掘，共清理房址 13 座，发现的房址分为窑洞式和半地穴式两种。保存最好、规模最大的窑洞式房址面积达 25 平方米，周壁分布 5 叶"壁灯"，表明其性质独特，可能为原始宗教建筑，距今约有 4500 年以上的历史。考古工作者发现，经挖掘展露出的原始窑洞式房屋，不是在自然垂直的断崖上掏挖的横穴，而是在黄土阶地的陡坡上人工削出一段断崖，然后向斜下掏挖而成。其中保存较完好的第三居地，由半圆形场院、长条形门道、过洞式门洞和椭圆形居室四部分构成。居室内有藏物窖穴和灶坑，场院和门道相连，用建筑垃圾掺和小石子铺垫而成。入口有缓冲空间，并有掩闭设置。另外，经陕西考古工作者的发掘，一个距今 4500 年的大型史前人类聚落遗址发现于陕西北部的吴堡县。这里相继发现了两座龙山文化时期（属新石器时代晚期）的石头城和中国最大的龙山陶窑，发现窑洞式房址近 70 座、灰坑 7 座，出土了一批陶器、石器和骨器。新发现的近 70 座窑洞式居址主要分布于南、北石头城和后山梁中，也有分布在石头城外山坡上的，它们大致可分为"凸"字形、"吕"字形、"甲"字形和后室带有储藏室等四种形制。每个城池上的窑洞群都是按照缓坡一圈一圈修筑而成的，先民们先是围着山峰一圈掏建窑洞，再在上面劈开一圈建窑洞，这样，就构成了层层叠叠的窑洞。这些居屋的大小和豪华程度有差距，有的窑洞加工精细，居屋的储藏室上边是用柳条拍打而成的，窑洞的底部一圈是用红色的矿物质画线而成的墙脚线，庭院、前室和过道的石地板打磨得非常整齐，有缝隙处则用小石料填充。

北方地区和其他地方流行半地穴式建筑和地面建筑，半地穴式建筑是进入到新石器时代才开始出现。所谓"半地穴式建筑"，就是先在地面上挖一个圆形或方形浅穴，然后在穴上修建一个窝棚式的房屋。在河南密县莪沟遗址发现了六座距今 7000 余年属于裴李岗文化的半地穴式建筑，形式上有圆形和方形两种，面积最大的有 10 平方米左右；穴底地面上还铺垫着一层 2～6 厘米厚的灰白色垫土，加工成光滑平整的硬土居住面；在靠穴壁处还均匀地分布着几个柱子洞，用立柱支撑草棚屋顶；在地穴南部或西南部有斜坡形或台阶式的门道，以方便出入。类似的半地穴式建筑，在磁山文化和后李文化里均有发现。半地穴式建筑的出现是与当时社会生产力发展水平相适应的，它们是古代先民改造自然、征服自然的一个伟大创造，是后来流行的地面式房屋的雏形。

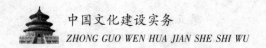

与这三种居住形式相对应，也有三种埋葬死者的方式。

与南方地区的杆栏式建筑相对应的是无墓穴的地表埋葬，发展为后来的土墩墓。这类墓一般没有墓坑，采用堆土掩埋的方式安葬。后来的土墩墓外观呈馒头状。如在浙江东阳、江苏句容和金坛都有周代的土墩墓群。另外，2006年，为配合浦南高速公路建设，福建博物院与福建闽越王城博物馆联合组成考古队对浦城县管九村的土墩墓群进行了抢救性发掘，共清理了30余座。初步判断，这些土墩墓的年代为西周到春秋时期，距今2500～3000多年。

与西部地区窑洞式房址相对应的是洞室墓。如宁夏回族自治区南部偏西的海原县境内的菜园遗址的墓葬群，共包括切刀把、瓦罐嘴、寨子梁、二岭子湾、林子梁西坡墓葬群五处。寨子梁墓地有较完好的侧龛和洞室保存下来，同时还发现了横穴洞室墓和洞室侧龛墓两种墓葬形制，大大丰富了菜园村附近文化遗存的内涵。

北方及其他地区早期居住形式多为半地穴房址，相应的墓葬多为浅竖穴土坑墓。如距今8500～7500年前后的后李文化，主要分布于鲁北地区，在临淄后李遗址和章丘小荆山遗址发现的数十座墓葬主要是浅竖穴土坑墓，另有少量的洞室墓。浅竖穴土坑墓土圹呈长方形，长度在2米左右，宽度在0.5～0.8米，墓室内仅葬一人，仰身直肢葬式，头向一般都朝向房屋居址的方向。没有葬具，大部分墓葬内都没有随葬品，仅个别墓内随葬少量蚌壳、骨饼等饰件，生动地反映了当时人们的思想观念和社会发展状况。

我国辽阔的地域造就了不同的生存环境，先民们为适应环境采用不同的技术、方法、手段来改造自然环境和生态环境，由此产生了文化的多样性，也造就了今天我国文化遗产的多样性。

2. 历史悠久

自远古时代人类就开始在这片土地上生存繁衍，并创造了延绵不断、代代相承的传统文化。从考古发现，不管是地下埋藏，还是地表遗存，不管是可移动文物，还是不可移动的古迹，其数量之大，内容之丰富，底蕴之深厚都令人叹为观止；而这既是今天炎黄子孙引以为豪的资本，也是世界人民向往崇拜的对象。

1921年，在北京周口店发现了北京人的牙齿，揭开了中国远古史研究的篇章。此后，元谋人、蓝田人、郧县人、南京人、巫山人等直立人化石相继被发现和确认，年代分期在距今170万～25万年前。距今25万～5万年间的早期智人继于1959年首先在山西襄汾发现丁村人之后，在湖北长阳的"长阳人"，广西曲江的"马坝人"。山西阳高的"许家窑人"，陕西的"大荔人"，贵州的"桐梓人"，安徽的"巢县人"，辽宁的"金牛山人"等，都有丰富的人骨化石和打制石器发现。距今5万年之后，人类体质特征进化到晚期智人阶段，属于旧石器时代晚期的人类化石地点，比较典型的有北京"山顶洞人"、广西"柳江人"和"来宾人"、台湾"左镇人"、内蒙古"河套人"等。另外，在实际发掘中，没有人类化石，但有人类活动遗迹的地点更多，仅旧石器时代早期在北方地区有人类活动的地点就有100多处，在长江中游的湖南省就有200多处；到晚期阶段，不仅地点多，分布范围广，而且发现物也更为丰富，在宁夏灵武县的水洞沟遗址，经多次调查出土1万多件石制品及骨器等遗物。山西朔县寺峪遗址发现与人骨化石共出的石制品2万多件，在台湾长滨八仙洞遗址内，堆积着距今5万~1.5万年形成的文化层，出土有石器、骨角器、兽骨和土炭，其中骨角器中有长条尖状器、两头尖状器、有孔骨针、长条凿形器等。

同在1921年，瑞典人安特生在河南渑池县仰韶村发掘出彩陶，该时期的文化后来被命名为仰韶文化，由此揭开了新石器时代研究的序幕。80多年来，中国新石器时代的考古实践和研究都取得了巨大的成就。从距今1.5万年到1万年间，完成了由旧石器文化向新石器文化的过渡。江西万年仙人洞遗址、吊桶环遗址已有1.4万年到1万年，或者更早，湖南道县玉蟾岩遗址的年代也在1万年以上。这是目前已知最早的三处新石器时代早期遗址。另外，在北京怀柔转年村、河北徐水县南头庄遗址发现出土物已超过1万年，在华南地区的广西桂林甑皮岩遗址的年代也有9000年，邕宁顶狮山早期遗存也有1万年的历史。

距今8500到7000年是氏族制度发展时期，发现的村落遗址数量大增，分布更为广泛，在全国各地形成了几个面貌不同的文化类型，如中原地区的裴李岗、磁山文化，山东的后李文化，内蒙古的兴隆洼文化，湖南的彭头山文化，具体的考古资料证明这时的氏族公社已有相当的发展。历史车轮跨进距今7000年到5000年，这一时期内，氏族制度也进入繁荣时期。中原地区的仰韶文化，黄河上游的马家窑文化，黄河下游的北辛—大汶口文化，北方地区的红山文化，东北地区的新乐下层文化，长江中游的大溪文化，长江下游的河姆渡、马家浜、崧泽、北阴阳营文化类型，江淮地区的龙虬庄文化等为主要文化类型。大约距今5000年到4000年，被考古学界称为"龙山时代"，大体在这一时期内，山东龙山文化（距今4600~4000年）、庙底沟二期文化（距今4900~4500年）、客省庄二期文化（距今4300~4000年）、黄河上游甘青地区的马家窑文化半山类型和马厂类型（距今 4600 ~ 4000 年）、长江中游的良渚文化（距今 5200 ~ 4000 年）、长江中游的石家河文化（距今 4600 ~ 4000 年）等等考古学文化大量发现。这一时期的各文化虽有差别，但共同特点是城址大量出现，在全国各地已发现的这一时期的城址有 50 余座；具有礼仪性质的玉器、陶器等相继出现。在大多遗址中，建造精美的房址也在多处地点都能见到。同一文化的墓葬有着明显的差别，这都表明了氏族制度的解体，文明时代的来临。整个新石器时代，各地文化面貌大相径庭，反映了新石器时代文化的复杂和多样性。

进入有文字记载的历史时期，先辈们的创造更加绚丽多彩，今天所见的偃师商城、安阳殷墟、宝鸡周原、秦始皇陵兵马俑、汉代长安城遗址、汉代帝王陵、隋、唐古城与墓葬、明、清的皇宫建筑群等，都是人们智慧与汗水的结晶，都是今天宝贵的文化财富。

辽阔的疆域、众多的民族和悠久的历史共同造就了我国文化遗产的多样性，这些遗产不仅是各民族所有的，也是全国人民的宝贵财富。

3. 民族众多

文化遗产是各民族历史上遗留下来的物质财富和精神财富。中国是人类文明史上历史悠久的文明古国，文化遗产举世无双。中国又是由五十六个民族组成的一个多民族的国家，各民族都创造了绚丽多彩的文化。至少在汉代就形成了以汉民族为主体，经魏晋、隋、唐、宋、元、明、清等朝代的交往、迁徙，融合形成了今天五十六个民族的大家庭，各民族在生活方式、生产形式、传统习俗上都有各自的特点，这就成为传统文化呈现丰富多彩形式的原因。

分布于西北、西南和东北等地区的少数民族在历史上创造了丰富的文化遗产，如东北的满族，在辽阔的黑土地上留下了一道道亮丽的文化风景，沈阳的一宫三陵，已经作为北京故宫的扩展项目成功申报世界文化遗产，蒙古族的五京遗存、契丹族的壁画墓葬、广西的左江岩画群、西域丝绸之路、新疆的楼兰古遗址、宁夏的西夏遗址、云南的哀牢山脉梯田、云南的纳西族摩梭人母系制社区、云南文山的岩洞住宅村等，都是民族优秀的文化创造。同样，在西南、西北等地的少数民族的文化创造也为我国历史增添了绚丽的一笔。我们认为，少数民族创造的优秀非物质文化遗产更是急需保护。少数民族由于其地理位置多处边远地区，由于生活方式和经济发展的限制，很多民族发展还处于后进状态，但更有利于他们保有自己语言、风俗和节庆，这些都是优秀的非物质文化遗产，如傣族的泼水节、彝族的火把节、苗族的芦笙会、纳西族的棒棒会，等等。2005年，蒙古长调和新疆的木卡姆艺术都入选联合国教科文组织的非物质文化遗产名录，这是民族文化具有突出价值的最好例证。

中国少数民族文化遗产内容十分丰富，是中华民族文化遗产保护的重要组成部分。但从联合国教科文组织公布的我国列入世界遗产名录清单来看，我国少数民族地区进入世界遗产的数量占的比例还很小，由于工业化和城镇化的迅速发展、全球经济一体化的剧烈冲击以及自然灾害、战争威胁等因素，少数民族地区的文化和自然遗产受到不同程度的破坏。从多元文化视野出发，继承和保护世界各地少数民族创造的"具有突出普遍价值"的文化遗产和世界遗产，是联合国教科文组织的一项基本目标。

（二）中国文化遗产保护任务繁重

丰富的文化遗产也为我国文化遗产保护工作提出了很多要求，这使得我国文化遗产保护任务极其繁重，具体体现在文化遗产数量多，保护过程中矛盾多。因此，对我国遗产的普查、管理、保护需要投入大量的人力物力。多年来文化遗产保护事业已取得了巨大成就，如已开展的两次文物普查和正在进行的第三次文物普查，国家级历史文化名城的颁布，全国重点文物保护单位的颁布，省市级文物保护单位的确定和保护，特别是申报世界文化与自然遗产等。我国文化遗产工作者所做的工作对文化遗产保护所发挥的积极作用，促进了我国文化遗产保护工作的不断前进。但随着我国经济建设的飞速发展，文化遗产保护仍然任重而道远。

1. 数量多

就物质文化遗产而言，在每个文物大省内。现已发现的遗址数量都在几万处以上，其他省份也在几千处甚至近万处。据统计，我国有40多万处不可移动的文物，对这些遗址进行保护，投入的人员、财力、物力都是非常大的，困难很多。而馆藏文物数量突破1200万件，其他各种渠道流传的文物不计其数，对这些文物的管理、收集、保护和研究是极其艰巨的任务。

2. 矛盾多

由于文化遗产的多样性和分布的广阔性，文化遗产的保护工作中也存在很多矛盾和困难，如农业生产与遗产保护的矛盾、城市建设与历史城区保护的矛盾，工程建设与文化遗产保护的矛盾，等等。

农业生产与文化遗产保护矛盾之处，首先表现为按遗址保护要求，农民在遗址所在地进行播种耕种，翻地深度不得超过0.3～0.4米，不能挖深沟、水渠等，尤其是蔬菜区的大棚，在建设时对遗址的破坏很大。随着农村人口

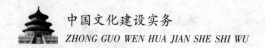

的增多，农舍扩大和乡村经济的发展，遗址的保护与农民生活之间的矛盾越来越突出。

城市现代化建设与文化遗产保护的矛盾也非常突出。城市发展和演变是城市的记忆，每一处名人故居、官府宅第、寺庙宫观、亭台楼阁、雕塑石刻、造像壁画和墓、碑、塔、坊、井、桥等文化遗存以及其背后大量的史实和文献，都承载着丰富的历史、社会和文化信息。更重要的是，在城市中保留下来的传统文化使这种记忆变得更为真实，通过保留城市风貌、民族风情、市民习俗，我们可以实实在在地感受到历史的积淀。城市文化遗产不但是城市发展的历史见证，而且是城市文明的现实载体。一座古代城市的营建，包括宫殿、衙署、里坊、道路和水系等，是一个规模宏大、布局合理、功能完备的完整的科学体系。特别是城市中留存至今的成片的历史街区和数量众多的传统民居，是城市文化遗产的重要组成部分。它们既是先人活动的遗存，又是今人生活的空间，凝聚着一代又一代居民的思想、智慧、生活习俗。这些文化遗产是世世代代的创造和积累，积淀着他们在各个历史时期的杰出贡献，给我们带来巨大的物质和精神享受，并启发我们的智慧开拓未来。近年来，全国许多城市开始了新的建设，如城市改造、楼房建筑、铁路公路建设、大型水利工程建设、大中型企业兴建占地，等等。由于对历史文化遗产的价值和作用缺乏认识，加之缺乏城市建设与文化遗产保护的合理规划，这都给历史古城保护带来很多问题，很多文化遗产、古代建筑在人们的经意或不经意间消失了。许多旧城在"旧貌换新颜"的同时，失去了原有的特色风貌；特别是片面理解经济建设，忽视历史文化保护，让更多高楼大厦和旅游发展吞噬了很多历史建筑，毁坏了不少历史名城的风貌。这不但使文化遗存和原来的地方风情、城市风貌一扫而光，割断了社会的历史文脉，而且，长此以往更会带来一个民族文化的弱化。

工程建设与文化遗产保护的矛盾也非常突出。按照我国现行的法律法规，任何一个建设项目开工之前，都要进行文物调查与勘探，并根据勘探结果进行考古发掘，发掘后才能进行施工建设，这是一个基本程序。目前，我国有很多在建的大型工程都涉及文化遗产保护问题，如南水北调工程对文化遗产保护提出了严峻的挑战。南水北调工程对沿线历史文化遗产影响很大，中线工程输水干线全长 1427 公里，东线输水干线全长 1446 公里，涉及湖北、河南、河北、江苏、山东、北京、天津七省市，连接着夏商文化、荆楚文化、燕赵文化、齐鲁文化等中国历史上重要的文化区域，是我国古代文化遗存分布密集的地区。沿线文物保护单位包括人类历史上最伟大的水利工程之一的大运河、世界文化遗产武当山遇真宫、淅川下王岗遗址等各类古遗址及古墓葬级别甚高、价值巨大、数量众多，内容涉及华夏民族形成与发展的多方面学术问题，抢救、保护这部分历史文化遗产是我们必须面对的现实。

在文化遗产保护中，与遗产盗窃者进行的较量也很突出。在文物收藏单位的偷窃中，有社会团伙作案，也有内外勾结作案，还有内部人员监守自盗。非法盗掘墓葬者不顾国家法律，利用各种手段偷盗毁坏墓葬遗迹。盗墓技术水平高、工具先进，且现在的盗掘文物现象出现专业化、集团化倾向，已经形成了"盗—倒—销"一条龙的局面。曾有人统计，从 1982 年起，江西余干县多座墓葬被盗；1987 年 1 月至 6 月，青海省有 1700 多名村民盗掘古墓抢走文物多件；1990 年，四川省也有多座墓葬被盗；湖南邵阳市某县二三年内被盗古墓面积占全县面积 2000 平方公里的 1/5。文物资源丰富的山西、陕西和河南三省一度成为海内外文物走私的猎区。

更有甚者，有些文化遗产管理单位将文化遗产作为资本与其他单位合作进行创收。例如，2005 年 7 月，金山岭长城旅游公司将长城出租，组织与保护长城极不适应的娱乐活动，使象征着中华民族精神的长城受到了无情的践踏和亵渎，新闻媒体迅速曝光，一时间国人哗然。国家文物局执法小组在调查核实后召开督察会议，对金山岭长城的管理提出了整改意见，其中最重要的一条就是，立即恢复长城管理处，把长城的管理权重新收归到政府和文物部门手中。

（三）文物保护技术的开发

文物保护技术主要是指对可移动的各种质地的文物和不可移动的古建筑两类文物的修复保护专业技术。

1. 古器物保护技术

文物保护技术的核心是修复与保养，即治与防两个方面：对已经因老化而破碎、变形的文物藏品进行技术处理，得以恢复原貌的过程为藏品的修复；为阻止或延缓藏品劣化变质，而采取的防护性技术措施为藏品保养。文物修复技术是我国一项传统技术，目前从事专业文物修复的人才极其缺乏，这与我国作为文物大国是极其不相称的。破损文物一般都堆积在库房中，如果得不到及时修复，就会无声地损毁消失；即使是当初保存完好的文物，如果得不到合理护理，也会出现损毁。所以有专家指出，文物修复人才的培养应当借鉴京剧、中医、书法人才培养的方法，将有一技之长的专家给予适当的条件和环境，加大技术人才的培养力度，从根本上改变现有局面。

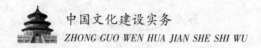

2. 古建筑维修技术

在我国历史发展过程中，先辈们创造了多种多样的建筑文化。几千年来，无数的工匠在建筑布局、建筑材料、建筑施工、建筑艺术装饰、建筑传统风格等方面有着大量的发明创造。例如，在装饰布局方面，我国古代的园林设计就有利用自然、顺应自然和缔造自然的独特手法；在利用建筑材料上，建筑工匠们在长期的实践中创造了很多"就地取材，因料施用"的经验；在建筑工程技术上，古代工匠创造了"斗拱"这种木结构建筑特有的构造，形成了梁柱式与穿斗式两大木结构体系。对传世建筑技术，从现存的汉代墓葬、石室、砖塔等中也能看出两千年前所达到的水平，如福建泉州虎渡桥重达200吨的石梁，工匠是如何将其架上波涛汹涌的急流之上，至今仍令人惊异；在建筑装饰上，古代工匠们创造了木雕、石刻、琉璃、砖雕、彩画、壁画、镶嵌等等，皆独具一格。

保护先辈们的优秀创造，延续文化遗产的生命，促进其文化价值和艺术价值的传承，是我们这代人重要的使命。然而，这些优秀文化遗产的保护修复技术却令人担忧，古建筑传统修复技术后继乏人。因此，积极培养古建筑修缮人才，积极钻研古建筑修复技术是当前建筑遗产保护领域需解决的重要问题。

（四）非物质文化遗产保护的任务艰巨

作为一个历史悠久的多民族国家，中国有着极其丰富的非物质文化遗产：神话、谚语、音乐、舞蹈、戏曲、曲艺、风俗、民居形式、服饰艺术，器皿工艺、民族体育活动等，犹如一座熠熠生辉的巨大宝库，构成了民族文化的基础，也承载着民族文化的基因，是中华民族的象征及其与世界文化相联系的桥梁。

从民俗学角度而言，我国资料之丰富是任何国家所不能比拟的。但是，我们对中国各民族民俗文化的调查不平衡，有的地区缺乏系统和科学的实地研究，甚至有的地方还属空白区。但是近年来随着经济大潮和西方文化的拥入，诸多古老的民族民间文化受到极大冲击，如传统工艺美术濒危现象极其严重，织染、刺绣、雕刻、陶艺、剪纸、年画等等，由于产品缺乏市场需求，企业已经濒临破产，各种技艺更是后继乏人，面临着失传的危险。据北京市工美行业协会经过调查摸底，列出了《北京传统工艺美术濒临失传的品种名单》，28种工美技艺名列其中，约占该市全部工艺美术品种的一半。濒危的28种技艺中，有宫廷艺术17种，民间艺术11种，其中绒鸟、料器、彩蛋、铁画、京绣等十余种技艺已基本绝迹，剩下的也只有寥寥两三位老艺人在惨淡经营。

　　再以民间曾喜闻乐见的戏曲为例。中国的民族戏曲历史悠久，剧种种类繁多。根据 2004 年出版的《中国戏曲志》统计，全国各民族的大小剧种 394 个、剧目 5318 个。但迄今仍活跃在舞台上的，不过数十种而已。随着社会生活方式的巨大变化，传统戏曲艺术不仅逐步退出城市舞台，在农村的演出市场也日益缩小，一些剧种正在急剧消失。相比 1983 年编纂的《中国戏曲志》山西卷统计，当时山西还存在 49 个戏曲剧种，而目前存活在山西戏曲舞台上的剧种仅有 28 个，前后 21 年平均每年有一个剧种消亡。其他省份也有类似的情况。据 1995 年出版的《中国戏曲志》四川卷的统计，民国初年，四川有剧种 32 个，现已消失 6 个，无专业剧团的 18 个，一个剧团支撑一个剧种的有 5 个。尽管一些民间小戏如广东正字戏、白字戏、花朝戏等小戏种已经濒临灭绝，但仍未引起相关政府部门的重视，理由很简单："中国类似这样的小剧种太多了"，"入不了联合国评委的法眼"。联合国固然不可能帮助中国抢救所有的濒危剧种，而且，即便是"申遗"成功，来自联合国的资助也是有限的（昆曲入选后，得到两万美元的资助），通过申遗来达到获取资助的想法是错误和片面的。加入《保护世界文化和自然遗产公约》的目的是为了更好地对国内的文化遗产实施保护，而不是借此寻求生财之道。无论是政府还是民间，这一导向应该是明确的。

　　社会是不断发展、变化的，不同的时代孕育不同的文化，不同时代创造不同的文化，文化与时代发展有着密切的关系，时代需要，文化就不断地创新，以适应时代的发展，这本身也是文化寻求合理性和合法性的过程。作为社会发展的构成部分，文化的吐故纳新也是规律。非物质文化遗产作为民族、群体的文化创造，也具有时代性，也要随着时代的发展不断发展变化，只有获得存在的合理性才能够实现自身的延续。因此，如何实现新时期新环境下的合理性是大部分非物质文化遗产面临的重要问题，也是我国非物质文化遗产保护任务艰巨的原因所在。

　　目前，非物质文化遗产保护在我国刚刚起步，比先行国家落后了很多年，在保护体制、保护方法、法制建设、传承人认定等方面都较先行国家存在差距。在保护体制上，我国目前还处于探索阶段；在保护方法上，依然没有使用国际通用的保护模式，仍然在探索阶段；在法律制度建设上，还没有通过专门的非物质文化遗产保护法律法规；在保护传承人上，先行国家很早就提出了"活的文化财"保护计划，我国目前刚刚开展传承人寻找与认定工作，在具体操作上，也还要向先进国家学习。我国许多高校已经开始关注非物质

文化遗产的保护，纷纷将非物质文化遗产保护作为学生的必修课。在此形势下，文化遗产学也初露端倪，但非物质文化遗产的学科理论体系构建、田野工作方法、保护措施和制度建设还需要不断探索，需要加大力度才能适应保护工作的需要。

我国社会发展正经历转型时期，在全球化浪潮的冲击下，人们的观念不断变化，现实的经济效益决定了人们生活方式的变迁，非物质文化遗产如何适应新形势，如何再一次走进群众生活，融入群体生活中去，是非物质文化遗产保护工作面临的重要问题。要用发展的观点，对历史负责的态度，加大保护力度，使非物质文化遗产的延续适应新形势下经济、文化和社会发展的总趋势。

第四节　我国文化遗产保护的政策措施

我国政府历来重视文化遗产的保护工作，从新中国成立到现在先后发布许多重要文件通知，颁布了多项法律法规，通过文件传达文化遗产保护精神，通过法律法规来监督约束我国文化遗产保护工作，促进文化遗产保护事业发展。尤其是国务院《关于加强文化遗产保护的通知》的颁布，强调了我国在新的历史条件下文化遗产保护的重要性和紧迫性。

该《通知》指出，文化遗产是不可再生的珍贵资源。随着经济全球化趋势和现代化进程的加快，我国的文化生态正在发生巨大变化，文化遗产及其生存环境受到严重威胁。不少历史文化名城（街区、村镇）、古建筑、古遗址及风景名胜区整体风貌遭到破坏。文物非法交易、盗窃和盗掘古遗址、古墓葬以及走私文物的违法犯罪活动在一些地区还没有得到根本遏制，大量珍贵文物流失境外。由于过度开发和不合理利用，许多重要文化遗产在陆续消亡或失传。在文化遗存相对丰富的少数民族聚居地区，由于人们生活环境和条件的变化，民族或区域文化特色消失加快。因此，加强文化遗产保护刻不容缓。地方各级人民政府和有关部门要从对国家和历史负责的高度，从维护国家文化安全的高度，充分认识保护文化遗产的重要性，进一步增强责任感和紧迫感，加强文化遗产保护，是建设社会主义先进文化，贯彻落实科学发展观和构建社会主义和谐社会的必然要求。该《通知》明确指出了近一段时期内我国文化遗产保护的方针政策。

一、文化遗产保护的指导思想、基本方针和总体目标

(一) 指导思想

《国务院关于加强文化遗产保护的通知》对文化遗产保护工作的指导思想要坚持以邓小平理论和"三个代表"重要思想为指导，全面贯彻和落实科学发展观，加大文化遗产保护力度，构建科学有效的文化遗产保护体系，提高全社会文化遗产保护意识，充分发挥文化遗产在传承中华文化，提高人民群众思想道德素质和科学文化素质，增强民族凝聚力，促进社会主义先进文化建设和构建社会主义和谐社会中的重要作用。

(二) 基本方针

物质文化遗产保护要贯彻"保护为主，抢救第一，合理利用，加强管理"的方针。非物质文化遗产保护要贯彻"保护为主，抢救第一，合理利用，传承发展"的方针。坚持保护文化遗产的真实性和完整性，坚持依法和科学保护，正确处理经济社会发展与文化遗产保护的关系，统筹规划，分类指导，突出重点，分步实施。

(三) 总体目标

通过采取有效措施，文化遗产保护得到全面加强。到 2010 年，初步建立比较完备的文化遗产保护制度，使文化遗产保护状况得到明显改善。到 2015 年，基本形成较为完善的文化遗产保护体系，具有历史、文化和科学价值的文化遗产得到全面有效保护；使保护文化遗产深入人心，成为全社会的自觉行动。

二、我国文化遗产保护的法规制度建设

我国政府历来重视文化遗产保护工作，解放战争时期就开始制定文化遗产保护的措施，确保国家文化遗产不受破坏，争取北平的和平解放就是一例。新中国成立后，中央政府非常关注文化遗产保护工作，在坚持"古为今用"的方针下，制定了一系列的政策法规。总的来说，新中国成立以来，文化遗产保护法律制度的建立大体可以分为四个时期：

(一) 第一个时期是从新中国成立前后到 20 世纪 60 年代的初创时期

新中国建立前夕，著名建筑学家梁思成先生编写了《全国重要建筑文物简目》，共 450 条，并附《古建筑保护须知》，这为当年解放战争提供了文物保护的依据。1950 年 5 月，政务院发布保护古迹的政令。1961 年国务院颁布

《文物保护管理暂行条例》。同年，以梁思成的《简目》为基础，国务院公布首批全国重点文物保护单位。这时期一个最重要的成果就是建立了文物保护单位制度，针对不可移动文物的特点，根据不同价值，分别确定为不同级别的文物保护单位（国家、省、市［县］级文物单位保护体制）。但这期间，行政命令是文物保护的主要依据和规范，对文化遗产的认识也仅限于重要的文物古迹本身。

（二）第二个时期是"文化大革命"时期

"文革"期间，虽然文化遗产保护遭受巨大冲击，但国家还是陆续颁布了一些法律、法规、通知，大都是应急的措施，客观上还是发挥了一定的积极作用。

（三）第三个时期是"文革"后至20世纪80年代改革开放时期

以1982年全国人大常委会颁布实施《中华人民共和国文物保护法》（简称《文物法》）为标志，我国对文化遗产的保护开始走上法制化的轨道。这一时期，文物保护出现了全新局面。随着大规模经济建设的发展，国家制定了新时期文物保护基本方针政策。全国人大常委会颁布实施《中华人民共和国文物保护法》后，国务院和有关部门、地方政府也都制定了一系列配套法规，初步形成了我国物质文化遗产保护法规体系。《文物法》虽然只有33条，但它首次从国家法律的角度对文物的保护范围、标准，对文物保护单位、考古发掘、馆藏文物、私人收藏文物、文物出境都作了规定，确立了一些重要原则和制度：

1. 明确了文物保护对象的标准是"具有历史、科学、艺术价值的文物"。

2. 划定了文物保护的范围，共五大类：一是重要的历史古迹；二是与重大历史事件、革命运动或著名人物有关的史迹、实物、建筑；三是历史上珍贵的艺术品、工艺品；四是历史上重要的文献资料；五是各民族社会生活的代表性实物。

3. 在法律上确立了文物保护单位制度。

4. 确立了历史文化名城保护制度。国家对"保存文物特别丰富、具有重大历史价值和革命意义的城市"，核定公布为历史文化名城。一些地方也公布了地方的历史文化名城、名镇、名村或历史文化保护区（全国历史文化名城）。

5. 明确了配合基本建设的抢救性发掘的原则。

6. 确立了文物修缮、保养、迁移时"不改变文物原状"的原则。

这期间，随着文物保护工作的开展，国家对文物保护的认识也在不断加深。明确规定了文物保护的标准、范围，并开始注意到文物古迹与周边环境的关系，规定了"划定保护范围"和"划定建设控制地带"；注意到历史城区的保护问题，确立了历史文化名城的保护概念并将其纳入法律调整的范围，建立了具有中国特色的历史文化名城保护制度。1984年国务院也针对传统街区、建筑群、小城镇、村寨的保护问题下发通知，提出设立"历史文化保护区"的概念，以作为历史文化名城的补充。各地政府也据此设立了不少地方保护的"名城"、"名镇"、"名村"或"文化保护区"等。显然，这时期无论是在立法上还是在观念上，文物保护的范围已被大大拓展。同时，经全国人大常委会批准，我国签署了全部四个有关文化遗产保护的国际公约（《关于禁止和防止非法进出口文化财产和非法转让其所有权的公约》、《保护世界文化和自然遗产公约》、《国际统一司法协会关于被盗或者非法出口文物的公约》、《武装冲突情况下保护文化财产公约》）。

（四）第四个时期是20世纪90年代以后

随着改革开放深化和对文化遗产保护认识的进一步加深，中国对文化遗产保护法律制度的建立和完善进入了一个新的时期。这时期除了物质文化遗产的保护外，非物质文化遗产的保护问题也逐渐为社会所关注。在物质文化遗产保护方面，面临的主要问题就是，大规模经济建设和城市改造对文物、历史文化名城、大遗址保护所产生的冲突，旅游开发与文物资源保护之间的冲突，盗掘古墓葬、盗窃馆藏文物等各种文物犯罪活动日趋严重，因此在立法上必须及时解决这些问题。

建立完备的文化遗产保护法律制度，是我国法律制度建设的一项重要内容。这一制度包括三个方面：一是进一步扩大物质文化遗产的法律保护范围，加大保护力度。在立法上除了进一步完善文物保护法外，还针对特定的保护对象制定一系列专门的法律法规，如制定历史文化名城、街区、村镇保护办法，专门制定的长城保护条例、世界遗产保护条例等。二是制定非物质文化遗产保护法，与文物保护法相互补充，以解决那些未被纳入文物保护法保护范围的非物质文化遗产的法律保护问题。通过这一立法，确定国家保护、继承和发展非物质文化遗产的基本原则，建立保护名录制度，明确责任义务、管理体制、资金保障、普查建档、传承培养、展览利用、出境管理、奖励制度、法律责任等。三是建立民族民间传统文化知识产权的法律保护制度。传统文化知识产权的保护是一个全新而复杂的问题，突破了原有著作权、商标权和专利权的传统内容，需要认真研究加以解决。一个考虑是在现有的知识产权的专门法中增加有关新的内容，同时加快民间文学艺术作品著作权保护

条例的制定。

第五节　增强文化遗产保护的意义

《国务院关于加强文化遗产保护的通知》中已经指出：我国文化遗产蕴含着中华民族特有的精神价值、思维方式、想象力，体现着中华民族的生命力和创造力，是各民族智慧的结晶，也是全人类文明的瑰宝。保护文化遗产，保持民族文化的传承，是联结民族情感纽带、增进民族团结和维护国家统一及社会稳定的重要文化基础，也是维护世界文化多样性和创造性，促进人类共同发展的前提。加强文化遗产保护具有以下几方面的意义。

一、有利于延续文化多样性

文化遗产是一定的人群或共同体在特定时期、特定环境下的文化创造。不同地域有着不同的文化创造，不同的民族有着独特的文化创造，各地各民族的文化遗产各具特点，如沈阳的一宫三陵、本溪的五女山城、吉林通化的高句丽王城、黑龙江的渤海上京龙泉府遗址、北京的故宫和颐和园、宁夏的西夏王陵、拉萨的大昭寺、西藏的古格遗址、山东曲阜的三孔、云南的大理三塔、福建泉州古城遗址，港澳台等地也分布着大量历史文化遗迹，都是各民族杰出的文化创造。非物质文化遗产方面，如东北满族的猎鹰驯养、新疆的木卡姆、泉州的南音、云南的文山壮族和彝族的铜鼓舞等，都蕴涵了民族的精神和文化价值。加强对这些物质的和非物质的文化遗产保护就是保护区域的优秀文化创造，延续区域文化创造的生命力，使文化发展呈现为多元化趋势，保留世界文化的多样性，才使世界变得丰富多彩，才使社会能够和谐发展，稳步前进。

二、有利于增进民族团结，促进民族认同

民族文化是中华文明的一个重要组成部分，每一个民族都在长期的历史发展过程中不断创造和发展着本民族的文化，通过民族文化来维系民族的生存与发展。这些民族文化创造不仅是物质的，也有精神上的，既包含物质文化遗产也包含非物质文化遗产，不同的民族有不同的文化表现，如服饰、语

言、生活方式等都有明显的外在差别；看似相同的文化创造在不同民族也存在一定的内涵差异，这些差异是民族心理、民族感情、民族习俗等因素的不同造成的，这些文化创造的内在不同是区别民族的重要标识。作为蕴含民族感情、民族心理、民族性格等因素的非物质文化遗产在代代传承中对维护民族团结，增强民族凝聚力，保持个体对民族文化的自豪感具有重要作用。同时，这些具有突出历史价值、文化价值、艺术价值的文化遗产，体现了民族优秀文化创作的非物质文化遗产也促进了民族精神的延续。只要民族的文化不断，民族精神就不会断；只要民族文化传统在延续，民族精神就会延续。因此，积极保护民族文化遗产，对帮助各族人民认识自己的历史，并从中汲取创造的力量，提高民族自信心，增强民族自豪感，激发各族人民的爱国爱乡热情，有利于促进各民族的团结和进步。

三、有利于进行爱国主义教育

我国有着悠久的历史，从远古一直到现代，文明延续的进程没有中断。因此，我们先辈创造的文化遗产极其丰富，而通过对这些文化遗产的保护和展示，有利于在新形势下增强民族的自豪感，增强民族自信心，有利于对青少年进行爱国主义教育。尤其晚近的一个半世纪以来，我国经历了从闭关锁国到改革开放的过程，经历了从封建帝国到殖民地，再到民族独立，新中国建立的过程，百年来中华大地经历的变革是前所未有的，留存下来的革命遗迹和遗物，是全国人民反帝、反封建、推翻国民党反动统治的历史见证，对认清历史、把握未来、团结群众有着重要的教育作用。而革命文物所具有的直观、形象、真实可信的特点，决定了它在对广大人民群众和青少年进行中国近现代史和国情方面，在培养社会主义新人方面，有着无可替代的作用。

四、有利于科学研究

新中国成立后，我国的文物考古事业取得了巨大发展，考古学在证史补史方面的作用很突出，对史前文化的考古发掘，对三代遗迹的探询和对历史悬案的解答也发挥了重要作用。例如夏商周断代工程，在对三代考古资料的汇总、梳理和研究的基础上，对三代编年提出了新的认识和见解。对非物质文化遗产而言，非物质文化遗产大部分作为乡土文化属于小传统范畴，过去对其产生、发展和传承一直没有给予足够的重视，以一种自发状态和集体无意识来维系。有些研究机构和学者对流传于民间的非物质文化遗产认识也存

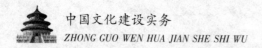
在偏差，对非物质文化遗产所蕴涵的历史、文化、艺术等价值认识上还存在不足。但应该注意到非物质文化遗产属于人的意识范畴，也是群体、共同体的一种生活方式和文化模式。随着现代学科的发展，我们有必要对民族民间文化方式和生活模式进行全面、系统的普查和梳理，在认识上应更加深入和细化，对不同文化区的同类非物质文化遗产进行对比和研究，探寻其发展的脉络和源流，审视其在人类社会发展中的作用，这样有利于促进民俗学、人类学、社会学和文学等学科的深入发展。

五、文化遗产在扩大对外交流，促进旅游业发展中发挥着重要作用

文化遗产是民族的，同时也是世界的。我国是世界上文化遗产大国，在近些年的文化遗产保护工作中，取得了很大的成绩，共有35项文化遗产与自然遗产进入联合国教科文组织的名录保护体系，4项非物质文化遗产进入联合国教科文组织名录保护体系。在保护这些文化遗产的同时，也要积极向世界展示我国的文化遗产，让世界认识中国，让世界了解中国，文化遗产的展示正是实现这种作用的重要途径。我们应该充分利用自身文化遗产资源丰富的特点，在保护好文化的同时，积极发展文化遗产旅游业，利用民族文化遗产开展国际交流。如云南青铜文物曾赴日本和欧洲五国展出，古代佛教艺术品在瑞士和日本展览，民族服装服饰赴美国展出，这些文物和文化交流活动为宣传云南，扩大云南的知名度，发挥了积极作用。

第二章　物质文化遗产保护

　　"物质文化遗产"一词是针对非物质文化遗产而言的。在我国以前提及的文化遗产一般都是指物质文化遗产。《国务院关于加强文化遗产保护的通知》中指出，物质文化遗产是具有历史、艺术和科学价值的文物，包括古遗址、古墓葬、古建筑、石窟寺、石刻、壁画、近代现代重要史迹及代表性建筑等不可移动文物，历史上各时代的重要实物、艺术品、文献、手稿、图书资料等可移动文物，以及在建筑式样、分布均匀或与环境景色结合方面具有突出普遍价值的历史文化名城（街区、村镇）。联合国教科文组织 1972 年通过的《世界遗产公约》也是针对物质文化遗产的，根据《世界遗产公约》中的界定，物质文化遗产主要包括纪念物、建筑群和遗址。我国国务院在《关于加强文化遗产保护的通知》中指出，物质文化遗产包括可移动文物和不可移动文物。不可移动文物则包括纪念物、遗址和建筑群。这是我国文化遗产框架体系与联合国教科文组织文化遗产框架体系的不同之处。

第一节　文物

一、文物的定义

　　文物，在国际上尚无一个被各国共同确认的统一定义。我们可以理解为文物是指在社会发展过程中，由人类创造及与人类活动有关的具有历史、艺术、科学和纪念价值的古代、近代乃至现代的物质文化遗存（如遗物、遗迹）的总称，是人们建造和制作的各种遗留。

　　"文""物"两字合用，在中国出现很早，但不同时代有着不同内涵。最早始见于《左传·桓公二年》："夫德，俭而有度，登降有数，文物以纪之，声明以发之；以临照百官，百官于是乎戒惧而不敢易纪律。"其后，《后汉书·南匈奴传》有关于"制衣裳，备文物"的记载。这两则引文中的所谓"文物"系指当时的礼乐典章制度的指示物，主要是礼器类物品，比现代所指"文物"范围要小。至唐代，从骆宾王诗云"文物俄迁谢，英灵有盛衰"及杜牧诗云"六朝文物草连天，天淡云闲今古同"，诗句中所指"文物"，其含义已接近于现代所指遗物的含义，即指前代遗物。到北宋中叶（11世纪），以青铜器、石刻为主要研究对象的金石学兴起，以后又逐渐扩大到研究其他各种古代器物，而把这些器物统称之为"古器物"或"古物"。及明代和清初，则较普遍把"文物"称之为"古董"或"骨董"。清乾隆年间（18世纪）又出现称文物为"古玩"。唐宋明清各代虽对文物的称谓不同，但含义基本相同。不过，在很多场合，古董、骨董、古玩所指的古器物，用今天的标准，指的是传世文物。

　　民国时期，称文物为"古物"，且古物的概念和内涵已较唐宋明清各代所称文物、古董、骨董、古玩更广泛。如1930年国民政府颁布的《古物保存法》明确规定："本法所称古物是指与考古学、历史学、古生物学及其他与文化有关之一切古物而言。"至20世纪30年代"文物"一词又重出现，如1935年北平市政府编辑出版《旧都文物略》，同年又成立专门负责研究、修整古代建筑的"北平文物整理委员会"，这表明当时的"文物"概念已包括了古建筑等不可移动的文物。

　　新中国成立后，由中央人民政府政务院以及后来的国务院、各省、市（直辖市）、自治区人民政府和文化部或国家文物局，各省、市、自治区文物管理委员会（或文管处）颁发的文物法令、法规、通知、条例等均沿用"文物"一词。直到1982年全国人民代表大会常务委员会公布了《中华人民共和国文物保护法》，把"文物"一词及其包括的内容用法律形式固定下来。其内涵实际上包括了可移动的和不可移动的一切历史文化遗存，在年代上已不仅限于古代，而是包括了近、现代，直达当代。但20世纪90年代出版的一些有关文物的书籍，甚至有的书名又重用"古董"、"古玩"，多是指民间传统认识和理解，与政府文告和学科意义的文物不同。

　　世界其他国家对不同类别的文物，均各有其通常使用的名称，且尚无概括所有类别文物的统称。如欧洲在17世纪英文和法文中都使用antique一词。此词来源，一说认为是源于拉丁文antique，原意是古代的、从前的；另一说则认为英文这个字是直接来源于法文，开始作为名词使用时，主要是指古希腊、古罗马的文化遗物，后来才逐渐发展为泛指各时代的艺术品，其词义接近于中国所谓的"古物"、"古董"。非洲的埃及，所用阿拉伯文与中国所称文物的概念是基本相同的。1983 年埃及颁布的《埃及文物保护法》规定，在埃及国土上出现的或与其历史有联系的，凡一百年以前的，包括可移动的和不可移动的，具有历史意义和价值的实物，都属于文物。同时，还规定在一百年以内的有价值的实物，可根据文化主管部门的建议指定为文物。

在国际上，由联合国教科文组织会议通过的一些有关保护文物的国际公约中，一般把文物称作"文化财产（cultural property）"或者"文化遗产（cultural heritage）"，二者的内涵并非等同。

上述表明，迄至目下，世界各国对文物的称谓仍不一致，其内涵和范围也有所不同，而尚未有被各国共同确认的文物定义。但对文物是指具体的物质遗存，应具备两个基本特征的认识已较一致，即：其一，必须是由人类创造的或是与人类活动相关的；其二，必须是已经成为历史且不可能重新创造的。

二、文物的范畴

2002 年 10 月 28 日，第九届全国人民代表大会常务委员会第三十次会议修订的《中华人民共和国文物保护法》第二条规定，在中华人民共和国境内，下列文物受国家保护：

1. 具有历史、艺术、科学价值的古文化遗址、古墓葬、古建筑、石窟寺和石刻、壁画；

2. 与重大历史事件、革命运动或者著名人物有关的以及具有重要纪念意义、教育意义或者史料价值的近代现代重要史迹、实物、代表性建筑；

3. 历史上各时代珍贵的艺术品、工艺美术品；

4. 历史上各时代重要的文献资料以及具有历史、艺术、科学价值的手稿和图书资料等；

5. 反映历史上各时代、各民族社会制度、社会生产、社会生活的代表性实物。

《文物保护法》进一步规定：文物认定的标准和办法由国务院文物行政部门制定，并报国务院批准。具有科学价值的古脊椎动物化石和古人类化石同文物一样受国家保护。

按照《文物保护法》的划分，文物分为可移动文物和不可移动文物。可

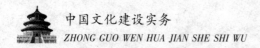

移动文物一般为人们制作的物品，其质地包括石器、骨器、牙器、玉器、蚌器、木器、竹器、藤器、铜器、铁器、金器、银器、铅器、锡器、陶器、瓷器、珐琅器、琉璃器等。按使用功能有生产工具、生活用具、车马器、度量衡、符节、装饰品、陈设观赏品、兵器、乐器、玩具、法器、祭器、礼器、明器、货币、文房四宝、玺印、灯具、香熏，等等。此外，还有雕塑、书法、绘画、古籍、古文献、文书、纺织品、服饰。从性质说，有革命文物、反革命的历史罪证、侵略战争的历史罪证、民族文物、民俗文物，等等。不可移动文物一般为人为建筑的对象，包括古文化遗址、古墓葬、古窑址、古作坊、采矿冶炼遗址、屠宰场、古战场、古建筑（宫殿、民居、宫观、寺庙、石窟寺、祭坛、石牌坊、石阙、陵园、亭、台、榭、桥、塔、园林）、摩崖石刻、巨型石造像、岩画、革命遗址、纪念性建筑物，等等。

总之，凡具备历史价值、科学价值、艺术价值、纪念价值的文化遗迹、遗物均属文物，这些不可再造的弥足珍贵的文物，是全人类的共同财富。

三、文物的时限

文物的时限，是指文物年代的上限和下限。前述文物应具备的两个基本特征，虽各国已取得共识，但各国对文物时限的划定则不尽一致。对文物上限即有了人类就有文物，只是下限的划定各国有所不同，一般是根据本国国情而定。就是一个国家自己所划定的文物年代的下限也不是固定不变的。在国际上，起初曾把文物的年代下限定为1830年，此乃源于1830年美国的关税条例。该条例规定，凡1830年以前制作的艺术品可以免税。以后在国际上，不少国家把这一年定为文物的年代下限。有的国家把不超过百年的不视为文物。中国曾把文物下限定在清末，后限延伸到当代。

四、文物的定名

文物的定名，系指对各类器物名称的命定，为了使用的统一规范，文博界惯例按以下定名原则进行。

1. 有自名的器物，要依自名定名。即指有铭文的器物中，若已有自名，依自名定其名，而不再另取新名。如两周时期的青铜铭文有的自称为簋，有的自称为鼎。

2. 根据约定俗成定名。即指某器物名已被大家所惯用，如盆、罐等，一般不再另取新名，以免与旧称混淆不清。

3. 对史籍著录已定器名，并被大家所习用，一般延用。

4. 对没有自名，也未见史籍著录者，可根据其造型、用途予以定名。

5. 参考民族学材料进行定名。

五、文物的分类

在文物研究或馆藏文物管理过程中，都有一个对文物进行分类的问题。文物分类本身是一项很细致、很严谨的工作，它是进行文物研究和馆藏文物管理的基础。对文物进行分类首先要把握分类的原则，在原则规范下，明确分类的标准和方法，方能做好文物的分类工作。

（一）分类的原则

对文物的分类原则，我们主要从以下几个方面说明。

第一，文物的可分性。历史上遗留下来的物品不仅数量多，而且类别复杂，是人们在当时的社会生产和生活中创造的，既有独立或独特性的一面，也有相互联系的一面。今天我们把它们作为物质文化总体中的组成部分来看的话，相类的东西可以进行有机的组合，也就是说，每一件物品既是一个独立存在的个体，又是同类物品的组成部分。这就为我们今天的研究和保护奠定了一个可以分类的基础。这就是文物的可分性。在实践中，一般对可移动文物和不可移动文物分别进行分类。

第二，文物分类标准的一致性。所谓"标准的一致性"，是指在分类实践中，要有统一的标准规范，以保证每一件文物在分类体系中只有一个具体的位置。这样不会造成混乱，也不会漏掉任何一件文物。当然，分类的标准具体是什么，还要依据研究需要来制定，要依据文物收藏单位的实际来制定。但是标准一旦制定下来，就要严格遵循标准来进行分类。例如，一位学者的研究课题是古代生产工具的发展，他首先就可以把收集到的生产工具资料按时代来分类，这样就有助于发现生产工具类文物随着时代发展而不断提高的事实，从而总结生产工具在社会发展中的作用。

第三，多层分类原则。在分类实践中，只有一级分类往往是不够的，还需要第二级（层）分类，甚至第三级（层）分类。例如很多历史博物馆藏品分类中，一般都是首先以馆藏文物的质地为第一级（层）分类标准，如玉石类、金属类、陶瓷类，等等。但是每一类别的物品仍然数量很多，所以又可以按照时代为第二级（层）的分类标准，同一时代的相同质地的文物都分到了一起，查找和使用起来方便多了。例如我们查找商代生产工具中的刀类文物，那么在玉石类的商代文物中，在金属类的商代文物中，在陶瓷类的商代文物中，都可以找到各种质地的刀的资料。如果需要的话，还可以确定第三级（层）的标准。在这里需要注意的是，不同层次的标准也必须是一致的，具体说，第一级（层）标准是质地，第二级（层）标准是时代，那么各种质地的文物的第二级（层）都是按照文物的时代为顺序。就犹如我们把一个学校的学生先按照性别为第一级（层）标准，分为男生和女生，再依所在年级为第二级（层）标准，就有了一年级男生，一年级女生，二年级男生，二年级女生……的多个小群体。

第四，复合体文物的归类标准。有些文物是两种或更多质地材料制作的，多见于礼仪器皿、装饰品或其他特殊器物上，例如，一件镶嵌金银的青铜器，器表嵌有玉石的漆器。在分类中一般以器物的主体质地分类，但为清楚起见，在标注器物名称时，最好要详尽，查找时会更方便，如"铁刃铜钺"、"铁足铜鼎"等。

（二）分类方法

在分类实践中，根据文物存在形式的特点，如果要划分的对象既有可移动文物，也有不可移动文物，首先按照这种存在形态分别进行类别划分。

1. 不可移动文物的分类方法

为方便文物管理，对不可移动文物的第一级（层）标准多为存在形态，分为地上文物和地下文物两类。所谓的地下文物，是指古代的文化遗存已经埋入地下，被地表土所覆盖，要经过考古发掘才能揭露出来；地上文物则是指建筑于现地表，而至今还能保持其整体形态或残痕。

2. 可移动文物的分类方法

对可移动文物的分类是文物分类的主体内容，这是因为可移动文物不仅数量多，而且类别复杂。目前在中国使用的文物分类方法，主要有质地分类祛、时代分类法、区域分类法、功能分类法、属性分类法、来源分类法等。这是文物的第一级（层）标准。

（1）质地分类法

以文物载体的质地为第一标准，这种分类法最大的好处是与文物的馆藏紧密结合，因为同质地的文物有一致的存放条件要求，存放在同一库房便于保存，所以在大多数博物馆中都采用此法。

质地分类法在具体的实践中，首先把各种质地的文物以玉、石、陶、瓷、铜（青铜）、铁、银、金、漆、木、竹、骨角、象牙、纺织、纸张等分为若干大类，也可以把质地相近的合并，如玉和石合为玉石类，陶和瓷合为陶瓷类，其他的合并为金属类、漆本类、骨角牙类、纺织类、纸张类（古书、古画），等等。

在第一级（层）的基础上，再以第二分级标准，通常是以时代为序把史前时期的文物分为旧石器时代、新石器时代，将历史时期的文物以时间为序，分为夏、商、西周、东周、秦、汉……至明、清为序排列。在此基础上，第三级（层）的分类标准，通常是按器类，即相同的器形，如鼎、盆、罐等，都集中到一起。我们知道，每件器物在入馆时都有馆藏号（发掘品还有出土单位号）。通过这样的逐级分类，作为一个收藏单位中的任何一件器物，不管是在分类账上，还是电脑上，或在库房的存放位置上，都容易找到。

（2）时代分类法

同一时代制作的文物在反映时代特征方面更为直接，也便于观察，从文物学、考古学研究方面来说，用这种方法有助于观察文化现象的传承与发展。

时代分类法，更适合文物研究者使用，系指以文物制作的时代为标准，对文物进行分类的方法。所有的文物均是某一时代的产物，它蕴涵该时代的政治、经济、军事、文化、艺术、科学等多方面信息。这是依时代分类的优势，是文物分类的重要方法之一。

在以时代为标准对文物进行分类时，要考虑馆藏单位的实际。如有的国家分石器时代文物、铜器时代文物、铁器时代文物。中国习惯按照史前时期和历史时期为标准，史前时期文物又分旧石器时代文物、新石器时代文物，还可再详细划分为早、中、晚期文物。历史时期文物一般是按朝代划分，分为夏代、商代、西周、东周（春秋、战国）、秦代、汉代、魏晋南北朝、隋代、唐代、宋代、辽代、金代、元代、明代、清代等各王朝。近代文物一般指1840年至1919年间的文物。现代文物一般指1919年至当代的文物。

（3）区域分类法

区域分类法，是以文物出土地点为标准，对文物进行分类的方法。此分类法所具有的优点是：通过区域分类，使人们对某个区域的文物有较全面的了解，为研究该地区的历史和文化特征提供较全面的资料，并对文物实行区域性管理大有裨益。

运用区域分类法往往适合收藏品的来源分布较广的博物馆，如国外有些博物馆，除本国文物外来自世界各地的藏品较多，这样就比较适用国别或洲际作为地域单位，在中国国家博物馆也可以依据此法按省份划分出土文物。

一般而言，以区域分类法对文物进行归类，应先对区域范围进行界定。有以自然地理位置为区域范围的，还有以山系、水系为区域划分的，这类区域缺乏严格界限。一般是以国家权力机关或政权机关批准的行政区划为区域

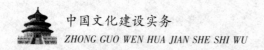
范围作标准进行文物分类。中国可依省、市、自治区和特区为区域范围进行文物分类，如通常所称北京文物、河北文物、河南文物、山东文物、山西文物、陕西文物，等等。依这一区域划分方法，还可以进一步以市、县行政区划进行第二级划分。另外，还可以自然地理的相对位置以及以山系、水系来进行划分，如中原文物、边疆文物，又如黄河流域、长江流域……这在文物分类中不易掌握，而一般不使用，但文物研究和考古学研究则可以采用，因在史前根本没有行政区划，而在历史时期，其行政区划则常有变化。

（4）功能分类法

功能分类法，是以文物的用途为标准，对文物进行分类的方法。文物是人类为生产、生活之需而创造和制作的物质文化遗存，因而每一种、每一件文物都是人们为达到某种目的而创造和制作的，都有具体的用途。而文物的功能往往与其形体有密切关系。文物形体是具体、形象、直观的，而功能却是蕴涵于形体之中。这就是运用功能分类法的依据。此法也是世界各国从事文物学、考古学研究常用的方法之一。此法在中国的运用，其渊源可以追溯到宋代。如宋徽宗敕撰的《宣和博古图》，全书共三十卷，著录了当时皇室所藏的自商至唐的铜器839件，就采用按器形划分为鼎、尊、礴，彝、舟、礧、瓶、壶、爵、罐、觯、敦、鬲及盘、钟、磬、杂器、镜鉴等二十类著录之。这是以功能对古器物进行分类尝试的实例。当然，或许当时作者的出发点未必那么明确，而与我们这里所说的功能分类法存有区别。

按功能对文物进行分类，可不受文物的年代和质地的限制，即可把不同时代不同质地而功能相同的文物划归为一类。这有助于对文物进行更深层次的研究。如古器物中的农具类，按质地可分为石、木、骨、角、蚌、陶、铜、铁农具等，各类农具中依用途可分为耕地、播种、中耕、收割等农具，不同质地的各类农具中，其制作年代既有相同的又有早晚不同的。因而，运用功能分类法首先把农具类从各类文物中划分出来，再把农具类中时代不同用途相同的农具作进一步分类，这对研究其产生、发展、变化以及在不同历史时期的地位与所起的作用，研究农业发展史都具有重要价值。

（5）来源分类法

这是以文物藏品来源为标准，对文物进行分类的方法。此法仅适用于博物馆、纪念馆等文物保管机构和研究机构等单位对文物藏品的分类。来源分类法可以是独立的分类标准，也可以是其他分类法下的一个分类标准。一般来说，文物来源主要有：

①发掘品。考古发掘发现的大量文物，是文物藏品的最主要来源。而记

录文物来源时必须注明详细的出土地点和时间，这类文物反映出的信息最丰富，研究价值也最重要。

②采集品。考古调查采集的文物，也是文物藏品的来源之一。记录来源时，也应注明采集地点。

③征集品。征集文物是增加藏品的重要渠道之一。文物征集工作，主要是征集流散文物（包括生产中发现和其他方式得到被私人收藏的出土文物和传世品）和革命文物、纪念品等。征集方式也有多种，诸如收购、自愿上缴、赠送（可适当奖励）、动员交出本应归国家所有而被私人收藏的文物等。记录时就应注明征集的地点、收藏人的姓名等。

④调拨品。此类文物是指文物收藏单位间互通有无或一个单位支援另一个单位的文物。记录时应注明由何单位拨交来的。例如，中国历史博物馆（现国家博物馆）因陈列需要，从全国各地博物馆调拨藏品。此外，还有公安机关将没收的文物，转交给文物收藏单位。

⑤拣选品。此类文物是指从废品收购站（文物被当废品收购）、银行（金、银质文物流入银行）、冶炼厂和造纸厂中拣选出来的文物。记录时应注明何时在何站、何厂拣选的。

⑥交换品。此类文物是指文物收藏单位根据国家文物法规而开展单位间的文物交换，以相互调节余缺。

⑦捐赠品。此类文物即文物收藏单位接受文物收藏者或非收藏单位捐赠的藏品。

第二节　建筑群

根据《保护世界文化和自然遗产公约》，建筑群被定义为：从历史、艺术或科学角度看在建筑式样、分布均匀或与环境景色结合方面具有突出的普遍价值的单立或连接的建筑群。随着调查和发掘的普及，古代建筑的发现也越来越多，是文化遗产保护的重要组成部分，特别是其中群体范围大，结构复杂，特色突出，意义广泛的建筑群更是备受人们关注。例如，故宫、平遥古城、丽江古城、武当山建筑群均为这类建筑群，有的已被列入世界遗产名录，具有典型性和代表性，在此我们作较为详细的介绍。

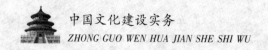
一、故宫

中文名称：明清故宫

英文名称：Imperial Palace Of the Ming and Qine Dynasties

批准时间：1987 年 12 月

遗产种类；文化遗产

遗产遴选标准：故宫根据文化遗产遴选标准 C（Ⅲ）（Ⅳ）被列入《世界遗产名录》。

世界遗产委员会评价：紫禁城是中国五个多世纪以来的最高权力中心，它以园林景观和容纳了家具及工艺品的 9000 个房间组成的庞大建筑群，成为明清时代中国文明无价的历史见证。

（一）概况

故宫位于北京市中心，也称"紫禁城"。这里曾居住过 24 个皇帝，是明清两代（公元 1368～1911 年）的皇宫，现辟为"故宫博物院"。故宫的整个建筑金碧辉煌，庄严绚丽，被誉为世界五大宫之一（北京故宫、法国凡尔赛宫、英国白金汉宫、美国白宫、俄罗斯克里姆林宫），并被联合国教科文组织列为"世界文化遗产"。

故宫的宫殿建筑是中国现存最大、最完整的古建筑群，总面积达 72 万多平方米，有殿宇宫室 9999 间半，被称为"殿宇之海"，气魄宏伟，极为壮观。无论是平面布局，立体效果，还是形式上的雄伟堂皇，都堪称无与伦比的杰作。

一条中轴贯通着整个故宫，这条中轴又在北京城的中轴线上。三大殿、后三宫、御花园都位于这条中轴线上。在中轴宫殿两旁，还对称分布着许多殿宇，也都宏伟华丽。这些宫殿可分为外朝和内廷两大部分。外朝以太和、中和、保和三大殿为中心，文华、武英殿为两翼。内廷以乾清官、交泰殿、坤宁宫为中心，东西六宫为两翼，布局严谨有序。故宫的四个城角都有精巧玲珑的角楼，建造精巧美观。宫城周围环绕着高 10 米、长 3400 米的宫墙，墙外有 52 米宽的护城河。

故宫里最吸引人的建筑是三座大殿：太和殿、中和殿和保和殿。它们都建在汉白玉砌成的 8 米高的台基上，远望犹如神话中的琼宫仙阙。第一座大殿太和殿是最富丽堂皇的建筑，俗称"金銮殿"，是皇帝举行大典的地方，殿高 28 米，东西 63 米，南北 35 米，有直径达 1 米的大柱 92 根，其中 6 根围绕御座的是沥粉金漆的蟠龙柱。御座设在殿内高 2 米的台上，前有造型美观的仙鹤、炉、鼎，后面有精雕细刻的围屏。整个大殿装饰得金碧辉煌、庄严绚丽。中和殿是皇帝去太和殿举行大典前稍事休息和演习礼仪的地方。保和殿是每年除夕皇帝赐宴外藩王公的场所。

故宫建筑的后半部叫内廷，以乾清宫、交泰殿、坤宁宫为中心，东西两翼有东六宫和西六宫，是皇帝平日办事和他的后妃居住生活的地方。后半部在建筑风格上不同于前半部。前半部建筑形象是严肃、庄严、壮丽、雄伟，以象征皇帝的至高无上。后半部内廷则富有生活气息，建筑多是自成院落，有花园、书斋、馆榭、山石等。在坤宁宫北面的是御花园。御花园里有高耸的松柏、珍贵的花木、山石和亭阁。

故宫博物院藏有大量珍贵文物，据统计，总共达 1052653 件之多，其中有很多是绝无仅有的国宝。在几个宫殿中设立了历代艺术馆、珍宝馆、钟表馆等，爱好艺术的人在这些无与伦比的艺术品前，往往久久不忍离去。设在故宫东路的珍宝馆，展出各种奇珍异宝。如一套清代金银珠云龙纹甲胄，通身缠绕着 16 条龙，形态生动，穿插于云朵之间。甲胄是用约 60 万个小钢片联结起来的，每个钢片厚约 1 毫米，长 4 毫米，宽 1.5 毫米，钻上小孔，以便穿线联结。据说，为制造这套甲胄，共用了 4 万多个工时。

现在，故宫的一些宫殿中设立了综合性的历史艺术馆、绘画馆、分类的陶瓷馆、青铜器馆、明清工艺美术馆、铭刻馆、玩具馆、文房四宝馆、玩物馆、珍宝馆、钟表馆和清代宫廷典章文物展览等。

（二）文化遗产价值

故宫是我国现存最大、最完整的古建筑群。宫殿沿着一条南北向的中轴线排列，左右对称，南达永定门，北到鼓楼、钟楼，贯穿整个紫禁城。其规划严整，气魄宏伟，极为壮观。它标志着我国悠久的文化传统，显示着 500余年来我国在建筑艺术上的卓越成就。

故宫文物分成宫廷原状和古代艺术两大陈列体系，先后布置了 51 个原状陈列，先后举办了各种展览数百余次，赴欧、亚、美、澳、非五大洲展览数十次，宣传中国灿烂的古代文化艺术传统，促进了与世界各国的文化交流。

二、武当山古建筑群

中文名称：武当山古建筑群

英文名称：Ancient Building Complex in the Wudang Mountains

编号：200—013

入选时间：1994 年 12 月 15 日

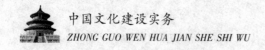

入选标准：根据世界文化遗产遴选标准C（Ⅰ）（Ⅱ）（Ⅵ）入选《世界遗产名录》。

世界遗产委员会评价：武当山古建筑中的宫阙庙宇集中体现了中国元、明、清三代世俗和宗教建筑的建筑学和艺术成就。古建筑群坐落在沟壑纵横、风景如画的湖北省武当山麓，在明代期间逐渐形成规模，其中的道教建筑可以追溯到公元7世纪，这些建筑代表了近千年的中国艺术和建筑的最高水平。

（一）概况

武当山又名"太和山"，位于中国中部湖北省丹江口市的西南部。明代（公元1368～1644年）时武当山被皇帝敕封为"大岳"、"玄岳"，地位在"五岳"诸山之上。武当主峰天柱峰，海拔1612米，周围又有"七十二峰"、"三十六岩"、"二十四涧"等胜景环绕，风光旖旎，气势宏伟，被世人赞为"万山来朝"。

武当山古建筑群始建于唐代贞观年间（公元627～649年）。明代是其发展的鼎盛时期，这一时期在武当山兴建了大批建筑，到嘉靖三十一年（公元1552年）"治世玄岳"牌坊建成，武当山建筑群终于形成了我们今天见到的以八宫两观为主体的庞大规模。

现在武当山古建筑群主要包括太和宫、南岩宫、紫霄宫、遇真宫四座宫殿，玉虚宫、五龙宫两座宫殿遗址以及各类庵堂祠庙等共200余处。建筑面积达5万平方米，占地总面积达100余万平方米，规模极其庞大。被列入世界遗产名录的主要包括太和宫、紫霄宫、南岩宫、复真观、"治世玄岳"牌坊等。

武当山古建筑群集中体现了中国古代建筑装饰艺术的精华。在这里还衍生出武当道教、武当道乐和武当武术等文化范畴的精髓，为中华民族的传统文化增添了新内容。

（二）文化遗产价值

武当山古建筑群历经沧桑，现存四座道教宫殿、两座宫殿遗址、两座道观及大量神祠、岩庙。在布局、规制、风格、材料和工艺等方面都保存了原状。建筑主体以宫观为核心，主要宫观建筑在内聚型盆地或山前台地之上，庵堂神祠分布于宫观附近地带，自成体系，岩庙则占峰踞险，形成"五里一庙十里宫，丹墙翠瓦望玲珑"的巨大景观，在建筑艺术、建筑美学上达到了极为完美的境界，有着丰富的中国古代文化和科技内涵，是研究明初政治和中国宗教历史以及古建筑的实物见证。武当山古建筑群具有以下主要特征：

1. 规划严密，建筑杰出

武当山古建筑群分布在以天柱峰为中心的群山之中，总体规划严密，主次分明，大小有序，布局合理。在建筑位置的选择上，注重环境，山形水脉疏密有致。建筑设计的规划或宏伟壮观，或小巧精致，或深藏山坳，或濒临险崖，达到了建筑与自然的高度和谐，具有浓郁的建筑韵律和天才的创造力。

2. 高超的技术与艺术成就

武当山古建筑群类型多样，用材广泛，各项设计、构造、装饰、陈设，不论是木构宫观、铜铸殿堂、石作岩庙，还是铜铸、木雕、石雕、泥塑等各类神像都达到了高度的技术与艺术成就。武当山道教建筑群始终由皇帝亲自策划营建，皇室派员管理。现存建筑其规模之大，规格之高，构造之严谨，装饰之精美，神像、供器之多，在中国现存道教建筑中是绝无仅有的。武当山金殿及殿内神像、供桌等全为铜铸镏金，铸件体量巨大，采用失蜡法（蜡模）翻铸，代表了中国明代初年（15世纪）科学技术和铸造工业的重大发展，反映出我国古代科技的伟大成就。

武当山建筑群的兴建，反映了明代皇帝朱棣在扩展外交的同时，对内大力推崇道教，灌输"皇权神授"思想，以巩固其内部统治，具有重大的历史和思想等意义。

（三）主要遗产

武当山古建筑群中的主要遗产有太和宫、南岩宫、紫云宫、复真观和"治世玄岳"石坊等。

太和宫位于天柱峰南侧，占地面积8万平方米，现有古建筑20余栋，建筑面积1600多平方米，主要建筑有：

金殿：明代铜铸仿木结构宫殿式建筑，位于天柱峰顶端的石筑平台正中，面积约160平方米，朝向为东偏南8°。殿面宽与进深均为三间，阔4.4米，进深3.15米，高5.54米。四周立柱12根，柱上叠架、额、枋及重翘重昂与单翘重昂斗拱，分别承托上、下檐部，构成重檐庑殿式屋顶。正脊两端铸龙对峙。四壁于立柱之间装四抹头格扇门。殿内顶部作平棋天花，铸浅雕流云纹样，线条柔和流畅。地面以紫色石纹墁地，洗磨光洁。屋顶采用推山做法。殿内于后壁屏风前设神坛，塑真武大帝坐像，左侍金童捧册，右侍玉女端宝，水火二将，执旗捧剑拱卫两厢。坛下玄武一尊。坛前设香案，置供器。神坛上方高悬鎏金匾额，上铸清圣祖爱新觉罗·玄烨手迹"金光妙相"四字。殿外檐际，悬盘龙斗边镏金牌额，上竖铸"金殿"二字。殿体各部分件采用失蜡法铸造，遍体鎏金，无论瓦作、木作构件，结构严谨，合缝精密，虽经五百多年的严寒酷暑，至今仍辉煌如初，显示我国铸造工业发展的水平，堪称现存古建筑和铸造工艺中的一颗灿烂明珠。

古铜殿：位于天柱峰前小莲峰上。元代大德十一年（公元 1307 年）铸，高 3 米，阔 2.8 米，进深 2.4 米，悬山式屋顶，全部构件为分件铸造，卯榫拼装，各铸件均有文字标明安装部位，格扇裙板上铸有"此殿于元大德十一年铸于武昌梅亭万氏作坊"，是中国现存最早的铜铸木结构建筑。

紫禁城：建于永乐十七年（公元 1419 年），沿天柱峰环绕，周长 345 米，墙基厚 2.4 米，墙厚 1.8 米，城墙最高处达 10 米，用条石依岩砌筑，每块条石重达 500 多千克，按中国模式建有东、南、西、北四座石雕仿木结构的城楼象征天门。该石雕建筑在悬崖陡壁之上，设计巧妙，施工难度大，是明代科学与艺术相结合的产物。

紫霄宫：位于武当山东南的展旗峰下，始建于北宋宣和年间（公元 1119～1125 年），明永乐十一年（公元 1413 年）重建，明嘉靖三十一年（公元 1552 年）扩建，清嘉庆八年至二十五年（公元 1803～1820 年）大修，是武当山八大宫观中规模宏大、保存完整的道教建筑之一。现存有建筑 29 栋，建筑面积 6854 平方米。中轴线上为五级阶地，由上而下递建龙虎殿、碑亭、十方堂、紫霄大殿、圣文母殿，两侧以配房等建筑分隔为三进院落，构成一组殿堂楼宇鳞次栉比、主次分明的建筑群。宫的中部两翼为四合院式的道人居所。

宫内主体建筑紫霄殿，是武当山最有代表性的木构建筑，建在三层石台基之上，台基前正中及左右侧均有踏道通向大殿的月台。大殿面阔进深各 5 间，高 18.3 米，阔 29.9 米，进深 12 米，面积 358.8 平方米。共有檐柱、金柱 36 根，排列有序。大殿为重檐歇山顶式大木结构，由三层崇台衬托，比例适度，外观协调。上下檐保持明初以前的做法。柱头和斗栱显示出明代斗栱的特征。殿内金柱斗栱，施井口天花，明间内槽有斗八藻井。明间后部建有刻工精致的石须弥座神龛，其中供玉皇大帝，左右胁侍神像，均出自明人之手。

紫霄殿的屋顶全部盖孔雀蓝琉璃瓦，正脊、垂脊和戗脊等以黄、绿两色为主镂空雕花，装饰华丽，为其他宗教建筑所少见。

南岩宫：始建于元至元二十二年至元至大三年（公元 1285～1310 年），明永乐十年（公元 1412 年）扩建。位于独阳岩下，山势飞翥，状如垂天之翼，以峰峦秀美而著名。现存建筑 21 栋，建筑面积 3505 平方米，占地 9 万平方米。有议案天乙真庆宫石殿、两仪殿、皇经堂、八卦亭、龙虎殿、大碑亭和南天门等筑物。主体建筑天乙真庆宫石殿，建于元至大三年（公元 1310 年）以前，面阔 11 米，进深 6.6 米，通高 6.8 米，梁、柱、门、窗等均以青石雕琢而成。顶部前坡为单檐歇山式，后坡依岩，为悬山式，檐下斗栱均作两跳，是辽金建筑斗栱的做法。龙头香，长 3 米，宽仅 0.33 米，横空挑出，下临深谷，龙头上置一小香炉，状极峻险，具有较高的艺术性和科学性。

复真观：建于明永乐十年（公元 1412 年），清康熙二十二年（公元 1683 年）重修。位于狮子峰前，现存建筑 20 栋，建筑面积 3505 平方米，占地 6 万平方米。中轴线上有照壁、梵帛炉、龙虎殿、大殿、太子殿。左侧道院建皇经堂、芝经阁、庙亭、斋房，随山势重叠错落。前有五云楼，五层楼翼角立柱上架设 12 根梁枋，交叉叠阁，为大木建筑中少见的结构，有"一柱十二梁"之称。

"治世玄岳"牌坊：建于明嘉靖三十一年（公元 1552 年）。位于武当山镇东 4000 米处，为进入武当山的第一道门户，又名"玄岳门"。系石凿仿大木建筑结构，三间四柱五楼牌坊，高 11.9 米，阔 14.5 米。坊柱高 6.4 米，柱周设夹杆石以铁箍加固。柱顶架龙门枋，枋下明间为浮雕大小额枋，上部出卷草花牙子雀替，承托浮雕上枋和下枋，枋间嵌夹堂花板，构成明间高敞、两侧稍低的三个门道。正楼架于龙门枋上，明间左右立枋柱，中嵌矩形横式牌匾。次间各分两层架设边楼、云板与次楼，构成宽阔高耸的正楼、边楼，由上而下，逐层外展的三滴水歇山式的坊楼，中嵌横式牌匾刻嘉靖皇帝赐额"治世玄岳"。此坊结构简练，构件富于变化，全用卯榫拼合，装配均衡严谨，坊身装饰华丽，雕刻精工，运用线刻、圆雕、浮雕等方法，雕刻了人物、动物和花草图案等，是南方石作牌楼之佳作，也是明代石雕艺术珍品。

此外，在全山各宫观中还保存着铜、铁、木、石制各类造像 1486 件，其中明代以前制品近千件，宋、元、明、清碑刻、摩岩 409 通，法器、供器 682 件以及图书经籍等，均是珍贵的文化遗产。

三、平遥古城

中文名称：平遥古城

英文名称：The Ancient City Of Pingyao

编号：200—018

入选标准：平遥古城于 1997 年根据世界文化遗产遴选标准 C（Ⅱ）（Ⅲ）（Ⅳ）被列入《世界遗产名录》。

世界遗产委员会评价：平遥古城是中国境内保存最为完整的一座古代县城，是中国汉民族城市在明清时期的杰出范例，在中国历史的发展中，为人们展示了一幅非同寻常的文化、社会、经济及宗教发展的完整画卷。

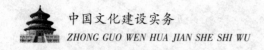
（一）概况

平遥古城位于中国北部山西省的中部，始建于西周宣王时期（公元前827～公元前782年），明代洪武三年（公元1370年）扩建，距今已有2700多年的历史，是中国目前保存最为完整的四座古城之一。迄今为止，它还较为完好地保留着明、清（公元1368～1911年）时期县城的基本风貌，堪称中国汉民族地区现存最为完整的古城，也是目前我国唯一以整座古城申报世界文化遗产获得成功的古县城。

平遥旧称"古陶"，明朝初年，为防御外族南扰，始建城墙，洪武三年（公元1370年）在旧墙垣基础上重筑扩修，并全面包砖。以后景德、正德、嘉靖、隆庆和万历年间进行过十次大的补修和修缮，更新城楼，增设观敌台。康熙四十三年（公元1703年）因皇帝西巡路经平遥，而筑了四面大城楼，使城池更加壮观。平遥城墙总周长6163米，墙高约12米，把面积约2.25平方公里的平遥县城隔为两个风格迥异的世界。城墙以内街道、铺面、市楼保留明清形制。城墙以外称"新城"。

鸟瞰平遥古城，更令人称奇道绝。这个呈平面方形的城墙，形如龟状，城门六座，南北各一，东西各二。城池南门为龟头，门外两眼水井象征龟的双目。北城门为龟尾，是全城的最低处，城内所有积水都要经此流出。城池东西四座瓮城，双双相对，上西门、下西门、上东门的瓮城城门均向南开，形似龟爪前伸，唯下东门瓮城的外城门径直向东开，据说是造城时恐乌龟爬走，将其左腿拉直，拴在距城二十里的麓台上。这个看似虚妄的传说，闪烁出古人对乌龟的极其崇拜之情。乌龟乃长生之物，在古人心目中自然如同神灵一样圣洁。它蕴涵着希冀借龟神之力，使平遥古城坚如磐石，金汤永固，安然无恙，永世长存的深刻含义。城墙上还有72个观敌楼，墙顶外侧有垛口3000个。

迄今为止，古城的城墙、街道、民居、店铺、庙宇等建筑仍然基本完好，原来的形式和格局大体未动，它们同属平遥古城现存历史文物的有机组成部分。这座坚实完整的砖石城池，数百年来在军事防御和防洪挡险等方面发挥了很大的作用。城内街道、古建衙门、市楼、商店、民居等还保留原有的明代形制，是全国重点文物保护单位。

平遥古城素有"中国古建筑的荟萃和宝库"之称，文物古迹保存之多、品位之高实为国内所罕见。其中有始建于西周、扩建于明洪武三年（1370年），规模宏大、气势雄伟的国内保存最完整的古城墙；有始建于北汉天会七年（963年），被列为我国第三位的现存最珍贵的木结构建筑镇国寺万佛殿，殿内的五代彩塑堪称珍品，是研究中国早期彩塑的样本；有始建于北齐武平二年（571年），被誉为"中国古代彩塑艺术宝库"，现存宋元明清彩塑2052尊的双林寺；有中国宋金时期文庙的罕见实物——文庙大成殿；有中国金融史上的开山鼻祖，被誉为"天下第一号"、"汇通天下"的"日升昌"票号；有始建于唐显庆二年，拥有国内古建筑中罕见的"悬梁吊柱"奇特结构的清虚观，观内20余尊木雕神像是研究中国古代木雕造像艺术和道教发展的稀有之物；有遍布古城内外的1000通碑刻及年代不一、形式多样、色彩缤纷的各种琉璃实物。同时，平遥古城是中国古代民居建筑的荟萃中心之一。古城内现存4000处古、近代民居建筑中，有400余处体现着中国古、近代北方民居建筑的风格和特点。

平遥古城历史悠久，文物古迹众多。它完整地体现了17世纪至19世纪的历史面貌，为明清建筑艺术的历史博物馆。其古建筑及文物古迹，在数量和品位上均属国内罕见，对研究中国古代城市变迁、城市建筑、人类居住形式和传统文化的发展具有极为重要的历史、艺术、科学价值。

人称平遥有三宝，砌成的古城墙便是其一。在建城之初，此城墙仅为夯土筑成，规模较小。到明朝洪武三年（1370年）才扩建成现在的规模，至今虽历经600余年的沧桑风雨，但雄风犹存。这座周长约6公里的古城墙，有3000个垛口、72座观敌楼，据说这象征孔子3000弟子及72贤人。此外，清朝后期，在古城东南角还曾修建了一座象征古城文运昌盛的魁星阁，由此可见以孔子为代表的儒家思想影响之深远。

平遥古城是一座完全按照中国汉民族传统城市规划思想和布局程式修建的县城。在封闭的城池里，以市楼为中心，有四条大街、八条小街及七十二条小巷经纬交织在一起，它们功能分明，布局井井有条。城内古居民宅全是清一色青砖灰瓦的四合院，轴线明确，左右对称，特别是砖砌窑洞式的民宅更是具有很浓的乡土气息。全城现存四合院民居3797处，其中有400余处保存相当完好。此外，城池内还建有一些大小庙宇，老式铺面亦是鳞次栉比，这些古色古香的建筑原汁原味地勾勒出明、清时期市井繁华的风貌。

出古城北门向东北有镇国寺，它是古城的第二宝。该寺的万佛殿建于五代（公元10世纪）时期，目前是中国排名第三位的古老木结构建筑，距今已有一千多年的历史。殿内的五代彩塑是不可多得的雕塑艺术珍品。

古城的第三宝是位于城西南的双林寺。该寺修建于北齐武平二年（公元571年），在该寺的十余座大殿内有彩色泥塑2000多尊，被人们誉为"彩塑艺术的宝库"。

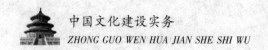

平遥是中国古代商业中著名的"晋商"的发源地之一。清代道光四年（公元1824年），中国第一家现代银行的雏形"日升昌"票号在平遥诞生。三年之后，"日升昌"在中国很多省份先后设立分支机构。19世纪40年代，它的业务更进一步扩展到日本、新加坡、俄罗斯等国家。当时，在"日升昌"票号的带动下，平遥的票号业发展迅猛，鼎盛时期这里的票号竟多达22家，一度成为中国金融业的中心。

（二）文化价值与艺术价值

平遥古城是保存完整的历史名城，也是中国古代城市的原型。古城池总面积2.25平方千米，至今还居住着4.2万城市居民，基本保持着明清时期（公元1368～1911年）的历史风貌。自公元前221年中国实行"郡县制"以来，平遥一直是作为"县治"的所在地，延续至今。这是中国最基层的一级城市。现在保存的古城墙是明洪武三年（公元1370年）扩建时的原状，城内现存六大寺庙建筑群和县衙署、市楼等历代古建筑均是原来的实物。城内有大小街巷100多条，还是原来的历史形态，街道两旁的商业店铺基本上是17～19世纪的建筑。城内有3797处传统民居，其中400多处保存价值较高，地方风貌独特。

平遥古城自有筑城活动以来，已有2700多年的历史，在漫长的发展过程中，保留的文化遗存数量多、密度高、时间跨度长，是被誉为"中国古建筑宝库"的山西省范围内的一个"文物大县"。平遥古城众多的文化遗存，不仅代表了中国古代城市在不同历史时期的建筑形式、施工方法和用材标准，也反映了中国古代不同民族、不同地域的艺术进步和美学成就。

平遥古城是按照汉民族传统规划思想和建筑风格建设起来的城市，集中体现了公元14至19世纪前后汉民族的历史文化特色，对研究这一时期的社会形态、经济结构、军事防御、宗教信仰、传统思想、伦理道德和人类居住形式有重要的参考价值。

平遥古城自明洪武三年（公元1370年）重建以后，基本保持了原有格局，有文献及实物可以查证。平遥城内的重点民居，系建于公元1840～1911年。民居建筑布局严谨，轴线明确，左右对称，主次分明，轮廓起伏，外观封闭，大院深深。精巧的木雕、砖雕和石雕配以浓重乡土气息的剪纸窗花，惟妙惟肖，栩栩如生，是迄今汉民族地区保存最完整的古代居民群落。

平遥古城在19世纪的中后期，是金融业最为发达的城市之一，是当代最有影响的票号总部所在地、金融业总部所在地和金融业总部机构最集中的地方。曾一度操纵和控制了中国的近代金融业。平遥古城在票号兴盛的一百多年时间中，对中国近代经济发展产生过积极的影响。

四、丽江古城

中文名称：丽江古城

英文名称：The Old Town Of Lijiang

编号：200—017

入选标准：丽江古城于 1997 年 12 月根据文化遗产遴选标准 C（Ⅱ）（Ⅳ）被列入《世界遗产名录》。

世界遗产委员会评价：古城丽江把经济和战略重地与崎岖的地势巧妙地融合在一起，真实、完美地保存和再现了古朴的风貌。古城的建筑历经无数朝代的洗礼，饱经沧桑，它融会了各个民族的文化特色而声名远扬。丽江还拥有古老的供水系统，这一系统纵横交错、精巧独特，至今仍在有效地发挥着作用。

（一）概况

丽江古城位于中国西南部云南省的丽江纳西族自治县，一般认为始建于宋末元初（公元 13 世纪后期）。公元 1253 年，忽必烈（元世祖）南征大理国时，就曾驻军于此。由此开始，直至清初的近五百年里，丽江地区皆为中央王朝管辖下的纳西族木氏先祖及木氏土司（1382 年设立）世袭统治。曾遍游云南的明代地理学家徐霞客（1587～1641 年），在《滇游日记》中描述当时丽江城"民房群落，瓦屋栉比"，明末古城居民达千余户，可见城镇营建已颇具规模。古城地处云贵高原，海拔 2400 余米，全城面积达 3.8 平方公里，自古就是远近闻名的集市和重镇。古城现有居民 6200 多户，25000 余人。其中，纳西族占总人口绝大多数，有 30% 的居民仍在从事以铜银器制作、皮毛皮革、纺织、酿造业为主的传统手工业和商业活动。

丽江古城内的街道依山傍水修建，以红色角砾岩铺就，雨季不会泥泞，旱季也不会飞灰，石上花纹图案自然雅致，与整个城市环境相得益彰。位于古城中心的四方街是丽江古街的代表。

在丽江古城区内的玉河水系上，修建有桥梁 354 座，其密度为平均每平方公里 93 座。桥梁的形制多种多样，较著名的有锁翠桥、大石桥、万千桥、南门桥、马鞍桥、仁寿桥，均建于明清时期（公元 14～19 世纪）。其中以位于四方街以东 100 米的大石桥最具特色。

古城内的木府原为丽江世袭土司木氏的衙署，始建于元代（公元 1271～1368 年），1998 年重建后改为古城博物院。木府占地 46 亩，府内有大小房间

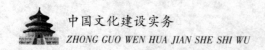

共 162 间。其内还悬挂有历代皇帝钦赐的匾额 11 块，反映了木氏家族的盛衰历史。

位于城内福国寺的五凤楼始建于明代万历二十九年（公元 1601 年），楼高 20 米。因其建筑形制酷似五只飞来的彩凤，故名"五凤楼"，楼内的天花板上还绘有多种精美的图案。五凤楼融合了汉、藏、纳西等民族的建筑艺术风格，是中国古代建筑中的稀世珍宝和典型范例。

白沙民居建筑群位于丽江古城以北 8 公里处，这里曾是宋元时期（公元 10 ~ 14 世纪）丽江地区政治、经济、文化的中心。白沙民居建筑群分布在一条南北走向的主轴上，中心为一梯形广场，一股泉水由北面引入广场，四条巷道从广场通向四方，极具特色。白沙民居建筑群形成和发展，为后来丽江古城的布局奠定了基础。

束河民居建筑群位于丽江古城西北 4 公里处，是丽江古城周边的一个小集市，建筑群内民居房舍错落有致，布局形制与丽江古城四方街相似。青龙河自建筑群的中央穿过，建于明代（公元 1368 ~ 1644 年）的青龙桥横跨其上。青龙桥是丽江境内最大的石拱桥。

丽江古城历史悠久，古朴自然。城市布局错落有致，既具有山城风貌，又富于水乡韵味。丽江民居既融合了汉、白、彝、藏各民族的精华，又有纳西族的独特风采，是研究中国建筑史、文化史不可多得的重要遗产。丽江古城包容着丰富的民族传统文化，集中体现了纳西民族的兴旺与发展，是研究人类文化发展的重要史料。

闻名于世的丽江壁画，分布在古城及周围 15 座寺庙内。这些明清壁画，具有多种宗教及各教派内容融合并存的突出特点。遗存于丽江白沙村大宝积宫的大型壁画"无量寿如来会"，把汉传佛教、藏传佛教和道教的百尊神佛像绘在一起，反映了纳西族宗教文化的特点。

丽江一带迄今流传着一种图画象形文字"东巴文"。这种纳西族先民用来记录东巴教经文的独特文字，是世界上唯一活着的图画象形文。如今分别收藏在中国以及欧美一些国家图书馆、博物馆中的 20000 多卷东巴经古籍，记录着纳西族千百年辉煌的历史文化。其中称作《磋模》的东巴舞谱，是极为罕见的珍贵文献。被誉为古代纳西族"百科全书"的东巴经，对研究纳西族的历史、文化具有重要价值。

（二）文化价值与艺术价值

丽江古城是一座具有较高综合价值和整体价值的历史文化名城，它集中体现了地方历史文化和民族风俗风情，体现了当时社会进步的本质特征。流动的城市空间、充满生命力的水系、风格统一的建筑群体、尺度适宜的居住建筑、亲切宜人的空间环境以及独具风格的民族艺术内容等，使其有别于中国其他历史文化名城。古城建设崇自然、求实效、尚率直、善兼容的可贵特质更体现特定历史条件下的城镇建筑中所特有的人类创造精神和进步意义。丽江古城是具有重要意义的少数民族传统聚居地，它的存在为人类城市建设史的研究、人类民族发展史的研究提供了宝贵资料，是珍贵的文化遗产，是中国乃至世界的瑰宝。

1. 丽江古城在中国名城中的地位

丽江古城历史悠久，古朴自然，兼有水乡之容、山城之貌，它作为有悠久历史的少数民族城市，从城市总体布局到工程建筑，融汉、白、彝、藏各民族精华，并具有纳西族独特风采。1986年，中国政府将其列为国家历史文化名城，确定了丽江古城在中国名城中的地位。

2. 丽江古城充分体现了中国古代城市建设的成就

有别于中国任何一座古城，丽江古城未受"方九里，旁三门，国中九经九纬，经途九轨"的中原建城形制影响。城中无规矩的道路网，无森严的城墙。古城布局中的三山为屏、一川相连，水系利用三河穿城、家家流水；街道布局中"经络"设置和"曲、幽、窄、达"的风格，建筑物的依山就水、错落有致的设计艺术在中国现存古城中是极为罕见的，是纳西族先民根据民族传统和环境再创造的结果。

3. 丽江古城民居是中国民居中具有鲜明特色和风格的类型之一

城镇、建筑本身是社会生活的物化形态，民居建筑比官府衙署、寺庙殿堂等建筑更能反映一个民族一个地区的经济文化、风俗习惯和宗教信仰。丽江古城民居在布局、结构和造型方面按自身的具体条件和传统生活习惯，有机结合了中原古建筑以及白族、藏族民居的优秀传统，并在房屋抗震、遮阳、防雨、通风、装饰等方面进行了大胆创新发展，形成了独特的风格。丽江古城鲜明之处就在于无一统的构成机体，明显显示出依山傍水、穷中出智、拙中藏巧、自然质朴的创造性，在相当长的时间和特定的区域里对纳西民族的发展也产生了巨大的影响。丽江民居是研究中国建筑史、文化史不可多得的重要遗产。

4. 丽江古城是自然美与人工美、艺术与适用的有机统一体

丽江古城是古城风貌整体保存完好的典范。依托三山而建的古城，与大自然产生了有机而完整的统一，古城瓦屋，鳞次栉比，四周苍翠的青山，把紧连成片的古城紧紧环抱。城中民居朴实生动的造型、精美雅致的装饰是纳

西族文化与技术的结晶。古城所包含的艺术来源于纳西人民对生活的深刻理解，体现人民群众的聪明智慧，是地方民族文化技术交流融会的产物，是中华民族宝贵建筑遗产的重要组成部分。

5. 丽江古城包容着丰富的民族传统文化，集中体现纳西民族的兴旺与发展，是研究人类文化发展的重要史料

丽江古城的繁荣已有 800 多年的历史，它逐渐成为滇西北经济文化中心，为民族文化的发展提供了良好的环境条件，聚居在这里的纳西族与其他少数民族一道创造了光辉灿烂的民族文化。不论是古城的街道、广场牌坊、水系、桥梁还是民居装饰、庭院小品、槛联匾额、碑刻条石，无不渗透纳西人的文化修养和审美情趣，无不充分体现地方民族宗教、美学、文学等多方面的文化内涵、意境和神韵，展现历史文化的深厚和丰富内容。尤其是具有丰富内涵的东巴文化、白沙壁画等传统文化艺术更是为人类文明史留下了灿烂的篇章。

对上述现存于地面的古代建筑群的保护，是一件复杂而艰巨的任务，除了法律法规的保障外，管理单位、专业人员还必须经常进行实地考察，随时发现问题，及时采取科学有效的措施，保障延续其寿命，使其在新时期更好地发挥作用。

第三节　遗址

遗址，广义上所包含的范围很宽，指人类活动的遗迹；狭义的遗址是指埋入地下（或水中），古代人们进行生产和生活中形成的各种遗留（存）的总称。在考古领域，遗址主要是清代以前人类生产、生活等活动遗留下来的遗迹，包括城堡废墟、宫殿址、村址、居址、寺庙址，还包括当时一些经济性建筑遗存，如采石场（坑）、窑穴、窑址、贝丘等。遗址是古代人们进行生产生活的现场遗留，包含着丰富的古代活动信息，是历史发展的见证，虽然多数遗址遭到不同程度的破坏，但它们是获取实物资料的最主要来源。我国遗址资源十分丰富，在辽阔的祖国版图上到处都有分布。其中周口店北京猿人遗址、殷墟等已经成功申报世界遗产。

一、周口店北京猿人遗址

根据世界文化遗产遴选标准 C（Ⅲ）（Ⅵ），周口店北京人遗址于 1987 年 12 月入选《世界遗产名录》。

世界遗产委员会评价：周口店"北京人"遗址位于北京西南 48 公里处，遗址的科学考察工作仍然在进行中。到目前为止，科学家已经发现了中国猿人属"北京人"的遗迹，他们大约生活在中更新世时代，同时发现的还有各种各样的生活物品，以及可以追溯到公元前 18000 年到前 11000 年的新人类的遗迹。周口店遗址不仅是有关远古时期亚洲大陆人类社会的一个罕见的历史证据，而且也阐明了人类进化的进程。

（一）概况

周口店"北京人"遗址位于北京市西南 48 公里房山区周口店村的龙骨山。这里地处山区和平原交界处，东南为华北大平原，西北为山地。周口店附近的山地多为石灰岩，在水力作用下，形成许多大小不等的天然洞穴。山上有一东西长约 140 米的天然洞穴，俗称"猿人洞"。1929 年在此洞中首次发现完整的人类头盖骨化石后被称为"周口店第一地点"。

周口店遗址区是中国华北地区重要的旧石器时代遗址，其中最为著名的是周口店第一地点——"北京人"遗址。这一遗址是 1921 年由瑞典学者安特生首先发现的，此后又有多名学者对其进行了发掘。1927 年加拿大学者步达生对周口店遗址进行正式发掘，并将周口店发现的三枚人的牙齿正式命名为"中国猿人北京种"。1929 年中国考古学者裴文中在发掘中出土了"北京人"第一个头盖骨，轰动了世界。以后陆续在龙骨山上发现一些猿人使用的石器和用火遗迹。

周口店遗址历经 80 余年时断时续的发掘，科考工作目前仍在进行中。在周口店"北京人"遗址出土的猿人化石、石制品、哺乳动物化石种类数量之多以及用火遗迹之丰富，都是同时代其他遗址所无法相比的。北京猿人化石共出土头盖骨 6 具、头骨碎片 12 件、下颌骨 15 件、牙齿 157 枚及断裂的股骨、胫骨等，分属 40 多个男女老幼个体。发现 10 万件石器材料及用火的灰烬遗迹和烧石、烧骨等，遗址中发现有 5 个灰烬层、3 处灰堆遗存以及大量的烧骨，灰烬层最厚处可达 6 米。这些遗迹表明，北京人不仅懂得用火，而且会保存火种，在周口店第一地点发现用火遗迹，把人类用火的历史提前了几十万年。北京人的平均脑量达 1088 毫升（现代人脑量为 1400 毫升），据推算，北京人身高为 156 厘米（男），150 厘米（女）。"北京人"属石器时代，

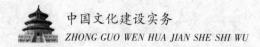
加工石器的方法主要为锤击法，其次为砸击法，偶见砧击法。"北京人"还是最早使用火的古人类，并能捕猎大型动物。"北京人"的寿命较短，据统计，68.2%死于14岁之前，超过50岁的不足4.5%。

（二）遗产的价值

"北京人"的发现，为人类起源提供了大量的、富有说服力的证据。大量事实表明，"北京人"生活在距今50万年前到20万年前之间，是属于从古猿进化到智人的中间环节的原始人类，这一发现在生物学、历史学和人类发展史的研究上有着极其重要的价值。

早在旧石器时代的初期，"北京人"已懂得选取岩石制作石器，用它作为武器或原始的生产工具，在与大自然进行斗争中改造自己，表明"北京人"已经学会使用原始的工具从事劳动，这是人和猿的根本区别所在，由此揭开了人类历史的序幕。

在"北京人"居住过的洞穴里，发现厚度达4～6米的色彩鲜艳的灰烬，表明"北京人"已懂得使用火、支配火、学会保存火种的方法，是人类由动物界跨入文明世界的重要标志，把人类用火的历史又提前了几十万年。

通过对"北京人"及其周围自然环境的研究，表明50万年前北京的地质地貌与现在基本相似，在丘陵山地上分布有茂密的森林群落，其中栖息着种类丰富的动物种群。但也曾出现过面积广阔的草原和沙漠，其中有鸵鸟和骆驼栖息的遗迹，表明在这段漫长的岁月里，北京曾出现过温暖湿润和寒冷干燥的气候状况。

北京人及其文化的发现与研究，解决了19世纪爪哇人发现以来围绕科学界近半个世纪的"直立人"究竟是猿还是人的争论。事实表明，在人类历史的黎明时代，从体质形态、文化性质到社会组织等方面，的确有过"直立人"阶段，他们是"南猿"的后代，也是以后出现的"智人"的祖先。"直立人"处于从猿到人进化序列中重要的中间环节。到目前为止，"直立人"的典型形态仍然是以周口店"北京人"为准则，周口店遗址依然是世界同期古人类遗址中材料最丰富、最系统、最有价值的一个。周口店遗址是当之无愧的人类远古文化的宝库。

二、殷墟

殷墟，又名"殷虚"，是我国奴隶社会商朝后期的都城遗址，位于河南省安阳市区西北小屯村一带，距今已有3300多年历史。因其出土大量的甲骨文和青铜器而驰名中外。郭沫若先生在《访安阳殷墟》一诗中赞叹道："中原文化殷创始，观此胜于读古书。"2006 年 7 月，第二十届世界遗产大会通过了中国安阳殷墟入选《世界文化遗产名录》。

殷墟位于河南省安阳市西北郊洹河两岸，面积约 24 平方公里，大致分为宫殿区、王陵区、一般墓葬区、手工业作坊区、平民居住区和奴隶居住区。据《竹书纪年》记载："自盘庚迁殷，至纣之灭，二百七十三年更不徙都。"自盘庚迁都于此至纣王（帝辛）亡国，整个商代后期以此为都，共经八代十二王。

殷墟古称"北蒙"，甲骨文卜辞中又称之为"大邑商"、"商邑"，为中国商代晚期（约公元前 1300 ~ 公元前 1046 年）的都城所在地，是中国历史上有文献可考并为甲骨文和考古发掘所证实的最早的古代都城遗址，为中华人民共和国重点文物保护单位，也是人类历史文化遗产中重要的组成部分。以殷墟为都城的商代晚期，疆域广阔，政治、经济、军事、科技、文化空前发达，开创了中国历史的新纪元，成为中国古代文明的典范之一。殷墟以独具风格、规模巨大、规划严饬的宫殿建筑和商王陵墓体现出恢弘的都城气派而卓绝一时；以制作精美、纹饰细腻、应用广泛的青铜器而闻名中外；以青铜冶铸、玉器制作、制车、制骨、陶器、原始瓷器烧造等高度发达的手工业而享誉世界；以造字方法成熟、表现内容丰富、传承有序的甲骨文而在世界文明史上独领风骚。殷墟丰富的文化遗存从各个方面反映出中国古代高度发达的青铜文明，是华夏先民对人类社会发展作出的突出贡献。因此，一个世纪以来对殷墟的发现和发掘，不仅使它成为中国近现代考古学的摇篮，而且为湮灭了 3300 年的殷商文化，提供了一种独有的、历史的和科学的见证。殷墟作为一座商代都城遗址，其重要的历史、科学、艺术和文化价值，蜚声中外而又影响深远，是人类文明史上不可或缺、辉煌壮美、璀璨绚丽的一页，应受到全世界的重视和保护。

第四节　历史文化名城

一、历史文化名城保护概念的形成与发展

我们的祖先很早以前就认识到历史文化遗产的价值，有多种保护和收藏的行为，这既是对过去时代的纪念和追寻，又是对逝去时代文化代表品的珍

惜和欣赏。"古董"这个词汇，在中国很早就被使用了，与之相联系的仅是保存和收藏一些器物，主要是可移文物。而对于历史建筑物以及建筑群的保护，则往往无能为力，常常把它们作为一种过去统治的象征和代表，也出现过因仇恨、蔑视而加以破坏和摧毁的现象。在古代中国就有项羽烧毁秦咸阳城"大火三月不灭"的故事。在以后的改朝换代中，也多有把前朝建设的建筑和城市加以毁灭的事，如公元12世纪金兵攻入北宋首都汴梁后，就把宏伟的"大内"和"艮岳"全部拆毁，并把拆下的木梁柱和假山石全部运到了北京，修筑金中都城。以后辽灭金，元灭辽，都城也都遭到了严重的破坏。

在欧洲，罗马帝国曾摧毁希腊的城市和宫殿，中世纪十字军东征时，沿途掠烧，所过之处全成瓦砾废墟，这些都是众所周知的历史旧事。近代，产业革命后相当长一段时期，人们忙于发展生产，对历史建筑和历史环境的保护既缺乏认识也无力顾及。因此，一批古建筑及其环境在工业化的浪潮中遭到了毁灭。在德国和奥地利，19世纪末有许多具有历史意义的世俗建筑被拆除，很多情况下仅仅是为了满足日益增长的道路交通的要求。由于"建设"而造成的对文物古迹的破坏是惊人的。日本千叶大学教授木原启吉在他的《历史的环境》一书中，说到了日本近代文物古迹所遭到的四次大的劫难：一是明治维新以后，大量佛寺被毁；二是明治及大正初期开放贸易，大量古代文物外流；三是第二次世界大战，大量文物古迹毁于战火；四是20世纪50年代后经济高速增长时，不但毁坏了大量文物，更破坏了一些历史环境，其中第四次破坏是最为严重的一次，它远远超过了第二次世界大战所造成的破坏。

在付出了很多代价之后，人们逐渐认识到了历史建筑具有的种种不可替代的价值和作用。对历史建筑的保护和修复工作于19世纪末开始受到重视，至于这项工作的科学化，它的基本概念、理论和原则的形成，则是19世纪中叶以来近一百多年发展和演变的结果。

第二次世界大战以后，欧洲对许多被战争摧毁的城市如何重建问题，引起了人们的思考。如波兰华沙当时就有两种意见：一是完全建一座新城；一是按历史面貌恢复古城。绝大多数的居民赞成后者，当恢复老华沙城的消息传开后，流浪在外的华沙人一下子归来了30万人，整个国家掀起了爱国建设的热潮，这就是战后著名的"华沙速度"的缘由。华沙人为自己的古城能重现而引为自豪。华沙城后来作为特例被列入《世界历史文化遗产名录》。这种恢复历史城市风貌的做法，在欧洲影响很大，如德国的波恩、慕尼黑，匈牙利的布达佩斯等等被战争破坏的古城都得到了很好的维修和恢复。这些城市把修复历史建筑和保护古城，视为重建民族精神的重要手段，借此增强人民的自尊心和自信心，提高民族的文化素质和凝聚力。历史文化遗产的保护工作在发扬民族文化、振兴民族经济中起到了明显的效果。文物保护对象从单个的历史建筑扩大到历史街区，是 20 世纪 60 年代以来国际上出现的新趋势。

这是先从文物建筑周围的环境保护开始的。如日本 1960 年颁布的《保护古都历史风貌特别措施法》，主要目的是保护古都文物古迹周围的环境以及文物连片地区的整体环境。所谓"古都"，是指京都、奈良、镰仓等地，这些地方保存着以前的王宫遗址、陵墓及古寺庙。

此后保护历史街区的概念逐步形成。这是一个新的概念，这里强调的不是单个的历史建筑，而是一个整体，它反映了历史的风貌，这种整体的秩序使单个历史建筑的价值得到了升华。从内容上看，保护也不限于宫殿、庙宇等重要建筑物，而是包括了民居、商业街等更广泛的内容。

历史建筑保护概念扩大到历史街区保护后，由于它的性质和单体建筑的保护有所不同，保护的原则和方法也相应起了变化。

对单个的历史建筑来讲，尽管建筑的存在是以其使用价值为目的，但对于为数有限的古建筑，有可能更强调它的文物价值，允许改变或部分改变它原来的使用价值，保留其历史、科学、艺术价值，可以用作为博物馆、展览室等功能，只供人们参观游览。

对于历史街区，由于它的范围大了，人们要在这里继续生活，人们希望它有一个活的环境。保护历史街区，要强调维持传统的社区结构和经济活力，注意发挥它们在城市社会生活中的作用，使之成为城市功能的新的组成部分。从保护单个建筑发展到保护历史街区，这意味着保护历史文化遗产不仅要保护物质实体对象，而且要进而保护它的人文环境，从而与整个城市社会、经济生活更加密切相关。

综上所述，国际社会对历史文化遗产保护的概念和范围在不断扩大，从开始时仅保护可供人们欣赏的建筑艺术品，继而保护各种能作为社会、经济发展的见证物，再进而发展到保护与人们当前生活还息息相关的历史街区以至整个城市。这种对历史、文化重视的状况实际上反映了人类现代文明发展的必然趋势。

二、中国历史文化名城保护制度的形成

中国当代保护历史文化名城的思想可以追溯到 20 世纪 50 年代以梁思成先生为代表的一批学者的观点。梁思成先生曾说：北京作为故都及历史名城，

许多旧日的建筑已成为今日有纪念意义的文物，它们不但形体美丽，不允许伤毁，而且它们位置部署上的秩序和整个文物环境正是这座名城的壮美特点之一，这必须在保护之列。他还说，北京古城的价值不仅在于个别建筑类型和个别艺术杰作，最重要的还在于各个建筑物的全部配合，它们与北京的全盘计划、整个布局的关系，在于这些建筑的位置和街道系统的相辅相成，在于全面部署的庄严秩序，在于形成了宏壮而美丽的整体环境，中国古代的城市有许多是按规划建设的，有些城市虽然看不出明显的规划意图，但自发形成的布局和路网系统也能反映出时代的特征和地方特色，饱含着城市的历史信息。它们有着值得保存的个体建筑和城市整体的配合关系，有着值得保护的格局或空间部署的秩序，有着值得保护的文物环境。对于这些，只保护一个个的文物建筑是不够的。梁思成先生的保护思想在当时应该说是十分有远见的，那时在国外也还没有普遍认识到保护文物环境和保护城市整体空间秩序的意义。

新中国成立后，对将城市作为一个整体来保护的认识还处于初始阶段。譬如对待北京的规划与建设，梁思成先生的主张就是要避开明、清时代形成的老城区，而把建设的重点放在老城的西面，这样就既可保护原有古城的格局和许多精美的古建筑，也可以保存那些传统的有特色的胡同制的居住环境。但是由于当时"破旧立新"的观念占了上风，没有接受梁先生的主张。同样，西安古城的改建，也在旧城中心区开辟了宽阔的道路，建成了许多新的房屋，把著名的钟楼变成了一个十字交叉路中央的交通岛，最后只剩下四周一圈城墙。1958年，北京拆除了明代修筑的城墙，并导致了全国各地的仿效，以致今天在全国已没有几座完整的城墙了。

在20世纪80年代以前，国际上已经普遍重视历史环境的保护思想和方法，逐渐为国内的一些专家学者所了解和接受，要重视保护历史古城的思想才逐渐地被提了出来。而进入到80年代，中国开始了大规模的经济建设，许多文物古迹以及一些传统街区，在建设中遭到不同程度的破坏。山西省的几座古城如太谷、新绛、侯马等都拆毁了古城墙，开辟了大马路，曲阜也在1978年拆除了明代的城墙，绍兴填了河道开大路，古城风貌遭到破坏。此种情况下，一些专家们向国家有关部门呼吁，仅仅保护单个的文物古迹和古建筑是不够的，应该从城市整体的角度采取保护措施。国家的法律和政策及时作出了反应，国务院分别于1982年、1984年及1996年公布了三批全国历史文化名城；除国家级历史文化名城外，各省（自治区、直辖市）也审批公布了各自的省级历史文化名城和名镇，历史文化名城保护规划的工作已在全国全面展开，各项有关的政策法规也在逐步完善。

三、中国历史文化名城的类型

历史文化名城的保护，需要有适合各个名城独有特征的规划设计和实施方法，这是为了使每一座名城保持或恢复其独特的个性和魅力。将城市的共性、特性和问题归纳起来，可以针对同类的情况采取相同的措施，针对不同类型区别对待，这也就是对历史文化城市进行分类的目的。应该指出，分类并不是终级目的，目的是通过划分出不同的类别，采用不同的保护与更新方法，维护和发展城市的历史传统特色与风貌。

当前国内外有关历史传统城镇分类研究的资料尚少。但已有的资料表明，国外对于不同性质的城市历史文化遗产，采取的保护方法和原则也不尽相同。

我国对历史文化名城的分类，一是按名城所具有的特点和性质来分类，一是从名城的保护现状和制定保护策略为出发点。

（一）古都类历史文化名城

中国封建王朝统治长达两千年的历史，自公元前221年秦始皇统一全国后，虽经多次分裂、战乱和改朝换代，但大多数时间是处于统一的封建大帝国的统治下，这些王朝统治者（帝王）居住的城市，就是封建王朝的都城，如北京、西安、洛阳、开封、南京、杭州、安阳等。

在全国分裂的时期，有的城市作为国家的都城的时间较长，影响较大。有的则长期作为全国的陪都，如洛阳、开封、南京、杭州等，这些也都属于都城类。在这些名城中，帝王行使统治权力和居住的宫殿以及坛庙、陵墓、园囿等都集中于此，这些建筑大多富丽宏伟。都城的规模也很宏大，如唐长安城面积达8700公顷，清北京城为6770公顷。

在中国的封建社会中，由于封建迷信思想的作用，改朝换代必须鼎新革故、万象更新，因而在推翻前朝的斗争中，往往对原有建设进行毁损，所以目前地面上留下的古都建筑数量有限，大多为遗址。

中国的都城是经过事先周密的规划，而后精心营建的。中国的封建统治者崇尚儒家学说，在规划思想上继承了儒家的哲学思想，如强调布局要方正规划，以示"不正不威"；要中轴对称，以示"居中不偏"。《周礼·考工记》中所制定的营建都城的法则，为历代都城所遵循。中国历代帝王建都，大多具有优美的自然环境，表现出强烈的地方文化的特征，构成了强烈的城市特色。

在这些古都城，如洛阳、开封、安阳和西安等，作为古都时的地方文物建筑遗存不少，主要以地下遗存为主。如开封由于战争和黄河泛滥，北宋时期的地面遗存只有铁塔和繁塔，整个城市在外部形态上已无古都的风貌特征，而宋皇城，内、外城墙和墙门遗址都留存在地下，具有重要的历史价值。同样安阳的殷都遗址也是国家重点文物保护单位，在现代城市建设发展中必须采取严格的保护措施。

（二）传统城市风貌类历史文化名城

这些城市完整地保留了某一时期或几个时期积淀下来的完整的建筑群体，而被列为历史文化名城。传统的城市建筑环境，不仅在物质形态上具有感受得到的强烈的历史气氛，它本身也具有建筑学意义上的价值。同时，通过这些物质形态，可以折射出某一时代的政治、文化、经济、军事等诸方面的深层的历史信息。城市历史意象的形成，大大超过单个的历史建筑。这类城市，不仅文物古迹保存较好，而且由于发展缓慢或另辟新城发展，古城区无论是格局、街道、民居和公共建筑物均完整地保存着某一时代的风貌。如平遥、韩城、榆林、镇远、阆中、荆州、商丘、祁县等。

韩城古城城墙已拆除，但位置界线仍清晰，城市内部街道以金城大街作为南北主要通道，大街西侧有大巷 13 个，小巷 29 个，多以东西走向为主，明代城市的格局基本原封不动地保存了下来。城市内部有大量的古建筑及大批有价值的民居与店铺。过去大量在京的官宦回乡后仿北京四合院在韩城营建宅院，使韩城的四合院有"小北京"的美称。有文物保护价值的古建筑（包括民居）占全城总建筑的 15% 左右。由于近年来在城北高地上另辟新式建筑，因此，老城内高层建筑极少。大量质量较高的低层砖木结构四合院建筑，和其他古代建筑一起，构成了完整的明清时代城市风貌。

城市建设的发展，使有的古城失去了完整的风貌。如城墙被毁，城市高层建筑破坏了古城历史轮廓线，街道拓宽，大量的传统住宅被改建成单元式楼房等。但就是在这些城市，仍保留着局部的传统风貌特色，如能在规划建设中妥加保护、整治和利用，仍可从外部形态上感受到历史文化的气息。

（三）风景名胜类历史文化名城

这些城市拥有优美的自然景观，风景点大多就在城市中，或在城市近郊，与城市的建设与发展紧密结合，形成了独特美好的城市风光。它们不同于一些山岳或湖泊等自然风景区，往往拥有丰富的人文景观，带有很强烈的文化色彩，不仅能作为人们旅游的场所，还能给人以精神的陶冶。如苏州，古人就有许多对其景色美丽和生活丰裕的称赞。苏州城内园林众多，代表着中国私家园林建筑的精华，是人工艺术、自然美与和谐的结合，近郊还有许多风景游览地，许多文物古迹和园林是国家文物保护单位。还有如承德、桂林、扬州、苏州、绍兴、镇江、常熟、敦煌、曲阜、都江堰、乐山、天水、邹城、昆明等城市。

再如桂林，由于岩溶地形的自然变迁，造就了奇山秀水，素有"桂林山水甲天下"之美誉。"江作青罗带，山如碧玉簪"，充满了诗情画意。古人留下许多摩崖石刻，既是宝贵的文物，又平添了风景文化的内涵，从而使桂林成了誉满中外的旅游胜地。

在这类历史名城中，有的是以自然风光为主，有的是以人文景观为主；而有的古城市中则拥有著名的文物古迹和历史名胜，如孔庙所在的曲阜，孟子庙所在的邹城，避暑山庄所在的承德，乐山大佛所在的乐山，麦积山石刻所在的天水等。科学合理地规划这些城市，对保护这些重要的历史名胜有着重要作用。

（四）民族及地方特色类历史文化名城

中国是一个多民族的统一国家，共有五十六个民族，一些少数民族聚居的城市，具有鲜明的民族文化特色，一些城市具有独特的地方特色，这些都反映了我国城市悠久的传统，对城市的地域性和多民族的文化特征，必须很好地保护，以防止湮灭消失。在今后的城市建设中保持和发扬这些民族和地方特色，对于增强民族的自尊和凝聚力，增添对家乡的热爱，有巨大的精神作用。并且对创造有中国特色的、地域的和民族特色的城市，有重要的借鉴和范例作用，在发扬光大祖国文化方面有重要意义。这类城市包括拉萨、日喀则、大理、丽江、喀什、江孜、银川、呼和浩特、建水、潮州、福州、巍山、同仁等。

拉萨是西藏的首府，有悠久的历史，也是藏民族文化的发祥地和藏传佛教的圣地，有许多富有特色、建造精美的宫殿和寺庙；布达拉宫、大昭寺、色拉寺、哲蚌寺、罗布林卡等都是全国重点文物保护单位。城市中众多的佛寺和藏民族民居，造型粗犷，色彩鲜明，具有强烈的藏族特色。城市周围的高山峻岭，使拉萨具有独特的高原城市风光。

还有一些城市具有独特的地方风格，从建筑的造型色彩以及建筑群组合布局和城市格局，都与它所处的地理环境和历史文化传统的影响密切相关，因而具有较高的价值，对此也必须加以保护与继承，不至于在现代化建设中湮灭。如潮州，有丰富的潮汕文化沉淀，因而在文化艺术、民俗民风上都有自己的特色，民居建筑也是注重格局，注重造型，注重装饰，已形成一套规范的民间建筑样式，城中留有义井、兴宁、甲第等几条老巷，是仍然保持完

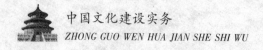
整的传统民居群落的历史街区。

（五）近代革命纪念意义的历史文化名城

这些城市是中国近代许多革命事件的发生地，许多文物和建筑记载着中国人民革命斗争的历程。如上海、天津、武汉、延安、遵义、重庆、哈尔滨、青岛、南昌等城市。近代的珍贵文物和遗存，同样具有文化和科学的价值，特别是一些革命历史文物，更是当今进行思想政治教育的重要资料和实物。如上海，是中国共产党的诞生地，有中共"一大"会址等许多纪念建筑，外滩典型的西洋建筑群著称于世，市区还有20世纪二三十年代流行的各种流派和各国式样的建筑，被称为"世界建筑博览会"。如延安，是中国革命的圣地，留下了大量的革命遗址，得到党和国家的重视和保护，许多被列为国家重点文物保护单位。

（六）海运交通、边防、手工业等特殊历史文化名城

在我国广袤的土地上，有的城市处于大江河的入海口，经济的发展使其成为海运交通城市；有的是为防御外敌的入侵，按军事布防要求，规划建造的边防城市；有的由于古代手工作坊的发展，工匠聚集、人丁繁盛而成为手工业城市；有的因为在防阻洪水的筑城技术上，有特殊的贡献而被列为名城。这类城市原来得以发展的特殊功能，在历史上有过重大的作用，时至今日可能已成为历史的陈迹，或已被新的功能所代替，但这些城市原来所具有的功能与作用，都是我国古代科技、文化的标志和结晶，是宝贵的历史遗产，必须很好地保护与发掘。这些城市包括泉州、广州、宁波（海外交通）、景德镇（瓷都）、自贡（井盐）、寿县（水防）、亳州（药都）、大同、武威、张掖（边防）等。

如泉州，历史上是繁盛的海上贸易中心，当时城南有"番坊"，为外国商人的聚居地。城内有我国最早的伊斯兰教堂，规模宏大的开元寺、古老的安平桥等都是国家重点文物保护单位。泉州景色秀美，是著名的侨乡。

如景德镇有丰富的瓷土资源，以产优质瓷器驰名中外，宋景德年间因烧制御用瓷器而被后人称此城名，有历代瓷窑遗迹，建有瓷史博物馆，独具特色。

再如武威、张掖，是按军事要求选址建设的边防城市，虽然自清代以后边境安定，军防性质逐渐转化为交通贸易城市，但格局犹存。

（七）一般史迹类历史文化名城

许多古老的城市，在历史上曾辉煌一时，由于历代战争破坏、经济衰落或近年来大规模的城市建设，大量古迹和传统街区遭到破坏。但城市中还存

在许多历史遗迹，有一定影响。如历史上曾为省会一级的地区中心，往往历史悠久，文化延续性强，有一些文物古迹，但特征不突出，类型归属不明显。如徐州、济南、长沙、成都、吉林、沈阳、郑州、淮安、保定、襄樊、宜宾、正定、肇庆、漳州、临淄、邯郸、衢州、赣州、聊城、泸州、南阳、咸阳、钟祥、岳阳、雷州、新绛、代县、汉中、佛山、临海、浚县、随州、柳州、琼山、集安、梅州等。

一般的府、州、县城市，它们的历史文化遗产主要是以分散在市内各处的中小型文物建筑为主，如淮安、保定、襄樊、宜宾、邯郸、临淄、漳州等城市。

上述划分的历史文化名城类型，仅是从大致的方面考虑，而每一座城市往往包含着多种特色，就以上述所分的七大类型来看，有一些城市就兼跨了几种类型，如杭州是七大古都之一，曾作为吴、越国的都城，南宋时为首都，名临安，长达150年之久，但一直又是地区统治中心。西湖著称于世，有名胜古迹70余处，是国家级风景区。因此，我们将杭州归为古都类，但又作为风景类的次要城市。这样的情况很多，划分时只能按其主要、次要或一般人们的习惯看法来确定。这种划分不可能太严密，是为了分清其主要的特色，而制定正确的保护对策和措施。

四、历史文化名城保护的内容

有历史价值的古代建筑作为记载历史信息的实物，特别是现今保存较好的，必须原封不动地保存历史的印迹，对待它们的方式应是"保护"。条件允许的以设立博物馆或遗址纪念地的方式给予绝对的保存和护卫，以供人们对历史文化的鉴赏。而现代保护的理念已扩大到建筑群或街区、地段或区域乃至整个城市。城市作为一个被保护体、作为具有更多真实历史信息的载体，在保护时必须树立以下几个重要的观念：（1）城市保护不同于单个建筑物的保护，要保护的应该是一个历史地区及其周围的环境，保护的是群体，是与之相关的除建筑以外的构成环境和氛围的要素，诸如道路、河道、树木等等。（2）"保护就是使之免受各种破坏，不恰当的利用，不必要的添建和诸如将会损坏其真实性的改变而带来的损害，以及由于各种形式的污染而带来的损害。"（3）城市是一个活的有机体，始终处于新陈代谢的状态，因而要更新，"保护历史地区及其周围的环境，并使之适应于现代生活的需要"。（4）对于一般的城市而言，保护只是局部，不会也不可能是完全的一座城市，所以保留什么，改造什么，拆除什么，对于城市保护而言是一个关键的问题，在具

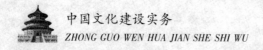

体实施前要经过科学的论证。

历史文化名城保护的内容主要包括两个方面，即城市蕴涵的物质文化遗产和非物质文化遗产。

物质文化遗产方面，主要包括以下三个内容：一是城市所植根的自然环境。各种不同的地理环境导致了不同特色的文化景观，历代对自然环境的加工使环境又具有了人文和历史的内涵。从某种意义上讲，文物古迹若脱离了它所植根的历史环境，其价值必将受到影响。二是城市独特的形态。这里的城市独特形态主要指有形要素的空间布置形式。如城市与自然环境的关系，城市的几何形体，城市的格局，城市的交通组织、功能分区，城市历代的形态演变，等等。三是城市的物质组成要素。建筑是构成城市实体的主要要素，由它们构成的城市旧城区、古迹点仍和现代城市生活发生密切关系，形成了城市文化景观特色中最重要的部分。一些主要体现实证价值的文物点，如一些小型文物建筑和地下文物，则是全面反映历史信息、描绘历史发展过程的重要实物资料。

非物质文化遗产主要包含着三个方面的内容：一是语言、文字；二是城市的生活方式和文化观念所形成的精神文明面貌；三是社会群体、政治形式和经济结构所产生的城市生态结构。

五、历史文化名城保护原则

1. 城市是在历史中形成的，它又不断地发展更新，城市居民对自己的生活工作条件也在不断地提出新的要求，所以，即使是历史文化名城也绝不能当成一个博物馆。我们的保护工作一方面要使城市中优秀历史文化遗产得到保护，另一方面又要促进城市经济、社会的发展，不断改善人民的工作和生活的环境。

2. 历史文化名城保护的关键是保留各城的传统特色与现代化建筑的有机统一，那就是合理规划。把保护与建设协调起来，把文物古迹、城市的传统格局、历史风貌，从城市这个大系统的角度统一综合设计，才能达到理想的效果。

3. 我国有国家级历史文化名城110座，它们在城市性质、规模方面有很大差异，所保存的历史文化遗产的特点也各有不同。因此，保护工作要认真分析这些特点，研究城市文化价值的精粹，有针对性地制订相应的方案。

4. 加强立法，把保护历史文化名城纳入法制轨道。对各个名城，要按《文物保护法》划定各级文物保护单位的保护范围和建设控制地带，制定详尽的保护及管理规定。保护及控制方位界线的划定对保护文物的历史环境、科学、艺术价值有重要影响。范围划得小，不利于文物的保护；范围划得过大，则影响城市的改造与建设，实施也有困难。这就需要深入研究，给立法提供科学的依据。在城市规划中对保护历史地段、控制建筑高度、保留视觉通廊等也都应作出明确的规定。

5. 在历史文化名城中，对其传统建筑也并非能够全都加以保护，除集中成片且质量较好的以外，许多是需要改造的，此外还要进行大量新的建设。对这些新的改造与建设，要根据它们所在的位置提出不同的要求。对已划定的各级重点文物保护单位和历史文化保护区，要实行严格的控制。对于它们的建设控制地带及其外围地区，要强调保护它们的历史环境。一是采取协调的手法；二是以绿化地带隔离，各自保护独立的空间环境；三是在共容的基础上强调新建筑的时代感，借以烘托文物古迹的主题地位。

六、我国历史文化名城保护中存在的问题

迄今被命名为国家级历史文化名城的已有 110 座城市。从实际情况看，除了个别的城市仍然在物质形态上保持完整的古城建筑风貌外（如平遥、丽江），其他的城市在不同程度上已丧失古城的整体风貌，其名城价值更多是以历史声望来体现的。目前，我国历史文化名城保护存在的问题主要有以下几点：（1）名城评定的标准难以具体、规范和统一，一些名城的特点主要体现在古城完整的传统建筑风貌上，如平遥；一些名城的特点主要体现在其历史声望上，如广州、武汉等。历史文化名城出现了抽象和非物质形态化的现象。（2）由于各名城的差异甚大，从名城保护的角度来统一规划建设城市难以具体化，规划编制和实施的难度也很大。这导致一些名城只着眼于城市的历史声望，对本应保护的历史街区和传统建筑群却任意拆毁；同时也使一些名城的保护与发展长期囿于一种矛盾关系之中。（3）如何在城市规划和发展中有效处理保护和发展的平衡关系，既要满足城市的现代化建设和人民群众生活发展的需求，又要保护名城的历史文化内涵，是立法和实践面临的一大挑战。例如，北京市划定了 40 个以上的历史文化保护区，各地也制定了一些地方条例，但如何制定一部统一的国家法律或法规仍在探索中。

第五节　历史文化名镇（村）

　　建立历史文化名镇名村的目的是为更好地保护、继承和发扬我国优秀建筑历史文化遗产，弘扬民族传统和地方特色。建设部和国家文物局决定，在各省、自治区、直辖市核定公布的历史文化村镇的基础上，评选出中国历史文化名镇和中国历史文化名村。

　　根据《中国历史文化名镇（村）评选办法》，历史文化名镇（村）应当具备下列条件之一。

　　1. 在一定历史时期内对推动全国或某一地区的社会经济发展起过重要作用，具有全国或地区范围的影响；或系当地水陆交通中心，成为闻名遐迩的客流、货流、物流集散地；在一定历史时期内建设过重大工程，并对保障当地人民生命财产安全、保护和改善生态环境有过显著效益且延续至今；在革命历史上发生过重大事件，或曾为革命政权机关驻地而闻名于世；历史上发生过抗击外来侵略或经历过改变战局的重大战役以及曾为著名战役军事指挥机关驻地；能体现我国传统的选址和规划布局经典理论，或反映经典营造法式和精湛的建造技艺；能集中反映某一地区特色和风情，或能反映民族特色传统建造技术。

　　2. 建筑遗产、文物古迹和传统文化比较集中，能较完整地反映某一历史时期的传统风貌、地方特色、民族风情，具有较高的历史、文化、艺术和科学价值，现存有清代以前建造或在中国革命历史中有重大影响的成片历史传统建筑群、纪念物、遗址等，基本风貌保持完好。镇（村）内历史传统建筑群、建筑物及其建筑细部乃至周边环境基本上原貌保存完好；或因年代久远，原建筑群、建筑物及其周边环境虽曾倒塌破坏，但已按原貌整修恢复；或原建筑群及其周边环境虽部分倒塌破坏，但"骨架"尚存，部分建筑细部亦保存完好，依据保存实物的结构、构造和样式可以整体修复原貌。

　　3. 凡符合上述两项条件，镇的总现存历史传统建筑的建筑面积须在5000平方米以上，村的现存历史传统建筑的建筑面积须在2500平方米以上。

　　4. 凡欲申报历史文化名镇（村）的村镇需已编制了科学合理的村镇总体规划，设置了有效的管理机构，配备了专业人员，有专门的保护资金。

　　中国历史文化名镇（村）的评选与公布以不定期的方式进行。建设部和国家文物局以部际联席会议形式对专家委员会的评议的意见进行审定后，以建设部、国家文物局的名义进行公布，并对中国历史文化名镇（村）实行动态管理。省级建设行政主管部门负责对本省（自治区、直辖市）已获中国历史文化名镇（村）称号的村镇保护规划的实施情况进行监督，对违反保护规划进行建设的行为要及时查处。建设部会同国家文物局将不定期组织专家对已经取得中国历史文化名镇（村）称号的镇（村）进行检查。对于已经不具备条件者，将取消中国历史文化名镇（村）称号。

第六节　物质文化遗产资料的科学收集

从文化遗产的概念来说，物质文化遗产主要是指以文物古迹为主体的实物资料，如前所述，可分为可移动文物和不可移动文物两大部分。根据它们存在的形式，有的仍矗立在原建筑地，有的已经随时光的流逝埋入地下，有的出土后成为国家收藏单位的藏品，有的流传在民间由个人收藏。还有早年出土或原本就没有埋入地下在民间流传，但现在已经不知实物所在，仅在文献图录中知道有过的古物。科学地收集这些物质文化遗产资料是文化遗产保护和研究的主要内容。现在通过实地调查和田野发掘的方法，不断获取新资料，对已出土，但不知下落的则利用著录等原始资料为参考。

一、田野调查与发掘

从考古学的角度，要获取文物古迹的实物资料，首先要知道这些资料存在于什么地方。固然在人们日常生产生活中会偶尔发现有文物古迹的埋藏地，如农民在农业生产中的发现，基本建设过程中的发现，但这都是被动的，而且在发现过程中会造成一定程度的破坏。主要的发现还是专业人员有计划有组织的考古调查，我们习惯称这是"摸家底"的基础工作。通过调查来寻找古代遗迹在什么地方，是什么年代的，现在的保存状况如何，以便采取相应的保护措施。考古调查是为发现古代遗存而进行的实地勘查。根据调查区域的自然环境、交通情况，调查方式也不完全相同。例如，大部分地域是专业人员进行地面踏查，这是考古调查的主要方式。而在自然环境恶劣，或者交通极为不便的地域，如沙漠地区、草原沼泽地带、高山雪地等，则需要利用空中飞行中的调查，即航空调查。而对大面积的水域（江河湖海），则使用水

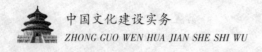

下考古的方法。

（一）田野调查

田野调查是以地面踏查为主要形式的调查，我们习惯称之为田野调查。这种调查分为普查、专题调查和发掘前的复查。

普查就是对调查地区的全面调查，是对各个时代、各种存在形式、各种性质的古代遗存的了解，以便掌握古代遗存的分布规律。因为古代遗存，特别是地下埋藏的，往往因为人们的生产活动或者地貌的改变而陆续被发现。埋藏浅的相对容易被发现，而埋藏深的就比较困难。例如黄河沿岸的"黄泛区"，由于淤泥的累叠覆盖，被深藏地下的遗迹如果不是很深的动土工程就很难被发现；又如已经埋入水塘或湖泊中的遗迹，如果不是在存水很少或干涸的情况下也很难被发现。因此，我们不可能仅通过一次调查就会找到全部遗迹，当然这里也有专业人员调查方法和业务水平的因素，所以每次调查都会有新的遗存被发现。目前全国正进行第三次普查工作，也一定会有新的收获。

专题调查是为了了解某类遗存而进行的调查工作，往往是与某个研究课题需要相结合的调查工作。例如长城专题调查，就是为了了解长城的始建、历代增建增补以及长城的结构特征和现存状况而进行的调查，为长城的综合研究提供实物资料。又如夏文化的调查，就是针对中国到底有没有夏王朝、夏代都城、夏文化而进行实地了解，继而为深入研究夏文化提供科学依据。所以专题调查是为了解决某个学术工作而组织的调查工作。

发掘前的复查也是为发掘所做的准备工作。因为通过调查或其他形式发现的遗址，如果从基本建设工程或学术研究需要决定对某个遗址进行发掘，就需要对遗址的文化堆积、遗址布局有更详尽的了解。例如，一般聚落遗址的居住区、墓葬区的准确位置，如果是古代城址，就要对其围城遗迹（城墙、城门、城壕）、城内道路、城内各类设施的布局有准确了解，如果是单纯的墓地，就要对墓葬的准确位置等都要有具体和详尽的掌握，为制订发掘计划、确定发掘面积、划定发掘地段提供参考。这就是发掘前复查的主要目的。一般来说，发掘前的复查与普查、专题调查的侧重点有所不同。普查和专题调查是以地面采集标本和现场记录为主，如果条件允许可以进行钻探，而发掘前的复查侧重在钻探，因为钻探可以对遗址的文化层堆积状况、重要遗迹的位置、形状和结构都能提供直接的证据，必要的时候还要进行试掘。

不管是组织哪种形式的调查，在实地调查前都需要进行必要的准备，以便收到更理想的调查效果，这就是常讲的"不打无准备之仗"。考古调查的准备工作有三个方面：首先是资料准备；第二是制订调查计划；第三是有关仪器设备的准备。

　　所谓"资料准备"，主要包括两个方面的内容：一是查阅与当地有关的文献资料，包括地方志书，查看是否有与调查区域相关的史迹记录，以便作为参考和分析；二是调查区域以往的考古调查（发掘）资料，对以前进行的工作要进行全面了解和熟悉，对当地出土的实物（包括调查发掘品和当地出土的传世品）要尽可能见到实物，了解其形制特征。在准备工作中，地图的准备尤其重要，包括调查区域的行政地图和有等高线的地形图。

　　制定调查计划是实地调查工作的重要方面，是依据调查区域的面积大小、参加调查人员多少以及经费情况进行综合考虑。在组织方面，要有业务负责人，合理的人员分组，工作的起止时间，实地调查和路线方法的确定，等等。

　　关于仪器、工具的准备，主要是实地调查中所必需的工具和用品。记录时照相、绘画、文字（表格）所用的各类用品，以及必需的生活用品。因为进行实地调查以步行调查为主，如果所带物品过多、背负过重会使行动不便，也太劳累，而必需的物品不带又影响调查效果，这就要视调查组的条件（如交通情况，有无车辆随行）而定，原则以不影响调查为主要目的。

　　一个考古调查组要根据调查计划的安排，有秩序地实施调查工作。在我国，传统的方法是事先确定调查路线，例如以沿着古河道、古道路、调查区域的高埠地等重要调查地段为主。这种以线带面的调查固然可以发现遗址，但毕竟不是调查区域的全部，难免会有遗漏的地方。近年来，不少考古调查队吸收国外的调查方法，在调查区域进行全部踏查，称之为"区域调查"，即把调查区域分为若干单元，逐个单元进行拉网式踏查。简单地说，这种方法在实践时有 5～7 人最佳，横向排成一排，每两人间距 20～30 米，中间一人带有作记录的地图，大家同时朝着一个方向前进，不断折返，直至把该单元的每个部位都经过为止。一旦发现遗迹线索，要进行采集标本和作现场记录等工作。

　　在实地调查中，所能发现的线索主要是被翻动到地表的遗物，而且最常见的是遗址中存在大量的残断陶片、瓷片。发现遗址后，首先要采集标本，尽量找到文化堆积层；有条件的要使用卫星定位系统定位，把地点标在卫星照片和地图上。采集的遗物要经过专家鉴定文化属性、年代、类型等。每个地点要填写遗址登记表、采集点登记表。然后，充分利用计算机数据库技术，对田野调查所得的全部信息进行输入、统计、分析等处理，得到各个时期的采集点分布图。必要时还要进行试掘，以验证或纠正对采集点的判断，分析各个时期采集点分布图呈现出的规律、特点，分析形成原因。中国学者比较

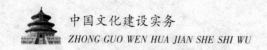

注重在采集点不仅发现标本，还要尽量发现文化堆积，以确定这些地表的标本不是其他方式流动到这里，而是此处的文化堆积中的遗物。

（二）航空勘察

地面步行观察者由于视角小，对一些遗迹难以看到全貌，而训练有素的空中飞行观察者，则能够俯视大地。综观整个遗址或遗迹，可以很容易地将那些在步行者看来是杂乱无章的斑迹拼成一个有意义的整体，从而发现遗迹各组成部分之间的内在联系。这是航空调查的基本原理。航空摄影是一种直接从空中获取地面信息的有效手段。它用图像形式客观地重现一个较大面积内的地面真实情况。红外摄影术在航空摄影中的利用，增加了勘察对遗存的感知能力。在国外，航空勘察古代遗存已发展成新的分支学科——航空考古学。在一些交通不发达，人们现场勘查很难进行的山区、沼泽、雪地等地区可以采用航空调查方法。1985年，我国首次进行航空考古试验，对秦始皇陵保护区进行航空彩红外摄影和热红外扫描，取得了良好成果。在探得的33处文物古迹点群中，有28处与已知点群相合，并意外发现了骊山北麓唐代华清宫南界。1996年开始，中国历史博物馆成立了航空摄影考古小组，次年扩建为遥感与航空摄影考古中心，培养了专业人才，对辽上京、元上都等大型遗迹进行了航空勘察，积累了适合我国的航空考古经验。航空考古较复杂，在航空勘察时，供飞行勘察遗迹的标志有：阴影标志、洪水标志、霜雪标志、土壤标志、潮湿标志、植被标志。

1. 阴影标志

斜射阳光能将物体阴影拉长。地上遗迹（至今仍或多或少地露在地面之上的痕迹）即使露出地面不很多，在空中也很容易观察到遗迹的轮廓。地下遗迹在一定条件下能影响生长在其上的植物长势。在生长初期和成熟期，植物生长的高矮不同而投下的阴影能显示出遗迹大致形状。拍照时，可利用逆光或侧光拍照，要选择合适的时间和拍摄高度。

2. 洪水标志

古代遗址一般较周围地势稍高，当泛滥的洪水淹没了古迹周围的土地，而只将较高的遗迹露在水面之上，洪水卷来的草叶挂在遗迹露头四周，形成特殊颜色的外圈。拍照时，需要强逆光，或从较高空中向下拍摄。

3. 霜雪标志

地上遗迹通过其凸出地表部分造成霜雪分布不同。霜雪经过风吹，一般落在地面凸起部分的四周及其背风面，以及地面凹陷部分，使地上遗迹鲜明地呈现出来。当低射的阳光只能使地上遗迹稍微突起的朝阳面上薄薄的霜雪融化时，也能显现出考古遗迹来。地下遗迹是通过与周围土壤形成的温差，致使地面上的霜雪融化速度不一而显现出来。一般说来，地下遗迹土壤比周围自然土壤颗粒细，因而储存水分多。深秋初冬降第一场霜或雪时，遗迹中储存的水分在从液体状态转变成固体状态过程中，散发出许多热量，使盖在遗迹上面的霜雪首先融化，从而出现负霜雪标志。在冬末初春冰消雪化时节，冰封的遗迹在解冻过程中需要的热能比周围天然土壤多。因此，其上霜雪就比周围的霜雪融化得慢，出现正霜雪标志。霜雪标志都十分鲜明醒目，容易拍照。

4. 土壤标志

地下考古遗迹土壤颜色与自然地层土颜色不同，当田野被翻耕或平整时，便呈现出十分显眼的色斑。我们在日照两城镇古遗址，每当农民翻地种植时，经常看到这种现象，而且这种现象带有普遍性。

5. 潮湿标志

土壤含水率和它的结构有很大关系。水分是储存在颗粒表面及颗粒空间的，颗粒表面积越大，土壤的存水能力越大。地下遗迹的颗粒与周围天然土的颗粒不一样大，因此存水能力也不相同。一般遗迹的存水能力较大，当下雨、霜雪融化或人工灌溉时，遗迹能储存比周围土更多的水分。在很潮湿状态下，地下遗迹与周围土颜色差别加大，在空中便能够发现它们。

6. 植被标志

地下遗迹的土壤往往含有灰烬、有机物和腐殖质，其养分比自然土壤多；它的颗粒细小，含水分也比自然土壤略高。因此，其上的植物生长就好。而如果是夯土、石墙基、踏得坚实的古路面，其上的植物会缺少水分和养分供应，长势就差。前者称为正植被标志，后者称为负植被标志。植被标志是通过植被的颜色或色调差别、长的高矮反映出来的。颜色不同的可以顺光拍照，高矮不同的可以侧光或逆光拍照。飞行勘察就是通过以上的标志发现遗迹的。如果一个地区的考古基础好，各个时代的文化特征得到充分研究，飞行者在空中根据遗迹的特点就可以判断某些遗迹的时代。例如，德国巴伐利亚州哈庭市附近的新石器时期居住遗址是1981年通过植被标志发现的。在小麦地里，众多的木结构建筑的柱眼布局和房屋的方向使航空考察者在天上就作出属于新石器早期文化的正确判断。

各种标志出现时间和存在的"痕迹寿命"都受自然条件影响很大，有的只在特定条件下出现很短的时间，因此要求及时捕捉拍照时机。在勘察和研究中，一般是用倾斜拍摄的航空照片记录发现的遗迹，而后利用垂直拍摄的

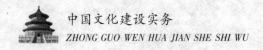
航空照片对遗址进行测绘。

由于遗迹与周围土的地湿存在差异，因此，在航空勘察时可以采用红外线摄影，发现或看清更多肉眼看不到或看不清的古人类遗迹。例如美国利桑那州的一张红外航空相片上，观察到在一片土地上有 20 条冷暖相间的平行等间距条带，条带走向与坡的倾斜方向垂直，这很难用自然成因来解释，地面调查证实，冷暖相间的条带是垄背和垄沟温差的反映，根据土壤化学分析和采集陶片的年代测定得知这是 11 ~ 12 世纪的耕地。

除了专为考古调查的航空飞行勘察外，考古学者还从其他的航空照片和卫星拍摄的航天照片上寻找考古遗存。这是既经济又简单的方法。特别是对于全年航空航天照片的分析判读，收效最大。1987 年，对 1964 年冬季成像的镇江地区黑白立体影像照片进行台形遗址和土墩墓的判读就取得了重要成果。

在空中发现遗迹并拍照下来，或从其他航空照片上判读出考古遗迹，只是航空考古工作的第一部分。还要对这些记录考古信息的照片进行处理、分析，并把成果公布发表，加以利用。一部分航空照片上的遗存资料比较明确，不用进一步分析就可在考古研究中或文物保护中加以应用。但大部分航空照片要经过深入分析，才能成为有用的研究资料。首先要根据航空照片测绘出遗迹图，然后再把考古遗迹从时间上和文化归属上进行分类。对照片上遗迹线索不明确的，应进行实地踏查，确认遗迹是否存在，采集可以分析时代和文化内涵的遗物。有时还要用钻探、物探方法进行遗迹定位，然后进行试掘或正式发掘。

航空调查是现代田野考古的重要方法，在欧洲，"空中摄影已经成为考古发现和记录的一种主要工具"。航空勘察的主要作用是：（1）在难以开展地面踏查的地区（如沙漠、草原、山地）、无法钻探的多石地区，航空勘察却能大显身手。（2）在居住稠密的农耕区，能使许多地上遗迹和被移平的地下遗迹重新显露出来，提高普查水平。（3）航空勘察可以在较短时间内比较简便地对大范围内区域进行全面普查，既经济省钱，又节省人力时间，而且飞行勘察不直接接触古迹，不会使其受到损坏。（4）在条件有利地区，可以在很短时间内，将那些在地面上一般只有通过大面积的发掘和复杂测量才能在图纸上看到的遗址整体及诸细节之间的关系以照片形式表现出来，既概括，又准确客观。如农田、道路、围沟、聚落的房址分布、房内柱洞排列、军事要塞分布。（5）简便测绘工作。可以把几个月辛苦的地面测绘工作，在几个小时甚至几分钟内得以完成。

除了上述方法外，很多物理方法和化学方法也被应用到考古勘查中来，如地球物理勘探法，包括电阻率勘探法、磁测法、地面电探 CT 技术，等等。地球化学勘探法，主要指磷酸盐勘探法，由于此法分析周期长等因素，一直未被考古学界普遍应用。

通过调查发现的各种遗存，要根据保存状况、学术价值、教育宣传作用等方面的情况，提出保护级别。我国现行的是国家级、省级和市（县）级的文物保护单位制度，分别由国务院、省政府、市（县）人民政府批准颁布，省级、市（县）级保护单位要分别向国务院和省政府备案。每个保护单位都要实施"四有"制度，即有保护范围、有保护标志、有记录档案、有保护组织。

（三）田野发掘

田野调查发现的遗址和墓葬等一般数量较多，只有根据学科研究的需要或配合基本建设，才从中选取发掘对象。对基本建设中已经暴露出来的遗址，要立即组织发掘，考古学界称为抢救性发掘。考古发掘要把埋没在地下的遗迹和遗物揭露出来。考古工作者的责任，在于采取最妥当、最严密的方法，获取实物资料和各种信息。在我们国家，考古发掘实行申报制度，经国家文物主管机关批准后方可发掘，就是抢救性发掘也要在抢救工作中补报手续。

要做好发掘工作，首先必须懂得地层学。"地层"这一名称是从地质学借用的。在人类居住的地点，通常都会通过人类的各种活动，在原来天然形成的"生土"上堆积起一层"熟土"，其中往往夹杂人类有意或无意遗弃的各种器物和生活残余，存有人们建造的各种设施的痕迹，故称"文化层"。如果后来的人类居住在同一地点，又会在已有的文化层上堆积另一文化层。由于长期延续，文化层越堆越厚，层次越来越多。如果没有经过扰乱，上层的年代必然比下层的年代为晚。人们在同一空间会先后建造各种设施，如修建房屋、修路、挖建墓葬等，在同一文化层的这些现象也有后者破坏前者的情况，如一个灰坑挖在早年废弃的房址上，一条水沟挖到一座墓葬上，这在考古学上叫"打破关系"。按照考古地层学的理论，这种有打破关系的现象，完整的年代晚些，被破坏的年代早些。这样，文化层的堆积便构成了这一居住址的编年历史。人类的活动是复杂的，所以文化层的堆积情形也往往是复杂的。考古工作者在发掘时，必须恪守地层学的原则，使用各种技术和手段，从错综复杂的层位关系中将居住址的历史井然有序地揭露出来，而不致发生错乱或颠倒。这就要求考古工作者必须具有细致、谨慎的工作态度，采用严密、妥善的发掘方法。在墓葬的发掘中，地层学的重要性虽然不如居住址的发掘，但墓葬与居住址的文化层之间，墓葬与墓葬之间，乃至墓葬本身的各部分之

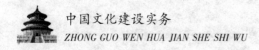
间，也往往存在层位关系。

发掘的具体方法，要看发掘对象而定。简单说来，可分为居住址的发掘和墓葬的发掘两类。居住址的发掘，一般要采取开探方的方法，以利对各种现象的控制和记录，并要留出剖面，以观察文化层的堆积。探方必须统一编号，以求将发掘出来的遗迹、遗物汇合起来，有条不紊地纳入总体记录中。对于各种遗迹，诸如房屋、窖藏、道路、沟渠、水井、城墙和城壕等的发掘，都要按其不同特点，采取不同的操作方法。对各种遗物，则要究明它们所在的位置和相互之间的关系，除了标明层位以外，还要记明坐标，以备查考。发掘墓葬如果有封土，要用"四分法"或"条分法"来揭露，其原理与发掘居住址时开探方或探沟相似。发掘墓室时，则要仔细清理葬具、尸骨、随葬品和它们的痕迹。不论发掘何种遗迹，都不能放过任何细微的迹象，如夯土中的杵痕、坑壁上的锹迹、房屋中的柱穴、道路上的车辙、田地中的脚印之类，都要一一清理出来。

考古资料收集要注意以下原则：一是尽量收集齐全。发掘具有破坏性，能收集到的各类标本要尽量收集齐全。遇到难以提取的标本要采取妥善有效措施，尽量收集到，以取得更多的信息。二是按单位收集发掘出土物，其重要性就在于有共存关系和层位关系，遗物的共存关系和层位关系都是以出土单位为依托的，遗物在遗址中的位置也是靠查找其出土单位的位置记录得到的。因此，必须按单位收集，严防混淆。如果一件毁坏的遗物出在两个单位的分界处，难以确定是哪个单位的，则把它归入晚期单位中，因为按地层学原理，晚期单位可以出早期遗物，而早期单位不可出晚期遗物。三是特殊品和普通品要分开存放。普通品是指大量的、残碎不全的遗物，主要是大宗的残损陶片。特殊品又称作"小件"，它是指石器、骨器，金属器、漆木器、完整的或可复原的陶瓷器以及其他重要或特殊的遗物。普通品收集时，一般只作出土单位的记录（即填写标签），而不作出土坐标的记录。一个出土单位的普通品可以盛装在一起。普通品在文化内涵分析时很重要，况且在整理和研究时，有些普通品会上升为特殊品，所以不要遗漏，不要弄混出土单位。特殊品（小件）要逐件编号，记录出土坐标，要单独存放，小型易丢的、珍贵的、容易破损的小件要用纸盒、塑料袋等包装好。本身细小的小件容易被漏掉，发掘时要打碎挖下的土块，有条件的要过筛。而像地层中的籽种、昆虫遗体要用浮选法或水洗法才能获得。有些小件因破碎或黏有泥土而被人们忽视，从而列入普通品，黏着泥土的石块、骨头要清除泥土，审查有无人工使用的痕迹。而有些遗物上的人工痕迹要在仪器检查时才能发现，如石片上的使用微痕，西周龟甲上的文字因过于细小要在放大镜下才能发现，中山靖王刘胜墓内的错金铁尺则是在 X 光透视时发现锈下有花纹的。四是正确填写标签。标签与遗物不能分离，普通品每个遗物袋都要放两张标签，特殊品每件都要写两张标签，标签上各项都要用钢笔或油笔仔细填写清楚，字迹要工整。

（四）室内整理

室内整理也叫实验室研究，是田野考古的后期工作，是把野外工作所取得的实物资料及各种信息作进一步的梳理，使野外工作成果更准确、更系统。这既是编写田野工作报告的一部分，也是考古学的一项基础研究。它包括对器物的清污去锈、遗物的写号、遗物的拼对、遗物的修复和对各种遗迹、遗物的分类排比分析等工作。

控理工作的目的与任务有三：第一，为编写田野报告作好各种准备。一部分整理工作可以在野外的发掘营地和调查工作站进行。现场整理所获认识能及时在田野工作中验证并对田野工作有指导意义，在有条件的情况下，应予提倡。但整理工作量往往很大，调查和发掘结束后还要延续很长时间，是一个独立的工作环节。第二，为了开展研究、向公众宣传和防止实物损坏散失后失去科学价值，要把实物资料转化成记录资料。为此，一方面，要尽可能详细了解单个遗存的各方面客观属性，另一方面，要尽量弄清诸遗存之间的纵向关系（时代早晚、渊源关系等）和横向关系（空间分布、有机联系等），这是开展其他研究的基础。第三，为了收藏保管，对遗物进行必要的处理。

进行室内整理，首先要把调查或发掘资料，包括实物标本和各种记录一一进行核实、清查，确保其准确无误。

对调查的资料，一般是按发现地点对采集标本进行清理，有的要进行洗刷，有的只能轻剥其身上的附着物，逐件写上出土地点（代号），尤其是对常见的陶片类标本，观察其形制特点，确定其年代，从中挑选出典型者进行绘图、照相和文字描述。这样对一个采集点的年代（单一的或几个时代）就会有准确的判断。在调查地图上（与调查现场的地图相对照），用事先规范的符号标示出来，即可成为编写调查报告的基础资料。对调查资料的研究重点是对采集标本的时代的判断，因为这类标本多为残断破碎的遗物，就需要研究者具备较强的辨识能力。另外，通过遗址现场调查，能尽量找到文化堆积证据和分布面积大小的线索，往往需要钻探或试掘的方法来解决，这对分析该遗址在同时代遗址中的地位及与周围同时代遗址的相互关系是非常重要的。同时在现场调查时，还要注意观察地形、地貌、物产情况，或通过查阅相关

资料来了解这方面的信息，这对深入了解遗址在当时的地位和作用也是非常重要的。

对发掘资料的整理相对于调查资料收集要复杂得多。这是因为通过发掘所发现的内容更为丰富多样，所清理的每一个遗迹都有所属的层位，每一件出土物都分属于一个具体的层位或遗迹中，我们既要搞清楚它们之间横向的共存关系，又要理清纵向的发展关系。

一般说来，发掘资料的整理首先是对文化堆积（包括各种遗迹的叠压或打破关系）要搞准确，这需要以发掘时绘图记录（平剖面图）和文字记录为依据，对出土物则要在明确出土单位的前提下，分类别进行整理。例如，出土数量最多的陶片，要按单位进行清洗，在背面写出土单位号，在分类统计的基础上，经拼对、修复后，精选出典型标本，按照考古类型学理论进行排比，以发现其时代特征和演变规律，综合分析各种文化现象的相互关系及它们各自之间直接或间接的信息。在此基础上，要认真挑选发表时所用的典型资料，例如反映地层堆积的剖面图。各种遗迹都要有详细的典型单位介绍和相关的统计表、登记表（如陶片统计表、房址登记表、墓葬统计表等）。随着考古学的深入发展，发掘手段和收取资料的方法也不断改进和丰富。例如，在收取检测标本方面，用浮选法可以取得肉眼看不到的细小标本，通过选取土样、木炭等标本，用现代仪器可得到年代和成分结果。对不同质地的遗物，如陶瓷、金属器的微观观察和取样检测，可取得其成分、结构特征、制作方法等方面的信息，这类成果往往以检测报告形式作为发掘报告的一部分。在此基础上，按照考古学科发表专业报告的体例规范，编写报告提纲，并依此着手编写发掘报告。

对考古资料的室内整理，既是一项基础工作，又是一项研究任务。在整理过程中，随时都会发现问题，解决问题，不断会有新见解、新收获，这大概只有亲自经历过的人才会有深刻的体会。

经过对调查和发掘资料的科学整理，并完成资料的报告编写，整个考古实践过程才算完成。报告公布于世就可为学术界提供翔实的研究材料，可以进行专题研究或综合性的再研究，所以编写考古报告一定要真实，报道材料要丰富，不要以整理者的主观认识和意愿进行取舍，更不允许改变资料原貌，给人以误解或误导，这也是学术研究需要遵循的道德规范。

在经过资料整理和完成报告编写后，所有的原始资料都要存档，以备必要时查询，这也是学科规范要求。

二、传世文物研究

传世文物研究是文物研究的重要内容。与考古发掘品不同，考古发掘有出土地点和单位，传世文物大多缺乏这些条件，对其辨伪、断代和定级，是传世文物研究的主要内容。

在传世文物中，或出于人们尚古心理需要的仿作，或出于经济目的而作假，所以在我们所遇到的"文物"中，往往真真假假，鱼龙混杂。还有一些文物，在斗转星移的漫长岁月中，人们对它难以有正确的认识。任何一件文物，都是在一定的历史条件下产生的，都不能离开产生年代而存在。同类的物品，总是按着自己所固有的发展顺序有规律地变化着。正是这样，文物作为特定时代的载体成为历史的见证。如果超时间、超空间地再造一件与某文物完全相同的物品，是根本不可能的。因此，文物不能再生。今天常说的"复制"，只是摹制或仿制，它是通过对人的感官产生相似感觉，而达到特定的目的。从理论上讲，任何伪品、复制品都是可以鉴别的。

文物鉴定是一项专业性很强的研究工作。文物鉴定的主要内容有三个方面，就是我们平时所说的辨真伪，断时代、定级别。传统的鉴定工作是相关学者以自己积累的知识进行细致的观察，作出上述三方面的判别。随着现代科学技术的引入，文物鉴定工作也越来越多地借助现代科学技术的帮助，如热释光测年技术、碳十四测年技术、中子活化分析技术、X 射线衍射分析技术、红外显微镜、红外探针、光谱法检测技术、热差分析技术、X 光探伤、激光拉曼显微镜微区分析，等等。这些现代技术的介入使文物鉴定的准确度和精确度大大提高，文物鉴定从传统手段向现代科技延伸，这样就使文物鉴定工作有了更多的科学依据，提高了鉴定的准确性。

文物鉴定者应具备广博的历史知识、文物知识，了解相关的现代科学技术知识以及文物作假方法等，掌握传统的鉴定方法和现代科学技术分析鉴定方法，力求对文物作出准确的鉴定；文物鉴定必须实事求是，要具有高度的法制观念和对国家文化遗产高度负责的崇高品德。

（一）辨真伪

辨真伪实际上就是找毛病。任何一件传世文物都是某一历史时期制作的，都有唯一性特点。不管是什么质地的器物，其制作工艺要符合当时的技术水平和条件，它的样式要与制作目的相一致，它的造型、装饰也与当时的审美要求相适应。而作伪者往往在这些方面漏出这样那样的破绽，这就是毛病，就是漏洞。例如一件商代造型、西周铭文、东周花纹的青铜器，显然是作假

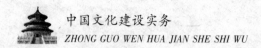

的，至少不是商代的，也不是西周的，是东周制作的仿品还是近现代的赝品则需要进一步分析。这就需要鉴定人员必须对仿造和作伪的方法有深入的了解，能够准确寻找出破绽。再如，有的造假者是利用图录来仿做的，可能在样式、花纹方面比较逼真，但使用的材料、器壁的厚薄与原器不会相同，这就是疑点。又如，有的作伪者虽然用真器为样品，但做出来的器物与当时的工艺特点大不相同，也容易被识破。有些仿造的古代字画可能临摹得很像，也经过作旧，但使用的材料（纸张、丝绢）不可能是古代的，鉴定者必须从此入手，把赝品识别出来。

鉴定真伪是一项复杂的科学研究工作。它研究的对象，是形态各异、内涵复杂、时代不同的各种文物。这就决定了文物鉴定者必须具有较深的专业功底和学术造诣。

（二）断时代

在确定不是赝品的前提下，正确判别鉴定对象的制作年代（时代）又是文物鉴定的一项重要任务。在传世文物断代研究中，郭沫若总结前人经验，结合自己的体会，在对两周青铜器断代研究中总结出标准器断代法。这种方法不仅延续到今天仍在被大家使用，对其他质地的传世品的断代研究也有借鉴意义。

所谓"标准器断代法"，首先是对有内证的器物，特别是内证可以明确说明制作时间的可作为第一类标准器。例如，在陕西临潼出土的一件青铜利簋，铭文表明做器人"利"因参加周王灭商战役而受到周王赏识，他感到很荣幸而做此簋以纪念并传其后人，这显然是西周早期的器物。另有些器物虽然从铭文上不能直接看出是什么时间做的，但所示内容与文献上的记载相一致，我们从文献上可以知晓事件的时间，那么这件器物可视为第二类标准器。还有的器物的造型、纹样以及铭文的书写特点和风格与第一、第二类标准器基本一致或完全一致，也可作为一般标准器来看待。随着研究的深入和发现数量的增多，可选定标准器的数量自然越来越多。对标准器中的同类者按时代排列，就可以从中总结出它们多方面的规律，如形态变化，花纹的种类及变化，铭文体例特征和书写风格等。

对其他各种传世文物的时代断定，都是依这种理论和方法，特别是以考古发掘品为借鉴，大大提高了断代的科学性。

（三）定级别

定级别即评定文物的等级，根据对文物价值的分析，把文物划分为一、二、三级和一般文物。2001年4月，根据《中华人民共和国文物保护法》和

《中华人民共和国文物保护法实施细则》的有关规定，文化部颁布了《文物藏品定级标准》。该《标准》对文物的定级进行了详细的规定。

文物藏品分为珍贵文物和一般文物。珍贵文物分为一、二、三级。具有特别重要历史、艺术、科学价值的代表性文物为一级文物；具有重要历史、艺术、科学价值的为二级文物；具有比较重要历史、艺术、科学价值的为三级文物；具有一定历史、艺术、科学价值的为一般文物。

1. 一级文物定级标准

（1）反映中国各个历史时期的生产关系及其经济制度、政治制度以及有关社会历史发展的特别重要的代表性文物；

（2）反映历代生产力的发展、生产技术的进步和科学发明创造的特别重要的代表性文物；

（3）反映各民族社会历史发展和促进民族团结、维护祖国统一的特别重要的代表性文物；

（4）反映历代劳动人民反抗剥削、压迫和著名起义领袖的特别重要的代表性文物；

（5）反映历代中外关系和在政治、经济、军事、科技、教育、文化、艺术、宗教、卫生、体育等方面相互交流的特别重要的代表性文物；

（6）反映中华民族抗御外侮，反抗侵略的历史事件和重要历史人物的特别重要的代表性文物；

（7）反映历代著名的思想家、政治家、军事家、科学家、发明家、教育家、文学家、艺术家等特别重要的代表性文物，著名工匠的特别重要的代表性作品；

（8）反映各民族生活习俗、文化艺术、工艺美术、宗教信仰的具有特别重要价值的代表性文物；

（9）中国古旧图书中具有特别重要价值的代表性的善本；

（10）反映有关国际共产主义运动中的重大事件和杰出领袖人物的革命实践活动以及为中国革命作出重大贡献的国际主义战士的特别重要的代表性文物；

（11）与中国近代（1840～1949）历史上的重大事件、重要人物、著名烈士、著名英雄模范有关的特别重要的代表性文物；

（12）与中华人民共和国成立以来的重大历史事件、重大建设成就、重要领袖人物、著名烈士、著名英雄模范有关的特别重要的代表性文物；

（13）与中国共产党和近代其他各党派、团体的重大事件，重要人物、爱

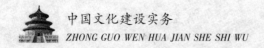

国侨胞及其他社会知名人士有关的特别重要的代表性文物；

（14）其他具有特别重要历史、艺术、科学价值的代表性文物。

2. 二级文物定级标准

（1）反映中国各个历史时期的生产力和生产关系及其经济制度、政治制度以及有关社会历史发展的具有重要价值的文物；

（2）反映一个地区、一个民族或某一个时代的具有重要价值的文物；

（3）反映某一历史人物、历史事件或对研究某一历史问题有重要价值的文物；

（4）反映某种考古学文化类型和文化特征，能说明某一历史问题的成组文物；

（5）历史、艺术、科学价值一般，但材质贵重的文物；

（6）反映各地区、各民族的重要民俗的文物；

（7）历代著名艺术家或著名工匠的重要作品；

（8）古旧图书中具有重要价值的善本；

（9）反映中国近代（1840~1949）历史上的重大事件、重要人物、著名烈士、著名英雄模范的具有重要价值的文物；

（10）反映中华人民共和国成立以来的重大历史事件、重大建设成就、重要领袖人物、著名烈士、著名英雄模范的具有重要价值的文物；

（11）反映中国共产党和近代其他各党派、团体的重大事件，重要人物、爱国侨胞及其他社会知名人士的具有重要价值的文物；

（12）其他具有重要历史、艺术、科学价值的文物。

3. 三级文物定级标准

（1）反映中国各个历史时期的生产力和生产关系及其经济制度、政治制度以及有关社会历史发展的比较重要的文物；

（2）反映一个地区、一个民族或某一时代的具有比较重要价值的文物；

（3）反映某一历史事件或人物，对研究某一历史问题有比较重要价值的文物；

（4）反映某种考古学文化类型和文化特征的具有比较重要价值的文物；

（5）具有比较重要价值的民族、民俗文物；

（6）某一历史时期艺术水平和工艺水平较高，但有损伤的作品；

（7）古旧图书中具有比较重要价值的善本；

（8）反映中国近代（1840~1949）历史上的重大事件、重要人物、著名烈士、著名英雄模范的具有比较重要价值的文物；

（9）反映中华人民共和国成立以来的重大历史事件、重大建设成就、重要领袖人物、著名烈士、著名英雄模范的具有比较重要价值的文物；

（10）反映中国共产党和近代其他各党派、团体的重大事件，重要人物、爱国侨胞及其他社会知名人士的具有比较重要价值的文物；

（11）其他具有比较重要的历史、艺术、科学价值的文物。

4. 一般文物定级标准

（1）反映中国各个历史时期的生产力和生产关系及其经济制度、政治制度以及有关社会历史发展的具有一定价值的文物；

（2）具有一定价值的民族、民俗文物；

（3）反映某一历史事件、历史人物，具有一定价值的文物；

（4）具有一定价值的古旧图书、资料等；

（5）具有一定价值的历代生产、生活用具等；

（6）具有一定价值的历代艺术品、工艺品等；

（7）其他具有一定历史、艺术、科学价值的文物。

在我国，对文物鉴定人员有严格的资质认定，并不是任何人都可以对文物进行级别划定的。国家文化部文物局组建的文物鉴定委员会，由各类文物研究的权威学者组成（如陶瓷类、青铜类、字画类等），而且这些专家要受鉴定委员会派遣，由若干人对文物进行鉴定，有规范的书面鉴定结果。省级文化机关也组建辖区内文物鉴定委员会或鉴定小组，才有资格做这项工作。目前，社会上有些人对藏品进行鉴定并成为一种商业活动，实际上这种鉴定不具有权威性，只是个人意见。

三、实物资料与文献资料的对比研究

对考古调查和发掘的实物资料研究，史前时期完全没有文字记载。进入到有文字记载的历史时期，在实物中，除了如甲骨文、铭文、石鼓文或古建筑中的题记，以及古字画、陶瓷器上有的文字外，绝大多数文物都是"哑巴"实物。上述文字资料是重要的第一手原始资料，应该充分利用，但毕竟数量太少，所以使用实物资料进行历史研究就有一定的局限。中国传世的历史文献资料非常丰富，但也因为多种原因，在今天的使用中也存在很多局限。例如，多种文献记载"汤都亳"，但"亳"到底在什么地方，在古书的注释中又有很多解释，成为学术研究的一大悬念。因此，把考古资料和文献资料相结合成为史学研究的一条道路。

例如，《汉书·殷本纪》中关于殷王的世袭有清楚的记载，但是否可信在

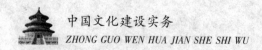
史学界曾有不同的意见。商代甲骨文发现后，为其提供了重要史料。王国维先生把甲骨文记载与传世文献相结合，写出《先公先王考》这篇著名文章，证明了《汉书·殷本纪》的记载基本是正确的，解决了一大学术问题，也成为实物资料与传世文献研究结合的典范。又如，《周礼》中有"天子用九鼎，诸侯七，大夫五，元士三"的记载，而考古发现两周时期的贵族墓葬中，多有单数鼎组合随葬的现象；证明文献记载是可信的，当时存在用鼎数量的多少来表示贵族阶层身份的高低，被称为"用鼎制度"。在这一研究成果的影响下，"乐器制度"、"车马制度"也相继成为重要研究成果，并在学术界取得了共识。前面所提到的"汤都亳"的长期争论也因为在河南偃师发现商代早期都城遗址，从而使人们逐渐理出了头绪。诸多研究成果使人们越来越重视实物资料与文献相结合，成为学术研究的重要途径。

第七节　物质文化遗产的保护与利用

一、考古学与物质文化遗产保护

田野考古学方法是通过实地调查发现文物点，进而确定保护级别。考古调查最重要的目的和意义首先是为了保护。考古发掘则是取得实物资料的最系统、最全面的科学手段，是最积极主动的保护，也是日后考古学深入研究和文化遗产保护的先决条件。没有科学的发掘过程与现场资料的完整准确记录，就不可能有下一阶段对发掘资料的科学整理和利用，更谈不上正确地复原和解释各种复杂的历史现象，取得相应的科研成果。所以，按学科规范开展的实地调查和发掘在遗产保护中有特殊的意义和作用。

按照我国现行的法律法规，任何一个建设项目开工之前，都要进行文物调查与勘探，并根据勘探结果需要时进行考古发掘，根据实际发现来决定是否进行施工建设，这是一个基本程序。例如，20世纪80年代在河南偃师规划的一项基本建设项目，开工前经过考古勘查发现，施工区的地下有一座保存很好的古代城址，有重要考古价值，从而改变了建设规划，后经累次发掘，证明这是一座早商城址。又如长江三峡工程、南水北调工程等项目进行前都需要考古调查，通过考古工作发掘抢救了大批珍贵文物。截至2003年4月，三峡库区完成地下文物勘探面积近900万平方米，出土珍贵文物6000余件，一般文物6万余件，在中国南北方旧石器文化研究，长江流域江汉平原、三峡以西至四川盆地的东西两大新石器时代文化系统研究，古代巴人历史文化研究以及中原文化、楚文化和巴文化的发展融合研究等方面取得了重要成果。考古学家提出了"楠木园文化"、"玉溪文化"、"哨棚嘴文化"、"老关庙文化"等考古学文化命名，丰富了对三峡地区历史文化的认识，并初步构建起三峡库区史前文化的发展序列。在这场与时间赛跑的文物抢救保护工程中，考古工作者通过艰苦的努力，用6年时间完成了通常几十年才能完成的重任，创造了人类文物保护史上的奇迹。但由于时间紧迫，一些没有纳入国家规划的文物点来不及发掘和保护，也是非常遗憾的事。目前，正在实施的南水北调工程，同样也需要考古工作者对沿线涉及的文化遗产进行发掘保护工作。抢救、保护祖先遗留的文化遗产，是一个我们必须面对的现实，不能回避。

考古实践对遗址保护具有促进作用。通过田野工作有助于弄清遗址的分布范围和空间布局，确定遗址的年代，对大遗址保护的合理规划和开发能够提供科学的依据。同时，现代考古学的飞速发展也为文化遗产保护提出新的挑战。随着考古学技术的不断发展，已经有能力进行以前不能进行的考古工作，如水下考古的发展，自然科学探测技术的应用，区域系统调查法的开展等，都使考古收获大大增加。新的时代对文化遗产保护领域提出新挑战。既然是挑战，也包含机遇。在新形势下，抓住机遇，迎接挑战，知难而上，是文化遗产工作者肩负的责任和使命。

二、历史博物馆与物质文化遗产保护

作为博物馆机构应当具备四个条件：首先就是具有藏品，也就是实物；第二要有基本陈列；第三要面向社会公众开放；第四要有保护管理藏品的专业人员。这种法定的永久性机构才是现代意义上的博物馆。实际上，博物馆是代表国家对可移动文物进行收藏、管理和保护。

首先，实物的收集和保存。收集文物标本是博物馆的重要任务。对收集来的标本进行科学的保存和保管，延长实物的寿命也是博物馆保护工作的一项重要内容。

其次，对实物的研究。收集和保存实物资料不是博物馆的最终目的。只有收藏没有利用和研究不是现代意义的博物馆。博物馆必须正确处理收藏和利用的关系。通过一系列的工作，正确认识文物的内涵，研究文物的价值。博物馆对实物研究也包括对文物的科学保护，通过各种技术的钻研，促进文物保护研究的发展。

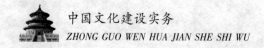

再次，实物的利用。利用博物馆藏品，以各种方式和方法，为社会教育和有关科学研究服务。这是"物"服务于社会的过程。

近年来兴起了数字博物馆，是利用电子计算机和网络，通过计算机技术和数字技术将文物以三维形式呈现在观众面前。这就突破了传统博物馆在时间和空间上的限制，更方便群众参观和浏览文物，是遗产保护观念的更新。

三、文物科研机构对物质文化遗产的保护

对以文物古迹为主体的物质文化遗产的保护，除了看好（收藏）、用好以外，还有管好的问题，从某种意义上说，这是更重要的保护。

文物古迹的存在形式不同，从不可移动文物来说，现已埋在地下的要确保不再被人为地破坏，妥善处理好基本建设与地下文物保护的矛盾。而现在暴露于地面的，主要是古代建筑，它们因年代久远，自身老化，遭风雨侵蚀而出现不同程度损坏现象。定期的检查、科学的维修，是常年的工作任务。对已经出土的可移动文物和传世文物，不管是在文物收藏单位还是在个人手中，也有一个防止损毁和老化的问题。例如：彩陶、彩绘陶的颜色淡化、脱落问题；青铜器的菌状锈问题；纺织品和纸张类文物的存放条件和装裱问题；在特殊情况下不可移动文物的移动问题；在考古发掘中遇到易毁、易损的文物的安全问题（如墓葬中的壁画，发掘中遇到的漆木器、纺织品、纸张类文物的提取问题）。以上都需要非常专门的技术，而且有特殊的技术要求。在我国，从国家到地方，都有专门的文物保护研究机构，如古建筑研究所、文物保护中心等，这些机构的研究人员专门从事这类研究和指导实践工作。

根据文物保护条例的有关规定，对文物的保护修复要做到"修旧如旧"，特别是在古建筑的修缮中，必须要替换的建筑构件的选择，建筑彩绘装饰如何保持原来的效果等等，都是古建筑维修中要慎重对待的问题。有彩绘装饰的文物，对器物表彩色图案的保护，要经过反复模拟试验取得可行方法后才可实施。

在我国，由于文物古迹众多，技术修复的任务繁重，又因为要修复的文物质地、形式繁多，所以技术修复的任务艰巨，要解决的难题很多。经过多年的研究，我国的文物古迹修复工作取得了重要成就，胜利地完成了很多重大项目的修复工作，如西藏拉萨大昭寺布达拉宫的修复工作，陕西扶风法门寺的修缮，金属文物防治病毒的研究，发掘中特殊物品的提取和清理以及馆藏文物存放条件的研究等等，都取得了很好的效果。值得关注的是，近年来，为进一步做好文物古迹的保护和维修，许多科研单位加强了国际交流，不断

吸取国外先进经验，加强现代科技手段的引进，最近正在进行的对北京故宫的维修，首次以与国外专家合作的形式进行。加强对文物古迹修复技术的研究是保护工作中极为重要的环节。

四、正确处理物质文化遗产保护与利用的关系

对物质文化遗产保护与开发利用的关系，在国务院《关于加强文化遗产保护的通知》中明确指出，对物质文化遗产保护主要贯彻"保护为主，抢救第一，合理利用，加强管理"的基本方针，保护是核心、是基础，开发利用则是在保护前提下的开发利用，而且必须是合理的，而不是无度的。

如果我们把保护和利用从两个层面来理解的话，那就是保护是首要的，以延长物质文化遗产的寿命为先决条件。保护的目的是更好地利用，但如果保护不好，使其面目全非，不仅不是保护，也就无所谓合理利用了。

在我国，如何正确处理保护和利用的关系，也取得了很好的成绩，积累了丰富的经验。例如，在历史类博物馆展示中，有些陈列品的价值，通过文字、画面、声像模拟等多种手段，让观众有更直观、更深入的理解。有些遗址博物馆也有很突出的表现，如西安半坡博物馆，把一个史前村落的全貌、布局生动地展现在观众面前，自20世纪50年代建成以来，参观者一直不断。陕西临潼秦俑坑更是声名远扬。还有一些著名的古建筑，如古塔、古庙宇对外开放，使人们对当时的宗教活动以及古代建筑技术、风格都会有身临其境之感，在正确处理保护和利用关系方面作出了很好的示范。

当然，我们也应该看到取得成绩的同时，对存在的问题要引起高度重视，防止在利用时对文化遗产保护带来负面影响，防止在强调经济利益时忽视文化遗产保护，在这方面有些做法要引以为戒。

对以文物古迹为主体的物质文化遗产的开发利用，引起了社会各界的广泛关注和议论。一种观点认为，只有将文化遗产保护单位纳入赢利企业，将文化遗产的所有权和经营权分离，运用市场经济手段对文化遗产资源进行市场化经营，才能促使文化遗产资源优势向产品优势转化，才能实现文化遗产事业和赢利产业的共同繁荣。只要规划合理，合同规范严格，不会影响文化遗产保护，只会给文化遗产保护带来更大益处。另一种观点持坚决反对态度。他们认为，以所谓"所有权和经营权分离"的名义，将文化遗产保护单位的管理权部分或全部转移给赢利企业，甚至将文化遗产作为一般实物资产租赁、承包和上市，是严重违反文化遗产保护法的行为，是违背文化遗产工作规律的行为，将对文化遗产事业造成难以估量的破坏性结果。因为，一旦文化遗

产保护单位被纳入赢利企业，就会把文化遗产的所有权、管理权、处置权与经济利益挂钩，就会因不当开发或过度使用对文化遗产及其环境氛围造成破坏。因此，绝不能急功近利，以损害或牺牲文化遗产为代价，换取地方经济局部的、暂时的发展。

2001 年 7 月，文化部和国家文物局向各省、直辖市、自治区文化（文物）行政部门下达了《关于禁止擅自改变文物保护单位管理体制的通知》。2001 年 10 月，由国家计委牵头，国家文物局、旅游局、建设部、环保局和林业局等八大部委组成的联合调查组专赴陕西就此问题进行调研，调查和解决存在的类似问题。2001 年 12 月，由中国社会科学院、联合国教科文组织中国委员会、建设部和国家文物局主办，中国社会科学院环境与发展研究中心承办的"改进中国自然、文化遗产管理"国际会议也对文化遗产的旅游开发、保护与管理问题进行了探讨，对此进行深入调查和研究，以寻求解决问题的途径。认为目前存在的问题主要是由于受经济利益的驱动，文化遗产保护单位被纳入到赢利企业的现象必须引起足够重视。2001 年，四川宜宾兴文石海景区、福建金湖风景区、湖南国家级历史文化名城凤凰城、安徽全国重点文物保护单位屯溪老街等一批重点文物点被纷纷出让和租赁，时间长的达 50 年之久。有识之士忧虑地感叹：文化遗产保护陷入了越来越被动的局面！如何处理文化遗产保护与赢利开发利用的关系已成为我国经济文化发展中迫切需要解决的一个问题。

对文化遗产的保护与开发利用，确实是一对矛盾，单纯强调保护，或一味地追求开发都是片面的，如何将矛盾由对立转为统一，首先是一个思想认识问题。我们既要看到文化遗产是一笔财富，要发挥其为社会服务的功能，更要把握对文化遗产的开发是要建立在科学基础上的合理开发和利用，是在法规的规范下的开发。这样才能探求文化遗产保护和开发利用如何良性互动和有效合作机制。这个评判标准应该包括法律、可持续发展理论和国际文化遗产保护和利用的原则。

（一）依法处理文化遗产保护和开发利用的关系

"有法可依，有法必依，执法必严，违法必究"是社会主义法制的基本原则。有法可依是确立和实现社会主义法制的前提，有法必依是社会主义法制的中心环节，执法必严和违法必究是社会主义法制的切实保证。在处理文化遗产保护和开发利用上，依法行事这一点是不容置疑的。

为了保护我国珍贵的历史文化遗产，新中国成立以来，尤其是改革开放以来，我国政府颁布了一系列文化遗产保护方面的法律和法规。这些法律法规反映了我国文化遗产保护工作的客观规律，是协调和处理文化遗产保护工作中各种社会关系的基本准则。

《中华人民共和国文物保护法》第5条规定："中华人民共和国境内地下、内水和领海中遗存的一切文化遗产，属于国家所有。古文化遗址、古墓葬、石窟寺属于国家所有。国家指定保护的纪念建筑物、古建筑、石刻、壁画、近代现代代表性建筑等不可移动文化遗产，除国家另有规定的以外，属于国家所有。国有不可移动文化遗产的所有权不因其所依附的土地所有权或者使用权的改变而改变。"这表明只有作为所有权主体的中央人民政府才具有对文化遗产行使占用和处置的权力，企业机构无权对国家所有的文化遗产进行占有和处置。出于地方利益、集团利益，擅自将文化遗产作为一般实物资产出让或转让经营，实质上是一种侵犯国家所有权的行为，是一种变相化国有为地方所有、集团所有的非法行为。所有出让和转让行为，都是非法和无效的。

1997年国务院颁发的《关于加强和改善文化遗产工作的通知》规定："要在有效保护，加强管理的前提下，充分发挥文化遗产的社会教育作用、历史借鉴作用和科学研究作用。文化遗产的利用必须服从和服务于社会主义精神文明建设的需要，坚持把社会效益放在首位，努力实现社会效益和经济效益的统一。要为公益性文化遗产、博物馆事业单位创造有利于把社会效益放在首位的环境和条件，地方各级人民政府特别是文化遗产比较集中的地方人民政府，在把文化遗产作为地方优势加以利用的同时，要防止因单纯追求经济利益而损害文化遗产的做法。重大的文化遗产利用项目要事先进行充分的科学论证，严格履行审批手续，避免对文化遗产的破坏性利用。"上述规定阐明了三项基本原则：（1）文博事业属于社会主义公益事业，不能以赢利为目的，而应把社会效益放在首位；（2）文化遗产工作的根本宗旨是继承我国优秀的历史文化遗产，充分发挥文化遗产的社会教育作用、历史借鉴作用和科学研究作用，文化遗产工作必须服从和服务于社会主义精神文明建设的需要；（3）防止因单纯追求经济利益而损害文化遗产的做法，重大文化遗产的利用项目事先要进行充分论证，严格履行审批手续。

2005年，国务院发布《国务院关于加强文化遗产保护的通知》，物质文化遗产保护要贯彻"保护为主，抢救第一，合理利用，加强管理"的方针。这一文化遗产工作的基本方针和原则是对我国新中国成立以来文化遗产工作实践经验的高度概括，反映了我国文化遗产工作的客观规律，是我国新时期文化遗产工作的基本指导思想。在利用文化遗产资源，促进地方经济发展，各级地方政府都必须严格遵循国家统一的文化遗产基本方针和原则。

（二）以可持续发展眼光来协调和处理文化遗产保护与开发的关系

当今，可持续发展理论正成为世界各国制定经济社会发展战略的主要思想依据。1994 年国务院颁布的《中国 21 世纪议程》中明确指出：要在经济社会发展中实施可持续发展战略的要求，并将良渚文化等文化遗产保护单位纳入了 21 世纪议程。

在物质文化遗产的保护和利用中实施可持续发展战略，是由文化遗产的特点所决定的。物质文化遗产是人类历史发展过程中遗留下来的遗物和遗迹，是漫长历史文化长河中同类物品中的幸存者，可以说是万劫余生。文化遗产具有脆弱性、历史性和不可再生性等特点。文化遗产大多经历了一定的历史岁月，经历了长时间的自然侵蚀和人为损坏，是一种脆弱的极易损坏的物品。要长久保存，需要我们的精心呵护，经不起人为的折腾和自然的侵蚀。物质文化遗产都是一定历史时期人类活动的产物，不同程度地蕴涵着当时社会政治、经济、文化和习俗等诸多方面的信息。正因为如此，我们说文化遗产是一种历史信息的载体，具有博大精深的历史文化内涵，具有重要的历史、艺术和科学价值。对今人和后人来说，它是一份宝贵的文化财富，其价值主要体现在供人研究、教育和鉴赏上。文化遗产的历史性又决定了文化遗产是独一无二、不可再生和不可替代的。文化遗产是历史的馈赠，每处古迹、每件遗物都有自身产生的特定的历史和社会背景，都包含特定的文化内涵和历史信息。唯其如此，文化遗产的损失是绝对的损失，损坏一件就永远失去一件，就永远少了一份历史记忆，就会造成文化遗产不可逆转的枯竭，所以，文化遗产更显其珍贵。此外，文化遗产不仅是一个国家和民族珍贵的文化财富，也是全人类珍贵的文化财富；不仅是当代人的宝贵财富，也是后代子孙的宝贵财富。为全人类和后代子孙保护好文化遗产，是我们义不容辞的义务和责任。

因此，在处理文化遗产保护和开发利用的关系上，我们必须确立可持续发展的思想，即要以保护为主，以长期利益为重，发挥文化遗产的永续作用，绝对不能急功近利，竭泽而渔；以国家和全民族利益为重，而不能只顾地方利益和集团利益；以发挥文化遗产的社会效益为重。而不能为了单纯追求经济利益，千方百计地榨取文化遗产的经济利益。

（三）借鉴国际文化遗产保护与利用的经验

保护文化遗产就是保护人类文明，这是国际社会的共识。世界上一些先进国家和国际组织在长期的文化遗产保护的实践中，积累了许多成功的经验，形成和制定了一些重要的原则、惯例和工作方法。虽然我国是一个文化遗产大国，与国际先进国家相比，尚存在较大距离。因此，在处理文化遗产保护和开发利用关系时，我们应该积极借鉴国际社会的成功经验、原则和方法。通过对意大利、西班牙、法国、希腊、埃及、美国、日本等国和联合国教科文组织、国际古迹遗址理事会、国际博物馆协会等国际组织在文化遗产保护和利用方面的原则、规章和惯例的初步研究，如下原则是值得我们借鉴和参考的：

不论是发达国家还是发展中国家，都视本国本民族的文化遗产为自己的珍贵文化遗产，将之纳入国家法律的保护之中。一切保存在其领土、内河及领海之内的文化遗产，概为国家所有。对文化遗产的保护应采取综合措施予以保障，包括立法、财政、行政措施、专门机构、处罚、奖励、教育计划和修缮等。对文化遗产的保护应该是预防性的，预防性措施旨在保护文化遗迹免受可能威胁它们的各种危险，例如在遗产保护地修建各种公共建筑、道路、广告牌、电杆电线，采矿，砍伐森林，营建商业和娱乐设施等。对重要历史文化遗产应通过公布名录、划定保护区进行特殊保护，即对文化遗址采取"大保护"的做法，将遗址及其环境的真实性、原初性和完整性全面保护起来，融人文历史与自然景观于一体。要以审慎的态度对待文化遗产。文化遗产是无法估价的，它能给当地带来声誉和机会，保护好了，它就能成为一个长期的收入来源；草率行事会造成文化遗产永远破坏，其损失将是无法估量的。

开发文化遗产有利于本地、本国旅游业的发展，促进其社会经济的发展。但另一方面，也要正视旅游业可能给文化遗产保护带来的负面影响。如在文化遗产地周围迅速兴起的商业和娱乐设施会破坏遗产的环境氛围，危及遗产本身，甚至会蚕食文化遗产，使其日益败落、毁灭。所以，在制定文化遗产旅游政策和规划时，文化遗产的保护享有优先权。因此，文化遗产管理者、旅游经营者和游客对文化遗产的保护都负有伦理上和法律上的双重责任。

综上所述，不论从国内文化遗产保护立法的态度，还是从长远的可持续发展的眼光，以及国际社会文化遗产保护的经验看，物质文化遗产应以保护为主，保护是物质文化遗产所有工作中排在第一位的，而开发和利用要在合理保护的基础上进行，不要因眼前利益而破坏文化遗产，真正实现"关照历史，着眼未来"的目的。

第八节　文化遗产保护法律建设与规范

　　自中华人民共和国建立以来，党和政府十分重视对文化遗产的保护工作。在新中国成立之初，就颁发了一系列保护文物的法令。此后几十年间，随着形势的发展，根据我国国情、文物特点和文物工作规律，相继修订、颁布了文物保护的方针、政策和法规。这些法律规定，为我们保护文物提供了法律依据。目前，我国已初步建立了具有中国特色的文物法律体系，基本上做到了有法可依。

一、国内立法

　　1982 年 11 月 19 日，第五届全国人民代表大会常务委员会第 25 次会议通过了《中华人民共和国文物保护法》，这是我国文物保护方面的第一部法律。1985 年，我国批准加入《世界遗产公约》，随着我国列入《世界遗产名录》的遗产项目逐年增多，原有的《文物保护法》已不能适应文化遗产保护的需要，所以在 2002 年对《文物保护法》进行了修订。修订后的《文物保护法》对 1982 年的《文物保护法》作了一些补充和调整，如调整了文物定义的表述、将不可移动文物单列一章、严格控制文物的出境进境，等等。《文物保护法》由原来的 33 条增加到 80 条，在保留原法一些可继续适用的原则和制度的前提下，针对现实需要和文物保护理念的发展，增加了一些新的内容。主要有：

　　1. 明确规定文物工作的基本方针是"保护为主，抢救第一，合理利用，加强管理"，是对原《文物保护法》的重新补充。为了进一步规范保护与利用的关系，还有针对性地增加了相关规定，如"各级人民政府应当重视文物保护，正确处理经济建设、社会发展与文物保护的关系，确保文物安全。基本建设、旅游发展必须遵守文物保护工作的方针，其活动不得对文物造成损害"。

　　2. 明确规定各级政府应当把文物工作纳入地方经济和社会发展计划，纳入城乡建设规划，纳入财政预算，纳入体制改革，纳入各级领导责任制。特别是加强了文物保护的经费来源保障，规定："国家用于文物保护的财政拨款随着财政收入的增长而增加。""国家鼓励通过捐赠等方式设立文物保护社会基金，专门用于文物保护，任何单位或者个人不得侵占、挪用。"

3. 进一步扩大文物的范围。特别在"文物"的第二项中增加了近现代重要史迹、实物、代表性建筑。

4. 增加了历史文化街区、村镇保护制度。1982 年《文物保护法》确立了历史文化名城名录制度，但它还没有涵盖具有重大价值的历史街区或村镇。由于得不到法律保护，这些街区、村镇往往在经济建设中遭到拆毁和破坏。为此，新法在旧法确立的历史文化名城制度的基础上，增加了历史文化街区、村镇保护制度。规定保存文物特别丰富并且具有重大历史价值或者革命纪念意义的城镇、街道、村庄，由省、自治区、直辖市人民政府核定公布为历史文化街区、村镇，并报国务院备案。

5. 进一步完善了不可移动文物保护制度。新法针对当前经济建设中文物保护出现的一些问题，增加了对文物保护单位的保护范围和建设控制地带内禁止行为的具体规定。除了旧法所规定的非经特别许可"不得进行其他建设工程"外，新法还规定不得从事"爆破、钻探、挖掘等作业"，"不得建设污染文物保护单位及其环境的设施，不得进行可能影响文物保护单位安全环境的活动。对已有的污染文物保护单位及其环境的设施，应当限期治理"。为了防止国有不可移动文物的流失，明确规定国有不可移动文物不得转让、抵押。建立博物馆、保管所或者辟为参观游览场所的国有文物保护单位，不得作为企业资产经营。同时规定，国有不可移动文物不得转让、抵押给外国人。

6. 完善了考古发掘制度。新法特别规定在进行建设工程或者农业生产中发现文物者的职责和文物行政部门的职责及处理时限，即任何单位或者个人发现文物，应当保护现场，立即报告当地文物行政部门，文物行政部门接到报告后，如无特殊情况，应在 24 小时内赶赴现场，并在 7 日内作出处理意见。发现重要文物应立即上报国务院文物行政部门，国务院文物行政部门应当在接到报告后 15 日内提出处理意见。同时还规定，对上述情况下发现的文物，其所有权属于国家所有，任何单位或者个人不得哄抢、私分、藏匿。新法还增加了对考古发掘结果管理方面的规定。明确规定考古调查、勘探、发掘的结果，应当报国务院文物行政部门和省、自治区、直辖市人民政府文物行政部门。考古发掘的文物，应当登记造册，妥善保管，并移交文物行政部门指定的国有博物馆、图书馆或者其他国有文物收藏单位收藏。规定考古发掘的文物，任何单位或者个人不得侵占。

7. 增加了馆藏文物交流渠道，建立了补偿制度和退出馆藏的制度。新法扩大了国有文物收藏单位的交流渠道。除了旧法规定的"调拨"这一渠道外，

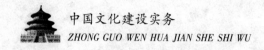
新法增加了"交换和借用"的渠道。

8. 扩大了民间文物流通渠道，建立了文物拍卖制度。既要鼓励支持合法正当的民间文物收藏活动，允许其依法流通，也要严格规范，对其作出严格的限制性规定，以防给文物犯罪活动提供可乘之机。

9. 完善了法律责任的规定。旧《文物保护法》在法律责任的规定方面相对薄弱，新法在修订时为此增加了相应条款，极大地加强和充实了法律责任的规定。规定对有相关违法行为者依法给予行政处分，或依法开除公职或吊销其从业资格，构成犯罪的依法追究刑事责任（第七十六条）。此外，对公安、工商、海关、城乡建设规划部门和其他国家机关滥用职权、玩忽职守、徇私舞弊、造成国家保护的珍贵文物损毁或流失的，对负有责任的主管人员和其他直接责任人员依法给予行政处分；构成犯罪的，依法追究刑事责任（第七十八条）。

1992 年 4 月经国务院批准，同年 5 月由国家文物局颁布实施《中华人民共和国文物保护法实施细则》。它是根据 1982 年的《文物保护法》制定的，共 8 章 50 条，对文物行政管理机构、文物保护管理经费、划定文物保护单位保护范围职责、古建筑维修设计审批权限、考古勘探资格认定、考古发掘项目申报、珍贵文物分级、私人收藏文物保护与出售、行政处罚等，均作出了明确、具体的规定。1989 年 12 月，国务院颁布实施《中华人民共和国水下文物保护管理条例》，以加强对水下文物的保护。水下考古在我国是一项开拓性工作，需要进行规范，依法进行，该《条例》为顺利开展水下文物保护和考古工作提供了法律保障。经国务院批准，1991 年 2 月国家文物局颁布实施《中华人民共和国考古涉外工作管理办法》。它规定了中外合作进行考古应遵循的原则和申请合作考古项目应具备的条件等。为加强涉外工作管理，保护我国文化遗产和权益，促进我国与外国的考古学术交流等提供了法律依据。地方性文物法规建设的迅速发展和取得的显著成绩，是改革开放以来文物法制建设的重要组成部分。全国已有河北、河南、山东、山西、湖南、湖北、陕西、甘肃、云南、贵州、四川、内蒙古、西藏、北京等 27 个省、自治区、直辖市制定并颁布了文化遗产保护管理的地方性法规。省、自治区、直辖市人大常委会以文物保护法等法律和文物行政法规为依据，结合地方实际情况，制订、颁布原则性与灵活性相结合的地方性文化遗产法规，为加强本辖区文物保护提供了法规依据。

二、我国批准加入的国际条约

1985 年 11 月，第六届全国人大常委会第十三次会议批准加入《保护世界文化和自然遗产公约》（1972），成为缔约国。1987 年首次成功申报世界遗产，截至 2007 年 7 月，我国已有 35 项遗产获批准，其中约有 2/3 是文化遗产。列入联合国教科文组织《世界遗产名录》的数量，仅次于西班牙（41）、意大利（40），列世界第三位。1989 年 9 月，国务院核准接受了《防止非法进出口文化财产和非法转让其所有权的方法的公约》，对我国文化财产的出境入境以及所有权转让起了很好的指导作用。1999 年，第九届全国人大常委会批准了《关于发生武装冲突时保护文化遗产的公约》，承允在非常状态下对文化财产的尊重和保障。2004 年 8 月，第十届全国人民代表大会常务委员会第十一次会议决定，批准联合国教科文组织在第 32 届大会上通过的《保护非物质文化遗产公约》，向国际社会承诺，对非物质文化遗产保护是我国政府的意志。

第三章 非物质文化遗产保护

第一节 非物质文化遗产的简述

一、非物质文化遗产的概念

非物质文化遗产的概念是经过不断修改逐渐完善的。从联合国教科文组织的一系列文件来看，非物质文化遗产概念是由民间创作、民间文化等概念演变发展而来的，其内涵在人们对民间文化的深入理解中不断丰富。

对非物质文化遗产概念的权威表述，国际社会是 2003 年联合国教科文组织颁布的《保护非物质文化遗产公约》中作出的，在国内则是 2005 年国务院《关于加强文化遗产保护的通知》中的规范表述。

联合国教科文组织《保护非物质文化遗产公约》将非物质文化遗产表述为：被各群体、团体、有时为个人视为其文化遗产的各种实践、表演、表现形式、知识和技能及其有关的工具、实物、工艺品和文化场所。各个群体和团体随着其所处环境、与自然界的相互关系和历史条件的变化不断使这种代代相传的非物质文化遗产得到创新，同时使他们自己具有一种认同感和历史感，从而促进了文化多样性和人类的创造力。在本公约中，只考虑符合现有的国际人权文件，各群体、团体和个人之间相互尊重的需要和顺应可持续发展的非物质文化遗产。按上述定义，"非物质文化遗产"包括以下方面：（1）口头传说和表述，包括作为非物质文化遗产媒介的语言；（2）表演艺术；（3）社会风俗、礼仪、节庆；（4）有关自然界和宇宙的知识和实践；（5）传统的手工艺技能。自颁布之日起到 2007 年 8 月，已经有 80 多个国家批准了该公约，该公约已经自行生效。

我国政府在 2004 年第十届全国人民代表大会常务委员会第十一次会议上决定：批准于 2003 年 11 月 3 日在第 32 届联合国教科文组织大会上通过的《保护非物质文化遗产公约》。这是中国政府承认非物质文化遗产是中国文化遗产和世界文化的一部分，承认非物质文化遗产保护在中国文化遗产保护中的合法地位。随后，中国政府颁布了一系列政策和措施促进非物质文化遗产保护制度的确立和保护实践的开展。2005 年，国务院下发了《关于加强文化遗产保护的通知》，通知中明确指出文化遗产由物质文化遗产和非物质文化遗产两部分组成，并对非物质文化遗产进行了概念界定：非物质文化遗产是指各种以非物质形态存在的与群众生活密切相关、世代相承的传统文化表现形式，包括口头传统、传统表演艺术、民俗活动和礼仪与节庆、有关自然界和宇宙的民间传统知识和实践、传统手工艺技能等以及与上述传统文化表现形式相关的文化空间。这一概念表述是在总结中国非物质文化遗产国情，借鉴《保护非物质文化遗产公约》对非物质文化遗产表述的基础上提出的，更适合中国非物质文化遗产保护国情的表述和理解。

很多学者都提出，非物质文化遗产在概念上有广义和狭义之分，广义的口头与非物质文化遗产"应该是包括前人创造并遗留下来的全部口头形态、非物质形态的文化遗产"，即所有的非物质文化遗产；狭义的指"联合国教科文组织所希望予以保护的范畴"，即符合联合国教科文组织公布的《人类口头与非物质文化遗产条例》中的评审标准。

二、非物质文化遗产的内涵

对非物质文化遗产内涵的认识也有许多不同意见。古奥瓦尼·皮那根据 2003 年的非物质文化遗产定义，确定了非物质文化遗产的三个类型：（1）通过身体表现出来的文化表现或者社区传统的生活方式；（2）不需要通过身体形式表现出来的个体或者集体的文化表现；（3）物的象征和隐喻。皮那指出，各个类型间的界限很难确定，并且认为物的象征和隐喻属于无形遗产的一部分。苏东海则对古奥瓦尼·皮那的关于无形遗产内涵的第三类界定提出了自己不同的看法，认为无形遗产是一个十分复杂的概念，没有物质的外壳，是无形的，是靠特殊介质表现出来的，并指出"无形遗产就是无形遗产，而不要去模糊它"。也有学者认为，有形文化遗产和非物质文化遗产之间是有无相生、辩证统一的完美结合，应以"虚实相生的观念来认识文化遗产的保护"。

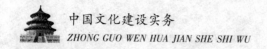

这一观点实质上是对皮那观点的进一步阐释。

以上都是从非物质文化遗产包含类别的角度去探讨非物质文化遗产的内涵，也有从非物质文化遗产的概念入手探讨非物质文化遗产内涵的。笔者认为，非物质文化遗产的实质就是一种表达，是群体或个人认识和改造主客观过程中产生的情感和动机的表达。这是从非物质文化遗产的指向理解其内涵的。

三、非物质文化遗产的特性

"特性"是指事物特有的性质，是区别其他事物的重要标志。非物质文化遗产是相对物质文化遗产而言的，其特性是相对物质文化遗产表现出来的特点，或者说，是其区别物质文化遗产而具有的独特之处。非物质文化遗产具有以下特性：

1. 非物质性，有的学者称其为无形性。非物质性是非物质文化遗产的根本特性，"非物质文化遗产的存在形态与物质文化遗产的存在形态完全不同，前者是非物质的、无形的。这是它的质的确定性，是我们观察非物质文化遗产的出发点和归宿"。非物质性是人类口头和非物质文化遗产的根本特性，是它与物质文化遗产质的区别之所在。如依靠口传心授，在藏族、蒙古族、土族、裕固族中代代传唱千年的史诗《格萨尔》（也叫《格萨尔王传》），它主要被称之为"奇人"的优秀民间说唱艺人，以不同的风格从遥远的古代吟唱至今。由于非物质文化遗产的无形性，有时又可称为无形文化遗产，无形性或非物质性是它存在的基本特征之一。

2. 活态性。"非物质文化遗产的变化性，说明它是一种'活态'文化，这种活态性，在非物质文化遗产之口头传说和表述及其语言、表演艺术、社会风俗、礼仪、节庆以及传统工艺技能等遗产中表现得尤为突出。它们的文化内涵是通过人的活动表现的，通过人的活动传达给受众（或物体）。""非物质文化遗产中的传说、表述、表演者和传统工艺技能的操作者，是非物质文化遗产'活态'文化创造的主体，最具有能动性，处于'活态'文化的核心地位。"这一点与物质文化遗产明显不同。物质文化遗产的文化内涵，是通过人的研究、挖掘、探索等取得认知，提示出来，而后以不同形式传递给受众。这种认知和提示，往往受到时代的局限，受到当时的认识能力和学术水平以及科技发展所提供的认知技术手段等的局限。

非物质文化遗产的文化内涵在传达给受众时，往往还会有互动，如表述中的语言交流，表演艺术的表演者精彩表演之处，受众（观众）会鼓掌，甚至会欢呼。这些是物质文化遗产所不具有的。非物质文化遗产中的传说、表述、表演者和传统工艺技能的操作者，是非物质文化遗产"活态"文化创造的主体，具有能动性，处于"活态"文化的核心地位。他们在不同时间、不同地域、不同场次或场景的表述、表演和技能操作，都会有不同的发挥，都是一种新的创造。同一个戏曲剧目，不同剧种的表演会有所不同，即使是同一剧种的不同表演者的表演，如表情、念白、唱腔、手势、体态或者唱、做、念、打，也会不同，因此形成不同的艺术流派。同时，这些活的表述、表演，还会随着不同时间、不同地域、不同场次或场景等变化，也会有新的变化。时代的前进，社会的发展，对表述、表演艺术都会有不同的影响，从而出现不同的面貌。总之，"活态"性是非物质文化遗产的本然形态，也是其生命线，是非物质文化遗产的重要特性之一。

以京剧艺术为例，它是我国民族戏剧艺术的代表，是中华民族传统艺术的重要组成部分。在京剧一百多年的历史中，表演艺术名角辈出，涌现出一批杰出的表演艺术家，收入《京剧泰斗传记》书丛（河北教育出版社1996年版）首辑的12位泰斗，"有被称为'京剧三鼎甲'之一的京剧奠基人如程长庚，有被誉为'京剧新三杰'之一的京剧大王如、谭鑫培，有承前启后影响深远的'余派'创始人如余叔岩，有为世人瞩目的'四大名旦'中的梅兰芳，有戏路宽广的武生宗师如杨小楼，有为当今京剧界所熟知的'四小名旦'中的张君秋，有被称为'南麟北马'的周信芳、马连良，有被誉为'活武松'的盖叫天和被誉为'十净九裘'的一代京剧铜锤花脸裘盛戎"。他们的京剧表演艺术各有千秋，各具特色。

3. 地域性，是指非物质文化遗产的地域特色。例如，我国木版年画在很多地区都有分布，杨家埠木版年画制作工艺的地域性是与天津杨柳青年画工艺和苏州桃花坞年画工艺比较得出的。杨家埠木版年画和杨柳青、桃花坞、武强年画进行比较，制作工艺、艺术特色以及人物造型等方面存在很多差异。杨柳青年画风格主要是宫廷画特色，采用的技法为半印半画，经过创作画稿、色描、印墨线、套印、彩绘等工序完成，其画面简练，场面繁盛，颜色明快，人物造型栩栩如生；桃花坞年画主要是仕女画，人物造型比较细腻，形象多采用装饰性的夸张手法，线条简练，颜色主要以大红、桃红、黄、绿、紫等为基本色调；而杨家埠年画采用木版套印，人物风格粗犷而不失细腻，画面满而不挤。其艺术风格与上述两地年画存在很大差异，这些差异具有明显的区域特色，因其所归属的文化圈不同，其生产方式、生活方式、风俗习惯等均有差异，这些地域差异在年画创作中的体现就是风格的差异。因此，不同

地域人们的人文环境、价值观决定了不同地域年画的内容和所追求的精神满足感的不同。

地域性是非物质文化遗产的重要特点，在不同地域相同的非物质文化遗产项目也会表现出不同的特点。强调非物质文化遗产的地域性实质是在强调地域环境和文化对具体类别非物质文化遗产形成的影响。我们在研究非物质文化遗产时，必须加强地域认识以及文化圈理念的认识。

4. 可接受性，是从非物质文化遗产的传承来讲的，是指非物质文化遗产能够被共同体、团体和个人所接受。

非物质文化遗产是由一定的共同体、群体或个人创造的，是对自然界认知的流露，是共同体、团体和个人情感的一种表达和表现形式，是对主客观世界认知的实践，等等。这些表达和实践只有能够得到共同体内成员的认可，能够引起人们情感上的共鸣和文化价值上的认同，能被共同体或个人所接受，才能成为民族文化财产。如果非物质文化遗产不具有可接受性，其无形的文化创造不能得到认可，不能引起情感上的共鸣和文化价值上的认同，失去了生命力，也就不具有可传承性，也不会寻找到《保护非物质文化遗产公约》中描述的认同感和历史感。

以杨家埠木版年画为例。在清代中期和清末民初，杨家埠年画是当地及一些地区过年的必需品，"有钱没钱，买画过年"。目前，其发展陷入了低迷期，从事画版雕刻的艺人逐渐减少，年画的销售比以前也大为减少。随着改革开放和时代的发展，工业化、全球化等大潮的来临，杨家埠村落居民的思想也有了极大的变化，当地的生产方式从单纯的以农为主向多种经济联合发展，以前木版年画业的两种表达正逐渐地被其他经济形式所取代，村落内居民的思想观念因为知识普及也较以前有较大提高。目前，杨家埠木版年画制作工艺能够唤起的共鸣和文化认同已经减小，其带来功利已经不能引起更多人的兴趣和关注，这对后人来讲，可接受性正在减小。因此，年画制作和销售正日趋减少，现有从事年画制作的艺人数量和生产的产品足以说明这个问题。可接受性的减小造成情感共鸣与文化认同的减弱也正是杨家埠木版年画制作工艺面临困境的重要原因之一。

5. 目的性，也可称为功利性，是从非物质文化遗产的指向而言的。以经济学视角审视非物质文化遗产作为经济行为在生产生活中的作用，可以说非物质文化遗产一经诞生就有很强的功利性。

分析《保护非物质文化遗产公约》所列举的五项非物质文化遗产，透过现象看其指向，都具有很强的目的性或是功利性，有的是为了自身情感的表达，有的是为了实现功利的获取，有的是为了表述自身认知的结果（对自然的实践）。举个例子，烹饪技术在中国有着悠久的历史，八大菜系各具特色，作为非物质文化遗产的烹饪技术具有很强的目的性，既满足了人的基本生理需求，也在追求一种审美的精神享受，在具有食用价值的同时，也具有一定的审美价值，这也是烹饪大师常讲的色香味意形俱全之所在。正是非物质文化遗产具有强烈的目的性和功利指向，才使非物质文化遗产能够被广泛地接受并代代传承。

功利性能否实现关系到非物质文化遗产的生存和发展，如果功利性目的能够顺利实现，非物质文化遗产的生存和发展则能够顺利进行；否则，非物质文化遗产的生存必然受到威胁，也必将会被现实所抛弃。

6. 非孤立性，是指非物质文化遗产与周围自然环境和人文环境的密切关系。非物质文化遗产产生、发展和演变都不是孤立存在的，都是与一定环境等因素联系在一起的。通过对杨家埠木版年画制作工艺的调查和发展史的研究，杨家埠木版年画制作工艺非孤立性主要体现在以下三个方面：

一是非物质文化遗产与时代的关系。《公约》中指出，"各个群体和团体随着其所处环境、与自然界的相互关系和历史条件的变化，不断使这种代代相传的非物质文化遗产得到创新"。非物质文化遗产具有一定的活态性，随着时代的变化，非物质文化遗产也逐渐在改变，其成长历程应该与其所处的时代有密切的关系，与有形文化遗产被打上时代的烙印一样，非物质文化遗产同样被打上了时代的烙印，具有一定的时代特征。如杨家埠木版年画制作工艺与时代的关系表现得非常密切，主要体现在年画创作上。在不同的时期，杨家埠木版年画艺人用自身的经历和重大历史事件进行年画的创作，如画师刘明杰创作的《炮打日本国》、《义和团》、《红灯照》、《慈禧太后逃长安》等年画反映所处时代的重大历史事件。新中国成立后，文化部着手对木版年画创作进行改革，这一时期的时代印记在年画创作中表现得更为明显，如《妇女翻身》（1952 年）、《马下双驹》（1977 年）、《做军鞋》（1977 年）等年画的内容均与时代有着密切的联系。

二是非物质文化遗产与周围环境的密切关系。"文化"本来就是人群的生活方式，在什么环境里生活，就会形成什么方式的文化，也决定了这个人群的文化性质。

非物质文化遗产是共同体的文化创造，一方水土养一方人，一定的自然环境和人文环境孕育了一定的非物质文化遗产，非物质文化遗产的发展和传承也不会孤立存在于人的精神领域中，而是始终与特定的共同体和环境等因素联系在一起。只有在与其适应的群体和环境中，非物质文化遗产才具有突出的个性和强烈的目的指向，才具有鲜活的生命力和可传承性，也只有在其特定的生长环境中，非物质文化遗产才能保持其原生性。文化空间包含时间和空间两个含义，它是非物质文化遗产进行表达所必需的空间和时间。这里指的环境，既包含自然环境也包含人文环境，比文化空间指示的范围更宽泛。现在有些非物质文化遗产的存在危机很多都是生存环境变化所致，因为外部大环境或生存小环境的改变，非物质文化遗产与其相联系的群体和环境割裂，非物质文化遗产便失去了表达的空间和指向。表达和指向因失去了目的而变得不明确，从而非物质文化遗产就丧失了原有的活力，失去原来的存在特色，这也正是今天要加强保护、研究的意义之所在。

三是非物质文化遗产是与一定的人群、共同体联系在一起的。如杨家埠木版年画制作工艺并不是杨家埠村落所有人都掌握的技艺，也不是所有的人都能从事年画创作。优秀的杨家埠木版年画制作技艺保有者一般都具备一定文化修养，积累了丰富生活经验，对人生和周围事物都有独到的见解和感悟。杨家埠木版年画制作工艺作为一个重要的文化现象，其传承正是在这样的文化共同体内才得以实现。

在英文版《保护非物质文化遗产公约》中对非物质文化遗产的概念进行表述时提到了 community，可以翻译为"社区"，也可以翻译为"共同体"。社区是指社会上以某种特征划分的居住区；共同体是指人们在共同的条件下结成的群体，其条件包含地域、血缘、精神等多种因素。中文版《保护非物质文化遗产公约》将 community 翻译为"群体"，笔者认为用"共同体"似乎更合适，更有助于加深我们在学术上的认识。从共同体角度来看，非物质文化遗产是在一定的共同体中诞生，也是在一定共同体中传承的，共同体可以区分为不同的层次，如家族共同体、社区共同体、民族共同体等。非物质文化遗产正是共同体、群体和个人在生产生活中产生情感的表达或表现形式，其传承也是依靠共同体内成员的接力来完成的。共同体、群体和个人这三个组织单位将非物质文化遗产的生存群体界定出来，加强对共同体和群体的理解有助于我们实施对非物质文化遗产的保护。

功利性、活态性和非孤立性三个特性之间也存在密切的联系：功利性决定了其活态性，活态性是非物质文化遗产适应环境，逐渐合理化和合法化的过程，这一过程本质是为了最大限度地实现功利性；非孤立性在本质上决定了活态性，进而影响非物质文化遗产的功利性，功利性也使得非物质文化遗产与环境和时代联系得更加密切。可接受性是遗产项目的存在基础，也是实现非物质文化遗产实现功利性、活态性和非孤立性的基础，后三者则在一定程度上加强了非物质文化遗产的可接受性，从而促进了非物质文化遗产的传承。

第二节 非物质文化遗产的类别

联合国教科文组织在《保护非物质文化遗产公约》中对非物质文化遗产进行了分类列举，划分为五大类别：（1）口头传说和表述，包括媒介的语言；（2）表演艺术；（3）社会习俗、礼仪、节庆；（4）有关自然界和宇宙的知识和实践；（5）传统手工艺。由于国情不同和理解上的差异，各国在理解非物质文化遗产内涵的基础上对非物质文化遗产类别的划分提出了许多新看法，我国遗产学界的学者主要提出了以下几种划分方法：

第一种是以向云驹为代表。他认为，口头与非物质文化遗产是一种典型的人体文化，它的具体形态可以分为四类：一是口头文化，包括口头表达，嗓音表现，人声说、唱、吟的文化和艺术；二是体形文化，即以人的身体、行为、姿态、动作即肢体语言作为表现形式和表现对象的文化和艺术；三是综合文化，即口头与形体相综合的艺术，是视听、时空的综合艺术；四是造型文化，是单个或多个人体的造型或模拟艺术表现，属空间艺术、视觉艺术。在每一类下又分别包含很多小类别。向云驹先生的划分是借鉴了文化的三种分类法而形成的。

第二种是以马自树为代表。他认为，"非物质遗产可分为二类：一类是技艺类，一类是文化类。技艺类多半是生产和创造物质财富的，维系社会的物质生活需要；文化类是传承和发展精神财富的，满足社会的文化生活需要。这两类遗产越是丰富多样，社会的物质文化生活就越丰富多彩"。

第三种是以汪培梓为代表。他根据遗产本身对人体的依附程度和对民族心理作用的广度与深度的不同，从更利于遗产保护的角度，把无形遗产划分为技艺类和习俗类两种类型。"技艺类的无形遗产包括戏剧、音乐、舞蹈、各种工艺、技术，这种类型的无形遗产一般与个体喜好和特长密切相关，同群体的依赖和结合相对较弱，它们在外来文化的冲击下最为脆弱，在全球工业化、经济一体化进程中最容易遭到削弱而走向消亡。习俗类主要包括社会风俗、语言文字等，该类型的无形遗产对社区内全体民众的影响相对较强，对

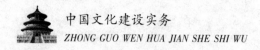
个体具有一种约束力，并表现一定的自发性，通常对民族的心理和民族性格的形成有深刻影响。除非由于大规模的种族绝灭，习俗类无形遗产的消亡是比较隐性和渐进的。"

马自树和汪培梓二人都把技艺归为一大类，除技艺之外的非物质文化遗产，马自树称其为文化类，汪培梓称其为习俗类，内容相近，但强调的角度不同。

另外需要注意的是，中华人民共和国国务院于 2006 年下发《关于公布第一批国家级非物质文化遗产名录的通知》，批准了第一批 518 项国家级非物质文化遗产，给予正式公布。《第一批国家级非物质文化遗产名录》（以下简称《名录》）将我国非物质文化遗产划分为十大类，包括民间文学、民间音乐、民间舞蹈、传统戏剧、曲艺、杂技与竞技、民间美术、传统手工技艺、传统医药和民俗等。这是国家公布的关于非物质文化遗产分类方法，这一分类法既参考国际惯例，也糅合了国内学者专家对非物质文化遗产的理解，在遗产领域有一定的影响。

第三节　非物质文化遗产保护的法律法规和措施

一、法律法规

（一）国家级法规文件

关于非物质文化遗产保护的立法和制度建设在我国起步比较晚，目前，还没正式出台国家法规，这一工作正在酝酿和准备之中。2003 年 11 月，全国人大教科文委员会组织起草了《中华人民共和国民间传统文化保护法（草案)》，提交全国人大常委会审议。2004 年 8 月，全国人大把法律草案的名称改为《中华人民共和国非物质文化遗产保护法》，并作相应的内容修订，正在广泛征求意见和修改。这部法律草案已列入全国人大立法规划。

在国家级法律法规正式颁布前，国家以政府文件形式颁布了多条对非物质文化遗产的保护意见，如《国务院关于加强文化遗产保护的通知》、《关于加强我国非物质文化遗产保护工作的意见》，这两个行政文件中都针对非物质文化遗产保护的规定和相关意见，对非物质文化遗产保护及传承提出了政策性指导。《关于加强文化遗产保护工作的通知》中对包括非物质文化遗产在内的文化遗产的保护工作，提出了一系列规定。这是国家最高行政机关首次就中国非物质文化遗产保护工作发布的权威指导意见，明确指出了保护工作的重要性和紧迫性。提出保护工作的目标是："通过全社会的努力，逐步建立起比较完备的、有中国特色的非物质文化遗产保护制度，使我国珍贵、濒危并具有历史、文化和科学价值的非物质文化遗产得到有效保护，并得以传承和发扬。"保护工作的指导方针是："保护为主，抢救第一，合理利用，传承发展。"保护工作的原则是："政府主导、社会参与，明确职责、形成合力；长远规划、分步实施，点面结合、讲求实效。"《关于加强我国非物质文化遗产保护工作的意见》明确指出，要建立名录体系，逐步形成有中国特色的非物质文化遗产保护制度。2005年，我国政府公布了第一批518项国家级非物质文化遗产名录，由此开启了非物质文化遗产的名录时代，非物质文化遗产保护不仅仅停留在名录上。在2006年，文化部颁布了《国家级非物质文化遗产保护与管理暂行办法》，该《办法》的目的是为有效保护和传承国家级非物质文化遗产，加强保护工作的管理，组织、协调和监督全国范围内国家级非物质文化遗产的保护工作。《国家级非物质文化遗产保护与管理暂行办法》的实施，对促进我国非物质文化遗产保护的规范化和制度化提供了保证。

（二）地方级法规文件

随着非物质文化遗产保护在我国的深入发展，各地市已经注意到了本地区保有的非物质文化遗产的重要性，文化遗产保护意识较强的省份早在2000年就制定了无形文化遗产保护的条例。国务院批准联合国教科文组织《保护非物质文化遗产公约》后，各省陆续通过了本省的保护非物质文化遗产条例，为非物质文化遗产保护实践提供了法律依据。

2000年，云南省为加强本省民族民间文化的保护，继承、弘扬优秀的民族文化传统，依据宪法和有关法律，结合云南省实际，制定了《云南省民族民间传统文化保护条例》。《云南省民族民间传统文化保护条例》共分为七个部分，由总则、保护与抢救、推荐与认定、交易与出境、保障措施、奖励与处罚、附则等七章构成。第一章"总则"规定了要保护的民族民间文化的定义和范畴，后面几章对保护的方法、措施、保障制度和奖惩等都进行了一一说明。《云南省民族民间传统文化保护条例》是我国第一部关于民族民间文化保护的条例，这一条例的颁布从侧面说明了我国地方政府对活态文化保护的重视，对民族民间文化保护的重视。

2006年11月，江苏省制定了《江苏省非物质文化遗产保护条例》，并于2006年9月27日江苏省第十届人民代表大会常务委员会第二十五次会议通过。《江苏省非物质文化遗产保护条例》分为总则、规划与保护、传承、管理与利用、保障措施、法律责任、附则等七个部分。"总则"界定了非物质文化遗产的定义和保护范畴，"规划与保护"对非物质文化遗产的认定、申报规划和保护都提出了具体的要求，后面几章对非物质文化遗产的传承、管理及直接负责遗产项目的主管人员和其他直接责任人员的工作职责和所负的法律责任进行了规定。《江苏省非物质文化遗产保护条例》的出台是我国较早的关于非物质文化遗产保护的专项法律条例，对其他省份非物质文化遗产保护条例的出台有借鉴意义。

2007年6月，浙江省十届人大常委会第三十二次会议通过的《浙江省非物质文化遗产保护条例》分为总则、保护职责与保护经费、名录与传承、保护措施与管理、科学研究与合理利用、法律责任、附则等七个部分。该《条例》除对保护内容和范畴、保护责任、传承、法律责任等内容进行了详细规定外，第二十八条明确规定：传统文化生态保持较完整，并具有特殊价值的村落或者特定区域，可以建立非物质文化遗产生态保护区。非物质文化遗产生态保护区应当划定保护范围，设立保护标志。这是在以前非物质文化遗产保护条例中没有涉及的内容，它为浙江省非物质文化遗产保护提供了新思路，也为其他地区及其他地域非物质文化遗产保护提供了新的借鉴模式。

通过类似保护条例的省份还有宁夏，其正式通过的《宁夏回族自治区非物质文化遗产保护条例》，将为今后保护、传承非物质文化遗产提供法律依据。甘肃省文化厅出台了《甘肃省非物质文化遗产保护条例（草案）》，规定甘肃省对珍贵、濒危并具有一定历史、科学和文化价值的非物质文化遗产，采取确认、建档、研究、保存等方式进行保护。同时规定，国家征集的非物质文化遗产资料、实物属国家所有，任何组织和个人不得侵占或以礼品赠与。同时，对非物质文化遗产保护实行分级保护制度，建立保护名录，设立非物质文化遗产传承人、传承单位、艺术之乡、文化生态保护区来进行保护。对掌握某项非物质文化遗产传统技艺，在一定区域内有较大影响并被公认为技艺精湛的艺人，授予"甘肃省民间艺术大师"荣誉称号。列入保护名录的传统工艺美术制作技艺或其他对象，符合国家秘密条件的应当按照国家保密法律法规的规定确定密级，并予以保护。非物质文化遗产珍贵、稀有的原始资料和实物，不得出境。

国际非物质文化遗产保护先行国家的关于非物质文化遗产保护的法律制度已经建立很长时间，如日本在1950年就颁布了《文化财保护法》，韩国在1962年颁布了《无形文化财保护法》，菲律宾和法国也在20世纪70年代颁布了非物质文化遗产保护的相关法律。我国与这些国家存有差距，我国也需要借鉴这些先行国家对非物质文化遗产保护的法律实践取得的经验。

二、制度建设

为贯彻落实中国共产党第十六次全国代表大会精神，履行中国加入联合国教科文组织《保护非物质文化遗产公约》的义务，2005 年 3 月 26 日，国务院办公厅印发《关于加强我国非物质文化遗产保护工作的意见》，就进一步加强中国非物质文化遗产保护工作的目标、方针、原则和措施作出了明确指示。同时，为了发挥政府的主导作用，建立协调有效的保护工作领导机制，国务院决定：由文化部牵头，建立由发展改革委员会、教育部、国家民族事务委员会、财政部、建设部、旅游局、宗教局、文物局组成的中国非物质文化遗产保护工作部际联席会议制度，统一协调非物质文化遗产保护工作。部际联席会议的主要职能是：

1. 拟订我国非物质文化遗产保护工作的方针政策，审定我国非物质文化遗产保护规划；

2. 协调处理我国非物质文化遗产保护中涉及的重大事项；

3. 审核《国家级非物质文化遗产代表作国家名录》名单，上报国务院批准公布；

4. 承办国务院交办的有关非物质文化遗产保护方面的其他工作，重大问题向国务院请示、报告。

三、主要措施

随着非物质文化遗产立法工作的开展，保护工作的重要内容——非物质文化遗产保护实践也已展开，从文化部到各省、地、市，对非物质文化遗产保护的行动实践也如火如荼地展开。

（一）四级名录体系的建立

2005 年，文化部颁布了第一批国家级非物质文化遗产名录，由此，国家级非物质文化遗产名录体系诞生。随后各省、市、县也纷纷颁布自己的非物质文化遗产名录，由此，非物质文化遗产名录体系已经形成了国家、省、市、县四级体系，这标志着我国非物质文化遗产保护名录时代的到来。

（二）两大工程的实施

1. 中国民族民间文化保护工程

2003 年 1 月，文化部、财政部等有关单位启动了中国民族民间文化保护

工程。针对我国民族民间文化保护面临的严峻形势，采取有效措施，加强我国民族民间传统文化的保护，已刻不容缓。为此，文化部、财政部等单位联合启动了在全国范围内实施中国民族民间文化保护工程。该工程是在以往民族民间文化保护工作成果的基础上，结合新时期的新情况和新特点，由政府组织实施推动的，对珍贵、濒危并具有历史、文化和科学价值的民族民间传统文化进行有效保护的一项系统工程。

"保护工程"计划从 2004 年到 2020 年实施，实行"保护为主，抢救第一，合理利用，继承发展"的方针，正确处理抢救、保护和利用的关系，在确保我国民族民间文化获得有效保护的前提下，促进抢救、保护、利用的有机结合和协调统一。

"保护工程"的实施原则是"政府主导，社会参与；长远规划，分步实施；明确职责，形成合力"。坚持立法保护与政策保障相结合，政府保护与民间保护相结合，决策系统与咨询系统相结合，财政投入与社会资助相结合，国内立法与国际立法相结合。

"保护工程"的保护对象主要是珍贵、濒危的并具有历史价值的民族民间传统文化，包括：传统的口述文学和语言文字；传统的戏剧、曲艺、音乐、舞蹈、美术、杂技等；传统的工艺美术和制作技艺；传统的礼仪、节日、庆典和体育活动等；与上述各项相关的代表性原始资料、实物和场所；其他需要保护的特殊对象等。

"保护工程"采取的保护方式有：（1）对民族民间传统文化进行全面普查、确认、登记、立档。（2）在真实记录的基础上进行整理、研究、出版，或以博物馆等妥善方式予以展示、保存。（3）通过建立文化生态保护区、命名民族民间文化艺术之乡，对原生态文化保存较为完整并具有特殊价值和浓郁特色的文化区域，进行动态的持续性保护。（4）通过对传承人的资助扶持和鼓励，建立民族民间文化传承机制。对优秀的民族民间文化进行宣传、弘扬和振兴。

"保护工程"主要实施内容有：（1）全面普查，摸清家底，制定民族民间文化保护规划。（2）建立分级保护制度和保护体系，建立国家级民族民间文化保护名录和地方各级民族民间文化保护名录。（3）利用现代科技手段，对珍贵、濒危的并具有历史价值的民族民间文化进行系统的抢救和保护。（4）建立民族民间文化传承人（传承单位）的认定和培训机制，通过采取资助扶持等手段，鼓励民族民间文化的传承与传播。（5）在民族民间文化形态保存较完整并具有特殊价值、特色鲜明的民族聚集村落和特定区域，分级建立文化生态保护区；建立民族民间文化艺术之乡的申报、审核和命名机制。（6）合理开发利用民族民间文化资源，推动优秀的民族民间文化融入现代日常生活。（7）普及民族民间文化保护知识，提高全社会的民族民间文化保护意识。（8）建立起责任明确、运转协调的民族民间文化保护工作机制。（9）建立一支宏大的高素质的专业队伍，培养一大批热爱民族民间文化、专业知识精湛、具有奉献精神的民族民间文化保护工作者。

通过"保护工程"建设，到2020年，使我国珍贵、濒危并具有历史、文化和科学价值的民族民间文化得到有效保护。初步建立起比较完备的中国民族民间文化保护制度和保护体系，在全社会形成自觉保护民族民间文化的意识，基本实现民族民间文化保护工作的科学化、规范化、网络化、法制化。

2. 中国民间文化遗产抢救工程

2003年2月，中国民间文化遗产抢救工程在北京正式启动，该工程是由中国文化部和中国文联联合实施的对民间文化进行国家级抢救、普查和整理的巨大工程。具体内容包括：出版《中国民间美术集成》120卷、《中国民俗志》2000余卷、《中国民俗图录》200卷、《中国民俗分布地图集》100卷、《中国民间文艺荟萃》200卷、拍摄电视片《中国民俗》365集；建立"搜集库"和"中国民俗"网站；命名一批民间文艺之乡，编制《中国民间文化遗产名录》；确定并向联合国教科文组织申报一批有形民间文化和无形民间文化遗产名录；陆续举办该工程成果展示、展览和展演。

中国民间文化遗产抢救工程的实施对非物质文化遗产保护具有重大意义。这是有史以来第一次对民间文化进行国家级抢救、普查、整理和出版的巨大工程，对了解文化国情、民情，鉴别良莠，促进文化创造，在全球经济一体化的历史潮流中，增强国家文化实力、建设国家文化主权具有重要的意义。同时，它也必将深化即将在2008年举行的奥运会的人文精神，让世界更真切地了解中国和中华民族灿烂、悠久的文化。通过这一工程抢救和记录下来的优秀民间文化遗产，可珍藏于博物馆，保存一段历史的记忆；又可服务于"两个文明"建设，为先进文化的创造提供不竭的资源；还可振奋民族精神，促进人民思想道德素质的提高；同时可丰富国际文化交流，促进人类进步事业及世界和平。

（三）文化生态区建设

2007年6月9日，文化部正式批准建立闽南文化生态保护实验区，成为全国首个文化生态保护区。闽南文化生态保护实验区将福建泉州、漳州、厦门三地划定为文化生态保护区，将诸如南音、梨园戏、木版年画等众多原生

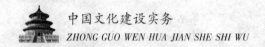

态的非物质文化遗产和一大批国家重点文物保护单位等物质文化遗产在其所属区域及环境中进行保护。促进文化原生态发展与延续，使之成为"活文化"，这是保护文化生态的一种有效方式。

国家"十一五"时期文化发展规划纲要明确提出设立国家级民族民间文化生态保护区的要求。2007年9月在安徽黄山市召开的全国非物质文化遗产保护工作会议，确定我国将在福建省闽南文化生态保护实验区试点的基础上，进一步扩大生态保护区建设范围，在"十一五"期间，将确定十个国家级民族民间文化生态保护区，对非物质文化遗产内容丰富、较为集中的区域实施整体性保护。

（四）传承人的寻访与认定

非物质文化遗产保护的先行国家，如日本、韩国，都建立了"人间国宝计划"和"活的文化财"制度，用于保护具有特殊价值的非物质文化遗产的保有者，对其进行资金扶植，鼓励其传授技艺并促进其保有的非物质文化遗产的传承与传播。我国也曾授予部分民间艺人"工艺美术大师"等称号，但从文化遗产保护和传承角度对非物质文化遗产保有者进行寻访和认定是在2005年开始的。为了从根本上保护和传承民间艺术，中国民间文艺家协会将目光投向民间艺术的载体——传承人，"中国民间文化杰出传承人调查认定和命名"项目已正式启动，调查对象是民间文学讲述人、民间艺术传承人和民间工艺美术师，如民间说唱艺人、民间故事家、民间舞者、民间歌手、民间画师、民间工艺家等。最终评定出的杰出传承人，将被授予"中国民间文艺山花奖·终身成就奖"，进入《中国民间文化杰出传承人名录》系列丛书。相关专家和工作人员将整理建立专门的图文影像数据库，展开专业分析，并向社会进行推介和传授。2007年6月，文化部公布了第一批国家级非物质文化遗产项目代表性传承人名单。

第四节　非物质文化遗产保护的原则

非物质文化遗产保护实践已经开展，在理论上探讨与建立非物质文化遗产理论体系，在实践上寻找非物质文化遗产保护方法，成为目前非物质文化遗产保护工作的两项重要内容。但我国非物质文化遗产流失速度决定非物质文化遗产保护方式的探寻和实践更有重要意义。我国四级名录体系的建立和相关保护制度的建立，成为我国非物质文化遗产保护工作的新起点，因为如何保护非物质文化遗产比如何将其列入四级名录体系更具现实意义。

针对非物质文化遗产保护，很多学者提出了相关的保护原则，主要有以下十大原则：

一是非物质文化遗产保护的"有形化"原则。即通过收藏、录音录像及口述记录等方式将它们保存下来。

二是以人为本原则。将保护身怀绝技的艺人作为非物质文化遗产保护的重点。

三是整体保护原则。即对非物质文化遗产及其生存空间实施整体保护。

四是活态保护原则。为非物质文化遗产传承人营造出一个更宽松、更适合其成长的生态环境。

五是民间事民间办原则。民众是遗产的主人，应该调动他们的积极性，与国家的规划形成合力。

六是原真性保护原则。建立传统文化"基因库"，将那些优秀的、具有原生态特点的文化遗产保存下来，为未来新文化的创造保留更多的种源。

七是保护文化多样性原则。由五十六个民族创造的多元文化是我们新文化创造取之不尽、用之不竭的源泉。

八是精品保护原则。要将文化与文化遗产区分开来，严格文化遗产的入选标准，对文化遗产实施分级管理。

九是濒危性保护原则。通过临时性指定制度的建立，对濒危遗产实施紧急抢救。

十是保护与开发并重原则。在保护的基础上，对非物质文化遗产实施有限度的可控开发。

这里需要特别提出原真性原则和整体性原则。原真性是英文 authenticity 的翻译，有时也称为"真实性"，其英文原意是确实性、真实性、纯正性。20世纪 60 年代，原真性原则被引入到文化遗产保护中。1964 年 5 月，在威尼斯举行的第二届历史古迹建筑师和技师国际会议通过了《国际古迹保护与修复宪章》（又称《威尼斯宪章》），提出了文化遗产保护的原真性含义，应将古代遗迹"真实地、完整地传承下去是我们的责任"。1994 年 12 月，世界遗产委员会在日本奈良召开第 18 次会议，通过了《关于原真性的奈良文件》。文件认为在世界的一些语言中，并无可以精确传达"原真性"概念的词汇。会议对"原真性"是定义、评价、监控世界遗产的一项基本因素进行了肯定："原真性，如按照上述方式思考并得到《威尼斯宪章》认可，看来是评审遗产

价值的本质因素。对原真性的理解，在文化遗产的所有科研中，在保护与修复规划中，也在《世界遗产公约》和其他文化遗产目录所采用的申报程序中，发挥着基础性作用。"

整体性原则是文化遗产保护的另一个重要原则。一项历史文化遗产是与其生存环境一同存在的，不仅保护遗产本身，它们的生存环境也要一同得到保护，特别对于城市、街区、地段、景区、景点，要保护其整体的环境，这样才能体现出遗产的风貌。整体性还包括文化遗产所具有的历史、科学、情感等方面的内涵和文化遗产形成的要素，如街区应该包括居民的生活活动和与之相关的所有环境对象。

原真性原则和整体性原则的提出，为文化遗产保护和修复提供了重要参考原则。原真性原则是保护原生的、本来的、真实的文化遗产，要保留遗产的真实信息；整体性原则是要保护文化遗产与周边环境及文化遗产的各方面内涵和形成要素。

1. 原真性原则与非物质文化遗产保护

与物质文化遗产保护一样，非物质文化遗产保护也追求真实性，即真实性原则也适用于非物质文化遗产保护的各个环节，不仅是项目本身的真实性，也包括这种遗产保护工作的各个方面，如遗产的确认、立档、研究、保存、宣传、弘扬、传承，都要真实、准确、客观地反映遗产项目的情况。

物质文化遗产追求的"真实"是可以感知的，被时间定格的历史性的真实，是一种静止的真实。而非物质文化遗产的活态性使其处于不断变化中，其所表现的真实处于不断变化之中，因此，非物质文化遗产的原真性在操作中不能简单像物质文化遗产一样追求一种固定的真实。另外，由于利益驱动或地方保护主义等因素，非物质文化遗产保护中存在的原真性问题比物质文化遗产保护复杂得多。非物质文化遗产作为一种文化现象是不断传播，随着人口的流动而具有一定的流动性，在与其他文化交流融合的过程中，随着时间的推移，今天已经很难去伪存真了。一般来说，文化现象的源地只能有一个，造成目前一个项目多个申报地的原因是由于年代久远，已经不能说清楚哪里是其真正的发源地，原真性保护原则也就出现了很大的尴尬。而项目传承人的确认也变得更为复杂。

伴随旅游产业的发展，文化遗产掀起了开发热潮。古迹、遗址等物质文化遗产是具体的存在，只要规划合理，措施得当，监管有力，是可以做到产业开发与原真保护相互促进的。而非物质文化遗产的原真性保护在蓬勃发展的旅游产业面前却遭遇一次次的挑战。经济利益下的伪民俗、假展演屡见不鲜，如何规避这些虚假现象的滋生不是单纯提倡某一原则就能够得到有效解决的，有力的监管和作为非物质文化遗产传承载体的人如何自律，对非物质文化遗产真实性保护原则的贯彻显得更为重要。

2. 整体性原则与非物质文化遗产保护

文化本来就是人群的生活方式，在什么环境里生活，就会形成与之相适应的文化，也就决定了这个人群的文化性质。中国人的生活主要是靠土地，传统的中国文化是土地里长出来的。由此可见，文化与环境的关系十分密切。因此，要保护非物质文化遗产也需要保护与其相关的环境，从这点来说，整体性保护原则也适用于非物质文化遗产的保护，但对不同文化属性的非物质文化遗产，整体性原则也有着不同的要求。非物质文化遗产的整体性保护包含两层含义：

一是保护文化遗产项目所拥有的全部内容和形式，这是从文化遗产项目的完整性角度而言的。

二是将非物质文化遗产保护与遗产项目所处的自然环境、生态环境、人文环境和相关的制度、习俗等内容，把这一有机系统视为一个整体。这个整体是从文化与环境之间的和谐共存而言的。

原真性原则的真实性要求适用所有的非物质文化遗产项目保护要求，而整体性原则并不是对每项非物质文化遗产项目都适用。

整体性原则的第一层含义在一些项目实际操作中可能会产生分歧。如皮影戏，我们能够看到的是其具体的舞台展演，其背后有直接关系的还有一系列的技术准备，如影人是用驴皮加工的，首先就有选料和原料加工（熟皮子）的工艺，还有影人的设计、雕刻、着色技术。上述技术作为一个链状结构相互联系着，支撑皮影戏的展演与发展。在理论上，整体性保护应该包括上述全部内容，但在操作中，有些细节却经常被人们忽略，或人为地将一些环节排除在项目之外。

整体性原则的第二层含义也要视项目的不同，有些项目适用此原则，有些项目不适用此原则。如川江号子是川江船工们为统一动作和节奏，由号工领唱、众船工帮腔、合唱的民间歌唱形式。它作为原始航运文化的伴生文化而产生，其发展、延续与原始航运文化关系十分密切。随着现代船运技术的发展和长江沿岸环境的变迁，船工已经失去了原始航运时代的作用。整体性保护原则在川江号子的保护中毫无用武之地。如果通过恢复船工拉纤，而延续川江号子，笔者认为那是一种表演，而不是真实的生活。

真实性原则和整体性原则的目的是促进文化遗产项目真实、完整地传承

下去，相对物质文化遗产而言，非物质文化遗产保护的真实性原则和整体性原则在内容上也更为丰富，在操作和实施上更为复杂，诸多相关问题还需要在实践中不断摸索。

第五节　非物质文化遗产的申报与审批

一、联合国教科文组织"人类口头与非物质遗产代表作"的申报

（一）申报方式

每个会员国每两年只能申报一个国家作品。多国共同体的多民族作品可以在每个国家的限额之外申报。

参评作品的申报可以通过三种方式提出：

1. 会员国或联合会员国政府提出；

2. 政府间组织在听取有关国家的教科文组织全委会的意见后提出；

3. 与联合国教科文组织有正式关系的非政府组织在听取本国教科文组织全委会的意见之后提出。

申报的作品需附有作品所有者个人或群体认可的文字、录音、录像或其他证明材料，无此等证明者不可申报。

（二）申报单格式和内容

申报单应按照联合国教科文组织非物质文化遗产申报指南附录中所要求的标准格式制作，申报单应包括下列内容：

1. 一个适合于这种文化表达的计划。包括参评作品的法律规范和在后十年中对该口头及非物质遗产的保护、保存、支持和使用的办法。这个行动计划要对所提出的措施和措施的执行提出完整的说明，并要充分考虑对传统的传播衍生机制的保护。

2. 协调行动计划与保护民间传统文化建议的预定措施之间以及和联合国教科文组织的宗旨之间关系的具体办法。

3. 使有关群体对他们自己的口头及非物质遗产进行保护和利用所要采取的措施。

4. 社区和（或）政府内监督其参评的口头及非物质遗产作品与申报的作品不会变更的监督机关名称。

申报作品相关的评选文件齐全。包括卡片、摄影、幻灯、录音、录像及其他有用材料。对作品要有分析说明，并备有完整的参考书目。

（三）评审团

总干事要在各成员国、非政府组织及秘书处提名的基础上每四年任命一个包括九名成员的评审团。这个评审团的工作方式由《联合国教科文组织宣布人类口头及非物质遗产优秀作品国际评审团工作规则》来确定。

（四）评选标准

在评定工作中评审团及其专家们，把规则（附件1）中的第一条作为主要条件，即参选作品应该具备体现人类的创造天才的优秀作品的特殊价值。因此，为了让评审团注意到这一点，参评作品的特殊价值要从以下方面得到证实：

1. 或者是具有特殊价值的非物质文化遗产的集中体现。

2. 或者在历史、艺术、人种学、社会学、人类学、语言学及文学方面有特殊价值的民间传统文化表达。

3. 申报的文化空间或文化表达形式，为了能被联合国教科文组织宣布为人类口头及非物质遗产优秀作品，还必须符合《联合国教科文组织宣布人类口头及非物质遗产优秀作品国际评审团工作规则》的五项条件。因此，此申报的作品应该：

（1）表明其深深扎根于文化传统或有关社区文化历史之中。

（2）能够作为一种手段对民间的文化特性和有关的文化社区起肯定作用，在智力借鉴和交流方面有重要价值，并促使各民族和各社会集团更加接近，对有关的群体起到文化和社会的现实作用。

（3）能够很好地开发技能，提高技术质量。

（4）对现代的传统具有唯一见证的价值。

（5）由于缺乏抢救和保护手段，或加速的演变过程、或城市化趋势、或适应新环境文化的影响而面临消失的危险。

（五）参评作品的评审日程和评审程序

根据《联合国教科文组织宣布人类口头及非物质遗产优秀作品国际评审团工作规则》，总干事每四年的12月末任命新的9位评审团成员。

每两年的12月31日结束对一届参评作品的统计，12月31日以后收到的参评作品计入下一届评审。作品的申报表先由联合国教科文组织秘书处研究，

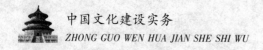

然后递交由评审团和总干事指定的专家组进行审议。申报表和专家组的评审意见在当年的年底之前寄回秘书处。

评审团每隔两年的 1 月份集中开会，认定哪些文化空间或文化表达形式够条件被联合国教科文组织宣布为人类口头及非物质遗产的优秀作品。1 月底之前评审团向总干事提交可由联合国教科文组织宣布的作品和两年后复审的作品的意见。

总干事每两年的 2 月份举行仪式宣布人类口头及非物质遗产优秀作品。

专家的评审报告递交给评审团作最后评审，评审团把决定性意见列入两个表中提交给总干事。一个表是建议由联合国教科文组织宣布为人类口头及非物质遗产优秀作品，另一个表所列的参评作品是建议在两年之后复审。

总干事根据评审团的建议宣布人类口头及非物质遗产优秀作品，所宣布的全部文化空间或文化表达形式列入一个名录表中，于公布的第二个月发表，这个名录表还发给会员国并公布于众。

评审团在实施代理业务中，不考虑参评人员的国籍、种族、性别、语言、职业、意识形态、宗教情况，但评审团可能要求非物质口头遗产的管理人员到场或征集他们的意见。

会员国或非政府组织的代表不应对他们国家或非政府组织提交的文化空间或文化表达形式的采纳发表意见，只能对向他们提出的问题提供补充信息。

如果有捐赠国或私人赞助商提供预算外的资金支持奖励活动的设立或赞助口头及非物质遗产的抢救、保护、弘扬活动，评审团可以在众多的文化空间或文化表达形式中挑选联合国教科文组织宣布为人类口头及非物质遗产优秀作品的优胜者。优胜者的评选标准根据创立的每个奖励活动或奖励金额确定。

二、国家级非物质文化遗产名录的申报与评定

国务院办公厅为加强非物质文化遗产保护工作，规范国家级非物质文化遗产代表作的申报和评定工作，根据《中华人民共和国宪法》第二十二条"保护名胜古迹、珍贵文物和其他重要历史文化遗产"及相关法律、法规，制定了国家级非物质文化遗产代表作申报评定暂行办法。国家级非物质文化遗产代表作的申报评定工作由非物质文化遗产保护工作部际联席会议（以下"简称部际联席会议"）办公室具体实施。部际联席会议办公室要与各有关部门、单位和社会组织相互配合、协调工作。

（一）建立国家级非物质文化遗产代表作名录的目的

1. 推动我国非物质文化遗产的抢救、保护与传承；

2. 加强中华民族的文化自觉和文化认同，提高对中华文化整体性和历史连续性的认识；

3. 尊重和彰显有关社区、群体及个人对中华文化的贡献，展示中国人文传统的丰富性；

4. 鼓励公民、企事业单位、文化教育科研机构、其他社会组织积极参与非物质文化遗产的保护工作；

5. 履行《保护非物质文化遗产公约》，增进国际社会对中国非物质文化遗产的认识，促进国际的文化交流与合作，为人类文化的多样性及其可持续发展作出中华民族应有的贡献。

国家级非物质文化遗产代表作的申报项目，应是具有杰出价值的民间传统文化表现形式或文化空间；或在非物质文化遗产中具有典型意义；或在历史、艺术、民族学、民俗学、社会学、人类学、语言学及文学等方面具有重要价值。

（二）具体评审标准

1. 具有展现中华民族文化创造力的杰出价值；

2. 扎根于相关社区的文化传统，世代相传，具有鲜明的地方特色；

3. 具有促进中华民族文化认同、增强社会凝聚力、增进民族团结和社会稳定的作用，是文化交流的重要纽带；

4. 出色地运用传统工艺和技能，体现出高超的水平；

5. 具有见证中华民族活的文化传统的独特价值；

6. 对维系中华民族的文化传承具有重要意义，同时因社会变革或缺乏保护措施而面临消失的危险。

（三）需采取的措施

申报项目须提出切实可行的十年保护计划，并承诺采取相应的具体措施，进行切实保护。这些措施主要包括：

1. 建档：通过搜集、记录、分类、编目等方式，为申报项目建立完整的档案；

2. 保存：用文字、录音、录像、数字化多媒体等手段，对保护对象进行真实、全面、系统的记录，并积极搜集有关实物资料，选定有关机构妥善保存并合理利用；

3. 传承：通过社会教育和学校教育等途径，使该项非物质文化遗产的传

承后继有人，能够继续作为活的文化传统在相关社区尤其是青少年当中得到继承和发扬；

4. 传播：利用节日活动、展览、观摩、培训、专业性研讨等形式，通过大众传媒和互联网的宣传，加深公众对该项遗产的了解和认识，促进社会共享；

5. 保护：采取切实可行的具体措施，以保证该项非物质文化遗产及其智力成果得到保存、传承和发展，保护该项遗产的传承人（团体）对其世代相传的文化表现形式和文化空间所享有的权益，尤其要防止对非物质文化遗产的误解、歪曲或滥用。

（四）申报者及须提交的资料

公民、企事业单位、社会组织等，可向所在行政区域文化行政部门提出非物质文化遗产代表作项目的申请，由受理的文化行政部门逐级上报。申报主体为非申报项目传承人（团体）的，申报主体应获得申报项目传承人（团体）的授权。

省级文化行政部门对本行政区域内的非物质文化遗产代表作申报项目进行汇总、筛选，经同级人民政府核定后，向部际联席会议办公室提出申报。中央直属单位可直接向部际联席会议办公室提出申报。

申报者须提交以下资料：

1. 申请报告：对申报项目名称、申报者、申报目的和意义进行简要说明；

2. 项目申报书：对申报项目的历史、现状、价值和濒危状况等进行说明；

3. 保护计划：对未来十年的保护目标、措施、步骤和管理机制等进行说明；

4. 其他有助于说明申报项目的必要材料。

传承于不同地区并为不同社区、群体所共享的同类项目，可联合申报；联合申报的各方须提交同意联合申报的协议书。

部际联席会议办公室根据本办法第十条的规定，对申报材料进行审核，并将合格的申报材料提交评审委员会。

评审委员会由国家文化行政部门有关负责同志和相关领域的专家组成，承担国家级非物质文化遗产代表作的评审和专业咨询。评审委员会每届任期四年。评审委员会设主任一名、副主任若干名，主任由国家文化行政部门有关负责同志担任。

评审工作应坚持科学、民主、公正的原则。

评审委员会根据本办法第六条、第七条的规定进行评审，提出国家级非物质文化遗产代表作推荐项目，提交部际联席会议办公室。

部际联席会议办公室通过媒体对国家级非物质文化遗产代表作推荐项目进行社会公示，公示期30天。

部际联席会议办公室根据评审委员会的评审意见和公示结果，拟订入选国家级非物质文化遗产代表作名录名单，经部际联席会议审核同意后，上报国务院批准、公布。

国务院每两年批准并公布一次国家级非物质文化遗产代表作名录。

对列入国家级非物质文化遗产代表作名录的项目，各级政府要给予相应支持。同时，申报主体必须履行其保护计划中的各项承诺，按年度向部际联席会议办公室提交实施情况报告。

部际联席会议办公室组织专家对列入国家级非物质文化遗产代表作名录的项目进行评估、检查和监督，对未履行保护承诺、出现问题的，视不同程度给予警告、严重警告直至除名处理。

第四章　重视非遗保护传承
弘扬地方特色文化

保护非物质文化遗产　为文化建设做贡献

河北省滦平县文化旅游广播电影电视局　赵向东　崔铁智

非物质文化遗产是广大人民群众在长期生产生活实践中形成的智慧与文明的结晶，具有地方性、群众性特点，是地方民间文化艺术内涵的结晶，也是社会主义先进文化的重要组成部分。它所蕴含的传统文化精神是我们的文化之魂、民族之根，是连接民族情感的纽带和维系国家统一的重要基础。按市相关文件要求，我县非遗办对全县非物质文化遗产保护情况进行了专题调研，现将有关情况汇报如下：

一、我县非物质文化遗产基本情况

滦平县早在 6800 年前就有了人类文明，既是一个山区县，也是一个文化大县。滦平县山清水秀，地域辽阔，地灵人杰，民间艺术门类众多，具有悠久的历史和深厚的文化积淀，孕育了绚丽多彩的非物质文化遗产，源远流长。

滦平县非物质文化遗产保护工作开始于 2006 年，经过八、九年的资源调查、挖掘整理。目前，共有 7 类（按最新分类标准）18 项民间传统文化被列为县级非物质文化遗产项目，其中国家级非遗项目 1 项，省级非遗项目 5 项，市级非遗项目 17 项。另，采集录制音像资料 100 余份，刻录光盘 30 余份，各类照片 800 多张，走访传承人 70 余人次，印制各类宣传、普查资料 2 万多份。

二、我县非物质文化遗产保护机构建立情况

2006 年，我县就成立了县非物质文化遗产保护工作领导小组，由时任主管副县长任组长，下设领导小组办公室，办公室设在县文化旅游局，由时任副局长的辛天华同志兼任办公室主任，负责日常工作。随着形式的发展，原有机构不能满足"非遗"保护工作的需要，经县委、县政府研究决定，并经编办批复于 2013 年成立了专门的"非遗"保护机构"滦平县非物质文化遗产保护中心"，编制 4 人，从 2013 年开始每年至少拨 10 万元专项资金用于"非遗"保护工作。至此，我县的"非遗"保护工作迈上了一个新的台阶。

三、我县非物质文化遗产项目及传承人现状

（一）抢花（民俗）

"抢花"是我县火斗山乡大店子村民间花会中的一档表演节目，已成功列入第四批国家级非物质文化遗产名录。"抢花"一直以来都是由大店子村梁氏族人世代相传，当代传人梁志福先生自幼便喜好这一技艺，为将这一技艺传承下去并发扬光大，20 多年来梁志福先生投入了大量的时间和精力，从改进技艺到更新表演用的器具，几乎全都是由他一人出资完成的，对此家里人很有意见，但他仍就一如既往的坚持着。"抢花"虽然入选了国家级非物质文化遗产名录，可随着时代的发展，"抢花"赖以生存的社会环境发生了变革，重商轻文的思想影响了大多数人，年轻人基本上都外出打工了，表演人才已经严重缺乏。而缺少新鲜血液的加入，使得"抢花"这一传统技艺的发展和传承受到了极大的制约。

（二）十番乐（传统音乐）

"十番乐"是我县张百湾镇张百湾村的一种民间音乐，于 2009 年列入我省第三批省级非物质文化遗产名录。据当代传承人任杰先生介绍，目前在张百湾村仅有十余人会"十番乐"的演奏技巧，过去几十人的演奏场面已不复存在，相关乐器、曲谱也严重不足，任杰先生教的徒弟也都是 50 岁以上的人。

（三）棉花鬼（传统舞蹈）

"棉花鬼"是我县五道营乡老米沟村民间花会中的一档传统表演节目，于 2009 年列入我省第三批省级非物质文化遗产名录。"棉花鬼"的第三代传承人刘井海老先生技艺精湛，他表演的"棉花鬼"是每年花会中百姓最喜爱观

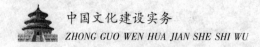

看的一档节目，但如今 80 岁高龄的他再也跳不动了。"棉花鬼"表演需要体力但更重要的是技巧，随着一些老一代艺人相继谢世或退出舞台，有些表演绝技已经失传，而新一代的传承人们由于要外出打工养家糊口，缺少学习和演练表演技巧的时间，因而表演水平远不如老一辈。

（四）二龙山龙文化（民俗）

"二龙山龙文化"是流传于我县涝洼乡大龙潭村的传统民俗庙会，于 2009 年列入我省第三批省级非物质文化遗产名录。二龙山庙会起会于二十世纪初，至今已流传了 100 余年。"二龙山庙会"兴盛时期，每次起会都有大量来自于全国各地的民众参与其中。但随着时间的流逝，现如今"二龙山庙会"的规模已远不如前。"二龙山庙会"的当代会首徐禄山老先生已经 80 多岁了，参与上会的艺人们大都在 65 岁以上，仅有一小部分算是年轻的年龄也都在 45 岁以上。

（五）和顺圣会（民俗）

"和顺圣会"是流传于我县长山峪镇长山峪村的传统民间花会组织，于 2012 年列入我省第四批省级非物质文化遗产名录。"和顺圣会"起源于清康熙年间，至今已流传近 300 年。"和顺圣会"兴盛时期，能上会表演的艺人达 400 多人，然而随着时代的变迁，"和顺圣会"的吸引力渐渐消退，到当代会首尹金良和钱小泉两位先生接任会首时，能上会表演的艺人仅有 60 余人。在尹、钱两位会首的努力下，经过 10 余年的发展，现如今已有能上会表演的艺人 200 多人。

（六）火神圣会（民俗）

"火神圣会"是流传于我县张百湾镇张百湾村一带的传统民俗花会组织，于 2007 年列入我市第一批市级非物质文化遗产名录。"火神圣会"最早起源于北宋时期，至今已流传 1000 余年。"火神圣会"起会时不仅是花会表演，还是一种物资交流、民间祭祀和群众娱乐的场所。据现任会首聂喜老先生介绍，"火神圣会"兴盛时期共有 20 多档花会节目，四、五百人同时表演。现在就大不如前了，不说节目少了，能表演的艺人少了，就连表演水平也是差了好几个档次。

（七）中幡（传统体育、游艺与杂技）

"中幡"是我县火斗山乡大店子村民间花会中的一档传统节目，于 2010 年列入我市第二批市级非物质文化遗产名录。"中幡"属于杂技与艺术的结合。在花会当中作为前导，被称为"会眼"，会未起而"幡"先擎，四方百姓望"幡"而聚，前往观看。据中幡当代传承人梁广龙先生介绍，在前些年，村中能表演中幡的多达 30 余人，而今能上会表演者不足 5 人，且年龄都在 40 岁以上。由于耍幡需要年轻力壮的人，而大多数年轻人忙于生计、外出打工，没有时间和兴趣学习，因此，传承问题已迫在眉睫。

（八）二鞑子摔跤（传统舞蹈）

"二鞑子摔跤"是我县火斗山乡大店子村民间花会中的一档传统节目，于 2010 年列入我市第二批市级非物质文化遗产名录。"二鞑子摔跤"在我县境内流传很广，遍布十余个乡镇，而流传相对较早的地方是属火斗山乡大店子村。"二鞑子摔跤"起源于宋辽时代，当时，辽国侵宋，百姓们饱受战乱之苦，于是能工巧匠们精心构思，制作出了二人摔跤的道具，在花会活动就有了"二鞑子摔跤"这一档。借"二鞑子摔跤"表达了老百姓期盼太平生活的愿望和赶走侵略者的决心，因此这一项目一直深受群众的喜爱。但随着社会的发展和进步，人们渐渐忘却了古老的技艺，据当代传人梁志坤老先生介绍，虽然现在的人们还是很喜欢看，但愿意学的人却很少。

（九）水云山双凤寺（民俗）

"水云山双凤寺"是流传于我县涝洼乡大古道村的传统民俗庙会，于 2012 年列入我市第三批市级非物质文化遗产名录。"水云山双凤寺庙会"是滦平县涝洼乡大古道村地域文化、风俗习惯的一扇大门，它凝聚了这一地域的风土人情和文化生活。"水云山双凤寺庙会"兴盛时期，承德以及周边地区的群众都会前来参加庙会活动，而今规模就远远不及当年了。庙会当代会首张福义先生为重振"水云山双凤寺庙会"是费尽了心思，为修缮寺庙、置办庙会演出的服装和道具，既自掏腰包又四处化缘。在他的不懈努力下，庙会有了一定的起色。

（十）锯大缸（传统戏剧）

"锯大缸"是流传于我县邓厂乡高窝铺村一带的民间传统戏剧，于 2012 年列入我市第三批市级非物质文化遗产名录。"锯大缸"这一传统戏剧由神话传说改编而成，反映出老百姓期盼和平，希望年年风调雨顺、五谷丰登的美好愿望。由于"锯大缸"一直以来只在本地花会上演出，表演者也是村里人代代相传，没有形成系统的演、教体系，随着时代的发展，人们更注重物质上的追求，年轻人不愿意学习这一传统戏剧，因而现在能表演"锯大缸"的只有当代传承人彭兴权、靳玉萍二人。为了一家老小的生活，这二人也常年在外打工，既缺少演、练提高自身技艺水平的时间，也没有培养新传承人的精力。

（十一）羽毛画（传统美术）

"羽毛画"是流传于我县马营子满族乡南大庙村的一种民间技艺，于

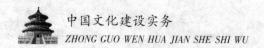

2012 年列入我市第三批市级非物质文化遗产名录。据当代传人于泽军先生介绍，其世祖曾以用胶泥做胚胎外粘各种羽毛的鸟类、禽类立体模型做为儿童玩具出售，于氏家族也一直以此为生。后经历代探索实践，逐渐形成了聚观赏实用为一体的以羽毛为主要原料制作的半浮雕装饰画。尽管之前于先生也教了几个弟子，但"羽毛画"看着简单，制作工艺却极其复杂，并且需要踏下心来慢慢练习，因而几个弟子耐不住寂寞也都不再学了，这一技艺也面临着缺少传承人的困境。

（十二）山桃木雕刻（传统技艺）

"山桃木雕刻"是我县火斗山乡孙营村邢氏家族代代相传的一种民间手工技艺，于 2013 年列入我市第四批市级非物质文化遗产名录。在邢氏家族几代人的努力下，邢氏山桃木雕刻技艺不断发展创新，当代传人邢士海先生更是将这一传统手工技艺进一步发扬光大，将邢氏山桃木雕刻工艺品打入了全国市场。

（十三）红旗民间花会（民俗）

"红旗民间花会"是流传于我县红旗镇一带的传统民俗文化，最早起源于北宋时期，于 2013 年列入我市第四批市级非物质文化遗产名录。据现任会首周新民先生介绍，"红旗民间花会"兴盛时期共有 20 多档花会节目，四、五百人同时表演。现在就大不如前了，不说节目少了，能表演的艺人少了，就连表演水平也是差了好几个档次。虽然在周会首的努力下，花会有了一定的起色，但由于缺乏年轻人的加入，格挡节目的传承都面临着无人能接的困境。

（十四）大黄米酒（传统技艺）

"大黄米酒"古法酿造技艺是流传于我县大屯乡苘子沟村一带的传统酿酒技艺，于 2014 年列入我县第五批县级非物质文化遗产名录。当代传承人钟继仁先生毕业于河北科技大学食品酿造系，为传承和发扬用大黄米酿酒的古老技艺，钟继仁先生于 1999 年来到了大屯乡苘子沟门村，拜在余大成先生门下学习"老五甑"酿酒工艺技法，并对传统的酿酒工艺进行改良。同时，筹集资金成立了承德康熙酒业有限公司，以传承和发展"大黄米酒"古法酿造技艺。目前，我县已将康熙酒业有限公司作为"大黄米酒"传承保护基地，并特批 100 亩地和山场，用于建设"大黄米酒文化博览园"，以更好的发掘、整理、保护和传承发扬"大黄米酒"酿造工艺。

（十五）龙潭高山顶茶（传统技艺）

"龙潭高山顶茶"是流传于我县付营子乡靳家沟门村一带的野山茶制作技艺，于 2014 年列入我县第五批县级非物质文化遗产名录。"龙潭高山顶茶"

制作技艺一直以来都是口述相传，并无相关文献记录资料。当代传承人张桂琴女士为将这一传统技艺传承下去一直做着积极的努力。但随着社会发展，人们对传统民间文化也逐渐趋于淡化，更喜欢急功近利，热衷于追求高利润和高效益，很少有人愿意从事这低效、复杂的传统技艺。

（十六）滦平泥人张（传统技艺）

"滦平泥人张"是流传于我县县城及周边地区的传统手工技艺，是由传统的泥塑技艺演化而成的，于2014年列入我县第五批县级非物质文化遗产名录。"滦平泥人张"这一传统手工技艺，一直以来由张氏族人世代相传，且传男不传女，目前仅有张建功先生一人掌握这项技艺。张先生的作品深受泥人爱好者喜爱，曾刊登在《承德晚报》、《承德公安》等媒体上，在滦平县博物馆开过专题展览，张家口博物馆、辽宁沈阳博物馆也曾邀请其去参展。多年来，为了这项技艺能够存续下去并发扬光大，张建功先生投入了大量的时间、精力和资金，但仅靠其一人的力量很难使这一传统技艺发展壮大。

（十七）太阳山古庙文化（民俗）

"太阳山古庙文化"是流传于我县虎什哈镇一带的传统民俗文化，在虎什哈镇及周边区域具有相当大的影响力，于2014年列入我县第五批县级非物质文化遗产名录。太阳山传统庙会是农耕文明经济发展、文化发展的一个时代产物，是民俗文化的一个缩影和体现。十多年来，当代传承人白克银先生为了修缮古庙、举办民俗庙会，已经先后花费了100多万元。可以说为了"太阳山古庙文化"的传承和发展，他奉献出了自身全部的能量，接下来他还将继续为了他所热爱的事业而努力。

（十八）滦平吵子会（传统音乐）

"滦平吵子会"是在我县流传范围比较广泛的一种传统民间音乐，于2014年列入我县第五批县级非物质文化遗产名录。"滦平吵子会"起源于清朝康熙年间，最早有乐曲140多首。由于演奏者文化水平很低又不识乐谱，传承仅凭口传心授，到现在真正传承下来的乐曲已不足40首。"滦平吵子会"几经兴衰，目前已到濒危边缘，急待抢救和保护。据当代传承人吴克利先生介绍，现在能够演奏的艺人年龄都在五十岁以上。

四、我县非物质文化遗产产业发展现状

尽管我县非物质文化遗产资源丰富，但真正形成产业化的寥寥无几。据调查，我县目前仅有3个非物质文化遗产项目实现了产业化，分别为"羽毛画"、"山桃木雕刻"和"大黄米酒"。"羽毛画"和"山桃木雕刻"作为旅

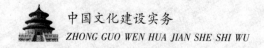

游工艺品已成功打入全国市场，但在目前，由于受复杂的制作工艺和传承人缺乏的因素制约，这两项仍处于"半产业化"状态，即只能小规模生产，无法形成大规模的系统化产业。"大黄米酒"项目的产业化在当代传承人、承德康熙酒业有限公司总经理钟继仁先生的努力下已经具有了相当大的规模。目前，承德康熙酒业有限公司拥有高级酿酒工程师1名，酿酒师1名，普通技术人员8名，员工80人。公司占地30亩，建筑面积4000平米，预计生产能力为年产3000吨大黄米白酒，具有储存原酒500吨和件装白酒20000件的仓储能力，预计年产值8000万元，而且注册商标为"澹泊敬诚"牌的大黄米酒已畅销全国多个省份。

五、我县非物质文化遗产保护工作存在的主要问题

非物质文化遗产保护工作的面宽，工作量大，工作难度极大。几年来在非物质文化遗产挖掘、整理和保护工作中积累的实践经验告诉我们，我们对非物质文化遗产的保护行动远远落后于它的消亡速度，呈现出岌岌可危的现状。它的社会存在基础正日渐狭窄。其原因主要存在以下诸多问题：一是缺乏科学的保护意识，重申报、轻保护、重开发、轻管理，保护措施落实不到位。二是非物质文化遗产的传承后继乏人，各种技艺濒临绝迹。三是保护经费严重不足，保护力量薄弱，严重制约着保护工作的开展。四是怎样正确保护非物质文化遗产的方法和措施有待探索。五是非物质文化遗产传承队伍建设迫在眉睫。

六、非物质文化遗产保护和传承工作的意见和建议

（一）重新树立对非物质文化遗产保护工作的认识

非物质文化遗产，绝不仅仅是文化部门各专家学者的事情。珍贵的非物质文化遗产遍布在我们周围，是我们生活在自然与人文环境中的精神财富。只有对丰富的非物质文化遗产进行很好的保护、传承，使非物质文化得到充分的展示，才会使它具有永久的生命力，所以，非物质文化遗产保护工作十分重要，刻不容缓。

（二）加强领导，扩大宣传，夯实责任

一是各级部门领导要高度重视，增强各级部门对"非遗"保护工作的责任感和紧迫感。二是加大宣传力度，营造保护非物质文化遗产的良好氛围，尽最大努力做到抢救保护不遗漏。三是加强领导，提高认识。增强保护非物

质文化遗产的责任感和使命感，将这项工作拿在手上，放在心里，纳入经济和社会发展规划中，全面推进，扎实落实。四是建立政府主导下发挥各社团和民间保护与振兴非物质文化遗产的机制，通过举行座谈会、研讨会、交流情况，互通信息，以求形成保护的合力。

（三）加大项目挖掘力度

一是培养一支熟悉乡土文化、热爱"非遗"、有恒心、能深入挖掘和研究非遗文化的工作队伍。二是根据项目内容，聘请省内外院校相关专家学者指导项目的挖掘与提升。三是设立申报工作奖励机制，对列入保护的非遗项目，按级别给予一定的奖励。

（四）完善保护传承机制

一是制订传承人奖励机制。按带徒弟数量、开展传承活动次数、参与各类活动次数以及活动的效果等指标进行等级考核，并给予相应奖励。二是根据项目的难易，对徒弟从入门到出师的学习情况进行考核奖励。三是走生产性保护之路。对有开发潜质的传统美术、传统技艺、传统文学类项目，在保持本真特点和核心技艺的前提下，积极促进合理开发利用，形成旅游、开发、生产、销售良性循环。四是通过社会教育和学校教育等途径，传播"非遗"知识。鼓励学校选取适合学生特点的"非遗文化"，编写校本教材和读本，开设民间音乐、戏曲类等欣赏课，促进"非遗文化"的传承。

（五）加大资金投入

开展非遗保护工作是一件十分艰苦、细致、耐心、繁重的工作，需要资金作保障。市政府应进一步加大非物质文化遗产保护工作的经费投入，同时鼓励全社会对非物质文化遗产保护与传承工作予以大力的支持和帮助，为非物质文化遗产保护与传承工作提供有力的资金保障。

（六）结合旅游资源的开发，切实抓好非物质文化遗产的抢救、保护和申报工作

旅游离不开文化，文化是旅游的灵魂，我市是旅游大市，丰富的民间文化无疑将对旅游资源的开发和旅游产业的发展提供坚实的保障和广阔的空间。

非遗保护功在当代，利在千秋，建设精神家园任重道远。希望在各级政府、各界人士的高度重视下，我市的非物质文化遗产能重放异彩，为文化承德的建设发挥更大的作用。

多措并举加强"非遗"保护传承工作

河北省隆化县文化体育旅游广播影视局 傅雨时 徐 巍

隆化县历史文化悠久，非物质文化遗产丰富。近年来，隆化县坚持把非物质文化遗产保护作为弘扬和谐文化的重要载体，按照"保护为主、抢救第一、合理利用、传承发展"的原则，精心挖掘，精于保护，确保非物质文化遗产得到有效传承和利用。目前，共有县级以上非物质文化遗产 18 项，其中"二贵摔跤"被列入国家级非物质文化遗产代表作名录，张三营一百家子拨御面、隆化中幡、八大怪、霸王鞭被列入省级非物质文化遗产代表作名录，黄河灯、庙堂音乐、万寿寺被列入承德市非物质文化遗产代表作名录，庙会、大头纸龙等 10 项被列入县级非物质文化遗产名录。其中：国家级非物质文化遗产项目"二贵摔跤"曾 5 次代表河北省参加全国少数民族传统体育运动会表演项目的比赛均获金牌，并先后在国际、省、市民间艺术节上获奖。2007年，参加了澳门的"月满照濠江"中秋文化艺术交流演出。2008 年，参加了"北京 2008"奥运会城市庆典活动河北专场演出。2011 年，参加对外文化交流项目"多彩中华"赴美国展演活动，展演获得两个组委会最高奖项——最佳形象奖和最佳表演奖。新华社、光明日报、人民网、央视网等主流媒体和网络媒体对隆化"二贵摔跤"和非遗保护工作进行了全方位的报道，提高了隆化县非物质文化遗产的知名度，进一步增强了社会各界对非物质文化遗产的保护意识。我们的主要做法是：

一、上下联动，齐抓共管，建立健全非物质文化遗产保护网络

一是领导重视，健全组织机构。隆化县政府高度重视非物质文化遗产保护工作，把该项工作列入重要议事日程，并成立了非物质文化遗产保护工作领导小组，统一领导和统筹协调非物质文化遗产保护工作。每年对各乡镇和有关部门非物质文化遗产的保护、传承工作进行专项督查评估和总结，大力推广先进经验。同时将评估纳入地方相关部门的综合考评，上下形成共识，社会广泛参与，从而把保护非物质文化遗产工作当成一项持续发展的事业，让中华民族的血脉代代相传。

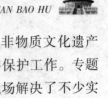

二是专题研讨，解决实际问题。定期召开专题会议研究非物质文化遗产保护工作，县主要领导和分管领导不定期下基层检查、指导保护工作。专题调研隆化县"二贵摔跤"等非物质文化遗产的保护工作，现场解决了不少实际存在的困难和问题。为更好地挖掘非物质文化遗产的保护内容、更深地研究非物质文化遗产保护的措施，特在县文化馆成立了"非物质文化遗产保护中心"，为以"二贵摔跤"为代表的民族民间艺术传承发展培训创造良好的条件。

三是全面普查，精心挖掘。2005年，隆化县制定了非物质文化遗产普查工作方案，划拨10多万元专项经费，抽调了一批业务精、能力强的工作人员，成立5个专业工作小组，在全县范围内率先开展了大规模的地毯式普查工作。在普查中坚持做到不漏村镇、不漏项目、不漏艺人，全面调查非物质文化遗产家底。普查期间共搜集整理民间文学类3件、民间音乐类2件、民间舞蹈类3件、民间信仰类7件、游艺、传统体育与竞技类1件，并完成15个重点项目的文字和影像制作，编纂出版了20余万字的《非物质文化遗产普查成果汇编》，为我县非物质文化遗产保护工作奠定了良好基础。

四是上下联动，完善保护网络。近年来，先后组织非物质遗产保护中心人员深入乡、镇、村开展非物质文化遗产培训工作，并组织参加省、市非物质遗产保护成果展览和表演，制作了图文并茂的文化遗产宣传展板，开展下乡宣传10余次，帮建了9个民间文化生态保护村，成立25个乡镇的"二贵摔跤"表演队，组建了隆化民间艺术团。同时，还组织一批学者，专家及熟悉隆化人文的"隆化通"，成立历史文化名城研究会，专门从事历史文化的研究、挖掘和整理工作。各乡镇（街道）及相关部门也成立了相应的组织机构，制定保护规划，积极开展非物质文化遗产保护工作。全县上下形成了县、镇、村三级联动，相关部门、社会各界齐抓共管的良好局面。

二、科学保护，努力培养，确立优秀民间艺人一号保护工程地位

隆化县坚持把保护、培养优秀民间艺人工作作为非物质文化遗产保护一号工程来抓。

一是加大对非物质文化遗产传承人的关怀和培养。隆化县政府和文化职能部门根据实际情况制定相应措施，对传承人加以保护，用资助、扶持、培训、奖励等手段，鼓励传承人不断扩大传承人的队伍，使其后继有人。并制

定切实可行的管理制度，责任明确，奖罚分明，对那些只当和尚不念经的传承人，做到随时可以替换。隆化县的文化艺人王大中、辛占峰被省文化厅命名为省级非物质文化遗产代表性传承人，并被省文化厅推荐申报第三批国家级非物质文化遗产代表性传承人，同时县里还给予了一定的经济补助，帮助其改善创作条件。

二是鼓励民间艺人对非遗表演项目进行整理编排。县政府一直从经济上鼓励民间艺人对现有的非遗项目进行编排创作，县政府投入2万余元对隆化县非遗项目"二贵摔跤"的起源、传承、发展的历史脉络以及服装、道具、表演、伴奏乐器进行整理，并对现有的道具、服装、动作在不失原味的基础上进行了改革，使其得到更好地保护和发展。

三是努力培养艺术传人。县财政部门设立了专项资金，鼓励老艺人带徒授艺。县政府将"二贵摔跤"表演艺术培训中心经费列入财政预算，做为培养"二贵摔跤"艺人的补助经费。并在隆化县职教中心、县扑火大队建立"二贵摔跤"、"霸王鞭"民族民间艺术培训基地，培训学员150余人，有效地解决了我县民间艺术人才断档问题。同时，我们还积极采取走出去、引进来的方式，把优秀青年艺人送出去学习、交流或到艺术院校进行深造；把外地优秀艺人引进来，增强民间艺人队伍力量。

提升保护意识
重视非物质文化遗产的保护

内蒙古自治区根河市文化新闻出版广电局

　　根河市境内的敖鲁古雅鄂温克猎民是我国从原始社会末期直接进入社会主义社会的一个特殊的少数民族群体，他们长年居住在大兴安岭林海雪原深处，靠狩猎和饲养驯鹿生活，历史上被称为"使鹿部落"，是"中国最后的狩猎部落"，是我国迄今唯一饲养驯鹿和保存"驯鹿文化"的民族。鄂温克猎民在山林中狩猎和饲养驯鹿的神秘生活创造了独特而极具梦幻色彩的宗教和文化。原始森林中的"撮罗子"、驯鹿、岩画、民族歌舞、神话传说、装饰艺术、萨满宗教，无不成为民族文化的瑰宝。

一、根河市非物质文化遗产保护情况

1、逐步完善各级非物质文化遗产名录项目

　　目前，我市已经将敖鲁古雅鄂温克驯鹿习俗、桦树皮手工制作技艺、敖鲁古雅鄂温克族萨满舞、敖鲁古雅鄂温克民族婚礼、敖鲁古雅鄂温克民族服饰与器具、敖鲁古雅鄂温克民族语言、敖鲁古雅鄂温克族民间神话、敖鲁古雅鄂温克族民间音乐、敖鲁古雅鄂温克族岩画、敖鲁古雅鄂温克族撮罗子、敖鲁古雅鄂温克族传统医药、毛皮画制作技艺、口弦琴制作技艺、鹿哨制作技艺、熟皮子制作技艺十五项敖鲁古雅鄂温克族非物质文化及民间剪纸共计十六项非物质文化遗产列入根河市级非物质文化遗产保护名录，同时被纳入呼伦贝尔市级非物质文化遗产保护名录。

　　其中，有十二项根河市级非物质文化遗产保护被列入自治区级非物质文化遗产保护名录，敖鲁古雅鄂温克驯鹿习俗、桦树皮手工制作技艺、敖鲁古雅鄂温克族萨满舞、敖鲁古雅鄂温克民族婚礼、敖鲁古雅鄂温克民族服饰与器具、敖鲁古雅鄂温克族民间神话、敖鲁古雅鄂温克族民间音乐、敖鲁古雅鄂温克族撮罗子、敖鲁古雅鄂温克族传统医药、口弦琴制作技艺、鹿哨制作技艺、熟皮子制作技艺。另外敖鲁古雅鄂温克民族乡还被被自治区命名为"桦树皮文化之乡"和"驯鹿文化之乡"。

而敖鲁古雅鄂温克驯鹿习俗、桦树皮手工制作技艺、敖鲁古雅鄂温克族萨满舞先后被列入国家级非物质文化遗产保护名录的项目。

2、重视建立非遗传承人的体系

我市现有4位鄂温克族猎民被确定为自治区级非物质文化遗产代表性传承人。同时，积极建立和完善传承人体系，每一项名录均设定了传承人，并且确定了传承谱系。

3、保护和传承情况

上个世纪末期，我市文艺工作者挖掘整理出一批古歌，创作出《驯鹿小道》、《敖鲁古雅小夜曲》等一批具有浓郁民族风格的优秀民歌。

通过对到玛利亚·索等老猎民的寻访，收集到部分萨满音乐舞蹈、鄂温克民歌和口弦琴作品，经整理加工，创作出展示使鹿部落神秘独特的民族风情的《萨满神舞》、《土毛鲁根舞》、《土著森林人》、《宝日坎提亚温》、《斯特罗衣查节日》等舞曲，以《毛敖吉坎河》、《鄂温克森林》为代表的众多歌曲和《山魂》等乐曲，并以此为支撑编创了一台《大森林·使鹿部落》歌舞晚会，以艺术的形式再现了鄂温克猎民游猎、迁徙、婚恋、礼仪、宗教等种种近乎原始的生产生活方式。还出版了《中国最后的狩猎部落》、《使鹿部情韵—敖鲁古雅民歌集》两部反映敖鲁古雅鄂温克民族文化的书籍。

2009年7月，我市投入600余万元打造的《敖鲁古雅风情—鄂温克·驯鹿之歌歌舞晚会》首演，这部歌舞剧以感恩、和谐为主题，以生活在根河市敖鲁古雅有着"中国最后狩猎部落"之称的鄂温克狩猎民族生产生活为背景，通过部落最后一个女酋长玛丽亚索回忆的方式，讲述了一段养鹿女和英雄的年轻猎民的纯洁爱情故事，以诗化的讲述、原创的原生态器乐、民歌、舞蹈，向世界充分展现了使鹿鄂温克人驯鹿、狩猎生产生活场景，展示了鄂温克人智慧、正直、坚毅的品质，歌颂了鄂温克人敬畏自然、尊重生命、与自然和谐依存的精神追求和信仰，颂扬了使鹿鄂温克人在严酷环境下顽强的生命力和积极、乐观、环保的精神面貌。

这部歌舞剧的成功演出，一方面比较全面地反映了根河市近年来在保护和传承较少民族鄂温克猎民民俗文化方面的成果，一方面也激发了敖鲁古雅鄂温克猎民传承保护民族文化的信心，增强了民族自豪感，将对这个民族的发展和繁荣起到了积极的推进作用。

2010年8月，这台歌舞剧先后完成了赴呼和浩特及北京保利剧院的演出，取得了极大的成功，获得了国家、自治区领导的高度评价，提高了根河市的知名度，让世人更好的了解到了根河市敖鲁古雅鄂温克民族优秀的传统文化，对今后开展民族文化传承与保护起到了很好的对外交流作用。

2013 年，文化馆整理出版了反映根河民族文化和森林文化的《森林之子——王振环歌曲集》

二、采取的保护措施与经验

我们通过组织开展一系列的文化活动，使广大人民群众了解和认识保护及传承的重要性，利用民族节日和资源优势举办多种多样的"使鹿文化节"，举办驯鹿王比赛、模拟狩猎等。认真办好民族民俗节庆活动，民俗节庆活动是民族文化集中和对外展示的重要机会和场所，深厚的文化底蕴、广泛的群众参与基础、媒体的关注报道和外地游人商旅的参与，使之成为促销民族文化的良机。

与此同时，积极打造有地方特色的民族文化旅游精品，将丰富的民族文化资源优势转化为民族文化旅游品牌优势，通过举办非物质文化遗产保护成果展览、民族民间文化艺术展演、民间工艺品博览会等各种活动，大力宣传和弘扬优秀的民族民间传统文化，形成民族文化艺术向旅游经济的转变，让游客既能领略到古朴迷离的民族文化，又能购买到丰富特色的旅游产品。在举办民俗节庆和文化旅游活动时，一方面注意保持和弘扬原生态的民族文化，不人为地加以现代化或随意进行附加，另一方面加强民族节庆与旅游业的结合，使民俗节庆成为旅游活动亮点，同时积极聘请有关专家学者开展研讨工作，进一步了解使鹿文化的底蕴和内涵，同时认真保护好敖鲁古雅鄂温克狩猎民族传承与发展的历史文献。

另外，在我市各部门帮助和支持下，敖鲁古雅鄂温克猎民由单一的狩猎向养、护、猎相结合的多种经营方式转变和发展，为传承和保护"驯鹿习俗"提供了一个良好的物质基础。

桦树皮手工制作技艺是敖鲁古雅鄂温克民族固有的传统文化的重要组成部分，是敖鲁古雅鄂温克猎民对森林文化的一种延续，桦树皮手工制作技艺和桦树皮制品更是敖鲁古雅鄂温克狩猎民族最直观的民族文化样本。为了使这一独特的民族文化得以弘扬和延续，一方面我们首先建立起了以制作人为核心的"桦文化"及桦树皮制品保护工作领导小组，组织人员对桦树皮制品制作的工艺流程进行整理和保存，鼓励支持敖鲁古雅鄂温克猎民家庭积极制作桦树皮制品，并在制作和销售上给予政策上的支持，同时举办桦树皮制品及技能比赛，向广大中外旅游者赠送桦树皮小饰品，让广大中外客人了解"桦文化"、认识"桦文化"、学习"桦文化"、传播"桦文化"，这既是情感

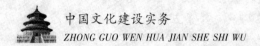

的桥梁也是民族文化相互交流和传承的纽带。另一方面我们也清醒的看到，由于敖鲁古雅鄂温克民族"桦树皮手工制作技艺"和桦树皮制品没有形成产业化，产品大多是以传统的家庭作坊形式手工生产，无法形成产品的规模效应，不适应市场要求。

所以，对敖鲁古雅鄂温克民族非物质文化遗产的保护和传承我们坚持开发并举，一方面出台相关配套政策，保证敖乡民族文化的原始生态不受破坏，另一方面处理好文化保护与旅游开发的辩证关系，加大宣传和管理力度，避免出现放任自流的现象发生，再就是注重解决老猎民生活中的实际困难，积极培养传承人，给古老的敖鲁古雅鄂温克民族文化注入新的文化因子，使其呈现新的活力，让敖鲁古雅鄂温克"使鹿文化"成为全人类的财富。

在开展各种传承、保护工作的同时，注重宣传，提高影响力。一方面注重品牌效应，积极打造敖鲁古雅鄂温克民族文化品牌，新闻宣传单位积极开展各种宣传活动，加大对外宣传敖鲁古雅鄂温克民族文化的力度，另一方面加强对我市中小学生的民族文化宣传力度，市文化部门、教育部门配合敖乡政府积极开展各种民族文化教育。如开展民族语言课、民族手工技艺课、博物馆参观、民族手工制作技艺大赛等活动。

三、存在的问题与对策措施

我市的非物质文化遗产传承、保护工作存在着许多困难和问题，一是人们对非物质文化了解不深、认识不充分、非物质文化遗产知识缺乏；二是经济全球化和现代化进程的加快，非物质文化遗产的生存环境受到威胁，大批有历史、文化和科学价值的非物质文化遗产不同程度地受到损害，甚至由于传承人的逝去而濒于失传和消亡；三是受外界条件制约，年轻猎民无法系统地传承自己本民族的优秀历史文化，使敖鲁古雅鄂温克民族文化的传承链条发生了严重的断裂，一些靠口传心授方式传承下来的非物质文化遗产及文化传统逐渐失去了生存与繁荣的土壤；四是没有非物质文化遗产普查工作的专项经费，缺乏各种非遗保护设备，无法保障工作的正常运转；五是由于根河地区基础薄弱，基础设施相对滞后，从而也制约了敖鲁古雅鄂温克民族文化的传承和发展；六是缺乏专业非遗保护工作人员，根河市文化馆现有人员 12 人，其中能够开展专业非遗保护工作的仅有 2 人，而且缺少业务培训。

针对以上问题我们计划从以下几方面入手，一要有切实可行的传承保护方案，要有一支业务精、作风硬的保护队伍；二是要突出重点、逐步延伸，从代表性、濒危性项目入手，不断扩展传承和保护范围；三是要不断总结工作经验，及时调整工作方法，拓宽工作思路；四是要紧紧依靠广大人民群众积极举办各种民族民间文化活动，形成了良好的保护氛围，提升全社会对非物质化遗产的保护意识。

弘扬雷州文化精神　传播优秀文化成果

广东省雷州市文化广电新闻出版局（雷州市博物馆）　陈　锐　陈则晓　劳春明

雷州市博物馆旧馆创建于 1983 年，位于三元塔公园内。随着博物馆业务的不断发展，馆藏文物日益丰富，旧馆各方面设施落后，已不适应时代要求。2005 年 9 月雷州市委市政府选址西湖旁，破土奠基，总投资 3800 多万元，于 2009 年 1 月新馆建成开馆。新馆占地面积 3187.50 平方米，建筑面积 10821.60 平方米，馆藏文物达 7000 多件，其中国家一、二、三级文物 627 件，是一座集收藏、展示、研究、教育、服务、交流为一体的现代化大型综合性的国家三级博物馆。为雷州市标志性建筑物，馆藏文物之多及级别之高均居广东省县级博物馆前列，被誉为"岭南文博一枝花"。

从 1983 年开馆至今，在市委市政府的大力支持和领导下，我馆的全体员工积极投身文化事业，对雷州文化的研究渐臻成熟，也屡获殊荣。1984 年，获得"广东省第二次全国文物普查先进单位"；1986 年，被省评为"先进单位"；1991 年，被省评为"文明单位"；1993 年，被省评为"先进单位"；1997 年，被国家文物局评为"全国文物系统优秀爱国主义教育基地"；2011 年，获评"广东省基层宣传文化工作先进单位"；2013 年，获评国家三级博物馆；2014 年，获评国家文物局"全国文化系统先进单位"称号。

近年来，我馆紧紧围绕"保护为主、抢救第一、合理利用、加强管理"的方针，积极实施雷州市委市政府"文教优先"的发展战略，落实科学发展观，立足于深厚的雷州文化底蕴，通过文物征集、保护、研究、展示、宣传推介等活动，大力弘扬雷州文化，提升雷州文化在岭南文化的地位。我馆的主要工作如下：

一、以博物馆为平台，积极宣传推介雷州文化

我馆设有"历史沿革"、"石狗奇观"、"民俗风情"、"历代陶瓷"、"古今书画"、"麦湘捐赠馆"等六个常规展室，五个临时展室和一个精品展室，用实物、图像、文字资料多角度、多层次、多形式展示文物及"雷歌"、"雷剧"、"雷州石狗"等多项国家级非物质文化遗产。其中"石狗奇观"、"历代陶瓷"、"民俗风情"等展室的展览重点凸显雷州特色文化，展现源远流长的

雷州文化，让游客对雷州文化有更深度的了解。我馆在做好基本陈列的同时注重举办临时展览，加强与各地区各艺术团体的交流，利用节假日定期举办各种展览，每年举办临时展览不低于 6 次。举办的大型展览有"中国书法进万家"、"著名书法家席时珞书法展"、"张玉华画展"、"陈德鸿画展"、"形态与谱系——2015 年新春雷州籍在外艺术家作品联展"、"雷州市法治文化书法大赛作品展"、"'家乡美'雷州半岛东海岸摄影展"、"生态雷州摄影展"、"根雕艺术展"、"雷州市收藏家作品联展"、"雷州市第二届清端杯文艺大赛作品展"、"'名城杯'诗词楹联作品展"、"雷州市 2015 年春节雷歌书法作品展"和"名城墨韵——2016 年雷州市迎春书画作品展览"。这为我市被评为"中国书法之乡"、"书法家创作基地""中国楹联文化城市"和"中国民间文化艺术之乡"作出很大的贡献。2010 年通过配合辽宁电视台制作以"雷州石狗"为主题的文化宣传片，在全国民俗文化宣传片制作比赛中获得三等奖。邀请湛江日报、湛江晚报和市级媒体资深记者到博物馆采访采风，开展以"雷州文化"为主题的宣传报道，全面宣传推介雷州历史文化，提高雷州文化的影响力。

二、充实与推介雷州文化，"请进来"、"走出去"并举

砚石文化是雷州文化的一大空白，我馆的历任领导无不希望设法借助外来的资源填补这一缺憾。2014 年，经肇庆博物馆陈羽馆长向香港著名的皇家眼科医生麦湘收藏家的致力推介，麦医生决定将自己毕生珍藏的端砚、墨、玉器和陶瓷等 340 件馈赠雷州市博物馆。并于 2015 至 2016 年继续向我馆捐赠 100 多件藏品。他的这一举措，对我馆研究砚石文化提供了极其重要的研究资料。为了更好地收藏及研究麦湘医生所捐赠的藏品，我馆特设立"麦湘捐赠馆"专题展室展出其藏品，并于 2015 年 6 月举行开馆仪式。我馆以端砚为载体，充分利用展馆功能和巧妙的布展手段深度解读"砚林史溯"、"端石品质"、"制作形制"、"端砚盛誉"四个主题。旨在多层次、多方位、多角度地向观众展示和解读端砚历史的深度、艺术高度，让观众更好地了解端砚，认识端砚。

我馆多次组织"雷州石狗"参加"广东与东盟非遗交流会"、"深圳文博会"、"省非物质文化遗产项目展览"等展览。精心挑选石狗，拍摄照片，编写石狗资料，在每次展览中发放雷州石狗宣传册子不低于 5 千份。2011 年 8 月，原省委书记汪洋同志到我馆参观石狗展览，对我馆石狗的保护和展示给予充分的肯定，对进一步做好雷州文化的推介宣传作出重要指示。2011 年 12

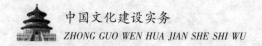
月26日，我馆组织的"天南重地雷州历史文化展"在广东省博物馆隆重开幕，受到各级领导及专家们的一致好评，大大地提高了雷州文化的品位。"走出去"的举措，成为我馆对外推介雷州文化的重要手段，也让雷州文化得到了更多人的关注和熟知。雷州文化被列为"岭南四大文化"之一，受到文化界人士的关注和青睐。

三、充分利用多媒体展室，展示传播雷州文化

我馆充分利用多媒体展室的优势，展示雷州石狗、雷祖崇拜、雷州民俗等，让观众对雷州文化有更直观的感受。另外，我馆大力加强"爱国主义教育基地"建设，每年与城区中小学生签订《德育教育协议书》多达30多份，把博物馆作为学生的第二课堂，加强学生的爱国主义教育。并以"贴近实际、贴近生活、贴近群众"为原则，满足广大市民多层次的文化需求。坚持向社会公众免费开放，并在重大节假日举办形式多样、教育性强的展览活动。2009年，我馆免费接待观众参观人数达30万人次；2010年至今每年接待观众15万人次。

四、多渠道筹集资金，不断丰富馆藏文物

近年来，我馆征集了清代驻美大使陈兰彬、状元林召棠、曾国藩等人书法及近现代的沙孟海、沈鹏、刘炳森、王秀等名人书画作品共100多幅。早期万家坝型铜鼓、唐代雷州瓷罐、宋代陶俑（36件）、元代阴线刻图墓砖、明代青花山石碗、铜权、清代玉龙带钩等杂项共300多件，石雕石狗1000多尊，其它牌匾石刻200多件，2012年7月到硇洲岛征集一个法军遗弃下的大船锚，2014年征集著名画家莫各伯《名城旭日》国画等，大大丰富了馆藏文物。2014年以来香港著名的眼科医生麦湘为我馆捐赠的400多件砚石也很大程度地丰富我馆馆藏藏品。

五、充分利用文物资源，注重开展专题研究，积极挖掘和弘扬雷州文化

我馆成立了"博物馆之友学会"，邀请多位文博专家、学者举办雷州文化专题研讨会。每年召开的雷州民俗研究会、石狗文化研讨会、雷州窑陶瓷交流会和书画座谈会不低于15次。并与广东海洋大学、岭南师范学院、中山大学等学术研究机构建立文化研究合作平台，我馆负责提供实物资料及原始信

息，协助他们整理、研究进行出书、宣传雷州文化。其中有牧野的《雷州历史文化大观》、吴建华的《雷州文化初探》、陈志坚的《雷州文化》、2012 年与中山大学合作出版《雷州石狗》、《雷州文化丛书》等书籍。

六、加强管理，不断提高队伍素质，注重安防设施建设，确保文物安全

我馆管理实行制度化，责任到人。组织员工积极参加省、市举办的各种培训以及通过馆际之间交流与合作，不断提高员工自身素质和增强员工的责任感。组织骨干到省内各博物馆进行业务交流与合作，提高了文博队伍的素质。2012 年我馆投资 10 多万元建立新文物仓库，特制樟木文物柜、不锈钢文物柜 18 个及文物安全箱 300 多个，大大地改善了文物的存放环境。2013 年争取上级支持，增编 6 名保安，投入资金 80 多万元优化馆内消防安防系统，提高文物安全系数。

总之，我馆文博工作取得一定的成绩，让广大人民群众更好地感受文化的发展成果，得到雷州市委市政府的肯定，社会各界好评如潮。赢得羊城晚报赞誉"岭南文博一枝花"。

对于下一步工作，我馆做以下计划安排：

（一）为进一步提高博物馆在市民中的知晓率及市民对于博物馆提供文化服务的参与率，我馆计划把文化遗产相关知识及博物馆内的精品展览做成图文并茂的展板，加大文博知识在校园的宣传力度，并将"文博走进校园"成为一项常态化的工作，通过"走出去"的工作方式，充分发挥博物馆的爱国主义教育基地功能；拉近博物馆与广大市民的距离，真正实现"文博走进校园"的目标。

（二）雷州文化博大精深，我馆在致力于研究雷州文化的同时，也希望能够通过我馆这一平台向外界展示独具特色的雷州文化。我馆计划通过八个历史脉络来展示雷州文化体系：以雷州石狗为代表的古代图腾文化；以"雷州换鼓"、雷歌、雷剧、姑娘歌、傩舞、头禄花灯、散花舞、蜈蚣舞、雷州音乐为代表的传统民俗文化；以汉代伏波祠、唐代雷祖祠、宋代十贤祠、夏江天后宫、明代三元塔、清代古骑楼、古亭石桥、古牌坊、古民居为代表的古代建筑文化；以汉唐宋明时期促使雷州成为"海上丝绸之路始发港"、"古陶瓷"的南渡河沿岸的古民窑群址为代表的古代陶瓷文化；以"合浦珠还"、"中国珍珠第一村"流沙为代表的传统南珠文化；以宋代真武堂、浚元书院、

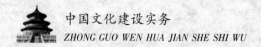
雷州府学宫、元代海康学宫、明代雷阳书院、清末民初贡院等为代表的古代书院文化；以唐代"雷祖"陈文玉、宋代"十贤"、清代"清官"陈瑸等为代表的历史名人文化；以"雷阳八景"、鹰峰岭、九龙山、天成台为代表的自然景观文化。这一举措，能够向外界更好地宣传并推介雷州文化。

（三）雷州陶瓷文化源远流长，独具特色，能够很好地展示雷州半岛陶瓷业的发展历史。为了真实还原雷州陶瓷文化发展史的真面目，深度挖掘雷州陶瓷文化，我馆计划联合考古所等研究机构，努力挖掘雷州陶瓷文化，向外界展现具有雷州特色的真实的雷州陶瓷文化。

（四）雷州石狗是古越族图腾崇拜现象的综合体，是古雷州多民族信仰文化融合的产物，是雷州世代传承并不断升华的雕刻工艺展示与智慧结晶，并且，它既是珍贵的国家物质文化遗产又是非物质文化遗产载体。雷州石狗文化对外的宣传与推介更多的是通过参加展览或是以书本的介绍方式来进行，这对于雷州石狗文化的宣传力度和广度上还是不够。为了让外界对独具特色的雷州石狗文化有更深度、更直观、更广泛的了解，我馆计划与公司联合开发"雷州石狗文化产品"，来达到深度、直观、广泛宣传并推介雷州石狗文化的目的。

在今后的工作中，我馆将继续发扬艰苦奋斗、求真务实、精益求精的作风，再创基层文博工作新篇章。

紫金县国家级非物质文化遗产项目介绍

广东省紫金县文化广电新闻出版局　林建峰

一、花朝戏

　　花朝戏起源于明清宗教色彩浓厚的神朝。神朝是客家民俗活动一种形式，神朝祭祀使用的庙堂音乐与民间小调相互融合，发展成为民间特色的花朝音乐，并发展了花朝唱腔。戏中道白、唱词采用客家方言。1904 年由紫金县人叶春林创建了第一个花朝戏班。随后紫华春、庆祥春、庆长春、定华春、胜华春等戏班相继出现，盛时全县有 19 个戏班，100 多艺人。后来流行于粤东客家地区十多个县、市，至今已有百多年的历史。

　　1958 年，紫金县花朝戏剧团成立，花朝戏迎来新的发展时期，数以百计的创作、改编、移植的新剧目搬上城乡舞台。1963 年我县花朝戏剧团在广州演出时，主要演员受到周恩来总理亲切接见。中国现代最杰出戏剧家曹禺为花朝戏题赠"山沟里的山茶花"。1992 年参加文化部在泉州市举行的全国"天下第一团"剧目展演。1999 年紫金县被省文化厅授予"民族民间艺术（花朝戏艺术）之乡"称号。2006 年 5 月，花朝戏被国务院列入首批国家级非物质文化遗产名录。

　　花朝戏题材多数取自于民间传说、民间故事，宣扬忠贞爱国、惩恶扬善、向往婚姻自由等积极主题。尤其是客家人所崇尚的儒家思想、耕读传家、崇文重教等人文精神，在花朝戏中得到了充分展示。剧本唱词的发展，带有社会形态转变中的许多特点，如审美观点、价值观念的转变等在作品中时有体现。因此，花朝戏无论从民间文学、民间音乐、民俗文化、宗教文化等方面都具有较深的文化底蕴和学术研究的历史价值和文化价值。

　　近年来，创作了革命题材大戏《烈火红颜》以及小戏《溪水长流》、《守土情深》、《收网行动》、《大漠胡杨》、《农保情》、《下访》、《抗洪归来》等花朝戏小戏；移植了《婚姻大事》、《十里花香》、《浪子情缘》、《云翠仙》等一批大型剧目。平均每年创作花朝戏剧目 2 至 3 个，移植剧目 1 至 2 个。2008 年组织剧目参加上海世博会展演，2010 年花朝小戏《溪水长流》参加全省综治信访维稳中心建设专题文艺汇演荣获一等奖。2011 年传统剧目《双花缘》

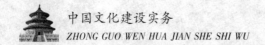

参加第十一届广东省艺术节汇演荣获剧目奖。2012 年花朝歌舞《对花》参加河源市举办的中国客家文化节开幕式艺术精品汇演荣获银奖，同年剧团应邀赴澳门演出《圆镜记》等节目。2013 年花朝戏选段"天上牛郎织女星"参加第九届广东少儿艺术花会展演荣获铜奖；同年赴香港演出花朝戏精选唱段等节目；同年举办了首届花朝戏展演大型活动，30 个花朝小戏（折子戏）节目在县城文化广场舞台进行了展演，演员达 200 多人；同年剧团首次走出国门赴马来西亚庇市演出。近年来，县花朝戏剧团认真开展送戏下乡和花朝戏进校园活动，每年演出近百场。

二、客家山歌

客家山歌是中国民歌体裁中山歌类的一种，用客家方言演唱。据史料记载，客家山歌自唐代始，已有一千多年的历史，主要流传于广东梅州、河源、惠州、深圳、东莞和福建、江西部分地区以及台湾苗栗、新竹、桃园等地。客家山歌在我县又分为义容山歌、中坝山歌、蓝塘山歌、附城山歌等。2007 年客家山歌（紫金县）被评为河源市第一批非物质文化遗产项目。

客家山歌是客家人的口头文学，它具有客家人的语言艺术特色，形成民歌中独立一枝。其题材广泛，意境含蓄。客家山歌中相当一部分是以情歌的内容表现，它保持了古代劳动人民直率、质朴、豪放、风趣性格，是民间艺术的瑰宝。客家人自南迁以来，逐渐形成唱歌对歌的风俗，白天相遇于山间田野，黄昏围坐于村头树下，两人对唱或多人唱和，以抒发胸中畅意和排解心头苦闷。歌词善用比兴手法，尤以双关语见长，语言生动通俗，押韵上口。客家山歌有情歌、劳动歌、劝世歌、行业歌、虚玄歌、谜语歌和小调、竹板歌等。客家山歌的格式，类似七言绝句，而组歌则与唐宋古风长诗几乎一致，但首句有七言，也有三言。三言起头是在对歌接龙驳尾句时使用，也可单独成首。歌词大多"每句七字，逢一、二、四句多押平声韵。客家山歌曲调丰富，有号子山歌、正板山歌、快板山歌、五句板山歌。客家山歌旋律优美，几乎所有曲调中都有颤音、滑音、伴音等装饰音，因而使旋律变得回环曲折，委婉动听。紫金山歌唱腔曲调抒情、流畅，每个句末带拖腔，并用上滑和下滑音来丰富歌曲的表现力。客家山歌的艺术特色主要有：一是感情浓烈，想象丰富；二是形象鲜明，意境清新；三是抒情叙事，浑然一体；四是感物即事，自然流畅。

新中国成立后，党和政府重视民间艺术的挖掘和保护工作，赋予了客家山歌新的生命力，我县搜集整理和保存了传统的山歌资料，又鼓励创作具有时代气息的新山歌。代表作有：义容山歌《共产党来恩情长》、《山水相逢好团圆》，蓝塘山歌《条条山歌颂党恩》，中坝山歌《花无百日在高山》、附城山歌《日头一出千条须》。解放后，紫金涌现了一批优秀民歌手，1955 年 10月，义容镇温月英赴北京参加全国业余音乐舞蹈观摩会，演唱《共产党来恩情长》，党和国家领导人观看了演出。改革开放以来，客家山歌多次参加市、县群众文艺演出。

近年来，我县作者创作的新客家山歌，屡次在省、市比赛中获奖。2014年 6 月，我县群众歌会代表队演唱的本县原创客家山歌《一声情妹一声哥》、《客家妹子人赞扬》，在"唱响中国梦"河源市庆祝新中国成立 65 周年歌咏比赛中荣获金奖。9 月份代表河源市参加广东省第十一届歌颂中华歌咏总决赛，荣获铜奖。

三、提线木偶戏

木偶戏有提线木偶戏和杖头木偶戏二种。提线木偶戏最早传入永安（紫金）是在清光绪十年（1885 年），至今已有一百三十年历史。由龙窝宝洞村邓木开等人从福建引进，组建了第一个木偶戏班——"荣华堂"，当时戏班以粤语演唱为主，丑角用客家话插白。代表剧目有《白蛇传》、《薛仁贵征东》、《关云长取长沙》、《瓦岗寨起义》、《花子进城》等，龙窝提线木偶戏流行区域主要是紫金、五华、海丰、陆丰、惠东、淡水、揭西、韶关等地。

民国时期，龙窝镇一带有 8 个提线木偶戏班，分别是荣华堂、崇华堂、瑞常春、聚华堂、新艳华等。八十年代，龙窝镇仍保留有宝洞村邓氏戏班和慎田村钟氏戏班，这两个戏班直至八十年代均演出频繁，2007 年合并为龙窝镇木偶戏剧团。木偶戏传统剧目题材大多取材于民间传说、民间故事，唱腔音乐是在民间小调的基础上衍生而来的，采用类似花朝戏唱腔。戏中道白、唱词清时以粤语为主，民国以后改用客家方言。人物角色分生、旦、净、丑，用器乐伴奏，常用的器乐有木鱼、扬琴、唢呐、二胡、高胡、锣鼓、钹等。龙窝提线木偶戏表演技艺精湛，独具一格。木偶像一般高约 50～60 厘米，其关节部位都有线牵动，每根线集中在顶部一块竹片上。木偶的悬线少则十多条，多则二十条。有的木偶除手脚活动外，眼睛和嘴都会动。表演时，布置一个小舞台，只露木偶不见人，表演者站在帷幕后高处俗称"天桥"的地方，一边操纵木偶表演，一边念唱，民乐队在旁伴奏。木偶戏适合于节日、庙会以及庆典等活动时，在乡村禾坪、广场、学校搭台和戏院舞台演出。

2000 年紫金县举行了元宵民间艺术展演活动，龙窝提线木偶戏参加了演出，获得观众好评。此后多次参加河源市和本县民间艺术巡游演出和春节文化演出活动。该项目于 2009 年被河源市人民政府列入为首批非物质文化遗产名录。为弘扬优秀客家文化，进一步做好龙窝提线木偶戏的保护和传承发展，2007 年县委办、县府办印发了《关于龙窝木偶戏保护方案》，成立保护工作机构。文化部门认真做好普查、挖掘工作，整理木偶戏剧目 20 多个，更新了一批演出道具、设备，整合宝洞、慎田两个木偶戏剧团，成立紫金县龙窝镇木偶戏剧团，同年被评为河源市第一批非物质文化遗产项目。2008 年起木偶戏逐步恢复演出。近年来，龙窝镇木偶戏剧团不仅在本县演出，而且还被邀请到五华、惠东、揭西、陆河等地演出，每年演出 60～70 场。龙窝提线木偶戏在河源市具有唯一性，艺术特点鲜明，深受群众欢迎。

四、纸马舞

纸马舞是紫金县的一种民间艺术。明末，由永安（紫金）新庄秀才陈五从河南开封引进，次年元宵节在永安县城表演，颇受县人欢迎。黄花、上庄均请陈五传授技艺，乡人根据本地习俗加以提炼，加工发展。中坝贺岗，紫城石坑、升车，龙窝璜坑，黄塘下黄塘等地相继组成纸马队，此后在全县流传至今，成为县人喜闻乐见的娱乐形式。2007 年被评为河源市第一批非物质文化遗产项目。

纸马舞一般在节日特别是春节期间在广场、街道、禾坪表演，以达到娱乐、拜年、联谊等目的。比如拜年表演，先在门口朝拜，取"禄马朝堂"之意。纸马舞的演员由 20～30 人组成。由 2 名打浪伞的演员开路，后面跟着骑着纸马（8～16 匹）的马旦演员（男女各半）和 4 个手执写着"国泰民安"等吉祥语牌匾的演员组成方队。音乐伴奏以锣、鼓、钹、唢呐为主。表演时，擎浪伞者引马旦跳"进二退一"的舞步，其它演员亦踏着节奏前行。表演有"跑马"、"间花"、"穿灯柱"、"对歌"、"翻猪肠"、"织毯子"、"走八字"等舞蹈动作。有的还配以歌唱，锣鼓停歇，由唢呐伴奏，男女对唱。歌词内容以农事活动为主，唱腔为民间小调，歌颂"国泰民安"、"风调雨顺"。

解放后，纸马舞在紫金县较为流行，1954 年附城新庄乡纸马舞参加粤东地区民间艺术汇演，1977 年本县经改革后的纸马舞《跃马欢歌》获省评比三等奖。近年来，纸马舞多次参加市、县民间艺术巡游表演，2015 年春节期间龙窝镇纸马舞还到五华、惠东、揭西等地表演。

五、花船舞

花船舞亦称"划旱船"，相传起源于盛唐时期。花船舞是流传在紫金县的一种民俗活动。旧时东江渔民婚嫁有接花船、唱迎嫁歌的风俗，迎嫁场面热烈。在清末年间，受东江的影响，古竹东江、龙窝韩江、琴江沿岸百姓也模仿此类做法，但凡节庆进行娱乐表演，便制作道具花船，一边舞着花船，一边唱着东江、琴江水路歌，把沿江地名逐个唱遍，表现渔民恋爱，婚嫁及有关内容，载歌载舞，热闹非常。舞花船先是在沿岸乡镇流传，后流传至县城及周边乡村。形式属多人舞表演，一般由 8 或 16 人组成。每只船上有一位年轻貌美的船家女和白发银须的艄公，或是头戴银笠的渔郎。男的划桨，女的踏浪，轻歌曼舞，不断穿梭，舞步以十字步为主，表演静水行船，浪里飞舟，急流过滩、冲浪等动作。时而轻舟荡漾，时而翻江倒海，船女与艄公配合默契。主要作品有《折花歌》、《二十四节气歌》、《十赞乡镇府》、《拥军优属》等，花船舞伴奏乐器为锣、鼓、钹等打击乐器，有时加唢呐伴奏。花船舞以舞为主，说唱为辅，边舞边唱，具有浓郁的客家风情。花船起舞，场面非常壮观，令观人拍手称快。过去逢年过节，紫金县各地都表演这一民间舞蹈。表演场地一般设在广场和街道。

花船道具是竹扎布围纸糊的无底船，船顶装饰有 4 柱支撑，船体左右两佃农贴上"五谷丰登"、"国泰民安"、"年年有余"等吉庆字样。桨板由木做成油漆，船家女沾在花船中间用彩布担起船身，手扶花船起舞，艄公站在船旁划桨，花船舞曾多次参加市、县民间艺术表演，参加了紫金县历届民间艺术汇演，河源市第一、二、三届旅游文化节巡游表演和河源市首届体育运动会开幕式的百人表演等活动。2007 年花船舞被评为河源市第一批非物质文化遗产项目。2013 年紫金县花船队参加河源市中国客家文化节巡游活动。

六、春牛舞

旧时县官每逢开春，便带僚属和县民，肩挑祭品，牵着牛到五谷庙祭祀神农，祈求风调雨顺，五谷丰登。祭祀后，县官下田扶犁驱牛，谓之"示耕"，乃劝农之意。随着时间的推移，这种民俗活动演化为春牛舞，每当丰收年景，村民们便与牛共舞，与牛同乐，期望开春又有好收成。后来村民将真牛改为竹扎纸糊的道具牛。

如今表演形式和道具又有新变化，春牛则用竹扎、纸糊牛头，布身、双

人钻进牛的肚子里合舞，表演默契。开场时，春牛锣鼓响后，由牧童牵牛上场，表演骑牛、逗牛等滑稽动作戏耍春牛，春牛则从艺术上加以塑造，模仿牛的形态、神态、动作，活灵活现地表演，使它更有人情化、憨厚、可爱。牧童用喂草、洗刷、抚背等表演动作，表现对牛的呵护。牧童表演完后，男队头裹毛巾，肩扛锄头，女队戴凉帽，肩挑花蓝分别从两边舞上。表演时，两队边跳边舞转一个圆圈后。男女对唱，绕圆场后，每舞一圈唱一段。歌词内容以二十四节气和相关农事活动为主，唱腔是紫金特色的春牛调，如《脚踏泥水春耕忙》、《贺新年十大恭喜》，唱词是三句式，第三句是第二句的重复。音乐主要是打击乐，由唢呐、笛子伴奏。春牛舞属自娱性表演，既可在村寨进行联谊活动，也可在广场、街道、门坪表演或舞台上演出。

春牛舞在紫金县城、上半县及瓦溪镇一带较为流行。1974 年瓦溪乡的《春牛歌舞》参加惠阳地区业余文艺汇演获优秀节目奖。春牛舞曾多次参加河源市和本县民间艺术巡游表演活动。1997 年县花朝戏剧团把春牛舞作为传统歌舞节目赴香港屯门、大埔、元朗等地演出，获得好评。2007 年春牛舞被评为河源市第一批非物质文化遗产项目。2015 年春节期间，龙窝镇春牛舞除了在本镇各村演出外，还应邀五华、惠东、揭西等地演出。

七、象舞

象舞是紫金乃至河源市独特的民间艺术，已有三百多年历史。此俗源于古时岭南多象，民间有象耕象舞的习俗。明末，龙窝彭坊人黄金旺于春节时组队首演。

象舞是龙窝镇庆祝春节的传统习俗。象舞的主要道具是象，象头、象鼻均用篾条编织，内面是竹、木搭架，外面糊上一层灰布并加于装饰。象有两种，一种是"手提象"，也叫小象，另一种是两人在象肚内操作行走的"生象"，也叫"大象"。小象约一米高，大象长达 2.5 米、高 1.5 米、宽 1.2 米左右，需二个成年人才能舞动。象舞队一般由 20～30 人组成，1 人引象，2 人负责舞象，两个农民打扮的演员扛着锄头边舞边作农事活动的样子，有人提花蓝，舞花扇，其余的用"八音"（鼓、锣、钹、铛、唢呐、高胡、箫、木鱼）伴奏。象舞为节日增添喜庆气氛，群众喜闻乐见。每一场表演都以对唱为主，歌词的内容多为倡导勤俭节约，惩恶扬善，警示人生或褒扬历史名人，或农事活动，猜谜等。歌词取材内容广泛，韵律和美又浅显易懂，很受欢迎。如《警示歌》、《四季歌》等。

民国以前，龙窝镇基本上村村寨寨都舞象，有龙窝、莲塘、嶂下、宝洞、茶松、慎田等象舞队，春节时走家串户进行表演。解放后，党和政府重视挖掘和保护民间艺术，象舞这一民间艺术得于传承、发展下来。五十年代，象舞队在本县、惠阳、梅州等粤东地区演出。五十年代，龙窝象舞队参加汕头地区"群英会"文艺演出，荣获演出奖，后来又参加惠阳地区文艺汇演。直至1958年"大跃进"后，一些艺人不再进行舞象。时隔20多年，即上世纪八十年代又逐渐兴起，一些喜爱舞象的艺人又重新制作了道具舞起象来，使得这一濒临绝迹的民俗得以传承发展。

九十年代以来，虽然受商品经济大潮和文化娱乐多元化的冲击，艺人出现青黄不接的现象，但是通过文化部门的重视和艺人的努力，象舞表演得到延续，进入新世纪以来，龙窝镇象舞队逢年过节均有表演，并多次参加全县民间艺术展演和招商活动演出，2015年春节期间，龙窝镇象舞队到本镇各村进行表演，还被邀请到惠东、揭西演出，深受群众欢迎。

八、北帝公三月初二巡游节

古竹北帝庙建于南宋，至今已有700多年历史，该庙位于古竹镇东江边龙王阁畔，此处东江河水转弯流急，所以当地人建北帝庙来镇守此处。相传南宋末年，江浙皖鄂湘赣闽粤诸省的南宋汉人为避战乱，纷纷南迁。在南迁过程中，黎氏有一位汉子不幸与族人走散了，辗转来到紫金县古竹镇。举目无亲的他只得栖身于东江边的北帝庙中。他在北帝庙里垒了一个简单的神台，将随他一起南漂而来的祖先牌位安放好。他面向北帝神像和祖宗牌位跪拜，祈求北帝和祖宗保佑他存活下来，并且扎根紫金，子孙发达，枝繁叶茂。这一年是哪一年无人记得，但这一天恰好是三月初二。

黎氏先祖白手起家，勤奋耕作，迅速枝繁叶茂。黎氏族人感恩祖宗庇护，更感恩北帝的收留之德，于是，黎氏族人一代代将北帝敬重有加。每年农历三月初二这天，全族人必抬北帝神像巡游全村。向乡人展示北帝的神明大德。这天，黎氏族人会从全国各地聚集古竹参加巡游节。巡游节的前一天（三月初一）下午，族人要在北帝庙举行向北帝公进行"拜寿"仪式；三月初二上午，巡游队伍在东江边龙王阁畔北帝庙前门坪集结后，首先举行祭拜北帝和祖宗仪式，然后是"请座"祭拜仪式，接着分别到聪、明、睿、智各祠巡游，参加巡游活动的有黎氏族人和镇上其他姓氏人家，路人簇拥观看，热闹非凡。游行队伍鼓乐开路，鞭炮齐鸣，旗幡招展，龙狮狂舞，沿街巡游共庆升平，巡游结束大家共进族宴。古竹北帝公三月初二巡游节每年举办一次，三年一次加秋祭（九月十二），秋祭时北帝与关帝一起銮游，十年一次大祭（即打

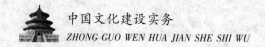

醮）。每逢大祭，场面更为壮观，上世纪四十年代的一次大祭，请来县内外龙舞、狮舞、花朝戏、木偶戏、春牛舞、杂技、皮影戏等民间艺术队伍进行轮流演出，整个巡游活动，前后历时七天时间。近年来，参加古竹北帝公三月初二巡游节的人越来越多，2014 年举办的巡游节吸引数以千计的群众参与，《河源日报》、《河源乡情报》等媒体对此项活动作了报道。2015 年 3 月，北帝三月初二巡游节被评为河源市第五批非物质文化遗产项目。

北帝公三月初二巡游节源远流长，参与人数众多，已经成为古竹百姓的民间传统节日，经久不衰。2015 年巡游节，巡游队伍人数达 600 多人，参与群众数以万计。"巡游节"的"感恩"、"传承、""和睦"的目的性非常突出，形成了"敬宗尊老"、"乐观向善"、"公正处事"、"正直做人"、"和气兴家"的族群文化。"巡游节"是集宗教性、娱乐性、民俗性、群众性于一体的综合性传统文化活动。期间花朝戏等民间艺术和歌舞表演丰富了群众文化生活。"巡游节"的教育启发和社交功能影响广泛。因此，古竹"北帝三月初二巡游节"无论从民俗文化、宗教文化、群众文化等方面都具有艺术研究的历史价值和社会价值；对凝聚乡情、促进和谐、推动当地社会经济发展都具有积极的现实意义。

九、椒酱制作技艺

紫金"永安"牌椒酱（原名沈鸿昌辣椒酱），是永安（紫金）县沈鸿昌于 1771 年创办，已有 200 年历史，是紫金县的传统名优产品，与竹壳茶、铁锅并誉为"紫金三朵花"。产品风味独特，营养丰富，有调和气血、助消化、增强食欲、灭菌防病等功能。曾参加国家轻工业部产品展销会，深受欢迎，誉名中外。1984 年和 1987 年二次荣获省级优质产品称号，产品畅销省内外和香港、东南亚等地。1988 年全县生产椒酱的国营厂和乡镇企业有 10 多家。

九十年代以来，由于受现代化进程的冲击和影响，紫金椒酱销售市场呈萎缩状况。目前，全县仅剩几家企业进行生产椒酱，主要分布在紫城镇、蓝塘镇等地。紫金县千禧食品有限公司前身为县国营食品厂，2000 年转制为民营企业，转制后公司加强了内部管理，依靠科技进步，积极推进农产品的精深加工及流通。该公司秉承传统工艺，不断进行技术改造和设备更新，目前拥有一条椒酱自动化生产线，2005 年该公司所生产的"永安"牌椒酱被评为广东省名牌产品（农业类）；年内该公司被河源市政府认定为第四批重点农产品加工流通企业。2014 年年产椒酱产品 800 吨，实现产值 910 万元。

紫金椒酱由大蒜、辣椒、虾仁、花生油等原料组成。生产流程：原料—

调配—装罐—验收—包装—成品。制作过程是挑选好大蒜、辣椒等原材料，放在腌制池里进行腌制，腌制好后，在调料池进行调配，再到车间进行装罐。紫金椒酱传统制作工艺具有鲜明的地方特色，在省内外具有一定的影响。2015 年 3 月，椒酱制作技艺（紫金县）被评为河源市第五批非物质文化遗产项目。

紫金椒酱传统制作工艺，具有鲜明的地方特色，在省内外影响较大，对丰富客家饮食文化内涵，促进人们身体健康，推动地方特色产业发展都具有突出的历史文化和科学价值。

十、竹壳茶制作

竹壳茶原名葫芦茶，又称龙须茶、保健茶。竹壳茶已有 400 多年历史。紫金"陶然"竹壳茶制作有上百年历史。上世纪二十年代，紫金县蓝塘镇人戴春生流浪在博罗县柏塘镇后，被曾在罗浮山当道士的黄炳元收留，开始学制药。黄炳元去世后，戴春生回到紫金专制竹壳茶。建国前产品已远销广东、东南亚、台湾等地。建国后成立紫金县副食品厂，生产竹壳茶，产量大增，畅销东南亚各国，成为我县出口商品之一。竹壳茶与椒酱、铁锅一并被誉为紫金工业"三朵花"。1976 年戴春生女婿梁浪夫学成戴春生制药经验后，办家庭作坊，1982 年创办陶然竹壳茶厂。

紫金地处山区，中草药资源十分丰富，紫金竹壳茶的原材料就是从当地采摘的。竹壳茶采用手工制作，主要原料由深山采摘的鸭脚沐、救必应、金不换等多种草药组成。其性味甘而可口。竹壳茶制作是传统手工艺，生产流程：由选料—蒸煮—烘烤—包扎—装箱组成。先将采来的鸭脚沐叶等原料分别去土洗净，晒干后按比例配料，加适量水放在蒸煮池里，然后用柴火煮六个小时以上，再放到烤房烤干，搅碎成颗粒，去除杂质。最后用干竹壳将药料包裹，竹篾扎成五个连珠葫芦形状，底部贴上红纸标签，然后 100 条一捆扎好装箱。竹壳茶具有清热解暑，舒肝健脾，助消化的功效。目前，陶然牌竹壳茶仍很受欢迎，县内商店和外地都有销售。县内也有厂家将竹壳茶制成袋装保健茶进行生产。2008 年竹壳茶制作技艺（紫金县）被评为河源市第二批非物质文化遗产项目。

紫金竹壳茶之所以能长盛不衰，首先在于它能把各种中草药巧妙地利用起来，草药的配置中也充分讲究比例，一般以鸭脚沐叶、金不换和救必应为主，其他只能起调节作用。再次，蒸煮时很讲究火候，一般以温火为主，这样才能保持药效。另外，紫金竹壳茶在原材料的选取上也十分考究，只有优

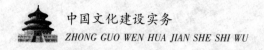
质的原材料才能煮出优质的竹壳茶。

十一、铁锅制作技艺

紫金铸锅业始于明洪武 11 年（1378 年），具有 600 多年历史。紫金铁锅是紫金县传统名优产品，与竹壳茶、椒酱并誉为"紫金三朵花"。产品采用紫金县宝山优质生铁和特有的传统技术铸造而成，具有韧性好、不生锈、光滑油润、美观耐用的特点，以及在高温 300 摄氏度时泼水骤冷而不破裂等优点。1962 年全省铁锅生产会议在紫金召开。1964 年 10 月，在国家轻工部主办的全国铁锅生产经验交流会上，紫金铁锅被评为质量第一名，产品畅销全国各地和香港、东南亚等地。上世纪六、七十年代鼎盛时期，全县有国营、乡镇铁锅厂 10 多家。由于受现代化进程冲击和影响，国内许多锅厂采用机械冲压制锅，成本低，效率高。上世纪八十年代后期以来，靠传统手工艺生产的紫金铁锅销售市场逐渐不景气。目前，紫金铁锅生产厂家仅剩二、三家，分布在县城和龙窝镇等地，从业人员仅 60 多人，技术工人年龄老化，青黄不接。

紫金县成兴机械铸造厂（原龙窝镇和交铁锅厂）占地面积 1500 多平方米，厂房面积 800 平方米，生产"紫宝"牌系列铁锅产品。该厂具有 100 多年的铁锅制造经验，是一家集设计、制造、销售于一体的铁锅生产企业。在新世纪，紫金县成兴机械铸造厂在继承传统技艺基础上进行技术改造和设备更新，铁锅产量逐年提高。2014 年生产铁锅 600 吨，产值 450 万元。位于龙窝镇连塘村的紫金县飞翔铁锅铸造厂，该厂前身是成立于 1950 年的镇办企业龙窝红旗铁锅厂，历史悠久。

铁锅制作以紫金宝山优质生铁为原料。生产流程：生铁—溶炼—浇铸—出锅—验收—成品。生产设备主要有溶炉、风机等。模具有水泥、耐火泥、木炭、松烟、石墨、烟扫、谷壳、白泥。随着人民生活水平的逐步提高，人们对炊具要有保健功能要求。而铁锅不但防腐能力强，骤冷骤热性能好，导热快，最显著的特点是能满足人体所需要的微量铁元素。因此，近年来铁锅比其他锅产品越来越受到人们的青睐，含铁锅在内的国内外五金市场日益扩大。紫金铁锅生产历史悠久，其制作技艺具有展现中华民族创造力的典型性和代表性，传承发展铁锅生产技艺对挖掘、研究紫金人文历史及工业发展史，丰富客家文化内涵，发展紫金地方特色产业，都具有较高的历史价值、文化价值。2015 年 3 月，铁锅制作技艺被评为河源市第五批非物质文化遗产项目。

十二、紫金牛肉丸

紫金牛肉丸是一道美味可口的汉族名肴，属于粤菜系。紫金牛肉丸已有一百多年历史，是紫金县乃至河源市饮食行业的名优品牌，已成为紫金客家饮食文化的一个符号和紫金文化的记忆。

清末年间，紫金县龙窝镇地偏人穷，老百姓开始捕捉青蛙为食，以补充营养。有人则将青蛙洗净，去其内脏后，用铁锟捶打成肉泥，加一些番薯粉，做成丸子，俗称"蟹丸"，煮熟后食用。后来，随着人们生活水平的提高，猪、牛等肉类供应日益丰富，老百姓逐渐用牛肉、猪肉代替青蛙，做成独具客家风味、清香爽脆的牛肉丸、猪肉丸。紫金牛肉丸被称作"天光牛肉丸"。关于这个名字的说法有两种：其一说商家在天亮前购买刚宰杀的新鲜牛肉，这个时候的牛肉质量最为鲜美；其二说当地人因爱吃牛肉丸从天黑吃到"天光"。

紫金牛肉丸，肉质细腻，偶有肉筋，直径可到6厘米，像网球般大，被誉为"中国最大的肉丸"。制作原料一般采用新鲜牛腿包肉，去筋后切成块，放在大砧板上，用特制的方形锤刀将牛肉捶打成肉浆，捶打过程加少许胡椒去膻，再加盐、上等鱼露和味精，随后用大碗盛装，加入方鱼末、白肉粒拌匀，用手使劲搅挞，然后用双手将肉抓捏成肉丸，再放在冷水中浸泡一段时间降温，捞起放在煮滚的牛骨汤里，最后放些葱花，加入适量味精、胡椒粉即可食用。牛肉丸还可烤着吃和切片炒菜，爽脆清香，口感好，有韧劲，原汁原味。

紫金牛肉丸多次在省市美食评比中获奖，2010年1月"紫金亮堂牛肉丸"被广东省食文化研究会评为"广东最具代表性的地方美食"，2010年10月参加广东国际旅游文化节组委会举办的中国粤菜选拔大赛并荣获"中国粤菜名菜奖"；参加世界客属第23届恳亲大会，荣获"美味靓汤（10种）之一"的荣誉称号。2015年3月，紫金牛肉丸制作技艺被列入河源市第五批非物质文化遗产项目名录。紫金牛肉丸是紫金人喜爱的传统美食，同时得到许多外地人的青睐。紫金牛肉丸远近闻名，甚至远销到全国各地和海内外。目前，牛肉丸早餐店遍布全县各镇，计有上百间，紫金县城城南形成了一条牛肉丸美食街，在河源、惠州、广州、深圳等地也有许多经营紫金牛肉丸的餐馆。

十三、八刀汤制作技艺

紫金八刀汤已有一百多年历史，是紫金客家人对猪肉烹煮的完美演绎，是紫金县乃至河源市客家知名特色美食。以前穷人家里为了招待客人，就把家里的猪杀了，把一些有营养的部位放在一起煮，称为"猪杂汤"，作为招待客人的最佳美食。当时这种美食还只是用来招待客人，没有正式进入市场。20 世纪 80 年代中期，才把猪杂汤搬上街头，并采取更精致的做法，取名"八刀汤"，又称"八宝汤"，开始市场化经营。2012 年 11 月紫金八刀汤被广东省食文化研究会评为"最受欢迎品牌"。2013 年 9 月，被中国（广东）国际旅游产业博览会评为"优秀美食"。2013 年 11 月，被广东省食文化研究会评为"特色产品金奖"。2015 年 3 月，八刀汤制作技艺被评为河源市第五批非物质文化遗产项目。

八刀汤选料由本地土猪入手，精心挑选猪心、猪肝、猪肺、猪舌、猪小肠、猪腰、隔山衣（猪膈膜）、前朝肉（猪耳至猪前脚之间的肉件）部位各切一刀，将所切的猪肉，上面洒放少许的精盐、胡椒粉、味精，倒入山泉开水里，加盖猛火灼煮十分钟即可食用。"即切"、"即煮"、"即食"是八刀汤最大的特点。由于八刀汤没有膻臊异味，肉鲜味美，深受群众喜欢。目前，八刀汤早餐店遍布全县各镇，计有 100 多间，尤其县城居多，在广州、深圳、惠州、中山、河源等地都有以紫金八刀汤为主菜的餐馆。

由于八刀汤食材新鲜，选料优质，制作独特，历史悠久，已成为许多紫金人日常生活的一部分，同时也得到许多外地人青睐，在县内外影响较大，已成为紫金县一个响亮的饮食文化符号。八刀汤制作技艺具有鲜明的地方特色，对研究客家饮食文化，推动地方特色产业发展，都具有较高的文化价值和历史价值。

十四、酿鸭饭

在紫金县流行一种独特的饮食习俗，是饮酒者参加宴席先食酿鸭饭填饱肚子，叫"絮酒底"。紫金是农业县，盛产水稻，农村家家户户养鸡、养鸭。紫金客家饮食文化底蕴深厚，是有名的"厨师之乡"，仅蓝塘、凤安镇就有3000 多人在外从事厨师职业，遍布广东各个城市甚至上海、天津。有的被评上"中国烹饪大师"，"广东名厨"称号。惠州、广州、深圳等城市都有很多紫金客家菜馆。酿鸭饭是紫金宴席上必不可少的一道菜色，紫金人家宴以及红白喜事都上这道菜，紫金菜谱"四海碗、九大碗"中有酿鸭饭。酿鸭饭制作有几百年历史，饮酒者往往先吃酿鸭饭垫垫底，边饮边"猜枚"（行酒令）。《刘氏旧时礼仪集》（1908年）记载"婚庆宴席菜色酿甲饭，这里甲即鸭，甲是第一意思"。《紫金文史·生活篇》记载："酿鸭饭是紫金人宴席常用的菜色之一"。食酿鸭饭习俗不但在紫金县较为流行，连外地的客家人也十分喜欢，在客家地区影响广泛。《广州日报》以"客家酿鸭饭香而不腻"为题，报道这道菜的制作工艺。酿鸭饭是紫金独特的一道菜色，其他客家地区很难找到，紫金酿鸭饭与客家"猜枚"（行酒令）习俗相融合，且饭菜合一，为客家饮食文化的奇葩，在客家饮食文化中产生重大影响，让海内外客家人记住乡愁，酿鸭饭已成为紫金客家饮食文化符号和紫金记忆，在客家饮食文化、客家习俗等方面都具有深厚的历史价值、文化价值。

酿鸭饭制作方法是先将宰好的番鸭（约5~6斤为宜）取去内脏洗净，放入锅里煮熟捞起，将皮取出，去骨，将肉撕成丝状。然后将花生米炒酥（去衣掰片）、用温水将鱿鱼浸软，五花猪肉切成粒状肉丁，加生抽、胡椒粉、盐拌匀。再把糯米（2~3市斤可制4~6碗）用水浸10~12小时，浸润后放入锅内，加鸭汤炆至熟烂。最后将鸭皮分成4至6块取其中一份鸭皮平放在碗底，将肉丝、鱿鱼丝等均匀第放在鸭皮上，再将糯米饭舀入碗内，表面呈弧形略高出碗面为宜，中间用木块插一孔至碗底便以通蒸汽，放入蒸笼蒸约30分钟，然后转入大海碗，加少量花生油、葱花，即可上席。

紫金酿鸭饭制作技艺代代相传至今，沿续几百年。上世纪八十年代以前农村家庭几乎都会做，现在一些农家逢年过节家宴以及县内饭馆、酒店仍保留这道菜，市场摊档大量销售酿鸭饭，深受河源、惠州、广州深圳客家人喜爱。紫金县福满楼酒店是一家专做客家菜的酒店，一天销售酿鸭饭有过160碗的记录。该酒店通过创新，推出酿鸭饭系列菜铁板鸭饭。这里的厨师马振茂在深圳、紫金做酿鸭近20年，技艺精湛，授徒30多人，传承发展酿鸭饭制作技艺。酿鸭饭的下一步保护计划是进一步挖掘制作技艺，做好市级非遗项目申报工作。利用省、市、县发展旅游战略，推动酿鸭饭以及酿豆腐、酿春卷、马牙等特色农家菜市场化经营，开拓省内外市场。以农家菜点为亮点，农家菜馆载体，打造客家特色饮食文化品牌。酿鸭饭制作技艺于2016年3月申报河源市第六批非物质文化遗产项目。

十五、蒲米

蒲米，又称熟米。食用蒲米是一种在紫金县流行几百年的传统饮食习俗。

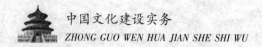

紫金是农业县，盛产水稻。蒲米制作在紫金已有400多年历史，据《紫金县志》记载："本县山多林密，建县之初人少地多，尔后县外客民陆续迁来定居，多因水土不服，面黄肌瘦，明万历十八年（1590年）知县陈荣祖教民食用熟米，去湿除寒，此后，本县多数农户食用熟米"。据专家验证：普通稻谷经过水煮，蒸（蒲）谷的加工过程，使谷物有益元素渗透到稻米里面，而且经过加工改变了大米原来的淀粉结构，也应证了西方发达国家把稻谷壳通过深加工做成食品的好处。熟米具有消食和除湿去寒等效果，为客家地区群众所喜爱。肠胃疾病患者看中医，医生多吩咐要吃蒲米。

蒲米的传统制作，首先选用符合国家粮食生产标准的优质稻谷，多用刚收割的湿谷，也可用干谷。选用优质水源，根据中药材制作方法蒸、煮、晒的原理精制而成。其制作技艺分四个步骤：一是煮谷（焖谷）。用大生铁锅将清水煮开（100℃），将稻谷倒入锅内抹平，水浸过稻谷2～3厘米为宜，去掉漂浮在水面的杂质，盖上锅盖。再煮5～10分钟熄火，让其自然焖5～6个小时。二是蒲谷（转锅）。先将锅里的稻谷由上至下按顺序捞起放入箩筐排干水分，再按顺序放进干锅里，按50公斤谷800cl水的比例加水，盖上锅盖生火加热30分钟左右，锅内有嘁嘁啪啪响声（即锅底烧干）时停火，焖足1～2小时（此过程产生色、香、味），开盖将稻谷放到箩筐装好。三是晒谷（干燥），晴天在干净的晒谷场上将蒲谷均匀散开，厚度约30㎝，每晒1小时翻一次，5～6小时谷可晒干。四是碾米，用碾米机将蒲谷（熟谷）碾成大米即蒲米。蒲米比普通生米略大，黄白色，呈半透明。蒲米的食用方法有蒸饭、煮粥、爆米花、爆米花。用蒲米做成的箩卜粥、瘦肉粥最受欢迎，蒲米、生米也可混合煮粥。蒲米又可制作米橙、糕点和擂茶。

蒲米制作从明朝万历18年传入紫金至今400多年，第一代传承人是生于明正德25年（1527年）的黄迁，紫金龙窝镇嶂下村人，此后世代相传。上世纪八十年代以前农村几乎每个家庭妇女都会做蒲米。随着现代化进程的加快，人们对传统习俗的热情不如从前，但是目前许多客家人仍保持食用蒲米习俗，许多饭馆也还保留蒲米饭、蒲米粥的经营。全县依然有许多人制作、经营蒲米。紫金蒲米远销河源、梅州、清远、惠州、深圳等地。第十五代传承人黄准多13岁学会熟米制作，一直坚持此技艺30多年，对熟米制作传统技艺进行挖掘研究和推广。2014年在龙窝镇嶂下村成立中裕客家蒲米有限公司，批量生产蒲米，并利用网络进行经销，生意兴隆，该公司致力打造蒲米饮食习俗文化品牌。该公司下一步计划将继续挖掘蒲米制作技艺内涵，扩大生产规模、在河源、梅州、清远、惠州、深圳等地设立仓储式配送和售后服务，发展国内外市场。蒲米制作技艺于2016年3月申报河源市第六批非物质文化遗产项目。

十六、伯公坳凉粉

紫金县伯公坳凉粉制作技艺已有150多年历史。这种民间小食口感甘、香、韧、滑，风味独特，清热解暑，深受人们喜爱。在紫金紫城镇书田伯公坳省道紫五路两旁，有6间经营凉粉的小吃店。这些小吃店的经营者都是江贤业的后人，清代咸丰年间江贤生就在伯公坳摆摊卖凉粉。至今江氏已有六代人在此熬制凉粉。紫金伯公坳凉粉制作技艺历经百余年，代代相传，始终秉承传统，技艺精益求精。凉粉许多地方都有，而伯公坳凉粉独特之处是用伯公坳山上凉粉草和天然山泉水熬制而成，成品呈黑色胶状，形状美观。凉粉口感甘、香、韧、滑，伴上蜂蜜食用，清凉可口。紫金凉粉不但本地人喜爱，而且吸引了不少外地人，路经紫金的梅州、海丰、陆丰人都要停留品尝伯公坳凉粉，台湾同胞、港澳华侨也慕名光顾。近年来，伯公坳山上凉粉店已成为人们品美味（凉粉，黄瓜生、炒田螺等）和乘凉休闲的场所。目前仅书田伯公坳的江氏家族在县城和乡镇就有9间凉粉经营店，在河源、惠州、深圳等地都有经营伯公坳凉粉的小吃店，生意红火。紫金伯公坳凉粉是天然绿色食品，凉粉制作采用深山原生态凉粉草，经晒干后放在锅里，加入优质天然山泉水熬制3小时。在熬制过程中加入少许小苏打，捞起过滤后，将熬制的药液再加水煮沸后，加入少许茨粉（用山泉水冲好），快速倒进锅里，用勺子搅动，然后将药液不停地向上扬起，待煮沸20分钟后即可起锅。放进盆里冷却后便凝固成黑色胶状物，这样凉粉就制成了。凉粉切碎后拌上本地蜂蜜食用，口感极佳，男女老少均喜欢，已成为紫金人的一种传统饮食习俗。紫金山区山清水秀，野生凉粉草分布广，山中流泉飞瀑，资源十分丰富。紫金伯公坳凉粉品质优良，采用传统制作技艺，具有鲜明的地方特色。伯公坳凉粉丰富了紫金客家饮食文化内涵，是紫金人夏秋季清凉消暑饮品，覆盖面广，在紫金以及梅州、河源、惠州、深圳等地产生较大的影响力，是紫金饮食文化符号和文化记忆，是河源市乃至广东省名优小食。紫金伯公坳敏记凉粉荣获"紫金十大特产"称号，该店2004年起多次被推荐参加河源市旅游文化节；2008年参加首届中国客家文化旅游节；2010年参展第23届世客会，并荣获河源风味小吃（30种之一）称号；2012年被广东省食文化研究会评为最受欢迎特色品牌；2013年被广东省食文化研究会评为特色产品"金奖"，广东最具代表性地方美食等荣誉称号。凉粉制作技艺在民俗文化、饮食文化、

民间医药等方面都具有深厚的文化底蕴和历史价值、文化价值，对发展紫金特色产业，具有积极的现实意义。

紫金伯公坳凉粉制作自清咸丰年间流传至今已有150多年历史，历经六代，代代相传，紫金伯公坳凉粉以一间茅棚做起，发展至今遍布县城和乡镇的凉粉小食店，从业人员上百人，生意越来越红火，到伯公坳食凉粉已成为紫金人特别是年轻人的一种休闲方式。紫金一直流传这样的说法："不管是紫金人回乡，还是外地人到紫金，如果没有吃敏记凉粉，没有吃附城八刀汤，就等于没有来到紫金。"伯公坳凉粉受到《广州日报》、《河源日报》、《河源晚报》等新闻媒体的关注。2013年《河源日报》以"美味凉粉扬名150年——紫金伯公坳凉粉藏在深山，名声在外"为题，详细介绍伯公坳凉粉历史渊源和制作工艺。伯公坳凉粉逐步形成产业化，市场前景广阔。保护传承伯公坳凉粉制作技艺具有重要意义。伯公坳凉粉制作技艺于2016年3月申报河源市第六批非物质文化遗产项目。

十七、狮舞

狮舞是紫金县一种常见的民间艺术，已有一百多年历史。狮舞分单狮和又狮二种，单狮上桌，以功夫表演为主，双狮不上桌，仅为拜神和表演，表演套路有拜天地、打四门起狮（戴大面）、按狮、点狮、提狮（走圆台）、戏狮、睡狮（大、小面猜枚）、丢狮考（香包）、醒狮等。此外，双狮同舞，另有沙僧、猴子、呆鹅配舞，有拜神、上桌、上肩、滚翻、跳、钻、戏等程式，有的配以武术表演，主要为拜祖、庆典、村寨联谊之用。每逢春节均有狮队参加表演，活动正常，参加狮队的青少年较多，后备力量充足。狮舞于2000年以后多次参加市、县文艺演出。2009年被列为第一批县级非物质文化遗产项目。

十八、龙舞

龙舞是紫金县一种民间艺术，已有一百多年历史。龙舞为求雨祈祥之用，表演程式有救龙、围四柱、围龙、参神、游龙、回向搅水、穿四柱、打八字、织笪子、跳龙架、跳龙门、龙戏珠、缠身翻独猪肠（卷身）、盘龙等，表演时有双凤配舞。龙队经常受邀参加祖祠、新屋转火等仪式。龙舞于2000年以后多次参加市、县文艺演出。2009年被列为第一批县级非物质文化遗产项目。

十九、八音

八音是紫金县一种民间艺术。是传统喜庆音乐，可考历史一百多年。八音由唢呐、二胡、笛子、杨琴、角琴、鼓、高边锣、木鱼等八件乐器及打击乐乐组成，有固定曲谱，采用唢呐主奏，其它乐器伴奏形式表演，极能演染喜庆气氛。八音之曲谱有民间小调（黄大娘、卷珠帘等）演奏八音的整套乐器。八音通过百年的演奏，已成为全县喜庆时的主要音乐。目前全县各乡镇均有八音乐队。据统计，全县共有八音乐队有 40 多队。2009 年被列为第一批县级非物质文化遗产项目。

二十、文天祥在紫金的传说

文天祥是南宋民族英雄，以忠烈传世。相传他在抗元期间曾两次屯兵紫金南岭，历时 8 个月，留下了许多神话般的传说。

1、竹叶诗

宋帝昺登基时才 8 岁，因元军追得他无处躲藏，为了牵制元军，右丞相信国公文天祥率部分将士经兴宁、五华来到紫金岐山寨扎寨安营，休整招兵。歧山寨位于乌石、中坝、水墩的交界处，北坡半山腰间有座碧云洞，右仙有一个矮坪可供练兵。当地名士听说文天祥在那里屯兵后，纷纷到碧云洞去拜访他。为表忠君报国大节，文天祥挥毫作了一首《竹叶诗》：大节干霄日，虚心效圣贤；文山聊写意，挺拔万年坚。

离开碧云洞的那天早晨，文天祥俯身拾起军士丢弃的行军草鞋，饱蘸浓墨，在墙壁上写下了"壮帝居"三个大字。为了纪念文天祥，后人在光绪三十三年重修原碧云洞时，将"壮帝居"三字临摹于左横屋天井的石壁上。

宣统三年秋，名士范子明等将一块大青石板磨平后勒上文天祥的《竹叶诗》，镶在碧云洞左侧正厅壁上。石板分为三部分：上为竹叶状的《竹叶诗》组字画，中为正楷书写的《竹叶诗》，下为附勒的《正气歌》，石板两侧还镶有一副长条石刻对联：大节芳名垂万古；忠心正气炳千秋。

2、生点竹、倒插竹

文天祥初来南岭驻兵时，因军中无烛，就命军士到文笔嶂山中伐竹点火照明。军士把竹砍来后，有些生疑地问："丞相，生竹能燃乎?"天文天祥说："忠则光明，逆则黑暗矣!"军士将生竹点火，果然能燃烧，而且还能烧过竹节。于是，全军都把生竹点燃，晚上再也不愁无烛火照明了。

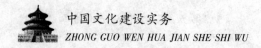

文天祥率部队向龙丝殿进发时，由于山高林密，路径很难辨认。为了方便后续部队认路，每到岔路口，文天祥就用宝剑削下竹枝，倒插在地上作记号，并吩咐身后军士传令下去，注意岔路口的"放青留标。"将士们按照标记顺利地通过了崎岖的山路，安全到达了龙丝殿。后来，被文天祥倒插在泥中的竹枝竟繁衍下来，成为奇怪的一种竹：其高不到一米，上有假根，竹枝向下伸，叶子倒过来长，头小尾大。

后人就把文天祥军士点火照明的竹叫"生点竹"，被文天祥"放青留标"时插下生长的竹叫"倒插竹"。至今，文笔嶂仍有"生点竹"，龙丝殿亦有"倒插竹"。

3、甘泉胜迹

"甘泉胜迹"在南岭中学（即原大忠庙）校门的河边，相传是文天祥驻兵南岭时留下来的胜迹。

原来这里的河边有一条路，路下面有一口毒井，井水有毒，饮了会死人。文天祥的部队初到时，不知井水有毒，到井中取水做饭，乡民看见后，就上前劝止。文天祥听说后，亲自来到井边，发现井水清澈，于是抽出宝剑在井上面石板上划下"甘泉胜迹"4个字，然后取水自饮，觉得井水很甘甜，就叫士兵继续取水用和做饭。说来也奇，文天祥划石题字以后，井水就无毒了。后来，人们为了纪念文天祥，在河边的大石上凿下"甘泉胜迹"四个字，到今，这块石仍在河边水中，水干时字迹还可辨认。

强化保护意识 积极传承和开发民族民间文化

广西壮族自治区资源县文化新闻出版广播电视体育局 杨小龙 罗群升 陈桥清

资源县位于广西壮族自治区东北部越城岭山脉腹地，是广西的北大门，属桂林市管辖，东面、南面、西南面分别与全州县、兴安县、龙胜县毗邻，西面、北面分别与湖南省城步苗族自治县、新宁县交界。境内有华南第一高峰猫儿山，是长江水系和珠江水系的发源地之一。资源县是一个少数民族聚居县，全县总人口 174608 人，其中有苗、瑶、壮、回、侗、蒙古、彝、朝鲜、满、土家、毛南、么佬、仡佬、黎等 14 个少数民族，少数民族人口 3.86 万人，占全县总人口的 22.2%。在几千年的悠悠岁月中，世世代代的先人们在这块土地上创造出灿烂的文化，留下了丰富的历史文化遗产，民族文化丰富厚重，在地理、历史、社会、经济和人的生存方式、习俗、观念、信仰等方面具有特殊性，在文化生态上体现了其多样性与奇异性。各民族在服饰、饮食、住房、节日、习惯喜好等方面都有自己独特的风格，且有独具特色的生活习俗。受多民族文化影响，我县有七月半河灯歌节，端午节龙舟赛，五排油茶等独特的民族文化旅游资源。

一、资源县民族民间文化保护与传承的基本情况

资源县有着悠久的历史。据境内的国家级文物保护单位—晓锦新石器遗址考证，距今 6500 年已有人类在此居住。近几年来的非物质文化遗产普查，也可以说是对民族民间文化进行了一次大普查。目前资源已列入县级非物质文化遗产名录共有 10 个项目，其中 6 个项目列入市级非物质文化遗产名录，3 个项目列入区级非物质文化遗产名录，河灯节列入国家级非物质文化遗产名录。

二、资源县民族民间文化传承的基本做法

1、立足普查，摸清家底。投入大量普查力量，按照" 不漏村镇、不漏线索、不漏种类" 的普查要求，走村串户，访问座谈，进行了全覆盖的调查和登记，较全面地了解和掌握了各类民族民间文化资源的种类、数量、分布情况、生存环境和保护现状，共普查项目 1560 个，其中有一个项目申报国家级

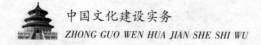

非物质文化遗产名录，三个项目申报区级非物质文化遗产名录，有六个项目加入市级非物质文化遗产名录，10个项目公布为县级非物质文化遗产名录。现有文字记录20余万字，照片150张，录音1小时，摄像2小时，收集有关实物10余件，文字资料26册，电子资料5G，整理出了一批重要的非物质文化遗产项目，建立了基本完备的非物质文化遗产资源档案，编辑出版了《资源县民间歌谣词曲集成》、《魅力资源》两本书。

2、立足保护，做好开发。对具有重要价值的项目，理清渊源，理清技艺，理清特色，理清价值。例如1995年，县政府决定，将五排苗、瑶少数民族传统的"七月半歌会"与"七月半河灯节"，两个具有悠久历史和鲜明民族、地域特色的传统民俗文化节日合并为"资源县传统河灯歌节"，每年如期举办，吸引了无数来自五湖四海游人的目光，至今已成功举办21届。2004年时被国家旅游局列为"中国百姓生活游十大主题"之一，开始具有了全国影响。河灯的制作工艺及内容得以日益完善和丰富，河灯的种类也丰富多样，刺激、促进了旅游业的兴旺，使资源由默默无闻的偏僻一隅一跃成为旅游明星县；提高了旅游文化品位，不再以单纯的自然生态山水招徕顾客，增强了旅游"卖点"；促进了城建、交通运输、酒店、餐饮业的有关服务业的发展。

3、立足活动，搭建平台，做好传承。一是重视传统民族节日。传统节日是民族民间文化中传承至今的优秀文化遗产。注重以多媒体方式记录传统节日文化遗产。充分利用现代科技手段，对具有重要价值的传统节日习俗，艺人在传统节日中的表演、制作过程，以文字、录音、录像等方式进行有形记录。其次，依托传统节日，积极开展具有民族特色、地域特点的文化展示活动。二是加强传承队伍建设。传承是民间文化保护的重要途径之一，根据民俗文化传承的特点，在注重软环境建设同时，我们也积极建设硬件环境。通过开设各类专业培训班，培养民族各类传承人。如为了进一步做好"河灯"制作的传承，手把手地培训，一边又不断挖掘，开发"河灯"的各类品种。三是活动展示展演。近年，我县的文化工作者积极创新工作组织方法与手段，通过传统节日活动、民间艺术展示展演，让传承有了活动平台。丰富多彩的活动更好地促进了民间文化的传承与发展，促进群众性活动的活跃和文艺创作的繁荣。

三、资源县民族民间文化传承与保护中存在的问题与困难

1、社会上少数人对非物质文化遗产保护的重要性和重要意义认识不到位，认为它是看不到摸不着的东西，没有多少保护的价值。这种认识，对保

护好我县非物质文化遗产十分不利。非物质文化遗产由于多种原因，保护十分困难，有的项目有面临失传和灭迹的危险。因此，加强对民族民间文化保护的宣传和重视显得十分重要。

2、经费问题。民族民间文化的传承与保护工作需要大量的人、财、物等资源，需要形成一系列的法规与机制。虽然县财政对民族民间文化的普查和保护工作拨给了一定的经费，但还远远不够。由于经费原因，直接导致传承与保护工作的正常开展。

3、保护问题。资源县民族民间文化分散性强，缺乏规模；社会保护意识比较淡薄；挖掘、研究民俗文化资源所需经费匮乏；一些文化遗产项目确立下来了，但如何进行有效的保护，缺乏经验，也存在这样那样的难度。比如经费问题、政策问题、人员问题等等。这些问题都需要我们在今后的工作中加以解决。

四、对做好民族民间文化传承工作的意见与建议

1、资源县内散居或聚居着14个少数族，少数民族人口3.86万人，占全县总人口的22.2%，有三个少数民族乡。民族的多元性，形成了文化生态的多样性。不同的民族在繁衍生息的过程中，根据自己所依存的不同的自然环境和人文环境，形成了自己独特的民族民间文化。不同的生活方式造就了不同的文化传统。伴随着我国经济的迅速发展，以及改革开放中吸引的各种外来文化的涌入，不断冲击着传统民族文化，文化的融合和发展同时也导致许多传统的民族民间文化面临着消亡的危险，因此建议对优秀的民族民间文化要增强保护力度，利用现代媒体力量宣传民族民间文化知识，包括报纸、新闻、电视专栏节目、互联网以及宣传栏等方式长期、不间断的向普通民众进行民族民间文化知识的普及教育和宣传，提高人们主动参与的热情度。

2、把旅游产业的开发与对优秀民族民间文化的保护结合起来，着力使民族民间文化资源转化为经济资源，让民族民间文化特别是非物质文化遗产得到更广泛的挖掘、保护和发展。

3、将民族传统文化的保护提升到法律章程之中，使得民族传统文化保护有法可依，依法保护，对于破坏民族民间传统文化的行为予以严惩。靠人们的自觉行为是行不通的，一味的口头宣传无法起到实质性的保护作用。必须依法保护，依法管制。树立国民的民族自豪感和民族自信感。树立民众的民族民间文化的认同感，强化人们的民族文化保护意识。

新形势下如何更好地挖掘
和利用非物质文化遗产

广西壮族自治区南丹县文化广电新闻出版体育局　韦克俭　曹久刚

　　近年来，广西河池市南丹县通过创建民族文化保护传承基地，挖掘民族文化遗产，开展民族文化活动、举办培训班等方式加大对民族文化的保护和传承力度，有力地推动了民族文化保护和发展工作，取得了良好成效。

一、民族文化资源现状

　　南丹县总人口 31 万人，境内居住着壮、瑶、苗、水、仫佬等多个少数民族，是一个多民族聚居的地方。南丹文化底蕴丰厚，民族文化丰富多彩，其中土司文化源远流长，壮族蚂拐节、壮族板鞋舞、古乐器"轮朵当"等已成为壮族民族文化的奇葩。白裤瑶民族文化深邃古朴，其服饰文化独特奇异，歌谣文化细腻丰富，染织文化别具匠心，砍牛送葬、铜鼓乐舞家喻户晓，村寨附近的岩洞葬更是一个待解之谜。南丹还是中国铜鼓文化资源的富集区，吾隘镇壮族和六寨镇壮族使用铜鼓的方式大相径庭，白裤瑶族和中堡乡苗族使用铜鼓的方式和特点更是独具魅力，创造了以铜鼓文化为核心的包括歌谣文化、葬礼文化、服饰文化、婚俗文化、节庆文化、民间艺术等多元性、独特性为一体的民族文化遗产，而且其活态性、完整性、延续性至今保持较为完好，成为绵延千古，不可多得的历史"活化石"。

二、民族文化保护和发展工作情况

（一）加强基础设施建设，积极创建民族文化保护传承基地

　　为做好民族文化保护和传承工作，南丹县委、县人民政府加大资金投入力度创建民族文化保护传承基地。一是在里湖瑶族乡建设白裤瑶生态博物馆、陀螺场、王尚村级公共服务中心等民族文化基础设施项目。投入 180 万元，在里湖乡怀里村建造了占地面积 10 亩、建筑面积 1049 平方米的南丹县里湖白裤瑶生态博物馆，该馆是集传承、保护、研究、展览、开发利用为一体的多功能博物馆，是广西第一个生态博物馆，也是中国民族博物馆和广西民族

博物馆的工作站；投入 10 多万元在里湖乡政府所在地建设了两个陀螺场；投入 30 多万元在里湖乡王尚屯建设了村级公共服务中心。白裤瑶生态博物馆、陀螺场、村级公共服务中心等文化基础设施项目的建设，为南丹县文化工作者及广大专家学者研究、保护和传承白裤瑶民族文化提供了坚实的工作平台。二是建设民族文化保护传承示范基地。根据河池市十二五期间"铜鼓文化生态保护区建设"规划，2012 年，南丹县在里湖乡怀里村和吾隘镇独田村建设了两个铜鼓文化生态保护示范村，在里湖乡怀里村蛮降屯建立了非物质文化遗产生产性保护示范基地，在里湖白裤瑶生态博物馆建立了"勤泽格拉"传习所，在里湖乡怀里村蛮降屯黎秀英家建立了南丹瑶族服饰示范户。这几个民族文化保护传承试点建设，已通过国家文化部专家检查验收，为河池市申报"铜鼓文化生态保护区"作出了较大的贡献。同时，通过创建民族文化保护传承示范基地，我县的民族文化得到了有效保护和传承。

（二）挖掘民族文化遗产，申报保护文化遗产名录项目

通过近几年对全县民族文化遗产的挖掘整理，该县的《瑶族服饰》、《壮族蚂拐节》和《勤泽格拉》等 3 项非物质文化遗产列入国家级保护名录；《白裤瑶打陀螺》、《壮族服饰》、《丹泉酒酿造技艺》、《瑶族葬礼习俗》等 6 项非物质文化遗产列入自治区级保护名录；《南丹壮族服饰》等 4 项非物质文化遗产列入市级保护名录，另有 76 项非物质文化遗产列入县级保护名录。目前，南丹县还加强对民族文化遗产名录项目的保护，对已经公布列为国家级、自治区级、市级和县级非物质文化遗产名录的项目，均建立有项目档案和数据库，并根据项目的不同特点进行保护；对应列入文化遗产名录但还未申报的项目将继续做好申报工作。

（三）举办民俗文化活动，抢救民族文化项目

近年来，南丹县通过举办广西南丹·丹文化旅游节、白裤瑶年街节、蚂拐节和三月三"演武"节等民族文化活动，对传统表演项目进行及时挖掘和整理，对老艺人技艺进行抢救记录，对传统技艺项目做好代表性传承人的技艺传承及原材料的保护并征集代表性传承人的重要作品，对民俗类项目继续恢复原生态民俗活动，在活动中宣传、教育和传习，促进群体传承，使民间活动与少数民族文化艺术得到有机结合，充分展示少数民族文化，使群众在参与活动的同时，又学到了铜鼓文化的技艺，对传习传统文化、技艺起到了积极的作用。2011 年以来，南丹县举办了两届广西南丹·丹文化旅游节活动，充分展示了白裤瑶民俗文化、壮族土司文化和中堡苗族文化等民族特色文化，培养了一批民俗文化的传承群体。

（四）加大民族文化精品创作力度，将民族文化推向区内外舞台

积极挖掘整理民族民间传统文化，加强民族文化精品创作，一些民族民间传统文化经过二度创作后推上区内外舞台展示，民族文化得到有效地保护和传承。2002年在南丹举办的河池第四届铜鼓山歌艺术节上，排演的以白裤瑶为题材的大型山歌剧《遥远的百褶裙》演出获得成功。2004年，组织里湖中心小学排演的节目《白裤瑶少年铜鼓情》，那地小学排演的节目《壮族板鞋竞技》、《背篓球》、《高脚球》参加了广西电视台和中央电视台第七频道《东方少儿栏目》的摄制并播放。2006年6月，在北京举办的广西文化周活动中，南丹县排演的白裤瑶系列风情舞演出获得社会各界好评。2007年10月，白裤瑶生态博物馆组织白裤瑶民族风情表演队参加了贵州省雷山县苗年节活动，白裤瑶民族风情表演队表演的节目得到中国民族博物馆和外交部领导赞赏，被邀请参加中国外交部在北京举办的2008年新年招待会并参加为全世界驻华大使表演的"多彩中华"文艺演出，节目获得好评。2008年，为加强中法文化交流，经国家民委和文化部批准，由中国民族博物馆在法国巴黎举办"多彩中华"民族文化月活动，南丹县白裤瑶生态博物馆民族风情表演队一行12人应邀参加这次"多彩中华"民族文化月活动，在为时一个月的表演中，既宣传了白裤瑶民族风情，弘扬了中华文化，又增进了中法人民的友谊。2008年10月，白裤瑶民族风情表演队受广东省江门市"旅游嘉年华"活动组委会的邀请，参加了"广东省江门市第三届国际旅游嘉年华"活动，在这次活动中，白裤瑶铜鼓表演队一展风彩，得到了组委会的赞扬和好评。2010年白裤瑶风情表演队还到美国进行文化交流演出，也获得了美国各界的好评。此外，民族舞蹈作品《瑶娃闹鼓》参加2013年河池市第十四届铜鼓山歌艺术节中非物质文化遗产展演比赛荣获"特等奖"；《美丽的百褶裙》2013年在中央3台综艺频道"舞蹈世界"栏目播放；2014年编创的整台白裤瑶民俗风情展演节目《风情朵努》首演圆满成功，并于节假日到里湖甘河"歌娅思谷"旅游区进行了展示。

（五）开展民族文化进校园活动，举办民俗传统文化传承班

南丹县每年均组织民俗文化代表性传承人进校园授课辅导，传习技艺，并在一些乡镇中小学举行具有民族民间传统文化特色的活动。在里湖乡里湖中心小学和怀里小学举办培训班和白裤瑶民俗传统文化传承班，邀请白裤瑶民俗文化相关项目传承人讲授白裤瑶民族民间传统文化，同时向白裤瑶小学生传授打铜鼓等一些民间技艺，开展学习打铜鼓、打陀螺、跳猴棍舞、吹牛角等活动，在吾隘那地小学和芒场拉者小学举办板鞋技艺培训班，把民族文化和体育竞技传承到学校，通过系列培训，让少年儿童掌握民族民间技艺，了解其文化内涵，培养一批民俗文化传承人，确保了民俗传统文化得到了较好的保护和传承。

三、存在的问题和下一步工作打算

（一）存在的问题

1. 白裤瑶民族村寨特色民居遭到严重破坏

十几年前，该县里湖乡怀里村蛮降、化图、化桥三个屯自然环境比较封闭，受外来文化影响较小，保留着较多的民族传统文化元素，是白裤瑶民俗文化的一个典型缩影。近年来，随着村民生活水平的提高，三个古村落里也兴起了建房热，随意地拆旧建新，破坏了原生态民居的环境风貌。过去依山而建的南方特有的干栏式建筑已被一栋又一栋的杂乱无章的现代楼房挤压得原貌大变，甚至蛮降屯新建的现代建筑已经把村寨里最亮丽的景观点——粮仓群遮住了。古民居的建筑布局和历史风貌遭到严重破坏，影响了保存下来民居的历史文化价值。

2. 民族文化保护传承工作资金投入不足

民族文化舞台艺术精品创作作为保护传承民族文化的一项重要措施，需投入较大的经费，由于南丹县不是国家级贫困县，获得上级项目及专项扶持资金不足，县本级可用资金有限，资金投入的不足，对民族文化保护传承工作的开展造成了较大的影响。

（二）下一步工作打算

1. 多方筹措资金，加强民族文化遗产保护基础设施建设。通过积极争取各级财政专项资金扶持，鼓励民间和企业捐赠等方式筹集文化遗产保护传承经费用于民族文化保护传承项目建设和活动的开展。重点是建立以民族文化保护项目为核心，以民俗活动、传承展示活动为载体，选择文化生态环境较好，民族文化资源丰富，群众保护意识较强的地域，继续建设"生态保护村"、"传习馆"和"展示馆"等民族文化遗产保护基础设施，充分发挥其在保护、传承、展示、宣传民族文化保护和传承作用。

2. 制定保护政策，加强对民族特色民居及民族文化遗产名录项目代表性传承人的保护。认真贯彻落实《中华人民共和国非物质文化遗产保护法》和《广西壮族自治区民族民间文化保护条例》，加强对白裤瑶民族特色民居等民族特色文化进行管理和保护。制定代表性项目传承人认定管理暂行办法，对民族文化遗产名录项目以及相关的非物质文化遗产项目代表性传承人进行认定和命名，为其开展传习活动提供良好的场所，资助其开展授徒传艺、教学、交流等活动，对具有代表性的传承人，给予一定的生活补贴，对传承工作做出突出贡献的代表性传承人和对铜鼓保护较好的单位及个人给予表彰、奖励，对学艺者采取助学、奖学金等方式，鼓励其学习、掌握该非物质文化遗产项目，成为后继人才。

3. 积极参与活动，提高民族文化保护传承的理论和政策研究水平。加强与上级民族文化研究机构和高等院校的联系，积极参与上级民族文化研究机构举办的"民族文化保护论坛"，开展学术研究探讨活动。通过参与学术研讨会、座谈会、交流会等方式，深入探索民族文化保护的新路子，研究民族文化保护传承过程中遇到的新情况、新问题，为加强民族文化生态保护建设提供理论依据和决策参考。

4. 加大宣传力度，营造良好的民族文化保护传承社会氛围。

充分利用报刊、广播电视、互联网等新闻媒体对民族文化保护传承工作进行宣传报道，利用重大节日和民族传统节日，大力开展丰富多彩的民族文化活动，营造有利于民族文化保护和传承的良好社会氛围。

四、意见建议

（一）建议上级出台保护民族村寨的政策性措施意见

鉴于一些民族村寨风貌遭到破坏，民俗文化受到影响，建议上级有关有关部门出台一些保护民族村寨的政策性措施意见，为地方出台保护性措施提供政策性依据。

（二）建议上级加大资金扶持力度

一是拨出专项资金对我县白裤瑶原始村落进行抢救性建设，使之成为瑶山一道亮丽的风景，促进南丹乃是全区文化旅游产业的发展；拨出专项资金用于我县保护区项目建设，设立南丹县铜鼓文化生态保护区专项资金。二是拨给资金建设南丹县博物馆和歌剧院，使南丹古老而丰富的民族文化得到充分展示，同时使南丹的民族文化艺术精品有保护传承和展示的平台。

让土家玩牛登上大雅之堂
助推非遗文化大发展

重庆市石柱土家族自治县文化委 黄怀琳 葛 超

有这样一种祭祀：石柱土家先民在早期的农耕时代，存有崇敬牛神和饲养耕牛的思想意识，开展"牛王庙"的耕牛祭祀活动，召集本族人员，扮牛舞蹈，以求消灾避邪、六畜兴旺。

有这样一个记载：石柱土家人在各地建有牛王庙，每年 4 月 18 日祭祀牛王，让牛休息，饲好料。办牛王会，唱牛王戏、跳玩牛舞。如同汉族玩龙玩狮的土家玩牛，在民间素有传承。

有这样一场活动：民国时，每逢春分前后，播种伊始，县府门前人山人海，县长亲自主持"耕牛大会"，汇集黑牛、黄牛、花牛等各型各色的牛扮，登场表演、游街竞技，万人簇拥，热闹非凡。

自从世界民歌啰儿调《太阳出来喜洋洋》在国内外获奖时，非遗节目也完成了从草根文化到阳春白雪的完美嬗变，至此，国家非物质遗产–石柱土家玩牛登上了大雅之堂，有了更为广阔的展示舞台，推动了非遗文化的大发展。

一、商街院坝，土家玩牛的演艺阵地

伴着一首生动明快的乐器演奏，石柱土家玩牛就在西沱巴盐古道上舞动起来，每逢哪家办喜事或者喜庆节日，"玩牛传承人"江再顺就在大街小巷、农家院坝，拉开嗓门、摆动身体，和群众庆祝喜庆之日。台上演得起劲，台下看得过瘾，谁会想到这些都是本地村民自编自导自演的节目。

"只要逢上喜庆日子，在农家小院或者坝子上，都会有群众自己组建的文艺队，为土家群众提供丰富的土家文化大餐。"该县西沱当地村民谭大爷向笔者介绍。

"你看看，土家玩牛舞蹈包含耕犁舞：表现水牛犁田、黄牛犁地时缓慢行进、力道艰辛、转弯抹角等状态的劳作舞态；进食舞：表现耕牛进食时候的吃料、啃草、喝水等，以及人们喂食等模拟舞动；动态舞：休息时耕牛的擦

痒、滚水、跳坎等形状的情景舞姿；神态舞：牛儿不时地傲角、摆尾，表现憨实、乖巧性状，深得人们喜爱的情趣舞形；玩耍舞：表现人与牛同乐，牧牛吹笛、骑牛歌唱、牛儿撒欢、牛儿拱人等姿态舞状。内容十分丰富，很有观赏性。"传承人江再顺一边欣赏着表演一边向笔者讲解土家玩牛舞蹈内容。

二、政府购买，土家玩牛的挖掘引导

自从政府购买文化活动的开始，该县文化委组织相关文化专业人员深入到全县32个乡镇120多个村寨进行采风，观看了民间文艺团体，采访了民间艺人，全面掌握了土家民间传统文化的基本情况，让政府购买文化的工作得以顺利实施。

"政府购买文化这项政策给我们带来了丰富节日群众文化生活、挖掘民俗文化内容等好处，就如土家玩牛是我县通过政府购买文化的方式，得以挖掘和发现，通过积极的引导和扶持，土家得到发展和壮大，并顺利申遗成功。"在采访该县文化委主任黄怀琳时，向笔者讲述土家玩牛的情况。

据悉，该县通过相关政策的扶持和引导，乡村非遗文艺演出团队已经拥有135支，其中有43支玩牛文艺团队，已有23支玩牛团队注册为微型企业。目前，该县西沱镇的江再顺和下路镇的刘贤江家传"玩牛"班子活跃频繁，舞蹈套路传承有方，受到广泛赞誉。

三、创新方式，土家玩牛的保护传承

"我县相继建立健全了代表性传承人的基本信息资料，制定了传承人保护和扶助措施；与国家级、市级代表性传承人签订《传承任务书》，督促其传承培训工作的开展；对重点传承人的展演、教学等传承活动予以资金支持。实施了对各个项目的传承教学予以资助，给予参加各类演出活动的非遗传承人发给适当的演出误工补助等政策措施。另外，我们除了在枫木小学建立了'非遗传承教育基地'之外，还将启动建设'千人摆手堂'和'玩牛教育传承基地'。"该县文化委非遗保护负责人向笔者介绍玩牛保护和传承情况。

此外，该县还通过培训比赛方式，让土家玩牛及土家文化在全县普及。每年都会举办玩牛大赛、创作培训、群众展演等活动，让土家玩牛更好的在全县开展推广和传承工作。

四、念好"四字经"，让土家牛"玩起来"

以"节"兴遗，弘扬玩牛文化。以黄水消夏季、民俗文化展演等重大节庆文艺活动为平台，积极传播土家非遗文化，让群众直接感受土家玩牛的独特魅力，树立文化自信。

以"宣"护遗，积聚玩牛人气。充分利用下乡、走访及节会演出的机会，利用电视、网络、展板等多种媒介开展进社区、乡村巡回展播，展示以"土家玩牛"、"土家摆手舞"等为代表的"非遗"项目成果，让广大群众喜爱起来。

以"旅"活遗，实现文旅互赢。坚持"商旅活县"战略，切实增强土家玩牛项目自身的造血机能。以打造"天上黄水"为契机，借助各类平台，创新思路，积极挖掘土家玩牛的商业价值，实现非遗文化传承保护与旅游经济发展双向互赢的良性局面。

以"植"助遗，建立玩牛标识。把土家玩牛的经典歌舞表演作为演艺的主要内容，建立传统演艺与游客互动交流的平台，加强对土家玩牛在重点景区的配套设施建设，同时增加停车场、厕所、标识标牌、导游服务等基础设施建设，保证土家玩牛在景区内有宣传、展示、销售的场所，真正将"玩牛"融入景区。

五、草根文艺，土家玩牛登上大雅之堂

2014 年，石柱土家族自治县土家玩牛成功申报国家非物质文化遗产保护传承项目。

2014 年，石柱县南宾镇红星社区编排的《土家玩牛》荣获重庆市第六届乡村文艺汇演一等奖。

2015 年，"中国梦 巴渝风"重庆市群众坝坝舞展演活动，石柱县群舞《玩牛》成功入选展演，并荣获"精品舞蹈"称号。

......

"我县非遗节目土家玩牛是从群众文艺脱颖而出，是纯纯正正草根文化。但就这个草根文艺先后在央视 12 频道《魅力 12》栏目、央视音乐频道《民歌·中国》栏目、中国少数民族非物质文化遗产展示周、中央音乐学院世界音乐周（非洲）、重庆卫视《重庆记忆——非遗展播》、重庆市非遗展演、各届武陵山文化节、重庆市乡村文艺汇演平台中表演展示，深受群众喜爱。"石柱县委宣传部副部长皮昭德向笔者说，"2015 年我们土家玩牛要在重庆歌剧院、中国文化节等舞台进行展演，让更多的人了解我们文化，让土家玩牛载着石柱土家山寨人民的梦能飞得更高、更远。"

石柱土家文化从封闭艰难中启程，到逐步迈向繁荣开发而又独具民俗

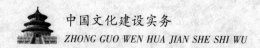

特色的发展旅程，始终秉承以促进民俗文化大发展大繁荣，丰富群众节日文化生活，弘扬和传承优秀民族文化，展示石柱非物质文化遗产的思路，依靠挖掘、保护、传承、平台等方式，开创出一条土家文化"走出去"的发展道路。

安龙县古村落和非物质文化遗产保护与传承

贵州省安龙县文体广电旅游局 罗翔星

安龙县位于贵州省黔西南州南部，全县国土面积2237.6平方公里，人口46万人，辖9个镇（街道），县境内居住着布依族，苗族、回族、彝族、仡佬族等17个民族，少数民族占总人口的49.8%！安龙自春秋战国时期就已建城，具三千年历史，三百年荷花，三十处胜景，因明末南明永历朝廷播迁安龙四年之久，故又称"龙城"。多民族聚居的历史沿革和现状，造就了安龙多姿多彩、历史悠久、独具魅力的古村落和非物质文化遗产。笔者就此作了调研，下面，将安龙县古村落的保护与非物质文化遗产保护与传承调研情况报告如下，不妥之处，敬请批评指正。

一、安龙县古村落与非物质文化遗产保护与传承情况

（一）古村落保护情况

1、安龙县古村落保护现状。安龙县县境内有428个自然村寨，1881个村民组。80%以上的村寨内居住有布依、苗、彝、回、仡佬等少数民族，这些少数民族村寨，有多处优美的自然景观及传说，民族风情浓郁，古朴典雅的吊脚楼、奇特的风光、粗壮的古榕树、重阳树、茂密的翠竹林，大部分村庄以90%以上的森林覆盖率与水流清澈见底的湾湾河、独具特色的布依民居，构成了一幅幅"古树 小桥 流水 人家"精美绝伦的天然山水画，构建了一幅幅优美的民族生活画卷。村民们沿山而居，寨子依山傍水，寨边绿竹葱茏，人道是"有山有水为景，有竹有树更秀"。在产业结构、民居式样以及风俗习惯等方面都集中体现了少数民族经济社会发展和文化的特点。是传承民族文化的有效载体，是发展特色经济的宝贵资源。主要建筑有：南盘江一带有布依族古色古香的吊脚楼，其余兴隆、平乐、笃山、龙山、钱相、鲁沟、龙广、德卧等地的"半边楼"、"地脚楼"，仍保留"干楼"建筑的特点。

2、古村落的分布情况和特点。安龙县的古村古寨大多分布在环境条件较差，交通闭塞，文化落后的偏僻的少数民族乡镇，如万峰湖、坡脚、平乐、兴隆、龙山、洒雨、海子、戈塘等。故有"高山苗子水仲家（布依族），老汉住在石旮旯"之说。

3、少数民族古村寨的保护情况。安龙县少数民族古村寨是居民长期生存的环境，村寨内植被茂密，水土流失较少，大部分村寨环境保存完好。但因南盘江天生桥一、二电站和平班电站的修建，万峰湖镇和坡脚乡原来的古朴典雅的吊脚楼、奇特的风光、粗壮的古树、茂密的翠竹林已经被水淹没，大部分民房已被拆迁，新建的民房用钢筋水泥平房代替吊脚楼，已失去民族村寨的特色，需要加以修饰和保护。除上述存在这些问题而外，大部分地区的民族村寨虽然国家近年来投入了部分资金给古老的村寨民房进行"穿衣戴帽"，但还是失去了古老的原貌。

（二）安龙县非物质文化遗产保护与传承情况

1、基本情况

2010年以来我县按照文化部全国非物质文化遗产普查工作要求，积极行动，将普查摸底作为非物质文化遗产保护的基础性工作来抓。在第一、二批非物质文化遗产项目申报工作中，我县开展了深入细致的工作，"毛杉树歌节"、苗族"板凳舞"、布依族"水磨制香工艺"等三个项目被列入省级非物质文化遗产保护名录。在2009年第三批非物质文化遗产普查工作中，进一步加大力度，对全县范围内的非物质文化遗产项目进行了深入的普查，挖掘到一批有价值的非物质文化遗产，包括苗族采花节、布依族狮子锣、通片制作及堆画工艺等10个门类近40个项目。非物质文化遗产普查办公室已将这些项目制作成了相应的文字和影像资料，并收集了部分典型的实物材料和印证资料，对部分项目保护提出了初步的意见。同时，又将"皮（竹）纸工艺"和"安龙黔剧"两个项目申报为省第三批非物质文化遗产保护名录。2015年，通过极力申报，我县的"布依族武术"被列为第四批省级非物质文化遗产保护名录，自此安龙县省级"非遗"名录已达6个，省级"非遗"代表性传承人一人，正在申报的2人已经接受考察。

2、加强领导、精心部署、科学规划

县委、县政府高度重视非物质文化遗产保护与传承工作：一是成立了工作领导小组，为非物质文化遗产保护工作提供有力的组织保障；二是把非物质文化遗产保护工作纳入全县经济社会发展总体规划，并明确了各成员单位的工作职责；三是设立专门的工作机构－安龙县非物质文化遗产办公室，从各单位抽调业务尖子和文化骨干组成工作队伍，专抓非物质文化遗产的普查、资料收集、档案管理、宣传培训、和名录申报工作。

3、加大经费投入，确保非物质文化遗产工作有序开展

近两年来，安龙县不但管好用好上级下拨的非物质文化遗产保护专项经

费，做到专款专用，更大的发挥效益，同时，县财政每年安排大量的活动经费，用于举办布依山歌大赛、民族民间文艺汇演，全国武术之乡武术表演，选拔和培训队伍，参加全国和省州举办的各种体育文化赛事和活动，支持各乡镇开展春节文化活动和举办民族节日。经费的落实有力推动非物质文化遗产及保护，干部群众的意识在工作和各项活动中得到进一步增强。

4、积极开展非物质文化遗产保护和传承活动

县政府每年都安排专项经费，用于支持民间民族文化保护和传承工作，建立民族文艺表演团体，开展民族文化活动等。各镇（街道办）、村（社区）和学校也采取多种措施、多种办法，开展苗族板凳舞、布依八音、民间武术等非物质文化遗产项目进校园、进村寨、进社区，加大了传承力度。同时，扶持公司、企业开发民族美食、特色工艺产品，打造民族文化旅游景区、景点，吸引外来游客，以此推动安龙县非物质文化遗产保护与传承。

二、存在的问题和不足

一是规划引领不够位。有关部门没有对古村落进行合理的规划；古村落建设受经济发展商品化的影响，没有引起重视，村民在新农村建设过程中对村寨的破坏时有发生；二是思想认识不够到位。古村落和非物质文化遗产常识宣传普及力度不够，一些干部群众对非物质文化遗产了解不多，认为非物质文化遗产保护工作是文化部门的事，缺乏非物质文化遗产开发保护的自觉性。对非物质文化遗产保护缺乏整体思考和科学规划，存在重申报而轻保护、重开发而轻管理的现象。三是工作机构队伍不健全。基层组织比较薄弱，虽然成立专门的工作机构，但没有具体人员编制和独立办公场所，工作人员均为兼职或临时抽调，无专业人员，不能完全适应新形势下古村落和非物质文化遗产保护工作的要求。四是古村落和非物质文化遗产的继承后继乏人。现在愿意去保护传统村落和学习非物质文化的人越来越少，不仅是因为很多人对这些没兴趣，更多的是因为它不会带来经济上的利益。而当今流传下去的形式基本上也只有师傅传徒弟的形式，范围较窄。因此，一些传统技艺即将面临灭绝。

三、我县古村落保护与非物质文化遗产的保护与传承下步打算

（一）加大宣传力度、提高保护认识

加强对古村落保护和非物质文化遗产保护与传承工作的宣传教育，普及

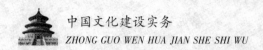

保护知识，营造保护的社会氛围，丰富"文化遗产日"活动内容，提高干部群众对古村落保护就是文化遗产保护重要性的认识，增强全社会的文化遗产保护意识；综合利用电视、网络等媒体多种途径进行宣传报道；汇编《安龙非物质文化遗产名录集》并分发到机关、学校、社区等，来扩大宣传普及面，从而提升我县古村落和非物质文化遗产的知名度和影响力。

（二）开发古村落旅游文化产业

加强对民间工艺品的搜集、挖掘和组织工作，扩大民间工艺品的影响，拓展民间工艺品的市场。开展具有安龙特色的古村落旅游文化活动。选择有代表性的少数民族聚居自然村寨（能集中反映原生态文化的、建筑风格有特点的、生产生活习俗有特色的，如坝盘、打凼、香车河等），建立保护区加以保护和利用开发，实施生态游、农家乐等民俗旅游项目。将文化资源优势转换为经济优势，成为新的经济增长点，推动经济发展。

（三）建设一支专业的工作队伍

设立古村落和非物质文化遗产办公室（保护中心），落实编制和人员，实现非物质文化遗产保护工作专人抓、长期抓。同时加强民间专业人才的知识技能培训，不断提高他们的工作能力和水平，并采取适当的激励方式，让他们更好地为古村落和非物质文化遗产的保护和传承服务。

（四）应将古村落保护的内容纳入新农村建设规划中，形成良性互动

应将古村落和非物质文化遗产保护内容纳入到建设新农村的总体规划中。在新农村建设过程中，政府文物、规划、建设部门要密切配合，加强协作，采取有力措施，将古村落和非物质文化遗产保护的内容纳入新农村建设的总体规划中，形成良性互动。在制定新村镇建设规划的同时，要高标准制定切实可行的古村落乡土文化遗产保护规划，决定哪些建筑物必须保存，哪些在一定条件下应该保存以及哪些在极其例外的情况下可以拆除。依法建立有效保护机制，选择保护古民宅、古祠堂、古桥梁、古街道以及古树名木等，保留农村历史文脉，避免对古村落原有环境风貌的破坏。在新农村建设中，凡涉及古村落文化遗产保护事项的基本建设项目，必须依法接受文物部门评估和认定程序。应将文化遗产和具有乡土文化特色的内容进行分类保护，根据本地实际，进行科学规划，有针对性地制定切实可行的保护措施和方案。将具有重要历史、文化、科学、审美价值的古文物、古村落、古民居、古遗址及重要非物质文化遗产进行重点保护，建立保护名录和传承队伍，保证代代有传承人。

（五）应修订保护法规和完善土地置换政策，创新古村落保护新模式

应尽快出台《全省古村落和非物质文化遗产保护条例》和《新农村建设

中古村落和非物质文化遗产建筑保护标准》。把古村落保护开发纳入科学化、规范化、法制化的轨道。要切实增强文保机构权威性，加大文保执法力度，充实保护执法力量。要完善古村落文保管理体制，配齐增强文保管理人员；逐步建立健全文化遗产志愿者和业余文物保护员制度，发动社会各界、全民参与古村落保护管理；应研究和探索土地置换的相关政策，既要符合我国实行最严格土地政策的基本原则，又要妥善保护乡土建筑。对已公布为文物保护单位或登记为不可移动文物的乡土建筑，应当按照文物法规在原地予以妥善保护，而不能拆旧建新。应实施建设新区、保护老村的新模式，引导部分居民逐步迁移到新区，合理疏减古村落和乡土建筑内的人口。对古村落进行科学的规划整治，按照不损害文物本体、格局和历史风貌的原则，改善水、电、通讯等基础设施，使原有居民能够在世世代代居住、生活的古村落里享受到现代生活的便利，同时延续固有的文化传统和生活方式。

（六）极力争取社会共同参与

采取成立民间协会等群众性组织的保护方式，把一些有共同知识、技能、爱好的群众组织起来，充分发挥广大群众的力量，为古村落和非物质文化遗产的保护作贡献。

虽然我县近年来在古村落和非物质文化遗产工作中虽取得的一定的成绩但离标准化的要求还有不少的差距，而保护和传承工作是一项长期的工作，而且困难不小，但我们将会不惜余力、广泛动员全民参与，形成合力，努力把工作做好做实，使我县多姿多彩的古村落和非物质文化遗产得到更好的传承和弘扬。

黔东南州非物质文化遗产保护传承发展简述

贵州省黔东南苗族侗族自治州文体广电新闻出版局　范钟声

黔东南州是一个以苗侗民族为主体民族的多民族自治州，共有 33 个少数民族，是我国苗族侗族最大聚居区。千百年来，世居在这块美丽富饶的土地上的各民族劳动人民，用自己勤劳的双手和聪明智慧，在长期的生产生活中创造了多姿多彩的民族民间文化。这些文化以鲜明的民族性、民间性、农耕性、地域性、原生性、娱乐性和不可替代性的特征引起世人的关注，在中国乃至世界，具有独特的文化地位和文化价值。

一、非遗基本概况及"十二五"完成情况

（一）基本概况。截至目前，全州普查收集到非物质文化遗产线索共有 4392 项，经申报认定公布，黔东南州已全面建成非物质文化遗产项目、传承人和示范基地的县、州、省和国家级四级名录体系。

1. 实验区整体保护领跑全省。全州现有国家级文化生态保护实验区 1 个，省级文化生态保护实验区 2 个，全省所有的国家级、省级文化生态保护实验区均在黔东南。

2. 项目名录制度保护成效显著。全州有人类非物质文化遗产项目 1 项（侗族大歌），占全国 30 项的 3.3%，是全省的唯一入选项目；有国家级非物质文化遗产项目 53 项 72 个保护点，占全国 1372 项的 3.9%，位居全国地州市第一；有省级非物质文化遗产项目 192 项 242 个保护点，占全省 561 项的 34.2%，全省领先；有州级非物质文化遗产项目 254 项 300 个保护点，县市级 1288 项。

3. 传承人认定基数喜人。全州累计现有各级非物质文化遗产项目代表性传承人 3005 名，其中：国家级 26 人，占全国 1986 人的 1.3%；省级 139 人，占全省 404 人的 34.4%；州级 294 人，县市级 2546 人。

4. 示范基地管理实现网格化。全州有非物质文化遗产生产性保护示范基地 156 处，其中，国家级 3 处，占全国 100 家的 3%（全省的国家级基地均在黔东南）；省级 8 处，占全省 28 家的 28.6%，名列全省市州前茅；州级 26 处；县级 119 处。全州建立非物质文化遗产项目传习中心 358 处；创新命名

州级非物质文化遗产保护传承教育示范基地 85 处；完善国家级非物质文化遗产项目核心示范村寨保护利用设施 7 处，建设省级非物质文化遗产项目工作站（生态博物馆）4 个。

（二）"十二五"完成情况。"十二五"期间，黔东南州不断创新非物质文化遗产保护发展方式，国家多数非遗试点项目落入黔东南先行先试，取得了较好成绩。主要有：

1. 整体性保护取得突破性进展。一是获批国家级的"黔东南民族文化生态保护实验区"，省级的"黔东南苗族文化生态保护实验区"和"黔东南侗族文化生态保护实验区"。二是启动实施黎从榕集中连片的侗族大歌传承保护发展行动计划，省财政计划每年投入 1000 万元，已连续实施 2 年。

2. 试点项目落入黔东南先行先试。一是率先全国落实文化部在黔东南启动的中国非物质文化遗产传承人群研修研习培训计划试点工作，完成 10 期 382 人次。二是初步建立非物质文化遗产项目数据库，完成国家级 26 项、省级 32 项的项目信息数字化，其中国家试点的雷山县苗族骨伤蛇伤疗法和黎平县侗族大歌数据库已通过文化部验收。三是完善国家级非物质文化遗产项目核心示范村寨保护利用设施试点工作，贵州仅有的 3 处落入黔东南。四是全省 4 个省级非物质文化遗产项目工作站试点（生态博物馆）全部落地黔东南。

3. 创新命名示范基地探索阵地性保护。一是建立非物质文化遗产生产性保护示范基地，国家级 3 处，省级 8 处，州级 26 处，县级 119 处。二是创新命名州级非物质文化遗产保护传承教育示范基地 85 处。

4. 项目及传承人常态工作不断深入推进。一是新增非物质文化遗产项目保护点，国家级 19 处，省级 37 处，州级 83 处，县级 421 处；二是新增非物质文化遗产项目代表性传承人，国家级 5 人，省级 62 人，州级 200 人，县级 1524 人。

二、近年来非遗保护传承发展的做法和成效

黔东南州"十二五"期间在"十一五"成功做法和取得成果的基础上，主要是深化整体性、传承性、抢救性、生产性、立法性、传播性、数字化等保护发展方式创新管理黔东南的非物质文化遗产项目、传承人及示范基地，在旅游景区景点和传统村落发掘优势文化、特色文化，逐步培育成精品文化、品牌文化，促使更多地域性文化标志上升为州内外文化品牌，以科学、合理、可持续性的产业化转型为导向，不断推出非遗旅游精品，助推文化旅游深度融合发展，使黔东南原生态的多民族传统文化在多领域、多层面充分展现，

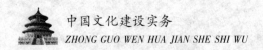

全面建设非物质文化遗产乐民、育民、安民、惠民、富民的文化民生工程。

（一）系统把握整体性保护工作。积极申报省级、国家级文化生态保护实验区，着力编制《黔东南民族文化生态保护实验区总体规划》。配合省文化厅在我州黎平、从江、榕江3县实施连续5年的侗族大歌专项保护行动计划，通过"百村歌唱大赛"、"100个传承保护发展示范村"、"百村传统经典民歌数字化"、"百名侗族大歌骨干辅导员"、"千人传承培训计划"、"精品剧目《嘎老》包装推广"等4个百1个千1精品的"411工程"综合保护侗族大歌。联合发改部门精准实施国家级非物质文化遗产项目保护利用设施建设，着力创建非遗项目核心示范村落发展美丽乡村旅游文化。

（二）精准抓活传承性保护工作。配合文化部和省文化厅在黔东南州实施"中国非物质文化遗产传承人群研修研习培训计划"，为非遗"小商品、大企业"的产业集群奠定"双创"人才基础。继续加强认定县级、州级传承人，提高州级传承人传承补助待遇到每人每年5000元，积极推荐申报省级、国家级传承人，规范管理各级传承人。努力推进民族文化进校园、进社区、进工厂、进机关的传承保护工作。

（三）创新规范档案及数字化保护工作。制定《黔东南州非物质文化遗产项目及代表性传承人数字化管理体例规范》和《黔东南州非物质文化遗产档案管理实施细则》，严格要求项目保护单位按濒危程度和分层次有序推进落实非物质文化遗产项目的深度调查，建立图、文、音、像的"四位一体"数字化档案。

（四）优先落实抢救性保护工作。继续加强非物质文化遗产普查工作，对濒危项目采取应急性措施列入州、县级非物质文化遗产代表性项目名录，积极申报提档升级保护项目，督促项目保护单位加大保护力度。

（五）探索建立生产性保护工作。参照国家、省对传统技艺、传统美术、传统医药类非物质文化遗产建立生产性示范基地的做法，建立并完善了州、县级非物质文化遗产生产性保护示范基地评审命名制度，同时积极引导扶持非遗生产性保护示范基地向规模化、产业化、专业化发展。

（六）全面开展传播性保护工作。开展好"文化遗产日"活动，积极扶持民间节俗活动激励更多传承人群，主动联系新闻媒体特别是央视报道宣传。组织带领传承人参加文博会、"两赛一会"等州内外甚至境外各种展示展演交流活动。建立州级非遗保护传承教育示范基地，加强档案宣传教育作用。铸就《仰欧桑》、《行歌坐月》、《银·秀》和《古韵镇远》等民族文化精品剧目震撼推介"黔东南印象"。整理出版《苗岭山区雷公山麓苗族村寨》、《六洞九洞侗族村寨》和《黔东南非物质文化遗产集锦（3）》等非遗系列丛书。

（七）逐步完善政策（立法）性保护工作。修订出台《黔东南州州级非物质文化遗产代表性传承人认定与管理办法》和《黔东南州非物质文化遗产代表性传承人年度考核办法（试行）》，制定《黔东南州非物质文化遗产保护发展规划（2014～2020年）》和《黔东南州非物质文化遗产保护发展三年行动计划（2014～2016年）》等。

（八）建立机构充实人员的人才组织保障工作。率先全国在16个县市成立了非物质文化遗产保护中心，督促落实人员调配工作，确保全州非物质文化遗产保护传承发展工作有专门机构和专职人员。

三、下一步工作打算及措施

根据十八大以来中央、省、州关于加强文化建设的系列要求部署，黔东南州非物质文化遗产工作将深入落实创新、协调、绿色、开放、共享五大发展理念，切实抓好大扶贫、大数据、大健康三大战略行动，更加突出生态和文化两大优势，于"十三五"期间和2016年主要开展以下工作：

（一）"十三五"主要工作。推进落实黔东南民族文化生态保护实验区总体规划，确定重点区域进行整体性保护。全面建立非物质文化遗产项目传承保护发展示范村，完善非物质文化遗产项目核心村落非物质文化遗产保护利用设施建设，规划保护一批传统村落建成民族文化生态博物馆，继续实施侗族大歌等跨区域性项目集中连片保护工程；壮大非物质文化遗产工作队伍，积极利用社会保护力量，深度发掘非物质文化遗产，建设非物质文化遗产数据库，整理研究出版非物质文化遗产系列丛书；健全非物质文化遗产项目、传承人和示范基地的认定与管理制度体系，提档升级保护项目，创新传承人激励机制，加速非物质文化遗产生产性保护示范基地产业化，加大利用非物质文化遗产保护传承教育示范基地；深入推进非物质文化遗产传承人群研修研习培训计划，加快传承人进校园，振兴传统手工技艺产业，助推黔东南绿色经济社会快速发展；扩大非物质文化遗产宣传，改（扩、新）建一批非物质文化遗产博览馆（室），大力扶持传统村落民间节庆活动形成品牌化，加强组织传承人展示展演交流，提高民族文化的美誉度和知名度。

（二）2016年主要工作。按照"十三五"非遗规划工作，切实开好局，起好步，2016年将在常态化工作基础上，围绕州委州政府的文化扶贫攻坚行动计划、农文旅一体化建设等要求，精准识别非物质文化遗产保护传承节点，加大合理利用力度，助力文化精准扶贫富民脱贫工程，重点实施的工作是：

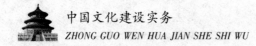
一是深入推进中国非物质文化遗产传承人群研修研习培训计划，拟完成 500 名传统手工技艺人才普及培训，10 名骨干人才研修，通过"一人创业百人就业"的手艺致富方式突破贫穷困境。二是启动建立部分非物质文化遗产项目保护发展示范村，逐步培育发展成为主题文化村，不断构建具有黔东南非遗特色的"一村一品"格局，形成黔东南非遗保护传承节点网格化，辐射带动周边村寨经济社会发展。三是加强非物质文化遗产生产性保护示范基地工作，以之辐射带动相关产业发展，解决传承人群就地就近就业增收脱贫。四是加快编制好《黔东南民族文化生态保护实验区总体规划》，争取更多国家资金全面开展非遗各项工作。五是积极申报民俗和传统戏剧类国家级非物质文化遗产项目资金，大力扶持传统村落民间节庆活动形成品牌化。六是深度调查现有部分省级以上非物质文化遗产项目，加强数字化工作，为大数据信息产业奠定基础。七是继续实施侗族大歌专项保护行动计划，通过"百村歌唱大赛"、"100 个传承保护发展示范村"、"百村传统经典民歌数字化"、"百名侗族大歌骨干辅导员"、"千人传承培训计划"、"精品剧目《嘎老》包装推广"等 4 个百 1 个千 1 精品的"411 工程"综合保护侗族大歌。八是完善黔东南州非物质文化遗产保护发展专家委员会，组建黔东南州非物质文化遗产项目类别保护发展专家库，利用社会保护力量调查整理《黔东南侗族服饰图典》和《黔东南州非物质文化遗产集锦（4）》，抓紧出版《黔东南州非物质文化遗产工作年鉴（2005～2014 年）》为州庆 60 周年献礼。

加强监管 提高意识
全力做好非物质文化遗产保护工作

贵州省榕江县文体广电旅游局 左才宏 陈 林

一、非物质文化遗产基本概况

榕江县旧称古州，古为江南八百州之一，辖 13 乡 6 镇 268 个行政村，全县国土总面积为 3315.8 平方公里，总人口达 35 万人，少数民族占总人口的 84.4%。在漫长的历史过程中，世居这里的苗族、侗族及其他少数民族逐渐形成特色鲜明的民族文化和民俗传统。"侗族萨玛节"、侗族琵琶歌、侗族风雨桥、"空申苗族茅人节"、"苗族鼓藏节"、苗侗民族服饰、苗王庙、侗族七十二寨、侗族大歌等蜚声海内外。

目前，我县非物质文化遗产代表作名录有世界级"侗族大歌" 1 项，国家级 9 项，省级 21 项，州级 30 项，国家级"中国民间文化艺术之乡" 4 个。我县非物质文化遗产传承人在册人数共计 189 名。其中国家级传承人 2 名，省级传承人 6 名，州级传承人 8 名，县级传承人 131 名。

二、非物质文化遗产保护措施

（一）夯实基础，建立健全保障机制

先后成立了"榕江县民族民间文化抢救工程领导小组"、"榕江县非物质文化保护中心"、"榕江县非物质文化遗产传承人工作领导小组"等领导机构，为"非遗"保护工作提供了有力的组织保障。同时制定《榕江县民族文化资源、开发、保护规划》、《榕江县民族民间文化普查工作方案》、《榕江县民族民间文化抢救工程普查提纲》、《榕江县民族文化普查方案》等保护规划，使保护传承工作更规范有序。

（二）摸清底数，全面开展"非遗"普查

我县于 2003 年正式启动"非遗"普查工作，制定了《榕江县非物质文化遗产保护方案》和《普查方案》。至今，已对 19 个乡镇的 152 个村开展"非遗"普查工作。共收集到"非遗"线索 1132 条，完成调查项目 94 个，撰写

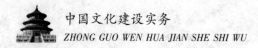

调查报告 52 篇，登记民间文化传承人 189 名，收集光碟 42 个，录制录音带 200 盒，拍摄录像带 126 盒，拍摄图片 11712 多张。征集收藏苗侗服装 134 件（套）、征集资料文本 63 册，初步建立了榕江县非物质文化遗产数据库。同时启动了文化传承人调查登记项目。

（三）积极行动，加快"非遗"项目的编制与申报

2009 年"侗族大歌"成功申报为世界非物质文化遗产，2013 我县栽麻乡大利侗寨入选全国第七批重点文物保护单位，脚车苗寨、大利和宰荡侗寨已被列入"中国世界文化遗产预备名单"。同时完成"民间文化艺术之乡"的申报工作。目前，我县有国际"非遗"保护项目 1 项，国家级 8 项，省级 21 项，州级 23 项，4 个国家级"中国民间文化艺术之乡"，9 个州级"民族文化村寨"。

（四）以人为本，加大传承人的保护与管理

一是按照《榕江县非物质文化遗产传承人管理规定》对优秀和生活困难的传承人，国家级、省级、州级每年分别发放一次性生活补贴 10000 元、5000 元、3000 元。组织文化对外交流时，优先选择文化传承人参加。二是做好传承人"非遗"知识培训。近年来，举办"侗戏培训班"、"侗戏音乐演唱培训班"、"民族器乐培训班"、"侗族大歌培训班"等 10 个培训班，参与培训 520 人次。三是明确责任义务。县级、州级、省级、国家级传承人每年要收学徒 5～8 名、8～12 名、12～15 名、15～20 名学徒。每月开展传习活动的有效时间县、州不少于 60 小时；省级不少于 80 小时，国家级不少于 150 小时。并传承人对传承情况进行考核，对坚持开展传承活动的传承人进行奖励表彰，至今奖励 36 人，发放奖金 2 万余元（主要是鼓励为主）。

（五）建立传承基地，扩大传承影响

2011 年以来我县共建非遗文化展演基地 27 个，其中宰荡、大利、滚仲等 12 个民族村寨列为"榕江县第一批非物质文化遗产传承村寨"，车民小学、高文小学、太平小学等 15 所学校列为"榕江县第一批非物质文化遗产传承学校"，传承条件得到显著改善。以基地为平台，以"文化进课堂"、民俗民间活动等为渠道，逐步扩大传承影响。

（六）广泛宣传，促进文艺繁荣

一是多次参与全国和省州"非遗"展演项目屡获殊荣。曾荣获全省首届农民艺术节银奖、长江流域民族民间文化艺术节优秀节目奖、全省曲艺比赛三等奖、中国曲艺牡丹奖提名奖、"多彩贵州原生态小品金黔奖"和"多彩贵州舞蹈大赛"全省总决赛优秀奖等奖项。2013 年全国第五届少数民族曲艺展

演中侗族琵琶弹唱获三等奖、多彩贵州原生态组获银瀑奖。荣获"第十九届金旅奖大中华区旅游文化榜荣誉旅游目的地"称号。二是建立榕江县非物质文化遗产展示厅,举办"榕江非物质文化遗产图片展"、"榕江县原生态文化展"等"非遗"成果展演。并利用"文化遗产日"等节假日,进乡镇、入社区、到学校进行形式多样宣传,增强人民群众的保护意识。

(七) 百家争鸣,强力推进学术研讨

一是成立苗学会、侗学会等各类民族文化研究学社,62 篇论文入选《侗族大歌与少数民族音乐研究》、《中国曲艺音乐集成·贵州卷》、《中国古籍总目提要/苗族卷侗族卷》等知名刊物。2012 年成功承办州黔东南州非物质文化遗产保护工作现场会议,圆满举办萨文化暨区域民族文化传承与开发研讨会;2013 年成功承办全省侗年经验交流暨论文研讨会、中国·贵州·榕江苗王庙文化研讨会,共收集到相关论文 64 篇。发表《"萨文化"在侗族人民心中的地位和影响》等非遗论文 14 篇。二是加强对民间文学的搜集整理,民间文艺创造热情高涨。完成《侗族大歌·古籍本》、《人与自然的和声·侗族大歌》、《榕江导游》、《珠郎娘美—榕江侗戏集锦》、《阿蓉》、《榕江县非物质文化集锦》、《苗族贾词注译》、《车江侗族古典琵琶歌集》、《月亮下山了》、《古老的文明——榕江非遗保护项目专集》等书籍编撰、出版。

三、侗族大歌保护传承情况

(一) 开展对侗族大歌抢救性收录工作

2012 年启动侗族大歌数据库建设工作,录入文字、录音、图片、视频等各类(包括汉字记侗音的手抄本资料,侗族大歌传承人档案)图文视屏资料。至今共收录侗族大歌 282 余首,整理、注译 70 首,登记侗族大歌传承人 32 名。文字资料 20MB,图片资料 1.1G,录音资料 10G,影像资料 15G。

(二) 开展侗族大歌进校园活动

成功建立中宝小学、大利小学、宰荡小学等 6 所侗族地区学校侗族大歌传承示范基地,并计划在古州镇、寨蒿镇、栽麻乡等 8 个乡镇侗族地区的中、小学校推广实施。通过将侗族大歌编入音乐教程、组建校园侗族大歌队,聘请歌师进校传歌等多种形式,促进侗族大歌在年轻一代上传承发扬。

(三) 编制出版榕江侗族大歌专集

编辑出版侗汉文对照《榕江侗族大歌集》、优秀侗族大歌集《侗家爱水又爱山》;出版的以侗族大歌为主的侗歌专集《长大要当好歌手》成为榕江县民族音乐进课堂教材,并得到国家教委的肯定。

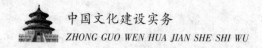

（四）建立侗族大歌展演示范基地

现已建立宰荡、加所、大利、苗兰村等 4 个侗族大歌传习基地，并帮助恢复 12 支侗族大歌队。

四、"非遗"产业发展情况

（一）发展保护性产业，传承传统手工艺

一是古州车江侗乡人民族服装厂。投入资金 45 万元，采用农户加公司的模式，建立家庭服饰制作点，培训了一批侗族服饰制作承传人，并注册了"侗乡人"、"侗家巧姑"两个品牌商标。二是以摆贝为代表的百鸟衣制作能手建立家庭手工技艺小作坊，制作的百鸟衣在保留传统技艺的基础上有所改革和创新，外地的商客纷纷慕名前来定货，现在百鸟衣在市场上出现了供不应求现象。三是宰勇村成立苗族蜡染、刺绣合作社等微小企业。目前，已有苗族服饰加工坊三家。生产的产品已经销往贵阳、北京、上海、广州、香港、台湾、及日本、韩国、美国等国内外。

（二）充分利用传统文化，发展民族旅游

打造以三宝侗寨为核心的都柳江侗族风情旅游精品线和以茅人河为核心的"环雷公山苗族风情旅游"精品线，以旅游公路为引线缀连"珍珠"，以核心为起点推进开发，修复"苗王庙"、"萨玛祠"等苗侗祖源文化符号，挖掘鼓藏节、吃新节、芦笙节、茅人节、端节、琵琶歌等原生态文化精髓，重点提升三宝、摆贝、八蒙、计怀、大利、小丹江、晚寨、七十二侗寨等苗风侗韵村寨档次，打造"一日游"旅游精品。开展以"世界文化遗产预备群，全国重点文物保护单位"大利侗寨观古树、进农家、感悟贵州魅力侗寨的神奇风采体验之旅。

五、非遗专项资金投入情况

2008 年至 2013 年，榕江县共获得中央、省、州非遗补助资金共计 531.3 万元。其中中央拨款：469 万元；省级财政拨款：31 万元；县级财政拨 6 万元。传承人补助专款：中央拨 4.4 万元，省拨 6.5 万元，州拨 14.4 万元。款项全部到位，用于榕江县非物质文化遗产保护工作。目前我县计划在十二五末和十三五期间投资建设的项目有：投入 8000 万元，恢复建设世界唯一苗王庙；

投入 200 万元，修建苗族鼻祖五公岩遗址；投入 300 万元，修缮宰荡侗

寨等地的侗族鼓楼群；投入资金 5000 万元，建设古州历史文化博物馆。

六、存在问题

（一）县级财力有限，保护经费投入不足。

（二）文化传承青黄不接，传承人培养有待加强。

（三）县非物质文化遗产保护中心为文化馆附设机构，不具法人资格。

（四）无专门的非物质文化遗产监管机制，对有关法规执行力度不够。

（五）村民保护传统村落意识淡薄，时有群众随意翻建或修缮自家古民居建筑。

七、下一步工作打算

（一）完善保护工作法规和条例，充分发挥县、乡镇、村各级组织在"非遗"抢救和保护工作中作用。

（二）完善传承人补助机制，要在涉农资金等各方面给予倾斜，并出台相关优惠政策对生产性保护的村寨、作坊或个人给予适当扶持。

（三）加大非物质文化遗产传承和保护工作的宣传力度，提高全民的非遗保护、传承意识。

（四）建立高素质的非物质文化遗产保护队伍。

（五）拓宽融资渠道，加强与上级部门的沟通联系，争取更多项目纳入上级投资计划；动员鼓励本村外出知名人士返乡创业，招引其他社会各界人士前来投资创业，大力发展"非遗"产业。

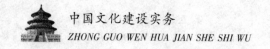
做好非遗文化资源管理
丰富群众精神文化生活

贵州省丹寨县文体广电旅游局　王　娟

贵州属于中国西部高原山地，是世界喀斯特地貌发育最典型的地区之一。由于自然环境的客观制约，社会、经济、交通、文化和学校教育等方面的发展相对滞后，我省少数民族大多居住在欠发达高原内陆省的偏僻山区，虽近几年一直都在得到党和国家通过实施西部大开发的大力支持，少数民族地区的物质文化生活有了很大的改善，但较其它发达省市自治区相比，贵州从总体上看仍存在着很大的差距。尽管如此，贵州特有的自然生态和长期积淀起来的文化形貌，如今依然展示在世人面前的"十里不同天，一山不同族"的绚丽多姿的多元民族文化。地处偏僻山区的丹寨非遗文化是中华民族文化的血脉历史深处流动的元素，历经磨难和社会变迁的农村依然留下了珍贵丰富的非物质文化遗产。

一、丹寨县基本情况

丹寨县地处贵州省东南部，东与雷山县接壤，南靠三都水族自治县，西与都匀市、麻江县交界，北抵凯里市。县境内有苗、汉、水、布依等 18 个少数民族，全县设 4 镇 2 乡，全县总人口 16.5 万人，其中苗族占总人口的 85.57%。全县海拔一般在 600～1200 米之间，最低 370 米，最高 1701 米。有夏蓉高速、贵新高速、凯羊高速等高等级公路和贵广高铁过境，321 国道穿城而过，连接凯里市、都匀市、麻江、三都、黎平、从江、榕江等县。

二、丹寨县非遗文化现状

（一）非遗名录

各民族在漫长的生产生活中，传承有许多优秀的民族民间非物质文化遗产；其中民间文学、歌舞、戏曲、体育、建筑、工艺，岁时节令、生产生活习俗等底蕴深厚。2005 到 2006 年经初步摸底约有 500 多个，已录入名目 300 个。

截止 2014 年，县人民政府先后公布两批县级代表性名录，共 150 项，建档 130 项。筛选上报的项目中：苗族芦笙舞（锦鸡舞）、苗族蜡染制作技艺、古法造纸技艺、苗族贾理、苗年、芒筒芦笙祭祀乐、苗族服饰制作技艺等 7 项被列为国家级非物质文化遗产名录，古瓢（给哈）舞、祭尤节、苗族历法、苗族婚俗等 15 项被列为省级非物质文化遗产名录。

（二）传承人及传承机构

1、传承人

截止 2014 年，县人民政府先后公布三批县级非物质文化遗产代表传承人 249 名。其中：13 名被列为州级代表性传承人，13 名被列为省级代表性传承人，4 名被列为国家级代表性传承人。经贵州省民间艺人专业技术职务高级评审委员会评审，110 名民间艺人获各级各类职称，其中高级工艺师 11 人，工艺师 18 人，工匠师 1 人，歌师 3 人，戏师 8 人。

2、传承保护机构

（1）非遗生产性保护示范基地：国家级 2 个（石桥古法造纸、宁航蜡染）；省级 1 个（卡拉鸟笼）；州级 1 个（排倒莫蜡染专业合作社）。

（2）非遗传习所：州文化主管部门挂牌成立的州级传习所 2 个（台辰苗族贾理传习所、扬颂苗族贾理传习所）；县文化主管部门挂牌成立的县级传习所 11 个（石桥皮纸制作技艺、芒筒芦笙制作技艺、苗族锦鸡舞传习所、鸟笼制作技艺传习所、苗族贾理传习所、苗族蜡染制作技艺传习所）。

（3）非遗传承基地：县文化主管部门挂牌成立的传承基地 2 个，即民族文化进校园非遗文化传承基地（扬武中学）、排倒莫蜡染传承基地。

（三）民族文化村村寨基础设施建设

县级文化主管部门完成了 10 个芦笙堂（卡拉芦笙堂、排牙芦笙堂、刘家村跳月坪、麻鸟芦笙堂、排佐芦笙堂及斗牛场、石桥大簸箕芦笙堂、送陇芦笙堂、羊先芦笙堂、王家村芦笙堂）及石桥非遗展示长廊等的建设。结合美丽乡村建设基本完善民族村寨的寨门、道路硬化、环境卫生、凉亭、停车场、公厕等设施。县文体广电旅游局根据非遗传承地的非遗文化氛围和群众的要求给民族村寨配送芦笙 21 拨、铜鼓 7 面用于开展民族民间文化活动。

（四）非遗文艺演出团体

文化馆管理的民族文工团锦鸡舞艺术表演队 1 个、乡村业余文艺队 13 个（民间秧歌队 5 支，苗族原生态锦鸡舞队 2 支、古瓢舞＜给哈舞＞1 支、花灯队 5 支）、丧事用民间唢呐 113 对、丧事用民间芒筒芦笙队 22 支，节日节庆芦笙队 281 对。其中县民族文工团的锦鸡艺术表演队取得不俗的成绩，2007

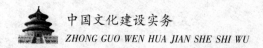

年丹寨苗族锦鸡舞获首届多彩贵州舞蹈大赛原生态类金黔奖和最佳人气奖；2008 年获第二届"多彩贵州"歌唱大赛选拔，《稻花魂》获得铜鼓奖；2009 年《芒筒芦笙祭祀乐舞》参加第二届"多彩贵州"舞蹈大赛，再次夺得原生态类金黔奖。锦鸡舞演员 3 次随省委王富玉副书记、谢庆生副省长到上海、郑州、太原参加我省文化推介活动，先后应邀参加贵州电视台春晚《春天的记忆》节目录制，中央电视台音乐频道节目录制；作为贵州唯一一只代表队参加第二届成都国际非物质文化遗产节开幕式暨天府大巡游展演，获太阳神鸟银奖，参加由中国非物质文化遗产保护中心和浙江省文化厅在杭州市余杭区举行的全国传统舞蹈展演暨颁奖活动，获全国传统舞蹈金奖，代表贵州省参加广东、海南、广西、云南、贵州五省区南方电网国庆庆典活动；多次被省文化厅抽调参加国际文化交流活动，先后远赴法国、西班牙、马来西亚、希腊、日本等国演出均获得巨大成功，苗族锦鸡舞一跃成为贵州响亮的文化名片。

（五）非遗文化产业

随着改革开放的进一步深入，人民群众的生活有了巨大提高，对精神文化生活有了新的要求，民族手工艺品倍受青睐，有识之士看到了商机，一批中小型非遗文化企业如雨后春笋涌现。丹寨县石桥黔山古法造纸专业合作社、易新古法造纸合作社、宁航蜡染有限责任公司、国春银饰有限责任公司、卡拉鸟笼合作社、排倒莫蜡染专业合作社、马氏姊妹锦绣合作社、王家村苗族古法刺绣合作社、杨氏芦笙合作社、丹寨县嘎闹马尾绣手工刺绣有限公司等非遗文化企业初具规模，产品远销省内外。其中丹寨县黔山石桥古法造纸专业合作社生产的纸成为国家博物馆和国家博物馆的文物、古籍修缮专用纸，并获中国工笔美术研究院和上海锦龙堂等单位订单，2015 年订单就达 2020 万元。此外，还有苗族银饰、苗族蜡染、鸟笼、芦笙等大大小小的手工作坊星罗棋布，很大程度上刺激了当地旅游业发展和带动劳动力就业。

（六）民族节日

县内民族节日众多，主要有：祭雷、望会、锦鸡文化节、跳鼓节、祭桥节、三月三、四月八、爬坡节、端午节、粽粑节、吃秧包、爬坡节、过端节、七月半、吃新节、中秋节、翻鼓节、过端节、重阳节、苗年、吃新节、祭尤节。

在上述节日中除爬坡节、忌雷、祭桥节、祭尤节等较为单一外，其他节日伴随斗牛、斗鸟、斗鸡、赛马、篮球等活动内容，节目丰富多彩。

三、关于如何做好非遗文化资源管理丰富群众精神文化生活的思路与措施

丹寨县地处偏远，受交通区位的限制和历史的原因社会经济发展较为滞后，也由于交通相对闭塞历经磨难和社会变迁的农村依然留下了珍贵丰富的非物质文化遗产。这些丰富的非遗文化资源通过科学管理，得到有效的挖掘、保护、传承和开发利用，实现挖掘、保护、传承和开发利用的良性循环，加强先进文化引领就能发挥巨大效能，大大提高我们的民族文化认同感，更好的服务群众，增强文化自觉和文化自信，为实现中华民族伟大复兴的中国梦和全面建成小康社会的强大的精神动力。

（一）抓好文化人才队伍建设和完善用人机制

丹寨县文化专业人才较为缺乏，县文体广电旅游局文化馆、图书馆、乡镇文化站等人员编制少，待遇低，大多是安置人员，没有科班出生的，懂文艺的人少，极少部分仅会简单的吹拉弹唱跳，大多舞盲、乐盲。专职人员不专职，特别是乡镇文化站，实行乡镇属地管理，文化专干一人兼好几种工作，基本顾不上开展文化工作。加之，他们不是文化专业人员，对文化工作的理解没有上升到理论高度，无法指导工作实践，缺乏艺术发展长远眼光，看到和做到的仅仅短视行为，难以推动民族地区文化工作的长足发展。非遗文化的根在农村，主角是农民，非遗文化工作的重点应该放在乡镇以下至村级。

建议：1、录用艺术类专业懂管理的人才到文化部门工作，待遇与国家公务员等同，这样才能留住艺术人才，稳定文化队伍；2、乡镇文化站编制应在3～5人左右，小的乡镇3人，大的乡镇5人，并纳入县级文化行政主管部门垂管，以便在业务和人财物等方面的调度；3、在高等院校招收懂少数民族语言和熟悉本地非遗文化的生源培养民族文化研究和民族地区文化发展规划高端人才，帮助民族地区抓好文化发展规划，以利于非遗文化事业的长远发展。

（二）加强文化基础设施建设，激活和用好现有非遗文化资源

民族地区本身经济总量少，文化基础设施和文化事业经费投入不足，这就制约了民族地区文化活动的开展，满足不了农民群众的精神文化需求。因此，用好用活现有文化资源是当前的首要任务。

建议：请求上级给予支持和帮助，建立丹寨县非遗博物馆（或苗族博物馆）。将全县非遗重点项目、民间美术工艺品和民族地区民间的生产生活用具（如民族服饰、农耕、鱼猎、饮食等用具及民居建筑模型）进行收藏丰富馆藏，抢救和保护濒危项目和资源，同时也可为开发观光旅游和民族民俗研究

提供依据。

（三）积极打造文艺精品，加强对外文化交流

通过丹寨文艺精品锦鸡舞的品牌效应，省内外、国内外对贵州——丹寨有了更多的了解和认识，吸引很多艺术家和知名媒体纷纷到丹寨采风，外地客商到丹寨开发投资办厂，对促进丹寨的发展是不可估量的。我们要立足本地蕴藏丰富的文化资源，精心创作一批更具影响力的非遗文艺精品进行对外交流，在对外进行文化交流的同时，将推介丹寨的宣传资料免费赠送给参加交流的友人，扩大丹寨的影响力和知名度，为打造非遗文化大县打好基础。

（四）依托资源抓传承

1、充分利用传承人、传习基地、传习所等非遗文化资源抓好非遗文化传承。按照非遗名录和传承地建立非遗传承人档案，有计划有步骤进行分类指导和管理。实行半年一次对传承人授徒传承工作进行定期考核实行奖惩兑现，使传承人增强非遗传承工作的使命感和责任意识。

2、依托民族节日进行帮助指导民族开展民族文化活动。建立少数民族节日时间表，按照时间顺序分别对各地民族节日活动开展帮助和指导工作。

（五）建立以非遗重点项目传承为载体的文化产业链

在丹寨非遗重点名录项目皮纸法造纸技艺、苗族蜡染制作技艺、鸟笼制作技艺、苗族银饰以国家、省级非遗传承人为传习师收徒授业。并以传承基地为载体，建立公司加农户或独立经营等方式投资创业；也可以引进外来资金联合经营把文化产业做大做强。对于苗族锦鸡舞、苗族贾理、芒筒芦笙祭祀乐等不能创造较大经济效益的非遗名录项目适当加以部分资金扶持，拓展其生存空间使丹寨的非遗文化多姿多彩。

完善公共文化服务体系
推进文化产业稳步发展

云南省绥江县文化体育局　许国江　黄泽荣

2015 年是"十二五"规划的收官之年，我县文化体育工作得到了市文体局的悉心指导和大力支持，在县委、县政府的坚强领导下，以党的十八届三中、四中全会和习近平总书记在全国文艺工作座谈会上的系列讲话精神为指导，结合我县实际以构建"覆盖城乡、结构合理、功能健全、实用高效"的公共文化服务体系为目标，进一步实施好文化惠民工程。我县文艺创作活力不断迸发，优秀人才和作品不断涌现；积极创新的举办了群众体育和大型赛事活动；现代公共文化服务体系建设不断推进，广大人民群众文化权益得到进一步实现；文化遗产保护全面推进，优秀传统文化得到进一步弘扬；文化产业稳步发展，对我县经济增长初见成效。现将我局 2015 年文化体育工作开展情况总结暨 2016 年工作计划概述如下：

一、2015 年工作总结

（一）加强基础设施建设，保障公共文化机构服务能力稳步提升

1、持续加强文化体育基础设施建设。为了推进全民健身工程，进一步推动公共体育设施向公众开放，以健全群众身边的组织、建设群众身边的场地、开展群众身边的活动的"三边工程"为依托，形成遍布城乡、规范有序、富有活力的社会化全民健身网络。2015 年 8 月全面启动我县全民健身中心建设。县文化馆作为我县公共文化服务重要部门，目前场馆装饰工作以全面开展，非物质文化遗产展厅建设完工。年末，正在完善舞蹈、绘画等其它展厅的装修工作。另外，今年图书馆还装修了国学厅，为传承国学文化做好了基础保障。

2、坚持推进"七彩云南"健身场地建设。2015 年，先后建设了中城镇中村村、后坝村椒子片区、绍廷村红庙片区、田坝村白果片区、铜厂团岩片区；会仪镇镇三渡村、箭头社区的文化体育活动场地。努力为大家创造一个良好的文化体育氛围，更有力的提高我县公共文化服务体系水平。

3、加强文化惠民示范村的建设。2015 年完成了会仪镇会仪村文化惠民示范村建设工作，即将启动新滩镇石龙村文化惠民示范村的建设项目。同时，启动建设中城镇中村村和新滩镇石溪村将拟建为我县精神文明家园示范村。

（二）精心组织体育赛事活动，推动我县旅游产业的全面发展

1、持续举办大型赛事，群众体育丰富多彩。2015 年 9 月 24 日至 29 日，我县与中华龙舟协会合作，成功承办了 2015 年中国龙舟公开赛（云南·绥江站）比赛；10 月 23 日~26 日成功举办了金沙江（云南·绥江）全国公开水域游泳争夺赛和第二届全国垂钓邀请赛。10 月 29 日~31 日举办了昭通市第 27 届钓鱼比赛。12 月中旬，认真组织开展昭通市十一县区老年人运动会。

2、坚持开展形式多样的传统赛事活动。2015 年 1 月，组织开展了第八届"健康杯"环城越野赛和佳木斯操展演。4 月底，联合县总工会组织参加了昭通市"省耕山水杯"第三届职工篮球运动会。6 月，组织了 2015 中国（云南赛区—昭通分赛区）三对三篮球联赛（绥江站）选拔赛；6 月~8 月，举办了绥江县第八届职工"体彩健康杯"周末篮球联赛。有 21 支男子参赛队和 4 支女子参赛队。7 月 6 日，组织我县 16 名青少年参加了 2015 年云南省首届"阳光体育"大会暨青少年体育俱乐部户外体育活动。10 月 17 日~18 日，组织开展了由县文体局主办、县羽毛球协会承办的羽毛球邀请赛。11 月 25 日，板栗镇将举办第二届农民运动会，丰富农民业余文化生活。12 月 5 日~6 日，举办了 2015 云南·绥江第三届"健康杯"画眉鸟格斗全国邀请赛。

（三）加强文艺作品创作，提高舞台群众文化艺术水平

1、强推舞台精品艺术创作。2015 年元宵节至今，金江艺术团除了完成既定任务的 70 场送戏下乡任务的同时，自编、自导、自演了绥江县 2015 年元宵节联欢晚会。1 月原创舞蹈《嘚啵措》在屏山县参加 2015 "三江放歌"比赛中以优秀成绩获得大赛一等奖；12 月 6 日参加屏山县彝族新年民族舞蹈展演，表演的舞蹈《火塘》获一等奖。金江艺术团演职人员原创的各类新的文艺节目有小品类《幸福村的浪漫故事》、《全家福》；舞蹈类《金河渡》、《重生》、《年年有余》、《扯开嗓子吼一腔》、《欢乐景颇做客来》等。

2、狠抓群众文化的广泛性。新县城搬迁以后，除了我县成立的十多个协会积极主办了各项赛事以外，县文体局还积极营造群众文化氛围，组织全县各社区广场舞的开展，2015 年全县农村和社区文艺宣传队伍 45 支。

3、加强文化站所发展，丰富农村文化生活。2015 年，我局加强了对基层文化的建设工作。各乡镇文化站广泛开展了群众文化活动。3 月 15 日，新滩镇文化站举办了第二届"相约新滩"业余文艺宣传队汇演，活动以"相约桃园新滩，建设山水绥江"为主题，尽情展示了各乡镇业余文艺爱好者的特色才艺。6月12日在绥江县会堂圆满完成农家书屋"我的书屋　我的梦"管理员演讲比赛。乡镇文化站所集合本镇特色，在县文体局的指导下认真做好免费开放和寒暑假对青少年的免费培训工作。

4、增强传统节日文化氛围，提高基层文化水平。在春节系列活动中，注重文化体育活动送到群众身边。2015年2月春节来临前，县文化馆、图书馆和金江艺术团演职人员在各乡镇举办向群众赠送平安春联、现场借阅图书和文艺表演活动。

（四）巩固两馆"免开"工作成果，提高"三区"人才服务效率

2015年，紧紧围绕年度的工作目标，创新思维，本着一切为服务群众的宗旨，结合"三区"文化服务工作，有条不紊，扎扎实实的做好图书馆的各项工作。

1、为丰富绥江少年儿童精神文化生活，培养少年儿童发现美，记录美的良好习惯，增强对家乡的热爱及宣传力度，5月30日，正式启动"拍拍拍—排出七彩新家园摄影大赛。比赛在6月8日截稿，评比出了优秀的拍摄作品。

2、积极完成升级上报工作。上半年，我县文化馆积极争取"国家一级馆"的申报工作，经过近一个月资料整理，目前，申报材料已全部完成并上报。

3、10月下旬，县图书馆举办了第二期、第三期老年人计算机基础知识培训活动，辅导老年人掌握计算机基础应用技能。

4、从今年8月，我县图书馆结合"三区"人才工作，在全县各乡镇、县直中小学开展了弟子规操培训工作，深受青少年儿童喜欢。同时，文化馆还组织了下乡镇、进社区的太极拳、广场舞等的培训工作。

（五）稳步推进文物复建工作，加强"四有"工作开展进度

1、文物复建工作正有序推进。今年初我县启动了毛主席像复建项目，并于1月底全面完成，为文物复建工作打响了第一枪。2015年1月22日绥江县县委召开了淹没区文物迁复建工作专题会议，决定变更原绥江县淹没区文物复建规划，把淹没区文物迁复建工作一并纳入全县旅游发展、产业建设等各项工作统一进行规划，目前，我局已为我县文物复建规划调整作可行性研究报告，现已完成地形图测绘工作。

2、积极开展文物"四有"工作。我县有市级文物9处，其中有5处处于淹没区，于2012年搬迁时已全部拆除，将文物构建堆放在新选址临时仓库，等待省考古所进行复建，因此，此5处文物将无法进行"四有"工作，经请示市文管所同意待恢复重建后再对这 5 处进行"四有"工作的完善，现只能对相关资料进行收集整理，其余 4 处没有搬迁的市级文物保护单位现已将档案资料整理好，标志碑全部建设完成。

3、进一步加强文物宣传力度。今年 5.18 国际博物馆日之际，县文管所用标语、展板、海报、开放展厅等多种形式对文化遗产、文物保护知识进行宣传，加强了群众对文化遗产保护的认识。

（六）加强"非遗"的传承和保护，发掘"非遗"文化的旅游资源

1、完善"非遗"展厅的基础设施建设。今年，我局在县文化馆建设完成了具有本土文化气息的非物质文化展厅，供人民群众回顾和阅览绥江的历史文化。

2、借助"非遗"文化日，开展丰富的文化活动。6 月 13 日我国第十个"非物质文化遗产日"。为推动非物质文化遗产保护工作的深入开展，进一步展示我县非物质文化遗产保护工作的丰硕成果，加快非物质文化遗产项目传承保护工作。县文化馆在森林公园举行以"保护成果、全民共享"为主题的第十个"非物质文化遗产日"宣传活动，宣传活动在金江号子传承人牟玉成和他的队友带来的表演中拉开序幕，表演了《绥江儿歌》、《金江号子》等。同时，展示了竹编、包谷粑、金江号子、抬工号子专题片。同时，文化遗产成果制作成图片进行展览，文化馆书画展厅及文革展厅也全日开放。

（七）市场管理不断规范，文化经济共同发展

1、加强各经营场所年检工作，确保市场经营有序。我局在今年对全县网吧、歌舞娱乐、音像制品、出版物、印刷复印等文化经营单位等 88 家文化经营单位进行年检换证工作。通过年检工作，掌握我县文化市场最新、最全资料，为今后各项工作的开展提供有力保障。

2、强化监督力度，加大安全大检查。我县文化市场综合执法大队不定时的对全县文化市场进行检查，共检查网吧 14 家、印刷厂 2 家、书店 2 家。对违规经营的商户进行处罚和责令整改，有效的维护了全县文化市场的安全生产。

3、开展网吧准入手续办理，进一步完善文化市场管理。我局在上半年已完成对新增网吧办证的现场审核工作。目前，符合经营条件的 13 家网吧申报业主进行复审，相关手续完善后将在今年发放《文化市场经营许可证》。

（八）存在的问题和困难

今年，在各级政府和主管部门的关心和支持下，我局的工作开展取得了一定的成绩，但也存在一定的问题和困难：

1、公共文化服务体系建设有待于加强。目前，我县公共文化服务体系建设不尽完善，不能满足广大市民及农村的文化需求，应加大投入力度，强化辅导，使公共文化服务体系日臻完善。

2、文化工作队伍建设有待提升。今年，我县文化系统招聘了3名事业编制人员，但文化工作队伍缺乏专业人才的情况仍然存在，就如我局下属事业部门少体校，承担了全县每年举办的大小赛事活动，然而只有两个事业编制人员，工作压力很大。现有人才对文化业务知识了解不多，理解不深，等现象制约着工作的开展，需要加强文化服务队伍业务培训，健全体制机制，实现科学化管理。

3、群众公共文化和体育场馆还很匮乏。现在新县城搬迁已三年多，目前我县还没有一个公共体育运动场馆和功能型的广场，在举办大型体育赛事和文艺演出时没有合适的场地，导致许多赛事活动和文艺演出很难开展。目前，体育馆和演艺中心做了规划，但是还没有设计和具体选址。

二、2016 年工作初步计划

（一）以党的十八届五中全会和习总书记在全国文艺工作者座谈会上的讲话精神为指导思想，以"三严三实"和"忠诚、干净、担当"为思想指导。打造绥江特色文化体育工作。

（二）进一步完善管理制度，坚强服务体系，进一步提高"文化惠民、文化育民、文化富民"的宗旨意识。

（三）加强基础设施建设的申报工作，进一步推动我县公共文化基础设施的场馆、场地建设，服务广大人民群众。

（四）继续开展好"两馆一站"的免费开放和培训工作，举办系列文化比赛活动。

（五）持续推进群众文化的服务体系，提高群众文化的服务质量，抓好业余文艺宣传队辅导工作，以及全县性的合唱比赛。同时，明年在会仪镇继续组织开展"相约会仪"业余文艺队汇演。

（六）积极争取和筹备国家级赛事的申报工作，继续组织举办好具有高质量和影响力的各类国家级赛事。

（七）抓住绥江地域优势，继续打造大型赛事活动，进一步申报国家级的比赛活动，加强以赛事推动绥江旅游发展。

（八）继续加大文物法规的宣传力度，全力配合省考古所做好文物复建工作，做好第一次全国可移动文物普查录入工作，搞好库存文物及田野不可移

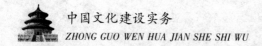

动文物的保护工作，安全保卫工作，确保万无一失。

（九）坚持举办好环城越野赛、周末篮球赛等我县的品牌赛事活动，认真组织和开展好各协会的届时赛事活动。

（十）持续开展好文化"百千万"工作，健全机制，完善管理，打造更多的文艺精品创作。

（十一）组织开展好网吧的准入工作。继续开展文化市场集中整治行动，突出工作重点，坚决查处文化市场的各种违法违规行为，查缴各类违法文化产品，严防文化市场安全事故的发生，确保文化市场平稳可控。

（十二）认真完成好市文化体育和县委、县政府交办的各项工作任务。

2015年，在市文体局的悉心指导下，我局在县委、县政府的正确领导下，全县文化体育工作取得了一定的成绩，但为了发展美丽新绥江还需要继续努力，因此，在来年的工作中，我们仍然需要继续努力。为绥江美好未来发展添砖加瓦。

丰厚而独具特色的凉州非物质文化遗产

甘肃省武威市凉州区文化体育广播影视局

凉州历史悠久，文化底蕴深厚，百万人民在长期的生产生活实践中，孕育了绚丽多彩的非物质文化遗产。凉州贤孝、凉州攻鼓子、武威宝卷、凉州民歌、凉州半台戏、凉州水陆画等民间民俗文化，在民间广为流传，具有深厚的群众基础，与群众的生活息息相关，形成了凉州独特的民族形态和人文内涵，保持了中华民族文化的多样性。这不仅是我区人民智慧的结晶，也是中华民族文明的瑰宝。保护这些珍贵的非物质文化遗产，对于增加我们的文化认同感，增强社会凝聚力，激发人的创造力，促进民族团结等有着不可估量的作用和意义。近年来，我区坚持以"政府主导、社会参与、明确职责、形成合力；长远规划、分步实施、点面结合、讲求实效"为原则，按照"保护为主、抢救第一，合理利用、传承发展"的方针，组建了非遗保护机构和队伍，加大保护经费投入力度，开展了非遗普查和宣传工作，启动了非遗理论研究，制定了长期保护规划，非遗名录体系和传承人体系建设进一步完善，各项工作取得了丰硕成果。

一、基本情况

截止目前，我区共挖掘整理出了 63 项非遗项目线索，通过专家论证，现已申报成功的非物质文化遗产保护项目共计 44 项，其中：凉州贤孝、凉州攻鼓子、武威宝卷 3 项被列入国家级非物质文化遗产保护名录；凉州水陆画、凉州黄河灯会、凉州皮影戏、凉州半台戏 4 项被列入省级非物质文化遗产保护名录；西夏泥活字印刷术、凉州社火、西凉乐舞、凉州观音山庙会、凉州宫灯、凉州剪纸、永昌滚灯舞等 37 项被列入市区级非物质文化遗产保护名录。国家级传承人 3 人，省级传承人 12 人，市区级传承人 34 人。对进入各级名录体系的项目和传承人，我区采取多种措施予以保护和扶持，不少濒临灭绝的项目重新焕发了生机，广大传承人的积极性得以有效发挥。

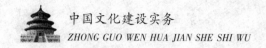

二、主要做法及成效

(一) 组建机构队伍，健全保护机制

为了加强全区非物质文化遗产的保护，规划协调全区的保护工作，一是凉州区成立了非物质文化遗产保护工程领导小组、专家委员会和非物质文化遗产保护办公室，积极落实机构和人员，充分发挥政府主导作用，统一协调非物质文化遗产保护工作；二是建立了非物质文化遗产保护工作局际联席会议制度，规划统筹和组织实施非物质文化遗产保护工作，联络协调有关部门、单位和社会各界共同开展工作，使保护工作科学化、规范化和日常化。三是广泛吸纳学术研究机构、企事业单位、社会团体等各方面力量，参与到非物质文化遗产保护工作中来，同时积极组织各级文化单位、科研机构、大专院校的专家学者共同开展非物质文化遗产的认定、保存、传播、保护和利用等领域的研究，为保护工作提供了强有力的智力支撑和组织保证。

(二) 加大经费投入，推进工作开展

近年来，我们广泛发动社会力量，积极争取资金支持，不断加大财政投入，在保护工作的硬件和软件方面积极提供帮助，为我区非遗的普查、培训、展演、资料收集整理、项目申报等各项工作提供了重要保障。初步改善了现有设施设备条件、建立了凉州区非物质文化遗产保护档案和信息数据库，加大对凉州区民间艺术家和优秀民间艺术工作者命名表彰工作，对确定的非遗传承人进行一定的补助，对凉州贤孝和凉州攻鼓子进行加工、包装，拍摄 MTV进行各种媒体的报道和宣传，成立了攻鼓子保护基地、贤孝传习所等，使这些珍贵的非物质文化遗产得以更好的保护、传承和发扬。

(三) 开展非遗普查，摸清非遗家底

凉州区非物质文化遗产保护工作领导小组，将非物质文化遗产普查作为日常工作，常抓不懈。制定普查计划、拟定普查提纲、制作登记表格、绘制普查地图；广泛发动群众，准确排摸线索；加强相关工作人员的培训，保证普查工作质量；严格要求，做好原始资料的采集、记录、登记；建立并申报国家、省、市、区级非物质文化遗产名录体系，详细登记，收集非物质文化遗产的第一手资料；设立了非物质文化遗产资料专柜，建立了非物质文化遗产数据库。搜集、整理"凉州贤孝"曲谱30多首、唱本12本、唱词30多万字，录入音像资料66张（盘），对传承人进行了详细地登记。在全面普查"武威宝卷"的基础上，对收集、复印的各类宝卷78种进行了分类，其中宗教类36本，神话传说类28本，社会和生活类14本；组织人员认真校对，截

止目前，已校对各类宝卷25本，约45万余字；对已校对过的宝卷，逐一登记、编排目录，分入宝卷念卷专用盒，同时对念唱宝卷活动场景、宝卷唱人等资料录入专用电脑进行保存，为下一步正规出版宝卷书籍、制作光盘奠定了良好的基础；现已初步调查并建立武威宝卷念唱活动点19个，参与念唱人员120多人，传承人4人，收集保存宝卷78种97本。通过普查，进一步摸清了我区的非遗家底，完善和丰富了我区非物质文化遗产资源信息，加强我区非物质文化遗产的研究和宣传工作，彰显了我区非物质文化遗产的独特魅力和深厚底蕴。

（四）加强宣传展示，扩大社会影响

近年来，我们加大宣传展示力度，策划、组织和参与了一系列影响较大的活动，展现了我区厚重璀璨的非物质文化遗产，弘扬了悠久的凉州历史文化，扩大了我区非物质文化遗产的社会影响，营造了人人重视、人人参与非遗保护的浓厚社会氛围。一是积极举办和参加非遗展演活动。我区利用每年元宵节、凉州民间文艺大赛、天马文化旅游节和葡萄酒节等节庆活动，举办贤孝、民歌演唱大赛、"武酒杯"民间文艺大赛、春节海藏寺庙会等大型民间艺术展演，组织艺人开展具有表演性、观赏性的民间舞蹈、民间体育竞技类等非遗项目参加展演。这些活动不但丰富和活跃了群众文化生活，促进了凉州传统文化的传承和发展，而且为深入挖掘、抢救、保护非物质文化遗产创造了坚实的基础。二是做好每年文化遗产日非物质文化遗产宣传活动。每年我区都举办文化遗产日非物质文化遗产宣传展示活动，印制宣传页，提供文字，制作宣传图片展板，向公众普及非遗知识，开展精彩的非遗项目展示展演活动，进一步增进了广大群众对我区非物质文化遗产的认识了解，营造了全社会共同参与非物质文化遗产保护的良好氛围。三是加强对外交流，积极开展非遗项目推介工作。为进一步扩大凉州对外的影响力，我们积极组织非遗传承人赴香港、山西、兰州等地参加了甘肃省在香港举办的"根与魂"甘肃省非物质文化艺术展演，参与了北京影视文化传媒公司创作、拍摄的《凉州会盟》，应邀参加了西北五省民俗文化展演等，取得了较好的效果，扩大了凉州的知名度和影响力。同时，为了扶持民间艺人发展文化产业，我区精心组织各级非遗项目传承人参加省级、市级文化产业展览，将非遗项目作为凉州的文化名片对外推介，取得了较好的经济效益和社会效益。

（五）强化业务培训，提高业务素质

为做好国家级、省级、市级、区级非物质文化遗产名录的组织申报工作，建立健全市级、区级非物质文化遗产名录体系，进行分级保护，落实保护措

施。我们制定和实施了"非遗"保护中长期教育与培训规划，分级分批对不同类别的人员进行教育培训。在凉州区四坝镇、凉州区文化馆分别设立了非遗传习所，逐步形成了多层次、多学科和多形式的非物质文化遗产保护体系及传承人才教育培训机制等，增强了传承人传承民族传统文化的责任感，提高了传承水平。为我区非物质文化遗产项目的全面保护和长远发展夯实了基础、提供了人才支撑。

三、继续推进我区非遗保护传承工作的思路

（一）积极探索方式方法，大力实施"四个保护"，全面推进非遗保护工作的科学化、规范化

一是开展整体性保护，针对非遗项目比较集中的乡镇，积极研究非遗与当地政治经济和社会发展的关系，实施完整性保护。二是积极推进生产性保护。按照"合理利用、传承发展"的方针，积极制定相关政策，在保持传统风格和本真性的前提下，鼓励和引导项目保护单位开展产业化开发，支持传承人开展带徒授艺、宣传展示和对外交流等活动，增强项目的社会影响力，扩大市场空间，为项目的生存和发展奠定基础。三是实施抢救性保护。针对濒临消亡、价值重大的项目，要运用录音、录像、文字、照片等现代化工具和方式对项目和传承人的生存现状、独特工艺、制作流程和代表作品等进行详细的记录，实施抢救性保护。抢救性地收集、整理项目实物和资料，重点扶持代表性传承人，避免人亡艺绝。四是实施分类保护。要结合项目特点，按照每个类别的特点和发展规律，研究具体的保护标准和方法。将制定项目分类保护的规范标准和具体措施，落实科学保护措施。

（二）积极利用现有资料，大力实施"三个完善"，全面推进非遗保护工作的科学发展

一是全面完成普查成果的整理利用。加强对各种图片、录音、录像等现有资料的完善，对普查工作中产生的文字、图片、录音、录像等各种资料，进行系统化整理、编目、存档，全面完成普查资料整理利用工作。二是积极利用现有成果，进一步完善各级名录体系和传承人体系。重点是加强市、区级名录体系建设。三是积极完善加强非物质文化遗产展示场、馆的建设。展示馆、传习所等非物质文化遗产基础设施承担着保存、传习、展示、研究非物质文化遗产的重要职能，是开展非物质文化遗产保护传承工作的重要场所。要扶持建立一批基层非物质文化遗产传习所、展示馆；同时鼓励和引导社会力量建设非遗基础设施，命名一批民办非物质文化遗产展示馆（传习所），并

给予一定数额的经费补贴。

（三）积极利用多种方式，组织开展宣传教育、展示展演活动

以开展好《非物质文化遗产法》的宣传学习活动为抓手，充分利用民族传统节日和每年"文化遗产日"宣传活动，开展形式多样、丰富多彩的非物质文化遗产展示、展览、展演、讲座、论坛等活动；充分运用报刊、广播电视、互联网站等新闻媒体，大力开展非物质文化遗产保护的宣传工作，系统介绍非物质文化遗产保护知识，宣传展示非物质文化遗产保护成果；积极参加各级各项展示展演活动。

（四）大力构建社会合作机制，共同推进非遗保护工作

一是要坚持"政府主导、社会参与"的工作原则，正确处理好政府保护与民间保护的关系，既要发挥各级政府的主导作用，又要创新工作思路，调动社会各方面的力量，激发人民群众参与非物质文化遗产保护的积极性、主动性、创造性，集全民之力，共同推进非物质文化遗产保护工作。二是积极争取政策和资金支持，同时，注重探索民间合作的新机制，制定相关政策，吸纳社会资金注入，大力营造全社会共同保护非物质文化遗产的良好氛围。三是在开展理论研究方面，积极与我市科研机构合作，发挥专家委员会和相关单位的人才优势，因地制宜地开展部分重点项目的研究工作，争取出一批科研成果，夯实非遗保护工作的理论基础。

非物质文化遗产的保护和传承任重而道远。我们相信在上级部门的大力支持下去、在社会各界的广泛关注下、在群众的积极参与下，我区非物质文化遗产保护和传承工作将取得丰硕成果！

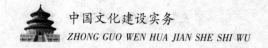
藏羌古风 舞动的旋律
省级非物质文化遗产—渭源羌蕃鼓舞

甘肃省渭源县文化广播影视局 田学忠 乔彩凤 朱元林

新春的气息在城乡间越演越浓，敲打的鼓点和挥舞的龙狮带给人们过年的喜庆与欢乐。在渭源县西部山区的一小村庄里，别样的民族风在雪地上舞动着，震撼灵魂的鼓声、铁环撞击声、远古的羌歌声，响彻了寂静的村庄，感染了这里所有的民众。

这种被当地人称为"打西番婆"的民间歌舞就是从公元七世纪古羌族流传下来的最古典的羌蕃鼓舞，是古代藏羌杂居结合的产物。它起源于古代羌民的祭祀活动，后逐渐演变为祭祀舞蹈，并渐渐融进当地节令文艺活动之中，成为现在值得保护和发扬的民间艺术形态。因在西羌时当地人把羌民叫"西番"，唐时称"吐蕃"，渭源一带的西土蕃属羌族的一支，"打西番婆"也因此而得名。通过文化部门积极申报，渭源的羌蕃鼓舞在 2011 年被列入省级非物质文化遗产名录。

渭水源头，在宋朝以前是藏羌汉多民族杂居地。唐文成公主和藏王松赞干布的联姻加强了藏汉民族大融合，促进了唐蕃间的经济文化交流，汉藏羌的宗教祭祀活动也因此在民间流行广泛。后宋神宗派王韶西征时把藏羌少数民族沿茶马古道逐渐推到较偏远的西部山区，主要界限为西秦岭西南和鸟鼠山以西。

时过境迁，历史渊源，而留存的地名如沿 316 国道半阴坡以西有干扎、哈地窝、醋纳、纳定、撒马滩、宗丹等村名还沿用至今，还有遗留在会川大小南川的傩舞祭祀活动——师公子跳神和麻家集一带喜庆丰收的拉扎节，都是西羌民族流传下来的古朴民风。而羊皮鼓舞中的"打西番婆"，目前却只有渭源县麻家集镇路西村和临洮县闫家山及岷县部分山区的两三支队伍，在坚定地支撑着先祖遗留的这一古朴的民俗传统文化。

"打西蕃婆"羊皮鼓舞具有古藏羌族文化的色彩，是集歌、舞、乐于一体的大型综合艺术形式，也是古藏羌先民祭祀、娱乐活动的生动写照。冬日暖阳中，击起羊皮鼓，跳起祈祷舞，唱起求福曲，在乡村间较为宽敞的雪地草场，随着领队的一声吆喝，远古的藏羌民族风走进了现代人的视野。身着藏羌民族服饰的二十多名由老中青三代组成的表演团队分次序按程序进行入场表演，在身穿翻毛袄持牛尾浮尘的老西番的统一指挥下，十几名头戴礼帽、佩眼镜，身穿雪白衬衫，挂深色马夹、腰系小刀或荷色锦囊缨络的鼓手们，高举羊皮鼓踏着固定的舞步沉稳而矫健的表演，一招一式彰显出英武飒爽的风姿。兴致处还有持鼓绕头、曲腿左右旋转、旋摆跨步、起脚跳等高难度动作。另有几名男女少年身着彩衣、持彩巾或彩扇，左手叉腰，右手挥动彩扇，扭行三步，即立定作合掌礼，意为向佛祖祈祷。身着花衫、腰系彩带、手持鞋底针线的老西蕃婆娘在表演中和男西番婆戏谑逗趣，极尽诙谐幽默，惹得观众捧腹大笑。

羌番鼓舞按顺序依次向我们展示走四门、铁绳扣、龙摆尾、拔牙空、送瘟神、攒八卦和绕棉花共七项舞蹈程序，表演时间大约要两个半小时，整个舞蹈看是圆圈起舞、鼓铃交加、动作敏捷、姿势豪放、形态虔诚，歌时不舞、舞时不歌。随着引导旗幡的信号，鼓点的乐响在节奏中变动，舞步也按鼓音或紧或慢或起或落。

走四门也叫挂四斗，就是在男西番的导引下，分两队并排前行后退按东西南北四个方位敬拜四方土地神灵。这也是整场舞蹈中占比重较大的场景之一。像农村用铁丝绞成的绳索缠绕一起挽成扣子，再用聪明的智慧和勤劳的双手去解开一样，两队列相互掺和变成圆形又在时走时跳的舞步中变回队形。意为人们要在生产生活中冲破艰难险阻，勇敢前行。这个场景就被形象地称为铁绳扣。龙摆尾也是整场舞蹈的中心部分，也是最精彩的一段儿。队形或曲或直，或成龙型或成凤样，或龙凤呈祥，鼓手们以"凤凰三点头"为鼓点进行变换，即左敲三下鼓转身向右再敲三下，同时大幅度地摆动胯部，意为祈祷人民吉祥如意。两队相向而舞，从后往前依次轮流，每单人从队列中间跳至前列，两队就交插迎合一次，等所有队员都表演完也算完整，这种由古人根据生活习惯所命名的"拔牙空"，其寓意还是想办法排除各种烦恼忧愁。送瘟神，就是围绕代表五黄五帝的五堆火，分两队绕行击鼓祈祷，意为赶走所有不吉利的东西，留给人们健康快乐。攒八卦是舞蹈中的灵魂所在，即以男西番导引为中心，队列以八卦型而舞，集四面八方的精神气节于一体，造就天时、地利、人和的社会形态。当表演到了最后的"绕棉花"，两队相向迎合，即唱起了的番曲。"啊加萨么，曼拉开打曼拉开，啊加萨呀，曼拉开呀。啊加萨么，知尔拉嘛更俊知呀，啊加萨呀，更俊知呀。……"番曲也按表演场地不同所唱内容也各有不同。不过这些仅靠老人们一代代口耳相传下来的让现代人难以听懂的古羌语，虽然唱词不同，但其大意都是祈求神灵保佑，

祝福乡亲吉祥如意、五谷丰登，祝愿祖国昌盛、人民富裕之类。

羌蕃鼓舞虽然内容有些单调，却具有西藏《卓谐》、《热巴卓》舞蹈的特色，充满了藏羌民族浓重劳动和生活气息，生动地反映了古羌民族的生活状况、宗教信仰和内心世界，显示了藏羌民间舞蹈的融合性。它是古代藏羌文化的活态载体，是藏、羌族文化艺术的重要组成部分，是藏、羌民族生活习俗中必不可少的文化精髓和文化传承群体，具有独特的艺术价值；它对古代巫舞文化的"禹步"及探寻远古氐羌部族舞蹈文化的渊源、传衍、流变、发展也具有重要的学术研究价值。但在文革期间，羌蕃鼓舞遭到封杀，濒临失传。现在能够完整表演的艺人已年老体弱，参与人数屈指可数。为了保存这活态的民间文艺，上世纪90年代，渭源县文化部门抢录了麻家集镇路西村陆家沟社的"打西蕃婆"羊皮鼓舞，并据此创排了舞蹈《渭河吉祥鼓》，在甘肃省文化厅举办的群星艺术节全省文艺调研中荣获一等奖。近年来，渭源县进一步加大了对非物质文化遗产的保护力度，先后摸底调查，搜集整理、推荐上报，派专人指导培训，羌蕃鼓舞保留并逐步发展起来了。我们相信，通过对这一民俗文化艺术的传承和推介宣传，羌蕃鼓舞逐渐会进入城里人的视线，通过对其文化艺术表现形式的改进，这种留存在乡间的独特民间艺术必将走上民族大舞台，展示藏羌艺术的无限魅力。

非遗项目—花儿（松鸣岩花儿会）保护工作

甘肃省和政县文化广播影视局 杜 斌 卢 健

一、和政县概况

和政县位于临夏回族自治州南部，地处青藏高原和黄土高原过渡地带，全县总面积960平方公里，县城四面环山，自古以来就有"东依赤壁，西障太崂，北枕安远，南限松岩"的描述。县城距兰州市100公里，距临夏市25公里。全县共辖6镇7乡122个行政村，人口21万人，是一个多民族县，有汉、东乡、回、藏等8个民族，民族风情独特，民俗浓郁。

二、松鸣岩花儿传承保护情况

"花儿"流行于甘肃、青海、宁夏、新疆等地区的一种民歌，因其唱腔高亢、婉转，语言朴素、自然，曲令丰富，位列世界民歌之最。据考证，"花儿"兴起于明代，分为河州花儿和洮岷花儿两大体系。松鸣岩是河州花儿的发祥地和传承基地，是河州花儿的南部大本营，松鸣岩花儿会、莲花山花儿会、二郎山花儿会被称为甘肃三大花儿会场。松鸣岩花儿内容丰富，表现形式多样，按内容分为情歌、生活歌和本子歌，它取材于各民族平常的生活，表现人们的喜怒哀乐，并加以拓展和升华，具有十分丰富的社会生活内容，是民间文化的活化石。2004年8月，和政被中国民协授予"中国花儿传承基地"；2005年6月，松鸣岩被西北民族大学确定为"民俗学、民间文艺学教学科研基地"；2006年5月，松鸣岩花儿会被国务院公布为首批国家级非物质文化遗产保护名录；2009年9月，以松鸣岩花儿等为主要内容的甘肃花儿代表中国花儿，被联合国教科文组织列入"人类非物质文化遗产代表作"名录。

解放前，这支由人民群众自己栽培的民间艺术之花，不能登大雅之堂。新中国成立后，借着改革开放的春风，为花儿带来了旺盛的生命力，特别是从1979年正式恢复松鸣岩花儿会以来，县委、县政府将"花儿"和古动物化石、松鸣岩作为和政走出甘肃、打响全国、走向世界的三张名片，迈出了建设非物质文化传承之乡的坚实步伐。成立了和政县非物质文化遗产保护中心，制定了《和政县非物质文化遗产保护工作实施方案》、《和政县非物质文化遗产普查与保护工作方案》、《国家级、省级、州级、县级非物质文化遗产项目传承与保护工作方案》、《松鸣岩花儿十二五保护规划》。挖掘整理了松鸣岩花儿会的历史沿革、传承人及传承谱系、优秀人才等，收集整理花儿歌词和曲令，建立了数据库；成立了和政县花儿艺术学校，由国家级非物质文化遗产传承人马金山担任校长，开展传承传习活动。组建了和政松鸣岩花儿艺术团，编排了具有浓郁地方特色的花儿剧、花儿舞蹈等。把花儿艺术作为一种新型的文化产业来发展，编辑出版了《甘肃省和政民间歌曲集》、《和政风情》（第一集）、《宁河花儿缀集》（一、二集）、《松鸣岩花儿曲令集》、《和政民歌23首》、《松鸣岩原生态花儿》、《和政民俗》等书籍；创办了地方性期刊《宁河艺苑》，设立了花儿专栏，鼓励作者积极投稿，发表花儿专业研究的文章和优秀花儿唱词，累计文章已经达到近百篇，唱词两百多首；制作了《玉芝情歌》、《松鸣岩花儿》等DVD光盘，拍摄了《松鸣岩花儿会》专题片，录制了16位优秀民间花儿歌手演唱资料。于2005年、2006年、2011年成功举办了三届"中国西部花儿（民歌）歌手邀请赛"，2014年6月，成功举办了中国第七届原生民歌大赛。通过一系列的工作措施，使全县旅游开发和非物质文化遗产传承保护工作迈出坚实的步伐，不断将旅游人文资源优势转化为经济优势，促进了全县经济社会发展。

三、松鸣岩花儿的传承保护措施

花儿作为国家级非物质文化遗产，它的传承与保护，对地方经济和文化事业发展，具有非常重要的推进作用。和政县以"保护为主、抢救第一、合理利用、传承发展"的方针，按照"打造古动物化石、松鸣岩、花儿三张名片"的发展思路，实施松鸣岩花儿实景演出项目，做好花儿艺术的传承保护工作。

1、积极发挥政府的主导作用，县委县政府已把非物质文化遗产保护传承工作纳入全县社会发展整体规划之中，特别是对国家级非物质文化遗产保护项目花儿—松鸣岩花儿会的传承与保护工作纳入到重要议事日程，积极组织研讨、交流、展示、传习、讲座等活动，形成了一个良性循环、循序渐进的保护和传承秩序。建立了资金投入保障机制，将保护经费纳入财政预算，同时制定完善有关社会捐赠和赞助的政策措施，调动社会团体、企业和个人参与传承保护的积极性，不断拓展保护经费来源渠道。

2、着力营造非物质文化遗产传承保护的良好氛围，提高人民群众对非物质文化遗产传承保护的积极性和主动性，增强全社会的保护意识，使公众更多地了解到非物质文化遗产的丰富内涵。

3、建立健全了非物质文化遗产传承保护管理机构，注重专业队伍建设，大力培养传承保护和管理所需的各类专门人才，加强非物质文化遗产传承保护的研究、运用和推广工作，不断提高工作水平。

4、通过级别认定、奖励表彰、生活补贴等手段，激发了传承人的热情，让传承人参与非物质文化遗产的创新改革，丰富完善技艺，使非物质文化遗产得以持续良好的传承与发展。

四、国家级名录经费使用情况

县文化部门根据国家级名录经费使用的相关要求，做到了专款专用，将经费全部用于对办公设备的购置、数据库的建立、音影资料的制作、传承人传习活动费及保护经费、松鸣岩花儿会专题光盘的制作、花儿专集的编辑出版、县上非物质文化遗产普查保护工作人员的培训、全县非物质文化遗产普查保护工作等方面。在经费支出方面，严格执行报账制度，杜绝了经费不合理开支。

五、国家级名录项目代表性传承人保护情况

国家级名录项目代表性传承人马金山，生于1949，东乡族，中共党员。1970年毕业于和政县第一中学，1973年担任生产队长、会计。1973年担任民兵武装连连长，1975年任大队团支部书记，1980年创作的《花儿》5首被临夏州文化局、群众艺术馆收藏，并授予"太子山脚下的金唢呐"和《东乡族的二胡王》之称，1992年荣获甘肃省莲花山花儿演唱会二等奖，同年荣获临夏民间花儿艺术演唱一等奖二次，二等奖三次，2004年被聘任为临夏州民族歌舞团花儿顾问。2005年加入中国民间艺术家协会，2006被省人事厅、文化厅评审为副高级花儿演唱艺术师。2006年4月担任和政县文联花儿艺术学校校长，2005年被中国民间艺术家协会授予"民间艺术家"称号。每年五月至十月份的黄金旅游季节里，马金山和他的小型花儿表演团在松鸣岩进行表演，传承花儿艺术。同时，利用假期，给花儿艺术学校的100多名学生授课，开展传承活动。马金山又是当地新集学校的校外辅导员，利用课外活动时间给新集学校的小学生教唱花儿，将花儿艺术引进课堂教学之中，为花儿艺术的保护、传承、发展起到了积极的作用。

2015年11月，马君雯被甘肃省文化厅评选为省级非物质文化遗产保护项目——松鸣岩花儿会省级代表性传承人。

第六篇
公共文化服务体系建设

第一章　公共文化服务总述

第一节　公共文化服务简述

一、公共文化服务概述

公共文化服务，是指政府公共服务的重要内容。它是指以政府部门为主的公共部门提供的、以保障公民的基本文化生活权利为目的、向公民提供公共文化产品与服务的制度和系统的总称，包括公共文化服务设施、资源和服务内存，以及人才、资金、技术和政策保障机制等方面内容。

（一）公民文化权利

属于公民的基本权利，包括四个方面的主要内容，与之相应，政府要承担四个方面的基本职责：一是享受文化成果的权利。即政府有责任、有义务为公民提供基本的公共文化产品和服务；二是参与文化活动的权利。政府应该创造条件让公民能够参与各种文化活动；三是开展文化创造的权利。政府应该创造宽松的环境、建立完善的机制激发公民的文化创意，促进公民文化创造活动的开展；四是文化成果受到保护的权利。政府应该制定切实有效的政策法规，保护公民创造的文化成果，确保其文化成果能够实现价值和价值增值。公民权利的实现问题上，经济权利是基础，政治权利是保证，文化权利是目标。文化权利并不是可有可无和可多可少的东西，而是公民必须得到保障的同样重要的基本权利。如何最大限度地维护和实观公民的文化权利，是政府必须承担的基本的公共责任。保障公民文化权利并确保其得到充分的

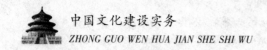
实现关键在于制度和体系。必须通过一种切实有效的制度设计和体系建设来确保公民文化权利的实现，这种制度设计和体系建设也就是通常所讲的公共文化服务体系。

（二）公共文化服务体系

是由政府主导、社会参与，以公共财政为主、其他社会资本为辅，公共文化机构为主、其他文化机构和社会组织为辅，为全体国民提供普及文化知识，传播先进文化，提供精神产品，满足人民群众文化需求，保障人民群众文化权益的各种公益性文化产品和服务的总和。完善的公共文化服务体系，包括公共文化政策法规体系、公共文化基础设施体系、公共文化生产供给体系、公共文化资金保障体系、公共文化人才保障体系、公共文化服务评估监督体系等内容。公共文化服务体系是现代政府公共服务体系的重要组成部分，提供公共文化服务是政府的核心职能之一。

（三）公共文化服务体系的功能与作用

一是公平性或均衡性。指公共文化服务和资源要公平分配，对公共文化设施和公共文化资源要均衡布局，使得所有人都能享受到政府提供的同等程度的公共文化服务。二是便利性。政府提供的公共文化服务应是近距离的、经常性的服务，随时随地都可以获得，非常便利。三是多样性。公共文化服务和产品的品种、层次、特色应是多样的；同时，服务的对象也应是多样的，要考虑到不同群体的文化需求，对社区居民、农民、农民工、老年人、未成年人、残疾人等提供有针对性的公共文化服务。四是公益性。政府提供的公共文化服务不以营利为目的，主要是免费或低收费的，具有公益性质，体现对人的关怀，促进人的素质的提高和全面发展。五是公共文化服务的基本性。政府提供的公共文化服务属于满足人民群众的基本文化生活需求的服务，超出基本公共文化服务范围的需求，可以通过文化市场获得。

（四）公共文化设施

公共文化设施包括各种文化历史遗存和已经建成的覆盖城乡的群艺馆、文化馆、文化站、公共图书馆、博物馆、美术馆、文化广场、公园、文化中心、工人文化宫、青少年宫等，以及利用现代化手段向公众提供服务的公共文化信息系统，如公共文化电子政务系统、全国文化信息资源共享工程和中国数字图书馆工程等。

二、公共文化服务及其性质

公共文化产品就是能为广大社会公众接触或享用的具有物质或精神享受

的产品或设施，如图书馆、博物馆等。公共文化服务就是基于社会效益，不以营利为目的，为社会提供非竞争性、非排他性的公共文化产品的资源配置活动。公共文化服务是一种具有很强的积极外部效应的公共服务，是一种公益性的服务，其正的外部效应主要表现在如下三个方面。

首先是对政治意识形态的建构作用。这主要是指文化物品和服务在传播主流意识形态，形成特定政治体系所要求的公民政治文化，维护国家政治稳定、文化安全等方面所发挥的作用。

其次是公共文化服务对经济、社会发展的外部效应。由于社会公众在消费公共文化物品和服务时陶冶情操，提高文化修养，所以社会公众的生活质量与公共文化服务的供给密切相关。

最后是公共文化服务对区域发展的推动力。随着区域经济发展与合作的出现，公共文化服务的有效供给是提高区域的创意和创造能力的基础；公共文化服务的规模、质量和水平成为区域吸引力的重要来源；公共文化服务能力的改善，也将成为提高区域综合流量的重要手段。

公共文化服务是文化领域的公益性物品或者服务，不过，其公益性并不是一定的，根据其公益性水平不同和是否具有排他性或者竞争性，还可以细分为纯粹公益性质的公共文化物品和服务、具有有限竞争性的准公共文化物品和服务，以及具有有限排他性的准公共文化物品和服务。

纯粹公益性质的公共文化物品或者服务，典型的例子是街头雕塑、广场音乐会等。这类纯公共文化服务在现实中并不多，大量存在的是准公共文化物品和服务或俱乐部物品，其典型的例子如公园、博物馆、图书馆等。这种物品和服务在一定范围内不值得排他，具有公益性，但一定范围之外，就需要排他，而且值得排他。具有这两种特性的物品，就是通常所说的俱乐部性质的物品或者服务。俱乐部物品往往通过会员制来获得融资，并为会员提供服务。如图书馆一般会控制流量，需要发放阅览证或者借书证来建立排他机制。博物馆和公园往往销售年票和零售票相结合。年票具有会员性质，零售则具有市场性质。流量大的博物馆，如故宫博物馆，还会对每天的流量进行控制。对于俱乐部的全体成员来说服务是非排他的，但对于非会员来说则是排他的。

根据这一理论，我国的公共文化服务主要有以下几类：一是具有排他性和一定非竞争性的公共文化物品和服务，这类文化物品和服务不排斥任何社会成员的消费行为，但边际成本不为零，物品和服务供给存在有限性，因此在消费上具有一定的竞争性，如发行的报纸、期刊、杂志等。二是具有非竞争性和一定排他性的公共文化物品和服务。这类公共文化产品在其流量许可范围内，边际消费成本为零，但消费存在着一定的排他性，如有线电视、文物展览、文化旅游等。三是非排他性和非竞争性特点均不充分的公共文化物品和服务，如音像制品、工业产品的制作与销售，即那些作为文化产业发展的物品和服务。

三、公共文化服务供给的制度弊端

公共文化服务供给制度存在的问题主要在于以下几个方面：

（一）公共部门垄断，效率低下

受计划经济传统的影响，公共文化物品和服务往往为政府垄断供给。对政府来说，由于经济发展局限，财力有限，往往表现为供给总量不足；另一方面，由于垄断管理，即使是所建设的文化服务设施，其配置也往往不均衡，导致有限的公共文化设施利用效率不高。在政府或公共部门垄断的情况下，一些公益性公共文化服务设施只是承载了书写政府政绩的作用。随着政府角色定位的日益清晰，政府的管理职能发生变化，公共服务的职能需要不断强化，政府才能最大限度地、有组织地整合公共文化资源，实现公众多层次、多样化、整体性的文化利益。但总的来说，发展公共文化服务，就要打破"政府是公共文化服务唯一提供者"的观念，打破公共部门的垄断地位。政府在加大对公共文化服务投入的同时，必须创新机制，进一步探索公共文化服务的社会化与市场化道路，寻求社会力量的合作，放手让其他的组织和部门积极参与公共文化服务体系的建设。在西方国家，除了政府部门之外，大量的第三部门参与公共文化服务的提供，其经验值得汲取。

（二）市场准入壁垒，资金流向单一

由于传统的公共文化服务体制是与计划经济体制相适应的政府选择、政府供给的国家垄断性体制。私人部门和外国资本因严格的政府管制、行政审批以及各种歧视性公共文化制度而难以进入。随着经济的发展和公民生活水平的不断提高，社会对公共文化需求的数量和质量不断提高，单靠公共财政资源难以满足公众对文化物品和服务不同层次的需求。同时，因为市场准入壁垒的存在，大量民间资本不能进入公共文化的生产和供给领域，导致资源浪费。市场经济体制的建立，改变了原有的公共文化服务体制的经济基础，必然要求公共文化体制朝着与市场经济体制相适应的方向发展。市场准入是一个国家开放度的标志，同时也是一个国家公民文化权利实现的程度性标志。公共文化服务的改革要在政府继续扩大财政投入力度的同时，探索公益文化

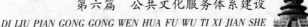

社会办的路子，综合运用各种投融资工具和各种形式的财税优惠政策，促使各类民间资本和生产要素向公共文化服务领域合理流动，形成政府主导、社会参与、市场运作、多方投资的公益文化发展格局。

（三）存在广泛的寻租，公共福利减少

经政府特许具有垄断地位的公共部门，不仅成为某类公共文化物品和服务的唯一生产者或供给者，而且千方百计地阻止潜在竞争者的进入，从而谋求超额垄断利润。然而，政府管制并不是免费的，政府对某类公共文化产品的管制是一些要求者向政府官员支付相应的价格之后才获得的。这就导致了寻租的出现。为了利益的最大化，寻租者会将有限的资源花费到寻租活动中，而不是用来生产公益物品和服务。这样不仅导致效率的丧失，而且广大的社会公众（即文化产品的消费者），要遭受垄断及寻租活动导致的市场上公共文化服务物品和服务单一、价格居高不下等社会公共福利损失。因此，认识公共文化物品和服务生产与供给的可分割性是相当重要和有意义的，它将有助于减少和遏制寻租现象的产生。如果政府作为消费单位想得到满意的公益物品，可有以下制度选择：经营自己的生产单位；与私人公司签约；确立服务的标准，让每一个消费者选择私商，并购买服务；向家庭签发凭单，允许他们从任何授权供给者那里购买服务；与另外一个政府单位签约；某些服务由自己生产，其他服务则从其他管辖单位或者私人企业那里购买。

四、公共文化服务的供给原则

（一）基本公共文化服务提供的公益性原则

由于公共文化服务的排他性和非排他性同时存在，公共文化物品和服务就出现了两大类，一是完全意义上的"公共文化产品"，如街头雕塑、公共图书馆等，其一旦建成，就必然成为"非商品性"公共文化产品。这类公共文化物品和服务无法成为私益物品，不可能把它们完全市场化，不能为了强调市场在资源配置方面的基础性作用，就把大量的公共文化服务推向市场。另一类是相对意义上的"公共文化物品和服务"，即失去著作权保护进入公共领域的文化物品和服务。这一类文化产品最终是以商品形态进入流通领域，往往是优秀的文化艺术作品，具有文化遗产的崇高意味。有人将文化的核心价值看做是能为"人们提供生存的意义"，但其公共服务能使公众享受娱乐、接受教育、感受文明，为社会提供文化服务体现了社会公益性。

（二）公共文化服务供给的公平性原则

由于"在一个确立了公民在法律政治上平等的社会，旧制度的等级制和

特权不可能存在，个人有平等的发展机会，因此平等的第三层含义是机会平等，每个人有选择同样的生活方式和同样的手段去追求财富的同等权利。"所以社会公众可以通过开放而平等的渠道与路径，表达其对公共文化服务的认定和要求。政府也必须为社会公众提供同等的接触和享受公共文化服务的机会。

（三）公共文化服务的供给应坚持以人为本的原则

以人为本不仅是一种价值追求，也是一种文化取向。公共文化服务的主体是社会公众，目标是不断满足人们日益增长的文化需求。人作为公共文化服务存在和发展的基础和动力，就要求公共文化服务供给中必须把以人为本、保障和维护公民的文化权利作为公共文化服务的出发点，时时关注民生、反映民意、凝聚民心、符合民意，提供多样化的、丰富多彩的文化物品和服务。

（四）公共文化服务的供给要坚持节俭与效率并重原则

政府公共财政投入在未来仍然是公共文化服务生产和供给资金的主要来源。因此，一定要充分考虑国家的财政可承载度和政府资金投入的能力。在量入为出的原则下考虑公共文化服务设施的建设和投入，避免资源的闲置和浪费。政府投入要注重经济效益与社会效益，短期利益与长期利益的有机结合。

五、文化建设贵在固"本"强"基"

在每一种文化形式、每一个文化环节、每一项文化工作中，都有一个是否敢于和善于以人的生存发展尺度去衡量和选择的问题。

要使国家成为"文化强国"，使人民"更有文化"，就要理解文化的本性和规律，自觉地、严格地遵循它的本性和规律去"强魂，健体"，使之"根深叶茂，本固枝荣"。

根据文化的本质，可以说人本性和主体性、实践性和历史性是文化的主要特性。理解和把握这些特性，可以成为我们文化自觉的起点，并为文化建设提供必要的原则和尺度。

人本性和主体性是文化的根本特性。"人本性"是说，文化从根本上就是属人的，谈文化就意味着，在世界万物中，我们永远要以人为本，面向人，理解人，为了人，而不是以人之外或之上的什么"神"、"物"、"原则"、"绝对观念"等等为本。人本性的进一步现实表现是"主体性"。主体性是说，现实中不同的人群（民族、国家、阶层、行业等）有不同的文化，每一文化都呈现其主体的生活样式，关系着主体的权利和责任。主体定位，既是文化体系的"原点"，又是其"魂中之魂"。

按照文化的人本性和主体性，我们一方面必须理解尊重世界上多元主体的文化权利和责任；另一方面必须增强自己的主体意识，自觉地担当起对自己文化的权利和责任。

实践性和历史性是文化建设的切实根基。"实践性"是说，文化是由人"活"出来的，靠人"做"出来的，不是单凭"想"和"说"就能造就的。任何文化体系的形成和改变，都以其主体的生存发展实践为根基，贵在心口如一、言行一致的坚守、探索和创造。"历史性"是说，一种文化的形成和演变，归根到底是其主体实践过程不断自我凝聚、升华、积累的产物。社会发展史上的遗传和变异、继承和改造、经验和教训，多以"凝聚态"或"沉淀物"的方式保存于它的文化之中。所以"传统"往往最能显示文化的连续性与变动性。

人本性、主体性、实践性、历史性等是构成文化之"魂"的主要因素和特征。看一种文化的强弱兴衰，或考察一个文化体系的生命力，首先要看它这些"魂"的要素是否端正、充实、到位。例如：它是否真正保持了以人为本？以什么人为本，这些人是否是实践的主体，是否属于人民大众？它是否深深地扎根于主体的历史和实践，从而有足够的资源和底蕴？这种文化在"显"的和"潜"的层面之间，是否保持一以贯之、相得益彰？等等。如果这些是肯定的，那么这种文化就一定兴盛而坚强；反之则必然羸弱衰败，经不起别种文化的冲击。

文化之强源于魂强，而文化之魂欲强，则贵在自觉、齐心。那么，怎样才能让人齐心呢？这里不妨举一个"节日文化"的例子来分析：近些年来，我国一些传统节日有被淡化的迹象，而某些"洋节"却自发地红火起来。不少人对此甚表忧虑。政府和民间想了许多办法，也有一些实效，但仍难解除"春节年味儿越来越少"，传统节日越来越"有名无实"的感叹。显然，这里有一个问题须待解决：形成于农业和乡土生活方式的传统习俗，如何贴近现代化的城市生活？解决这个问题，也许正是振兴传统（节日）文化的关键。

一般说来，传统节日的价值和魅力，大多在于让那些平时以个体方式分散活动的人们，以一定的理由和形式聚会起来，以表达和享受相互间的情谊与关爱。这正是文化中的"节日之魂"。而如今生活在现代城市中的人们，平时饱尝忙碌和拥挤，更在意节日的是"放假"，以享用平时难得的个人休整、娱乐和交往自由。要知道，自2011年起，我国城市人口总数第一次超过了农村，城市生活将越来越成为主流。在这种情况下，要让人们乐于聚会，就不能仅仅沿袭旧的理由和形式，而需要重新挖掘"节日之魂"，提供新的具有普遍性的理由和形式，使人们乐于和易于参与。比如，我曾对春节与西方圣诞节加以观察比较，发现在满足人们"回家团聚，享受亲情"这一点上，二者是一样的；而出现一个圣诞老人，用来表达对孩子们的特殊关爱，从而带动了节日氛围，这是"圣诞节"的显著亮点，却为我国春节所缺少。当然，我国春节本有"生肖年"之说，即相当于有12个中国式的"圣诞老人"。可惜的是，我们历来"龙年说龙，虎年说虎"，总不与人相关。我想，为什么不能借此来说说"人"？如果每逢春节，大家都来给进入"本命年"的人一份特殊关爱，使每个人、社会各界都有机会参与，从而创新过年的形式，逐渐形成新的风俗。如果这样，春节还会淡化吗？

从"节日文化"这个侧面可以看出，在文化上"以人为本"绝不是一个简单的结论，更不是一个空洞口号，它总是可以并应该"于细微处见精神"的。实际上，事无巨细，唯有以人为本方得人心，同甘共苦方能齐心。这是文化建设的"诀窍"。从大的方面说，一种文化形式的强弱兴衰，根本在于它与主体人的生存发展的联系。一种传统文化的命运，取决于它对人的发展的意义：它是否能够反映社会发展要求和人民的利益？是否能为主体的生存发展提供最大的资源，包括精神资源（如道义资源、智力资源等）和制度资源（如体制空间、机制活力等）？如果能够，它就仍然是先进的、有强大生命力的文化；反之，它就成为落后的甚至反动的文化，必然衰落。从细的方面说，在每一种文化形式、每一个文化环节、每一项文化工作中，都有一个是否敢于和善于以人的生存发展尺度去衡量和选择的问题。只有处处做到尊重和理解人的权利与责任，充分信任并依靠人民群众的力量和智慧，我们的文化建设才能固本强基，获得不尽的资源，显示出强大的生命力。

六、加强公共文化服务体系建设

加强公共文化服务体系建设，是繁荣发展社会主义先进文化、构建社会主义和谐社会的必然要求，是实现好、维护好、发展好人民群众基本文化权益的主要途径，对于促进人的全面发展、提高全民族的思想道德和科学文化素质、建设富强民主文明和谐的社会主义现代化国家，具有重大意义。

加强公共文化服务体系建设，必须坚持以马克思列宁主义、毛泽东思想、邓小平理论和"三个代表"重要思想为指导，深入贯彻落实科学发展观，坚持社会主义先进文化的前进方向，坚持以政府为主导、鼓励社会力量积极参与，坚持城乡、区域文化协调发展，坚持把建设的重心放在基层和农村，统筹规划、加大投入、因地制宜、分步实施，着力改善农村和中西部地区公共文化服务网络，着力提高公共文化产品供给能力，着力解决人民群众最关心、最直接、最现实的基本文化权益问题，推动文化建设与经济建设、政治建设、社会建设协调发展。

加强公共文化服务体系建设的目标任务是，按照结构合理、发展平衡、网络健全、运行有效、惠及全民的原则，以政府为主导、以公益性文化单位为骨干、鼓励全社会积极参与，努力建设公共文化产品生产供给、设施网络、资金人才技术保障、组织支撑和运行评估为基本框架的覆盖全社会的公共文化服务体系，切实保障人民群众看电视、听广播、读书看报、进行公共文化鉴赏、参加大众文化活动等基本文化权益。

当前，要大力加强重大公益性文化工程建设，认真组织实施广播电视村村通、全国文化信息资源共享、乡镇综合文化站和基层文化阵地建设、农村电影放映、农家书屋建设等公共文化服务工程。要建立健全公共文化设施网络，充分发挥现有文化设施作用，积极开展公益性文化活动，加大产业支撑和市场供给，增强公共文化产品的生产供给能力。要推进文化事业单位改革，创新文化服务方式，创新公共文化服务技术，创新公共文化服务运行机制。各级党委和政府要深刻认识公共文化服务体系建设的重要意义，把公共文化服务体系建设放在全局工作的重要位置，切实加强领导，建立健全工作机制，加大投入力度，完善投入机制，加强队伍建设，立足当前，着眼长远，有重点分阶段地把公共文化服务体系建设抓紧抓好。

七、公共文化活动与公共文化服务

简单的说，公共文化活动是为了实现人民群众的公共文化权利而主办的，公共文化权利是构建公共文化服务体系的理论基础和终极目标，也就是说，公共文化活动应该以人民群众、以实现公众的文化权利为第一目标。但是，在实际的运作中，我们却往往背道而驰。我们的公共文化活动，有许多的是为了上级所布置的某项工作任务，或者为了配合某些经济的或者其他的什么活动。不是说公共文化活动和这些活动没有关系，事实上，它们之间的联系往往是天生的，难以割舍的。但一个重要的问题是，我们在配合这些活动的同时，或者终止了我们正常的公共文化活动，或者将本应该投入到正常的公共文化活动的各项资源被这些活动所挤占，从而导致公共文化活动成为经济等各项活动的附庸，失去了公共文化在政府文化工作中的主体地位。同时，也使得人民群众应该享受到的公共文化难以得到保障。

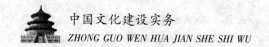

公共文化服务是在改革开放不断深入的过程中，伴随着政府职能的转变，努力建设服务型政府而提出的，作为政府公共服务的一部分，它主要是强调作为一个人民的政府的社会责任、义务和历史使命之所在。

一个社会的文明程度，标志着其生产力发展的水平、标志着其科学技术的先进程度、更标志着其社会的进步程度。只有保持社会主义社会文明程度的高水平，才能够建设面向现代化、面向世界、面向未来的，民族的、科学的、大众的社会主义先进文化，建设一个富足、安康、强大的社会主义国家。构建公共文化服务体系必须首先满足社会主义先进文化发展的需要，为提高全民文化素质、提高全社会的精神文明程度提供保障。

构建公共文化服务体系必须满足最广大人民群众日益增长的文化需求，保证全体民众享受到基本的精神文化产品（服务），保障人民群众最基本的文化权益。保证人民基本的文化权益是对一个健康、文明的社会的基本要求，公共文化服务体系的建立，就是要确保每一个人都能够享受到除生存权外的基本的文化权利，实现其最基本的文化需求。

构建公共文化服务体系必须满足人类文化历史发展的需求，为民族文化的传承、保护提供保障。民族文化的特色及传承是一个民族、一个国家独立于世界民族之林最基本的条件，因此保护人类历史文化遗存、弘扬民族优秀文化遗产、发展独具特色的民族民间文化是公共文化服务体系的责任与义务。

在实际工作中，要保障公共文化活动的正常进行，我们必须明确以下几点：

人民群众是我们服务的主体，是我们各种公共文化服务的"顾客"、"上帝"。

这不仅仅是从一般的，为人民服务的角度讲，其中还包含着经济的成分。从经济的角度，公共文化活动的资金来源于政府的拨款，实际的来源是纳税人的税款，活动的买单者是全体纳税人。在参与活动的时候他们似乎享受的是免费的或低价的服务，其实，他们在纳税的同时也就订购了各种公共服务，其中也包括我们的公共文化服务。因此，享受这种免费的公共文化活动是天经地义的，并且应该享受到的是高质量的、贵宾级的服务。也只有从这个意义上，才能真正体现出人民群众是国家的主人。因此，决不能因为公共文化活动是免费的或低价的文化活动，我们就降低我们的活动质量、服务标准。

公共文化服务的对象是全体人民群众，要照顾到全体人民群众的利益和需求。

由于我们长期以来群众文化工作的习惯，在群众文化工作开展的过程中，更多地强调群众文化人群非职业化、由群众文化爱好者所组成等特征，沿袭到公共文化服务工作中，也往往忽略了我们所要面对的人群是全体人民群众，我们所要服务的应该是所有民众，而不仅仅是有时间并愿意参加我们活动的"银发一族"，或者"群众文化骨干"。此外，由于长期以来存在的地区发展不平衡、城乡发展不平衡等因素，我们的公共文化服务欠了很多账，导致大量文化贫困群体的存在，今天，国家和政府有责任和义务来补偿这些文化债务。但在补偿这些债务的同时，我们还应该注意到更大的公共文化需求主体，不只是文化贫困群体需要公共文化服务。不要在满足文化贫困群体的同时，又造成新的公共文化服务盲区。

人民群众的文化需求是分层次、多元化的，不能以单一的活动提供给所有的人。

今天的公共文化服务面临的需求越来越复杂、越来越多样化。一方面，文化发展的多样化，导致了需求的多样化；另一方面，服务对象的多样化也导致了需求的多样化。把"大秧歌"送给"白领小资"和把歌剧、芭蕾送给农民工同样不合时宜，因此，如何丰富我们的公共文化产品，繁荣公共文化活动，成为政府文化部门、公共文化服务者所必须解决的一个问题，还死抱着原来那些简单的服务方式和传统的节目活动，只能是最终被人民群众所抛弃，而达不到公共文化服务的目的。

公共文化服务活动的方式应该实事求是、与时俱进。

人民群众对公共文化服务需求的多样化与时代的发展也是紧密相连的，因此，我们应该与时俱进，让公共文化服务也跟上时代发展的需求。当前，一个很普遍的现象是，相当多的文化服务单位对于现代信息技术的发展置若罔闻，相当多的文化工作者上网的主要目的是读取电子邮件，相当多的政府文化网站只是一个摆设，里面多是关于行政部门的介绍，少有公共文化服务。一方面，是意识上没有跟上时代发展的脚步，以为文化不过就是唱唱跳跳、读书看报，与现代科学技术联系不大，只要有相应的技艺也就行了，因而很少去研究作为信息社会主要代表的网络能够给我们提供什么样的机会，利用这一新的平台我们能够提供什么样的公共文化服务；另一方面，则是长期以来文化经费不足所致。只有观念和保障到位，"紧随时代步伐，创新服务方式"才能落到实处，从而抓住为人民群众提供公共文化服务的大好时机。

八、激发全民族文化创造活力

"激发全民族文化创造活力"，是党的十七大对社会主义文化建设提出的新要求。激发全民族文化创造活力，鼓励全民族积极进行文化创造，对于充分发挥人民在文化建设中的主体作用，推动社会主义文化大发展大繁荣，具有十分重要的意义。

（一）充分发挥人民在文化建设中主体作用的现实途径

社会主义文化事业是亿万人民群众的事业，人民群众是文化建设的主体。这主要体现在两个方面：人民群众是文化建设的创造主体，为文化发展创造物质基础，并直接参与文化创造工作；人民群众也是文化建设的利益主体，是文化产品的最终享有者和受益者。全民族文化创造活力的充分激发，可以挖掘蕴藏在人民群众内部深厚的文化创造源泉和高昂的文化创造热情，为社会主义文化发展注入巨大活力；可以创造出大量文化物质产品和文化精神产品，不断满足人民群众的精神文化需求，提高人民群众的精神文化境界，使人民群众共享文化发展成果。

（二）国家文化软实力的重要基础

软实力是与硬实力相对应的概念，它主要指文化和价值观念、社会制度、发展模式、生活方式、意识形态等方面的吸引力和影响力。我国要在激烈的国际竞争中赢得主动，就必须在壮大经济实力、科技实力的同时，大力提高国家文化软实力。国家文化软实力的提高，必须建立在全民族文化创造活力充分激发的基础之上。一个民族文化创造活力的激发程度，直接决定和影响着一个国家文化的吸引力，进而决定和影响着其文化软实力的内在质量。只有全民族都来积极进行文化创造，形成充满活力的文化氛围，推动文化产品的生产，提高国家文化软实力才有坚实基础。

（三）文化创新的内在要求

推进文化创新，解放和发展文化生产力，是繁荣文化的必由之路。文化创新离不开全民族文化创造活力的激发。只有把全民族文化创造活力最充分地激发出来，才能在全社会营造浓厚的文化创新氛围，使文化创新成果不断涌现。同时，全民族文化创造活力只有在文化创新中才能得到最充分的展示。人民群众的实践活动是丰富多彩、日新月异的。这种丰富多彩、日新月异的实践活动，必将不断创造出新的文化内容、新的文化形态。

全民族文化创造活力的充分激发，需要人民群众文化创造意识的不断强化，也需要国家激励文化创造政策的不断完善和市场文化创造机制的不断健全。首先，应强化人民群众文化创造意识，营造有利于激发创造活力的文化氛围。人民群众作为文化创造的主体，其文化创造意识的强弱直接影响文化创新成果的数量和质量。其次，应完善国家激励文化创造的政策，建立有利于激发创造活力的文化体制。通过制订和完善各项政策，鼓励全民族积极进行文化创造，加大文化创造人才培养力度；通过深化文化体制改革，打破束缚文化创造活力的不合理体制，不断解放和发展文化生产力，激发文化创造活力。最后，应健全市场文化创造机制，促进文化产业健康发展。通过转变文化发展方式和培育新的文化业态，提高文化产业的竞争力；通过加强文化市场监管和促进文化行业自律，为文化产业发展提供良好环境。

第二节　公共文化服务体系的内涵特征

公共文化服务是立足于公众需求和社会效益，为社会提供非排他性、非竞争性的公共产品和服务，它是现代政府的基本职能。公共文化服务体系，则是以政府部门为主的公共部门向公众提供公共文化产品和服务的制度系统总称。基于公共文化服务体系的内涵属性，我们可以从属性界定、基本特征和战略价值三个维度进行理解。

一、公共文化服务体系的属性界定

公共文化服务体系的内涵属性是认知整个公共文化服务体系的必要前提和重要基础，它规定着公共文化服务体系的直接内容，是研究公共文化服务体系的基础。

（一）公共文化服务体系的基本含义

公共文化服务体系是由政府主导、社会力量广泛参与而形成的，普及文化知识、宣扬先进文化，满足广大公民基本文化需求，保障公民基本文化权益的各种公益性文化机构，以及由其提供的公共文化产品和服务的总和。其内涵主要来源于对公民的文化权利和文化权益、公共文化产品、公共文化服务三个方面基本要素的概括，具体表现如下：

1. 公民的文化权利和文化权益

文化权利是"'公共文化服务体系'的理论基点和终极目标"。"早在1919年的魏玛宪法中就出现了关于'文化权利'的概念。"二战"后，公民的文化权利开始受到普遍关注，联合国大会上先后通过了《世界人权宣言》、《公民权利和政治权利国际公约》、《经济、社会和文化权利国际公约》、《世界文化发展十年规划》等系列国际公约，促进了世界范围内保障公民文化权利的运动。"《经济、社会和文化权利国际公约》中明确规定："人人有权参加文化生活，享受科学技术进步及其应用所产生的利益，对其本人的任何科学、文学或艺术产品所产生的精神上和物质上的利益，享受被保护之权利。"此后经过多年的发展，公民文化权利的保障、维护已经成为世界各国的重要共识和各国政府部门的基础职能。我国更是以宪法为保障依据，将公民文化权利纳入法律保护体系之中。一般来说，公民的文化权利主要包括四个方面的内容：

（1）公民享受文化成果的权利。主要是指社会为公民提供的包括图书馆、博物馆、影剧院在内的公共文化设施建设，以及文学、电影、音乐、舞蹈等各种文化产品的生产与供应环节。

（2）公民参与文化活动的权利。在享受文化成果的同时，公民还需要主动地参与到公共文化活动中去，因此，社会还必须为公民提供尽可能多的不同层次和形式的文化活动，使公民享有充分的文化参与权。

（3）公民进行文化创造的权利。进行文化创造是公民自主文化意识觉醒的集中体现，是公民文化权利的较高表现形态。只有当公民具有文化创造的意识和行动，才能最大限度地挖掘民族的文化创造潜能，形成文化大发展大繁荣的良好局面。

（4）公民文化创造成果受到保护的权利。文化创造成果受保护权是公民文化创造权利的提升要求，只有公民的文化创造成果受到制度和法律层面的有效保障，才能真正达到保障公民创造热情和思维创新的目的，进而形成崇尚和保护公民文化创造成果的社会氛围，充分调动公民进行文化创造的热情。

文化权益是公民文化权利在中国的具体化，与文化权利有着某种程度的耦合，但基于文化权益自身的复杂性，我们可以将其划分为基本文化权益和非基本文化权益，基本文化权益，是指"人人享有平等的文化活动参与权、法定的文化成果拥有权、自由的文化方式选择权与合理的文化利益分配权"等内容；非基本文化权益，是指通过私营文化产品和服务的产业化、市场化途径来保障的具有较高消费性和享受性的文化权益。在中国，建立公共文化服务体系的最终目标便是满足公民的基本文化权益。

2. 公共文化产品

所谓公共文化产品，是指政府部门为保障公民的基本文化生活权利而提供的公共文化设施、文化资源，以及人才、资金、技术方面的支持内容，是具有非排他性和非竞争性的文化产品。

按照公共文化产品的"公共性"高低及政府承担责任的大小，可将公共文化产品分为纯公共文化产品和准公共文化产品。纯公共文化产品，是指直接关系国家文化主权、文化信息安全和社会稳定的"公共性"极强的文化产品，它直接关系到国家和民族文化创新的能力与文化历史的传承，是公共文化产品中最核心也是最基础的部分，但由于纯公共文化产品具有较强的非竞争性和非排他性，难以完全投放由市场操作，因而纯公共文化产品主要由政府利用公共资源来提供。准公共文化产品，是指产品的内容有一定的"公共性"，但与国家文化主权和文化信息安全没有直接联系的文化产品。此类文化产品具有市场的竞争性，但在技术和资金方面也离不开政府支持，由政府和市场合作向公众提供的文化产品，占公共文化产品的大多数。

按照公共文化产品的存在形式划分，公共文化产品可以分为物质化的产品和非物质化产品两种。物质化的文化产品，是指具有一定的材料构成和固定外观，占有一定空间的文化物品，主要包括图书馆的藏书、博物馆的藏品、文化用品，以及其他公共文化服务设施等。物质化文化产品是公共文化产品的基础，是保障公民基本文化生活权利的主要载体，对提高公民素质、培养良好的社会文化氛围具有重大的推动作用。非物质文化产品，是指不具有固定外观，通过人的活动、文字、影像和其他技术手段传达文化信息的精神产品，主要包括文艺演出、节庆活动、各类讲座等活动及文化信息等。非物质文化产品对公民参与文化活动和文化实践，进行文化创造等文化权利的实现，以及提升国家文化影响力与竞争力具有重要推动作用。

公共文化产品作为公共文化服务体系的主要载体，不仅可以提供公共图书馆、文化馆、美术馆、博物馆等公共文化活动的物质场所，还能提供音乐、美术、历史等领域的艺术熏陶和享受，是公共文化服务体系的基础，没有公共文化产品，公共文化服务体系就像无源之水，难以为继。

3. 公共文化服务

所谓公共文化服务，是指为保障公民基本文化权利和基本文化需求，维护社会发展所需的文化环境，提升整个国家国民素质和民众文化生活水平，由以政府为主的公共部门生产和提供的文化产品与服务的总称。

根据提供者的不同，公共文化服务可以分为由政府和文化事业单位提供的文化服务、由民间文化服务机构提供的文化服务和由文化企业提供的文化服务三种。政府和文化事业单位是公共文化服务的主要提供者，其主要依托于公共图书馆、文化馆（站）、博物馆、美术馆及非营利性电台等基础公共文化设施提供服务；民间文化服务机构是在政府文化政策的指导下，独立或配合文化事业单位完成各类公共文化服务，是公共文化服务的重要参与者和生产者，一般以文化基金会、文化委员会、文化团体等民间机构为代表；文化企业是指随着文化体制改革的深入进行，由原有公共文化事业单位通过社会化、市场化改革而形成的公共文化服务体系组成部分，在我国还处于发展阶段，在公共文化服务体系中所占比例较少，但由于文化企业具有较强的生产能力和市场竞争力，在公共文化服务的提供中往往能发挥比政府、文化事业单位和民间文化服务机构更大的优势，是公共文化服务的重要延伸和补充。

（二）公共文化服务体系的外延结构

公共文化服务体系的外延结构主要包括公共文化服务的基础设施体系、公共文化服务的组织支撑体系、公共文化服务的制度保障体系、公共文化服务的要素保障体系、公共文化服务的供给体系五个层面。

1. 公共文化服务的基础设施体系

基础设施是公共文化服务的基础内容，是各种文化服务活动的载体。公共文化基础设施本身是文化产品的一种，同时又是其他文化产品的集聚地与展示区，是多种文化服务活动的物质载体和文化服务网络的支撑点。一般来说，公共文化基础设施主要包括图书馆、文化馆与文化广场、博物馆与美术馆、非营利性电台与电视台等。

（1）图书馆

"对于一个国家来说，公共图书馆既是一个国家文化品位的象征，也是一个国家发展的智力库"。图书馆是一个专门收集、整理、保存和传播文献，并供人阅览、参考的机构，具有保存人类历史文化遗产、传递科学情报、开发智力资源和提供文化娱乐的作用，是广大公民无偿获取知识和信息的场所。从文化大发展大繁荣的长远目标看，图书馆作为公共教育的延伸，为公民的继续教育提供了资源保障，是发展公共文化事业的基础设施。

经济发达的国家或地区都拥有自己完善的图书馆系统。法国的图书馆服务体系享誉世界，所有城市都设有市立图书馆，仅巴黎市就有 80 多所图书馆，人口 1 万~5 万的市镇中，91% 设有图书馆。为了实现图书馆系统的全国覆盖，法国允许省级外借图书馆对本地区的医院、监狱和敬老院进行承包，在这些地点设立图书室，定期调整书刊内容，此外，法国还设有儿童图书借阅处，给少年儿童提供读书的机会和场所。素有"图书馆之城"美誉的深圳，截至 2011 年年底，拥有各级公共图书馆 643 个，其中市级图书馆 3 个，区级图书馆 6 个，街道级及以下基层图书馆 634 个，其中社区级图书馆 558 座，街道级图书馆 76 座，全市公共图书馆馆舍总面积约 39.11 万平方米，馆藏总量 2491 余万册（件），人均公共图书馆藏书量达 2.01 册，进馆人数 2267 余万人

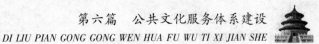

次，很好地满足了当地群众的公共文化需求。

（2）文化馆与文化广场

文化馆与文化广场是开展群众性文体活动的主要阵地，是群众文化活动的策划中心和实施场所，同时也是开展文化人才培训和进行文艺创作教育及文化研究的主要机构，对于提升公民的精神文明素质与文艺创作水平、组织基层文化活动，丰富基层文化样式有着重要的作用。文化广场是相对于文化馆而言的，它具有更广阔的空间优势，文化广场的开放性、群聚性和自主性使其成为群众开展文化活动、休闲娱乐和重大公益性事物活动、传播社会主义精神文明的重要场所。

文化广场是长春市最大的城市休闲广场，已经有 80 年的历史。随着时代的发展，文化广场已经由充满"半封建半殖民地"色彩的广场，变成了市民休闲、娱乐的好去处。文化广场除先后应邀举办以亚洲艺术节、全国汽车拉力赛、长春电影节为代表的大型活动外，群众自发性的娱乐活动也随处可见，有声有色。广场每年重大活动和文艺演出活动异彩纷呈，令人目不暇接，极大丰富了市民的精神文化生活，构筑了文化广场独特的文化风景线。目前，文化广场已成为长春市的政治、文化中心，为长春市精神文明建设和城市环境建设发挥了巨大的作用。

（3）博物馆与美术馆

不同于文化馆和文化广场，博物馆、美术馆、剧院等主要作为高雅艺术的收藏、保护和展示的场所，是国家公共文化设施建设的重要落脚点，有助于提升一个国家的文化品位，与文化馆、文化广场共同构成了国家公共文化服务体系的主体组成部分。

博物馆是征集、典藏、陈列和研究代表自然和人类文化遗产的非营利的永久性机构，具有为公众提供知识、教育和欣赏文化教育的功能。美术馆是专门负责收集、保存、展示和研究美术作品的机构，分为公开和私人两种，公开的美术馆是一种博物馆，对一般民众公开展示艺术作品；私人美术馆又称私人艺廊，主要向企业或收藏家贩售艺术作品。

博物馆和美术馆是展示人类社会发展历程、再现历史遗址遗迹的重要场所，对民众了解古代文明、社会发展、民风民俗和历史、政治、科技文化交流提供公共空间。正是因为博物馆和美术馆在公共文化服务方面的重要价值，许多国家都高度重视其设置和保护。以加拿大的博物馆和美术馆事业为例，由于政府和民间的高度重视，加拿大目前拥有各种类型的博物馆约 1368 家，许多博物馆和美术馆都运用最先进的文物保护技术，配备了现代化计算机安

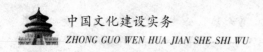
全系统，并积极提供多元化的文化服务，利用高新科技为博物馆和美术馆的发展提供技术带动。

（4）非营利性电台与电视台

电台与电视台是公共文化空间的重要组成部分，是公民了解政府大政方针、接收各类信息、增长知识和生活娱乐的重要载体，是政府与公众的纽带和国内外媒体的沟通桥梁。随着高新技术的发展，大众传媒正以更多元的形态、更广泛的影响力改变着现代人的观念和生活。

电台和电视台的节目是普及度极高的公民文化消费产品。世界各国都高度重视非营利性电台与电视台的运营过程。"美国公共广播电台和电视台不以营利为目的，其节目主要由公共广播网（PBS）和大专院校等主办单位提供，不播放商业广告，主要致力于公众的基础教育。公共电视台主要提供知识性强、内容严肃、质量较高的节目，是美国家庭普遍喜爱的精神文化产品。"在中国，电台与电视台历来是公众接收信息、学习知识和休闲娱乐的主要形式，因此，中国的电台与电视台受到政府文化主管部门的科学监管，保证其思想的正确性、舆论的导向性，力求通过丰富节目内容、提高节目水平的方式传播更新更科学的精神文化产品，提高公民的道德文化素养。

2. 公共文化服务的组织支撑体系

公共文化服务有着完备的组织支撑体系，以保证公共文化产品的如期生产和正常提供。公共文化服务的组织支撑体系主要是由政府、文化事业单位、非政府组织和文化企业构成的供给主体。

（1）政府

政府是整个公共文化服务组织支撑体系的领导部门，在公共文化服务体系中起着主导性的作用。政府主要负责公共文化服务的政策制定、社会文化资源的协调、政府部门的行为监督，以及各类文化主体的业绩评估。

（2）文化事业单位

文化事业单位是由政府财政拨款建立的，按照政府制定的文化政策实施公共文化服务的非营利性单位。文化事业单位是公共文化服务体系的重要执行部门，是公共文化服务任务供给的直接承担者。随着文化体制改革的进行，在保留一部分纯公益性文化事业单位的前提下，将一部分文化事业单位转变为企业或准公益性文化单位，保留它们社会服务的功能是发展趋势。

（3）非政府组织

非政府组织，是指由社会资本创立的非营利性文化服务机构，主要以文化基金会、委员会、服务机构的形式存在，它们独立或与文化事业单位合作完成公共文化服务的各类活动，是公共文化服务组织体系的重要参与力量。

（4）文化企业

文化企业是随着文化体制改革衍生出来的新事物，是原有公共文化事业单位经过社会化、市场化改造后形成的。文化企业在我国还处于发展初步阶段，在公共文化服务体系中所占比例较小，但由于其强大的生产能力与市场竞争力，往往具有比以上机构更多的优势。

3. 公共文化服务的制度保障体系

公共文化服务体系直接关系到国家的文化主权、文化信息安全和社会的和谐稳定，并且涉及大量公共资源的利用，政策导向性格外严格。政策法规是一切工作的指引，公共文化服务体系建设也必须在国家政策方针、法律法规的指引下才能正常进行。中共中央和国务院在《关于深化文化体制改革的若干意见》中明确指出，要将党的文件上升为法律、法规，进一步规范公共文化市场，发挥政策法律法规机制在公共资源配置和社会利益分配中的基础性作用，为公共文化服务提供必要的政策法律法规保障。

在财税政策上，财政部、国家税务总局《关于文化体制改革中经营性文化事业单位转制为企业的若干税收优惠政策的通知》（财税〔2009〕34 号）规定，2009 年 1 月 1 日至 2013 年 12 月 31 日期间，经营性文化事业单位转制为企业，自转制注册之日起免征企业所得税；党报、党刊将其发行、印刷业务及相应的经营性资产剥离组建的文化企业，自注册之日起所取得的党报、党刊发行收入和印刷收入免征增值税。

在企业捐赠制度上，鼓励社会各界对公共文化服务进行投入，根据《企业所得税法》和《增值税暂行条例》的规定，企业对公共文化服务的公益性捐赠支出，在年度利润总额 12% 以内的部分，准予在计算应纳税所得额时扣除。另外，销售古旧图书也免征增值税。

4. 公共文化服务的要素保障体系

公共文化服务体系是以设施设备为基础、以政策法律法规为准则、以资金为保障、以技术资源为依托、以人才资源为动力而形成的完整配套系统。

公共文化资金保障体系，是指"为保证公共文化服务体系的正常运转而提供的包括政府拨款、贴息贷款及融资、集资、社会捐助、赞助和基金等形式资金保障的系统。一个良好的资金保障体系是建设公共文化服务体系的首要前提。完全依靠政府财政是无法满足各阶层群众的公共文化需求的，政府必须引导更多企业和民间社会组织对公共文化进行投资，通过市场化、社会化筹集更多的公共文化服务资金"。充足的资金基础还应该按照预算进行有计划的分配，这就需要监管部门的严格监管，保证公共文化服务的良性运转。"由政府引导建立包括企业、社会团体和个人资源参加的公共文化发展基金会来筹集资金，也是很好的形式，但都要建立严格的资金保障体系，政府需要根据相关规定对文化项目资金进行严格的监督、管理。"

公共文化服务的技术保障体系，是指在高新技术的支持下，对传统公共文化服务进行改造和变革，从而改善公共文化服务机构之间、政府与公共文化服务机构之间，以及群众同公共文化服务机构和政府之间的关系，全面提升服务品质的一整套系统。随着高科技的飞速发展，人民群众的精神文化需求也在不断提升，表现出多元、多样、多变的特点，人们对获取优质信息、丰富各类知识、提高综合素质、享受优秀文化的需求越来越强烈。要保障人民群众的基本文化权益，必须充分利用现代技术手段，发挥新兴传播工具的重要作用，努力构建社会主义先进文化的技术阵地和公共文化服务的数字平台，以提高人民群众的精神生活水平。

公共文化服务的人才保障体系是指保证公共文化服务体系得以建立、发展和运营的中坚环节，公共文化服务人才队伍是推进我国公共文化服务的关键因素，只有建立覆盖全社会、优质高效的公共文化服务人才队伍，才有可能使公共文化服务体系真正为公民服务。一个完整的人才保障体系不仅包括参与公共文化事业的各类人才，更重要的是建设一套合理的吸引人才、帮助人才提升进步的人才制度，这样才能为各类文化人才的发展创造良好的环境，保证公共文化服务质量的提升。

5. 公共文化服务的供给体系

公共文化服务的供给体系，是指公共文化服务体系中公共文化产品和服务的提供机构，通过有秩序、有差别的分工合作，共同实现公共文化产品和服务的供给，满足公众文化需求的制度分工。

公共文化组织机构在提供产品和服务时，应该从公共文化服务体系自身的性质和特征出发，严格遵循公益性、基本性、均等性和便利性的原则，坚持以人为本、公民至上的准则。公共文化服务的供给体系主要包括政府部门直接供给、市场供给和非营利组织供给三种。

（1）政府部门直接提供公共文化服务

基础公共文化产品的生产和重大文化设施的兴建，必须依赖政府的核心领导作用，如公共文化产品中"公共性"较高的纯公共文化产品，由于直接关系国家文化安全，必须由政府直接拨款生产并进行管理。此外，图书馆、博物馆等大型公众文化服务机构，由于社会效益广泛、关联复杂、耗资巨大，也应由政府直接管理。政府提供这些项目的全部建设经费和事业发展所需的经费，既是公共文化产品和服务的生产者与提供者，也是公共文化的管理者。

（2）市场提供公共文化服务

为保证公共文化服务供给的质量和效果，建立与人民群众不断增长的精神文化需求相适应的公共文化服务供给体系，市场凭借其灵活、自由的特性逐渐进入公共文化服务的领域。一般情况下，市场主要通过专业委员会、文化企业投资赞助、设立基金会的形式来提供公共文化设施和文化资源。

（3）非营利性组织提供公共文化服务

随着中国社会的发展，出现了一批民间性质的基金会和慈善机构，它们拥有政府和市场不具备的资源优势，可以成为重要的公共文化资源提供者。这些机构或非营利性组织在政府的引导下，可以独立或合作提供公共文化产品和服务，这也是我国公共文化服务事业发展的未来走向。

二、公共文化服务体系的基本特征

根据公共文化服务体系的内涵定义和外延结构，我们可以将公共文化服务体系的特征分公益性、基本性、均等性和便利性四个方面进行论述。

（一）公益性

公益性，是指政府提供的公共文化服务应当尊重社会全体成员的共同利益，这些服务基本上是免费服务，具有公益性质，体现人文关怀，力求促进人的文化素质的提高，不以营利为目的，具有非竞争性和非排他性，或是低于成本、收费很少的服务。

各种文化产品和服务有着不同的价值标准，公共文化服务则以实现公众的共同文化权益为目标，以社会效益最大化为原则，体现的是国家人民的切实利益。市场文化服务则是以实现个人的经济利益为最终目的，它不注重社会和公众的利益，而以追求投资者自身利益为唯一准则，往往会导致文化市场的无序化和混乱化。公共文化服务把社会集体效益作为最高价值追求，所以始终坚持公益性原则，为公众提供非营利的文化产品和服务。

（二）基本性

基本性，是指受政府能力范围和执行效果的影响，政府只能为公民的基本文化权益提供保障，即政府只能提供基本的公共文化服务，而无法提供公民所有的精神文化生活产品和服务。超出基本公共文化服务范畴的文化需求，公民可以通过文化市场进行消费。

在通常情况下，我们所说的基本公共文化服务包括13个类别，即公立图书馆；公立博物馆、美术馆；公共文化信息服务机构，如文化站、咨询电话、公益性广告等；高雅艺术场馆，如剧场、音乐厅等；艺术团体；艺术展览；艺术节庆；对外文化交流；传统艺术；文物古迹等文化遗产；传统节庆；中小学艺术教育；专业艺术教育。

（三）均等性

均等性，是指不分男女老少，不分富人穷人，不分城市农村，不分东中西部，都平等地享受公共文化服务。每个公民在获取公共文化资源、享受公共文化服务时，享有获得服务公平的机会，享有服务内容、质量和服务过程的公平。它所强调的核心是机会的均等，而不是简单的平均化和无差异化。

作为公共文化服务的决策和领导主体，政府为保证公共文化服务的均等性，必须在保障公民平等享有公共文化服务的前提下，充分考虑不同社会群体、不同地区的需求，协调地区、城乡和不同社会群体之间的文化资源配置，防止由于公共文化资源分配过于集中或分散而导致的公共文化服务供给失衡，切实保障公共文化服务的均等发展，保证人人享有公共文化产品和服务。此外，政府部门和各种公共文化服务机构在提供各项文化服务的过程中，应该保持公平公正的态度，对不同地区、不同阶层社会群体一视同仁，保证公共文化服务得以公平提供。

（四）便利性

便利性，是指政府提供的公共文化服务应该是近距离的、经常性的服务，方便群众获得和参与其中。作为一种面向全体社会成员的服务，公共文化服务应当保证人人便于享有，公共文化设施的布局需合理、贴近服务群众的生活圈、有利于公共信息的公开化和电子化。

公共文化服务的便利性主要包括文化设施的设置使用（如残疾人通道、社区诊所等）、文化场所的建设（图书馆、博物馆等）、文化信息的采集利用（文化信息网络建设）、文化服务手段（IP电话、互联网等现代服务）、文化消费规范化（如对文化消费的价格应结合普通居民的消费能力进行设计）、特殊政策（在公众节假日延长图书馆等场所的服务时间，方便特殊市民群体、实行通借通还等便利服务）等方面。总之，公共文化服务的便利性突出强调以人为本的原则，时时刻刻保证最大限度地为公众提供便利。

三、公共文化服务体系的战略价值

构建公共文化服务体系，是全面贯彻党的十七届六中全会和十八大精神，加快推进小康社会实现和全面落实科学发展观，建设社会主义和谐社会的基本内容，具有重大的实用意义和战略价值。具体而言主要包括文化价值、社会价值和政治价值三个主要方面。

（一）文化价值

公共文化服务体系建设是文化建设的重要组成部分，它关系到公民文化权益的实现，是公民参与文化生活、分享文化发展成果、进行文化创作的基础，是深化文化体制改革、解放和发展文化生产力，不断提高建设社会主义先进文化的能力的必然要求。其文化价值可具体表述为：

1. 促进和谐文化与文明风尚的形成

公共文化服务体系的文化意识形态性和具体实态，主要表现为主流意识形态和大众文化。主流意识形态是竞争后形成的具有高度凝聚力和传播效果的文化力量。和谐的社会文化，一方面需要社会积极发展新闻出版、广播影视、文化艺术等事业，另一方面需要动员各方面力量加强思想政治工作，注重人文关怀和人际交往的作用，为深入开展群众性的精神文明创建活动和完善社会公益福利事业创造良好的氛围，形成热爱知识、热爱学习、热爱欣赏、热爱文化的文明新风尚。坚持公共文化产品和服务的正确导向，大力弘扬爱国主义、集体主义和社会主义精神，加强社会公德、职业道德、家庭美德和个人品德教育，对社会主义和谐文明的创建具有积极的助推作用。

2. 促进文化生产力的发展与创新

"文化生产力是指人们围绕满足人类自身的精神需求，把人类自身的思想、意志和情感作为文化资源，把引导人类精神消费、满足人类精神需求作为主要目的的生产文化产品、提供文化服务和创造社会财富的能力。"公共文化服务体系对文化创新和发展文化生产力具有重大推动作用。首先，由于公共文化服务体系始终坚持为人民服务、为社会主义服务的方向，始终把社会效益放在首位，因而它提供的公共文化产品和服务必然是贴近生活、贴近群众的优秀精神文化产品。其次，由于公共文化服务体系坚持把发展公益性文化事业作为保障人民基本文化权益的主要途径，运用高新技术创新文化生活方式，培育公益性文化事业的高科技形态，因而与现代文明协调并进，在保持传统性和民族性的同时，体现了时代性。最后，我国构建社会主义公共文化服务体系并不排斥对外交流，在加强国家民族的传统文化教育、传扬传统民族文化习俗时，我们还加强对外文化交流，在图书馆、博物馆开展外国专家学者的知识讲座和珍贵文物的展览活动，实现了优秀文化间的交流互动，在提升自身文化生产力的同时，也促进了世界范围内文化发展的繁荣。

3. 保障实现公民的文化权益

构建完善的公共文化服务体系对公民文化权益和"公民文化幸福感"的

实现有着极大的保障作用。保障公民文化权益是公共文化服务体系产生和存在的基本前提，只有满足公民的公共文化需求，实现公民文化权益，才能推动公民整体素质的提升和社会文明的进步，也才能履行公共文化服务体系的根本宗旨。完善的公共文化服务体系能够在制度、资金、人才、技术方面给予大众迫切需要的文化产品和服务，保证公民基本文化需求的满足和文化权益的实现。此外，公共文化服务体系是塑造公民幸福感的重要途径。建设公共文化服务体系有助于提高公民的思想道德素质，有助于保障公民文化权益的实现，并将在战略上为"美丽中国·魅力文化"规模效应的实现增添光彩。

（二）社会价值

公共文化服务体系是由政府、文化事业单位、文化企业和社会组织共同构成的多元复杂系统，不仅具有文化保护与传承的价值，还具有意义深远的社会价值，构建公共文化服务体系的社会价值主要表现在公共文化产品和服务所具有的娱乐功能与审美功能。

1. 娱乐功能

所谓娱乐功能，是指公共文化产品和服务能够满足大众放松身心、活动肌体、交流感情的需求。娱乐功能是公共文化服务体系的重要功能，也是一项基本功能。它是公共文化产品和服务产生与存在的基础，也是公共文化产品和服务不断发展与完善的动力。作为公共文化产品和服务的基本价值所在，文化产品和文化服务的娱乐功能为公共文化服务体系渗入社会各个阶层、满足公民基本娱乐生活的需求开辟了路径，也为其深入了解基层需求、扩展基础权益拓展了空间，对实现公共文化服务体系的社会价值起着重要作用。

2. 审美功能

公共文化服务体系提供的文化产品和文化服务本身就是"一种学术、一种艺术，一般都是创作'主体'对客观外界'客体'的评述，包括主体的体验，客体的质地、颜色和声响都能引起人们的感官冲动，都会产生一种美的反映。虽然公共文化产品的组成也是物质材料，比如音像制品、图书、影片等，但人们享受的并不是这些产品的物质外壳，而是里面的精神内涵，是为了满足自己的精神需求以及娱乐、休闲和丰富自己的知识与心灵的需要。人们在享受公共文化产品精神内涵的同时，也受到了感官的刺激、精神的愉悦以及心灵的陶冶，因而可以归纳为公共文化产品和服务的审美功能"。

（三）政治价值

由于公共文化产品和服务承载着一定的思想与内容，是政府进行政治控制和思想教育的工具，因而具有较强的政治意识属性和一定的政治价值。公共文化服务体系的政治价值主要包括传播价值观念、维护国家安全和稳定社会秩序三个方面。

1. 传播价值观念

公共文化服务体系是政府文化事业的重要载体，具有强烈的使命意识、责任意识和教化功能。公共文化服务体系必须以大众可以理解和可以接受的形式表达一些大众共同认可的价值观念。大众在享用公共文化产品和接受公共文化服务的同时，总会受到他们所共同认可的价值观念及相应的行为准则的教育。公共文化服务体系通过为大众提供产品和服务，附带提供了一系列关于对与错、善与恶、美与丑、真与假、好与坏、是与非的判断标准，使人产生正义感、耻辱感、是非感等一系列思想观念，从而形成一定的人格修养，制约人们的思想行为。只有形成国家和民族的统一的政治意识形态，才能从根本上抵制西方国家的文化霸权和文化入侵。

2. 维护国家安全

构建公共文化服务体系不仅具有重要的文化价值和社会价值，同时具有维护国家安全的战略价值，关系到国家政权的巩固和稳定。我国加入世界贸易组织之后，西方国家的文化产品大量进入我国，西方的文化价值观念也随之输入。甚至美国一些政界人士公开声称，"现在美国最大的出口不再是土地里的农作物，也不再是工厂里的产品，而是批量生产的美国文化"。一些资产阶级政客甚至公开叫嚣，在同社会主义的斗争中，最终起作用的是思想，是文化，而不是武器。因此，在对外开放不断扩大的情况下，我们受到西方发达国家优势文化产品和服务的巨大压力，面临着失去人才、失去竞争和被"西化"、被"分化"的危险，在这种情况下，我们只有积极构建完备的社会主义公共文化服务体系，才能从根本上保证国家的、民族的文化精神独立和文化信息安全，维护国家的长治久安。

3. 稳定社会秩序

现代管理科学认为，一个人犯罪概率的大小与他业余时间的安排有直接的联系。一般来说，空余时间过多且无所事事，人的犯罪概率就高。因此，研究对人的管理，关键是研究人对空余时间的分配。在某种程度上可以说，如果大量增加人的文化学习和享受时间，就可以相对减少人的社会犯罪时间。公共文化服务体系为大众提供各种文化娱乐产品和文化服务设施，使大众不仅可以更好地规划业余时间，还可以获得身体的放松、感情的宣泄、心理的平衡。可见，公共文化服务体系的构建对社会稳定具有"正向"促进作用，全力发展社会主义公共文化服务事业对社会主义和谐社会的创建和中华民族

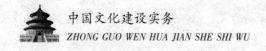
的长久稳定影响深远。

第三节 公共文化服务体系的供需趋势

公共文化服务体系的供需机制，主要指公共文化服务供给主体根据已收集的需求群体的需求信息，通过政府供给、市场供给、社会供给等供给方式有效配置公共文化资源，向服务对象提供基本的文化产品及文化服务的过程。这一过程有其典型属性和价值意义。

一、公共文化服务体系的需求特性

公共文化服务体系，首先是面向需求群体的一种公共供给机制，并受到供需矛盾的调节与影响。这也启示我们，有必要对公共文化服务体系的需求群体及需求内容进行把握，以掌握有关公共文化服务体系的需求特性。

（一）公共文化服务体系的需求群体

按照公共文化需求群体所在地域的不同，公共文化服务体系需求群体可以分为城镇群体和农村群体两大类型。受需求群体特征的影响，公共文化服务体系的需求结构也表现出各自的特点和差异化趋势。

1. 公共文化服务体系的城镇需求群体

城镇群体是指在城市居住、生活的各个不同阶层的人民群体，一般以户籍登记地作为界定标准，主要以非农业人口为主，也包含部分在城镇长期定居的拥有农业户口的人群。相比农村群体，城镇群体一般拥有较高的收入、较高的学历、较多闲暇时间、较高的综合素质以及较强的政治主体意识，其特殊的群体属性决定了城镇群体在公共文化服务的需求上以享受型、娱乐型为主要内容。

改革开放以来，中国特色社会主义市场经济逐步建立并不断完善，为中国经济的发展注入了新的活力，各项事业都取得了快速发展，人民生活水平经历了历史性的跨越，城镇居民的人均可支配收入由 1978 年的 343.4 元增长到 2011 年的 21810 元，增长了近 63 倍。随着可支配收入的增加，恩格尔系数的下降，城镇居民消费结构也发生了历史性的巨变，已经由温饱型消费向发展型、享受型消费转变。在这一背景下，文化消费的热情不断高涨，城镇群体对公共文化服务的需求也呈现出快速增长的态势。

以 2011 年城镇居民消费支出为例，"食品消费占 36.9%，衣着占 6.9%，居住占 9.9%，家庭设备用品及服务占 6.8%，医疗保健占 4.7%，交通和通信占 17.9%，教育文化娱乐服务占 13.1%，其他商品和服务占 3.8%"，相比 2000 年城镇居民消费结构，"食品消费 39.18%，衣着 10.01%，居住 10.01%，家庭设备用品及服务 8.79%，医疗保健 12.56%，交通和通信 6.36%，教育文化娱乐服务 7.90%，其他商品和服务占 5.19%"，城镇居民在基本生存需要的支出呈下降趋势，而交通和通信、教育文化娱乐服务消费显著上升。城镇群体的消费结构在不断地升级和优化，消费支出已由当时主要针对衣着、食品等满足温饱的基本生存需求，转向医疗保健、交通和通信、居住、教育文化娱乐服务等发展型、享受型的消费需求。

随着我国城镇群体可支配收入不断增加，我国城镇群体消费重心由温饱型向小康型或富裕型迈进的同时，对文化教育娱乐服务的精神消费诉求必然不断增加，尤其是对听音乐会、读书看报、旅游出行、休闲娱乐、运动健身等休闲享受型公共文化服务的需求将呈直线上升趋势。

2. 公共文化服务体系的农村需求群体

与城镇群体相对应的是农村群体，指长期定居在农村，拥有农村户口的劳动人民群体，主要指包括从事农业生产的农业人口。相比城镇群体，农村群体在受教育水平、收入水平、综合素质方面还有一定差距，尤其是政治主体意识比较薄弱，农村群体的特征决定了其对文化需求上显然不能以享受型、娱乐型为主，而是以各类农民技术培训学校和农村书屋等渠道提供的实用性文化科技服务为关注重心。

我国是一个农业大国，农村人口一直占我国总人口的较大比重，农民、农村、农业"三农问题"成为事关国计民生的重大战略问题。近年来，国家相继出台了《中共中央关于推进农村改革发展若干重大问题的决定》、《中共中央国务院关于 2009 年促进农业稳定发展农民持续增收的若干意见》，以及农业税收减免等若干"惠农"政策，农村经济取得了持续快速的发展，农民收入水平和消费水平呈大幅增长态势。国家统计局公布的数据显示，"2012 年，我国农村居民人均纯收入达 7917 元，实际增长 10.7%，是 1978 年农村居民人均收入的 59 倍，实现了农民收入连续九年较快增长"。伴随着农民收入的增加使农村群体的消费支出结构也发生了重大变化。

以 2011 年数据为例，在我国农村居民消费支出中"食品消费 49.1%，衣着 4.1%，居住 17.4%，家庭设备用品及服务 4.5%，医疗保健 5.9%，交通和通信 10.1%，教育文化娱乐服务 6.01%，其他商品和服务 2.8%"，相比

2002 年"食品消费 46.2%，衣着 5.7%，居住 16.4%，家庭设备用品及服务 4.4%，医疗保健 5.6%，交通和通信 6.3%，教育文化娱乐服务 11.7%，其他商品和服务 3.7%"，我们可以看出：其中农村居民食品消费下降了将近 3 个百分点，恩格尔系数不断下降，按照国际上通用的标准判断，农村居民的消费需求正在向发展型迈进。如今在大力推进公共文化服务体系建设的过程中，农村群体的公共文化服务体系需求问题成为推动农村繁荣发展的重要问题。但对比数据显示，教育文化娱乐服务消费支出占比从 2002 年的 11.7%，下降到 2011 年的 6.01%，这说明我国农村地区的公共文化服务供给体系还相对薄弱，呈现出文化消费需求与公共文化供给之间的某种失衡，公共文化服务的供给模式、供给内容还有待于进一步优化和提升，以生产出更多更好的适应农村群体需要的公共文化产品。

随着国家宏观政策层面对"三农"问题的持续关注，我国农村经济将实现跨越式发展，加之义务教育的持续推进和公共文化服务体系的建设，农村居民的整体素质不断提升，其消费重心将向发展型的需求资料迈进，文化教育、娱乐服务等高阶段消费诉求必然高涨，尤其是对养殖技术、生态农业技术、电脑操作、机械维修等实用性的文化科技服务类的需求将呈现加速增长趋势。

（二）公共文化服务体系的需求内容

文化需求是社会经济发展到一定阶段的必然产物，是人们在生存需求得到满足的基础上才形成和发展起来的，是人们的一种享受和发展的需求。随着我国社会经济的快速发展和物质生活水平的提高，人们的精神需求日趋强烈，文化需求已进入快速发展期和上升期。公民对公共文化服务的需求主要体现在享受文化成果的需求、参与文化活动的需求、接受文化教育的需求和对公共文化服务基础设施的需求。

1. 享受文化成果的需求

文化成果，是指由劳动人民所创造的一切有形文化资源和无形文化资源的总和。这里所指的文化成果主要是有形的文化资源，如图书，报纸、音像制品、美术工艺品等。随着居民物质水平的提高和闲暇时间的增加，人们对具有愉悦身心、陶冶情操、提升品位等文化功能的文化成果需求日趋强烈。读书、看报、看电影、听广播、看文艺汇演，欣赏美术性展览是人民群众享受文化成果在日常生活的具体表现形式。自 2005 年党的十六届五中全会提出要"加大政府对文化事业的投入，逐步形成覆盖全社会的比较完备的公共文化服务体系"以来，我国政府先后实施了广播电视村村通、农村书屋建设、基层文化站建设、文化信息资源共享工程，文化民生得到显著的改善。

2. 参与文化活动的需求

文化活动是公共文化服务体系建设的关键节点，是满足群众公共文化需求的重要形式。人们在文化活动中能充分感受到文化的魅力，感受文化活动带来的快乐，激发主体强烈参与意识，形成强烈文化认同感，接受文化活动所传播的社会价值观念。同时，公民个人参与文化活动的实践过程也是向社会表达的过程，在这种双向的互动实践中，公民在文化诉求中所追求的精神幸福和心灵快乐不断被满足，实现社会价值和个人追求的统一。特别是，送戏下乡、送文化进社区、节庆文化活动汇演、文化交流活动、文化艺术教育活动，越来越受到公众的欢迎，越来越成为满足公众文化需求的有效载体。

3. 接受文化教育的需求

文化教育是公民主动更新自身知识结构，提高劳动技能，以适应社会快速发展需要的一种过程。随着社会经济的发展，社会竞争日趋强烈，公民个人接收文化教育的需求日趋高涨。各类公益性的文化教育、文化讲座、文艺培训、文化辅导和科学知识普及辅导等公共文化服务形式普遍受到人民群众的欢迎。有数据调查显示，在农民工群体中关于"继续学习"、"亲子教育"、"打工子女教育"等知识和提供相关场所的需求越来越迫切。此外，电脑知识、英语知识、法律知识、文化知识的讲座和辅导也成为新生代农民工文化需求中关注的焦点问题。

4. 对公共文化服务基础设施的需求

如果说公民对文化成果、文化教育、文化活动的需求是公共文化服务内容的具体形式，那么公共文化服务基础设施则是公共文化服务具体形式的重要载体，是公共文化服务体系建设的物质基础，是思想文化建设的主要阵地。公民对公共文化基础设施的需求，本质上也是对公共文化服务的一种诉求。近年来，我国不断加强对公共文化服务基础设施的投入力度，建成了覆盖城乡的公共图书馆、文化馆、博物馆、群艺馆、美术馆、影剧院、文化活动中心、乡镇文化站、农村书屋，以及利用现代化手段向公众提供服务的公共文化电子政务系统、中国数字图书馆工程和公共文化信息资源共享工程等公共文化信息系统。

（三）公共文化服务体系的需求趋势

随着改革开放的深入推进，我国经济发展水平取得了突飞猛进的发展，已成为世界第二大经济体。经济的迅速发展使居民消费结构发生了极大变化，用于文化消费的支出日益增加，对公共文化的需求在内容上呈现出多层次性

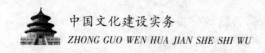
趋势，在供给方式呈现出多元化趋势。

1. 需求内容上的多层次性

公共文化服务在需求内容上的多层次性根源于我国经济发展的不均衡性，同我国城市化发展进程密切相关，是我国社会经济发展到一定阶段的结果。随着社会经济的发展和我国政治民主建设的不断推进，公民的主体意识进一步被唤醒和强化，"日益多元化的文化价值观指引下的公共文化需求呈现了多元化的发展趋势"。

在这样的时代背景下，"公共文化的需求从一个侧面反映出社会成员的价值取向"，不同文化背景、不同学历、不同年龄、不同职业、不同收入、不同阶层价值观念必然是有差异的，因此，对公共文化服务的需求和关注重点就会呈现出多层次性和差异化。以城市群体和农民工群体为例，城市居民一般拥有良好的文化背景和较高的学历层次，政治主体意识较强，在公共文化服务的需求上关注的重心一般是比较高雅的艺术服务，如偏向于美术展、摄影展、音乐会、大型艺术节等高品位的公共文化服务。农民工群体则有不同的文化需求指向，他们一般文化程度比较低，从事着餐饮、建筑、环卫等高强度、低技术的工作，文化需求偏向社区文化、教育培训、法律维权、就业培训指导等。"2011 年 11 月，《半月谈》编辑部组织了一次小型的农民工公共文化服务状况调查，调查结果显示，农民工业余时间最多的选择是看电视，其次是读书、读报、上网等，有 15% 选择了基本没有文化娱乐活动，50% 以上的农民工很少能享受到公共文化服务。"从调查结果可以看出，农民工和城市居民对公共文化服务需求的关注重心是不同的，随着新生代农民工群体的出现，他们越来越不满足于现有单调的文化形式，对公共文化服务呈现出更高的文化期望和更强的文化消费潜力。

此外，随着社会交流的日益频繁、社会流动性的不断增强，社会结构逐渐由传统封闭型向现代民主型转换，加之经济社会生活快速发展的变化，公共文化需求也随之呈现多层次性趋势。

2. 供给方式上的多元化

公共文化服务的正外部效益和政府文化服务的客观职能决定了政府作为供给主体的基础地位。然而，伴随着政府失灵及市场失灵等问题的凸显，以及第三部门的不断壮大，公共文化服务的提供主体向多元化方向发展。

长期以来，我国的公共文化服务一直以政府为供给主体，由政府直接承担公共文化服务体系建设，直接供给公共文化服务产品，供给方式相对单一。随着公共管理理论的兴起，政府被认为是公共文化服务的重要责任主体，但不是一定要全部包办公共文化服务，而是"通过合作、协商、伙伴关系、确立认同和共同的目标等方式实施对公共事务的管理，其本质是建立在市场原则、公共利益和认同之上的合作，其管理机制主要不是依靠政府的权威，而是依靠合作网络的权威"，建设多元化的公共文化供给机制。也就是说，在科学合理地界定政府、社会、市场与各类文化单位职能分工的基础上，整合社会力量广泛参与公共文化服务体系，形成政府主导、市场运作、企业捐赠、志愿者参与等多元化公共文化服务供给方式，以提供更丰富的公共文化产品，更好地实现公民文化权利。公共文化供给方式也相应地日益呈现出政府直接供给、市场间接供给、企业供给、社会捐赠供给等多元化的供给趋势。

二、公共文化服务体系的供给方式

加大公共文化产品和服务的供给力度是加快构建公共文化服务体系的关键环节，加快推进公共文化服务的均等化需要科学的供给方式。按照供给主体的不同，公共文化服务体系的供给一般由三部分力量组成——政府、市场和社会，其中，政府是主导，市场是辅助，社会是延伸。三者按照一定的规则共同作用，致力于根据群众的需求，有计划、有途径、有目的地提供公共文化服务。

（一）政府供给

政府供给公共文化服务，是指由国家公共财政支持购买非政府部门生产的公共文化服务产品，使群众更广泛地享有读书看报、听广播、看电影电视、公共文化鉴赏、文化素质培训、群众性文体活动等基本公共文化服务。政府供给公共文化服务以权力运作为其基本特征，以国家财政收入为主要资金来源，以国家财政支出为主要表现形式，具有提高市场效率、实现社会平等、稳定经济的作用。政府是其责任主体，旨在保障公民的基本文化权益。

法国对文化事业的资助是典型的基于政府主导的公共财政模式，法国已故前总统弗朗索瓦·密特朗曾说，"政府的所有部长都是文化部长"。其设立了从中央到地方的三级机构管理文化事业。从中央到地方均设有文化行政管理部门，使政府上下积极主导和参与文化建设。基于"文化立国"方略，法国政府采取权力下放的方式发展公共文化事业。"20世纪80年代以来，高中和地方艺术院校、地方图书馆、文献档案馆、博物馆、剧场等公共文化服务设施的修建、维护和管理权限从中央下放到地方"。因此，法国的公共文化服务从中央到地方都开展得有声有色，形成了多姿多彩、各具特色的公共文化服务，就连一个小镇都有自己的艺术节。法国这种政府主导、逐级下放的公共文化服务供给方式使很多城市的公共文化服务机构都享誉世界，如巴黎现代艺术博物馆、阿尔勒国立摄影学校、马蒂斯展览馆等。此外，法国这种政府主导公共服务供给的方式使得财政拨款更为方便快捷，法国的大区、省、市、镇政府都有支持文化事业发展的财政预算，法国前总统雅克·勒内·希拉克所在的政府将文化事务的直接预算经费确定为国内生产总值的1%。有些地方政府的预算经费甚至更高。

相比而言，英国的公共文化服务供给更倾向于政府引导，是政府与民间共同参与建设管理的"合作共建"模式，但在政府提供公共文化服务设施上也形成了从中央到地方的三级文化管理体制。英国"一臂之距"的文化服务政策使得公共文化服务的投入资金有相当一部分来源于各级政府的财政拨款，主要投向博物馆、图书馆、公园和艺术等。如在伦敦市2002年全年文化投资中，"纯艺术投资3.2亿英镑，图书馆投资2.9亿英镑，博物馆投资2.2亿英镑，公园投资1.4亿英镑，而电影和旅游等经营性文化项目则分别只有3000万英镑和1000万英镑"。英国中央政府还建立了"最优价值绩效指标"体系和"全面绩效评估"体系来评价考核地方政府的公共文化服务。

我国公共文化服务体系的政府供给可分为政府直接生产公共文化服务和间接安排公共文化服务两个方面：（1）政府直接生产公共文化服务，主要体现在市政文化建设，图书馆、博物馆、美术馆、群众艺术馆、文化馆等的建设上，政府既是公共文化服务的资金提供者，也是公共文化服务的直接生产者，包括政府服务、政府出售和政府间协议；（2）政府间接安排公共文化服务，主要是通过政府的财政补贴和支持非政府部门提供公共文化服务，主要体现为政府补贴——"由政府出资补贴文化生产商，要求其降低所提供的服务的价格，但同时要保证服务的高质量完成"，如对演艺团体的演出进行补贴、政府出资购买公共文化服务、送戏下乡等具体形式。

改革开放以前的计划经济体制导致我国只是单一地发展群众性文化事业，政府全部买单，并且受经济条件的限制，国内基本没有大型文化设施的建设。改革开放后，随着经济的不断发展，人民生活水平的不断提高，文化建设力度日趋加大，公共文化服务也日趋从文化事业中分离出来，形成自身体系。2006年，《国家"十一五"时期文化发展规划纲要》的第八条至十二条提出，要完善公共文化服务网络，加强农村文化建设，普及文化知识，建立健全文化援助机制，鼓励社会力量捐助和兴办公益性文化事业，将公共文化服务单独归纳为一个范围，摆脱了公共文化的附属地位。但此举依然没有改变政府包办的格局，且由于历史原因，导致中央、省、市、县的责任不明确，有些地方本应属上级政府的事权下移，致使中央政府与地方政府，以及地方政府之间事权相互错位的现象出现，从而导致财权错位，最终导致服务体系的供给短缺。因此，在政府供给公共文化服务上，我国应该借鉴法国、英国的经验，明确中央、省、市、县的权责和财政制度，有目标有条理地为群众的基本文化权益服务。

（二）市场供给

市场供给是为了弥补政府因无竞争状态而导致的生产效率低下以及供需不均的状态，而专门引入竞争机制的供给方式。在上文中提到，财政资金是政府供给的主要来源，因此资金来源渠道单一，导致资金不到位的"烂尾"现象有潜在发生的可能。市场供给公共文化服务扩展了资金来源渠道，提升了竞争活力，加强了抗风险能力，其基本动力在于提高经济效率以增加公众的福利。美国是"市场主导，政府间接引导"公共文化服务模式的典范，其"城市公共服务供给机制改革的基本思路就是引入市场机制，将政府承担的部分公共职能推向市场，建立以市场具体运作为依托，以政府宏观管理为保障的公共服务运行机制"，保证文化单位自由竞争。在美国，"公共图书馆、博物馆一般都是城市或社区中心的标志建筑，是公民的重要日常公共生活空间"。

健康规范的市场体系是公共文化服务体系的重要基础。要想弥补政府供给的先天性不足，必须充分发挥法制和市场机制在公共资源配置和社会利益分配中的基础性作用。市场间接供给公共文化服务体系的主要方式有招标、合同外包、授权等，其切入点和关键环节就是如何引导企业资本进入公共文化服务的供给领域。就其具体操作层面而言，对于"大型文化节庆、舞台演出、电影下乡、艺术展览、社区文化活动等公共文化产品和服务，可以通过招标采购、项目外包、授权、补贴等方式，委托社会企业按照市场化规则承办"。

1. 招标采购

"招标采购是指采购方作为招标方，首先提出采购的条件和要求，邀请众多企业参加投标，由采购方按照规定的标准和程序一次性地从中选择优秀的交易对象，提出最有利条件的投标方签订协议等过程。"整个过程要求公开、公正和择优。公共文化服务的招标采购是指政府通过招标的方式在社会上发出公共文化服务设施建设的招标公告，对各投标者的报价及其他的条件进行审查比较后，从中择优选定中标者进行授权，并与其签订采购合同。此时的政府不是生产者，而是购买者。

　　高校图书馆图书招标采购就是公共文化服务招标采购的典型案例。图书馆招标采购是依据《中华人民共和国政府采购法》，本着公开、公正、择优的原则，"根据各馆自身的要求对竞标的书商提供标书，书商在提供经营执照、相关证件的同时，以应答的方式，对标书提出的要求给予答复。学校再根据书商的资信证件和应答情况，会同有关部门，以投票的方式选出中标的书商。最后双方通过协商，达成供需协议，并签署协议书"。总体而言，使用招标采购的方式刺激了公共文化服务产品市场，激活了企业间的竞争力和创造性，节省了资源，保证了质量，活跃了市场。

　　2. 项目外包

　　项目外包本是指"企业将某项任务或服务的执行或管理责任转由第三方完成"。"公共服务外包又叫做合同外包，签约外包，是新公共管理中形成的一个新的模式，是指政府将一部分公共服务通过合同的方式让政府以外的主体来承担，除政府间协议外，政府也和私营企业、非营利组织签订关于物品和服务的合同。政府是安排者，私营企业是生产者，政府付费给私营企业。"公共文化服务的外包是典型的公共服务外包，这样既能集中人力资源，降低成本，避免组织过度膨胀，也能减少政府直接参与公共文化服务体系建设的力度，使政府拥有更多的时间和精力专注于宏观层面的管理。

　　3. 授权许可

　　公共文化服务的授权是指政府出于对市场的信任，将参与公共文化服务建设的权力下放给市场或个人，政府从具体事物的建设中抽身，充分引导社会组织参与公共文化服务的建设。授权的最终目标在于提高经营绩效，增强市场应变能力。

　　授权本是电子商务中的专业术语，是指持卡人所进行的交易金额超过发卡公司规定的特约商号限额或取现限额，或经办人对持卡人所持信用卡有怀疑时，由特约商号或代办银行向发卡银行征求是否可以支付的过程，授权的过程是一种信用的传递。目前，公共文化机构开展数字馆藏传递服务已经开始运用授权许可的方式，对数字信息的使用进行授权。"版权人依据版权的私权性质，按照'意思自治原则'和档案馆、图书馆等公共文化机构之间通过订立契约的方式授予后者的版权使用权。"

　　（三）社会供给

　　社会供给的主要形式是企业、社会机构或者个人通过捐赠或赞助的方式对公共文化服务活动进行支持，没有政府的行政介入，也没有企业的市场化操作，重点是社会参与公益性文化服务的积极性。社会供给是社会自发的行

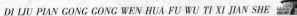
为，一方面提升了捐赠者和志愿者自身的荣誉感和价值感，另一方面也增加了捐赠者和志愿者的社会价值。

社会力量参与公共文化服务体系建设具有重要的战略意义，并得到了国家层面的倡议与支持。《中共中央关于深化文化体制改革 推动社会主义文化大发展大繁荣若干重大问题的决定》指出，要"引导和鼓励社会力量通过兴办实体、资助项目、赞助活动、提供设施等形式参与公共文化服务"。鼓励社会力量参与公共文化服务，"有利于政府更好履行保障人民群众基本文化权益的职责；有利于创新公共文化服务运行机制，提高服务质量，增强服务效益；有利于充分调动社会各方面积极性，更好地激发全社会文化创造活力"。这为公共文化服务体系的社会供给提供了重要的政策和制度支撑。

社会捐赠是社会力量参与公共文化服务体系建设的主流形式。美国以及欧洲国家和地区的社会捐赠较为普遍，并已成为公共文化服务的重要经费来源，特别是在美国，其社会捐赠和会员缴费是美国的公共文化服务资金的第二大来源（第一大来源为公民缴税政府拨款），美国很多著名大学的博物馆、歌舞团都是由私人出资捐建的。我国对公共文化服务捐赠．最有影响力的人物是邵逸夫，"逸夫图书馆"、"逸夫博物馆"遍布内地各大高校。此外，作家黄葵捐20000册藏书在海口办私人图书馆并免费开放、中国"宏承号"公司在鹤壁大伾山太平兴国寺设立图书馆、深圳市东湖派出所民警自购和捐赠图书建成微型图书馆、广州市杰出青年协会组织在北部山区小学建"爱心图书馆"等非政府行为丰富了国家公共文化服务的供给方式。

志愿服务是社会力量参与公共文化服务体系建设的又一重要途径。志愿服务的发展是社会进步的标志，文化志愿者是公共文化服务建设的生力军，政府部门应切实抓好文化志愿者队伍建设，推动公共文化服务体系建设的顺利进行。我国志愿者协会将志愿者定义为"不为物质报酬，基于良知、信念和责任，志愿为社会和他人提供服务和帮助的人"（香港地区称为"义212"）。

三、公共文化服务体系的供给创新

"公共文化服务的供给体系主要承担着两个方面的主要任务：一是紧密结合人民群众的基本文化需求，有计划、有目的地做好公共文化资源建设，组织好公共文化产品的生产；二是紧密结合人民群众的接受特点，采取合适的途径和方式向人民群众提供公共文化产品和服务。"这其中，对公共文化服务供给体系进行创新成为建设公共文化服务体系的题中应有之义。

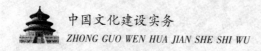

（一）供给制度创新

公共文化服务的供给制度创新，是指政府或公共部门在政策、法律法规的制定和资金扶持方面，给予供给体系一系列具有时代性、科学性和规范性的制度体系。供给制度的创新主要包括政策保障制度创新、资金扶持制度创新和地方经验借鉴三个部分的内容。

1. 政策保障制度创新

公共文化产品和服务，直接关系到国家文化主权、文化信息安全和社会稳定，涉及大量公共资源，如财政、广播电视频道、土地等的使用，政策性非常强，公共文化产品和服务的供给虽然是由政府主导的，但不可避免地受到市场的影响，"市场具有对资源进行合理配置的基础性作用，它能通过竞争提供反映资源稀缺程度及供求关系的价格信号，公共服务中的社会化与市场化运作，如公益性文化项目的社会公开招标等，仍是在市场的基础上进行的"。公共电视频道资源的分配使用也需要市场的调节。目前，国家已出台《著作权法》、《文物保护法》等文化法律，并探索制定《公益性文化事业捐赠管理办法》、《图书馆法》、《博物馆法》、《民间文化遗产保护条例》、《电影促进法》、《广播影视传输保障法》等专项法规，为创新公共文化服务供给体系提供了重要的法律路径。

2. 资金扶持制度创新

资金是公共文化服务体系建设的基础保障，强大的制度支持是建立稳定的资金扶持体系的重要前提。近年来，我国为加大各级财政投入力度，降低文化领域准入门槛，推进文化事业投融资制度改革，构建主体多元、方式灵活的文化事业投融资模式，不断完善相关文化积极政策。其中，最具代表性的就是1994年颁布的《关于继续对宣传文化单位实行财税优惠政策的规定》以及1996年颁布的《关于进一步完善文化经济政策的若干规定》。根据政府先后制定的一系列公共文化供给的经济扶持政策，我们可以简单归纳出四个方面的内容：

（1）在落实现有经济优惠政策的前提下，进一步制定和完善鼓励捐赠和赞助公益性文化事业的各项配套政策，引导社会资金以多种方式投入公共文化服务的供给过程中。

（2）按照《中共中央办公厅、国务院办公厅关于进一步加强农村文化建设的意见》要求，加大对农村公共文化基础设施的建设投入，开展文化对口支援活动，完善文化援助机制，逐步解决农村文化产品和服务供给缺乏的问题。

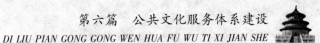

（3）在科学规划、合理配置的基础上，建设完善城市社区文化设施，多方投入，合理布局，整合文化资源，提高使用效率。

（4）支持中西部地区和老少边穷地区建设并改造文化服务网络，推进全国文化信息资源共享工程、农村电影放映工程等，满足人民群众的基本文化需求。

3. 地方经验借鉴

国内外对公共文化服务供给体系的创新有很多的经验可资借鉴，这些经验将成为我国公共文化服务供给体系创新的外部发展动力。

（1）美国政府与市场的联合供给经验

美国的公共文化服务由政府和市场联合提供，当社会公众对某种公共文化产品产生需求并且市场对此需求能够加以满足时，政府就不加干预，反之，政府便会建立或委托专业的机构采取相关措施。正如美国学者哈里·希尔曼－沙特朗和克莱尔·麦考伊所述："政府决定提供支持的总金额，但不决定哪些机构或艺术家应该获得这些支持。委员会成员由政府指定，理事们肩负着完成其捐款划拨的责任，并且不受执行当局的日常利益影响。"具体做法包括：首先，美国联邦政府及地方政府是公共文化服务体系的"便利提供者"，它们通过一些社会中介组织对文化艺术的发展提供资助，如美国国家艺术基金会每年都会制订相应的捐赠计划，对社会艺术团体、艺术家进行资助；其次，美国政府为鼓励个人、企业支持公共事业的发展，采取了包括税收优惠、减税补贴等各种措施保护捐赠者的利益，形成了个人、企业和基金会捐赠的充足资金链；最后，美国公共文化服务的对象是公众，公民的参与度在评判公共文化活动是否成功中占据着重要地位，公民参与式的公共文化服务体系使得美国政府和市场提供的公共文化产品得到了很好的回应，形成了完整的"供应—接受"系统并有效地促进了公民文化素养的提高。

（2）英国1：1陪同投资经验

在英国的公共文化服务体系中，政府除了需要提供财政支持之外，还要采取各种措施来鼓励企业和社会人士赞助公共文化活动，例如以发行彩票的方式集中社会闲散资金成为公益基金，用来资助国家文化事业的发展，或者利用企业赞助艺术联合会来拓宽资金来源。为了鼓励更多的企业投资本国文化事业，英国采取了"陪同投入，1：1配套"的模式，即对一项公共文化活动，企业如果决定对其进行资助，政府就陪同企业以1：1的比例共同资助该项目。"陪同投资"的供给模式不仅加强了企业投资文化事业的信心和积极性，更有利于文化活动项目成功率的极大提高，也在一定程度上降低了企业

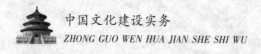

的投入风险。

（3）深圳市福田区"一公里文化圈"经验

深圳市福田区"一公里文化圈"是指，辖区内的公民在一公里范围内即可享受到政府提供的公共文化服务。这种供给模式主要包括三个方面：一是建立健全公共文化基础设施网络，建设包括图书馆、文化馆、电影院等基础设施；二是在公共文化活动上，策划诸如社区艺术节等特色文化品牌活动；三是在全区范围内举办读书知识比赛、社区广场艺术比赛等吸引公众的学习参与，有效地提高了居民的学习积极性，将公共文化服务落到了实处。

福田区公共文化服务供给创新主要从以下三个方面着手：一是区政府以"占编不纳编"的方式管理文化人才，采取考试择优录取的政策招聘优秀文化人才；二是通过政企联合的方式为公共文化事业的发展筹集资金，给予辖区内有突出文化贡献的企业以适当补助，鼓励其继续投资公共文化事业，创立"政府主导、社会联动、企业参与、市场运作"的模式，不仅为企业树立了良好的社会形象，公众也享受了高品质的公共文化服务；三是采取多种激励措施，鼓励文化团体和群众自发开展文化活动，通过设立"福田文艺精品奖"，对有贡献的文化活动予以奖励，调动群众的文化活动积极性，发掘文化人才和文化资源。

（4）上海市徐汇区公共文化供给的"西南模式"经验

上海市徐汇区"西南模式"是指，以上海市徐汇区西南部的西南文化艺术中心为代表的，涉及地域内常住人口22万人的公共文化服务供给模式。西南文化艺术中心联合区档案局、体育局等政府部门，合力打造市民体育锻炼中心、图片资料展、科普乐园等一系列项目，建立了公共文化服务共享平台和联席会议制度，做到了公共文化服务的创新。

"西南模式"以公共文化需求为导向，采取座谈会、民意调查等方式，定位汇总公共文化服务的活动内容，并根据后续的反馈意见改善公共文化服务的提供和管理方式，尽可能地满足公众的文化需求。"西南模式"在实行过程中注重政府、社会团体和文化企事业单位的联动作用，形成了三位一体联动模式，既实现了公众对公共文化服务部门的监督，也调动了公共文化服务部门及其他文化提供者的活力和积极性，增加了公共文化服务部门的动力。

公共文化服务的供给体系创新不仅仅是在政策、资金等制度层面的创新，还应包含着供给手段的创新，在公共文化产品生产和公共文化服务的提供方式等方面都应该有所创新。

（二）供给手段创新

公共文化服务的供给手段创新是指，在公共文化产品的生产和公共文化服务的提供手段上进行改进型变化。供给手段的创新主要包括供给内容的创新和供给形式的创新两种。

从内容上看，供给手段的创新主要包括四个部分：一是变单元生产公共文化产品为多元生产公共文化产品，即在政府主导的前提下，调动全社会的力量共同参与到公共文化资源建设和公共文化产品生产的过程中；二是变单向供给为多向、交互式供给，改变过去由政府和文化部门单向"送文化"的供给方式，调动社会力量多向为基层提供公共文化产品和公共文化服务，鼓励支持基层文化联动，共同开展文化交流活动，交互提供公共文化产品和服务，在城市送文化到农村的同时，鼓励农村送文化到城市；三是变单纯公共文化产品供给为产品与要素供给相结合，除了向基层和人民群众直接提供公共文化产品外，还应向基层提供人才、资本、信息等生产要素，帮助基层提高公共文化产品自我生产能力；四是变农村基层被动接受为自主接受，采用"菜单式"供给方式向人民群众提供各类公共文化产品，并给予群众自由选择权。从形式上看，供给手段的创新主要有数字化创新、BOT 模式创新等。

1. 数字化创新

供给手段的数字化创新，是指由政府主导、社会参与形成的公益性数字文化服务网点、数字文化资源、数字文化设施、数字文化技术、数字文化管理及其数字文化服务的总和。数字化创新要从多个方面入手，一是要大力推进全国文化信息资源共享工程，充分发挥其在公共文化服务中的战略性、基础性作用，建立公共文化资源提供平台，推进数字服务进入家庭，建立内容丰富的数字文化资源库群，加强少数民族文化资源译制；二是要实施公共电子阅览室建设计划，利用文化共享工程工作网络，依托公益性文化单位，建立公共电子阅览室，为基层群众特别是广大青少年提供内容健康、服务规范、环境良好的公益性互联网服务，三是要加强数字化图书馆建设，借助"三网融合"工程，实现全国图书馆资源的无障碍共享。实施国家数字图书馆推广工程，拓宽国家数字图书馆优秀数字资源传输渠道和服务平台，向基层群众提供个性化、多样化的数字图书馆服务，努力形成覆盖城乡的数字文化服务体系，提高公共文化服务的信息化、网络化水平。

2. BOT 模式创新

BOT 是英文 build（建设）、operate（经营）和 transfer（移交）的首字母缩写，意即"建设—经营—移交"，是政府利用非政府资金来进行非经营性基础设施项目建设的一种融资模式。在公共文化服务的供给创新过程中，BOT 模式的使用主要表现在基础设施的筹建方面。目前，BOT 模式在公共文化服务供给中的作用主要表现在公共文化基础设施的筹建上。首先，由政府根据当地的社会和经济发展需要以及公众的文化需求进行文化事业项目立项、完成项目建议书、可行性研究等前期工作，然后开始公开招标，选择文化项目承包公司，签订BOT合同，完成建设特许权转让。在此期间，投资方负责向相关金融机构提供项目收益预测和自身经济发展情况，进行项目融资和风险担保。其次，当项目竣工后，投资方按照BOT合同将原定按期交付的项目移交给政府或文化事业单位，政府或文化事业单位按约定总价（或计量总价加上合理回报）给予投资方一定空间范围的设施使用权限和期限，到期后按合约归还政府或文化事业单位。最后，在BOT投资过程中，政府或文化事业单位需要进行监管，保证BOT投资项目的顺利融资、建设、移交。投资方是否具有与项目规模相适应的实力是BOT项目是否顺利建设和移交的关键。

自20世纪80年代我国第一个BOT项目实施建设以来，经过多年的发展，BOT模式已经为大众所熟悉。近年来，BOT模式也逐步应用到文化项目建设和融资过程中，并出现了诸如BT、BOOT、BOO等模式变种。可以预见的是，伴随着文化繁荣发展条件的成熟，公共文化服务体系的供给手段和模式也将呈现新的变化，这当然需要时代的推动和检验。

第二章 公共文化服务体系

公共文化服务体系主要包括先进文化理论研究服务体系、文艺精品创作服务体系、文化知识传授服务体系、文化传播服务体系、文化娱乐服务体系、文化传承服务体系、农村文化服务体系等七个方面。

第一节 文化知识传授服务体系

我们知道，知识传授必须靠教育，而教育在中国是起源比较早的，人的一生教育中必须经历以下阶段：幼儿教育阶段、小学教育阶段、初中教育阶段、高中教育阶段及大学教育阶段，就业阶段等。

一、知识传授的作用与价值

传授知识是教师的一项神圣职责，是学校教育的一项基本功能。这本是历经教育理论论证和教育实践检验的我国广大教育工作者的共识。作为我国教学论研究一大创新成果的《教学认识论》（修订本）进一步阐述了知识传授的作用。江泽民同志在纪念北京师范大学建校 100 周年大会上也再次明确指出教师的神圣职责是"传授知识，传承民族精神，弘扬爱国主义，为祖国和人民培养合格人才"。而广大中小学教师则一直以自己的智慧和心血"重视基础知识、基本技能的教学并关注情感、态度的培养"对学生进行知识传授和能力培养，促进学生全面发展。

但是令人困惑和忧虑的是，近三、四年来，在我国基础教育领域响起了贬低知识传授的作用和价值的声音，宣扬教师要转变知识传授者的角色。一

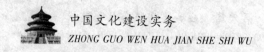

些地方还提出要广大教师"洗脑",否定传授知识是教师的一项职责。

因此,在轻视知识思潮再次泛起的今天,澄清什么是知识,什么是知识传授,它有什么作用和价值,我们究竟应当怎样看待和落实传授知识这一教师的职责和学校的功能对于我们保持清醒头脑、理性地推进课程改革、使之符合时代要求和教育自身的客观规律,具有重要的意义。

(一)知识是长期实践的积累

知识是人类在长期的社会实践中逐步形成和积累的对客观现实的认识,而认识是人脑对客观现实的能动反应。各种知识都不同程度地包括了认识的成果和认识的过程,包括思维的材料和思维的方式。居于知识体系高层次的理论性知识,它既是人类对客观事物的本质和规律的认识成果,又反映出人类在探索这些本质和规律时由表及里、由浅入深、去粗取精、去伪存真的认识过程。加之理论总处于不断发展之中,更能显露出认识的深化过程。同时,构成理论体系的概念、原则、公式、法则是按照一定的逻辑关系与规则组织起来的,因而理论内在地反映着一定的思维规律。较浅层次的经验性知识也反映了感性认识的过程和感知事物的方式。因此,要提高感知、观察、记忆、想象和思维能力,离开了知识是根本不可能的。尤其是理论性知识不仅为人们提供了进一步学习的高起点,提供了容纳更多知识的框架,人们的抽象逻辑思维能力还会因掌握理论性知识而得到相应提升。至于对象的知识和活动的知识,它们具有"你中有我、我中有你"的特点。对象的知识在说明对象是什么和为什么,揭示对象的性质与特征、现象与本质、原因与结果、必然与偶然、外因与内因时,总是通过了一定的方法,运用了一定的策略,采取了一定的手段,经历了一定的步骤的;而活动的知识总是以一定的对象知识为依据,所使用的工具、手段、方法本身也各有对象知识。因此,掌握知识与学会方法是一致的,不能把这两者对立起来。

有人提出在知识迅猛增长的今天,掌握知识比学会学习来说是"次要"的;还有人引用"授人以鱼,不如授人以渔"作为论据来证明不必强调传授知识,只要教学生会学习就可以了。应当承认,掌握某一具体知识的重要性确实比会学习,但是必须清楚学习能力正是而且只有在掌握知识的过程中才能得到锻炼和提高。如果掌握知识成为次要的,那么即便再强调学会学习是首要的,也不可能真正学会学习。对于学校和教师来说,教学生学会学习是十分重要的,但是在他们所承担的各种功能(职责)中,最基本的还是传授知识,正是在实现传授知识这个基本功能(职责)的基础上,包括教会学习在内的其他功能(职责)才能实现。而且,学习方法本身就是一种活动的知识，从这个意义上说，学会学习其实也是包括在掌握知识中的。

理论性知识作为人类理性思维的产物，在对事实、材料进行理论概括时，总要根据一定的哲学原理，总要以关于世界最一般规律为指导，不然就缺乏进行分析推理的最一般的前提，也就根本无法形成理论。所以任何理论都内在地蕴涵着一定的世界观和方法论，任何理论的具体内容都是由一定的世界观和方法论统率着的。同时科学家在创立科学理论过程中的科学态度以及对科学事业热爱的情感也蕴涵于科学理论之中；社会人文理论则因其研究对象的特点更直接地包含着一定的人生观、世界观和价值观，养成科学精神、人文精神，是人们以掌握理论性知识为基础，通过所从事的实践活动将知识内化为自己的观点、信念和情感、态度的。在课程中，知识是情感、态度、价值观的载体，课程培养人的情感、态度、价值观也就必须以传授一定的知识为基础。

（二）传授知识的方式是多种多样的

理论性知识是在人类无数直接经验的基础上形成的，由于历史上一直由文字书籍（现代则增加了其他媒体）作为它的载体，所以人们习惯上称之为书本知识（当然书本知识还包括价值的间接性的经验知识）。由于人类延续和社会发展的需要，又由于个体生命和认识能力的有限性，一个人不可能也不必要事事都要获得直接经验。如果人们只凭自己的直接经验而舍弃间接经验，即便在原始社会也是无法生存的。只有通过学习书本知识这一间接经验，人类文明才得以传承，社会才得以进步。

对于中小学生来说，尽管通过自己的活动可以获得一些经验性知识，但是他们不可能单纯依靠自己的智力和体力独立地去掌握理论性知识和书本知识，并使理论性知识与经验性知识、书本知识和直接经验结合起来。因此，以传授知识为基本功能的学校便有了存在的必要，而作为知识传授者的教师也便成为一种社会不可缺少的专门职业。

有人援引建构主义理论，主张既然学生掌握知识是自主构建的过程，那么就不必由教师来传授知识了。建构主义深刻地揭示了学生学习过程的诸多规律，但是，它只是强调了学生并非消极被动地接受外界传授的知识，它没有也不能否定书本知识是从外界传授来的；它只是强调了外来的知识信息必须通过学生自身经验的同化或顺应，它没有也不能否认在学生主体之外还客观地存在着知识传授的过程。

此外，贬低知识传授的价值也与过于简单化地认识知识传授的具体方式有关。人们往往误以为讲解是知识传授的唯一方式，其实传授知识的方式是多种多样的，单就讲解来说具体方式也很多。教师讲解是一种方式、学生阅读、观听音像资讯（包括上网）上另一种形式的讲解，只不过改由教科书、音像资料、网页的编写者向学生讲解而已。此外，讨论、练习也都是传授知识的方式。不同方式各有所长，各有所短，应考虑所传授内容的需要，考虑接受对象的实际，选择和运用各种传授方式。需要指出，教师讲解并不否定学生是认识的主体，在教师直接讲解中，也要由学生对教师讲授的内容进行同化或顺应。教师讲解应该通过结合学生的经验，切合学生的需要，巧妙地设置悬念，恰当地提出问题，激发学生的学习动机和兴趣，调动学生学习的主动性和积极性。教师饱满的热情和认真负责的教态，会使学生受到感染和熏陶。讲解的严谨逻辑性也会给学生的思维做出示范。这样的高水平的讲解，在发挥其高效率、省时间的优势的同时，也是完全能够促进学生智力、能力和情感、态度的发展的。当然，现实中一些教师往往只顾自己讲解，把学生当成了单纯接受灌输的容器，其讲解无疑是低效、无效，甚至妨碍学生发展出现负效的。这种现状必须改变。

（三）教师传授知识是学生发展的必要条件

新一轮基础教育课程改革响亮地提出了"为了每一个学生的发展"的口号。按照众多专家的诠释，这个口号可以看做是本次课程改革的核心理念。需要指出，我们必须明确这里所说的发展是什么样的发展。首先，课程改革所倡导的学生发展，是有着明确的方向和目标的，绝不是学生自发的盲目的发展。《基础教育课程改革纲要（试行）》中规定的新课程培养目标，就是放映了时代要求、体现了国家意志的学生发展应达到的总标准。要实现培养目标中的德育目标，除了专门的思想品德、政治教育活动，学生参加生产劳动等社会实践和开展自我教育，以及校园文化建设等隐性课程外，最基本的就是通过传授知识。具备道德认识需要掌握相应的知识，而道德情感、道德意志和道德行为也都蕴涵于人类知识体系之中。因此，在传授知识的同时，不仅应该使学生认知有关的道理，而且应该也完全可能使学生产生相应的健康的情感体验、正确的态度和形成科学的观点信念。至于逐步形成正确的世界观，最基本的前提是对自然和社会、物质世界和精神世界要有足够的知识，进而对世界最一般的规律有所认识，再进而才能形成对世界的基本观点和信念。实现培养目标中的智育目标、体育目标、美育目标也主要是在传授知识的过程中进行的。作为我国新世纪教育的培养重点——创新精神和实践能力的培养也不例外，创新精神离开了知识基础便会是无源之水，无本之木。要创新，首先必须站在人的肩膀之上，也就是以已有的知识为起点。如果不掌握前人积累的书本知识，仅凭人们自然的智慧火花，没有相关知识的支撑，是难以有什么真正的创新，创新的灵感总是产生于对有关知识、经验融会贯通的基础之上的。还有我们要培养的实践能力，绝不是自发形成的那种简单的动动手的能力，绝不是只要参加实践就可以培养出来的，它必须在一定的理论知识指导下，将学习书本知识和参加实践活动结合起来才能有效形成。

其次，课程改革所倡导的学生的发展是学生自主的发展，而不是被动的、他主的。教学的本质是一种特殊的认识过程，认识的主体只能是学生自己，但是学生的认识不像一般学习者的认识那样是"学习者主体——认识对象客体"这一"二体结构"，而是有教师参与并对学生认识实行引导的"三体结构"。教师对学生的认识活动进行引导，在教学中发挥主导作用。教师要体现国家的意志和社会的要求，根据学生的特点和水平，选择有发展性的基本的知识内容，创设情境，安排步骤，运用方法，对知识进行加工，使学生得以通过发挥主体性而习得和掌握，完成这一特殊的认识过程。当然，传授知识作为教师的一项基本职责，并不是说教师的职责只是传授知识，更不只是在认知层面上传授知识。指导和促进学生德智体美诸方面的发展，培养学生成为四有新人，是教师恪尽职守的终极目标，但是这一终极目标的实现是必须通过传授知识来实现的。否则学生的自主性只能沦为自发性，学生的发展就可能背离国家、社会的要求，或者将走不少弯路。

由此可见，学校、教师传授知识是学生发展的必要条件，只有学校教育正确而充分地发挥传授知识的功能，教师认真而有效地履行传授知识的职责，才能实现每一个学生德智体美诸方面生动活泼主动的发展。如果否定了学校传授知识的功能，削弱了教师主导之作用下的知识教育，学生在"活动"中、"探究"中、"合作"中尽管也能得到某些方面的发展，但是要让每一个学生都完全达到新课程的培养目标是不可能的，"为了每一个学生的发展"最终是无法落实的。

（四）正确认识知识传授的作用和价值

目前中小学传授知识方面存在亟须改革的问题和弊端。这些问题和弊端有的是在新形势下新出现的，更多的是长期以来就存在却又一直未解决好而在新形势下更加凸显出来的。如知识内容选得不够精，更新不够及时，理论和实际结合得不够好，往往脱离社会生活和学生生活实际，知识结构不够合理，传授不够得法，传授方式不够灵活多样，往往停留在浅表层次而不够深入，等等。也就是说没有真正发挥知识的教育作用，没有真正实现知识传授的教育价值。《基础教育课程改革纲要（试行）》针对现行课程存在的问题，提出了一系列解决这些问题的原则要求。但是，课程改革要改的是传授知识方面存在的问题，而不是否定传授知识本身。如果经过改革，学校的基本功能不再是传授知识了，传授知识也不再是教师的一项基本职责了，那么学校在有什么必要单独存在呢？教师作为一种专门的社会职业也就很快地会被社会淘汰。

事实上，由于轻视知识和否定知识传授的思潮泛起，造成了教学思想的混乱，已经出现了一些值得注意的问题。例如，脱离知识传授来调动学生的学习积极性和激发学习兴趣，用与所学知识无关的事来"哄"学生学；对于游戏已不再是其主导性活动的中小学生来说，搞什么"非玩不学"、"不乐不学"，这怎么能培养他们的好学精神呢？我们提倡"乐学"，但谁也改变不了学习是一种艰苦劳动的现实吧！否则我们的中小学生永远也长不大，而一旦长大就会因为缺乏克服困难的磨炼而生活在无边际的痛苦之中。同时，在有限而宝贵的课堂教学时间里，用大量时间、精力去搞与本课无关的活动，难道不会严重影响教学质量吗？又如脱离知识内容搞所谓的促进发展，以为只要学生对什么感兴趣，就应当由着学生的兴趣来，不管本课的知识目标，只要学生能不停地发言就算是达到了学生发展的目的，这样的"发展"不能说一点意义也没有，但很难说是新课程所追求的。中小学生的智慧固然不可低估，童真童趣固然十分可贵，但他们终究具有未完成性，如果我们不适当地夸大学生对课堂所起的作用，贬低教材的知识系统，满足于学生的已有水平和自发性，使教学停留在低水平的重复上，那么不仅学校知识教育的质量会严重下降，而且学生的发展水平与新课程培养目标的要求也肯定会产生越来越大的差距。在不少地方已经屡屡出现课堂宝贵时间的严重浪费，本该在课堂上掌握的东西学生难以扎实掌握，本该由教师在课堂上解决的知识技能问题不得不转嫁给家长在学生回家后再解决，严重影响了课程目标的实现。

本次课程改革所倡导的研究性学习，对中小学教学方式和学习方式的变革产生了重大作用。但是，实验学校和一线教师在充分肯定研究性学习活动的同时，纷纷提出时间不够用的问题。显然，研究性学习比起接受性学习来说需要更多的时间，而且，它只是在教师的指导和组织下模拟运用科学研究的方法，模拟科学研究的过程，实质上只是知识传授的一种补充（尽管这种补充意义十分重大）。从这里也可以看出，学校教学还得以接受性学习为主，而传授知识也正是学校的基本功能。因此，如何提高知识传授的水平和质量，应该成为本次课程改革研究解决的一个重要课题，切不可放弃在知识传授方面进行应有的改革和探索。

道理很明显，正确认识知识传授的作用和价值，坚持以传授知识作为教师的神圣职责和学校的基本功能，切实在加强和改革知识传授上下大工夫，是推进课程改革所必需的。我们真的要改革，就不能在泼脏水时把盆里的孩子也一起泼掉。

二、想象力的培养重于知识的传授

　　有这样一则报道说：1968 年，美国内华达州的一位女士因为幼儿园教师教她女儿认识了 26 个英文字母，便以剥夺了女儿的想象力为由将幼儿园告上法庭。说她女儿认识英文字母"O"之前，可以把"O"说成是苹果、是面包圈、是太阳、是鸡蛋、是车轮、是……，自从幼儿园教她认识了 26 个英文字母，她便失去了这种想象力。而当地法官最后也判幼儿园败诉，并赔偿那名女孩"精神伤残费"1000 万美元。

　　美国的这个案例让我们看到了美国家长对孩子想象力的重视远远大于文化知识的获得。我们国内的家长恰恰相反，他们关注的往往是孩子认识了多少个汉字，背会了多少首儿歌，记住了多少个汉语拼音，会做了多少道加减法试题。至于培养幼儿想象力则被放在了次要位置，甚至是被忽视。著名科学家爱因斯坦曾说过"想象力比知识更重要，因为知识是有限的，而想象力则概括世界上的一切，推动着进步，并且是知识进化的源泉。"我国的著名教育家陈鹤琴先生在"活教育"原则中也曾经提出"凡是儿童自己能够做的，应该让他自己去做，凡是儿童自己能够想的，应该让他自己想。儿童自己去探索、去发现，自己所求来的知识才是真知识，他自己所发现的世界才是真世界。"爱因斯坦和陈鹤琴先生的话都告诉我们这样一个道理：孩子想象力的培养重于知识的传授。那么应该如何培养孩子的想象力呢？

（一）在日常观察中，发展幼儿的想象力

　　比如我们外出活动时，可以引导幼儿观察春日飘飞的柳絮、争艳的百花；夏日流动的云朵、飘洒的雨滴；秋日纷飞的落叶、成熟的果实；冬日飞舞的雪花、沉睡的万物，启发幼儿思考想象：飘飞的柳絮像什么？流动的云朵像什么？飘洒的雨滴像什么？……当幼儿的想象热情被激发后，"飘飞的柳絮像飞舞的羽毛、像跳舞的棉丝精灵、像翩翩起舞的雪花仙子……"，"流动的云朵像小猫在钓鱼、像大象在跳迪斯科、像小狗在钻圈、像白马在奔跑、像……"，"飘洒的雨滴像一串串珠帘、像一颗颗晶莹的水晶、像一个个顽皮淘气的小孩子、像……""纷飞的落叶像展翅飞翔的小鸟、像荡来荡去的秋千、像……"。这样一个个鲜活生动的影像，就会在幼儿的大胆想象中诞生。再比

如：大班孩子在帮老师收拾洗净的餐具时，可以引导他们观察想象：小碗扣在餐盘上像什么？两个小碗中扣个小勺像什么？两个餐盘背靠背像什么？……幼儿边玩边干、边干边想象，馒头、面包、汉堡包、陀螺……一个个精彩的影像就在幼儿的想象中应运而生。

（二）让幼儿在动手操作中发展想象力

手是脑的老师，通过让孩子多动手，可以促进其感觉能力、思维能力和想象力的发展。比如创设图形联想画的互动墙的活动，活动前我们为幼儿准备了形状各异、颜色不一、大小不等的各种图形，让幼儿利用头脑中已有的表象自由选择、然后进行拼贴创作，结果孩子们制作出来的作品奇形怪状、精彩各异。另外，我们还可以利用积木、插片、绘画、折纸、剪贴画、编织、自制玩具等活动，使幼儿在动手操作中，手脑并用，想象力得到充分发展。

（三）让幼儿在运用已有的知识经验中，发展想象力

幼儿的想象力是随着知识的积累、语言的发展、生活经验的丰富和活动的复杂化，而逐渐丰富的。所以教学活动中，当幼儿累积了一定的知识和经验后，我们就应该引导幼儿迁移经验。比如我们在教儿歌《我在草地上翻跟头》时，就可以启发幼儿想象：第四个跟头看到了什么？第五个，第六个呢？……再比如，我们还可以利用某种句式，"假如你是……你会……"；"当地震发生时，我会……"；"家里来小偷了，我会……"等等，来创设某种情境，让幼儿在这种情境中想象结果。还可以通过歌曲仿编、故事续编、编应用题、编数学试题等活动培养幼儿灵活运用知识经验的本领，鼓励他们大胆想象、独立思考，创编出与众不同的内容和情节。

（四）运用教师的教学艺术发展幼儿的想象力

想象与情感联系在一起，只有情感充沛，想象才会丰富。所以作为幼儿园教师首先要能以生动、富有感情的语言，唤起幼儿的想象。如果教师的语言干巴巴，没有感染力，即使是最好听的故事，也无法吸引幼儿。教师只有善于利用生动、形象、鲜明、准确的语言，给幼儿创设出一系列的情境，才能引发幼儿头脑中贮存的表象，进而使幼儿创造出丰富多彩的新形象。此外，教师还可以利用丰富的肢体语言和现代化的教学手段，来唤起幼儿的想象，激发幼儿的创新潜能。

我国著名教育家赵鑫珊曾经说过，"想象力是能动的知识，是创造力和智慧的必要背景"，因此作为一名教育工作者，特别是幼教工作者，我们应该把发展幼儿想象力，作为幼儿园教学工作的重中之重，为把幼儿培养成全面发展的创新型人才，贡献自己的微薄之力。

三、"责任教育"比"知识教育"更重要

一谈到教育，国人往往会下意识想到文化、知识，而学校教育乃至各类校外培训班的内容，也几乎无不集中于文化知识的灌输，或是具体技能的训练。即便是家庭中，最看中的也往往是孩子的分数甚至名次。然而，笔者认为，当教育被更多局限于知识和文化时，乍一看来似乎相当实用，也完全可以为将来的升学求职开拓渠道，但这种过于单一的教育层面与理念，恰恰很难真正培养出有着完整人格和素养的人才。

事实上，早有相关研究表明，具体的知识和技能，对于一个人的影响顶多只占30%，而更多的影响则决定于包括人格和素养在内的其他方面。事实上，相比知识和技能，一个人的责任意识如何，情商怎样，对于个人成长来说其实是更为关键的因素。我们不难发现，现实中，一个成绩不错，但却缺乏起码的责任意识的孩子，往往会在未来的人生发展中轻易迷失方向，甚至一遇到需要有所担当的时候，便打起了退堂鼓，与人生的重大际遇失之交臂，也就在所难免了。而无论对于家庭、企业，还是对于社会来说，一个人有没有责任感，其实要远比他有没有才更重要。

基于上述观点，既然人格素养和责任意识，对于个人和社会都如此重要，教育当然不应该在如此重要的环节上缺位或偏废。在这方面，珠海九中将责任能力训练引入校园，对于培养全面人格的孩子来说，无疑值得期待。无论如何，"责任教育"比"知识教育"更重要，不仅应成为教育常识，更应真正体现于教育实践之中。

四、培养能力比传授知识更重要

19世纪初德国思想家、教育大臣威廉·冯·洪堡提出了"全人教育"的理念。所谓"全人教育"，就是要培养能独立思考和有解决实际问题的能力、有社会责任感和良好道德操守的人。

（一）大学教育的目标是培养有较高人文素质的公民

在20世纪50年代初，中国流传"大学是科学家和工程师的摇篮"这一口号。当时国家百废待兴，科技人才奇缺，大学资源很稀缺，大学生人数非常少，把"培养高级科技人才"作为大学教育的目标是合理的。1957年反右斗争以后，直到"文革"前的60年代中期，能够上大学的人数比例还是相当低的，每年大约只有10万~20万大学生毕业。当时大学基本上不招收研究

生，大学教育的口号是"培养又红又专的接班人"。在这一有很强政治色彩的口号背后，大学教育的目标定位于培养各类高级专业人才，包括社科人才和外语人才。经过 30 多年的改革开放和前几年的大学扩招，大学生人数激增，2010 年大学生人数达到了 657 万人，平均录取率达到 70% 以上，如果现在还把培养各类高级专业人才作为大学本科教育的目标来定位显得有些不合适了。这一定位不仅主观上产生对在校学生人文素质教育的忽视，而且客观上高估了学生在校学习专业知识的作用，与大学毕业生实际就业岗位产生较大的偏离。事实上，绝大多数刚毕业的大学生还算不上是专业人才，他们毕业后从事的工作和在校学习的专业知识往往联系甚少，这些专业知识很快就会被忘记，真正在工作中起作用的是在学习知识过程中受到理性思维训练、人文素质教育和在校培养的各种能力。正如爱因斯坦 1936 年的那次演讲中引用某个人的话说："那个诙谐的人确实讲得很对，他这样来定义教育：'如果人们忘掉了他们在学校里所学到的每一样东西，那么留下来的就是教育。'"

爱因斯坦在 1936 年的那次演讲中还指出："学校的目标始终应当是使青年人在离开它时具有一个和谐的人格，而不是使他成为一个专家。"在演讲结束时他再次强调："学校始终应当把发展独立思考和独立判断的能力放在首位，而不应当把取得专门知识放在首位。"当前我国许多大学急功近利色彩较重，为了加速培养所谓的"专家"和"人才"，在教学中不恰当地灌输过多和过细的实用性很强的专业知识，而对学科的基础知识教育重视不够。尽管现在许多学校也开始注重"通识教育"，但往往把它视为拓宽学生知识面的一种辅助性教育，而忽视"通识教育"中人文素质的教育内容。

我在网上看到一篇介绍美国大学教育理念的文章中提到，19 世纪的美国教育家纽曼说过："如果一定要赋予大学教育一个切实的目的，我的主张是培养社会的好公民。"另一位美国教育思想家杜威则进一步大力倡导"要培养富有个性和合作精神的公民"，他提出"教育即生活、学校即社会"的观点。这两位教育家的教育理念深深地影响了美国的教育。当然，在这些公民中，许多人日后必定会成长为各行各业的专家，极少数人会成长为科学家、艺术家或政治家，但这主要取决于他们日后的机遇和成长经历，尽管大学教育也在其中起到重要作用。从人才成长的一般规律来说，出类拔萃的人才只能是极少数，他们无须"拔苗助长"就会脱颖而出。

作者认为，根据中国大学目前发展的现状，大学本科教育的目标应该定位于培养有较高人文素质的公民，而不应该定位于培养高级专业人才，因为我们不需要如此庞大的高级专业人才队伍，毕业生中只要有一定比例的人

（例如 10% ~20% 左右）将来成长为各类高级专门人才就能满足社会需求了。这主要靠研究生教育，特别是博士研究生教育来实现。现在社会上真正缺乏的是技工一类的技术型人才。因此要大力发展中等专业技术学校。

（二）培养能力比传授知识更重要

诚然，大学有传承民族文化和社会文明的职责，有传授知识的重要任务。但是，对一个人来说，学习是终身的事，在大学本科阶段学生应该着重学习和理解学科的基础知识，培养终身自学能力，因为对专业知识的学习和掌握要靠未来在实际工作中来实现，况且科技发展日新月异，许多专业的细节知识是不断发展和演变的。正如爱因斯坦所指出的："如果一个人掌握了他的学科的基础，并且学会了独立思考和独立工作，就必定会找到自己的道路，而且比起那种其主要训练在于获得细节知识的人来，他会更好地适应进步和变化。"

有一篇关于美国教育理念的文章中引述了哈佛大学前校长巴布博士提出的大学教育的 8 个目标，前 7 个是提高和培养学生的能力，包括"提高交流能力，培养分析能力，加强解决问题的能力，培养价值判断的能力，提高社会交往和互动的能力，培养对个人和环境的理解能力，改善个人对当今世界的了解能力"；第 8 个是"增长艺术和人文学科的知识"。我猜测，哈佛大学近年来积极倡导和实施的"全面教育"，就是为了实现上述 8 个目标，这一教育理念与德国威廉·冯·洪堡早年提出的"全人教育"理念以及爱因斯坦在 1936 年演讲中提出的教育理念是一脉相承的。在 2010 年 5 月召开的第四届中外大学校长论坛上，英国牛津大学校长安德鲁·汉密尔顿说："我们有明确的教育目标：培养学生分析问题的能力、思辨能力、解决问题的能力、探索精神以及终身学习能力。"可见无论在美国和英国，培养学生的各种能力是作为大学教育的首要任务。

温家宝总理在 2010 年 7 月全国教育工作会议上的讲话中也强调了对学生能力的培养，他说："要改革教学方式方法，注重启发式、探究式、讨论式、参与式教学。教育不仅要传授知识，更重要的是启发思维，培养学习思考能力。爱因斯坦说，想象力比知识更重要。要鼓励学生独立思考、自由表达，增强他们的自信心，保护和激发他们的想象力、创造力。"

中国有一句格言说得好："授人以鱼，不如授人以渔。""鱼"是具体的食物，"渔"是教人家怎么捕鱼。"鱼"象征一个具体知识，"渔"象征一种能力。这一格言生动地说明了"培养能力比传授知识更重要"。

如何培养学生各方面的能力？加强人文教育是一个重要方面。英国牛津大学校长安德鲁·汉密尔顿在第四届中外大学校长论坛上介绍经验说："学校为学生创设学术环境，不仅仅在教室当中，还包括教室之外，在培养人才的时候，很重要的就是让学生学会相互学习。这就是为什么学生在校园生活、学习的同时，要参加很多的社团活动，包括戏剧、音乐、体育、志愿者社团等一系列的活动，使得学生能够去发现自己其他方面的重要潜能，产生一些和自己的学术兴趣完全不同的兴趣。"这就是说，在大学组织各种社团活动对培养学生的社会交往和互动的能力、合作精神、自信心等人文和心理素质有很大作用。

这一经验是值得我们学习的。牛津大学还对学生采取"导师制"的模式来进行能力方面的培养，即采用一对一的方式对学生进行个别辅导，指导他们读学术著作和论文，培养他们的跨专业、跨学科的综合分析能力。这是一种特别的"英才教育"。"导师制"的模式即使在英国其他高校也难以效仿，但值得我们借鉴。我国的一些高校也有由极少数优秀学生组成的"基地班"或以名人命名的"冠名班"，对这些选拔出来的优秀学生，可以采用类似的模式来进行特殊培养。

即使到了研究生学习阶段，培养能力也是第一位的，就是要把研究生培养成具有发现问题、研究问题和解决问题能力的人。与大学学习阶段不同的是，指导老师除了可能要给新入学的研究生上基础课外，基本上不直接承担传授知识的任务，而是间接地对学生给予指导。研究生主要靠自学和学生间的互教互学（即讨论班）的方式来学习。导师应该成为学生的良师益友，对学生要"教学相长"和"因材施教"。

孔子曰："知之者不如好之者，好之者不如乐之者。"在对研究生培养上如何应用孔子的这一治学思想？我认为：导师对学生的首要职责是"引"和"导"，即首先要引导学生对一门学科知识产生好奇心，这就是孔子说的"知之"；其次，要通过对学生经常性的赞许和肯定来激发学生对学习这门知识的兴趣，以达到孔子说的"好之"。最后，导师要以自己的洞察力和学识帮助学生找到属于自己的研究课题，使学生在学习和研究过程中获得一种乐趣，以达到孔子说的"乐之"这一治学境界。

（三）人格培养和素质教育是能力培养的重要一环

在对学生各种能力的培养中，人格培养和素质教育是重要一环。事实上，前面列举的哈佛大学教育8项目标中的7项能力，大都和一个人的人格和素养有内在联系。什么是"人格"？《中国大百科全书》给出的定义是："人格是个人相对稳定的比较重要的心理特征的总和。这些心理特征包括个人的能力、气质、性格、爱好、倾向性等。"研究表明，基因遗传对人格形成的影响是比较大的，约占50%。但是，后天的环境、社会、家庭和学校的影响也是非常重要的。特别是在大学阶段，对一个青年人来说，是"认识自我、重塑自我、人格再造"的关键时期。最近发生的"药家鑫杀人案"和"中南大学命案"等一系列大学生杀人的恶性案件，不仅反映了社会和家庭教育的缺陷，更反映了大学教育中人文素质教育的缺失，应该引起我们对中国目前大学教育进行深层次反思。加强对大学生的人格培养和素质教育应该刻不容缓地提到大学教育的议事日程上来。教师对学生潜移默化的影响是很大的，教师用自身的人格魅力去感染学生是加强学生人格修养教育的重要一环。在教书育人过程中，除了通过授课传授知识外，还包括对学生人格和素质的培养。教书是知识的传授，育人是道德的熏陶。"学高为师，身正为范"，北京师范大学的校训"学为人师，行为世范"就很好地体现了"教书育人"的理念。教书是教师的天职，教好书是教师应追求的起码目标，教书是手段，教育的终极目的是育人。

现在大中小学都在强调素质教育。温家宝总理在2010年7月全国教育工作会议上的讲话中说："古往今来的许多事例证明，素质教育是培养杰出人才的基础……中外历史上许多杰出人才，尽管从事的职业不同，但他们往往有一个共同的特点，就是集科学、文学、艺术、哲学于一身，表现出全面的良好素质。"什么是素质教育？国家教委在《关于当前积极推进中小学实施素质教育的若干意见》中的解释是："素质教育是……以面向全体学生、全面提高学生的基本素质为根本宗旨，以注重培养受教育者的态度、能力、促进他们在德智体等方面生动、活泼、主动地发展为基本特征的教育。"这一提法显得有些空泛。我认为培养良好的教养是最基本的素质教育。所谓"教养"，指的是一个人的行为举止，包括礼貌、规矩、涵养、风度等等，这些都是做人的基本素养。自古以来国人对教养很重视，《三字经》里面就曾经讲："养不教，父之过；教不严，师之惰"，强调了家长和老师在培养人的良好教养中的作用。所以老师们应该不光是教授具体的知识，同时应该言传身教，老师自身的教养对学生影响很大。素质教育不是简单的思想教育。许多时候，所谓的"思想教育"成了空洞的、泛政治化的说教，具作用往往适得其反，用"说教"方式进行素质教育训练出来的人有可能成为有多重性格的人和伪君子。

另外，美育与艺术教育是素质教育的主要组成部分。什么是"美育"？"美育"就是审美教育，美育可提高一个人对美的感悟能力和对美的鉴赏能力，提高一个人的人生境界。艺术对一个人的潜移默化的影响是非常深的，艺术的熏陶对人的品格、情操和社会行为都是有深刻影响的。北京大学美学与美育中心主任叶朗教授在 2010 年 8 月于北京大学召开的世界美学大会上说："无论发达国家或发展中国家，都面临着一种危机和隐患：物质的、技术的、功利的追求在社会生活中占据了压倒一切的统治地位，而精神的活动和精神的追求则被忽视，被冷淡，被挤压，被驱赶。因此，从物质的、技术的、功利的统治下拯救精神，就成了时代的要求、时代的呼声。我们当代美学应该回应这个时代要求，更多地关注心灵世界、精神世界的问题。"我很赞同叶朗教授的看法，应该把美育与艺术教育列入大学素质教育的教程。

（四）改革考核评价体制是中国高校的当务之急

大学是国家的重要科研基地，教师做科研和承担一些国家科研项目是必需的，这也是能够教好书、育好人的必要条件。对教师在科研业绩方面进行考核是重要的，是不容置疑的。现在的问题是这种考核往往只看发表论文数量，不看文章的质量。另外，忽视了对教师在教书育人方面业绩的考核，这是非常有害的，这客观上导致了当前大学教学质量严重下降，其后果是学生产生厌学和弃学情绪。去年 12 月有一位大学毕业生在网上发了一篇对该校教育"反思"的帖子（万言书），内容真是触目惊心。他对该学校的当前状况作了如下描述："大学生们为何都迷失了自己的理想？首先是专业的学习让人迷惑：很多老师照本宣科，大学里面真正关注教学、关心学生、有上课水平的老师越来越少了……他们都在忙着自己的项目和课题。学校选用这种'自编教材'的原因，是老师们因为要评职称。需要'科研成果'，就东拼西凑地乱编一些'教材'来完成任务……大学里的学生生涯，除了要求学生的专业学习之外，鲜有启迪心灵的声音，更重要的是缺乏指导大学生人生发展与定位的课程。"这一描述可信性如何？是否带有主观片面性？我的判断是基本客观的，而且这种状况有相当的普遍性。

当前，许多大学都把发表规定数量的 SCI 论文作为晋升职称的硬指标，更有些学校把出版所谓的"专著"也作为晋升教授职称的一项硬指标提了出来。设想一下，如果每个教授都要出版"专著"，全国该有数量多么庞大的同一专业的"专著"？因此，改革考核评价体制是中国高校的当务之急。通过"量化指标"和计分式的手段对教师的科研业绩进行考核是高校学术管理行政化的一个主要表现，这种评价体制的严重弊端就是造成教师的学风浮躁、急功近利和轻视教学。其实，评价一项科研成果的学术价值，应该看它在相关专业产生的影响，以及同行对论文的公开评论和引用情况。对教师科研业绩的考核应由所在单位的学术机构去做，行政管理部门不应该具体介入。此外，应该明确大学教师的基本职责是教书育人，学校应当把教师在教书育人方面的业绩纳入教师评价和考核体系中。在对教师职称晋升时，不能只考查教师的科研成果，也要看他的教学成果和对学生人格培养方面的业绩，甚至还应包括对教师自身的品格修养的考核。对那些教学成绩突出、品德优秀而科研成果相对较弱的老师，也应该敬重和给予晋升。鉴于当前许多高校的教学质量存在滑坡的现象，学校要特别重视对青年教师的选拔和培养。在招聘青年教师过程中，不要过分看重发表学术论文的数量，而要重视对他们的课堂教学能力、社交能力和人文素质进行全面的考核。

五、中国孔子传授哪些文化知识

《史记·孔子世家》说："孔子以《诗》、《书》、《礼》、《乐》教。"这四门主要课程再加上孔子晚年增设的《易》、《春秋》，被汉人合称为"六艺"，也称《六经》。孔子为什么要选用这些典籍来作传授知识的教材呢？《礼记·经解》引孔子的话说："其为人也，温柔敦厚，《诗》教也；疏通致远，《书》教也；广博易良，《乐》教也；洁静精微，《易》教也；恭俭庄敬，《礼》教也；属辞比事，《春秋》教也。"这段话言简意赅，指出了"六经"的教育意义和教育价值，同时也说明了寓德育于智育之中的作用。可见，孔子选这6种文献做教材的目的是非常明确的。

（一）《诗》

《诗》在早期的作用大都与礼乐相结合，主要是与礼仪活动相关的祭诗与颂诗，同时也用以讽谏，而赋诗言志则是后来发展起来的。在孔子教学中，《诗》不仅与礼仪相联系，他还特别强调《诗》的多种社会作用，使他成为学生们必修的一门独立课程而与《礼》、《乐》并列。

春秋时期，各种礼仪活动很多。在举行对神的祭祀活动和大型宴会时，人们往往以《诗》来配合礼节的进行，增加悲伤或欢乐的程度和气氛。讽谏的诗大多是陈述人民的困苦与不满，统治者派人搜集起来以观民风，作为借鉴。而赋诗则是作为一种交际手段，尤其是在诸侯会盟或聘问时，往往以诗明志，借以表达各自的心思和意图。《左传》上记载各国君臣赋诗引诗共达251次之多。当时的士大大如果不能赋诗，就要被人瞧不起。例如有一次，宋国的大夫华定被派出使鲁国聘问，为新立的宋元公通好。鲁国设享礼招待他，为他赋《蓼萧》（《诗·小雅》中的一章），他不知道，又不赋诗回答。昭子（鲁大夫叔孙诺）说："他必然会逃亡。诗中所说宴会的笑语不怀念，宠信和光耀不宣扬，美好的德行不知道，共同的福禄不接受，他将怎么能终于其

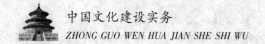

位?"（见《左传》昭公十二年）华定因为不能赋《诗》回答，受到鲁人的嘲笑，丢尽了面子。由此可见学《诗》的重要性。孔子强调学《诗》，目的也是为了从："诵《诗》三百，授之以政，不达；使于四方，不能专对；虽多，亦奚以为!"（《子路》）这是说，学了《诗》，就要能灵活地应用，如果只会死记硬背，而不能利用它来处理政事，办外交时又不能据以应对，那么，《诗》背诵得再多，又有什么用处呢? 孔子说："不学《诗》，无以言"（《季氏》）。这是说学《诗》可以锻炼语言表达能力。孔门弟子中善于外交活动的子贡，能言善辩，就是得益于《诗》的学习，并因此受到孔子的称赞。

孔子特别看重诗教。他对弟子们说："小子何莫学夫《诗》?《诗》可以兴，可以观，可以群，可以怨，迩之事父，远之事君，多识于鸟兽草木之名。"（《阳货》）这可以说是对《诗》教重要意义的最精辟的论述。可以兴，是说诗运用形象帮助人们认识事理、陶冶感情、振奋精神；可以观，是说从诗所反映的社会生活中考察政教得失；可以群，是说诗能交流思想感情，促进人们团结；可以怨，是说人们借助于诗可以批评时政，讽谏国君。诗的这些功能可以达到"事父"、"事君"即齐家治国的目的。此外，在学《诗》过程中，还可以"多识于鸟兽草木之名"，即从中了解更多的自然知识。孔子的这种诗学观，充分地肯定了《诗》反映并影响生活的价值，对后世产生了深刻的影响。

（二）《书》

是孔子的历史课和政治课的教材。当时的《书》还没有统一的本子，仅以时代分编而散存于世，如《夏书》、《商书》、《周书》等。其内容主要是春秋以前的历代政治文献和社会传说。春秋时期，一些贵族人士在评论时事或讲述自己的意见时，多称引《夏书》、《商书》、《周书》的词句，作为言论的理论根据。这说明当时的有识之士已开始注意从这些历史文献中吸取政治经验和思想营养。例如，据《左传》昭公十四年记载，晋国有桩关于争田的官司多年没有结案，后来叔向引用了《夏书》中关于"皋陶之刑"的法律依据，才了结了这桩官司。孔子以《书》设教，正是适应了这种社会要求。他的《书》教原则是"疏通致远"，即通过对历史的深刻了解，以探知古往今来。他和他的弟子们经常祖述尧、舜，称道文、武，就是要从历史中寻找借鉴。《论语》一书中记录了孔子三次引《书》，都是以古喻今，讲解如何从政、做人的道理的。

（三）《礼》

孔子用以为教材的《礼》，主要是指周礼。周人的礼则、礼仪特别丰富，据说具有"经礼三百，曲礼三千"（礼记·礼器》）的规模。孔子认为礼的作用十分重大，他说："丘闻之，民之所由生，礼为大。非礼，无以节事天地之神也；非礼，无以辨君臣上下长幼之位也；非礼，无以别男女父子兄弟之亲，婚姻疏数之交也。"（礼记·哀公问》）这就是说，礼是社会政治生活中最重要的东西。没有礼，就无法敬礼天地之神；没有礼，就不能把人分为君臣上下的不同阶级；没有礼，就不能分别家族、亲戚的亲疏远近。

孔子所讲的礼，是以仁为其思想基础的。他说："人而不仁，如礼何？人而不仁，如乐何？"（《八佾》）意思是说，不仁的人是谈不上什么礼和乐的。又说："礼云礼云，玉帛云乎哉？乐云乐云，钟鼓云乎哉？"（《阳货》）意思是说，礼乐不仅仅是形式，它们有仁作为自己的思想内容的。也就是说，没有仁的思想内容，光有玉帛、钟鼓等礼的形式，是不能叫做礼的。

孔子讲礼，并不斤斤计较于细节，而着重要求弟子们掌握礼的本质精神。他常对门人说："礼，与其奢也，宁俭；丧，与其易也，宁戚。"（《八佾》）又说："丧礼，与其哀不足而礼有余也，不若礼不足而哀有余也；祭礼，与其敬不足而礼有余也，不若礼不足而敬有余也。"（《礼记·檀弓上》）这些话讲的都是强调人的伦理情感的实在性，只要感情真挚，"礼不足"也无关紧要了。例如，有一次，子路感叹自己家境贫寒，父母在世时没有好好供养；他们死了，又没有好好安葬。孔子对他说：尽管是吃豆粥、喝清水，只要能使老人家心里快乐，这就是孝；父母死后，仅用衣被把他们的形体掩盖起来，入殓后就下葬，没有棺椁，只要这样做是根据自己的实际财力，就算是礼。（见《礼记·檀弓下》）总之，在孔子看来，礼的本质是主敬，这是最重要的，至于礼仪方面的某些具体规定可视环境不同和财力状况而斟酌取舍。

孔子进行的礼教，重在实践。因为礼是立身处世的行动准则，所以他告诫自己的儿子孔鲤说："不学礼，无以立。"（《季氏》）并要求弟子们做到："非礼勿视，非礼勿听，非礼勿言，非礼勿动。"（《颜渊》）

（四）《乐》

孔子把《乐》作为知识教育中的一项重要教材，这是因为他的诗教、礼教和乐教是融为一体的，不可分割。这不仅因为礼仪活动和《诗》的唱咏离不开音乐，还因为孔子十分重视音乐陶冶性情的审美作用以及这种作用对诗教、礼教的影响。他说："兴于诗，立于礼，成于乐。"（《泰伯》）又说："志之所至，诗亦至焉；诗之所至，礼亦至焉；礼之所至，乐亦至焉。"（《礼记·孔子闲居》）在孔子看来，立志而后学诗，学诗而后知礼，知礼以后才能从音乐的启迪中去自觉地陶冶性情。也就是说，孔子把乐教作为完成诗、礼教育的必要手段。因为只有在音乐的陶冶下，诗和礼的内容才能转化为人的自觉要求，从而进入完美的自由境界。因此，孔子的乐教也不同于以往歌舞教程中的一般知识性传授，而是一种更深入的与诗、礼密切结合的审美教育。

孔子把《乐》作为教材，当然还有他的政治目的，就是要"以乐治国"。这是因为乐可以"和民力"，能"移风易俗"，而且"审乐可以知政"（《礼记·乐记》）。可见乐教的最终目的仍然是为从政服务的。

《史记·孔子世家》记孔子"《诗》三百篇，皆能弦歌之"。《论语》中关于孔子及其弟子"弹琴"、"鼓瑟"、"击磬"、"弦歌"的记载更比比皆是。说明《乐》教这门功课他教得一定非常生动。

（五）《易》

即《周易》，是一部讲阴阳八卦的占卜之书，内容十分庞杂，在鲁国保存得比较完整。《史记·孔子世家》记载，"孔子晚而喜《易》"，"读《易》，韦编三绝"。把串编竹简的牛皮绳都磨断了三次，可见他曾下苦功深入研究过《易》。孔子在研究《易》的过程中，吸取并发挥了其中的哲学思想，并用来教育弟子。例如，《论语·子路》载孔子引《易·恒卦》的爻辞说："不恒其德，或承之羞。"意思是，不能持之以恒做事的人，终有一天会招致羞耻。孔子接着解释说："不占而已矣。"意即"这话的意思是叫无恒心的人不必去占卦罢了"。这是孔子用《易》的哲学思想教育弟子做事要有恒心。

（六）《春秋》

孔子作为教材的《春秋》，原是各国的编年史。当时有"百国春秋"，即各诸侯国的"史记"，内容无非是国家政绩、兴废的记载。由于"百国春秋"卷帙浩繁，材料繁杂，孔子便以鲁国的"史记"——《鲁春秋》为蓝本，将各国"史记"中的主要大事统于一体，先作为教材用，后来才整理成现今的传本。《春秋》中包含了孔子的社会政治理论，定名分，寓褒贬，微言大义，是孔子对弟子们进行历史和政治教育的自编教材。

六、大学是快速传授现代科学文化知识的地方

办学校的根本目的是要"快速系统地"将科学文化知识传授给学生，其他一切都是这一根本目的的副产品。办大学是要快速传授现代科学文化知识，否认这一点就等于否认大学的存在的必要性。

有人说，大学教育的根本目的是培养人，然而这太笼统。家庭教育、社会教育、乃至各种各样的教育目的都是培养人，难道不是吗？大学在学生的人生中只有那么几年的时间，一个人那么短短的几年时间就被培养成人了？

恐怕没有人能够断然地下这个结论。

大学教育的最显著特点是传授现代科学文化知识。由于科学知识的现代性，所以大学教师必须搞科研，这样才能够保证他所传授的内容是现代的，是科学的。大学科研成果的社会化，那应该是教育的副产品，而不应该成为教育科技发展的主流，不然我们要那么多的科研院所何用？

培养人从来就是具体的，而不是抽象的过程。我国在教育界和科研界胜刮"浮躁"之风久矣，高谈阔论和实际脱节已成为了一种司空见惯的现象。一方面我们高谈素质教育，反对应试教育，另一方面实际都在大搞特搞各种各样的考试，实际在实行着"一试定终身"。于是就出现了中学"一面反对高考，一面积极准备高考"。大学，一面反对单纯传授知识，一面又比拼知识传授如何。人一生中最累的事情无非是"两难"，现在的教师都处在一种两难的境地，他们如何能够在事业上"超前"？进而我们的教育事业如何能够在世界范围超前？

大学要上去，要成为"世界一流"，回归大学的本质，回归教师的本质，乃是最有效最关键的一环。

第二节　文化传播服务体系

一、文化传播综述

文化交流的过程，就是文化传播的过程。那么何为文化传播？人们通过一定的方式传递知识、信息、观念、情感和信仰，以及与此相关的所有社会交往活动，都可视为文化传播。文化传播是指思想观念、经验技艺和其他文化特质从一个社会传到另一个社会，从一地传到另一地的过程，又称文化扩散，是基本的文化过程之一。

（一）概念

文化传播又称文化扩散。指人类文化由文化源地向外辐射传播或由一个社会群体向另一群体的散布过程。可分为直接传播和间接传播。前者通常由具备文化的人们通过商队、军队等途径直接传播某种精神或物质方面的文化内容，如新的农艺技术和发明创造等；后者表现出一种比较复杂的文化扩散营力，主要指某一社会群体借用外来文化特征中的原理，进行文明创造活动的一种刺激传播，如欧洲最终发明瓷器是在知道中国瓷器大约 200 年之后。文化散布过程取决于文化的实用价值、难易程度，文明声望、时代适应性和抗逆性等多种因素。实际上传播媒介的特征或身份往往决定传播文化的特征，如 17 世纪意大利传教士对中国当时园林建筑艺术和宗教文化特征，起了一定程度的刺激传播作用。由于文化源地、文化传播方式和路径以及影响扩散因素的复杂性，因此探讨某种文化特征的起源是文化地理研究的一个难点。通常一个区域在文化特征方面与另一区域存在较高的相似性，则可推断其外来文化的传布营力大于本区文化的创造能力，近年来一些文化地理学者如瑞典的哈格斯特朗（T·Hagerstrand）等，应用归纳模式和随机模式分析预测文化扩散的概率和传布规律，为深入认识文化传播现象提供了新的研究手段。

（二）传播过程

文化人类学家林顿把文化传播过程分为 3 个阶段：接触文化传播的方式有两种，一种是直接的采借，把外来的文化元素或文化丛直接接纳过来。另一种是间接传播，即一种文化元素或文化丛传入一个地区，引起那里人们的思考，由此引发传入地的人创造一种新的文化。这种现象被称为"刺激性传播"。

（三）传播媒介

文化传播的媒介主要是人的迁移和流动，尤以人群的迁移更为重要。移民、战争、入侵和占领等是文化传播的重要途径。移民带来异族文化，战胜国总是要把本国文化强加给战败国。此外，通商、旅游以及其他人员的流动，也是传播文化的重要媒介。在当代，由于交通通讯技术手段的发达，文化传播的媒介增多，不一定依赖于人的迁移和流动。世界范围内的文化传播正通过各种途径，以前所未有的规模和速度进行着，由此必然导致世界文化的同质性日益增强。

文化传播是引起社会变迁的重要原因之一，有批判地采借和吸入外来文化是实行社会改革，推动社会进步的必要条件。

（四）主要分类

物质文化传播、精神文化传播、媒介文化传播、报纸文化传播、影视文化传播、广播文化传播，网络文化传播、形象文化传播；体育文化传播、饮食文化传播、服饰文化传播、旅游文化传播等。

二、传播学基础理论的创新和发展

传播理论集中体现了现代知识的综合，这种综合体现在人文社会科学和

科学的交叉和开放性上。传播理论的创新和发展，既可以指狭义的创新和发展（指传播理论自身），也可以指广义的创新和发展（指影响到传播理论体系的建立），由于学术界对后一个问题论述不多，本节主要论述影响传播理论的基础理论的创新和发展。

本文谈到的基础理论主要分为哲学问题、社会学问题、文化问题等 3 个方面，这 3 个方面不同程度涉及传播理论。理论界选择什么样的基础理论，传播理论相应地就会带什么样的印记。就目前有影响的传播理论来看，主体哲学（对哲学的基本问题偏于主观的理解）及相应的社会学理论和文化理论的影响更大。今天，审视传播理论的基础理论，使传播理论建立在可靠的根基之上，继而创新和发展传播理论，是传播学界面临的一项基本任务。

（一）影响传播理论的几种主体哲学

在当代，哲学思想对传播理论的影响通常是通过社会学为中介的，我们在评判一种社会理论时，总是在评判一种哲学思想。为了叙述的便利，我们首先分析影响到社会理论的哲学思想，然后分析其相应的社会理论和文化观。众所周知，主体哲学在西方哲学中更为典型和明确，在西方思想史上有其长久的背景。自文艺复兴以后，绝大多数哲学流派都是以主体意识的第一性作为理论的起点。在 20 世纪，从柏格森的直觉主义到解释理论，从精神分析到现象学，从存在主义到"法兰克福"学派，主体第一性的观念以各种体系表现出来：心灵、心理、直觉、精神、体验、理性观念、人道主义等等，它们都指代一个实体——主体，是主体赋予了人类存在的价值和意义。这种信念在现象学哲学、解释学哲学和"法兰克福"学派中得到了集中的体现，它们在社会——文化理论中有着广泛的影响，它们也通过社会——文化这个中介间接地影响到传播理论。至今，我们在一些基本问题上的争论仍是这些方面的延伸。

我们首先来看现象学，胡塞尔提出现象学的观念并发展了现象学的方法，现象学哲学有一套较为完整的认识论，以现象学为框架的社会学也多以此为根据发展了意向理论及价值理论。现象学的基本任务是以直觉达到人类理性的深刻基础，这一任务的前提是直觉是一切知识的合理根源，一切在初始状态的直觉中呈现的事物将会完全地如其所呈现自身的那样被接受。这个假设中，主体的理性被赋予了不可动摇的地位，直觉是我们接受事物的外在方式，最后还会有一先验的自我来保证直觉的可靠。为了达到本质的直观，他提出了"现象学的还源"，简单地讲，这一命题包括了以下几个方面：

1. 历史的加括弧：即把我们的各种信念（不论是经验的概括还是各种现

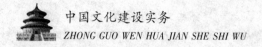

实的信念）全部悬置起来，并不对它们作是非的判断。

2. 存在的加括弧：放弃一切有关存在的判断，因为哲学的认识是对本质的认识，而对现实存在的判断则非本质，所以，对存在的判断也应中止。

3. 先验的还原：这种还原使我们从此验的自我走向先验的纯粹自我，这是世界上一切意义被建立起来的基础。胡塞尔晚期则将自我纯粹意识视为最终的绝对领域，即它的存在不需要任何实在为前提。纯粹意识的地位确立后，即可以解释经验世界，如果人们在经验的世界找到共同之处，那么，这是因为他们在意向性上是一致的。

正是这种主体哲学的框架和意向性理论，影响到后来的现象学社会学的发展，舍勒提出的价值哲学、舒茨的意义理论都与现象学有着密切联系。现象学对现代微观社会学的影响也是多方面的，只要我们看一下戏剧理论（戈夫曼），本土方法理论（加芬克尔），交换理论（雷克斯）及冲突理论（霍克斯），无不带有意向性理论的影子，无论是日常的自我还是掩盖了意图的自我，都可以在现象学纯粹那里找到最后根源。

舒茨的现象学社会学将胡塞尔的现象学观念扩大到社会领域，认为对社会活动的理解取决于主体间的一致，意义在于主体赋予对象的过程上，社会互动之所以可能，也是由于主体间的一致性。和一些其他的微观社会学理论相似，现象社会学也是以个体为基本的考察单位，尽管这些理论以互动来解释社会系统，但它们几乎都忽视了社会制度对个体的制约。从理论上讲，社会结构的形成总是离不开个体及集体的参与，但社会制度形成稳定状态后，它总是从语言到思想、从法律到伦理、从制度到信念各个方面来制约个体。主体既参与了社会制度的形成，同时，又是社会制度的产物，个体的动机和行为往往是制度化的结果。离开了社会结构和制度，很难解释一些行为和动机的原因，这也是微观社会学理论普遍的局限所在。

其他的微观社会学理论如符号互动论等也都是以个体为根基来解释社会，个体往往成为不受社会制度制约的个体，微观理论的共性表现在它们几乎都在表述主体哲学的一些基本主张。

解释学也存在着类似的理论。解释的根基建立在个体的体验和理解之上，为了说明解释是普遍有效的，就要说明解释在主体间是一致的，为了说明主体间的一致还要找到更基础的东西。当代的伽达默尔是用语言来解释主体间的一致，语言既是解释学的根基，也是对世界的体验，其核心观念是人类以语言的方式拥有世界。用委婉的体验解释世界无疑要比现象学更少地依赖于主体，但体验的背后又隐含着原来的主体。

解释学赋予了个体极大的心理自由，个人的体验成为分享共同意义的重要方式，特别是对解读精神性文本来讲，由于时间的差别，也由于解读者所处社会历史背景的条件，解读者不可能得到文本的原始意义，解读总是充满了个体的理解，因而文本的多样性和差异性在所难免，这种多样性和差异性也是合理的。显然，在文本和读者的关系上，解释学以牺牲文本来迎合读者，其相对主义的结局不可避免。

　　"法兰克福"学派发展了一套批判理论，批判理论旨在批判当代资本主义的社会制度和思想体系。从认识论上看，批判理论主要对实证主义提出了批判。批判理论的核心是人与自然的对立，精神与物质的对立。批判理论认为当代资本主义矛盾可以从近代的启蒙找到根源，启蒙精神在改变自然时从认识理性中发展了极度的工具理性，科学技术也是工具理论的集中体现，当世界都变成可度量的对象时，人也变成了被奴役的对象。在当代，启蒙精神变成一种操纵意识，这又是通过大众文化来实现的，大众文化造就了文化产品的单一化和标准化，文化代表了这种单一化和标准化。简而言之，"文化工业"已成为当代一种新的社会控制形式。

　　纵观以上几种哲学思想，无论他们看待世界的方式有多么不同，确定主体意识优于并高于所有一切，是他们哲学推论的前提。正因为存在着主体意识与外在世界的对立，他们的结论几乎都包含了事实与价值的对立，世界与心灵的对立，以致自然科学与人文科学的对立，在更极端的态度上往往以牺牲认识的理性法则来换取意识的自由。我们在伽达默尔及"法兰克福"学派特别是胡塞尔那里，可以看到精神世界的无限膨胀，科学涉及的物理世界往往被看成对意识自由是一个极大的妨碍，甚至对意识自由是有害的。主体哲学很少考虑这样的问题：即主体——客体二元对立的框架中，主体的推论是否包含了局限和偏见的问题。绝大多数的主体哲学将理性看成是自明的，客体就是呈现为主体推论的结果，这个假定预设了主体不会出现任何偏差。而事实上无论在哪种意义上，这种假设都是不可能的，特别是近代科学的发展，越来越明确地认识到主体意识不可避免地会包含着局限。思想史的发展能清楚地说明这一点，人类对世界的认识在未能把握其本质前，总是以主体的图式看待世界的，以人的特性解释世界注定会产生拟人化的过程，这个过程也不可避免地暗含了人类中心论的思想，主体哲学就是按这种推论极端发展的结果。主体哲学是在人类中心论和拟人论的框架下来看待人与世界的，这样，对世界的认识总是折射出主体的意图和限度，世界的存在往往被看做人类中心的象征。换言之，它没有实体性的地位，它的性质全靠主体意识的解释。

这种认识世界的方式不仅存在于西方古典哲学中，也存在于其他民族的哲学中。当人类不能分离出单独的客体时，除了用人这个尺度解释外别无其他方式，这也不难理解为何主体哲学一直是哲学史中最有影响的理论。

认识到人类中心论及主体意识的局限是近代科学理论的成果，这个开端就是哥白尼的天文学革命，在他的日心说中，太阳是宇宙的中心，地球自转并和其他行星围绕太阳公转。与地心说相比，这是一幅全新的世界图像。这里，不论是地球还是人类，都不具有特殊目的和意义，相反，他们（它们）只是宇宙系统的一部分，这种理论最早喻示了人类从中心到系统的变化。

在以后达尔文的理论中，也提供了反对人类中心论的又一种理论。按照其理论，人是生物连续进化的一个环节，人也像其他生物一样组成了一个系列。这里，人不具有特殊的意义及目的，这种理论也排除了神学理论的创世说。达尔文理论与哥白尼理论在反对人类中心论上是一致的。这两种理论都说明了人既不是世界的创造者，也不是世界的目的。此外，当代量子力学也提供了背离人类中心论的理论。这里，主体哲学与人类中心论有着天然的联系，正因为它假定了人是世界的终极目的，因而，它无法解释真正的客观世界，也不可能建立真正意义上的科学理论，而科学理论总是呈现出反拟人化的结果。

现代科学理论的发展过程越来越趋向将人视为无数系统中的一部分，人类既不是世界的创造者也不是世界的目的。如果这样看待人类，人类中心论的思想是值得怀疑的，主体哲学的观念也是值得怀疑的。

（二）建立主、客体相协调的理论

就认识论来看，主体代表了解释世界的一个方向。除主体哲学以外，一些哲学家力图使主客体协调起来，这种努力在近代开始显示出积极的成果，超越主体哲学的有效途径在于恰当地说明主客体的关系。对马克思来讲，解决主体与客体的关系问题首先是实践的问题，因为实践包含了将两者统一起来的可能，思维的观念只能在实践中加以验证："人的思维是否具有客观的真理性，这并不是一个理论的问题，而是一个实践的问题。人应该在实践中证明自己思维的真理性，即自己思维的现实性和力量，亦即自己思维的此岸性。关于离开实践的思维是否具有现实性的争论，是一个纯粹经院哲学的问题。"实践的观点是马克思与其他哲学的根本区别，在《1844 年学哲学手稿》中，马克思提到了实践对人与世界的双重作用：在实践中，成了人化的自然，人通过实践也在改变自身的特性，五官感觉的形成是以往全部世界的产物。实践的观点说明，主、客体本性的确定是从对方的作用中获得的。

在 20 世纪，思考主、客体的关系仍是思想界面临的主要议题，皮亚杰从自然的角度提出了认识的发生问题，再次涉及主、客体的关系。传统认识论大多在两种态度上摇摆：一种是经验主义，往往将认识看成信息来源于客体，主体只能受教于客体；另一方面，先验论和天赋论则认为主体一开始就有内部生成的结构，然后这些结构加诸于客体。这两种理论涉及的都是在高度成熟阶段上的认识，而没有涉及认识的起源，认识的起源要比这两种理论设想复杂得多。皮亚杰根据心理研究的成果，证明了认识既不起因于一个有自我意识的主体，也不是起因于一个业已形成的客体，而是起因于主、客体的中途，它同时包含着主体又包含着客体，这样，充分考虑到联系主、客体的中介就十分必要。皮亚杰作了这样的设想："如果从一开始就既不存在一个认识论意义上的主体，也不存在作为客体而存在的客体，又不存在固定不变的中介物，那么关于认识的头一个问题就将是关于这些中介物的建构问题：这些中介物从作为身体本身和外界事物之间的接触点开始，循着由外部和内部所给予的两个相互补充的方向，对主客体的任何妥当的详细说明正是依赖与中介物的这种双重的逐步建构。"

认识的过程事实上也就是一个建构过程，它从感知运动阶段经前运算阶段、具体运算阶段到形式运算阶段，才能达到通常意义上的认识。认识图式的发展是主客体之间的同化和顺应，相互协调的结果，经同化、顺应的平衡作用，使主体的认识图式逐步接近客体的结构。

在建构的过程中，我们很难看到有一个本质不变的客体，也很难看到有一个本质不变的主体，顺应说明了主体会在对环境的适应中造成认识图式的改变；同化说明了主体对环境的过滤和改变，使之符合主体的认识图式。建构就体现了相互制约、相互转化的过程，认识的过程就是从简单低级的结构向复杂高级的结构不断过渡，这也是一个永无终结的过程，客体意味着主体所能达到的极限。

皮亚杰的理论建立在大量心理学及生物学的实验基础上，因而，它代表了解释认识形成及发展的科学解释方向。它的要点仍是沟通主客体的中介，在中介的关系中说明主客体。如果将这个中介与马克思的实践联系起来，它们的近似就在于从联系主客体的结构模式上解释主客体。

除了皮亚杰发生认识论以外，语言哲学关于语言对世界的组织成形作用也作了出色的论述，这一理论涉及的指称问题、真理问题、意义问题及言语行为对我们理解语言与认识、语言与主体及语言与社会有积极的启发作用。

此外，值得提到的还有结构主义，结构主义建立在严格的理论法则之上，

它以语言模式为出发点，突出强调了结构和系统的观念。结构的观念表明了它对表层对象背后共时的关心；系统的观念表明了它试图通过关系的模式来解释对象，和语言哲学一样，它也是通过观众形态来说明主体的。就此来看，以上几种有影响的哲学与主体哲学形成了鲜明的对比。

当传播体系建立在主体哲学之上时，我们很难察觉主体哲学的局限，这种局限势必通过其社会学理论内化于传播理论之中。毋宁说，主体哲学的蓝本和传播理论的摹本存在着一种对应关系，主体哲学对心灵的能动作用的强调会贯穿于传播理论中。同样，它的局限（没有看到认识总是主、客体相互作用的结果）也内含在传播理论之中。因而，借鉴科学的认识论建构主、客体的关系，使传播理论建立在可靠的哲学的社会学根基之上，是传播学界需要思考的问题。

以上我们曾对主体哲学与微观社会学的关系作过分析，确实，微观社会学对主体的动机、行为、意义是主体间的互动曾作过详细分析。然而，微观传播学理论几乎都没有考虑到既定的社会结构对主体动机和行为的作用和影响，没有考虑到社会结构与动机的辩证关系，因而无法说明动机和行为的真正动因，最终使陈述的理论趋于表层化。显然，问题的真正源头在于如何看待行动和结构、个人与社会的关系，这是一个如何从社会学的角度理解主、客体的问题。

目前，大家经常谈到吉登斯的结构化理论，该理论的核心问题就是结构与主体的关系问题，与微观社会学理论不同的是结构化理论力图在更客观的立场使结构与主体协调起来。

传统宏观社会学偏于社会结构和社会制度对个体的塑造上，而大多数微观社会学理论将注意力集中在个体和行动的意义的理解上，吉登斯提出了将两者协调的结构化理论。结构化的核心旨在说明社会结构既是通过人类的行动建构起来，也是行动得以建构的条件和中介，即结构与主体存在着一种二重化的过程，结构并不是外在于主体的活动，而是通过主体的特定活动而构成；社会系统的结构性特征，既是其不断组织的实践的条件，又是这些实践的结果，结构不应简单看做对主体的外在制约，它既有制约性同时又赋予行动者以主动性。这样，结构和主体存在着一种生产和再生产的方式，对结构和主体的妥当说明，需依靠对它们二重化关系的说明。

鉴于目前传播理论更多地依靠微观社会学来维系，清醒地看到微观社会学的不足并从社会学层面考虑结构与主体的协调关系也是传播学界不容忽视的问题。

主客体的关系也涉及如何看待文化，一个多世纪以来，文化研究一直是全球性关切的问题。通常大家谈到有影响的几种理论大多集中在社会学和文化人类学两个领域。社会学中占主流地位的理论是价值论，其理论源头可以追溯到韦伯及狄尔泰，用价值解释文化的各种理论几乎都将文化视为对象满足主体需要的一种活动。现象学、解释学"法兰克福"学派及大多数实用主义理论都代表了这个方向。它们的共性是：都给予了主体以至高无上的地位，无论是生命、体验、理解、自由或人与社会、精神与物质的对立，都要根据主体意识来评判，文化几乎没有自己的实体地位，文化的存在完全要看主体间的解释。本来，用价值解释文化并不是没有说服力，问题在于对主体的极端信赖除了走向自我中心论以外别无选择，此外，价值论的解释还面临着文化相对主义的危险，事实上，这两个方面的危险也是价值论所无法克服的问题。

　　大家都知道，人文科学的研究区别于自然科学除了对象不同外，还在于研究者适度的介入是可行的。但研究者介入到什么程度则是价值论和解释学所无法回答的问题。以此为框架，总是面临着解释过度的问题，而解释学通常也把解释的多元化视为合理的。这样，在价值论和解释学的背后，我们看到的仍是主体哲学的主张。

　　在"法兰克福"学派那里，主体与世界的对立变成为精神与"物化"的严重对立，工具理性的扩张必然在制度上、精神上对人进行新的操纵，文化的单一性及庸俗性不可避免。所以，由于工具理性的极度扩张，人类未来的文明也是暗淡的。

　　该学派的许多主张都建立在主、客体的对立上，为了维护主体的至上性，不得不排斥非主体的存在。"法兰克福"由于把个体与社会看做完全都是对抗性关系，文明在"法兰克福"学派那里被看做是一种倒退，与之相关的是工业社会及科技进步造就的大众文化根本不具有以往精化的单纯和高贵。"法兰克福"学派从主、客体的对立进而过渡到人与社会的对立，再过渡到文化的对立有其内在的必然性。这样，我们除了看到精英文化与大众文化的对立外，我们根本看不到它们是如何协调在一起的。纵观以上几种有影响的文化理论，几乎都是从主体来解释文化，其结果要么是价值涵盖了一切，要么是文化存在着对立。因而，超越主体哲学的局限就是一个关键的问题。

　　大家知道，近几十年来，结构主义提出了一套与主体哲学截然不同的理论，包括其文化理论（主要集中在文化人类学），其核心是以语言模式来看待社会系统，进而解释主体在社会中的作用和地位。从结构主义的影响来看，

它提供的超越主体哲学的途径和方式是可行的。

结构主义主要关心文化的共时性问题，莱维——斯特劳斯集中表述了结构主义的文化观，即文化不仅是共时的问题，也可以通过能指和所指的关系加以说明。文化人类学家经常可以看到大量重复出现的文化形态，是什么决定了它会重复出现？如果人类没有普遍共同的心智，这一问题也就不可能产生，是各个文化外观形态的差异重要还是内在的共同模式重要，两种不同的选择会有不同的答案。

按照这种方式来理解文化，各种文化现象就不难解释了。无化人类学提供多么不同的文化差异，但共时态的文化是存在的，因为像亲族系统、婚姻系统、神话系统、图腾系统反复出现在不同民族的文化中，这恰好证明了各民族具有构造文化的共同能力。它通过转换系统，成为我们可以看到的各种具体文化形式，而共时模式为这些形式找到了答案。考察各种具体文化的差异不是人类学的任务，人类学要探讨决定文化现象的深层内容——人类共同的心智。

共同的心智，在他那里也就是无意识问题，它不是与意识相对立的下意识或潜意识的概念，毋宁说它是人类先天的一种构造功能。它普遍地存在于各民族中，因而是普遍的理智功能，正是它的存在，可以解释各种文化的普遍共时。

结构主义的重要代表福柯在思想史领域提供了一种非主体解释思想的方式，福柯对思想史的分析集中在权力对知识的形成上，换言之，社会的知识型总是体现了权力的支配，主体正是在各种制度性场址的权力关系中生成的。

如果主体总由其他因素所决定，那么，确定的主体是不存在的。毋宁说主体总是由特定的知识型所决定，《词与物》表明了知识型如何决定着主体。按着结构主义的解释，它会引出许多被忽视的结论：如果文化不存在着高低之分，发达和落后之分，那么，各种文化之间的比较只能得到现象的差异，追问这种差异是没有意义的，我们很想知道热衷于中西方文化比较的研究究竟能给我们带来什么？如果文化现象的差异只是表层问题，那么中西方文化在心智的创造上具有的共同性不更重要吗？难道它们不都是共同心智的结果吗？如果表层的背后确实存在着普遍的东西，揭示这些普遍性正是文化研究要回答的。知识型理论也使我们看到了思想的另一个方面：我们认为许多不可动摇的观念其实是用某种占主导地位的信念所支配的，主体不仅无法意识到这一点，在大多数情况下反而在强化这种信念。事实上，能超越既定知识型的人少之又少，我们通常表述的知识大多数情况下是某一社会占主导地位的知识而已。

综上所述，建立主、客体协调的认识论是社会人文科学的可靠前提，它影响到在什么样的方式上看待社会理论和文化理论，客观的社会理论直接关系到传播理论的根基问题：个体既是社会制度的结果，又参与了社会制度的形成，这样，两者存在着密切的对应关系。同样，非主体解释的文化理论旨在说明文化共时模式的存在，表层文化现象的对立和无序并不反映内在层次的共同模式，如果我们做深层分析，各种文化可以找到普遍的共性。

三、传播教育与人文理想

（一）后工业时代的传播形态和多学科交叉研究

20 世纪以来从工业时代向后工业时代的转变深刻地改变了人类的生存境况。丹尼尔·贝尔指出，以信息为主要资源、主要产品，由智能技术支配其他生产技术，靠知识信息传播联系并推动的全球一体化的新型社会，已经在工业社会的母腹中初具雏型。他将这一社会称为"后工业时代"。知识（信息）、技术、权力三个要素的结合，成为后工业社会中的最为庞大最有势力的集合体。信息传播成为决定人的生存和发展、决定人类对其他资源的利用开发及占有方式的最基础的条件。

现代传播学是大众传播工业和现代社会生活方式（特别是法权制度、科层制度和企业制度）的产物。关于大众传播媒介的组织和运作、公众传播行为及组织传播等方面的研究，一直是传播学最为活跃和富有建树的领域。进入新科技革命以后，传播学密切关注新媒介与人类生存境况、传播中的权力与平等、文化一体化和文化多元性、传播的自由权利与责任义务等新的课题。不仅大陆理性主义、批判学派与英美实用主义和结构功能主义发生了理论碰撞，而且东方的文化传播的传统、观念和体制也在与西方发生冲突和对话。生命科学、宇宙科学、信息科学和语言科学的巨大进步，使"传播"概念已经大大超出了传播学所指涉和研究的范围，从而引出了在本体论的层面上界定"传播"并寻求传播研究的方法论整合的问题。

迄今现代传播学的基本研究范围形成了三个结构。一是从内核向外缘伸延的对象结构，即：自我内在传播 à 人际传播（à 组织传播 à 公众传播 à 大众传播 à 跨文化传播研究，此一结构依据传播主体和传播行动的形态而划分；另一个是向多维度展开的对象结构，即：政治传播、教育传播、科技传播、语言传播、文化传播、商务传播、健康传播、危机传播、女性传播、少年儿童传播、大众文化研究等，此一结构依据传播的内容、对象、性质和意义而确定。第三个由表层到深层、由物化因素到精神因素拓进的对象结构，即：传播媒介 à 传播符号与意义 à 传播心理 à 传播操作与控制 à 传播体制及法规 à 传播伦理和价值观的研究。从大的研究传统说，传播研究基本上是两大块领域，即大众传播（mass communication）和人类传播（human communication），前者以大众媒介为研究轴心，后者以语言行为为研究轴心。发展的趋势则是交叉、渗透乃至整合。

我们注意到两个殊途同归的有趣的现象。经过了半个多世纪迅速发展的传播学，其研究对象和边界越来越广阔宽泛；同时，20 世纪各门人文科学和社会科学均对传播现象进行"理论聚焦"，通过不同的方法从描述分析传播活动入手，以阐释人的自我意识、表达的意图和意义、主体及主体间关系、社会文化共同体、存在的本质等等。信息传播工业、服务业和娱乐业，正在走向广播电视和通信技术的一体化。这些发展又导致传播学界面临着人文视界和科学视界的融合，从而使传播研究成为学术群雄争逐的"新大陆"，孕育着巨大的挑战和机遇。

传播学的学科传统和学理风格，带着鲜明的西方工具理性的特色，她力求适应资本主义社会机制的运作。贝尔将现代资本主义社会分解为经济－技术体系、政治体系和文化体系三个部分。经济－技术体系主要决定社会生产的组织，产品和服务的分配，各种资源的配置。它构成了社会的职业划分和各种科层组织。科学技术的应用在这一领域中起着越来越举足轻重的作用。由于功能（工具）理性的功利原则，社会处于急剧的变革创新和激烈的竞争状况。人在社会中的地位是高度角色化和功能化的。组织的生存发展、竞争扩张的轴心目标决定了个体的生存方式。政治体系是权力的竞技场。政治体系的运作依赖于公信力和效率。基本的价值尺度，如人权、法律面前人人平等、机会均等、公民自由和社会参与等等，已经主要不是作为绝对价值理念，而是作为调适社会冲突和利益矛盾的话语系统。现代传播媒介正是适应着当代社会运行的工具。

但是，现代传播媒介也最集中地反映出后工业时代的根本矛盾。功利效益原则与自我实现原则、体制化与个性化、官僚科层制与平等权利、强势的中心文化与弱势的边缘文化的矛盾冲突，在信息传播的过程中表现得更加紧张和深刻。在现代社会中，大众传播媒介一直是最受注目也最易引起人们争议的领域。大众传媒的发展是全球现代化进程的最重要的部分。它以强大的科技力量为基础，以极高的效率和极广的空间跨度，向人们提供新闻信息和娱乐、教育节目。我们看到，大众传媒拓展了人们的经验领域，使人们更加活跃化、社会化；同时，它也强化了权力的控制，造成了社会文化的一体化。大众传播媒介的技术基础和营运体制，是发达的工业化的结果，它也是全球市场经济结构的工具。大众传媒集声、光、电、画为一体，拓展出空前广阔的现代人的审美空间。精英通过传媒的演绎深入民众，传媒视点极大地丰富了人们对世界的知识的把握，生动的影像将人们带往遥远的极地或丛林，它也能创造出杰出的经典作品供人们久久回味。大众传媒并不因为它本身的技术特质和营运特点就注定了是人文批判的对象。它是文明创造的不可逆转的物质存在和机制存在。

传播是对现代社会进行结构重组的强大力量。英美和欧陆的杰出思想家们都洞察了这一点。帕森斯认为，社会交往（传播）构成为一个社会统一集团的生活世界。生活世界是社会的核心。在社会交往中，个人之间形成确定的关系从而形成社会的结构。他提出，制度化指一定地位的行动者之间相对稳定的互动模式。制度化既是一种过程也是一种结构，是具有各种不同倾向的行动者进入互动的情境。他们的倾向方式，一方面反映了他们的需求结构；另一方面又是文化模式内化的结果。在互动交流之中，行动者调整各自取向，通过角色扮演和交换得以建立起规范。这些规范一经建立，又反过来调节以后的互动逐步形成稳定的制度。

法兰克福学派将现代性的社会危机和精神危机在一定程度上归之于传播工业的膨胀。然而，作为此一学派的晚期人物的哈贝马斯也看到了摆脱现代性危机的出路，还是在重建传播交往方式，而不是乌托邦式的颠覆。他主张"通过语言建立的主观际性结构，乃是社会系统与个体系统的条件"。通过有目的理性的交往行为，建立起理性的规范结构。"理性结构不仅体现在有目的的、理性的行为的扩展上，即不仅体现在技术、战略、组织和合格手段的扩展上，而且也体现在交往行为的媒介性质上，体现在调解冲突的机制、世界观以及同一性的形成上。……这些规范结构的发展乃是社会进化的领步者，因为新的社会组织原则意味着新的社会一体化的形式，而新的社会一体化首先使可利用的生产力的实施或新的主产力的创造成为可能，并使社会复杂性的增加成为可能。"

交往的发生是同时在两个水平上进行的。一个是在言语的陈述性内容的水平上的交往；另一个是在建立人际关系的主观际性水平上的交往。哈贝马斯说："社会系统可以视作交往行为网，个体系统则可在言语与行为能力这个大方位下进行考察。"他认为，个体自我发展的意识结构、世界观和集体同一性，都可以归于通过语言建立起来的主观际性结构。主观际性结构中包括调整行为冲突的道德和法律的主观际性、不同的普遍对象领域的界分、个体同一性与集体同一性的构建。交往性行为是达至理性化乃至建立合理性结构的唯一途径。交往行为不能通过交往的技术手段，也不能通过选择手段的战略而理性化，只能是通过交往行为主体的响应性、行为规范的可证实的道德－实践方面理性化。交往行为的理性化主要是要求达到两个条件：意向表达的真诚性和行为规范的正确性与合法性。他写道："法律和道德的发展、自我界定和世界观的发展、个体和集体同一性形态的发展，都属于理性化过程中的发展，它们的进步不能靠正确战略的选择来衡量，而要靠在没有压力的情况下获得的理解的主观际性来衡量，要靠与未扭曲的交往之重建并辔而行的交感行为领域的扩展来衡量。""理性结构不仅体现在有目的的、理性的行为的扩展上，即不仅体现在技术、战略、组织和合格手段的扩展上，而且也体现在交往行为的媒介性质上，体现在调解冲突的机制、世界观以及同一性的形成上。我甚至要坚持这样的观点：这些规范结构的发展乃是社会进化的领步者，因为新的社会组织原则意味着新的社会一体化的形式"。

尽管启蒙哲学和理性主义曾经高举人道主义、自由和公正法权的旗帜追求合理的社会秩序，但是随着资本主义的工业技术文明的进步以及制度文明的完善化精致化，以启蒙和理性精神为特征的现代性在后工业时代遭遇到深刻的危机。人类对于工具的精良、效率、功利追求愈演愈烈，另一方面，人的价值理性、人文理性则处于被压抑的地位；个性、诗意的美感、反思能力、内在精神、普遍性等等都迅速地沉沦。重建交往合理性便是重建生活世界，是"生活世界的合理化"。

（二）转变中的传播研究

现代传播学似乎已经处于重大转变的关口，她在移植现代语言学、符号学、心理学、信息论、政治学、经济学、商务管理学、教育学、社会学和人类学的理论成果方面获益良多。然而，传播学在理论思维（包括理论话语）的原创性和知识系统的整合性方面还未尽如人意。传播学能否通过扩大科际外延、增强研究课题的敏感度而获得突破性进展？或者据守既定的研究对象，保持作为应用型社会科学的特性？这两种学科策略考虑都有其困难。前者虽能在平面上扩展传播学科疆域，但是如果未能在学理命题、观念和方法上有独创贡献，便会在与其他学科视界的融合中，淡化了传播学的特质；后者则只能使传播学停留在工具理性层面。因此，对于传播学的发展来说，知识形态的分析和整合、方法论的逻辑基础、重建传播的人文价值观基础与各种技术分析方法的引入都十分重要。

如今，世界正经历着信息革命，以数码化信息传播为技术特征的信息化浪潮，推动着世界经济的高速发展，也引起人们生活习惯、学习与工作方式、思维模式的深刻转变。全息成像、电脑、人工智能、人机交流、交互式电视、虚拟现实等技术的开发，创造了新的信息活动空间。人们现在接触到了丰富多彩的电子游戏、多媒体电子出版物、网上杂志、虚拟音乐会、虚拟画廊和艺术博物馆、交互式小说、网上自由文艺沙龙以及正在发展中的全数码电视广播。数码信息传播时代最深刻的变化是麦克卢汉所谓"媒介即信息"概念的动摇：大众传媒正演变为个人化的双向交流工具而不可能长久地作为单向灌输工具继续存在。电子科技将一切知识型态统合整理，构筑起多种表达方式和存取方式的数据库。人们不再只是被动地接受传媒灌输给他们的信息，他们获得了更大的自由空间和技术能力去选择信息，创造信息，传播信息。

　　杰奎尔（Jequeir）将"信息传播"区分为四个层面概念：数据、信息、知识和智慧。其中最重要的是信息与知识的区别，尽管这类区分有时是相当困难的。信息是包括传者与受者反复交互作用的讯息的流动过程，知识则是关于情形和经验感受的已知内容的存储。当信息技术和传播工业极大地加快了信息传递的速度，极大地拓充了信息的容量时，我们可以说知识对于信息的依赖性加强了。但是，也出现了这样的问题：信息淹没知识，信息消融知识的独特性质。知识，有可能不再指个体和某一文化的经验，因而知识在实质上成为复制的知识而不再是原创的知识。数码化、商品化、资源化的过程，彻底改变了知识的存在形式。数码化，是以数码形式将知识纳入到输入、存储、压缩、集成、传输过程，将知识再转化为信息。未能实现数码化改造的知识信息，将难免被湮没遗忘的命运。商品化，是根据市场需求决定知识信息的价值和价格，进而决定了知识的生产和再生产。从而随着信息资源化开发，知识也资源化了。知识在信息传播时代的不断市场化和资源化过程，会迅速扩充和加深知识对社会生活进程的影响。反过来，市场价值也会对知识生产发生调控作用。作为知识生产的最重要的主体的心性智慧条件，与市场规律、大众趣味及国家政策的关系也会更加复杂。

　　从另一个比较乐观的角度来看，新媒介的出现，数码化的趋势又为打开个人的传播空间提供了更大的自由。尼葛洛·庞蒂这样反驳麦克卢汉的"媒介即是讯息"定义："在数字世界里，媒介不再是讯息。它是讯息的化身。一条讯息可能有多个化身，从相同的数据中生成。……思考多媒体的时候，下面这些观念是必不可少的，即：它必须能从一种媒介流动到另一种媒介；它必须能以不同的方式述说同一件事情；它必须能触动各种不同的人类感官经验。"且不说 CD－ROM、CD－I、VCD、DVD 等媒介，如果身处在宽带的电子环境中，人们可以享受到形式更丰富、在交互中不断变化和充实的文本，从而进入到漫无止境的传播交流过程。数码信息传播技术使个人与媒介的关系显得越来越紧密。个体和社会群体的生存发展取决于他们获取、处理、传播信息的能力。由于电子网络社会的形成，人们的心理意识空间、人际关系空间变化了，电子邮件、宽带视频会议、可视电话、电子新闻组和公告板、远程登录、无数的个人和社团网页，使得个人和社团获得了掌控媒体的能力。此时新的价值伦理观的建设，就至为重要。自由和权力的伸张，必须相应地配合社会责任意识的加强。

（三）传播应如何定位

在社会进程、知识信息类型、学科和教育体系之间存在着紧密的联带关系。一般而言，由社会生产方式推动的整个社会进程决定着知识生产和信息传播形态。而在知识时代，知识生产和信息传播对整个社会的生产方式又发生决定性影响。学科发展是知识生产的系统化运作。此一系统的生产成果必须通过教育系统才能作用于社会。教育系统又为整个知识生产系统提供人才资源。我们必须从这样一个联带关系中思考传播教育的定位。长期以来我们的传播教育目标始终是为大众媒介提供宣传人才。大众媒介在我国一直被视为国家权力结构重要组成部分。传播界人才对国家权力的忠诚度以及运用传播工具的熟练程度是主要的教育训练要求。而知识经济和信息社会时代推动了传播学科的知识和技能整合，提出了对大量的新型的传播人才的需求，因而传播教育必须转而面向全社会。

首先，现代传播教育将把专才教育与通才教育结合起来。大众传播，是传播教育立足的社会基础。传播媒介的多样化、个人信息传播自由度的提升，加剧了传播业的竞争。新闻传播的时间差已趋向于零，受众的现场目击感的满足欲望反过来又刺激传播业走上对更快、更奇的追逐。另一方面，受众被媒介分化，对报道的广度、深度和敏感度的要求大大提高。未来的新闻记者、主持人、节目策划和监制、编导、创意人员都需具备某一领域或再加上若干相邻领域的系统知识。在英美日等国的传播专业教育领域中近年来迅速发展起来的课目系列可分为技术型、理论型、管理型三大类别。技术型课目集中于现代传播媒介工具的应用和视听设计。视觉传播、媒介审美学、影像传播、电脑设计、各种媒介的操作与管理，传播方式（如设计技术、多媒体创作技术、虚拟现实技术）研究、数码化节目制作、创造性思维占到突出的比重，从而表现出传播教育对信息社会的积极适应；在理论型课目方面，突出发展了技术社会学、媒体社会学、文本分析方法、政府信息政策、与电子传播系统、信息传播时代对制度和个体的影响、跨文化传播、20 世纪的种族灭绝（文化灭绝）与传播说服宣传的关系、人类传播理论、传播、性别与媒介、儿童与传播、传播与心理过程、传播与健康、全球一体化进程中的大众传播、传播伦理对话、媒介法、媒介伦理与责任、比较传播政策、传播研究法等；在管理运作型课目中，发展了平面管理、电子设备管理、信息与传播管理、媒介生产管理、多媒体项目管理、系列传播活动、组织领导与决策、媒介经营策略、媒介经济学、传播的结构与控制等等。由此，我们可以看到传播教育适应信息化趋势的积极姿态，同时对社会进程中传播形态变化的理性审辨。相对于国际性的传播教育的体系，我们国内大多数院系仍然恪守着传统的新闻采编业务教育。以单纯政治素质涵盖了人文素质，以技能取代知识。学科分化过细，新闻专业与其他与现代传播直接相关的专业（如机、艺术设计、信息管理等）疏离较远。在传播观念上未能接受"社会传播媒介是社会的财产，必须为全社会和全民服务"的理解，未能以比较客观的观点对待传播学，从人类基本的文明观念出发认识现代传播媒介和传播现象。因此，国内传播教育的政治功利与技术功利思想根深蒂固，在广告和公共关系等应用性传播专业领域中又浸淫着浓厚的商业功利观念。我们并不笼统地摒弃上述功利性的教育观念和教学内容。我们所要指出的是，必须在功利观念之上树立起更高的人文理想。人文理想的意义在于使每个受到传播教育的人，成为真正具有博大的仁爱关怀、独立的反思批判精神、知识与艺术创新能力的人，而不是简单的没有头脑和良心的传播工具，或技术迷信者。人文理想在传播教育中的体现除了增加人文社会科学课目以外，更有赖于传播学科本身的知识理论内容的人文精神的提升。

其二，现代传播教育将是新型的公众教育。在大众媒介的时代，社会和国家可以通过对"把关人"的教育和控制来达到控制大众传播过程的作用。在新媒介流行的今天，公民的传播意识和传播行为涉及新的传播法规和伦理。关于公共信息空间与个人信息空间的划分及权利保障、作为基本人权的言论与传播自由同守法自律、信息资源的开发和知识产权保护、从信息占有方式上发生的社会分层与信息分享及文化沟通认同、虚拟生活情境与真实的社会生存、自我意象与社会形象的设计与传播等一系列问题都需要在科学与人文相交织的视野中加以考察，需要理论的解释和对公众的阐说。这是新文明——信息传播时代的文明的课题。目前国内信息化程度还不高，对公众进行传播教育（法规、伦理和文化、艺术教育）尚未提上日程；而行政部门一边

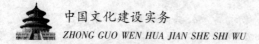

忙于建网推进信息化基础工程，一边忙于实施传播监控，公民的传播教育仍基本处于空白状态。但是大众媒介和新媒介结合起来的威力我们最近在戴安娜公主悲剧、斯塔尔报告、电脑黑客报道等传播事件中已经领教了。传播工具并不等于信息和知识，更不等于文明。对于公众的传播教育，除了教会他们更有效地利用传播工具，利用信息之外，还需要引导公众成为更自由自觉的文明的创造主体，使其对自己和他人的行为，对国家和一切利益集团的行为，具有反思的能力。

其三，现代传播教育和教育传播互渗交叉。（后者所研究的主要是现代媒介及信息传播方式对教育的影响及在教育领域中的应用。）毫无疑问，审美、游戏的活动方式正在日益紧密地同知识、教育相结合。教育者和受教育者、教育部门和其他文化传播机构之间的界限变得模糊了。随着电子出版物、网络上的虚拟学校、虚拟图书馆、公共信息数据库等的出现，教育将会实现标准化、规范化和普及化。教育内容经过数码存储、压缩、传输的技术进步，势必迅速增容；多媒体技术，将多种介质的信息汇融一体，形成综合型的文本。这都是传统教育不能做到的。教育深刻地改变了人们的思维方式。超文本的自由检索结构，打破了原有的思维逻辑，横向度的、跳跃的思维，代替了纵向度的、谨严的思维。视听材料的综合刺激作用，也改变了语言概念作为思想的直接现实的状况，抽象思维与形象思维在知识传播过程中互补发挥作用。

在后工业文明和全球市场一体化的趋势中，传播教育的人文理念基础有非常重要的意义。现代传播不仅面对着来自雅斯贝斯所说的"技术统治"和"大众统治"的压力，还面对着来自市场和权力体制的压力。技术扩张分化了人群和原有的知识系统，大众趣味形成流行趋势，市场追逐文化和信息资源的利润产出，权力以直接或间接形式控制媒介，控制信息流程，进而控制公民的思想和行为，以巩固既定的利益格局、社会秩序和价值体系。现代传播教育以改善人类生存、解放人类心灵并改良人性为崇高责任。她需要适应技术、市场、权力和大众的相对合理的要求。但是，现代传播教育所培育的人才仅仅只是适应、迎合，是很不够的；在这些之上，还需要有更高的人文理想。只有在这一理想的引导下，才可能实现对知识的整合，才可能产出真正的社会关切和终极关切，从而使现代传播方式成为人的解放和社会进步的途径。

四、国际传播主体探析

这里的国际传播，主要是指传播者通过大众传媒向外传播的信息。而"国际传播主体"研究涉及的主要是大众传媒的这一头谁在传、谁有可能传的问题。

（一）谁是国际传播主体

在回答这个问题之前，首先需要对国内外学者有关国际传播主体的界定作一个综合的考察。

整体上看，学者们有关国际传播主体的界定或描述大致可以分为三类：

第一类是国家主体说

国外有学者认为："国际传播是以国家社会为基本单位，以大众传播为支柱的国与国之间的传播"。国内有学者认为："在通过大众媒介的国际传播活动中，国家政府组织是主要的信息发出者之一。……国家借助传播媒介，利用信息维护和谋求本国利益；国家借助传播媒介实施其国际战略"。

第二类是多元主体说

国外有学者认为："国际传播是一个调查和研究个人、群体、政府（利用）技术（如何）传递价值观、观念、意见和信息的领域，是一个关于在不同国家和文化间促进或阻止信息交流的机构组织的研究领域"。国内有学者认为："国际传播主要是指通过大众传播媒体（即国际媒体）并以民族国家和国际组织为主体的跨越民族国家界限的国际信息传播及过程"；"国际传播是指跨越两个或两个以上国家，或不同文化体系间的信息交流。信息交流是指个人、团体、政府通过各种手段转移信息及数据"。

第三类是无主体表述

这类界定侧重于对国际传播现象的描述。例如国外有学者认为："国际传播的简单定义是超越各国国界的传播，即在各民族、各国家之间进行的传播"。我国于1992年出版的《宣传舆论学大辞典》对国际传播的界定是："指国家与国家之间的信息交流活动，尤指以其他国家为对象的传播活动。可通过人际传播或大众传播形式进行，但以大众传播为主"。国内不少学者因袭这一说法。应当说，以上界定，特别是前两种界定中关于国际传播主体的描述——无论是国家主体说还是多元主体说，都是正确的，都是对国际传播某一发展阶段内在特征的反映。不足之处在于，对于国际传播主体，二者均缺乏历史的、动态的考察分析。

我们知道，国际传播是随着国家的形成而出现的，也是随着国际交往的扩大、国家实力的增长而不断发展的。由于传播技术手段的限制，在很长一段历史时期内，国际传播的主导者是国家，是代表国家行使管理职能的各国政府。各国政府不但通过大众传媒（特别是大众传媒中专门用于对外传播的部分）向外传播信息，还承担着国际传播控制者与管理者的职责，即大众传播中所谓"把关人"的职责。它决定本国是否加入和如何加入国际传播过程，采取什么样的信息接收方式，怎样建立自己的国际传播系统，在哪些方面加大投入力度，是否与国际网络端口连接、开放本国的信息市场等等；它还要代表国家就国际传播中涉及的相互关系问题签订国际协议，并代表国家在国际性的公约组织中发表意见，体现国家的意志。而这些都是国家以外的其他组织机构和个人难以做到的。当然，即便是在传统媒体时期，也有通过海底电缆或国际通信卫星进行私人传播的情形，比如跨国公司为了使公司本部与国外制造厂或销售点取得联系，租用卫星转发器；一些国家的使馆也通过卫星与其祖国保持联系。但这只是小范围、小规模的传播行为，相对于国家主体而言，它们只是处于依附地位。因此，在传统媒体主导传播过程的情况下，国际传播就是"以国家社会为基本单位，以大众传播为支柱的国与国之间的传播"，在此传播中，"国家政府组织是主要的信息发出者之一"。

互联网的出现，使同际传播中的传受关系发生了根本性的改变。在此之前，信息传播基本上是单方面的权利与行为（互动机制比较弱），传播者可以通过媒体将信息传给众多的接收者，接收者却不能以同样的途径将信息反向传回（这种沙漏式的传播模式为把关人实施把关传播控制提供了必要条件）。互联网将千家万户连接起来，将世界上所有的国家和地区连接起来，只要具备上网条件，任何人都可以摆脱相对封闭的区域性的信息环境，进入开放的、无疆界的信息空间。在这个信息空间里，人们不仅可以自主性地寻找和接收信息，作为信息传播客体而存在，同时还可以主动发布信息，成为信息传播主体中的一员。网络传播带来的传受关系的变化，使国际传播形态发生了相应变化，其结果是，国家（政府）不再作为主要的或唯一的传播主体主导传播过程，政府之外的其他机构与个人也摆脱了依附地位，成为了传播主体。这就使国际传播主体发生了质的变化，由一元走向多元。需要强调的是，即便是在网络传播时代，多元传播主体形成以后，政府作为国际传播控制者的身份仍然没有改变。当然，从技术角度讲，只要接入国际互联端口，一国政府再像从前那样对网上信息进行筛选与控制就比较难了。这也正是目前各国政府适应新的传播环境的要求，在控制的方式方法上做相应调整的原因。

由此我们可以得出结论，国际传播的主体不是一成不变的，而是一个动态发展的过程。随着信息传播技术由低级向高级发展，国际传播主体也经历了由一元（政府主体）向多元（政府、其他社会组织、个人主体）的转变。

在有关国际传播的界定中，还有一些界定是"无上体"的，如前述第三类。这类界定在很大程度上仿效了"大众传播"的界定（在关于"大众传播"的界定中，传播主体是一种隐性的存在）。对于大众传播学而言，传播主体是谁，以怎样的形式存在，无关宏旨。因为大众传播重在考察信息传播的一般过程、特点和规律性，属于基础性的研究；国际传播则不同，它所考察的不是人类一般性的传播活动，而是国家控制下的一国信息对外（跨国界）传播的具体现象或行为，属于应用性的研究。在这种研究中，研究者不但要对国际传播中不同于大众传播的特殊现象进行分析，还要对"传"的行为以及传播如何致效等具体问题进行研究探讨并提出针对性的解决方案。"解决方案"提供给谁？如果没有对应性的传播主体或主体不明确，这个问题就不能落到实处，国际传播学的特点也就不能清晰地体现出来。

（二）国际传播主体分类

国际传播主体是指国际传播中的信息发出者。以今天的情况而论，国际传播主体大致可以分为四类：政府、企业、社会组织和个人。

政府是国家行政机关，是国家权力的执行机构，对国家事务行使着管现、监督、指导、服务、保卫等方面的职能。由于政府具有特殊的地位，在国际传播中，它始终是主导性的传播者，所谓的"强势主体"。在很长一段时间里，政府作为传播主体的地位无人能够企及，它代表国家进行的对外传播，是国际传播中最主要的部分。即便在今天，在某些国家的某些特殊发展阶段上（如战争、政权更迭等）以及一些处于舆论高度控制下的国家中，政府仍然是唯一的对外传播主体。正因为国际传播长期由政府主导，与国家主权、国家利益密切相关，它才带有浓重的色彩。多元化的传播主体出现以后，尽管政府作为国际传播主体的强势地位受到挑战，但在诸多传播主体中，它仍然处于主导地位，并对其他主体的传播行为实施着把关控制。由于政府在国际传播中具有特殊的地位与作用，它始终是国际传播学一个重要的研究对象。

企业是营利性的社会组织。受经济利益的驱动，在征服国内市场的同时，它必然要开辟国际市场，向外输出自己的产品、服务或技术。在此过程中，企业就会产生对外推销产品、服务，进行广告、公关宣传的需要，也就是国际传播的需要。从企业参与国际传播的历史走向看，企业（国际）传播主体经历了由国内企业向跨国公司的演进、发展过程。最初是随着生产力水平的提高，国内企业开始参与国际分工，面向世界市场，这些企业也就成为最早的国际传播主体。随着全球经济一体化的形成和世界市场的进一步扩大，出现了专门从事国际贸易活动的跨国公司。跨国公司本身就是超越国界的，它的传播活动一开始就带有国际传播（全球传播）的色彩，是国际传播的一部分。从目前的情况看，国内公司的跨国经营、贸易活动正在进一步扩大，跨国公司的数量也在不断增长。与此相应，企业作为国际传播主体的传播需求也会越来越大。

这里的所谓社会组织，是指除政府和企业之外的非营利性组织，包括各种政治性、文化性、学术性、宗教性、福利性的组织机构与社会团体。以影响范围论，非营利性组织可以分为四类：第一类是一国范围内专业性、行业性的团体、组织，包括各种协会、学会、研究会、联合会以及学校、图书馆等事业单位；第二类是国家性的且以国际交流为目的的各种团体、组织，例如人民对外友好协会、中国贸促会、国际商会等；第三类是跨国界（区域性）的团体或组织，比如欧盟、东盟、北大西洋公约组织等；第四类是全球性的团体或组织，如联合国、世界贸易组织、国际货币基金组织等等。这些团体、组织均有明确的目标与宗旨：或是为了唤起人们对某一问题、某种事物的普遍关心，或是力求推动某项社会事业的发展。达成目标离不开传播，而互联网的发展使其有可能成为独立的传播主体。后三类团体、组织的信息传播本身就是国际传播的一部分；借助于互联网高速信息通道，国内组织的传播也可以跨越国家的界限。除此之外还有一类特殊的组织，即恐怖组织和邪教组织等，它们同样是互联网积极的使用者，其传播行为同样构成国际传播的一部分。只不过它们所传信息带来的社会效果是极其负面的。

个人参与国际传播古已有之。早期的个人参与是以人际传播的形式进行的；传统媒体条件下个人也可以参与国际传播过程，但是由于媒体机构受控于政府，个人尚不能成为国际传播的主体。互联网创造了全新的、没有中心和强权的信息空间，任何人无须经过政府机构的批准、检查，就可以在网上制作他人能够阅读到的网页，或者通过邮件、新闻组、网上、电子公告栏等各种方式向众多网民传播信息。20世纪90年代末期，麦特·德拉吉通过个人网站将美国总统克林顿性丑闻案中独立检察官斯塔尔的调查报告向全世界披露，让人们有史以来第一次不是通过报刊或广播电视，而是通过互联网去了解一件重大新闻事件的详情。新的世纪，在德拉吉式的个人网页的基础上，"网络日志"逐渐演变为一种全球性的大众表达方式。"网络日志"（Blog或Weblog）是一种十分简易的个人信息发布方式（也是一种网页），任何人都可以像免费电子邮件的注册一样，完成它的创建、发布和更新过程。至2004

年，美国国内已有 500 万个 Blog（博客）站点，并以每天 15000 个的速度增长，以至《纽约时报》发出惊呼：博客网页数量已经超过传统互联网页面数量。虽然还在为 Blog 的称呼争论不休，但是博客的大量出现和与日俱增却是有目共睹的。博客的兴起使网上的每个人都成为了独立的媒体发言人，并以蜂窝状的组织结构形成了一个庞大的、民众性的信息交流平台。互联网首次将大众传播的"受众"变为传播媒介的拥有者和使用者，变为国际传播主体中的一员，堪称人类传播史上的一次革命。也正是因为网络上的每个大都可以成为一个信息发布源，传统的舆论控制模式也就受到了严峻的挑战。

（三）国际传播主体特征

国际传播主体具有以下特征：

第一，传播主体的性质不同

虽然政府、企业、社会组织和个人都可以称做"国际传播主体"，但它们却有着本质上的区别。主体的不同也就决定了传播性质与形态的不同。以政府为主体的国际传播是政府（信息）传播的延伸，是政府传播的跨国界部分。与其他传播主体不同，政府传播者代表国家行使传播职能，具有绝对的权威性。当它通过媒体进行传播时，它既是传播者，也是把关人，这是其他任何国际传播主体不具备的特性。与政府传播不同，企业传播是一种商业行为，为的是追求利润的最大化。因此，以推销产品、服务为目的的广告宣传和以树立形象为目的的公关宣传也就成为企业传播中一部分重要的内容。社会组织有着不同的类型，而不同类型主体主导下的传播性质也是不同的。例如性组织（包括政党）的传播属于政治传播范畴；文化类组织的传播属于文化传播范畴；宗教类组织的传播属于宗教传播范畴，它们各有其传播与特殊要求。个人传播主体是随着万联网的产生而出现的，具有隐匿性、分散性、随意性的特点，具传播规律与要求与上述主体显然不同。总之，传播主体性质的不同也就决定了传播目标、传播形态及其内容的不同。因此，我们在研究国际传播主体共性的同时，也有必要对不同传播主体的个性特征进行考察分析。

第二，传播主体的影响力不同

在国际传播中，传播主体的影响力是不同的。在诸种传播主体中，政府是强势主体，最具影响力。它所传播的信息可以在一个国家、一个地区甚至整个世界形成一致性的注意，并形成统一的舆论，统一的意志，统一的行为，对事件起到巨大的推动作用。例如"9？11"美国遭受恐怖袭击后，政府的信息传播（包括总统演讲、新闻发言人的发言、各种相关的报道、评论等）使美国民众在较短的时间内就从极度的恐慌中镇定下来，恢复了正常生活，并开始了一致对外的"反恐"活动。政府传播主体的影响力由此可见一斑。一些全球性、地域性的组织、团体，如联合国、世界贸易组织、国际货币基金组织等在世界范围内也有着相当大的影响力，当然，大型跨国公司的影响力也不容小觑。在诸种传播主体中，个人的影响力似乎最小，因为他们是一个个分散的个体，而个体的声音远不及国家、大型社会组织或跨国企业集团响亮。正常情况下或许如此，一旦出现非正常情况（如与个人利益相关的危机事件或与民族国家利益相关的重大国际事件），而权威性的传播主体失语或提供的信息不准确时，个人就会成为补充性的信息源，它们聚少成多，最终必将形成强大的舆论声势，以至对政府或大型组织机构的决策产生影响。因此，政府以及大型组织机构在考虑如何增强自己对公众的影响力的同时，对个人传播者不可掉以轻心。

第三，传播主体利用媒体的程度不同

传播主体的特殊性，决定了它在媒体选择和使用上的特殊性。国家是强势的传播主体，它对媒体的使用是全方位的。就位势而言，政府显然高于媒体。作为代表国家行使管理职能的一种特殊机构，政府对媒体具有控制与管理的权力，这种权力或通过行政手段表现出来，或通过信息手段表现出来。在后一种控制状态下，媒体对政府的依赖性是显而易见的：媒体无不希望获得来自政府的权威信息，并借此显示自己的权威性和可信度。因此，政府用以进行国际传播的媒体是包括报纸、广播、电视以及互联网在内的各种媒体。当然，政府传播中也存在媒介的选择问题，但它无须考虑费用如何，只需考虑如何通过媒体将信息快速、准确地传达到公众那里。企业是营利性的组织，它对媒体不具有控制、管理的权力，媒体对它也没有配合报道的义务。因此，它们只能通过买断报纸的版面，广播电视的频率、频道等进行广告、公关宣传，为此就不能不进行成本核算。当然，互联网为它提供了低成本的传播空间。非营利性组织与媒体的关系也大抵如此。个人利用传统媒体自主传播信息的可能性很小，只有通过互联网，他们才能成为自由、独立的传播主体。由此可见，随着传播主体规模和重要程度的递减，其媒体选择和使用的范围与程度也在递减。

第四，传播主体的传播行为不同

不同的传播主体代表不同集团（或个人）的利益，有着不同的目标诉求，这些必然在传播行为中表现出来，使其呈现出不同的规律与特征。对不同组织（个人）的传播行为进行考察分析，探索其传播行为背后的决定性的因素，其内在规律性，是国际传播学研究不容忽略的一个重要方面。由于前面提到过的原因，在以往的大众传播学研究中，人们对传播主体本身几乎不予关注。例如，拉斯维尔传播过程五要素中的四个要素，即讯息、媒介、受传者、效果都有清晰的界定和充分的研究，唯独传播者一项少有涉及。在西方国家，传播者研究被定位于"控制研究"，与"内容分析"、"媒介分析"、"受众分析"、"效果分析"并称为大众传播学研究的五大领域。因为大众传播学是研究人类传播的一般过程和规律的，"传播者"的被忽略（实际上是传播者与媒介的合一）尚可理解。国际传播研究的是不同传播主体利用大众传媒（跨国界）传播信息的现象和行为，相应地，对主体传播行为的考察分析就成为这门学科中一个基础性的部分。如果不对传播主体进行分类、分层研究，具体观察不同传播主体特殊的传播行为及其在此基础上形成的共性特征，就不可能对国际传播现象做出合理的解释，也不可能针对性地提出传播致效的战略性思考，其结果，国际传播研究的任务也就不能很好地完成。

总之，国际传播主体是国际传播行为的发出者，是对国际传播过程与结果产生直接影响的重要因素。随着我国国际交往的不断扩大和国际地位的日益提高，我国国际传播主体，特别是政府在国际传播中的作用与影响将越来越突出，相应地，这方面的活动也将更多地纳入研究者的视野。

五、文化交流中的"逆差"现象

文化交流的"逆差"，一般是指一个国家在同其他国家的文化交流中引进文化要素的数量大于输出文化要素的数量，外来文化对本国的影响大于本国文化对外国的影响的现象。这种国与国交往中的"逆差"现象在经济领域早已有之，并引起了人们的普遍关注。而文化交流和信息传播中的这种"逆差"问题却是在20世纪60年代以后才逐步被人们所认识的。近40年来广大的发展中国家对此予以高度关注，为改变这种状况进行了不懈的努力，并提出"建设世界新闻新秩序"为核心的一些设想。但令人遗憾的是，这些年的努力并没有从根本上解决问题，进入90年代以来，文化交流的"逆差"现象反而愈加突出了。甚至有人公然提出以强势文化或所谓的"优良文化"同化、影响甚至取代弱势文化。于是某些发达国家的传播机构打着传输文明的旗号大举地向广大发展中国家和地区进行文化的传播，各种不同形式、不同内容的文化制品以铺天盖地之势向发展中国家进行狂轰滥炸，大有取发展中国家本地文化而代之的趋势。"总的来说，人类在文化上正在趋同，全世界各民族正日益接受共同的价值、信仰、方向、实践和体制。"这里所说的共同的价值等指标都是以发达国家文化为标准的，特别是以美国文化为标准的。凭借强势文化的优势，美国人将他们的文化观念转化为世界共同的观念。就广大发展中国家和地区而言，尽管应该具备同发达国家进行对等文化交流的地位和机会，而实际上强弱文化在交流过程中的差距是十分明显的。

据联合国教科文组织 1998 年公布的数据，法国、德国、意大利、日本、墨西哥、瑞典、西班牙、波兰、俄罗斯、韩国等国家进口的影片中，分别有 55% ~72% 来自美国。在世界图书进出口贸易中，美英两国是最大的赢利国，顺差额都在 12 亿美元以上（1995 年）。而在世界文化交流市场上长期处在劣势状态的广大发展中国家面对目前的世界政治、经济格局，就更加无法避免"逆差"现象的出现。

在我国，这种文化交流中的"逆差"现象同样严重地存在。在改革开放以前，我们曾经有过修筑抵御外来文化特别是发达资本主义国家文化的铜墙铁壁的努力，并取得了显著成效，那时外来文化进入中国大陆确实是一件十分不容易的事。处在长期封闭中的国内受众也没有大量接受外来文化的愿望和胆量，当时的中国国内文化可以说是非常"纯洁"的。这种"纯洁"也使我国在现代化建设中付出了极大的代价，缺乏同世界主流文化的交流，导致我们一步步地拉大了同发达国家之间本已存在的距离，中国大有被排斥于世界主流文化之外的趋势。当国门被打开之后，我们才惊讶地发现，世界文化的发展早已超出了我们的想象，继续在妄自尊大、自我封闭的路上走下去，将使中华民族一步步陷入困境。于是对外来文化的介绍、引进甚至模仿、学习，就成为 20 世纪 80 年代以后中国文化发展的一个重要现象。无论是物质的还是精神的，外国文化大规模地进入外国人一直感到神秘的国度，令发达国家的政治家、社会活动家们兴奋、激动。而同他们一样感到兴奋、激动，甚至还有些刺激的却是许许多多的中国人。在极"左"文化思潮统治下生活太久的亿万中国受众，像发现新大陆一样接受了来自资本主义国家的主流文化，进而一点点地接受了这种文化所携带的生活方式、价值追求乃至思维方式，人们判断是非的标准因此发生了重大变化。

由于在一个 12 亿人口的国家找到巨大的市场，发达国家也就不惜代价发起了向中国的文化进攻，特别是以电影、电视、音像、印刷、娱乐、软件等多种形式的文化制品向各层次的受众发起了全方位的轮番进攻。据统计，在 1998 年我国图书报刊进出口贸易中，进口为 3925.4 万美元，出口为 1212.65 万美元。而出版物出口为 2 种，进口却高达 170 种，出口仅为进口的 1.176%，令人触目惊心。在单调、封闭的文化环境长期生活的我国受众在最初的一点吃惊、迷茫、下意识的抵触以后很快地适应了、喜欢了，并有不少人开始主动地、积极地追求了。加之国家媒体的主动倡导、文化传播市场上反映出的令人心动的收入，在国内出现了接受外来文化的一个又一个浪潮。由于资本主义国家文化生产早已进入了大工业生产阶段，所以在很短时间里，来自国外境外的资本主义文化产品在数量上和影响力上迅速取得了主动地位，并逐步加大传播力度、提升传播层次，在我国文化传播市场上的信息拥有量和传播影响力大有超过我国传统文化之势，文化交流中的"逆差"现象在我国同样产生了。就连刚刚在我国开始普及的互联网上，运行的绝大多数信息也是来自发达国家和地区的，少而又少的国内中文信息根本无法满足国内用户的基本需求，人们只有转向外国网站寻找信息。发达国家在新一轮的媒体竞争和文化交流竞争中又抢到了先手。而我们国内快速膨胀的网民队伍仍然在为发达国家文化的进入提供着可观的市场。

造成文化交流"逆差"现象，另一个重要的原因是发达国家在本国文化与信息市场上对发展中国家文化信息产品的封锁，导致发展中国家的信息不能等量进入发达国家。在世界范围内，发展中国家的信息市场对发达国家是全面开放的，而发达国家只把自己认为必要的文化信息制品引进自己的市场。这一来一往中的差距就是文化交流中"逆差"形成的主要原因。所以说，造成文化交流"逆差"的主要责任在发达国家一边，事实上当代国际文化传播的主动权自始至终都掌握在他们手中。

文化交流"逆差"对发展中国家的发展造成了许多问题，"第三世界国家，特别是一些弱小民族弱势文化，如果没有正确的政策，在大量西方文化的熏陶下，就会发生向西方文化的变异，有的会成为西方文化的附庸"。虽然文化交流中出现的问题不像战争或经济侵略那么直接、那么现实，但这种"逆差"的累积性后果也是十分令人深思的。在有些国家和地区，文化交流"逆差"已经对国家发展和人民正常生活造成了损失。而发达国家的媒体又有意识地利用"逆差"的便利进行有利于自己的"文化入侵"，尽管常常打着"新闻自由"、"传播自由"和帮助发展中国家发展文化事业的旗号，尽管所传播的内容表面上也确实是纯娱乐的、纯文化的。隐藏的越是巧妙，给发展中国家造成的麻烦也就越大。特别是"以直接冲击人的视听感官为特征的电影、电视及音乐，虽然对大众而言主要是娱乐品，但它们同时也必然是文化传统、政治理念或价值观的载体；换言之，它们在娱乐大众的同时，也在向他们暗示着、诉说着关于是非善恶、关于民族国家、关于伦常秩序的种种观念或评价尺度。"

文化交流的"逆差"首先对"入超"国的文化传播主权和文化传播资源

形成威胁。主权和资源对任何国家都是十分宝贵的，并且具有十分特殊的"唯一性"，一旦被别人侵犯或占用，是很难恢复原状的。自20世纪60年代以来许多第三世界国家先后完成了民族独立过程，取得了国家主权，但由发达国家长期造成的"文化殖民"现象并没有随着殖民者的离开而消失。相反由于自己的文化传播事业的需要，不得不委托发达国家培养传播人才，从而接受了发达国家的文化价值观和传播模式，有些国家的传播机构成了发达国家媒体在海外的"代言人"、"办事处"，有些传播媒体基本上是发达国家传播机构的"克隆"。在我国目前的文化传播市场上，充斥着大量的外来文化信息制品，由于它们的存在，使有限的传播空间和传播渠道被占领，同我国自己的传播媒体为争夺受众展开了搏杀。而在内容选择、资金投入等方面的差距，使我国传播媒介常常处在被动状态，受众数量的减少、传播市场的缩小，已经是不争的事实。以前我国传播媒体曾有得天独厚的市场专有权，在国内的各种传播活动都受到国家的保护，如今却被外来媒体和外来文化插了一杠子，市场风云突变，只有仓促应战，为争得尽可能多的受众和市场而努力。在这种情况下，"发展中国家都面临这样的外交难题，由于自身传播力量的微弱，自己的国家形象是由西方大国塑造的，交手，首先是处在一个先行的、被歪曲、被误解的偏见中，被剥夺了享受相互平等、相互尊重的外交礼遇，一旦被激怒，又引来更多的非议与围攻。自己的立场、观点都无法在正常的舆论环境中让人们知晓，更谈不上理解与支持。"

文化交流"逆差"给发展中国家受众造成了"文化紧张"局面，整体文化素质落后于发达国家的发展中国家受众被迫接受超出自己信息接受和处理能力的大量外来文化信息，囫囵吞枣式的信息接受现象普遍存在。"一下子生活在一个陌生的文化环境中，感到迷茫和压抑。""文化紧张"正是由于某种强势文化突然进入原本单一、封闭的弱势文化环境后，给在单纯文化环境中长期生活的受众造成的紧张、焦虑、迷茫、无从选择等心理压力和情绪压力。为缓解这些压力往往要付出很大代价。自从进入资本主义时代以来，世界各国之间的发展速度明显拉开，原有的文化发展的格局被打破。资本主义国家为适应向世界扩张的需要，不顾发展中国家的实际承受能力，大肆倾销文化产品，企图在最短的时间内把世界各国的文化都纳入资本主义的发展轨道。而广大的发展中国家并不甘心于本国文化就此衰落，外来文化和本土文化的混战使文化的接受者们常常无所适从，特别是对外来文化由于陌生而产生了一定程度上的恐惧和盲目，紧张状态在短时间内无法消除。

文化交流"逆差"给弱势文化地区造成了价值体系的混乱和价值观的冲

突。虽然目前人们对世界的"一体化"非常感兴趣，也在高喊文化的"多元化"，但并不是所有的国家和社会成员都做好了进入"地球村"的准备工作。在本国本民族文化环境中生活了若干代的人，很难在一种域外文化进入时迅速地抛弃原有的价值体系和价值观转而信奉自己并不认识和熟悉的"时髦货"。祖先遗留的文化传统和每个人在特定环境中已经形成的价值体系将在长时期中产生下意识的作用。就连一些自以为非常前卫的派，在以外来文化的卫道士自居的同时，必然拖着传统文化的尾巴。对众多的普通人而言，面对外来文化和本地文化所支撑的完全不同的价值体系和价值观，往往很难作出孰是孰非的准确判断，也就很难在行为过程中有满意的结果。特别是处在社会转型时期的受众，很可能被不断进入的新的文化价值体系和传统文化价值体系的争斗搞得左右为难。我们中国在改革开放以后的20多年中就经历了并且在继续经历这一过程。为人民服务和既得利益、大公无私和个人主义、团结互助和自我奋斗、个性张扬和老成持重，几乎在生活的每一个领域都迫使人们进行新的选择。外来文化信息制品提供的全新观念，带给人们的是同原有观念形成巨大反差的现实。就连我国自己的媒介，为了争到必要的传播市场，也不得不给外来文化提供一席之地。十几家电视台同播一部境外电视剧的情景至今历历在目。

文化交流"逆差"的最终结果将导致弱势文化的被同化或文化殖民的产生。尽管在外来文化进入的初期，人们会有各种各样的不适应、不习惯，但当外来文化逐步地在新的环境中适应、扎根以后，就会在人们的日常工作和生活中产生类似于传统文化式的影响。很少有人能抵挡得住外来文化、特别是资本主义国家强势文化如今这种大规模的侵入。在我国，来自美、英等发达国家的影视作品每周都冠冕堂皇地出现在包括中央电视台在内的众多媒体的传播过程中，至少来自港、台等资本主义地区的影视作品更是充斥于各级传播机构的传播内容安排中。在相对先进的物质产品的配合下，资本主义的生活方式和文化传统正在影响一代又一代的年轻人。吃麦当劳、喝可乐、穿牛仔服、用名牌车、唱卡拉OK、看好莱坞电影、打高尔夫球，这些来自资本主义国家的时髦行为在中国的每一个大城市和偏僻小镇几乎都可以看到，在五、六十岁到七、八岁的每一个年龄段的人群中都有不少人尝试过。就连刚刚才呀呀学语的幼儿也嚷嚷着要吃麦当劳喝可乐。相反对中国优秀的文化遗产许多人却是那么陌生，年龄越轻，生活方式和文化价值取向就越接近资本主义文化，不能不说与文化交流中的"逆差"现象有密切关系。甚至在一向以清高、自主、独立自诩的文化界、思想界、学术界，这些年同样也受到外

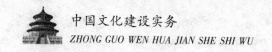
来文化的强烈影响和干扰。一拨又一拨的外国文化思潮、学术思潮不断地在我国思想、文化、学术界造成冲击，在年轻一代的学者和各种文化人当中已经很难找到纯粹的"国学家"了。洋人的思维方式、洋人表达方式都很受学术界的青睐。在"一体化"、"全球化"、"地球村"等美好的理想背后掩盖的是发达国家资产阶级家、思想家们成功的喜悦和无比的兴奋。

六、全球市场的国际传播构架

全球市场是先进生产力发展的必然结果，资产阶级和无产阶级都离不开它，各国人民也由此而走到一起。全球化标志着生产力发展的一个新的质变，各民族国家纳入高度发达的经济整体中，各国人民友好合作、平等交流成为人类的普遍要求。所谓共产主义革命，不过是消灭阶级剥削和欺压、铲除强国对弱国的讹诈，全人类平等享受共同创造的巨额财富，各国人民平等相待，这一理想只能在各国同时取得胜利。马克思和恩格斯在《共产党宣言》中，对上述趋势作出了合乎逻辑的推论，预见和揭示了全球化的实质。

走向世界共和国是遥遥无期的远景，它的起跑是从传播全球化思潮开始的，大众媒介的国际传播成为推动全球化发展的重要动力。关于联合国的维和活动、世界贸易组织（WTO）的一致协商及各世界组织的共同决议和倡议，资本跨国流动的各类信息，都已成为各国传媒的重要内容。以有益于世界人民共同利益的思想影响各民族国家，使其渐渐融于全球的共同体，开始成为各国媒介的重要报道视线。

从某种意义上看，全球化的发展离不开国际传播，各国大众传媒、特别是互联网是推动全球化运动的主要力量。更为重要的是，引导各国人民稳步达到全球化的预定目标，迫切需要国际传播正确解释人类发展的共同，说明全球化的结构性变革。在现阶段，大众媒介都受民族国家或跨国集团的控制，只能是民族国家的媒介，在本质上是和国际化对立的。令人尴尬的是，至今还没有真正全球化的媒介，互联网也在某种程度上受到各国的控制。联合国这个世界各国最大的联盟没有创办报纸、广播和电视台，在不久的将来也可能出现"UN"的媒体，但现在起主导作用的是那些超越国界的少数新闻集团。它们一面发出全球化的声音，一面为这些集团的经济政治利益而忙碌。全球化无论作为经济运动、政治运动还是生态社会主义运动，都缺少与其匹配的国际传播实体与传播内容，不能不滞缓了全球化的有效进程。

正义的民族国家的媒体为全球化提供健康的思想和传播架构，主要是指传播内容的多维性、合理性和先进性，以利于推动世界经济合作和世界和平。

国际传播的合理架构，引导各民族正确认识人类的共同利益，采取共同行动制止偏离这种利益的举动。合理的国际传播架构大体应包括以下几点。

（一）确立的意识形态

意识形态作为人类反映世界的思想体系，由世界观、价值观和人生观构成认识系统。国际传播无法摆脱意识形态，但也最容易被错误的意识形态所浸染，对人类社会的现状作出混乱的解释。国际传播的成效取决于科学意识形态的确立，正确解释全人类面临的共同任务，消除世界上存在的种种不平等，让各国人民逐步消灭贫穷而成为有产者，是21世纪主导的意识形态。科学意识形态是实践的意识形态，随着实践的发展而发展，随着实践的飞跃而不断自我否定，具有深化实践和指导实践的特性。它不接受任何过时的、先验的理论，如果理论脱离了实践，它就从各国人民的实践中出新的理论，说明世界新的发展趋势。建立共产主义或世界共和国、彻底消灭私有制是人类未来的理想，是透支的意识形态，今天不要更多地谈论它，而要脚踏实地地研究如何进行现代化建设，发展先进的生产力，解决实现人民利益的具体问题。

国际传播的对象是各国人民，细心观察各国人民的文化差异和在各自实践中相互接近的东西，把意识形态的潜望镜转向他们的融合之处。媒介有了驾驭全球事件的分析器，尊重世界各国的国情，从中找出相近点，才能对全球事务看得更全面些。国际传播不能不反对霸权主义、穷兵黩武和民族利己主义，坚持以世界人民为主体、以"平等待我"为最高原则，逐步创造各民族大家庭的融洽气氛。

（二）倡导世界平等和各国的共同发展

在全球化没有达到终极目标之前，各民族国家的存在和主权的神圣不可侵犯，受到国际法和国际关系准则的保护，国际传播要维护各民族国家的利益，促进各民族国家的友好合作，推动各个国家的完整、统一和稳定。为实现全球化，不断扩大国家间的相同经济因素和政治因素，而不是扩大国际间的裂痕、歧视，炫耀核威胁，把别的国家排斥在国际事务之外。世界多极化和经济全球化不断发生互动，世界力量的组合和利益分配正在发生新的变化。世界和平是促进各国共同发展的前提，各国的共同发展则是保持世界和平的基础倡导平等、公平和互利互惠，支持广大发展国家发展经济文化，尽快摆脱贫困落后状态，是国际传播的重要任务。只有世界各国都发展了，经济水平相互接近，才能有走向世界一体化的可能。在新的世纪里，一切爱好和平、渴望发展、向往进步的国家和人民，争取实现长时期的国际和平环境，是共同推动历史车轮向着光明目标前进的保证。各个国家奉行独立自主的和平外交政策，在和平共处的基础上同世界上一切国家友好交往，是联合国宪章的宗旨及公认的国际关系准则。世界上的事情应由各国政府和人民平等协商，国际社会应树立以互信、互利、平等、协作为核心的新安全观。各国应加强经济技术的交流与合作，逐步改变不公正、不合理的国际经济秩序，使经济全球化达到共赢和共存的目的。

各国文明的多样性，是人类社会的基本特征，也是人类文明进步的动力，尊重各国的历史文化，承认世界的多样性，是国际传播必须考虑的问题。从传播内容到传播形式，都要适应世界各种文明和社会制度的特点，把强调在竞争中取长补短、在求同存异中共同发展作为报道的平衡方法，使国际传播推动全球化沿着正确方向发展。

（三）选择先进的文化范式

全球化是一个变动中的世界，各种客体、人民、图像和话语的变化不是朝着一个方向集中，而是千姿百态。这些不同事物的轨迹有着不同的速度、不同的起点和不同的归宿，在不同地区、不同国家与其体制有着不同的关系，同时也在孕育各种新的文化。其中，有先进的文化也有落后的文化，它们之间的分离导致了种种不同的问题，造成了变动中世界的特质，产生了诸如宗教冲突、恐怖主义及正义和治理等方面的基本问题。西方传媒送来了一幅幅生活福利的景象，使落后或发展中国家的人不满足于本国的生活水平和消费能力，出现大量偷渡、贩毒和卖淫现象；人权论引发了东西方的冲突和各种诉求；关于"诚信"、平等和民族荣誉也越发迫使各国需要规范其在国际事务中的行为。国际传播应对上述现象作出深刻的分析，使穷国和富国都应尽到自己的责任和义务。

国际传播不单是推动全球化，而且要选择先进文化和表现文化的先进范式引导人们解决各国出现的种种棘手的难题。阿郡艾帕杜莱在《普遍的现代性：全球化的文化维度》一书中说，各个地区、各种文化和各个社会之间的接触固然不算什么新鲜事，但我们所处的全球化时代的确有一些新的特征，传媒和大规模移民为全球性的社会关系创造了一个新的力场（force field）。从民族国家的视角看，我们正站在一种全球秩序的边缘，这一秩序出现了多种力量，抑制或侵蚀了国家主权在经济和政治忠诚方面的运作。民族国家的时代还没有终结，但是民族国家体系作为唯一的游戏厅的时代却已过去。在今天，先进的文化最终要战胜落后的文化，全球化就是无情的战场。

世界上各种观念与意识形态、人员与商品、图像与信息、技术与工艺，是一个川流不息的文化世界，也是一个有社会结构、社会组织及其稳定形式的世界，由此构成了种种文化范式。如果仔细观察，就会认识到以变动为特性的人的活动正以不同方式造成了各种文化。先进文化是没有国界的，必然要走向世界，落后文化只能是民族的。国际传播对待文化问题，只能选取先进文化说明世界变化的真谛。后化时代，千百万人拼命地希望找到可以依靠的东西——从得克萨斯道教，到瑞典的泛神秘主义，从菲律宾的信仰，到种种邪教巫术，不但没有建设一个适合新世界的文化，有人反而力图宣扬适合于旧时代的思想，让自己重新生活在老祖宗那种狂热信仰之中。面对技术、社会、政治的新现实，工业化时代的思想结构越来越使人感到格格不入，许多新思潮一轰而起又很快消失了。国际传播要分析那些昙花一现的东西为什么短命，找出它的根源，从而制止它的短暂的渲泄，把说明世界发展方向的创新型的文化传播给大众。21 世纪新文化的种子正在成长，强大的综合性见解已经开始涌现。工业文化的废墟被全球化思席卷而去，世界人民渴望平等分配先进文化的美景已初见端倪，国际传播把先进的文化告诉各国人民，已越来越受到欢迎。

第三节　文化娱乐服务体系

一、文化娱乐概述及分类

文化可以说是与人类的出现相伴而生的。直到 19 世纪中叶，随着社会学、人类学、文化学的兴起，"文化"概念的探讨才引起人们的关注和研究。进入 20 世纪国内外学者以不同角度给文化定义，半个世纪的时间，文化的概念已经多达 160 多种，同时这些概念也深深烙上了时代印记。可见，文化的外延之广泛，内涵之丰富。随着人类社会和科学技术的发展，文化将人类行为推向一个方向即娱乐。文化和娱乐相互渗透，使得文化研究对丰富娱乐内容有着重大的意义。

（一）文化的界定

广义的文化是指人类创造的一切物质产品与精神产品的总和。狭义的文化专指语言文学、艺术及一切意识形态在内的精神产品。"文化"一词尚无统一的定义。一般认为，文化是一个有机整体，无论考察的是简单原始文化，

抑或是复杂发达的文化，文化所展现出来的总是由人、物质、精神构架起来的庞大装置，在改造客观世界和主观世界中，创造出来的由人类共享的成果。

（二）娱乐的界定

娱乐的方式多种多样，娱乐的承载方式五花八门。娱乐可以通过音像、传媒、体育等载体来展现，人们可以通过视觉、听觉、触觉等各种感官刺激来接收娱乐的交流。

（三）文化与娱乐的关系

首先，娱乐可以成为文化发展、交流的手段。央视《百家讲坛》之所以广受关注，不仅仅在于主讲人囊括了中国当代知名学者、专家，也不仅仅在于它对中国国学的高度关注，更在于它通过中央电视台这个强势媒体，以一种全新的方式将深奥的学术问题通俗地表达出来，使大众在轻松之余受到启发。《百家讲坛》学术娱乐化的操作方式，为学术文化造就了广泛的传播价值，让文化发展、交流有了更广阔的平台和空间。

其次，文化是娱乐创新、蓬勃的土壤养分。没有文化支撑的娱乐是苍白空洞没有生命力的，必将被时代淘汰，被大众遗弃。被冠为"小品王"的赵本山连续19年的作品长盛不衰，正是他深深扎根于民间文化汲取民间文化养分的最好体现。在金融危机席卷全球经济时，中国电影娱乐业的红火场面与经济灰暗背景形成了鲜明的对比，《画皮》、《梅兰芳》、《赤壁》的巨大成功，无处不展示着中国传统文化的魅力。娱乐的发展和创新离不开它根植的土壤——文化。文化为娱乐源源不断的输送养分，娱乐的成长才会更加枝繁叶茂。

文化是内容，娱乐是形式，文化与娱乐相辅相成，互相促进。文化和娱乐的密切关系，使得他们之间的结合是那么的顺理成章。文化娱乐业的勃兴是新时期文化大繁荣、大发展重要内容。

（四）文化娱乐业的分类

1. 文化娱乐事业

文化娱乐事业是指由国家或社会兴办的面向全体公民或社会某一部分人的非营利性文化娱乐事业及其场所和开展的各项活动。如群艺馆（文化馆）、美术馆、图书馆、科技馆、文化宫、青少年宫、妇女儿童活动中心、文化广场、公园等等。公益性文化娱乐事业是社会文化事业的重要组成部分。在市场经济条件下，发展公益性文化娱乐事业，建立覆盖全社会的比较完备的公共文化娱乐服务体系，是政府履行公共文化娱乐职能、弥补文化娱乐领域"市场失灵"的必然要求。

公益性文化娱乐事业具有积极的外部效应。社会的优秀文化遗产将通过文化活动尤其是有引导的文化活动得到继承和发展；同时，公益性文化娱乐事业的生产和提供过程也是一个实践过程，正是在这一过程中，符合时代发展的又有自己民族特色的当代娱乐文化得以形成。与民族的、现代的、大众的、健康的文化形成和发展相伴随，公众在消费公益性文化娱乐产品，满足自己精神文化需求的同时，也陶冶了情操，提高了文化修养，进而构成一个良好的社会文化氛围。在现代市场经济条件下，文化娱乐与经济联系更为紧密，你中有我，我中有你。作为上层建筑的文化娱乐事业对社会经济发展起着重要的推动作用，也成为社会经济发展的重要增长点。

2. 文化娱乐产业

在市场经济条件下，满足公众日益增长的精神文化娱乐需求，不仅要建立完善的公共文化娱乐服务体系，还要借助市场的力量，大力发展文化娱乐产业，为公众提供更多更好的文化娱乐产品。

20世纪90年代，美国前总统克林顿提出了"文化产业（Culture Industry）"的概念。几年后，英国前首相布莱尔又提出Creative Industry的新概念，直译为创造型产业，新加坡译成创意产业，更为确切。英国的创意产业特别工作组给"创意产业"（Creative Industry）做出了如下定义："创意产业"就是源于个人创意、技巧和才华，通过知识产权的开发和运用，而形成具有创造财富和就业潜力的行业。文化娱乐产业同样包含了传统文化娱乐产业和创意文化娱乐产业。因此，文化娱乐产业包括：①为社会公众提供的实物形态文化娱乐产品的活动，如娱乐报刊书籍、游戏软件等的出版、制作、发行。②为社会公众提供可参与和选择的文化娱乐服务，如广播电视服务、电影服务、文艺表演服务、休闲娱乐服务等。③提供文化娱乐产品所必须的设备、材料的生产和销售活动，如印刷设备、电子制作设备等生产经营活动。④提供文化、娱乐服务所必须的设备、用品的生产和销售活动，如广播电视设备、电影设备等生产经营活动。⑤与文化娱乐相关的其他活动，如演员、模特培训、工艺设计等。

3. 文化娱乐事业与文化娱乐产业的关系

研究文化娱乐事业和文化娱乐产业关系之前，先要对文化事业和文化产业的关系进行探讨。文化产业被许多国家誉为"朝阳产业"、"黄金产业"。文化产业只是文化中可以通过产业方式运作的那一部分，不是所有的文化都能走产业化的道路。比如公益性图书馆、博物馆、科技馆就不能产业化。文化事业与文化产业既有联系，又有区别。区分这两类不同性质的文化具有非常重要的意义，这是我们认识文化事业与文化产业的关系的基本立足点。

　　如果说具有经营性的文化产业其本质是一种经济行为、市场行为、商业行为的话，那么不可以采取产业方式运作的非经营性文化，它的特性和本质就是创造性和公益性，其根本目的是提高国民的思想道德素质和科学文化素质。这一类文化是最本质最重要的文化建设，是一个国家发展的动力，是一个民族进步的灵魂，必须依靠政府的投入，或者国家制定相应的政策，予以必要的扶持和引导。这就是文化事业与文化产业的根本区别，也是政府与文化企业家的不同职责。文化事业是文化产业发展的隐形助推器，一个地区没有公共文化事业，而是一味的强调文化的产业化运作，一味地追求赚钱和利润，那将是文化的悲哀，社会的悲哀，也是发展文化产业的误区。尽管文化产业的发展客观上能够满足人民群众不同层次的文化需求，能够在一定程度上促进文化艺术的丰富和繁荣，但文化产业作为一种经济行为，它不可避免地带有自身难以克服的缺陷和弊病。怎样才能消除和弥补文化产业带来的负面影响，除了要不断完善文化产业的政策法规，促使其健康发展之外，就是要依靠国家和政府的力量，把文化中不可以用产业方式运作的那一部分，即非经营性文化建设好、发展好。

　　文化娱乐事业与文化娱乐产业的关系同文化事业与文化产业的关系如出一辙。文化娱乐事业是为公众提供文化娱乐产品和服务，属于"公共产品"，有较强的外部经济性。一方面文化娱乐事业为文化娱乐产业提供发展、创新平台，消除和弥补文化娱乐产业市场运作的盲目性；另一方面文化娱乐产业发展之后可以反哺和支持文化娱乐事业的发展。两者形成良性的循环发展。只有正确认识文化娱乐事业与文化娱乐产业之间的关系，才能更好地繁荣、壮大文化娱乐业总体实力，使二者互为补充，共同促进文化的繁荣与发展。

二、中外文化娱乐业发展趋势

（一）中国文化娱乐业发展趋势

　　从一年难得看上几回的露天电影，到全球同步的高档电影放映院线，从收音机里的样板戏，到遍地开花的 KTV，娱乐会所、健身房……改革开放三十年来，中国文化娱乐业发展发生了翻天覆地的变化。

　　1. 从娱乐方式由单一化向多样化方向发展

　　改革开放之前，包括改革开放之初，民众的文化娱乐生活都很单调。"露天电影"成为民众文化娱乐的最基本方式，甚至在某些地区是唯一的娱乐方式。露天电影不常有，但只要一放映，大家会带着小板凳，提前去占银幕正面的好位置，当时那种抢前抓早的精神和现在春运买火车票有的一比。和过去相比，现在的文化娱乐方式更为多样化。拿着板凳头顶星月的看电影方式已经被豪华电影院所替代，舞厅、KTV练歌房、台球厅、保龄球馆、健身房、旱冰场、茶艺馆等等这些场所的出现使得老百姓有了更多娱乐方式的选择。

2. 民众文化娱乐载体向科技信息化方向发展

对于整个世界来说，信息化过程包含着一次又一次惊人的剧变，无数技术创新被迅速应用到民众的文化娱乐层面服务着人类。我国打破封闭，积极拿来，分享着全球化科技信息浪潮给民众文化娱乐所带来的利处。现代年轻人的精神消费是人所无法想象的，他们的阅历和思想超越了他们的父辈，典型的如日常接触的电视、电影、唱片，第一时间观看北美大片、第一时间看到世界杯现场直播、第一时间获得歌手专辑日益成为大众娱乐的方式。文化娱乐的载体更新换代越来越快，现已形成了以手机为终端的新媒体，毫不夸张的说"大街上人手一机"。手机与世界连接，引领着国民文化娱乐的新潮流。

3. 娱乐业由点状向链型集成方向发展

1980年，深圳第一家帐篷歌舞厅在西丽湖出现，1981年西丽湖歌舞厅诞生。她可能是改革开放后中国内地最早出现的营业性歌舞厅。中国城市的崛起，刺激了日益增长的文化需求，改革开放带来的勃勃生机，国家各级政府为加快文化建设采取的许多措施等等，各种因素的相互作用，形成了早期中国文化娱乐业的兴起。各地政府对于早期出现的大众文化娱乐方式持有谨慎的态度，没有政府的指导和规划，那时的文化娱乐发展带有自发性，文化娱乐场所、设施分布呈点状分布，经营方式单一。随着各地政府对文化娱乐业发展的扶持，各种门类的文化娱乐方式如雨后春笋般的涌现，公众文化娱乐消费方式多样化，带动了整个文化娱乐市场的充分竞争，从事文化娱乐产业的经营者们不断尝试新型的管理经营模式。各地政府积极对文化娱乐业进行区域性整体规划，一方面以政府为主导投资设立公益性文化娱乐设施，另一方面积极推动文化体制改革，将一部分能够市场操作的产业型文化娱乐项目改制投放市场。文化娱乐市场的活跃推动了文化娱乐业链条型、规模化、集成化的发展。现在我们在各地都能够看到"一站式规模化的休闲娱乐场所"，它集合了购物、餐饮、舞厅、KTV、游戏厅、健身房等多种休闲娱乐项目。电影文化传媒串联了电影、音乐、广告、玩具制造等等文化娱乐产业链。链条型、规模化、集成化将成为文化娱乐业发展的必由之路。

（二）国外文化娱乐业发展趋势比较研究及启示

美国作为世界文化产业发展的主导国家，其文化娱乐业的竞争和实力也是没有任何一个国家可以与之抗衡的。美国文化娱乐业在高科技和雄厚资本的支持下，形成了以音像、电影、动画、娱乐为中心的强大文化娱乐产业群体。日本是亚洲文化娱乐业最发达的国家。甚至日本的文化产业统称为娱乐观光业。日本动漫产业之所以在国际市场中能够取得如此骄人的成绩，与日本政府以及全社会对不断开拓和发展动漫产业以及动漫相关的市场是分不开的。

与我国相似，韩国原属于一个农业国家，20世纪80年代初步完成了工业化。韩国文化娱乐业的勃兴属于后起之秀。由于韩国国土狭小，资源相对匮乏，韩国政府特别重视文化产业的发展。韩国实施文化产业发展国家战略后，在短短的时间内发生了跳跃式的发展。目前，韩国已经成为世界上公认的文化出口大国。数字游戏是韩国确立的国家战略产业。

从国外文化娱乐业的发展状况得到以下启示：

第一，政府的支持起到了重大的甚至是关键的作用。没有政府的支持，国外文化娱乐业的发展不会像今天这样繁荣和兴盛。

当然，各国的国情不同，政府对文化娱乐的支持方式和途径也不同。美国政府对文化娱乐业的支持主要体现在它的宏观战略方面。由于美国经济比较发达，美国的文化娱乐走在了其他国家的前列，占据了世界的领头羊的位置。英国为支持文化创意产业在从业人员的技能培训、财政扶持、知识产权保护、文化产品出口等方面作出积极努力。韩国游戏产业的发展得到政府的支持，其力度之大在世界各国都是罕见的。韩国政府确定游戏产业为文化产业的重点发展对象后，采取了一系列措施支持网络游戏业发展：文化观光部出面组建韩国游戏支援中心，向韩国游戏产业提供从资金到技术上的多方面支援；设立游戏投资联盟，政府每年向游戏产业投入的资金多达500亿韩元，并为游戏企业提供长期的低息贷款；实行各种税制的优惠政策，减少游戏企业的税务负担等等。

第二，政策决定文化娱乐产业的规模和走向。发达地区普遍重视文化娱乐产业政策。美国政府充分利用国际政治经济优势支持美国的文化娱乐产品占领国际市场，为文化娱乐产品的输出提供保障。英国政府强调文化艺术产品面向大众，鼓励广大青少年积极参加各种文化娱乐活动。澳大利亚设立保护文化遗产的专门机构，并制定专项法律保护本土的文化及其设施，政府非常重视文化事业的建设，拨款大部分用来支持传统艺术和博物馆、美术馆、文化宫等文化设施和机构。韩国为大力发展文化产业，制定并实施了《文化产业促进法》，给予文化、娱乐等产业以推进协助。这些国家和地区的文化产业政策的制定，不但明确了本国文化、娱乐产业的发展规模和方向，而且使本国的文化娱乐产业发展受益匪浅，文化企业集团从这些政策当中得到了实实在在的优惠。

第三，文化娱乐产业成为新增长点。从 20 世纪 20 年代以来，文化娱乐业首先由电影、广播、杂志发展到 21 世纪游艺、唱片、电视、网络、游戏、演出、广告、动漫等等，到目前，全球互联网服务电脑游戏行业已成为与电影、电视、音乐等并驾齐驱的最为重要的文化娱乐产业之一。

第四，大投入才能大产出。文化娱乐产业在今天已经占据国民经济发展的重要位置，因此，必须对其进行大的投入，才会带来大产出。各个国家都想方设法为文化娱乐产业的发展筹措资金。英国政府通过发行国家彩票筹措资金；美国通过国家艺术基金会和国家人文基金会资助文化艺术事业；韩国加大预算，近年来文化事业财政预算不断增加，大投入换来大产出。

第四节　文化传承服务体系

一、文化传承综述

申遗、修庙、建文化广场……传统文化正成为当今社会所关注的重要问题，但在继承发扬的同时，很多地方首先考虑的可能并非是文化本身，而是文化所能带来的经济方面的其他效应。中国社科院哲学研究所研究员李河认为，发展文化产业，首先要有文化，然后才考虑产业的问题，但现在很多地方恰好相反。

恢复传统文化，并不仅仅是简单的盖几栋房子、修几座庙，他认为："传统文化的恢复，必须要考虑到现代化的问题，传统文化必须要和现代生活融合，它的恢复才是有意义的。这就引出了发展文化产业最重要问题，怎么样才能文明地传播文化？"

（一）传承前提：先理解文化再传播文化

只要文化产业一上马，各地就会一窝蜂地修城建庙，但问题在于，建的人自己不懂，看的人也感觉不到文化所在，李河说："延续文化本身没有错，但是延续文化不是投资多少钱就成，而是要体现出文化所在。"

文化产业，首先要有文化。他认为："建文化广场，修庙盖城，这些其实只是文化的外部成分，是外延，而不是内涵。文化的内涵是精神上的，现在很多时候有些负责人一拍脑袋，就要投资几千万甚至上亿元，盖古城什么的，而且互相攀比，好像越大越贵就越好，这不叫文化，只是一种投资。修建出来的，也只是建筑，而且是没有什么特别用处的建筑，也不是文化载体。因此，在延续文化、传播文化之前，首先要做的是理解文化的精神内涵。"

理解文化的内涵，并非所有的传统都值得恢复和发扬，他认为："传统文化是一个很大的范畴，有大的传统，比如曲阜的儒学传统，有小传统，可能是一座土地庙，一个地方习俗。还有一些东西并不适合延续，比如跳大神。理解这些东西之后，才能知道怎么做。有些东西是纯粹学术意义的，就让它在学术领域就好了；有些东西只适合在博物馆里，那就让它待在博物馆里好了。"

（二）传承意义：传统必须深入现代生活

把传统文化供在庙里是没有意义的，延续传统文化，需要使传统文化现代化。故纸堆的传统只有学术研究的意义，要传播传统文化，就必须使它深入现代生活。他认为："文化既然是一种精神上的东西，就必然会对人的心灵、人的精神产生影响，不能产生精神影响的就不能称之为文化，这就是我们很多地方在文化产业上的问题。"所谓传统文化的现代化，就是传统文化要融入到现代生活中。

对此，他认为："这种融合应该是恰当的，是健康的，是可以滋养心灵提高文明程度的。这是传播传统文化需要注意的问题。为什么这么说，因为很多时候，我们在做文化产业的时候存在问题，在小传统上，还说跳大神，它对于人们造成的影响是什么？在大传统上，比如祭孔、祭黄帝，烧香磕头，烟火缭绕，可是这种东西带给人的是什么，这是需要思考的问题。祭奠孔子，我们说是想延续孔子的思想和精神，把它变成一场烧香大会，就没有什么意义了，并非说烧香不可以，但是烧香不是目的，也不是主要的内容。"

继承传统文化，并不仅仅是简单的盖几栋房子、修几座庙就可以的，传统文化必须要和现代生活融合才能有意义。如何文明地传播文化，是目前文化产业最迫切需要解决的问题。

（三）传承载体：软件硬件缺一不可

传统文化曾经经历过很长时间的断裂，离现代生活已经很远，那么，如何才能让传统文化现代化呢？

他认为："要使传统文化现代化，就需要载体，包括硬件上的载体和软件上的载体。"

什么是载体？他认为："硬件上的载体，也就是物质载体，一是建筑本身，比如已经毁坏的寺庙等，很多地方的文化产业其实就是在做这些，特别是还有一些本来没有的，凭借一段传说就造出来很多建筑，而且投资很大，规模很大。其二是物质载体它所负载的意义。很多建筑是和当时的生活密切相关的，比如城墙、寺庙等场所，本身是当时日常生活的一部分，但是现在他们的原始功能不存在了，只剩下了展示功能。因此，我们对于这些建筑的态度自然也要变化，也就是说关注的应该是它在现代的功能，而不是它的原始功能，因为它的原始功能在现代已经没有意义了。"

作为传统文化的第二种载体，即软件上的载体，他认为："所谓软件载体，比如传统节日、习俗等，它是一种仪式上的重复，参与的人会获得心灵上的净化和洗礼，从精神上和它所传达的文化内涵产生联系，恢复这些仪式的重复，使人们参与进去，这是传统文化进入现代生活的途径。"

（四）传承方式：按程序文明地传播

文化传播需要载体，但是各地的文化产业投资却存在问题，这是一个矛盾，如何解决这个矛盾？李河认为："文明的传播文化，需要程序的参与。"他认为："大约100年前，法国和德国有一场文化和文明的争论，法国人主张的是精神上的东西，德国人主张的是法律，程序上的东西。这个争论没有对错，但是我们是不是可以这么说，用文明的方式传播文化，也就是用合理的程序来传达精神。"

如何才是文明的传播文化呢？他认为："和文明相对的是蒙昧、野蛮，某些人一拍脑袋不假思索的决定，不计成本的投资，这可以说是蒙昧、野蛮的方式。而如果按照严谨合理的程序来做，就是文明的方式。"

建立严谨合理的程序，需要很多方面的工作，他认为："首先，我主张人大介入，不仅仅是监督，而是从策划、了解、审批、拨款、监督等全程的介入，因为人大本身代表着民意。从决策、立项、资金全方位的程序化，就是文明的方式。其次，是谁来做的问题，不是地方政府大包大揽，而是应该由多方面的力量共同来做，要有社会力量的介入，要有专家学者的指导。因此李河认为文明的方式是，以政府为主导、辅以专家学者的指导，并允许社会力量进入，这就是我们说的用文明的方式来传播文化。"

二　文化传承创新的内涵和意义

胡锦涛总书记在庆祝清华大学建校100周年大会上发表重要讲话。最值得注意的一点，就是在四个"全面提高"中，对于大学和高等教育的使命作了新的确定，即在人才培养、科学研究、社会服务三点之外，增加并提出了"文化传承创新"。这是具有划时代意义的。

（一）中国特色社会主义教育观的新发展

总书记提出："全面提高高等教育质量，必须大力推进文化传承创新。高等教育是优秀文化传承的重要载体和思想文化创新的重要源泉。要积极发挥文化育人作用，加强社会主义核心价值体系建设，掌握前人积累的文化成果，扬弃旧义，创立新知，并传播到社会、延续至后代。"这个论述涉及对于大学教育的使命的理解，但它并不是一般地讨论大学功能，而是从当代中国建设和发展的实际出发，体现了中国特色社会主义教育观的新的发展，具有纲领性、战略性的意义。什么是文化传承创新？报告的表述是"掌握前人积累的文化成果，扬弃旧义，创立新知，传播到社会，延续至后代"很明显，这里的文化传承创新不是泛指一切知识领域及其成果，而是主要指人文社会科学，换句话说，主要讲的不是科学技术，而是思想文化，是以价值体系为中心的思想文化的传承创新。明确要求我们把目前国家面临的重大思想文化问题的解决作为大学教育的基本功能。在这个提法中明显包含着如何对于中华优秀传统文化进行传承创新，显示出中国文化的文、史、哲、国学的研究与创新在我们当代的高等教育战略中获得了更重要的地位。

根据总书记的讲话，所谓"文化传承创新"其中的"传承"指的是"优秀文化传承"。而其中的"创新"指的是"思想文化创新"。作者以为，优秀文化传承不限于中华文化，但文化传承创新的主体任务，应是中华文化的传承与创新；所谓"扬弃旧义，创立新知"，就是指批判地继承中国传统文化中各种对于人生价值的阐发，在此基础上发展出合乎时代需要的社会主义核心价值体系，加强社会主义核心价值体系及其外围文化建设。这既是中华文化伟大复兴的必然使命，也是建设中国特色社会主义社会的现实需要。

（二）中华文化历来重视文化传承

我们今天讲的传承不是单纯的继承，而是有分析的继承，即用扬弃的态度，根据现实需要，有分别，有取舍。"掌握前人积累的文化成果"主要讲的是文化传承；"扬弃旧义，创立新知"主要讲的是思想创新。这个关系显示出，"旧义"和"新知"的关系是辩证的关系，没有旧义作基础去创立新知，是无源之水，无本之木；对旧义不能加以批判继承，也就没有新的发展，无法创立新知。这是人文思想文化发展的特性，与科学技术知识的发展有所不同。当然，文化传承自身也有其独立的意义，特别是对一个民族的文化生命而言，如语言、文字、文学的传承。在这个意义上，传承不仅仅是为了创立新知而有意义，对民族文化、生活方式、语言习俗的归属、认同、传承，是民族得以成立的基本要件，文明、文化的传承对民族的凝聚力与归属感有其独立的重要意义。

我个人的研究领域是中国哲学史、思想史，对于中国哲学史的研究也就是研究思想文化不断传承创新，不断扬弃旧义、发展新知的历史过程。中国文化一贯重视文化的传承。孔子说过"殷因于夏礼，所损益可知也。周因于殷礼，所损益可知也。"中华文明历夏、商、周三代，一脉相承。三代的文明精华凝结在《诗经》和《尚书》等"六经"之中，王官失守之后，孔子删定六经，儒家学派承担起文化传承的使命，从汉代起，儒学以经学为平台，将华夏古文明不断传承下去；同时，儒家总结提炼了华夏古文明的主流价值概念，加以发展，建立起了影响中国人至深的儒家价值理念体系。儒家思想文化的特色之一，就是具有强烈的文化传承的自觉，在不断传承经学的过程中，发展新的诠释，适应时代和文化的挑战。传承和创新也体现在儒家以外其他的大的思想体系的发展历史中，可以说一部中华文化史就是不断传承和创新的历史。唐宋以来道统传承的观念日益发展，其代表为韩愈。韩愈"原道"的道，其内容就是仁、义、道、德，也就是中国文化的基本价值概念。北宋的儒学是儒家思想发展的新形态，它不仅在经典诠释方面开辟了新的维度，在思想文化上也开了新生面。宋代儒学特别强调"传道"的意识，这里的"道"即是儒家学术的核心价值，这个核心价值体系，不仅是伦理的、人生的，也是政治的、社会的。可以说儒家特别注重中国社会主流价值体系的传承。在宋明儒学的文化意识中，面对外来文化佛教的挑战，常常表达出对"学绝道丧"的特殊忧患，"学绝"就是学术传统的断绝，"道丧"就是核心价值的丧失，学绝道丧就是文化传承的中断。韩愈还以传道的谱系来论证中国文化核心价值体系的传承，即所谓"尧以是传之舜，舜以是传之禹。……孔子传之孟轲，轲之死不得其传"。宋代还有一种关于传道谱系的表达，如孙复、石介所提出的，他们以伏羲、神农、黄帝为传承之首，这种传承便不是强调核心价值的传承，而是一般地指文化的传承。无论如何，文化传承是中国文化中的一贯意识。

（三）文化传承对中华文化复兴的意义

中华文明是连续发展几千年的文明，但近代以来，在西方帝国主义的侵逼压迫之下，民族生命处于被压抑的状态。西方近代文化的输入，一方面促进了中国走向近代和现代化发展，并和本土文化不断结合，使得中国现代文化不断推陈出新。另一方面，不可否认的是，在西方文化的压力之下，中国文化的自然传承遭遇阻断，我们自己在认识上的失误也一度造成了对传统文化的破坏。改革开放以来的现代中国，国民经济迅猛发展，政治地位大幅提升，综合国力大大提高，这使我们愈来愈意识到，今天我们身处的时代，是中华民族伟大复兴的过程，也同时是中华文化伟大复兴的过程，这是全国上下业已形成的共识和自觉。"中华文化的伟大复兴"正是指向鸦片战争以来中华文化遭遇不正常的断裂、压抑，指向中华文化生命的正常传承，求得中华文化生命的无碍畅通。没有当代中国的现代化的成功发展，就不可能在今天提出文化传承的问题。今天的中华民族是由历史上的中华民族发展而来的，中华民族今天的成就是以几千年连续发展的中国文化为基础的，也是以中华民族在历史上养育起来的文化能力为基础的。而文化传承最核心的是价值观。中华文化在几千年的发展中，以儒家倡导的仁孝诚信、礼义廉耻、忠恕协和为中心，形成了一套相当完整的价值体系，这一套中华文化的价值体系，支配和影响了中国政治、法律、经济的制度建设和政策施行，支撑了中国社会的伦理关系，主导了人们的行为和价值观念，促进了中华民族凝聚力的形成，也支配和影响了中国历代处理与外部世界关系的理念。这一套体系是中华民族刚健不息、厚德载物精神的文化基础和根源，亦即中华民族精神的价值内涵。这些价值也构成了中国人之为中国人的基本属性，中华民族之为中华民族、中华民族特有的生命力无不来自这些价值及其实践。中华民族几千年来不息奋斗的发展和这一套中华文化的核心价值体系密切相关，鸦片战争以来近代中国志士仁人的奋斗都是这些价值的充分体现。

（四）文化传承创新是大学人文社会学科的一项根本使命

然而，近代以来，西方文化中心的观念，极端个人主义的宣扬，尤其是"文化革命"对传统文化的全面破坏，以及市场经济发展带来的对功利追求的泛滥，造成了中华文化传承的巨大困难。改革开放以来的历史证明，对中华文化的自觉传承不仅是我们对于中华民族所应负担的文化使命，也同时是面对现代中国社会精神文明建设的实际需要。改革开放以来的中国社会的现代化转型，市场经济的蓬勃发展，使得当前社会的价值迷失十分严重。在这种情况下，以中华文化价值体系为核心的文化传承，不仅具有民族文化延续的意义，更具有满足当今社会价值重建的需要的意义。现代社会的政治、经济、法律制度已与古代社会根本有别，尤其是在社会主义市场经济条件下，社会的核心价值体系要求，既与古代社会有相同的一面，也有不同的一面。这就需要我们在进行思想文化传承的时候注意创新，以适合时代的变化和要求。社会秩序和伦理价值的建立不能割断历史，也离不开传统道德文化。在稳定